Origine radicale des crises économiques : Germán Bernácer, précurseur visionnaire

Origine radicale des crises économiques : Germán Bernácer, précurseur visionnaire

Par

Henri SAVALL
Professeur Émérite des Universités
IAE Lyon, Université Jean Moulin

IAP

Information Age Publishing, Inc.
Charlotte, North Carolina • www.infoagepub.com

ISBNs:
Paperback: 978-1-61735-868-5
Hardcover: 978-1-61735-869-2
ebook: 978-1-61735-870-8

Printed in the United States of America

La première édition (1975) de cet ouvrage
a été publiée aux Éditions DALLOZ, Paris, dans la :
COLLECTION DES GRANDS ÉCONOMISTES

Sous le titre

Germán BERNÁCER

économiste espagnol contemporain
L'hétérodoxie en science économique

Par

Henri SAVALL
Docteur d'État ès sciences économiques
Préface de Henri GUITTON,
Membre de l'Institut
Avant-propos de Colette NÊME,
Professeur à l'Université Paris II

PUBLIÉ AVEC LE CONCOURS
DU CENTRE NATIONAL
DE LA RECHERCHE SCIENTIFIQUE

À MA GRANDE FAMILLE

À TOUS LES CHERCHEURS QUI ONT CONTRIBUÉ À BÂTIR
LA THÉORIE SOCIO-ÉCONOMIQUE et l'ISEOR

INTRODUCTION À LA DEUXIÈME ÉDITION (2012)

POURQUOI PUBLIER MAINTENANT CET OUVRAGE SUR LE GRAND ÉCONOMISTE ESPAGNOL PIONNIER, GERMÁN BERNÁCER ?

Comprendre la crise pour retrouver la prospérité

La crise actuelle n'est pas passagère. C'est un profond séisme qui bouleversera pendant longtemps nos repères dans l'univers économique et social. Les structures et les comportements de demain sont à réinventer dès aujourd'hui car le chemin vers la prospérité durable sera long. C'est une opportunité exceptionnelle qui se présente. Les effets spectaculaires tels que faillites, fraudes, licenciements… de la crise actuelle ont été heureusement atténués par des actions de *secourisme financier*. L'incendie est éteint mais le feu couve, car les causes fondamentales des déséquilibres économiques et sociaux ne sont pas touchées.

Des voix de plus en plus nombreuses d'experts s'élèvent pour nous inciter à réfléchir au sens profond de cette méga crise. Alain Touraine, sociologue, analysait « la crise et la double mort du social »[1]. Guy Sorman invoquait la parabole de Saint-Simon ou les États désenchantés[2]. Un livre récent de Joseph Stiglitz, Prix Nobel d'Économie, constate aujourd'hui « Le triomphe de la cupidité »[3], celui du philosophe Michel Serres s'intitule « Temps des Crises »[4]. Chaque jour, s'expriment dans des médias, des ouvrages de vulgarisation, des publications savantes, des opinions critiques, parfois accompagnées de propositions, qui méritent l'attention des décideurs publics et privés, chefs d'entreprises, cadres, personnels… et citoyens.

Notre pronostic est que cette dynamique de la pensée constitue un signal fort d'un vaste mouvement décennal d'innovations multiples qui toucheront tous les aspects de la vie économique et sociale, au sein des organisations, sur les marchés, sur tous les territoires, bref dans l'ensemble de la société. Telle est la conclusion de nos recherches récentes sur les phénomènes inquiétants de la *tétranormalisation*[5], annonciateurs de la crise actuelle. Ce pronostic résulte aussi des innombrables expériences des chercheurs de l'Institut de Socio-économie des Entreprises et des Organisations (ISEOR), depuis 37 ans, dans les entreprises et les organisations sur les résultats bénéfiques et encourageants d'un management innovant intégrant les variables sociales aux performances économiques.

Nos toutes premières recherches nous avaient fait découvrir une théorie pionnière, extraordinairement originale, d'un grand économiste[6] espagnol méconnu, inspirateur négligé du célèbre Keynes. Dans un article de 1922, Germán Bernácer, propose une explication des crises récurrentes, congénitale à l'existence des marchés spéculatifs, marché de l'immobilier et des œuvres d'art, marché financier à terme, bourse du

[1] Le Figaro du 1er mars 2010

[2] Le Monde du 2 mars 2010, article sous-titré « Le déplacement du pouvoir vers l'économie–monde et l'entreprise dessaisit les gouvernements de leur influence »

[3] Éditions Les Liens qui Libèrent (LLL), 2010

[4] Éditions Le Pommier, 2009

[5] H. SAVALL, V. ZARDET « *Tétranormalisation ; défis et dynamiques* », Economica, 2005. La tétranormalisation se réfère, à l'avalanche des normes contradictoires, regroupées en quatre pôles principaux, qui troublent le fonctionnement de l'univers économique et social et retardent des décisions salutaires pour les entreprises et les citoyens

[6] « *G. Bernácer : L'hétérodoxie en science économique* », Collection des Grands Économistes, Dalloz, 1975

commerce (matières, énergie….). Ces marchés spéculatifs regorgent de capitaux financiers, les attirent et les capturent ; ceux-ci font alors défaut dans les secteurs productifs où se crée la valeur réelle et *assèchent leur financement.*
L'histoire se répète … 1929 … 2007, 2008…, 2012.

La crise économique, d'une acuité et d'une ampleur inattendues, voire inédites, appelle des réflexions et des actions majeures pour éviter une catastrophe planétaire ou un enlisement économique et social, dans la plupart des pays qui vivent intensément les effets de la mondialisation.
Germán Bernácer, grand économiste espagnol méconnu, nous a livré une explication lumineuse, fondamentale et originale, étayée par de très nombreuses années de recherche et d'observation à la tête de la Direction des Études de la Banque d'Espagne, sur l'origine des crises et la manière de les éviter.
À l'heure où personne n'ose plus évoquer le recours à la solution de l'économie planifiée et centralisée, puisqu'elle a fait faillite lors de la chute du mur de Berlin, en 1989. À l'heure où chacun ressent la férocité des attaques aberrantes et destructrices d'emploi, de prospérité économique et de bien-être social, dangereuses pour la démocratie politique et provoquées par les excès, non maîtrisés, des ouragans financiers qui déferlent périodiquement sur la sphère de l'économie réelle, en dévoilant l'arrogance cynique des excès des marchés spéculatifs chaotiques. À l'heure où la plupart des États sont en faillite (déficits et surendettement récurrents), et que l'on est parfois tenté de s'en remettre à la promesse keynésienne illusoire d'un État-providence volant au secours du citoyen, démuni ou désemparé. Il importe, dans ce contexte, d'apporter l'éclairage de la théorie robuste, forgée par Germán Bernácer sur l'explication structurelle et chronique des crises. Celles-ci appellent des actions de politique économique et financière, plus radicales et plus durables, que les vaines manipulations monétaires ou les gesticulations inefficaces visant à la réglementation polémique des jeux spéculatifs outranciers des marchés financiers.
Visionnaire et doté d'une méthode scientifique rigoureuse, héritée de sa formation de physicien (il enseigna toute sa vie la physique), Bernácer publia, dès 1916 un ouvrage intitulé « *Société et bonheur. Essai de mécanique sociale* ». Quelques années plus tard, en 1922, il publia son article célèbre sur la *théorie des disponibilités* comme explication des crises économiques et du problème social, à savoir le chômage. Cet article inspira quelques économistes réputés, en particulier anglo-saxons et allemands. Il posa, bien avant la *Théorie générale* de Keynes(1936), les fondements de la théorie macro-économique moderne sur trois piliers : une théorie fonctionnelle de la monnaie, une théorie synthétique et fonctionnelle du taux d'intérêt et une théorie fondamentale des crises économiques. Celles-ci sont dues à l'existence de *marchés spéculatifs de biens productifs de rente*, c'est-à-dire de biens qui fournissent des revenus sans contrepartie de travail, ni risque d'entrepreneur, ni création de valeur ajoutée réelle, à partager entre les parties prenantes du jeu économique et social.
Il est vrai que certains aspects des préconisations de Bernácer en matière de politique économique peuvent paraître, de prime abord, utopiques ou trop radicaux. Il en va ainsi de la suppression de la bourse et du taux d'intérêt. Toutefois, le prolongement de la démonstration faite par Bernácer, de l'instabilité chronique et du

sous-emploi inévitables, dus à l'existence de ces biens productifs de rente, objets de spéculations récurrentes, que l'on trouve sur les marchés financier, de l'immobilier, des œuvres d'art, des matières premières et de l'énergie, en particulier les marchés à terme, tout cela suggère, en cette année 2012, quelques lignes de force qui pourraient inspirer des politiques économiques et financières plus efficaces et efficientes, aux plans national et international.

Bernácer montre que le taux d'intérêt est une cause chronique d'inflation et qu'il augmente artificiellement le coût du financement de l'économie réelle, sans apporter de contrepartie efficace à l'activité économique et sociale. Bernácer recommande des politiques de taux d'intérêt bas, corrélées à des taux d'inflation inférieurs à ceux qu'on observe, voire d'intérêt nul, pour certaines activités privilégiées par des politiques nationales ou internationales à vocation sociale, ou pour financer de grands projets. D'autre part, nous suggérons, en nous appuyant sur la très convaincante démonstration de Bernácer sur l'origine de la succession chronique, récurrente et cyclique des crises, dont les effets les plus meurtriers sont le chômage et le sous-emploi latents, de supprimer ou restreindre fortement les marchés financiers à moyen et long termes, car ils sont excessivement spéculatifs, de même que les bourses de matières premières et d'énergie. Bref, la suppression de la couche spéculative des jeux boursiers constituerait un progrès considérable favorisant le développement économique et social. Cela permettrait d'orienter les ressources vers des activités véritablement créatrices de valeur ajoutée, partageable entre les différentes parties prenantes. Cela permettrait d'éviter les bulles financières récurrentes qui accompagnent, à un rythme de plus en plus accéléré, le cycle des affaires au plan mondial.

Bien avant les travaux de Maurice Allais[7], Bernácer construisit une *théorie générale de l'emploi, de la rente et de la thésaurisation double*, à partir de l'idée que la rigueur dans la gestion financière des activités économiques et sociales, l'équilibre budgétaire ainsi que la stabilité des prix sont des facteurs de prospérité économique durable, de préservation du niveau de l'emploi, d'encouragement à la création d'emplois nouveaux, de nouveaux produits et de nouvelles richesses. Dans le débat actuel, certains préfèrent la facilité démagogique et « court-termiste » du recours à l'émission monétaire, ce qui aggrave l'endettement des États et des administrations publiques, accroît le coût du financement des entreprises, en recourant au jour le jour, à l'endettement onéreux, pour couvrir les besoins de financement des activités courantes. À cela s'ajoute le recours démagogique au déficit budgétaire systématique, si bien illustré par l'image classique de « la planche à billets ». Les États et les banques centrales nationales et internationales, avouent ainsi leur incapacité à expliquer à leurs citoyens les fondements d'un équilibre économique salutaire, source de comportements éthiques, de justice sociale et de confiance chez l'épargnant, petit ou grand.

Ce que l'on appelle, actuellement, plans de rigueur ne sont que des palliatifs qui s'imposent avec une brutalité dommageable, du fait de l'accumulation de longues dérives et de déviances répétées. Pendant de nombreuses années voire plusieurs décennies, l'incurie budgétaire et monétaire a été privilégiée par les États et par un grand nombre d'acteurs économiques. Ceux-ci ont préféré l'action facile et les jeux spéculatifs plutôt que

[7] Seul français Prix Nobel d'économie qui fut, lui aussi, peu cité par les universitaires avant qu'il ne reçût la haute distinction de l'Académie suédoise.

l'innovation, action parfois risquée mais créatrice de richesses à partager entre ce qu'il est convenu d'appeler les parties prenantes. Ce n'est pas de cette rigueur brutale qu'il s'agit ici, en nous appuyant sur la théorie proposée par Bernácer, il s'agit d'une rigueur intégrée dans les réflexes de l'action quotidienne, dans le fonctionnement récurrent du système économique et social, intégrée dans les modèles et outils d'aide à la décision, tant aux niveaux macro que microéconomique. Il s'agit de comportements permettant d'entretenir l'équilibre financier dynamique dans les relations entre les parties prenantes.

L'inflation est un mirage, c'est un masque trompeur, très dangereux, car elle tend à annuler les effets nocifs du *taux d'intérêt réel*, à savoir le taux d'intérêt nominal, déduction faite du taux d'inflation. Toutefois cet avantage est illusoire, car l'instabilité des prix et des taux d'intérêt provoquée par ces ajustements permanents et éphémères rend obscur le chemin à suivre, suggéré par les modèles traditionnels d'aide à la décision économique. Bernácer dénonce, dès la parution de la *Théorie générale* de Keynes, en 1936, le caractère inflationniste chronique induit par le recours imprudemment systématique à l'intervention de l'État, en cas de défaillance de l'initiative privée. En effet, celui-ci ne parvient pas, sur ses fonds propres, à financer en permanence les besoins infinis des acteurs économiques pour assurer la croissance et le développement qualitatif de leur prospérité économique et sociale partagée.

Dans la panique qui saisit le monde entre les deux guerres mondiales du XXe siècle, provoquée par la grande crise de 1929, ainsi que par la montée du fascisme et du nazisme dans certains pays d'Europe, les propositions de Keynes trouvèrent logiquement un écho très favorable et une forte réceptivité des hommes politiques dont le rôle se trouva ainsi revalorisé. En effet, compte tenu des fortes craintes éprouvées par les citoyens et de l'oreille complaisante, parfois peu courageuse de certains gouvernants, ce fut le début de la *croyance*, devenue logiquement très populaire, dans la capacité presque illimitée d'un État à faire face aux besoins de financement, d'investissement et d'impulsion économique permettant d'assurer la prospérité nationale. Keynes trouva ainsi une clientèle intéressée par ses idées de politique économique nationale. Il fut en quelque sorte un « marketteur » efficace de sa propre théorie. Il sut, dans un moment de désarroi et de trouble de l'histoire, s'inspirer des politiques de grands travaux en Italie et en Allemagne, notamment, les théoriser et fournir un cadre conceptuel justifiant la pertinence de l'intervention de l'État qui devint ainsi *opérateur* parmi les autres acteurs économiques. Cela permit aux pouvoirs publics de se substituer à l'initiative et à la régulation défaillantes des entrepreneurs privés, en remettant en cause leur capacité d'initiative créatrice et responsable, en incriminant pêle-mêle les tout petits, petits, moyens, grands ou très grands entrepreneurs. Pourtant, le rôle déterminant de l'entrepreneur dans la dynamique économique avait été mise en valeur par le grand économiste autrichien Joseph Schumpeter, contemporain de Keynes et de Bernácer (ils naquirent tous trois en 1883, année de la mort de Marx), devenu professeur à Harvard, aux États-Unis, peu avant la seconde guerre mondiale.

Le discrédit résultant de l'amalgame entre le capitaliste spéculateur et le capitaliste entrepreneur, le marché spéculatif perverti et le marché de confrontation salutaire de l'offre et de la demande réelles de biens et de services, fut un avatar historique très dommageable. Il convient de le déplorer, comme le firent Bernácer dans l'entre-deux guerres puis François Perroux et Maurice Allais, en France après la seconde guerre mondiale, en critiquant l'inflation chronique instituée par la politique keynésienne. Les préconisations de Keynes séduisirent aussi, parce qu'il offrait un substitut à l'alternative marxiste qui menaçait le monde occidental et l'économie dite libérale, à partir des avancées de l'URSS sur les pays de l'Europe de l'Est et leurs économies nationales, à la suite des Accords de Yalta.

La reconstruction des économies détruites par la seconde guerre mondiale joua également un rôle très important dans la prospérité de cette longue période dénommée les 30 glorieuses, singulièrement en France, en Allemagne, en Angleterre, et dans d'autres pays européens fortement éprouvés par la guerre. La conjonction de la reconstruction et des politiques de facilité de financement de type keynésien fut probablement la cause principale de ces trois décennies de prospérité sans crises majeures et de croissance économique, sans retournement de cycle. Hélas, elle s'accompagna d'une accoutumance à l'inflation permanente qui atteignit des niveaux très élevés à certaines époques de l'après-guerre. Les conséquences du choc pétrolier de 1973 firent bondir le niveau de demandeurs d'emploi en France, de 500 000 à plus de 3 millions, niveau devenu récurrent depuis plus de 30 ans.

Influence de Bernácer sur nos travaux en économie et en sciences de gestion.

La force de la démonstration de Bernácer, au travers de son œuvre pionnière, entre 1916 et 1962 (il mourut en 1965) eut sur mes propres travaux et ceux de l'Institut de Socio-économie des Entreprises et des Organisations une influence considérable. D'un point de vue anecdotique (mais est-ce vraiment une anecdote ?), jamais je ne me résolus à acheter une seule action à la bourse et éprouvai une profonde méfiance à l'égard des fluctuations excessives de prix, de taux d'intérêt et des jeux spéculatifs.

Plus fondamentalement, j'acquis le réflexe, hérité de Bernácer, de raisonner, systématiquement, en termes de dynamique temporelle, en millésimant, en datant, toutes les données et les variables d'analyse économique et organisationnelle, à les étudier en *décomposant le temps en périodes successives*. Cela permet de prendre en compte, l'*effet d'apprentissage*, c'est-à-dire les règles de connaissances acquises au cours de la période précédente et de les intégrer dans la simulation de la période suivante. Cette logique de processus *heuristique* permet d'améliorer la qualité des prévisions lors de la prise de décision. Cette approche des périodes successives, constante dans toute l'œuvre de Bernácer inspira, d'ailleurs, l'économiste anglais Dennis Robertson. Celui-ci reconnut cette influence sur ses propres ouvrages publiés à partir de 1926 et, très explicitement, dans un article publié dans la revue anglaise Economica de février 1940, intitulé « *A Spanish contribution to the Theory of Fluctuations* ».

Une remarquable indépendance d'esprit marque l'ensemble de l'œuvre de Bernácer à l'égard des idéologies établies qui inspirent inévitablement les grands courants de la pensée économique, à savoir l'école classique et ses trois affiliées antagoniques, la critique marxiste, l'école néoclassique libérale puis sa variante keynésienne. Cette indépendance d'esprit a imprimé sa marque sur nos propres travaux et nous a encouragé à adopter délibérément une *posture hétérodoxe.* Celle-ci consiste, comme cela se pratique dans les sciences physiques, de la vie et de la nature, à privilégier l'observation rigoureuse et l'intégration de puissants réflexes épistémologiques dans le processus de travail scientifique, source essentielle de critique reconstructive des théories existantes et de progrès scientifique. Cela permet d'assurer un niveau convenable de qualité intrinsèque, d'utilité sociétale et de crédibilité académique de la recherche.

Nos recherches sur la théorie de Bernácer dont nous livrons dans cet ouvrage les principaux résultats nous permirent d'aboutir à la conclusion qu'il fallait réfuter le bien-fondé des théories imputant aux deux facteurs de production traditionnels,- l'accumulation de capital et la quantité de travail -, la cause de la création de valeur et de croissance économique.

Je consacrai huit années de recherches dans le domaine de la macroéconomie, de l'histoire de la pensée économique et de la théorie des crises, entre 1965 (mort de Bernácer) et 1973 (soutenance à l'Université Paris II Panthéon Sorbonne, de ma thèse de doctorat d'État en sciences économiques), à la découverte de la *Théorie générale de l'emploi, de la rente et de la thésaurisation (double)* de Bernácer. Puis je quittai pour une trentaine d'années la recherche en macroéconomie pour me consacrer à la recherche du facteur de création de valeur, non révélé par les théories établies. Pour ce faire, il fallut pénétrer au sein même des organisations et des entreprises des secteurs privés, publics et associatifs, selon un mode d'investigation extrêmement approfondi et longitudinal, au plus près des activités et des comportements *observables* des acteurs de la production de *valeur économique réelle*. La méthode mise au point consista en recherches, de plus de deux ans pour la plupart, atteignant souvent plus d'une dizaine d'années, voire 27 années pour la plus longue d'entre elles, afin d'*observer*, de *mesurer* et d'*analyser* minutieusement *comment et à quelles conditions* les ressources classiques identifiées, le capital et le travail, génèrent de la valeur ajoutée. Notre objectif était d'observer et d'étudier le mystère de la création de valeur économique ainsi que le processus de sa destruction *partielle due aux dysfonctionnements*. La destruction de valeur économique n'avait pas fait l'objet jusque-là de recherches fondées sur des *observations approfondies* et des analyses robustes, ni de mesures de ces phénomènes méconnus. C'est ainsi que je quittai le niveau d'analyse macroéconomique pour un temps, afin de me consacrer à la recherche en sciences de gestion. Cela me permit d'étayer la remise en question de la théorie simpliste des deux facteurs de production, traditionnellement proposée par la théorie classique et ses trois prolongements (néoclassique, marxiste, keynésien), incapable de rendre compte de la complexité du processus de création de valeur économique.

L'objectif fut de bâtir une théorie, certes ambitieuse mais plus éclairante, des phénomènes qui conduisent à la création de richesse. Cette théorie innovante fut dénommée *théorie socio-économique des organisations*. Il convient d'entendre par *organisation* tout groupement humain et social produisant de la valeur économique, quel que soit le niveau d'analyse auquel on se place. C'est d'abord le niveau de l'entreprise et de l'organisation, publique, parapublique ou privée. C'est aussi le niveau du secteur d'activité, des collectivités et territoires locaux, départementaux, régionaux, nationaux et transnationaux. Ces territoires constituent des ensembles enchevêtrés d'organisations. Territoires et organisations sont caractérisés par l'existence de systèmes de gouvernance et de finalisation de l'activité de ses membres actifs, acteurs de la gouvernance, équipes de direction et de management, ainsi que les personnels de tous niveaux.

La théorie socio-économique des organisations comporte, notamment une *théorie des coûts et performances cachés* que nous avons conçue dès l'origine de ces travaux, en 1973. Il s'agit d'éléments, de données, de variables non mesurées jusque-là, voire réputées non mesurables, selon la littérature en économie et en gestion faisant référence aux théories bien établies de ces deux disciplines. En 1972, des travaux très approfondis de l'équipe d'économétrie de Malinvaud, faisant suite à des travaux d'autres auteurs, ont montré que la part de croissance économique expliquée par les deux facteurs traditionnels, capital et travail, ne représentait que 50 %. Quant à Solow, il évoquait dès 1969 un chiffre de 18 %... La pertinence de la théorie des deux facteurs est remise en cause par l'existence d'un résidu égal ou supérieur à la partie expliquée de création de valeur, selon la théorie des deux facteurs, capital et travail. En effet, le «résidu » r représente, dans la fonction de production Y = f(K*L)+r, l'écart entre la valeur de la production économique et la part expliquée par le niveau de capital et de travail . Nous devions donc essayer d'identifier le mystérieux contenu de ce résidu, d'éclairer cette *boîte noire*. C'est à cela que nous nous sommes employé avec les chercheurs de mon équipe de l'ISEOR, à savoir la détection et le calcul de coûts et de performances, non identifiés par les méthodes d'analyse ni les modèles traditionnels et qui n'apparaissent pas dans les systèmes d'information comptable, privée ou nationale, ni dans les instruments d'aide à la décision. Nous avons dénommé ces éléments *coûts et performances cachés* des organisations. L'analyse des causes de la déperdition de valeurs inexpliquées par les théories dominantes, a permis de construire une théorie, à la fois interprétative et opérationnalisable, du fonctionnement des organisations et de la genèse de leur performance économique. Les coûts cachés atteignent un niveau considérable : *15 000 à 60 000 € par personne et par an,* et comprennent des coûts historiques sans création de valeur ajoutée et des coûts d'opportunité non mesurés, ni par les praticiens dans les organisations, ni par les modèles théoriques existants d'aide à la décision.

L'expérimentation de cette théorie dans un très grand nombre d'entreprises et d'organisations a permis de montrer que ces coûts cachés ne sont pas inéluctables, car il est possible de les convertir en création de valeur ajoutée dans des proportions importantes (de 35 à 55 %), selon la base de données que nous avons élaborée depuis 37 années dans plus de 1200 entreprises et organisations publiques et privées, situées dans plus de 70 secteurs d'activité différents (industries, services lucratifs, services publics), d'un large spectre de tailles (effectif entre 5 et 30 000 personnes) et appartenant à 35 pays différents sur quatre continents. Par analogie avec le principe des économies d'énergie, on peut conclure aujourd'hui que les entreprises et les organisations génèrent une destruction de valeur ajoutée chronique dont une partie peut être évitée grâce à des modes d'organisation et des méthodes de pilotage des activités impliquant davantage le potentiel humain - hommes et femmes – de l'entreprise.

Cette base de données permet de démontrer que les théories établies de la création de valeur économique sont erronées et qu'elles ne résistent pas à l'épreuve d'investigations plus robustes et plus approfondies que les méthodes de recherche usuelles en économie et en gestion, qui sont plus superficielles et utilisent des techniques d'observation trop rudimentaires qui biaisent les résultats de recherche. La mesure, inédite, des coûts cachés des dysfonctionnements ouvre des perspectives considérables. Une analogie peut être tentée avec les recherches sur les économies d'énergie qui ont permis des progrès remarquables depuis une trentaine d'années, grâce à l'attention portée aux causes de déperdition d'énergie et à sa mesure, suivie d'une recherche de modes d'exploitation alternatifs. L'analogie entre les *économies d'énergie* et les *économies de ressources humaines,* dans le processus de production de valeur économique, permet d'éclairer la portée de la théorie des coûts performances cachés, dénommée aussi *théorie socio-économique des organisations*. En effet, l'utilisation des ressources réelles dans la production de biens et de services publics et privés et la non création de ressources potentielles peuvent être assimilées à une évaporation de valeur dans « l'atmosphère économique et sociale », sans utilité pour aucune des parties prenantes. C'est un manque à gagner, sous la forme de *coûts d'opportunité*, de non création de valeur ajoutée qui serait utile dans l'univers économique et social. Cette évaporation de ressources est déraisonnable, si l'on admet que la finalité de l'activité économique, dans un régime démocratique notamment, est de mieux assurer le progrès social pour le bien-être du plus grand nombre.

L'implication de ces découvertes est considérable puisque la théorie socio-économique démontre que toute organisation peut *autofinancer* une partie importante de *son développement*, à l'exception des grands investissements nouveaux, correspondant à de grands projets ou à la mise en œuvre d'*innovations* dites *de rupture* qui exigent, quant à eux, des capitaux considérables en provenance de l'épargne privée, soit sous la forme d'apport de capitaux propres soit par l'endettement. Le recours au marché financier au comptant serait salutaire dans ce dernier cas, car cela contribuerait à un développement macro-économique dépouillé des excès d'inflation et des spéculations toxiques. Cela permettrait aussi de mieux assurer le financement des PME, principale organisation créatrice d'emplois et de valeur ajoutée réelle, ces entreprises étant souvent maltraitées par le marché financier qui préfère le financement massif des grandes entreprises ou les placements parfois aventureux. Un *financement mixte* de la croissance des PME est donc possible. Une partie en serait assurée par l'autofinancement endogène que permet le recyclage de coûts cachés, opération négligée dans les modes de gestion des organisations les plus répandus, du fait de l'ignorance du *gisement* de ressources cachées, partiellement recyclables, qui atteignent un niveau inédit de 15 000 à 60 000 € par personne et par an. L'autre partie du financement mixte serait assurée par un *endettement raisonnable* auprès des banques ou de la bourse, la capacité de remboursement de la PME étant alors accrue, grâce au recyclage des coûts cachés de ses dysfonctionnements.

Après ces découvertes dans le domaine des sciences de gestion, nos recherches nous ont conduit, depuis une dizaine d'années, à revenir vers les niveaux meso et macro-économique, notamment dans le cadre de notre nouveau programme de recherches sur la « *tétranormalisation* ». Celui-ci mobilise un réseau d'une trentaine d'équipes de recherche, en France, en Espagne, au Portugal, en Roumanie, aux États-Unis, au Mexique, en Argentine et au Liban. Notre hypothèse d'*isomorphisme* est née de l'observation de phénomènes identiques ou analogues à différents niveaux d'analyse, (au sein d'une organisation, au niveau de territoires de plus en plus vastes tels qu'une commune, une région, une nation ou un ensemble de nations). Ainsi le modèle de création de valeur au niveau de l'entreprise, d'un secteur d'activité, d'un bassin d'emploi, d'une région, d'une nation ou d'un ensemble de nations repose sur un isomorphisme, à savoir que la *valeur ajoutée sur coût variable* calculée dans une entreprise, à partir de sa comptabilité est de même nature que le *PIB* national ou régional. De même le principe d'isomorphisme laisse entrevoir que la théorie des coûts performances cachés permet de tracer et d'éclairer de nouveaux chemins pour les politiques, non seulement d'entreprises, mais aussi sectorielles et nationales, en réduisant le niveau des dysfonctionnements qui absorbent une part importante des ressources, sans créer de valeur ajoutée en contrepartie. Les expériences montrent qu'il est possible de récupérer une part significative (35 à 55%) de valeur économique, précieuse pour le développement et la création d'emplois. La presse économique commence à se faire l'écho de « macro coûts cachés » d'une valeur de plusieurs centaines de millions d'euros en France, s'agissant de médicaments achetés, financés par la Sécurité Sociale et non consommés.

Nos recherches dans le domaine de la macro-économie, nous ont fourni la grille de lecture qu'offre la théorie très innovante de Bernácer, singulièrement hétérodoxe et sans complaisance vis-à-vis des théories plus établies. François Perroux, notre deuxième inspirateur dans le domaine de l'économie, fit connaître Bernácer en France, lors d'une conférence à Paris, en 1952. Il me suggéra le sous-titre de mon livre sur Bernácer, paru dans la collection *Les grands économistes* chez Dalloz en 1975 : « *L'hétérodoxie en science économique* ». C'est grâce à cette posture hétérodoxe acquise en étudiant l'œuvre de Bernácer et en la comparant à celle de ses contemporains, économistes renommés de différent courants de pensée, que nous avons eu la force et l'audace de braver les risques que constitue la réfutation de « monuments historiques » tels que la fonction de production et la théorie des deux facteurs, capital et travail. Celle-ci est en effet, explicitement ou en filigrane, enracinée dans les différents courants de pensée et les théories classique, néoclassique et keynésienne. De même, bien que reprise sous une autre terminologie, le courant marxiste adhère, lui aussi, à la théorie des deux facteurs.

Nous devons remercier le physicien Germán Bernácer, d'avoir, certes, enseigné toute sa vie la physique, mais surtout d'avoir consacré l'essentiel de sa recherche scientifique au domaine de l'économie. Il pensait en effet que l'activité économique et sociale avait davantage besoin de sa contribution de chercheur que les sciences physiques déjà investies par de nombreux savants. Il est d'ailleurs remarquable que Maurice Allais, Prix Nobel français d'économie, fut aussi un physicien éminent.

Nommé à la Direction des Études de la Banque d'Espagne pendant la seconde République espagnole, Bernácer disposa, de ce fait, d'un observatoire très éclairant, véritable laboratoire pour alimenter, appuyer, affiner et valider la théorie qu'il forgeait en combinant sa carrière d'enseignant de physique et la Direction des Études de la Banque d'Espagne, car il fut ainsi, en prise directe avec l'environnement économique et social de son époque, entre 1933 et sa retraite en 1956/1962.

Éviter les vaines querelles entre les vieilles idéologies, du libéralisme outrancier, du marxisme failli, ou du keynésianisme imprudent et dans l'impasse, telle est la raison d'être de cette réédition du livre sur la théorie pionnière de Bernácer. Cette introduction est destinée à en montrer le caractère très actuel, dans le contexte de crise aigüe qui bouleverse l'univers économique et social, ainsi que nos travaux innovants qui ont permis de prolonger la théorie de Bernácer, de l'approfondir et de l'opérationnaliser.

Professeur Henri Savall

IAE Lyon, Université Jean Moulin

Président fondateur de l'Institut de Socio-économie des Entreprises et des Organisations (ISEOR)

Lauréat, avec la Professeure *Véronique Zardet*, de l'Académie des Sciences Morales et Politiques (INSTITUT DE FRANCE) « *pour leurs travaux sur l'intégration des variables sociales dans les stratégies.* »

BIBLIOGRAPHIE COMPLÉMENTAIRE DE LA DEUXIÈME ÉDITIION (2012)

ALLAIS M. (2008). Comment vivre ensemble : conditions économiques et sociales pour la démocratie, in XI° Journée François Perroux 2008, Iseor éditeur.

ALMENAR PALAU S. (1983). *Bernácer G., Robertson D.H., Keynes J.M.: Una encrucijada de la teoría del desequilibrio económico.* Cahier de Recherche, Universidad de Valencia.

ANSOFF I. (1981). Préface à la traduction anglaise du livre de H. SAVALL « *Work and people. An economic evaluation of job-enrichment* », Oxford University Press, New York, 216 p; 2ème edition, Information Age Publishing, Charlotte (USA), 2009.

BARRE R., BLARDONE G., SAVALL H. (coord.) (2005) *François Perroux : le centenaire d'un grand économiste,* Economica.

BERNÁCER G. (1958). Riesgo y Ventura del mercado común. *Revista "Información"*. Bilbao.

BOIANOVSKY M. (2007). BERNÁCER G. In *The New Palgrave Dictionary of Economics*, edited by Lauwrence E. Blume and Steven N. Durlauf. 2nd ed. London : Palgrave Macmillan ; online : 2008.

BOIANOVSKY M., DAR H., PRESLEY J. R. and BRAÑAS GARZA P. (2006). Cambridge and the Spanish Connection: The Contribution of Germán Bernácer. *History of Political Economy* 38:3. Duke University Press, USA.

BOJE D., ROSILE G.A. (2003). *Comparison of Socio-Economic and other transorganizational development methods*, Journal of Organizational Change Management, Emerald.

BONNET M., CRISTALLINI V. (2003). *Enhancing the efficiency of networks in an urban area through Socio-Economic interventions*, Journal of Organizational Change Management, Emerald.

BUONO A.F. (2003). *SEAM-less post-merger integration strategies: a cause for concern*, Journal of Organizational Change Management, Emerald.

BUONO A.F., SAVALL H. (ed.) (2007). *Socio-economic intervention in organizations : the intervener-researcher and the SEAM approach to organizational analysis.* IAP (USA)

CID R. (2011). *Bernácer G. y las crisis económicas*, Le Monde Diplomatique, édition espagnole.

DELORS J., (1975). Préface à l'ouvrage de H. SAVALL « *Enrichir le travail humain : l'évaluation économique* », Dunod, 232 p.

FERNÁNDEZ DÍAZ A. (1983). Regards sur la pensée économique espagnole, *Revue Économique*, N°4

FREYRE J.F. (1957). Review of *Una economía libre sin crisis y sin paro*, by Germán Bernácer. *American Economic Review* 47.3:436-38.

MARTÍN ACEÑA P. *El servicio de Estudios del Banco de España 1930/2000*, ed. Banco de España, Madrid.

MARTÍNEZ GARCIA E. (2009). *Bernácer G. "Functional doctrine of Money"*, Federal Reserve of Dallas.

PÉRON M., PÉRON M. (2003). *Post-modernism and Socio-Economic approach to organizations*, Journal of Organizational Change Management, Emerald.

PERROUX F. (1972). *Pouvoir et économie*, Dunod, 140p.

PERROUX F. (1979). *L'entreprise, l'équilibre rénové et les coûts « cachés »*, Préface à l'ouvrage de H. Savall « *Reconstruire l'entreprise. Analyse socio-économique des conditions de travail* », Dunod.

PRESLEY J.R. (1989). KEYNES J.M. and ROBERTSON D. H.: Three Phases of Collaboration. *Research in the History of Economic Thought and Methodology* 16 (November). 31-49.

RUIZ G. (1984). *Germán Bernácer: Un economista anticipativo*. Madrid: Pirámide.

RUIZ G. (Julio-Diciembre 1983). El sistema de pensamiento de Germán Bernácer Tormo (1883-1965). *Pensamiento Iberoamericano : Revista de Economía Política.*

SALERA V. (1947). Review of La doctrina funcional del dinero, by Germán Bernácer. American Economic Review 37.1:221-23.

SÁNCHEZ MONLLOR M. (2002). Bernácer: el economista-humanista, in SÁNCHEZ MONLLOR M. (coord.) (2005), *En torno en la Obra y Figura del Economista Germán Bernácer*. CAM, Alicante.

SAVALL H. (1974). *Avant Keynes et au-delà : Germán Bernácer , économiste espagnol, revu Mondes en développement, n°5.*

SAVALL H. (1974, 1975). *Enrichir le travail humain : l'évaluation économique*, thèse Université Paris IX-Dauphine; texte intégral publié chez Dunod; 4° édition augmentée, Economica, 1989, 275p. Traduit en anglais: *Work and people: an economic evaluation of job enrichment*, Oxford University Press (1°.éd. 1981); 2°éd. IAP (USA) (2010); en espagnol: *Por un trabajo más humano*, Tecniban, Madrid, (1°éd. 1977); 2° éd., IAP (USA) (2011).

SAVALL H. (Coord.) (1978). *Aspects humains et sociaux de l'économie industrielle*, Revue d'Économie Industrielle.

SAVALL H. (1978). Article « Bernácer » in *Encyclopédie de l'Économie*, Paris : Larousse

SAVALL H. (1979). *Reconstruire l'entreprise. Analyse socio-économique des conditions de travail*, Préface de François Perroux, Paris, Dunod.

SAVALL H. (1983). *Germán Bernácer. La heterodoxia en la economía.* Instituto de Estudios Alicantinos, Alicante (Espagne).

SAVALL H. (1987). Les coûts cachés et l'analyse socio-économique des organisations. *Encyclopédie du management*. Economica

SAVALL H. (2003). *An update presentation of the Socio-Economic Management model and : International dissemination of the socio-economic model,* in SAVALL H. (ed.), *Socio-Economic Approach to Management.* Journal of Organizational Change Management, Emerald.

SAVALL H. (2010), Bouleversement des normes et pilotage stratégique des organisations : menaces et opportunités in BESSIRE, CAPPELLETTI, PIGÉ (coord.) *Normes : origines et conséquences des crises.* Economica

SAVALL H. (1975). G. Bernàcer *: L'hétérodoxie en science économique*, Dalloz, Collection Les Grands Économistes.

SAVALL H. et ZARDET V. (1987). *Maîtriser les coûts et les performances cachés. Le contrat d'activité périodiquement négociable,* Éditions Economica, Prix Harvard l'Expansion de Management Stratégique, 5e édition 2010.

SAVALL H. et ZARDET V. (1992). *Le nouveau contrôle de gestion. Méthode des coûts-performances cachés*, Éditions comptables Malesherbes-Eyrolles.

SAVALL H. et ZARDET V. (1994). *Performance économique et engagement social de l'entreprise : jusqu'où est-ce compatible ?*, Revue Stratégies Ressources Humaines, n° 9, p. 30-38.

SAVALL H. et ZARDET V. (1995, 2° édition 2005). *Ingénierie stratégique du roseau, souple et enracinée*, Editions Economica.

SAVALL H. et ZARDET V. (1995). *Management socio-économique de l'entreprise : ou comment régénérer confiance et performances*, in Confiance, entreprise et société, ouvrage collectif, Editions Eska, p. 163-179.

SAVALL H. et ZARDET V. (2004). *Recherche en sciences de gestion, approche qualimétrique : observer l'objet complexe,* préface de David Boje (États-Unis), *Economica.*

SAVALL H. et ZARDET V. (2005). *Tétranormalisation, défis et dynamiques*, Economica

SAVALL H., ZARDET V. (coord.) (2007). Evaluación de desempeño y gestión socioeconómica. Gobierno de Yucatán, UAM, Iseor

SAVALL H., ZARDET V. (2008). *Le concept de coût-valeur des activités. Contribution de la théorie socio-économique des organisations*, Revue Sciences de Gestion-Management Sciences- Ciencias de Gestión n°64

SAVALL H., ZARDET V., (2008). *Mastering Hidden Costs and socio-economic performance*. IAP (USA)

SAVALL H., ZARDET V., (2008). *Tétranormalisation et nouvelles règles du jeu : contribution de la théorie socio-économique,* in XI° Journée François Perroux, Iseor éditeur.

SAVALL H., ZARDET V., (2009). Ingeniería estratégica. Un enfoque socioeconómico. UAM, México.

SAVALL H., ZARDET V., (2010). Tétranormalisation : origine, cheminement et portée du concept, in Bessire, Cappelletti, Pigé (coord.) *Normes : origines et conséquences des crises*. Economica

SAVALL H., ZARDET V., (2011). Contribution de la théorie socio-économique des organisations à la poursuite et valorisation de l'œuvre de François Perroux au XXI° siècle, in d'Hombres, Savall, Gabelieri (coord.) *Humanisme et travail chez François Perroux*. Economica

SAVALL H., ZARDET V., (2011). Le management de la responsabilité sociale de l'entreprise par les indicateurs, in Trébulle et Uzan *Responsabilité sociale des entreprises : regards croisés Droit et gestion*, Economica.

SAVALL H., ZARDET V. (2011). *Qualimetrics approach ; Observing the Complex Object*. IAP (USA)

SAVALL H., ZARDET V. (coord.) (2011). *Réussir en temps de crise : stratégies pro-actives des entreprises,* Economica.

SAVALL H., ZARDET V., BONNET M. (2000, 2°édition 2008). *Releasing the untapped potential of enterprises trough Socio-Economic management*, ILO-BIT, Genève (cf. aussi versions française et espagnole : *Libérer les performances cachées des entreprises par un managemnt socio-économique, Mejorar los desempeños ocultos de las empresas a través de una gestión socioeconómica*).

SAVALL H., ZARDET V., BONNET M. (2009). Théorie socio-économique et tétranormalisation : perpétuer l'œuvre de François Perroux, in KALIKA M. (coord.) *Les hommes et le management : des réponses à la crise*, Economica, 2009.

SAVALL H., ZARDET V., BONNET M. (2011). RSE et développement durable, fondements de la théorie socio-économique des organisations, in BARTHE et ROSÉ (coord.) *RSE entre globalisation et développement durable*. De Boeck.

SAVALL H., ZARDET V., PÉRON M. (2011). The « Evolutive » and Interactive Actor Polygon in the Theater of organizations. In BOJE D. (ed.) *Storytelling and the Future of organizations. An Antenarrative handbook*. New Yord : Routledge.

VILLACÍS GONZÁLEZ J. (1983). "La Teoría del l Interés y el Dinero en Germán Bernácer" Revista de Hacienda Pública. Instituto de Estudios Fiscales. Madrid. Pp. 167-195.

VILLACÍS GONZÁLEZ J. (Julio-diciembre 1984). El Paralelismo entre Prados Arrarte y Germán Bernácer en la Macroeconomía. Revista de Pensamiento Iberoamericano n° 6.

VILLACÍS GONZÁLEZ J. (Julio 1986). La Macroeconomía de Germán Bernácer, Boletín ICE. n° 2043. PP 2348-2355.

VILLACÍS GONZÁLEZ J. (1986). El Error de la Ecuación de la Macroeconomía y de la Teoría Cuantitativa Boletín ICE Noviembre.n°2059, 1986, PP 3835-3838.

VILLACÍS GONZÁLEZ J. (1986). Macroeconomía y Política Fiscal en la Teoría de las Disponibilidades. Revista de Derecho Financiero y Hacienda Pública. Volumen XXXVI. Número 186.Noviembre y diciembre. Madrid. Pp. 1337-1371.

VILLACÍS GONZÁLEZ J. (Marzo 1987). Una Teoría de los Ciclos a la Luz de la Teoría de las Disponibilidades. Boletín ICE n° 2074, PP.

VILLACÍS GONZÁLEZ J. (Marzo 1988). Una Teoría del Interés a la Luz de la Teoría de las Disponibilidades. Boletín ICE 21- 27 de marzo n° 2126, PP. 1085-1092.

VILLACÍS GONZÁLEZ J. (1992). Análisis Macroeconómico Histórico y Actual de la Teoría de las Disponibilidades en Germán Bernácer. En Revista de Derecho Financiero y de Hacienda Pública. Vol.XII. Madrid. pp. 1323-1371.

VILLACÍS GONZÁLEZ J. (1993). *Germán Bernácer, el origen de la macroeconomía en España. Polémica Keynes-Bernácer*. Madrid : Paraninfo. Traduit en anglais et préfacé par SAMUELSON P.

VILLACÍS GONZÁLEZ J. (September 2009). *Dynamic Theory of the Money Market, Disposable Money and Interest.* in Journal of Business and Economics Research; volume 7, Number 9; ISSN:1524-4448; published by Clute Institute for Academic Research.

WALLICH H. (1947). Review of *La doctrina funcional del dinero*, by Germán Bernácer. *Review of Economic Statistics* 29.1:65-66.

YVARS B. (2000). *La pensée économique espagnole dans l'Espagne autarcique (1939-1959)*. Document de travail du Centre d'Économie du Développement, Université Montesquieu Bordeaux IV (France). N°51.

ZARDET V., BONNET M. (2008). Partenariat Public-Privé, in Association des Amis de François Perroux, *Comment vivre ensemble : conditions économiques de la démocratie*, Iseor éditeur.

ZARDET V., BONNET M. (2010). Intensification actuelle de la tétranormalisation : risques et bonnes pratiques émergentes in BESSIRE, CAPPELLETTI, PIGÉ Normes : Origines et conséquences des crises, Economica.

ZARDET V., VOYANT O. (2003). *Organizational transformation through the Socio-Economic approach in an industrial context*, Journal of Organizational Change Management, Emerald.

CD-Rom sur les Archives de Bernácer, Caja de Ahorros del Mediterráneo, Alicante. (Espagne)
Site web sur Bernácer : http : www.euce.es/g_bernácer.htm
Site Web ISEOR : http : www.iseor.com

INTRODUCTION TO THE SECOND EDITION (2012)

WHY PUBLISH THIS WORK ON GERMÁN BERNÁCER, THE GREAT PIONEERING SPANISH ECONOMIST NOW?

Understanding the crisis to return to prosperity

The current crisis is not transitory. It is a profound upheaval which will upset our economic and social benchmarks for a long time to come. The structures and behaviour patterns for tomorrow need to be invented today because the road to durable prosperity will be a long haul. This is an exceptional opportunity. The spectacular effects such as bankruptcies, frauds, dismissals, etc. of the current crisis were fortunately attenuated by *financial first aid*. The fire is out but still smouldering because the fundamental causes of economic and social imbalances have not been treated.

Increasingly, expert voices are making themselves heard to encourage us to think about the deep sense of this mega-crisis. Sociologist Alain Touraine analyzed "the crisis and the double death of all that is social"[1]. Guy Sorman invoked the parable of Saint-Simon or the Disillusioned States[2]. A recent book by Nobel Economy Prize winner Joseph Stiglitz notes today's "triumph of cupidity"[3], another by philosopher Michel Serres is called "Times of Crises"[4]. Every day, opinions are expressed in the media, popularizing works, erudite publications, critical opinions sometimes accompanied by proposals which deserve the attention of public and private sector decision makers, company directors, management, personnel… and citizens.

We believe that trends in thought are strong signals of a vast decennial movement and a host of innovations which will impact all aspects of economic and social life within all organizations, markets and territories – in fact the whole of society.

This is the conclusion of our recent research on the worrying phenomena of *tetranormalisation*[5], heralding the current crisis. This forecast has also resulted from the innumerable experiments of ISEOR researchers in firms and organizations over the last 37 years on the beneficial and encouraging results of an innovative management system integrating social variables and economic performances. Our very first research led us to an extraordinarily original pioneering theory by a somewhat unknown Spanish economist[6], the neglected inspirer of the world known Keynes. In an article written in 1922 Germán Bernácer proposes an explanation of recurring crises, congenital with the existence of speculative markets like property and works of art, long term financial forward markets, commercial

[1]Le Figaro of March 1, 2010

[2]Le Monde of March 2, 2010, article subtitled "the displacement of power towards a world in which economics and business deprive governments of their influence"

[3]Editions Les Liens qui Libèrent (LLL), 2010

[4]Editions Le Pommier, 2009

[5]H. Savall, V Zardet " *Tetranormalisation; challenges and dynamics*", Economica, 2005. Tetranormalisation refers to the avalanche of contradictory standards, grouped into in four principal themes which disturb the operation of the economic and social universe and delay decisions needed to protect business and citizens

[6]" *G Bernácer: Heterodoxy in economic science*, Collection des Grands Économistes, Dalloz, 1975

trading (materials, energy....). These speculative markets abound in financial capital, attract and capture it. This capital then lacks in production sectors where real value is created and *drain their financing*.

History repeats itself… 1929… 2007, 2008…, 2012.

The economic crisis, of an unexpected acuity and magnitude, worse than ever before, calls for major reflexions and actions to avoid planetary catastrophe or economic and social melt-down in most countries where the effects of a global economy are intense.

Germán Bernácer has a luminous, fundamental and original explanation of the origin of crises and how to avoid them, supported by many years of research and observation as the Research Director of the Bank of Spain.

Now nobody dares advocate a return to a planned, centralized economy as it failed during the fall of the Berlin Wall in 1989.

Now everyone feels the ferocity of the aberrant attacks that destroy jobs, economic prosperity and social wellbeing, dangerous for political democracy and caused by the uncontrolled excesses of the financial hurricanes which periodically wreak havoc on the real economy, revealing the cynical arrogance of the excesses of chaotic speculative markets.

Now when most States are bankrupt (recurring deficits and over-borrowing) we are sometimes tempted to rely on the illusory Keynesian promise of a Welfare State able to help poor, defenceless citizens. It is important in this context to shine the light of the robust theory forged by Germán Bernácer on the structural and chronic explanation of crises. This calls for more radical and more durable economic and financial policies than vain monetary manipulations or the ineffective gesticulations aimed at the polemical regulation of the outrageous speculative activities of the financial markets.

A visionary, equipped with a rigorous scientific method, inherited from his training as physicist (he taught physics all his life), Bernácer published, as early as 1916, a work entitled "*Society and happiness. An essay in social mechanics*". A few years later, in 1922, he published his famous article on *the theory of availabilities* as an explanation of economic crises and a social problem, namely unemployment. This article inspired some reputed Anglo-Saxon and German economists. Long before Keynes' *"General Theory"* (1936), he laid the foundations for modern macro-economic theory: the functional theory of money, a synthetic and functional theory of interest rates and a fundamental theory of economic crises which he states are due to the existence of *speculative markets for goods producing revenue*, i.e. goods which provide incomes without the counterpart of work, nor entrepreneuring risk, nor creation of real value added, the revenue to be shared between the economic and social parties.

It is true that some aspects of Bernácer's economic policy recommendations may appear utopian or too radical at first sight. For example the elimination of stock markets and interest. However, the prolongation of the demonstration made by Bernácer, the inevitable chronic instability and under-employment due to the existence of these revenue-producing goods, recurrently impacted by speculation and typically found in financial, real estate, art work, raw materials and energy markets and particular in long term markets, suggests, in 2012, a powerful direction that could meaningfully be explored to inspire more effective and efficient economic and financial policies at national and international levels.

Bernácer shows that interest rates are a chronic cause of inflation and that they artificially increase the cost of financing the real economy, without contributing any effective counterpart to economic and social activity.

He recommends low interest rates, correlated with inflation rates lower than those observed, even zero rate interest, for some activities privileged by national or international social policies or to finance structural projects. In addition, we suggest, based on Bernácer's very convincing demonstration of the origin of the succession of chronic, recurring and cyclic crises whose most disastrous effects are unemployment and latent under-employment, to abolish or strongly restrict medium and long term financial markets as being excessively speculative as well as raw materials and energy trading markets.

In short, the elimination of speculation would significantly contribute to supporting economic and social development and make it possible to direct resources towards activities truly creating value added to be shared between all participating parties.

The elimination of speculation would also make it possible to avoid the recurring financial "bubbles" which accompany world level business cycles, at more and more frequent intervals.

Well before Maurice Allais[7]'s works, Bernácer proposed *a general theory of employment, revenue and (double) hoarding*, based on the idea that rigour in the financial management of economic and social activities, a balanced budget and price stability are factors contributing to durable economic prosperity, safeguarding the level of employment, encouraging the creation of new jobs, new products and new wealth.

In the current debate, some prefer demagogic facility and "short term action" with recourse to increasing money supply, which worsens the debt position of the States and the public administrations and increases the finance charges of companies as they resort to expensive day to day borrowings to finance working capital.

---

[7] The only French Nobel Economics Prize Winner who was also shunned by academics before he received the Swedish Academy award.

To that is added demagogic recourse to “the Mint” (systematic budget deficits) . States and national and international central banks acknowledge their incapacity to explain to their citizens the need for "good housekeeping" with balanced budgets - the source of ethical behaviour, social justice and confidence by savers, great and small.

What we currently call austerity plans are only palliatives applied with detrimental brutality, due to the accumulation of long periods of inaction and repeated drifts. For many years, even several decades, budgetary and monetary carelessness was privileged by States and a great number of players in the economy who all preferred easy living and speculation rather than sometimes risky innovation, but creative of wealth to be shared between participating parties.

Here we are not advising brutal rigour, but, based on the theory suggested by Bernácer, a rigour integrated into the reflexes of everyday life, in the recurring operation of the economic and social system, built into decision-making models and tools, on both macro- and micro-economic levels. This behaviour would make it possible to maintain a dynamic financial balance in relationships between participating parties.

Inflation is a very dangerous mirage, a misleading mask, because it tends to hide the harmful effects of *the effective interest rate*, i.e. the nominal interest rate after deduction of the rate of inflation. However this advantage is illusory, because unstable prices and interest rates caused by continuous and ephemeral adjustments make it difficult to discern the path to follow, suggested by the traditional economic decision-making models.

As soon as Keynes published his "*General Theory*", in 1936, Bernácer denounced its chronic inflationary nature induced by the imprudently systematic recourse to State intervention in the event of failure of private ventures. Indeed, private ventures cannot, with their own capital, continually finance the infinite needs of all the economic players to ensure the growth and qualitative development of their shared economic and social prosperity.

In the panic which seized the world between the two world wars in the 20th century, caused by the slump in 1929, and the rise of Fascism and Nazism in some European countries, Keynes proposals logically found a very favourable echo with politicians as their role was enhanced. Indeed, due to the strong fears of the citizens and the complicity and sometimes cowardice of the politicians, this was the beginning of the belief, logically very popular, in the almost unlimited capacity of a State to pay for the financing, investment and economic drive needed to ensure national prosperity. Keynes thus found 'customers' for his "national economic policy" ideas. He was to some extent a very effective "marketer" of his own theory as, in a time of distress and disorder, his ideas inspired the "structural works" policies, in particular in Italy and Germany, providing a conceptual framework justifying the relevance of the intervention of the State which thus became an *operator* with the other economic players. The authorities assumed the initiative and regulation that the private sector failed to provide and questioned private sector ability to undertake creative and responsible initiatives, indiscriminately incriminating very small, small, medium, large and very large businesses.

However, the decisive role of the private sector in economic buoyancy had been demonstrated by the major Austrian economist Joseph Schumpeter, a contemporary of Keynes and Bernácer (all three were born in 1883, the year Marx died). Schumpeter became a professor at Harvard, just before WW2.

The discredit resulting from the amalgam between speculative and entrepreneurial capitalists, the perverted speculative market and the real market i.e. the healthy confrontation of supply and demand for goods and services, was a very damaging historical misadventure.

Bernácer deplored this state of affairs in the interwar period followed by François Perroux and Maurice Allais in France after WW2, criticizing the chronic inflation caused by Keynesian policy. Keynes' recommendations were also attractive as they offered an alternative to Marxism and centrally-run national economies like the USSR influence invading Eastern Europe, following the Yalta Conference. These ideas were believed to threaten the Western world and the "liberal" economy. The rebuilding of the economies destroyed by the Second World War also played a very significant role in the prosperity of this long period called the "30 glorious years" in France, Germany, the UK and other European countries ravaged by the war.

The conjunction of rebuilding and Keynesian "easy financing" policies was probably the main cause of these three decades of prosperity and economic growth without major crises and with no cyclic reversals. Alas, it was accompanied by habituation to permanent inflation which reached very high levels at certain times during the post-war period. The consequences of the oil crisis in 1973 led to an increase in unemployment in France from 500,000 to over 3 million. It has remained at this level since then.

The influence of Bernácer on our work in economics and management sciences.

The force of Bernácer's demonstration through his pioneering work between 1916 and 1962 (he died in 1965) had a considerable influence on my own work and that of ISEOR (the Institut de Socio-économie des Entreprises et des Organisations). From an anecdotic point of view (but is this really an anecdote?), I have personally never bought a single share on the Stock Market and have always been deeply mistrustful about excessive fluctuations in prices, interest rates and speculative ventures. More basically, I acquired the reflex, inherited from Bernácer, of systematically reasoning in terms of temporal dynamics by vintage, dating all economic and organisational analysis data and their variables to study them by *breaking down time into successive periods*. This makes it possible to take into account *the learning effect,* i.e. the rules of knowledge acquired during a previous period to integrate them into the simulation for a subsequent period. This *heuristic* logic process makes it possible to improve the quality of forecasts when making decisions. This "successive period" approach, a constant in all Bernácer's work, also inspired British economist Dennis Robertson. He acknowledged this influence on his own works published after 1926 and, very explicitly, in an article published in the English review "Economica" in February 1940, entitled "*A Spanish contribution to the Theory of Fluctuations*". Bernácer 's work is hallmarked by a remarkable independence of mind with regard to the established ideologies which inevitably inspired mainstream economic thought, namely the traditional school and its three antagonistic affiliates, Marxist criticism, the liberal neo-classical school and its Keynesian alternative.

This independence of mind has hallmarked our own work and encouraged us to adopt a deliberately *heterodox posture.* This consists, as in physical, life and natural sciences, in privileging rigorous observation and the integration of powerful epistemological reflexes in the scientific work process, the essential source of reconstructive criticism of existing theories and scientific progress, ensuring a suitable level of intrinsic quality, societal utility and the academic credibility of the research. Our research on the theory of Bernácer, the main results of which are given in this document, led us to the conclusion that we should refute the cogency of theories imputing the cause of the creation of value and economic growth to the two traditional production factors - the accumulation of capital and the quantity of work.

I devoted eight years of research between 1965 (death of Bernácer) and 1973 to exploring Bernácer's *General Theory of Employment, Revenue and hoarding (double)*in the fields of macroeconomics, the history of economic thought and the theory of crises, which included my State doctoral thesis in economic sciences at the University Paris II Pantheon Sorbonne.

Then for about thirty years I left macroeconomic research and turned to research on the value creation factor, not addressed by established theories. To do this, I had to work inside organizations, private firms and public and associative sectors, using an extremely thorough and longitudinal investigatory method, close to their activities and the *observable* behaviours of all participants in the production of *real economic value*. The method developed consisted in research programmes, most lasting over two years and often over ten years - and 27 for the longest - to *observe*, *measure* and *analyze* in detail *how and in what conditions* the usually identified classic resources - capital and labour - generate value added. Our objective was to observe and study the mystery of the creation of economic value as well as the process of its *partial destruction by dysfunctions*. The destruction of economic value had not, at that time, been researched through *in-depth observations* and robust analyses, nor through measurements of these misunderstood phenomena. I left the macroeconomic level of analysis for a time for management sciences research. That enabled me to find more evidence to question the simplistic theory of the two factors of production, traditionally suggested by classical theory and its three prolongations (neo-classic, Marxist, Keynesian), and their inability to account for the complexity of the economic value creation process.

Certainly ambitious, but enlightening, the objective was to build a theory of the phenomena which lead to the creation of wealth. This innovative theory was called the *socio-economic theory of organizations*. *Organization* means any human and social grouping producing economic value, whatever the analytical level adopted. The first level is a business company or a public, semi-public or private organization. It can also be the level of an industrial sector, local communities or departmental, regional, national and transnational territories. These territories constitute tangled sets of organizations. Territories and organizations are characterized by the existence of systems of governance and finalization of their activity by its active members, participants in governance, directorial and management teams and personnel of all levels. The socio-economic theory of organizations contains, in particular, *a theory of hidden costs and performances* which we originated in 1973. These are elements, data, variables not previously measured - and even said to be unmeasurable by the economic and management literature dedicated to the well established theories of these two disciplines.

In 1972, the in-depth work of the Malinvaud econometrics team, following the work of other authors, showed that two traditional factors, capital and labour, only explain 50% of economic growth. In 1969 Solow already referred to a figure of 18%...

The relevance of the two factor (capital and labour) theory is called into question by the existence of a remainder equal to or greater than the part of value creation they explain.

Indeed, the "remainder" R represents, in the production function $Y = f(K*L)+r$, the difference between the economic value of production and the part explained by capital and work.

Our aim was to identify the mysterious contents of this remainder.

My ISEOR research team's programme was the detection and calculation of costs and performances unidentified by traditional analytical methods and models and which were not shown in private or national sector accounting information systems nor in decision-making assistance tools. We called these elements the *hidden costs and performances* of organizations. The analysis of the causes of the loss of value unexplained by the dominant theories made it possible to construct an interpretative and operational theory of the way organizations operate and generate their economic performance. Hidden costs can be very high – from *15,000 to 60,000 € per person per year* and include historical costs which do not create value added and opportunity costs unmeasured by experts in the organizations and by existing theoretical models designed to assist with decision-making. Applying this theory in a very great number of firms and organizations has shown that these hidden costs are not inevitable, because according to the data base we have built up for the last 37 years in over 1,200 firms and public and private sector organizations, in more than 70 different branches of industry (industries, profit-making services, public services), of many different sizes (employing from 5 and 30,000 people) in 35 different countries on four continents, it is possible to convert significant proportions of them (from 35 to 55%) into value added creation.

By analogy with the principle of energy saving, we conclude that firms and organizations generate a chronic destruction of value added of which a part can be avoided by organisational methods and activity control methods mobilising corporate human resources to a greater degree.

This data base makes it possible to show that the established economic value creation theories are erroneous and do not resist more robust and in-depth investigations than those usually used in economics and management research, which are more superficial and use very rudimentary observation techniques which distort the research results.

Our new measurement of the hidden costs of dysfunctions opens significant horizons.

The analogy is research into energy saving which has enabled remarkable progress over the last thirty years thanks to the attention paid to the causes of energy losses and their measurement, followed by a quest for alternative operating modes. The analogy between *energy saving* and *savings in human resources,* in the economic value production process, makes it possible to clarify the scope of the hidden performances costs theory, also called the *socio-economic theory of organizations.*

Indeed, the use of real resources in the production of goods and public and private services and the non-creation of potential resources can be compared to evaporation of value into "the economic and social atmosphere" - of no use to any of the participating parties.

The failure to create value added is a loss of earnings, in the form of *opportunity costs,* which would be useful in the economic and social universe. This evaporation of resources is unreasonable, if it is accepted that the finality of economic activity, particularly in a democratic regime, is to ensure social progress for the wellbeing of the greatest number.

The implication of these discoveries is considerable since socio-economic theory shows that any organization can *finance* a significant part of *its development*, except for large-scale new investments, corresponding to structural projects or the implementation of *break-through innovations,* which require considerable capital investment from private savings, either through stockholder equity or debt. Recourse to the cash money market would be sensible in this latter case as it would contribute to a macro-economic development stripped of excesses of inflation and toxic speculation. This would also ensure better financing of SMEs, which create most new jobs and real value added, these firms often being badly treated by the money market which prefers massive financing of big companies or speculative investments.

Mixed financing of the growth of SMEs is possible.

One part would be ensured by self-financing enabled by hidden cost recycling, a possibility neglected by the management methods most frequently used in organizations, because of ignorance about *the availability* of hidden resources, which can be partially recycled, valued at between 15,000 and 60,000€ per person per year.

The other part of the mixed financing would be ensured by *reasonable borrowings* from banks or the Stock Exchange, the reimbursement capacity of the SMEs being increased, due to the recycling of the hidden costs of their dysfunctions. After these discoveries in the field of management sciences, our research has led us back, over the last ten years, to meso- and macro-economic levels, in particular within the framework of our new research program on "*tetranormalisation* ". This program mobilizes a network of about thirty research teams in France, Spain, Portugal, Romania, the United States, Mexico, Argentina and the Lebanon.

Our assumption of *isomorphism* was born from the observation of identical or analogous phenomena at different levels of analysis - within an organization, on the level of increasingly vast territories such as a municipality, a region, a nation or a set of nations. The value creation model on the level of a firm, an industrial sector, a job catchment area, a region, a nation or a set of nations is isomorphic. The *value added over variable cost* calculated in a firm from its accounts is of a comparable nature to the *GDP* of a region or a nation.

In the same way the principle of isomorphism seems to indicate that the theory of the hidden costs and performance makes it possible to trace and clarify new paths for policies, not only for firms, but also for sectors and nations, by reducing the dysfunctions which absorb a significant part of resources without creating a counterpart in value added. Experience shows that it is possible to recover a significant part (35 to 55%) of the economic value, invaluable for development and job creation.

The French economic press is starting to discuss the "macro hidden costs" of prescription drugs, financed by French Medicare and not consumed, worth several hundreds of million Euros. Our research in the field of macro-economics provided us with the reading grid based on Bernácer's very innovative, singularly heterodox theory which disparages the more established theories. François Perroux, our second inspirer in the field of economics, made Bernácer known in France at a conference in Paris in 1952. He suggested the subtitle of my book on Bernácer, published in the collection *Les grands économistes by* Dalloz in 1975: "*heterodoxy in economic science"*. It is thanks to this heterodox attitude acquired by studying the work of Bernácer and comparing it with the work of his contemporaries, famous economists in different streams of thought, that we had the strength and audacity to brave the risks of the refutation of "historic monument" theories, such as the production function and the two factors, capital and labour. Explicitly or in the background, these theories are always present in all classical, neo-classical and Keynesian schools of thought. For example, although stated in different terms, Marxist thought embraces the two factor theory. We must thank the physicist Germán Bernácer, who taught physics all its life, for having devoted most of his scientific research to economics. He thought that economic and social activity needed his contribution as a researcher more than the physical sciences on which so many scientists were already focused. It is perhaps no coincidence that French Nobel Economics Prize winner Maurice Allais was also an eminent physicist. Appointed Research Director of the Bank of Spain during the second Spanish Republic, Bernácer was in charge of an observatory and laboratory able to nourish, support, refine and validate the theory he forged by combining his career as a physics teacher and his position as Director of the Bank of Spain research because he was thus in direct contact with the economic and social environment of his time, between 1933 and his retirement from 1956 to 1962.

The reason for the republication of this book on Bernácer's pioneering theory is to avoid vain quarrels between old ideologies, outrageous liberalism, failed Marxism and imprudent and stalled Keynesianism. This introduction highlights the very current nature of his work in the context of an acute crisis which has completely upset the economic and social universe and to highlight our own innovative work which has extended, deepened and rendered his theory operational.

Professor Henri Savall
IAE Lyon, University Jean Moulin
President and founder of ISEOR (The Institut de Socio-économie des Entreprises et des Organisations). Winner, with Professor *Veronique Zardet*, of the Académie des Sciences Morales et Politiques (INSTITUT DE FRANCE) prize "*for their work on the integration of social variables in strategies*."

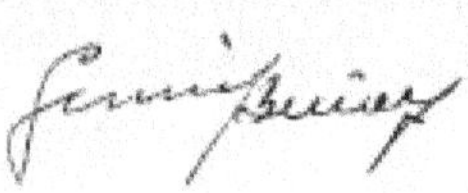

Germán BERNÁCER
(1883-1965)

Playa de San Juan (Alicante) Agosto 1946

Querido Prof. Robertson

Recibo aquí en mi residencia veraniega su grata del 30/7 acompañándome el prefacio para la edición española [illegible], que me parece muy adecuado, y una nota biográfica, que utilizaré en una breve introducción acerca de su obra económica. Espero además una fotografía suya que el editor Aguilar desea absolutamente incluir en el libro. Acostumbra a ponerla en toda esta serie de obras de primera fila.

A mi regreso a Madrid le escribiré acerca de esta cuestión difícil, pero genial, del cómputo de beneficios. Para mí se halla [illegible] ahí el punto causal de una teoría dinámica del mercado. Ha sido uno de mis temas fundamentales y creo que mi solución es satisfactoria, aunque me explico perfectamente dificultades por las que yo mismo he pasado y me han dado mucho trabajo.

Muy sinceramente suyo,

[illegible]

LA THÉORIE DES DISPONIBILITÉS COMME INTERPRÉTATION DES CRISES ÉCONOMIQUES ET DU PROBLÈME SOCIAL(*)

Le terme "disponibilité" est familier aux financiers. Cependant, il reste à en faire un concept précis de la science économique.

Les hommes d'affaire savent très bien qu'il est parfois facile de se procurer des fonds pour la spéculation, que les émissions de valeurs industrielles ou publiques trouvent un accueil favorable sur le marché, alors que d'autres fois, il est bien plus difficile de lancer des emprunts ou de se procurer de l'argent pour les besoins du commerce. Il est fréquent de traduire ces phénomènes par les expressions telles que "les disponibilités sont rares ou abondantes sur le marché". Quel est le concept scientifique qui correspond à cette notion intuitive chez les praticiens des affaires ? C'est là le sujet que je me propose de développer dans les paragraphes qui suivent.

Il est évident que ce concept a quelque chose de commun avec celui de capital et aussi avec ce que nous appelons la monnaie ; mais il n'en demeure pas moins que ce concept ne se confond pas exactement avec aucune de ces deux choses. Il y a des capitaux que personne ne confondrait avec les disponibilités, au sens financier du terme : une maison, une usine, une marchandise ; et il existe aussi des disponibilités que nul ne pourrait considérer comme capitaux, tel que, par exemple, le solde créditeur d'un compte courant à vue. La monnaie n'est pas toujours une disponibilité. Ainsi, celle que l'on destine à une dépense ou à un paiement péremptoire, de même qu'il existe des disponibilités qui ne sont pas de la monnaie, telle qu'une ouverture de crédit, par exemple.

L'introduction de ce concept dans la théorie économique apparut pour la première fois dans mon ouvrage " SOCIÉTÉ ET BONHEUR ". Le caractère accidentel sous lequel se présentait ce concept m'empêcha de développer tout à fait ce sujet ; seule une analyse préalable du mécanisme monétaire permet de lui donner une assise rigoureuse ; ce sera l'objet de mon prochain ouvrage " LA DYNAMIQUE DE LA RICHESSE ". Je pense qu'il serait utile, pour les lecteurs de cette revue, de leur donner un premier aperçu des grandes lignes d'une recherche qui se propose de pénétrer dans un domaine peu exploré de la physiologie de notre régime économique mais qui peut apporter un singulier éclaircissement à certains phénomènes fondamentaux de notre ordre social ; les fluctuations des affaires, le chômage, la pauvreté, etc. ...

1 - LE CONCEPT DE DISPONIBILITÉS

1 - Le concept général

On ne peut disposer, dans l'acception juridique du terme, que de ce sur quoi on a une propriété totale ; et il est évident que tout bien économique dont on jouit en pleine et en libre propriété est une disponibilité,

(*) Germán BERNÁCER; La teoría de las disponibilidades como interpretación de las crisis económicas y del problema social. *Revista Nacional de Economía, Barcelona*, 1922.

dans ce sens. Son propriétaire peut l'affecter, par elle-même, ou virtuellement au moyen de son équivalent sur le marché, à satisfaire ses besoins ou ceux d'autrui suivant sa volonté, à réaliser ses desseins, en somme, dans le cadre des possibilités économiques que contient sa valeur. Toute propriété de notre patrimoine ayant une valeur, toute chose appréciée des hommes et qu'il nous est possible de transférer, nous permet d'obtenir en échange les objets, les services, les avantages que les autres sujets sont en mesure de nous fournir par leur travail. Cependant, toutes les propriétés ne sont pas indifférentes, de ce point de vue ; il ne nous sera pas aussi facile de trouver quelqu'un qui nous donne ce que nous pouvons souhaiter en échange d'un diamant ou d'une maison, qu'en échange de blé ou de laine. Il est notoire que certaines marchandises trouvent plus facilement un débouché que d'autres, car elles répondent à des besoins plus habituels et plus courants.

2 - La première restriction au concept général

Parmi les marchandises qui ont un débouché facile, il n'y en a aucune qui soit supérieure à la monnaie. La monnaie, et c'est là sa qualité caractéristique et essentielle, est ce que chacun est le plus disposé à accepter en échange de ses marchandises ou d'objets de valeur. Qu'il s'agisse d'une matière utile ou d'un simple signe fiduciaire qui en tienne lieu, c'est une marchandise spécifique qui, n'étant pas en principe différente des autres, de la même espèce - métal ou titre de crédit remboursable - a acquis une très singulière propriété, en vertu de l'usage suivant lequel chacun l'accepte, avec la plus grande garantie de ce que le marché lui fournira, au moment où il le désirera, la juste équivalence de ce qu'il a aliéné en échange de ce signe. Cette qualité est consubstantielle avec celle qui consiste à constituer la disponibilité par excellence, au sens économique.

Si l'objet dont nous voudrions disposer, pour réaliser nos fins économiques, n'est pas de la monnaie, mais une propriété, un bijou, une marchandise ou un titre de la dette publique, il nous faut l'évaluer en monnaie, rechercher la personne qui a besoin de cet objet particulier, en discuter le prix et, enfin, l'échanger contre de l'argent, toutes choses qui ne sont pas très faciles à réaliser. De là le fait que parmi tout ce que chacun possède, seule la monnaie est généralement considérée comme disponibilité ; à l'exception de tous les autres objets, quelle que soit leur valeur, quel que soit leur prix, voire même si elles ont une valeur supérieure à celle de la monnaie elle-même.

Un homme d'affaire, sans avoir moins de capital qu'auparavant, peut se trouver dans une situation difficile, voire acculé à la banqueroute, si du fait de la paralysie de ses ventes, ses disponibilités ne se reforment pas, ceci dans toute la mesure où la monnaie représente, comme toujours, le symbole de toute richesse, bien qu'en vérité, elle n'ait pas davantage, mais, plutôt moins, de valeur qu'un autre objet.

La monnaie, quelle que soit la forme qu'elle revête, est essentiellement un signe de crédit sur la société, le symbole et la mesure du droit de revendiquer sur le patrimoine social les biens que le marché considère équivalents à cette somme de monnaie. En effet, la possession de cet argent est en soi, la preuve effective, que l'on a apporté, au fonds de biens sociaux, une valeur ou un effort qui a été évalué et rétribué par cette somme, son propriétaire peut donc, lorsqu'il le désire, réclamer sa juste récompense sous forme de son équivalent en marchandise. Apporter des marchandises sur le marché, c'est augmenter l'offre. Apporter de la monnaie, c'est accroître la demande ; en ce sens, la monnaie et les autres marchandises sont des termes antinomiques. Ce que l'on accepte comme monnaie acquiert, en vertu de ce principe, le pouvoir d'inciter, à travers le marché, les forces économiques à produire ce que son propriétaire demande. Celui qui possède cet objet, dans la mesure où il le possède, dirige l'application des énergies productives ; si ces désirs et ces desseins se modifient, le changement se traduit, par la suite, en un déplacement des activités de production, tout comme les variations d'un courant électrique proche modifient l'orientation d'une aiguille aimantée.

3 -<u>La deuxième restriction au concept général</u>

Mais peut-on considérer toute la monnaie au même titre et dans la même mesure comme une disponibilité ?

Considérons le capital monétaire possédé par un individu. La portion requise pour faire face aux besoins péremptoires, en attendant de nouveaux revenus, est une somme dont on ne peut pas, à juste titre, disposer à d'autres fins. Même si l'occasion se présente de lui donner une autre affectation, ou même de l'investir dans une affaire avantageuse, la prudence la plus élémentaire empêche que l'on en face usage, car il n'y a pour personne d'affaire plus importante que celle de sa propre subsistance. Certains autres besoins peuvent facilement attendre, et une très légère instigation nous induit à différer leur satisfaction ou à la compenser par d'autres satisfactions moins copieuses ; mais toujours est-il que, même pour les fins les plus superflues, nous avons toujours quelque chose à dépenser.

Le degré maximum de disponibilité est représenté par la monnaie dont nous sommes disposés à renoncer à l'emploi, car nous espérons que l'on tirera, à l'avenir, de son usage ou de sa possession, un profit ou des avantages qui ne seraient pas suffisamment compensés par leur placement immédiat actuel. Cette monnaie, que rien pour l'instant n'incite à employer, qu'aucun besoin impérieux n'invite à dépenser, constitue ce qui est disponible avec le maximum de liberté, en vue d'investissements à n'importe quel instant dans une forme de placement qui nous paraît opportune ou dans une affaire qui nous apparaît comme lucrative.

La vraie disponibilité, dans l'acception qui lui donnent les financiers, est en principe de l'argent soustrait à la dépense courante, argent dont on n'a pas besoin pour faire face aux engagements inéluctables, et qui reste, par conséquent, en réserve, apte à n'importe quel emploi que l'on pourra lui donner. Il n'existe pas une délimitation précise entre l'argent absolument disponible et le reste ; d'un côté, il y a ce qu'il serait totalement superflu de dépenser, et de l'autre ce qui est strictement indispensable. Il y a toujours une zone intermédiaire de possibilités que l'on est plus ou moins enclin à destiner à la consommation et qui, selon les circonstances, seront consommées ou au contraire réservées, épargnées.

4 - <u>La troisième restriction au concept général</u>

Il faut encore établir une distinction, à l'intérieur de la monnaie que l'on ne pense pas consacrer à la dépense courante et qui, de ce point de vue, peut être considérée comme une disponibilité.

Les espèces que possèdent les commerçants, les industriels et les spéculateurs, pour faire face aux besoins de leurs affaires, sont sans aucun doute une disponibilité au sens générique. Cependant, si cette disponibilité est nécessaire à la marche normale de l'affaire - toute affaire exige une certaine somme de disponibilités pour être menée à bien - son caractère de disponibilité est en pratique très relatif, car son absence entrainerait de réelles difficultés pour l'homme d'affaires.

Au contraire, l'épargne fraîchement accumulée, les stocks de monnaie du commerçant qui dépassent les besoins de l'accomplissement normal de ses engagements et qu'il peut aussi bien consacrer à la réalisation d'une dépense extraordinaire qu'à l'agrandissement de son affaire ou à une autre entreprise, ou enfin l'appliquer à quelques tâches lucratives extra-commerciales, sont une disponibilité au sens plein du terme, à tous égards.

5 - Le degré de disponibilité monétaire

En résumé, il peut y avoir trois degrés de disponibilité monétaire.

Premièrement : les rétributions productives qui forment le revenu normal des consommateurs, qu'il soit directement ou non producteur, et sont généralement destinées à faire face à leurs besoins habituels (disponibilité minimum).

Deuxièmement : Les sommes d'argent aux mains des industriels, des commerçants, des banquiers et des spéculateurs, qui forment le fonds monétaire nécessaire à la marche de leurs affaires ; elles ne sauraient être diminuées, sans provoquer de grands préjudices pour le développement de telles affaires (disponibilité relative ou moyenne).

Troisièmement : Le surplus obtenu entre les derniers gains et les revenus perçus, et les dépenses personnelles, épargne de formation récente, que des possesseurs n'ont pas l'intention de consacrer à la dépense courante, et pour laquelle ils n'ont pas d'emploi utile ou lucratif à leur portée (disponibilité absolue ou maximum).

Pour les finalités de notre recherche, il est bon de distinguer particulièrement les deux dernières formes de disponibilité et la première. Lorsque nous emploierons simplement le terme disponibilités, nous entendrons par excellence, les disponibilités du deuxième et troisième cas, alors que nous désignerons les premières par le terme de revenus.

Nous désignerons par le terme de "fonds en disponibilité ou avoir disponible", l'ensemble des disponibilités existantes ou masse sociale des disponibilités[8]. Mais en parlant par exemple du fonds social disponible à un moment donné, nous inclurons, outre les véritables disponibilités, les résidus des revenus

---

[8] J'utilise le terme "d'avoir", pour désigner ce que, vulgairement on appelle capital d'un individu, et qui n'est pas un capital au sens scientifique du terme. Les économistes utilisent le mot capital pour désigner une partie du patrimoine destinée à aider la production, de telle sorte que de nombreuses choses, la plupart peut-être, que l'on désigne communément par capital d'un individu, ne constituent pas un capital dans l'acception économique.

Si nous prenions en revanche la définition d'Adam SMITH : "Ce qui rapporte un revenu à son propriétaire ou ce dont on espère qu'il en rapportera", le concept engloberait la majorité des biens que nous avons exclus dans l'autre définition, mais la monnaie en général, en serait exclue, car elle ne rapporte aucun revenu et l'on ne peut pas espérer, non plus, qu'il en rapporte un, pour autant qu'il n'est pas échangé contre d'autres biens.

Afin d'établir une distinction claire entre ces deux concepts, j'avais proposé (Société et Bonheur - Livre 2, Chapitre 6), qu'en réservant le nom de "capital" à la richesse employée à des fins de reproduction, on utilise le mot "avoir" pour désigner le patrimoine total d'un individu, bien qu'il consiste en biens n'ayant pas une valeur intrinsèque. Par ailleurs, l'usage du mot capital, dans un sens ambigu, n'est pas rare dans les ouvrages d'économie, et constitue l'une des causes importantes de la confusion qui règne à propos de ce facteur de la production.

antérieurement perçus, qui subsistent à cet instant, bien qu'ils soient destinés à la consommation, car objectivement, il serait difficile de distinguer ces résidus des disponibilités réelles ; or il me paraît indispensable que toutes les grandeurs que l'on fera intervenir dans les raisonnements économiques puissent être déterminées d'un point de vue objectif.

II - LA PHYSIOLOGIE DES DISPONIBILITÉS

6 - Application des disponibilités à l'individu

A quoi peut-on employer une somme disponible ? On peut, bien entendu, l'utiliser dans une consommation de luxe.

Cependant, faisant abstraction de ce cas qui constitue un simple déplacement de la demande entre l'époque où la réserve a été effectuée et celle où elle sera dépensée, considérons cet autre cas où il se trouve que cette disponibilité vient constituer définitivement une épargne, que l'on pense affecter à un emploi lucratif.

On peut acquérir des biens qui produisent une rente, tels que les titres de la dette publique, les propriétés foncières, les titres industriels, les affaires, entreprises industrielles en cours de fonctionnement. On peut aussi la prêter à des personnes qui seront disposées à verser un intérêt, au moins aussi élevé que celui que l'on obtiendrait dans l'un quelconque des emplois, dans les mêmes conditions de sécurité ou de garantie. En de tels cas, on espère tirer un revenu de l'épargne.

On peut acheter l'un quelconque des biens dont nous venons de parler ou un marchandise, ou le droit d'usage de quelque avantage, que nous espérons revendre ou céder à un prix plus élevé. Le profit est alors le fruit de nos spéculations.

Il existe, enfin, la possibilité d'utiliser cet argent pour réaliser quelque chose d'utile à autrui, ou pour rendre un service dont les hommes sont prêts à rémunérer soit l'effort, soit l'attention, soit le capital investi dans ce service. C'est, par exemple, le cas de la création et de la mise en œuvre d'une industrie, de l'implantation d'un commerce, de la construction d'un bâtiment, ou du développement de n'importe quelle autre entreprise, qui implique une demande de marchandises pouvant être reproduites ou remplacées par la production, et une demande de machines qui les transforment. Dans ce cas, l'argent disponible se convertit progressivement en salaires, appointements, intérêts, rentes, bénéfices et rémunérations en général de ceux qui travaillent ou collaborent pour le compte du promoteur à la création d'un nouveau produit, lequel produit ne représente plus une disponibilité.

7 - La fonction des disponibilités

L'effet économique de l'avoir disponible dépend, bien entendu, de son application. Vendre un bien, c'est échanger un avoir non-disponible contre une disponibilité ; acheter, c'est l'inverse. La vente est un transfert de disponibilités de l'acheteur au vendeur ; aux mains de ce dernier, l'argent conserve le même caractère qu'il avait aux mains de l'acheteur, un caractère potentiel qui représente la possibilité de demander certaines quantités de marchandises, de valeurs ou de services, encore indéterminées. Mais son effet sur le marché des produits est nul et imprévisible, tant que son possesseur ne décidera pas et n'accomplira pas l'affectation qu'il se propose de donner à son argent. C'est la même chose qui se produit dans le cas d'un prêt ou de la cession d'une disponibilité ; c'est une simple transmission de celle-ci, dont l'effet dépend de l'emploi que lui donnera celui qui la reçoit. Si c'est l'État, cette transmission se transformera ensuite en une demande de matériaux et de main-d'œuvre, en vue de réaliser des travaux publics, des armements, du ravitaillement pour l'armée, se transformera aussi en avoir des fonctionnaires, etc. ... Si l'emprunteur est un industriel, elle se transformera en demande de matières premières, de machines, de salaires, d'intérêts du capital, etc. ... Mais tant que cela ne se produira pas, la simple transmission de la disponibilité, soit à titre de paiement d'une dette antérieure, soit en échange d'un bien acquis, soit à titre de prêt, ne modifie pas la fonction et la nature d'une telle disponibilité. Celle-ci représente une force économique en puissance, un élément de réserve entretenu dans la spéculation ou dans le prêt et dont la fonction économique se résume, d'une part à soutenir et à niveler les prix des biens productifs de rente, les prix des produits vendus en gros, et de tout ce qui peut être l'objet de spéculation, et, d'autre part, à équilibrer et à déterminer la rente relative des différents emplois du capital. Cela mérite une attention plus marquée, car c'est l'explication de la condition d'équilibre de nombreux indices économiques.

8 - Les disponibilités et les rentes

Supposons que la masse de disponibilités existant sur le marché croisse en rapport des biens qui peuvent faire l'objet de spéculations, et des sommes qui sont demandées sous forme de prêts. Alors, le prix des valeurs, objet de la spéculation, monte du fait de la loi classique de l'offre et de la demande ; les terres et les titres en bourse se trouvent dans ce cas.

Cependant, le prix des objets productifs de rente, se trouve lié à la rente relative qu'ils produisent. Si leur cours augmente, sans augmentation de leur productivité, la rente relative diminuera et les détenteurs de disponibilités, qui souhaitent leur donner un emploi lucratif, éviteront de les échanger contre des titres dont le taux de rente est faible.

Au contraire, une augmentation de la rente des titres à revenu variable, tels que les terres, les actions industrielles, etc. ... les rendra plus attrayants, à cause de leur plus grande lucrativité relative, les disponibilités afflueront et feront monter leurs valeurs, en abandonnant leurs emplois moins avantageux. Ces derniers connaîtront, par voie de conséquence, une dépression des coûts qui tendra à équilibrer les rentes relatives.

De telle sorte qu'un certain équilibre s'établira entre la masse des disponibilités, demandeurs d'actifs productifs de rente, et la quantité de chacune des catégories d'actifs offertes sur le marché.

Cette relation déterminera la rente relative au cours moyen de l'unité de rente[9]. La cause de ce qu'il est convenu d'appeler le taux d'intérêt n'est pas autre que celle-ci. Cependant, s'il est vrai que le taux d'intérêt naît de la possibilité que l'on a d'employer les disponibilités à l'acquisition d'actifs productifs de rente, il n'en réagit pas moins sur tous les autres emplois des disponibilités, car celles-ci ne seront attirées vers un emploi déterminé que dans la mesure où elles y trouveront un avantage au moins égal à celui des autres emplois offrant la même sécurité, alors que ces mêmes disponibilités fuiront les emplois les moins favorables, jusqu'à ce que leur rareté entraîne l'élévation du taux de rente, soit du fait de la baisse de leur valeur de cession, soit parce que la nécessité d'attirer les disponibilités oblige à élever suffisamment les avantages offerts[10].

C'est ce qui se produit pour le prêt ; l'emprunteur s'efforce d'obtenir les meilleures conditions possibles, cependant s'il offrait moins que ce que les détenteurs de disponibilités peuvent obtenir en achetant des titres de rente au taux du marché, il ne fait aucun doute que l'emprunteur n'obtiendrait pas son prêt. Si, par accident, il se trouve quelquefois la possibilité d'obtenir des prêts à un taux moins élevé que celui du marché, la demande de prêt enfle bientôt démesurément, car les emprunteurs réalisent une bonne affaire, en empruntant de l'argent et en l'employant dans l'acquisition de titres qu'ils peuvent nantir.
L'augmentation de la demande de monnaie fera fatalement augmenter l'intérêt des prêts, et la demande de biens productifs de rente en fera augmenter le prix et fera descendre le taux de rente, jusqu'à ce que l'équilibre se rétablisse.

Le prêt n'est pas en soi la cause de l'intérêt du capital ; l'intérêt du prêt est une réflexion du phénomène de la rente produite par certaines valeurs échangeables contre de la monnaie, et étant donné que ces valeurs, hormis la terre, procèdent à leur tour du prêt, il faut en conclure que l'origine première de ce phénomène doit être recherchée dans la rente de la terre et dans la permutabilité de la propriété de la terre contre d'autres valeurs. Et de même que la monnaie n'est jamais prêtée sans intérêt, de même n'est-elle cédée pour aucun autre usage sans un avantage proportionnel, que cet usage soit la production ou que ce soit la spéculation.

9 - La spéculation et le profit spéculatif

La croissance des disponibilités tend à faire monter le prix spéculatif des biens, aussi bien les produits de consommation que les actifs productifs de rente ; leur diminution tend à les faire baisser.

---

[9] Il est évident que le prix de l'unité de rente n'est rien d'autre que l'inverse du taux d'intérêt ; un intérêt de 5 % signifie que l'unité de rente annuelle s'achète contre 20 unités de monnaie.
Pour les familiers de la forme actuelle de la théorie des prix, il n'y a aucune difficulté à comprendre comment se détermine le prix de rente. A chaque niveau de prix correspond un certain nombre de propriétaires de titres de rente, désireux de vendre; ce nombre augmente, naturellement, à mesure que monte le prix. En revanche, le nombre de détenteurs de disponibilités décidés à acheter diminuera à mesure que le prix augmente, car la transaction s'avère alors de moins en moins avantageuse. Il y aura un prix, et un seul, pour lequel, à un moment donné, la demande et l'offre coïncideront parfaitement, et c'est vers ce point que tendra continuellement le prix.
S'il y a, à un moment donné, de nombreuses terres et de nombreux titres offerts à la vente et aux acheteurs, cela signifie que le prix idéal d'équilibre est inférieur à celui qui a cours, et celui-ci tendra donc à baisser jusqu'à rejoindre celui-là. C'est le contraire qui se produira lorsque le nombre des détenteurs de disponibilités ou demandeurs d'actifs productifs de rente augmentera, car seule une élévation du prix de la transaction incitera un nombre suffisant de propriétaires, de rentiers et de spéculateurs, à satisfaire les demandes des détenteurs d'avoir disponible, désireux de l'employer sur le marché des rentes.
[10] Ce n'est certainement pas là l'opinion courante dans notre science, sur l'origine de l'intérêt. Cependant, celle que l'on soutient habituellement ne résiste pas à un examen sérieux et ce serait trop de digression que d'en faire ici l'analyse. La doctrine que je soutiens me paraît plus rationnelle et plus féconde.

Cependant, lorsque les prix sont à la hausse, la spéculation s'avère très avantageuse, car la marge entre le coût de production et le prix de vente aux consommateurs, qui représente l'indice des possibilités de spéculation, augmente. Il arrive alors que les bénéfices tirés de la spéculation dépassent le gain que le capital obtient sur les biens productifs de rente et il s'oriente alors vers l'achat de denrées et de valeurs dont le coût est à la hausse. Seulement, la hausse du cours des biens productifs de rente se trouve limitée par la baisse de la rente relative qu'elle engendre et elle est, partant, moins élastique que celle des articles de consommation. Dans le cas contraire, c'est-à-dire celui où la marge bénéficiaire qu'offre la spéculation est insuffisante, les disponibilités fuient la spéculation commerciale.

Mais étant donné que, dans une certaine mesure, celle-ci est nécessaire à l'organisation actuelle de la production, leur manque relatif se traduit par une difficulté pour les producteurs de trouver des débouchés à leur production, pour les consommateurs et les commerçants détaillants de s'approvisionner. Dans le premier cas, il se produit une baisse du coût de fabrication ou du prix sur le marché de la production. Le deuxième cas entraîne une hausse du prix de vente au consommateur, le résultat en est une augmentation de la marge bénéficiaire jusqu'au point où une masse suffisante de disponibilités trouve que cet emploi spéculatif est attrayant, du fait que leurs détenteurs jugent que cette marge compense suffisamment l'intérêt que leur avoir pourrait leur procurer dans des emplois de rente, ainsi que le risque spécifique que comporte la spéculation et la rétribution de leur activité personnelle que leur fournit la profession.

C'est à ces deux dernières causes que correspond la marge différentielle entre le profit de rente et le profit spéculatif ; mais cette marge est indépendante de ce que le premier - qui se trouve être le véritable taux d'intérêt - soit plus grand ou inférieur, voire même nul. Le taux de profit spéculatif est toujours plus élevé, dans une certaine mesure, que l'autre, de même que l'eau de la rivière, s'élève toujours au-dessus du niveau de quelque obstacle qu'on lui oppose, suffisamment pour donner libre cours à son débit, indépendamment de la hauteur du barrage. Sans la possibilité d'obtenir un profit gratuit, par l'acquisition de terres ou de titres de rente, le taux de profit commercial ou industriel partirait de zéro. Alors qu'en réalité, il part d'une certaine valeur positive, à la manière de deux générateurs électriques qui, montés en tension, additionnent leur potentiel, car chacun, au lieu de produire son effet électrodynamique à partir de la tension neutre nulle, tel que lorsqu'il travaille seul, produit cet effet à partir d'une dénivellation électrique déjà engendrée par l'autre générateur.

10 - Le métabolisme des disponibilités

Tandis que le prêt, la spéculation ou l'acquisition d'actifs productifs de rente ne modifient pas le caractère objectif des disponibilités qui est indépendant des mains entre lesquelles elles se trouvent, l'emploi industriel donne lieu à une mutation évidente de leur condition en tant que telles. Dans ce cas, elles sont affectées au paiement de salaires, d'avoirs, d'intérêts, de loyers, etc. … C'est-à-dire qu'elles se transforment en revenus. Elles passent de l'état de disponibilités maxima ou moyennes, à l'état de disponibilités minima, car elles viennent former le revenu normal d'un certain nombre d'individus, revenu destiné généralement à satisfaire les besoins immédiats et à créer une demande nouvelle, d'articles de subsistance, de confort ou de loisirs. Ce flux va ensuite reconstituer de nouveau une véritable disponibilité aux mains des débitants de ces produits qui, en réalisant leurs ventes, récupèrent les disponibilités qu'ils avaient investies dans ces produits, à titre spéculatif, et, en outre, le profit qui constitue leur rétribution commerciale.

Il y a toujours une certaine quantité de disponibilités, en cours de transformation en revenus, de même qu'il existe une certaine masse de revenus contrainte de reconstituer les disponibilités ou les semi-disponibilités aux mains des commerçants, en même temps, une masse d'épargne de formation récente soustraite de leur revenu normal par les consommateurs qui vient s'ajouter en tant que disponibilités maxima à celles qui existent déjà.

De cette dernière se détache une certaine partie que leurs détenteurs vont consacrer à leurs dépenses par eux-mêmes ou par l'intermédiaire de ceux qui l'empruntent, tel que l'État, venant augmenter ainsi la demande d'articles de consommation. Ainsi, ce qui de l'extérieur semble être un équilibre présentant de lentes oscillations est en fait un état dynamique extrêmement actif, semblable à l'équilibre matériel des êtres vivants qui ne parvient à se maintenir qu'au moyen d'une constante assimilation et dissimilation, les tissus de réserve - ici : les disponibilités - augmentant ou diminuant en fonction du bilan des deux aspects opposés du métabolisme. Il faut observer, de ce point de vue, que l'emploi industriel est identique à la consommation improductive, telle que celle de l'État ou la consommation de luxe des particuliers. L'une et l'autre engendrent une demande de produits dont la valeur se transforme en rémunérations de la production ou bien viennent former immédiatement des rémunérations (traitement des fonctionnaires) qui serviront immédiatement à former la demande d'objets de consommation.

III - LES DISPONIBILITÉS ET LA PRODUCTION

11 - Les rémunérations et la valeur du produit

Il y a lieu d'établir une série de relations quantitatives très simples, mais pas moins importantes pour autant, entre les éléments du fonds des disponibilités et ceux de la production. Ces relations furent peut-être pressenties d'une manière obscure par les économistes de l'école classique lorsqu'ils parlaient du fonds des salaires qu'ils ne parvinrent jamais à définir de façon claire et satisfaisante.

Il est logique et nécessaire que le montant de toutes les rémunérations qui naissent d'une production ne soit différent en aucun cas de la valeur créée. Il peut arriver accidentellement que l'entrepreneur de la production se voit obligé de distribuer sous formes de salaires, d'appointements, de prix de matières premières, d'intérêts, etc. … plus qu'il n'obtient en échange du produit sur le marché, travaillant ainsi à perte, ou selon une expression mathématique avec une rémunération négative.

Si l'on tient compte de toutes les participations à la production, y compris les participations négatives, il ne fait aucun doute que leur somme algébrique équivaut exactement à la valeur du produit, ou d'une manière plus précise, au prix que l'on obtient par son échange sur le marché.

Cela sera encore vrai lorsqu'au lieu de considérer une production particulière, on considèrera l'ensemble des productions d'une période déterminée ; de sorte que si nous représentons par P la valeur de cette production et par R l'ensemble des revenus qui en découlent, nous pouvons écrire l'identité :

P = R (a)

Cependant, nous devons veiller, en totalisant d'un côté la production et, de l'autre, les revenus, à n'omettre aucun élément de la valeur du produit et à éviter les doubles-emplois dans la comptabilisation, sans quoi on pourrait arriver à une fausse interprétation de cette équation.

Si la valeur de la production doit comprendre tous les revenus obtenus par l'ensemble des participants de la production, il faut aussi qu'elle représente le dernier prix atteint par les produits ; si nous prenions le prix à l'usine, nous éliminerions les bénéfices des spéculateurs et des commerçants qui les revendent ensuite, bénéfices qui forment aussi des revenus nés du produit ; si nous prenions le prix de gros, il lui manquerait les bénéfices des détaillants. C'est donc le prix de vente au public consommateur qui englobe justement et précisément les revenus qui découlent du produit.

On observe facilement que le terme P doit être formé de l'ensemble des ventes effectuées à de véritables consommateurs, en vue d'une consommation hors du circuit de la production, en excluant toutes les transactions en marchandises effectuées par les consommateurs industriels pour les besoins de leur industrie, telles que les achats de charbon, de matières premières, de produits chimiques, d'engrais, etc. ..., car la valeur de ces biens se trouve comprise, ensuite, dans celle du produit fini, de sorte que si l'on tenait compte du montant de ces transactions, cela reviendrait à compter deux fois le même élément. Il en va de même des opérations de spéculation dont fait l'objet un produit[11]. Il faut donc exclure de l'ensemble des opérations commerciales les transactions que nous pouvons qualifier de spéculatives, au sens le plus large du terme.

Ainsi, la valeur de la production ne devant comprendre que le prix ultime des produits finis, la somme totale des revenus R ne doit comprendre que les revenus tirés directement de la production matérielle, à savoir ceux qui naissent et sont payés pour la valeur du produit, et non ceux qui proviennent de certains services particuliers rendus aux producteurs. Ceux-ci, de fait, constituent des transferts d'une partie de leur revenu, en échange d'un service utile qu'ils reçoivent, mais qui n'est pas productif, au sens économique du terme. Par exemple, les honoraires des médecins qui ne sont pas, de toute évidence, tirés de la production ; ceux qui ont besoin de ces services et qui les paient les satisfont réellement en transférant le droit de percevoir une partie de la production obtenue par l'échange de ces services[12]. L'impôt que l'industriel paie à l'État est une partie de la valeur du produit, puisque l'industriel le fait entrer dans ses éléments du coût. Cependant, si l'on inclut dans

[11] Les statistiques actuelles du commerce et de la production Intérieure sont très loin d'exprimer, par leur volume, l'importance industrielle d'un pays. Une nation qui aurait une production organisée sous forme de trusts verticaux intégrant tous les stades de l'élaboration du produit, depuis la production de matières premières jusqu'aux magasins de vente aux consommateurs, aurait un volume de transactions inférieur, avec une production réelle peut-être supérieure à celui d'une nation dont les industries, très spécialisées, sortiraient le produit sur le marché, à ses différents stades de transformation, et dont la valeur serait comptabilisée chaque fois, ce qui reviendrait à tenir compte plusieurs fois d'une même valeur.

[12] Cela ne dépend pas de la nature du service, mais de la manière dont il est utilisé. Les mêmes services médicaux constitueront une rémunération tirée directement de la production, s'il s'agit d'un médecin engagé par une entreprise industrielle pour les soins de son personnel, car leurs honoraires seraient alors comptabilisés parmi les frais généraux de la production.

les revenus, ceux que nous pouvons appeler la rémunération des services de l'État, il faut ne pas tenir compte des revenus que l'État distribue à ses fonctionnaires, car ce serait compter deux fois le paiement d'un même service où l'État est un simple intermédiaire qui transfère et distribue à ses fonctionnaires ce qu'il perçoit des producteurs.

L'importance de la simple équation que nous venons d'établir provient de ce que les revenus sont, de fait, des participations au produit obtenu, en fonction de l'estimation que l'on fait de la collaboration de chacun. Ainsi, la somme de ces revenus ne saurait être ni supérieure, ni inférieure au prix du produit, car il en résulterait l'anomalie selon laquelle, les participants à la production, en tant que consommateurs, auraient droit à une quantité plus grande ou inférieure à celle qui a été produite, de sorte qu'il en résulterait un déficit ou un résidu, qui serait à porter au préjudice ou au bénéfice de quelqu'un. Un cas de ce genre peut se produire dans la réalité et c'est alors un paradoxe qui mérite explication.

Si l'on considère la production elle-même, dont découlent les revenus, l'équation (a) exprime une tautologie.

Cependant, étant donné qu'entre la période où se réalise la production et celle où les produits apparaissent sur le marché, il s'écoule un laps de temps, différent peut-être de celui qui s'écoule entre la fin de la production et le paiement des revenus, dès leur transformation en demande d'articles par les percepteurs de ces revenus, il est à supposer que l'offre et la demande nées de mêmes opérations de production ne coïncideront pas toujours sur le marché. Il devrait donc s'ensuivre un déséquilibre, provenant de ce qu'il apparaît sur le marché plus de revenus sous forme de demandes d'articles de consommation qu'il n'en a été produit et donc offert sur le marché, soit du phénomène inverse.

Cela est de la plus haute importance pour l'interprétation des phénomènes économiques et il y a lieu d'examiner minutieusement comment cela peut se produire.

12 - Les revenus et la demande

Il est évident que la demande de chaque individu pendant une période considérée ne peut être réalisée qu'aux dépens des disponibilités qu'il avait en début de période, à quoi s'ajoutent les revenus qu'il percevra pendant cette même période. Cela représente sa capacité maximum de demande et il est probable qu'il ne l'utilisera pas entièrement, car il conservera à tout moment un résidu de disponibilités.

Ce sera également le cas de tous les individus d'un territoire considéré. Cette vérité étant d'autant plus rigoureusement établie qu'en considérant la totalité de l'ensemble, il n'y a pas lieu de tenir compte des transmissions de disponibilités entre individus pour cause de prêts, de remboursements, d'achats spéculatifs, etc. ..., puisque ces transmissions augmentent les disponibilités des uns en même temps qu'elles diminuent celles des autres.

Considérons qu'au début de la période en question, A est l'ensemble des disponibilités existantes et que le total des revenus obtenus par tous les producteurs pendant cette période est R. Le quantum de la demande effective, chiffré en unités monétaires (l'offre de numéraire en échange du produit de consommation ou d'usage personnel), ne pourra pas dépasser la somme (A + R).

Normalement, elle sera inférieure, car à la fin de cette période, il restera une certaine disponibilité A' égale, supérieure ou inférieure à A, mais toujours positive, qui viendra diminuer le maximum de demande, et représentera la demande effective D ; ainsi, nous pourrons écrire :

A + R = D + A' (b)

équation que nous pouvons également présenter sous la forme :

R + (A – A') = D (c)

étant donné que (A - A') représente la variation positive ou négative du fonds des disponibilités, nous pouvons interpréter cette formule de la manière suivante : la demande effective d'une certaine période est nécessairement égale au montant des revenus, augmenté de la diminution, ou diminué de l'augmentation subie dans l'intervalle par les disponibilités. Ces dernières ne peuvent augmenter qu'aux dépens de celle-là et vice-versa.

Les équations (a) et (c), nous donnent l'équation suivante :

P + (A – A') = D (d)

cela nous montre que la production est égale à la demande, à condition que la différence (A – A') soit nulle, mais qu'il n'y a pas d'égalité lorsque cette différence a une valeur positive ou négative.

Il ne fait aucun doute que les effets d'un tel déséquilibre sont de la plus haute importance pour la dynamique de notre système économique. Et c'est ce que nous allons examiner en discutant les deux cas qui peuvent se produire.

13 – Cas où les disponibilités décroissent

Cela signifie que, outre les revenus perçus par les producteurs pendant la période considérée, une partie des disponibilités précédemment en réserve a été employée à l'acquisition de produits.

Cela dit, l'ensemble des revenus représente la quantité juste nécessaire pour le rachat, au prix où elle a été évaluée, de la production obtenue. Si, outre ces revenus, d'autres sommes s'ajoutent à la demande et se concurrencent en vue d'acquérir les produits, le prix atteint par la production dépassera le budget total considéré comme normal. Les cours des articles de consommation tendront généralement à la hausse.

L'important est de savoir comment se répartit cet accroissement de valeurs.

Les revenus issus de la production sont de deux sortes : les revenus fixes et les revenus aléatoires. Les premiers sont des salaires, des appointements, etc. …

Les seconds, ce sont les profits des patrons, des commerçants et des spéculateurs.

L'effet immédiat de la hausse des prix est que la production va obtenir une valeur de vente supérieure à celle qui était prévue, et le résultat sera un accroissement des profits éventuels des patrons et des commerçants. Cela se traduit par une stimulation de la spéculation et de la production. Si l'effet est suffisamment persistant, les affaires et les entreprises existantes se développent, de nouvelles usines se créent pour faire face aux nouvelles demandes. Les emplois de l'industrie et du commerce attirent des activités et des capitaux demandent de la main-d'œuvre, offrent de nouveaux emplois ; la somme accrue qui est ainsi distribuée sous forme de revenus implique une plus grande affluence d'acheteurs sur le marché des articles de consommation, d'où il s'ensuit une nouvelle croissance de la demande.

Cependant, ces revenus doivent nécessairement être tirés, de par les impératifs de notre régime économique, du fonds des disponibilités, étant donné que la somme des revenus et des disponibilités est invariable [formule (a)[13]]. Il est donc impossible que l'accroissement de la demande soit satisfait indéfiniment à l'aide de ce fonds inélastique, d'autant plus que la spéculation sur les produits, excitée par la hausse des prix, requiert elle aussi des sommes disponibles, de même que la création des industries et le développement des affaires.

Les disponibilités étant très demandées, il se produit une rareté de ces disponibilités, ce qui détermine une hausse des taux d'escompte, et d'une manière générale du taux d'intérêt, car le cours des actifs productifs de rente baissera par voie de conséquence. L'épargne se sentira stimulée par les plus grandes perspectives de profit ; toutefois, l'épargne est une diminution de la demande et, étant donné que la hausse du taux d'intérêt est, en revanche, un obstacle pour l'expansion de la production, bientôt la tendance à l'expansion du marché se trouvera freinée, aussi bien du côté de la production que de celui de la demande car, d'un autre côté, la hausse des prix réduit le pouvoir d'achat des consommateurs, qui perçoivent des revenus.

Quel est le lot de notre système économique ? : Toute extension de la production requiert en même temps, une demande effective du marché et une création de nouveaux capitaux (capitaux, au sens économique, à savoir, moyens de production), cependant, l'une et l'autre chose doivent être réalisées aux dépens du fonds des disponibilités, dont l'inélasticité constitue un frein absolu pour la production.

Le moyen d'obtenir de nouvelles disponibilités, c'est l'épargne, mais l'épargne soustrait précisément de la demande au marché et tue le stimulus le plus grand de l'industrie, à savoir la hausse des prix et la perspective de profits industriels accrus.

A l'inverse, les grandes causes d'expansion de la demande - telles que, par exemple, les grands emprunts de l'État pour le financement de travaux publics, ou pour des dépenses militaires, ou encore pour d'autres grandes finalités nationales, qui collectent l'épargne et la lancent sur le marché sous forme de demandes de matériaux et de services - diminuent les disponibilités qui devraient servir à la production des articles aptes à satisfaire cette demande, et d'autre part, augmenter le taux d'intérêt au moyen duquel l'industrie devrait se procurer des ressources financières.

[13] Nous examinerons plus loin des cas où cette somme n'est pas invariable, mais on peut observer dans la pratique de longues périodes sans variation ; pour des raisons méthodologiques, il convient de considérer d'abord ce premier point.

Les inventions techniques et les progrès industriels qui devraient faciliter l'expansion de la consommation, en diminuant le prix de la production, soustraient dans un premier temps, au marché, les disponibilités requises par leur implantation et diminuent la quantité de main-d'œuvre employée et, partant, le volume des revenus qui devrait servir à créer de la demande, de telle sorte que lorsque la capacité de production augmente, celle de la consommation diminue, et la plupart des avantages qui devraient découler du progrès sont ainsi perdus en vain.

Il est évident que certains individus vont profiter, dans une certaine mesure, de l'effet de ces progrès qui permettent de réaliser des économies dans l'acquisition de certains produits. Cependant, si ces économies sont consacrées à augmenter le fonds stérile des disponibilités, le bénéfice social ne sera pas très important.

C'est là, toutefois, le cas contraire de celui que nous discutons ici, et qui mérite à tous points de vue, un examen minutieux.

14 - Cas où les disponibilités croissent

Si le fonds des disponibilités augmente, la demande se trouve fatalement diminuée, et il se produit par conséquent une dépression sur les prix des articles les moins demandés, car les producteurs ne peuvent réaliser d'économies qu'en s'imposant une privation relative[14]. Les prix touchés par la baisse cesseront d'être rémunérateurs, car l'industrie était adaptée à la production au niveau de prix antérieur ; et dans la mesure où la dépression persistera quelque peu, les industriels se verront obligés de réduire la production, de licencier les ouvriers, de demander moins de matières premières, d'introduire des économies. Toutes ces mesures représentent une baisse des revenus qui, auparavant, se manifestaient sur le marché, sous forme de demande d'articles de consommation et qui ne pourront plus s'y manifester, entraînant ainsi de nouvelles dépressions. Ces dépressions ne trouveront même plus la compensation d'une épargne équivalente qui ferait augmenter les disponibilités, car elle résulte d'une production diminuée, laquelle production à son tour entraîne de nouvelles dépressions acculant ainsi de nouvelles industries au chômage, et ainsi de suite.

Voilà comment une petite dépression initiale, engendrant le chômage peut se répercuter sur toute la production, et de quelle manière peut être provoquée une grande crise de chômage et un marasme industriel, sans que pour autant les besoins ressentis aient diminué, et sans que la capacité de production soit inférieure, bien au contraire. Cela est dû simplement au fait que la production doit se réaliser à partir d'une demande préalable du marché, que la capacité de demande se trouve constamment réprimée par un trop grand désir d'accumulation de l'épargne. Cette épargne étant d'autant plus stérile d'un point de vue social, lorsqu'un emploi productif ne lui est pas donné, qu'elle est lucrative pour son propriétaire.

Le plus grave, c'est que dans le cas présent, la correction ne survient pas automatiquement, comme nous l'avons vu dans le cas précédent ; le chômage, au lieu de pallier le mal, l'aggrave indéfiniment. L'effet de dépression de l'une de ces crises ne peut se résorber que relativement, car le processus inverse se trouve

[14] Si la diminution de la demande coïncide avec une baisse du coût de la production, cela pourrait ne pas entraîner une diminution de la consommation mais seulement un frein à l'expansion que l'on serait en droit d'attendre par suite d'une baisse des prix.

toujours automatiquement réprimé, paralysant ainsi toute expansion de la production. Ainsi, notre état social est celui d'un malade chronique, toujours au bord de graves crises ; le mal se résorbe juste assez pour rendre de nouveau la vie supportable et il revient avec une gravité accrue, attiré par le moindre déséquilibre.

Une mauvaise récolte de céréales suffit, en l'absence de toute autre cause, à entraîner une catastrophe; en toute logique, cela devrait simplement entraîner que chacun dût limiter quelque peu sa consommation de cet aliment par excellence.

Cependant la cherté de cet article de première nécessité diminue la capacité de consommation d'un produit industriel de la grande masse des consommateurs, et il n'en faut pas davantage pour déclencher le point d'allumage qui doit entraîner la déflagration générale. Le mal aigu, c'est la crise, la maladie chronique, c'est le malaise social persistant continuellement ; la misère chronique subsiste partout, malgré tous les progrès de la science et de la domination de l'homme sur les dites choses.

L'amélioration relative, encore est-elle obtenue lentement et péniblement, non par suite des causes spontanées et nécessaires, mais de causes fortuites. Quand la misère devient très grande, il faut pallier les effets du chômage par la charité privée ou publique, par l'emploi d'ouvriers, ne serait-ce qu'au prix d'un parfait gaspillage du travail. On voit que les symptômes aigus parviennent à disparaître par suite des effets de guerre, qui obligent, avec ces dépenses extraordinaires, à collecter la majeure partie des disponibilités en réserve, et à les lancer, sous forme de demandes de vivres et de matériels de guerre, en guérissant ainsi la restriction de la production, au prix de maux plus cruels encore.

Bien qu'à mon point de vue, l'explication de la genèse d'une crise, du malaise social, et des phénomènes les plus caractéristiques de notre régime industriel, se trouve impliquée dans les déductions précédentes, certains aspects des fluctuations économiques, notamment le caractère soudain et brutal de certaines crises, ne trouveraient pas d'explications pleines et satisfaisantes, si l'on ne tenait compte de la manière dont sont engendrées certaines disponibilités qui n'ont pas leur source dans l'épargne.

IV - LA CRÉATION DES DISPONIBILITÉS

15 - La frappe de monnaie

Lorsque des disponibilités qui ne proviennent pas de l'épargne privée apparaissent sur le marché, il ne fait aucun doute que le fonds disponible se trouve grossi, sans préjudice de la demande. Au contraire, il peut en résulter un accroissement de la demande si, les disponibilités se trouvant en surabondance, une partie en est versée sur le marché des produits de consommation. Suivant l'acception que nous avons utilisée jusqu'à présent, toute disponibilité est monnaie, tandis que toute monnaie n'est pas disponibilité. Lorsqu'il y a création de monnaie nouvelle, comment apparaît-elle sur le marché ? Sous forme de revenus ou sous forme de disponibilités ? Les deux cas peuvent se produire et, pour bien les examiner, il faut ne serait-ce que brièvement voir, étudier, comment se crée la monnaie.

Il y a, en premier lieu, la frappe libre, système suivant lequel, la monnaie est frappée à la demande des particuliers, lorsque ceux-ci y voient une spéculation lucrative, c'est-à-dire lorsque le prix du métal baisse sensiblement par rapport à celui de la monnaie frappée. Le négociant qui achète de l'or pour le faire frapper donne au vendeur une disponibilité en échange d'une marchandise qui n'est pas à proprement parler une marchandise, mais il recouvre immédiatement sa disponibilité, à travers la frappe, augmentée d'un profit qui est sa rétribution, en tant que spéculateur. La disponibilité se trouve doublée, elle conserve intégralement son caractère et de plus un nouveau revenu est apparu, sans aucune diminution du fonds des disponibilités.

Un autre système, celui où la circulation formée de monnaie dont la valeur intrinsèque est très inférieure à la valeur nominale, comme c'est le cas pour la monnaie divisionnaire, est celui de la frappe pour le compte de l'État. Celui-ci acquiert les métaux en échange de disponibilités et les récupère aussitôt par la frappe, réalisant ainsi un profit important. Le cas ne diffère du cas précédent que par l'ampleur de ce profit qui, cette fois, est versé dans les coffres du Trésor public, en tant que ressource qui n'est pas tirée, contrairement aux impôts, de la production, ou des revenus des citoyens.

De toute manière, il en résulte une augmentation du fonds des disponibilités qui n'est pas réalisée aux dépens de la demande, comme dans le cas de l'épargne, et un accroissement des moyens monétaires de la demande qui ne diminue en rien la masse des disponibilités. On comprend l'effet bénéfique d'une telle mesure au regard du développement industriel, qu'il permet de réaliser sans difficultés.

Il ne résulterait que des avantages d'une circonstance aussi favorable, si les disponibilités ainsi obtenues étaient employées exclusivement au développement de la production. Cependant, la condition préalable d'incitation à l'industrie, surtout dans les pays où le dynamisme industriel est rare et où le capital est très prudent, c'est une hausse considérable et soutenue des prix, ce qui implique qu'une grande partie de la nouvelle disponibilité soit employée dans la spéculation.

Or, l'accroissement des moyens de paiement, sans une croissance parallèle de la production, signifie fatalement une hausse des prix, laquelle hausse diminue virtuellement le pouvoir d'achat des consommateurs. Ceux-ci se trouvent ainsi obligés de se passer de leurs dépenses les moins impérieuses, de sorte que si la hausse parvient à un niveau tel qu'il impose des privations très dures, il en résulte une vive protestation de la part des travailleurs et des employés, qui exigent une augmentation de leurs revenus fixes par des grèves et des troubles sociaux qui ne sont que les formes violentes du problème toujours latent, ce problème ne se manifestant que lorsque la souffrance et l'inégalité deviennent trop flagrantes.

Ainsi, ce phénomène de la baisse de valeur de la monnaie, qui est un phénomène séculaire, permanent, bien qu'il y ait des interruptions déterminées principalement par les crises, a contribué à provoquer et à maintenir au niveau minimum la restriction des besoins de la grande masse des consommateurs, en empêchant que les revenus nominaux ne croissent au même rythme que la dépréciation monétaire, de sorte que les revenus effectifs, loin d'avoir augmenté, parallèlement à la capacité de production, ont diminué. Or la capacité de demande est l'unique et le véritable stimulant pour l'essor industriel.

Le contraire de la monétisation, la fusion monétaire survient lorsque le prix du métal augmente par rapport à la valeur des pièces frappées, et revient à convertir des disponibilités en marchandise. Il y a des détenteurs de disponibilités qui trouvent plus avantageux de les fondre en vue de les vendre sous forme de métal ou d'articles fabriqués.

Il y a là, destruction d'une disponibilité qui ne sera jamais récupérée par la société. Cela entraîne la diminution du fonds existant et donne généralement lieu à une redistribution du numéraire, entre la demande et les disponibilités, ce qui diminue d'autant la somme destinée à l'acquisition de la production. Je pense qu'il est inutile d'insister ici sur les effets d'un tel phénomène.

16 - Émission de papier monnaie

La création de monnaie fiduciaire est, de fait, un cas particulier de frappe de monnaie pour le compte de l'État. La différence réside davantage dans la quantité que dans la qualité. Dans ce cas, le coût de la monnaie est infime et, par conséquent, la quasi totalité de sa valeur représente une recette pour les coffres du Trésor, sauf en Espagne où celui qui tire profit de la jouissance de cette somme est la Banque Centrale. Cette recette est transitoire et à rembourser, mais généralement par une valeur plus faible, du fait de la dépréciation que l'augmentation de la masse monétaire fait subir à la monnaie. C'est donc pour l'État un moyen commode, bien que dangereux, de se procurer des moyens de paiement et d'augmenter, de ce fait, directement ou indirectement, la demande. Voyons ses conséquences sur l'économie privée.

L'obstacle sur lequel on bute, d'après ce que nous avons vu (13) lorsque l'on essaie d'accroître la demande aux dépens des disponibilités, c'est que, très vite, ces disponibilités sont si rares que l'on est obligé d'augmenter les taux d'escompte, ce qui a pour effet de freiner l'expansion de la production et de la consommation.

Cependant, étant donné que les disponibilités peuvent être fournies en quantités illimitées, le phénomène inverse ne survient jamais.

Le moyen de fournir indéfiniment des disponibilités, c'est de les créer à partir du néant ; c'est ce que l'on fait avec l'émission de papier-monnaie. Le commerce, l'industrie, la spéculation trouvent, grâce à cela, le moyen d'obtenir à un taux relativement bas des disponibilités pour leurs entreprises, car l'émission permet de faire face facilement à toutes les demandes.

Le fait, déjà rapporté à propos du cas de la frappe de monnaie, se renouvelle, mais dans des proportions plus grandes dans le cas présent, car la frappe a une limite naturelle - la comparaison entre la valeur de la monnaie et celle du métal - alors que l'émission n'a d'autre limite que celle de l'annulation de la valeur de la monnaie, car le coût relatif de l'impression des billets est lui-même susceptible d'être réduit indéfiniment, en faisant figurer des chiffres de plus en plus grands sur les billets.

On comprend quels sont les effets nocifs du système qui consiste à créer des disponibilités fictives. La production ne peut suivre que de très loin un accroissement aussi rapide de la demande de sorte que la majeure partie du fonds créé retombe sur la spéculation avec, pour résultat, de faire monter les prix, ce qui tend à diminuer la capacité de consommation des classes qui perçoivent des revenus fixes. Il est certain que ce que les agents qui perçoivent des revenus invariables reçoivent en moins, ce sont les commerçants, les industriels et les spéculateurs qui le gagnent. Mais étant donné que la capacité individuelle de consommation est plus limitée, la propension à investir de cette catégorie d'agents constitue une limite encore plus grande à la consommation qui apparaît d'autant plus facilement à l'occasion de recettes extraordinaires, plutôt qu'au détriment des besoins habituels. Ce transfert de capacité de consommation ne favorise pas la demande mais au

contraire l'accumulation de disponibilités infructueuses. La demande finit par stagner avec une rapidité que seule modère l'obtention d'une amélioration du revenu de la part des classes ouvrières et des employés.
De toute façon, à la fin du conflit économique, la crise éclate fatalement, entraînée par l'impossibilité de réaliser l'équilibre entre l'offre, la demande et les revenus. Il existe encore un fait qui peut la précipiter et la rendre encore plus violente : le retrait excessif de papier-monnaie qui crée tout le malaise industriel et financier consécutif à la raréfaction des disponibilités. Cela entraîne immédiatement une dépression des prix, suivie de toutes ses séquelles : chômage, baisse de la demande et marasme industriel.

Il faut signaler que les deux causes opposées : l'expansion et la contraction des disponibilités donnent le même résultat par des chemins différents, à savoir qu'elles constituent un obstacle infranchissable pour l'expansion des besoins des consommateurs et du développement industriel. Si la cause en est un accroissement des disponibilités, l'obstacle est dû à la hausse des prix provoquée par la spéculation qui diminue le pouvoir d'achat des classes les plus nombreuses. Si les disponibilités décroissent, l'obstacle provient de la baisse des prix qui conduit à la faillite des affaires, à la paralysie industrielle, laquelle prive de nombreux agents de la totalité de leurs moyens de subsistance et réduit en tous cas ceux de tout le monde, étant donné que la concurrence de la main-d'œuvre en chômage et l'intérêt des ouvriers de ne pas perdre leur emploi les oblige à se contenter du minimum de rémunération compatible avec leur subsistance.

Comment ne pas voir dans les conséquences matérielles et morales de ce fait la clé du problème social?

Il n'y a pas lieu de se demander si une limitation des moyens naturels de production ou de l'efficacité de l'appareil de production est la cause de la misère des nations. En effet, bien avant que ce cas extrême ne se présente, notre régime économique est capable de produire cette efficacité et de l'entretenir au moyen d'une plus grande fécondité de la terre et des progrès techniques les plus puissants.

On s'explique seulement ainsi comment les plus grands gaspillages, les guerres, la paix armée, les corruptions administratives, le parasitisme grandissant des oligarchies, tout ce qu'il y a d'immoral et de pervers ne causent des conséquences aussi ruineuses que l'on pourrait logiquement en attendre ; dans des nations qui semblent être parvenues à la dernière extrémité de leurs possibilités, si l'on en juge par les désordres politiques, le malaise social et la misère de la majorité des individus. On constate au contraire que la crise ne survient jamais, par exemple, pendant les guerres ; les guerres seraient plutôt un palliatif au malaise économique persistant, car elles provoquent une prospérité apparente, tandis que le malaise revient avec plus d'acuité avec la paix, c'est-à-dire au moment où les énergies productives se trouvent délivrées de leur tâche belliciste et peuvent se consacrer à travailler au bien-être des citoyens. Cela n'est compréhensible que dans l'hypothèse où le malaise social ne provient pas de l'incapacité à produire mais de causes artificielles qui paralysent l'appareil de production, en empêchant l'expansion des besoins et, partant, l'emploi efficace des énergies sociales. En dépit de leurs maux, les gaspillages présentent un avantage : celui de stimuler la production en incitant à la consommation ; de sorte, qu'en dépit de la calamité qu'ils représentent au même titre qu'une guerre, ils apportent un soulagement économique. En revanche, les économies, les progrès scientifiques, qui sont des moyens techniques d'économiser du travail, tout ce qui constitue un véritable progrès économique a souvent un effet opposé, d'où l'origine de la haine des ouvriers vis-à-vis des progrès techniques et de nombreux autres maux.

Tout cela ne démontre-t-il pas que notre régime économique ne cesse d'engendrer des maux plus grands, et peut être, pas moins cruels que la guerre ; le gaspillage, le désordre administratif, en faisant se consumer dans la douleur et dans la misère les énergies qui, volontiers, souhaiteraient s'employer à produire ce qui est nécessaire pour rendre la vie plus agréable, et que ce sont là les forces réprimées qui trouvent leur défoulement et leur soulagement à colmater les brèches ouvertes par les calamités qui pèsent sur une société, violemment perturbée dans son développement ?

17 - Le crédit privé

Les caractères particulièrement aigus de ces crises ne trouveraient pas une entière explication si l'on ne considérait une dernière source de disponibilités fictives, qui ne constituent plus une monnaie au sens matériel du terme.

On sait que, dans les affaires, le crédit équivaut à des disponibilités, et que le fait de pouvoir acheter à crédit évite à tout négociant de posséder réellement du numéraire. Un crédit ouvert par une banque est une disponibilité qui, bien souvent, notamment dans les nations qui connaissent le plus grand progrès économique, est utilisé sans qu'il y ait disposition effective de monnaie et sans diminuer, par conséquent, les disponibilités effectives de l'entreprise. Il est certain que si l'usage du crédit est limité, l'économie sociale de disponibilités ne sera pas grande, mais dans la mesure où la confiance est répandue, chaque créancier obtient à son tour de ses créanciers un crédit et ceux-ci à leur tour de leurs vendeurs. C'est ainsi que se forme une longue série d'opérations effectuées sans numéraire et qui dans d'autres circonstances aurait requis l'existence de disponibilités réelles.

De telles disponibilités virtuelles ne peuvent être considérées comme identiques aux autres sous tous leurs aspects. Elles ne servent pas, par exemple, à payer des revenus, elles ne sont généralement pas utilisables pour les achats de biens de consommation mais elles n'empêchent pas pour autant les disponibilités réelles libérées d'être utilisées à de telles fins.

Tout cela est très bien dans les périodes de prospérité car cela permet d'assouplir le joug qui contraint, telle une main de fer, la production et le commerce, et les empêche de prendre librement leur essor, mais il y a là un germe des maux les plus terribles, maux qui surviennent sitôt que le crédit connaît une contraction soudaine. En effet, la contraction est fatale, aussi fatale que la crise, ne faisant qu'aggraver celle-ci et lui donner une plus grande violence. Dès les premières difficultés financières dans les affaires, la méfiance surviendra avec la crainte des engagements non remplis, et avec tout cela l'édifice des disponibilités imaginaires s'écroulera. Les opérations en cours devront être liquidées et, pour la suite, effectuées aux moyens de disponibilités réelles.

L'effet, alors, n'est pas différent de celui d'une quelconque contraction du fonds disponible toutefois, dans le cas présent, l'effet est d'autant plus brutal et plus difficile à contenir que les mobiles de la panique sont plus difficiles à maîtriser.

Il me paraît vain d'insister sur les conséquences de tout cela ; au degré près, elles sont identiques à celles que nous avons déjà examinées. La soif de disponibilités effectives, au moyen desquelles le vide laissé par l'évanouissement des disponibilités fictives pourrait être rempli, arrive alors au paroxysme et l'on s'efforce de les importer et de les attirer par tous moyens. J'ai cité, par ailleurs, le cas de la crise de 1907 aux États Unis où la contraction fut si grave qu'en dépit d'une importation d'or de quelques six cent millions de dollars en provenance d'Europe.

Cela eut pour effet d'augmenter de moitié les stocks de métal, la raréfaction des disponibilités fut considérable. On comprend bien que cette soif de disponibilités peut être étanchée, grâce à l'émission de papier-monnaie, dans toute la mesure où la panique n'a pas atteint un degré tel, qu'elle entraîne avec elle la confiance dans ce moyen de paiement.

À défaut de tout cela, le besoin de disponibilités devra être satisfait lentement, au prix d'une épargne attirée et stimulée par un taux d'intérêt élevé, et nous savons que cela se traduit par des phénomènes de paralysie causés par la contraction de la demande.

V - LES SOLUTIONS DU PROBLÈME SOCIAL

18 - Le système communiste

Conformément à notre point de vue déjà exprimé, le problème économique de notre société actuelle n'est pas une question insoluble et fatale ; c'est une chose qui dépend du régime de production établie, qu'il est en notre pouvoir de corriger, et en cela les écoles socialistes auraient raison. Cependant, nos conclusions nous conduisent à un point de vue radicalement différent de ces écoles, quant à la solution opportune.

Les socialistes s'attachent essentiellement à l'inégalité de la répartition. De notre point de vue, ce n'est pas l'iniquité de la répartition, c'est la rareté de la production qui est à l'origine de la paupérisation sociale, bien que cette inégalité, en tant que phénomène plus perceptible dans la misère, soit à l'origine de la colère des classes prolétariennes.

Ce qui est certain, c'est que la production actuelle répartie plus équitablement, améliorerait assez peu la situation des classes humbles et peut-être l'état général de la société empirerait-il. On produit relativement peu, et ce n'est pas faute de moyens ; la terre est féconde et les outils sont puissants. C'est donc que l'organisation sociale ne stimule pas les énergies productives, bien au contraire, elle les abolit, car en rendant précaire la situation du travailleur et bien souvent opulente celle du parasite, elle encourage l'oisiveté et le parasitisme et incite au vice, activité souvent plus lucrative que le travail.

Les socialistes ne voient pas d'autres moyens d'obtenir une plus grande justice et une meilleure organisation que d'étendre le pouvoir de l'État à l'ordre économique, en socialisant tous les moyens de production et en convertissant les citoyens en fonctionnaires. L'expérience russe - en laissant de côté tous les partis pris et les préjugés - n'incline pas à penser que le salut de l'humanité doive se trouver dans un tel système.

Certains ont tendance à croire que l'échec économique des Soviets est dû aux mauvaises conditions dans lesquelles l'expérience a été entreprise, dans un pays appauvri par la guerre et perturbé par la révolution. Pourtant, la valeur d'un système salutaire doit être démontrée, notamment dans les cas difficiles et, si la valeur du système communiste était positive, la renaissance du pays se réaliserait mieux dans ce système que dans un autre système quelconque.

En outre, les raisons sont nombreuses qui font penser que l'échec est fatal, quelles que soient les conditions dans lesquelles l'expérience est tentée. Un système économique est toujours mauvais lorsqu'il sépare de l'ouvrage la récompense de l'ouvrier, conformément à la tendance communiste ; il en résulte, invariablement, une chute de la productivité. C'est là un mal qui existe déjà de fait, dans le régime actuel, car l'ouvrier ne perçoit pas que l'augmentation de sa capacité de production se reflète immédiatement dans l'amélioration de son sort économique ; ce phénomène serait encore plus grand dans le régime communiste. Un communisme rigoureux ne serait possible que dans un état de morale économique qui ne transparait aujourd'hui nulle part, et dont nous ne savons pas s'il existera un jour.

Il semble que la difficulté ait été déjà perçue par le communisme, puisqu'il a imaginé un système compliqué de récompenses et de châtiments, pour stimuler l'intérêt dans la production. Mais il n'est pas de récompense plus efficace, ni de châtiment plus juste que la récompense et le châtiment qui résultent de ce que le fruit obtenu dépende de la fécondité du travail réalisé, de l'intelligence, de l'aptitude et de l'intérêt manifestés par l'ouvrier dans son ouvrage. Quant aux contingences du hasard, le secours mutuel est de nature à les surmonter.

19 - Le collectivisme

Établir une relation entre la récompense et l'effort de production semble être la tendance des écoles collectivistes, moins extrémistes que les communistes. Mais comment ? Dès l'instant où la socialisation des moyens de production accompagne ce système, la fixation des récompenses ne peut être prévue que de façon pragmatique par des règlements spécifiques et confiée à des tribunaux compétents.

Malheureusement, il n'est pas facile de mettre en œuvre les moyens de fixer la rétribution juste et idoine d'une chose aussi complexe que le travail humain, et pour laquelle il faut tenir compte des aspects les plus subtils de la psychologie et de la sociologie pour atteindre l'efficacité sociale requise. Le temps n'est qu'un des facteurs et, si l'on tient seulement compte de lui, on néglige ce qui est le plus important, à savoir la qualité du travail. L'effort physiologique est très difficile à mesurer et n'a pas de rapport avec l'utilité sociale de l'ouvrage. La peine psychologique est encore plus difficile à estimer et est essentiellement variable, en fonction de mille circonstances différentes : c'est une chose purement subjective. La seule chose authentiquement économique, c'est la fixation de la récompense en fonction de la valeur créée.

Cependant, la notion de valeur est ce qu'il y a de plus complexe en économie.
Est-il quelqu'un, hormis le consommateur lui-même, qui soit capable de l'évaluer ?
Or, il ne s'agit pas que tel ou tel autre consommateur puisse le faire, mais bien l'ensemble des consommateurs qui forment la société. Le concept de valeur est une chose qui naît de l'utilité sociale du produit, évaluée par le

besoin relatif ressenti par le public consommateur ; or ceci est si variable et si complexe que, seul le jeu fluctuant de la demande sur le marché est capable de le déterminer. L'estimation de la valeur effectuée sur le marché doit faire l'objet de toutes les critiques, mais tout autre moyen s'avérerait plus arbitraire et plus capricieux, quelles que soient les garanties dont on l'entoure. De surcroît, cela présentera l'inconvénient de transformer en une question politique une question économique, qui se trouve être le nerf pour ainsi dire, de toute l'économie. Les organismes chargés de cette mission resteraient fatalement soumis à l'influence politique et sociale des différentes corporations, influence qui ne résiderait pas dans le mérite de leur activité productive, mais dans les dangers et les craintes que leur mécontentement pourrait engendrer. On peut déjà observer ce genre de maux dans les interventions économiques de l'État ; les professions ou les métiers qui sont, de par leur condition, moins propices à créer de graves conflits ayant moins de force matérielle, sont frustrés de leur revendication vis-à-vis des plus forts et des mieux organisés, aussi bien lorsqu'il s'agit des corporations ouvrières que des groupements de fonctionnaires. Ajoutons à tout cela les maux qu'engendrent l'intrigue et le favoritisme propres à tout régime politique.

Dans l'ordre économique, un système de régulation automatique sera toujours supérieur à un système de réglementation législative et de sentences arbitraires. On ne peut espérer déformer les voies naturelles par la dialectique, par la corruption, ou par les relations comme il en va des lois humaines ; leur fatalité est beaucoup plus efficace et plus morale que l'artefact le plus compliqué. De ce point de vue, notre régime de libre concurrence présente des avantages indéniables, bien qu'il se trouve quelque peu discrédité par l'opinion de nombreuses gens. Il n'est cependant pas possible d'accepter ce discrédit, sans un jugement critique préalable quant à son origine. Il n'en va pas de même si son échec provient de sa condition elle-même, que s'il provient d'une application substantiellement défectueuse.

20 - Le régime de la liberté et de la propriété

La liberté économique existe aujourd'hui dans la concurrence entre les produits sur le marché intérieur et sert, en temps normal, à fixer les prix des marchandises. Cependant, l'essentiel d'un régime de production libre n'est pas que les prix relatifs des objets se fixent en fonction de leur valeur économique. Ce n'est là qu'un des moyens particuliers d'obtenir quelque chose de plus important, à savoir que les récompenses nées de la production de chacun des agents qui interviennent dans la création de la valeur, soient proportionnelles à la valeur qu'ils créent et au degré de leur contribution par leurs efforts et leurs aptitudes personnelles à la créer. C'est ainsi que l'on excite au maximum et que l'on encourage les énergies productives. Il est certain qu'en plus de cela, il faut qu'il y ait une liberté suffisante pour que ces énergies puissent toujours trouver l'application la plus efficace, à l'intérieur des moyens dont dispose l'humanité.

En va-t-il réellement ainsi ? L'observation la plus sommaire montre très bien que les revenus du rentier, du fortuné, de l'ouvrier, du ploutocrate, du commerçant, du haut et du bas fonctionnaires ne sont nullement proportionnées à l'utilité sociale de leur participation à la production. Il y a entre elles une inégalité fondamentale, et l'on n'observe aucune tendance vers une plus grande équité. Cela est-il dû à la liberté des contrats elle-même ou, au contraire, à ce que les contrats ne se réalisent pas dans des conditions de pleine liberté et de pleine équité ?

Les socialistes penchent vers la première opinion et ne voient d'autre moyen de réaliser une meilleure équité, que de faire disparaître la propriété privée des moyens de production et de l'échange. Il est certain qu'il existe un élément de la production, la terre, dont le droit de propriété est très difficile à justifier d'un point de vue économique, car ce n'est pas le produit d'un travail humain mais un moyen naturel de travail absolument nécessaire pour que la production puisse se réaliser ; son appropriation privée est donc une restriction formelle à la liberté de production. Mais il n'en va pas de même du capital, c'est le fruit d'un effort privé et le droit à la propriété privée de ce que l'homme est capable de produire me paraît indiscutable.

Je ne crois pas que l'on puisse soutenir, même d'un simple point de vue d'efficacité, que l'État doit être chargé de créer le capital en absorbant les économies des particuliers. Outre le relâchement de la propension à épargner que cela entraînerait, tout ce que nous savons jusqu'à présent, par expérience, sur ce que fait l'État lorsqu'il intervient dans le domaine économique, serait simplement de nature à nous laisser penser que cela entraînerait un véritable désastre. La question de l'organisation de la production et de la création de capitaux sous un régime social des propriétés publiques des produits, voire même des capitaux, me paraît être l'aspect le plus faible de l'argumentation du socialisme.

21 - Les vices du régime actuel et leur correction

Ce qui, de mon point de vue, existe actuellement, c'est une perturbation des fonctions naturelles de l'instrument de production.

Socialement, le capital est un moyen pour aider le travail de l'homme ; individuellement, on le considère comme le moyen de ne pas travailler et ce, non point parce que l'on prétend vivre aux dépens de ce qui a été précédemment épargné, ce qui serait indiscutablement légitime, mais parce que l'on prétend ne pas travailler, en vivant de façon parasitaire, aux dépens du travail d'autrui et pendant un temps indéfini. C'est de là que naît l'absurdité morale selon laquelle la richesse est recherchée comme une fin en soi. Cela est-il inhérent à la condition du capital dans un régime de libre concurrence ? Rien n'est moins sûr.

Il y a là le germe d'une inégalité incompatible avec la liberté qui doit être équitable avant d'être absolue. Le capital qui, en tant qu'instrument de travail, doit être accessible à tous et qui, en tant que fruit du travail, doit pouvoir être formé par chacun, se transforme en monopole d'une minorité, parce que tout le monde n'est pas placé dans les mêmes conditions pour s'approprier les fruits du travail, phénomène qui, loin d'être consubstantiel à un régime de liberté, est incompatible avec celle-ci. La capacité d'appropriation des produits du travail se trouve limitée chez le travailleur non capitaliste par la tendance de notre économie actuelle à limiter et à réduire les revenus du travail effectif. Le capital ne peut généralement pas être accumulé par ceux qui doivent l'utiliser ; en revanche, ceux qui le possèdent peuvent s'approprier des produits dans la mesure du capital qu'ils possèdent, ce qui théoriquement n'a aucune limite.

Cependant, penser que pour éviter cela, il faut avoir recours à la violence du système de la socialisation du capital est une idée qui ne me paraît pas légitimée, si l'on considère les déductions que nous pouvons tirer de l'étude de la mécanique économique. Pour éviter le mal que nous déplorons, il suffit d'annuler les causes qui, en enfermant la production dans un cercle infranchissable, limitent les revenus du travailleur et rendent inefficace l'effort en vue d'améliorer son sort. La cause principale que nous avons découverte, c'est l'existence d'un fonds variable de disponibilités entretenu par la spéculation, principalement et fondamentalement dans la spéculation sur les terres et sur les actifs productifs de rente.

Il suffirait d'éviter l'action pernicieuse de ce fonds de réserve qui ne remplit aucune fonction socialement bénéfique, afin que la production puisse acquérir son expansion naturelle et que, dans le même temps, disparaisse l'intérêt du capital, en permettant ainsi aux travailleurs d'obtenir le fruit intégral de leur travail, d'un travail qui serait alors bien plus fécond, puisque la disparition de l'intérêt du capital balaierait le principal obstacle à l'application des moyens de production les plus efficaces.

Le moyen le plus radical d'empêcher la spéculation serait de supprimer la propriété privée des actifs productifs de rente. Cependant, cette mesure s'avérerait même inutile, pour autant qu'elle paraitrait trop violente et irréalisable dans l'immédiat, puisqu'il suffirait d'interdire l'échange de ces biens de rente contre des valeurs réelles. Lorsque les disponibilités n'auraient plus l'occasion de s'employer ou plutôt, de s'échanger, contre des biens productifs de rente, l'intérêt du capital qui naît de cette possibilité disparaîtrait automatiquement. Alors, les disponibilités ne trouvant plus d'emplois lucratifs en seraient réduites à se destiner à la consommation ou à l'investissement, - création d'authentiques capitaux de production, - attirées par un bénéfice qui serait à peine supérieur à la compensation du risque encouru. De telle sorte, le fonds des disponibilités serait réduit au minimum et leur variation s'avérerait inoffensive.

On nous dira qu'il reste encore la possibilité de spéculation sur les marchandises de production courante, mais celle-ci, hormis le cas habituel où elle s'avère indispensable pour la circulation des marchandises destinées au ravitaillement de l'industrie et du consommateur, est plutôt un fait exceptionnel. La spéculation sur les marchandises se produit lorsque, par suite de certaines pratiques financières excessives de la part des gouvernements, ou par suite des incidences mêmes de la fluctuation industrielle propre au régime actuel, des variations brutales du fonds des disponibilités réelles ou fictives se produisent. Cela entraîne des fluctuations des cours de toutes sortes de biens, objets de transactions, à tel point que la spéculation sur les marchandises est plutôt un phénomène induit par l'autre type de spéculation. Cependant, il est toujours souhaitable - et ceci, quelles que soient les circonstances, du point de vue de l'économie la plus rudimentaire – de réduire la spéculation commerciale au minimum indispensable, en faisant en sorte que les produits parviennent aux consommateurs au travers du plus petit nombre possible d'intermédiaires et avec un coût minimum.

Lorsque la production serait libérée de la contrainte de l'inélasticité de la demande, que les fluctuations des disponibilités n'empêcheraient plus la croissance des revenus au même rythme que les progrès de la production, l'industrie se développerait au maximum de ses possibilités. Il est certain que nous n'avons pas aujourd'hui la moindre idée de ces possibilités, car le développement actuel de l'industrie est sans commune mesure avec la capacité réelle de production, capacité potentiellement créée par le progrès.

La première impulsion serait donnée par la grande masse de disponibilités, aujourd'hui occupées dans la spéculation qui, lorsque cette dernière serait empêchée, se destinerait, soit à l'acquisition de biens de consommation, soit à la création d'industries. Elle viendrait donc grossir la demande, provoquant ainsi une période de progrès industriel intensif. Ce progrès ne se verrait pas entravé, comme aujourd'hui, par le prélèvement d'un intérêt qui détermine la cherté des disponibilités, dans le cas où celles-ci ont la possibilité de s'orienter vers des emplois lucratifs, en dehors du système productif.

Au contraire, la croissance rapide des revenus, à l'occasion d'un accroissement de la productivité. Cet accroissement ne serait plus alors empêché par les phénomènes que nous avons étudiés comme étant inhérents à l'existence d'un fonds spéculatif de disponibilités, faciliterait la formation d'épargnes plus abondantes qu'aujourd'hui, épargnes qui seraient réparties entre tous les véritables producteurs, ces producteurs ne pouvant plus aspirer à une vie de rentier, car il n'y aurait plus d'occasions de les employer sous forme de rente. Il ne resterait plus à ces épargnes qu'à se transformer immédiatement en capitaux véritables, d'autant plus que leurs détenteurs, employant déjà leur travail dans l'industrie, auraient tout avantage à y employer également leurs économies pour rendre leur travail plus productif. C'est alors, que pour la première fois, la fonction sociale du capital serait réconciliée avec sa fonction individuelle.

Les actifs productifs de rente, laissés hors du circuit, mais qui continueraient de produire des rentes en faveur de leurs propriétaires, devraient enfin être rachetés par l'État, les terres notamment, car l'accroissement de la demande, provoqué par l'expansion de la production ferait élever sensiblement les rentes, en absorbant de façon parasitaire une partie importante de la production. Cependant, ce serait prolonger à l'excès la présente étude, dans laquelle je me proposais seulement de mettre en lumière les causes immédiates du malaise social. Ces causes doivent être recherchées dans ce ceinturon vivant avec lequel la spéculation tient l'industrie, tel un serpent dont les contractions spasmodiques sont autant de crises douloureuses de l'organisme collectif, qui consument en de vains efforts les énergies sociales et stérilisent les meilleurs fruits de la pensée et du génie humain.

Les nations recherchent le moyen d'éluder le mal dont elles souffrent et elles croient le trouver, momentanément, dans des tarifs douaniers, des mutations politiques, des ouvertures de nouveaux marchés, des conquêtes coloniales, qui ne font qu'allumer la haine et la rivalité entre les peuples et entre les hommes, promouvoir des guerres, des grèves, des troubles sociaux, des révolutions politiques et d'autres cruautés qui sont autant de sources de nouvelles souffrances et des obstacles au progrès moral de l'humanité.

ALICANTE, octobre 1922.

PRÉFACE À LA PREMIÈRE ÉDITION

L'année 1883 a été particulièrement importante dans l'histoire de la pensée économique. C'est celle où est mort Karl Marx et où sont nés Keynes et Schumpeter, c'est aussi celle où est venu au monde à Alicante celui qui fait l'objet de cet ouvrage : Germán Bernácer. Lorsque j'écrivais en 1951 mon ouvrage sur les Fluctuations Économiques, j'avais eu connaissance des idées de Bernácer sur les cycles et, par l'intermédiaire de Sir Dennis Robertson, je m'en étais inspiré. À la vérité il était à peine connu en France. Cependant Louis Baudin, André Piatier, François Perroux, plus tard Jacques Rueff avaient été en relation avec lui. La Revue d'Économie Politique publia en 1965 un hommage dû à un de ses compatriotes, José Pozuelo,

Le fameux dicton : nul n'est prophète en son pays, s'est malheureusement vérifié. On a pu parler à son égard d'une conspiration du silence des économistes espagnols. Il a fallu attendre 1973, huit ans après sa mort, pour que la grande presse espagnole lui rende enfin hommage.

Mais c'est un jeune auteur français qui aujourd'hui, par ce pénétrant ouvrage, le fait définitivement sortir de l'ombre. Grâce à ses origines espagnoles, Henri Savall a eu le privilège de connaître la famille du maître disparu, et de remonter ainsi directement aux sources. Il nous confie que c'est le professeur J. Monteil qui l'a orienté vers cette recherche, elle a constitué une thèse de doctorat de Sciences économiques à l'Université de Paris II.

Il faut mettre en valeur le sous-titre choisi par notre auteur. N'est-il pas significatif ? « Une théorie générale de l'emploi, de la rente et de la thésaurisation ». Bernácer, si longtemps méconnu, apparaîtrait-il donc comme le Keynes espagnol ? Apparemment les deux penseurs ne se ressemblent guère, bien qu'il y ait dans leurs cheminements des points de convergence. Keynes s'était adonné au calcul des probabilités. Bernácer fut dès l'âge de 22 ans consacré à la physique. Il n'appartint jamais à l'Université, mais il fut de longues années professeur, à l'École supérieure de Commerce d'Alicante et à l'École des Hautes Études commerciales de Madrid, dans une chaire de technologie industrielle. Mais il dirigea le Service d'Études de la Banque d'Espagne, sous la République et même après la victoire de Franco. Lui aussi s'intéressait aux arts, à la peinture, plus encore à la musique classique.

C'était un modeste, un timide, issu d'une famille sans éclat et sans fortune, constamment attiré par le paysage de sa petite ville natale d'Alicante où la solitude lui a inspiré ses plus profonds écrits, face à la mer, au milieu des pins, là où il mourut à 82 ans.

C'est Henri Savall qui le considère comme l'auteur implicite d'une Théorie générale. Bernácer était trop effacé pour avoir une telle prétention. Et du reste, comme il est dangereux de se croire appelé, à quelque époque que ce soit, à une œuvre ainsi nommée. Dans un monde toujours inachevé il y aura toujours à généraliser une théorie qui se dirait encore générale.

L'ensemble des écrits de Bernácer impressionne. Ils touchent à presque tous nos problèmes. Il faut se borner à détacher les principaux.

L'ouvrage de jeunesse paru en 1916 est intitulé Science et Bonheur ; un titre qui fait penser aux ouvrages récents de Philippe d' lribarne et de Louis Leprince-Ringuet. Mais le sous-titre est encore plus évocateur : « Essai de mécanique sociale ». Celui-là pourrait faire penser à Pareto, cet ingénieur lui aussi préoccupé d'assurer le passage de l'équilibre des corps solides à l'équilibre des actes économiques.

Un deuxième thème se rattache aux problèmes monétaires. Bernácer ne parle pas de liquidités, mais dans un article de 1922 il construit une théorie des disponibilités, notion voisine de la notion keynésienne, qu'il reprendra dans son grand ouvrage de 1945 : *La théorie fonctionnelle de la monnaie* où l'on retrouve les grandes idées directrices de Nogaro, d'Aftalion et plus près de nous de B. Schmitt.

C'est enfin le dernier livre de 1955 : *Une économie libre sans crise et sans chômage*. On pourrait penser qu'il correspond à la théorie générale annoncée par Savall, et dont le titre est, par antithèse, si actuel.

Comment exprimer à Henri Savall notre reconnaissance ? Sans lui en effet qui pourrait dire qu'il connaît Bernácer ? Évidemment, malgré l'art avec lequel il en fait un nouveau Keynes, on pourrait presque dire un précurseur, jamais Bernácer ne siègera au Panthéon des économistes.

Serait-ce du reste conforme à sa vocation ?

Laisser le souvenir d'un autodidacte (n'est-ce pas un mérite de n'avoir pas eu de maître ?), d'un chercheur solitaire, qui sans le faire savoir au reste du monde, a cependant touché le fond des problèmes économiques, n'est-ce pas aussi une réussite ?

Faut-il donc regretter ce rayonnement qu'il n'a pas eu de son vivant, en rappelant le jugement malicieux d'André Piettre : « il lui a manqué d'être anglo-saxon ». Du haut de son éternité où il retrouve Daniel Villey, à qui il écrivait le 17 janvier 1955, car il fut lui aussi un humaniste chrétien, c'est lui qui doit rendre à Henri Savall l'hommage que je viens tenter d'exprimer.

Henri GUITTON,
Membre de l'Institut
Noël 1974

AVANT-PROPOS

Henri Savall m'a demandé quelques lignes pour présenter l'œuvre de Germán Bernácer (1883-1965) qu'il analyse ici mieux que personne. Les affinités intellectuelles entre cet économiste espagnol et Sir Dennis Robertson, mon maître à Cambridge, expliquent que j'ai suivi les recherches minutieuses et pénétrantes d'Henri Savall grâce à qui les économistes de langue française vont découvrir Germán Bernácer. Qui connaît en effet ce haut fonctionnaire à la Banque d'Espagne, desservi par une semi disgrâce et l'isolement de la culture hispanique face à l'anglo-saxonne ? Pourtant Sir Dennis avouait avoir été subconsciemment impressionné par l'article sur les disponibilités monétaires que Bernácer lui avait envoyé dès 1923.

La postérité est souvent injuste : Keynes a éclipsé Robertson et Bernácer qu'unit une solidarité de malchanceux. Or l'un et l'autre ont une conception beaucoup plus dynamique de la période de circulation de la monnaie active, là où Keynes adopte une méthode statique comparative. Bernácer comme Robertson a une conception beaucoup plus synthétique du taux de l'intérêt, dont l'écart entre la composante réelle et la composante monétaire fournit une explication du cycle, là où le Keynes de la *Théorie générale* contredit celui du *Treatise on Money*. L'un et l'autre distinguent dans la thésaurisation la monnaie dormante de la monnaie spéculative qui ne coïncident pas avec la véritable épargne, là où Keynes les englobe dans une même réprobation. Certes ces deux économistes se séparent au sujet de la productivité du capital juridique et de la préférence pour le temps, concepts que Bernácer récuse, alors que la formation marshallienne de Robertson lui interdit de les remettre en question. On imagine leurs discussions, flânant dans les ruelles de Grenade où ils se rencontrèrent en 1954 ... À ces différences près, Bernácer comme Robertson, a critiqué la théorie de l'équilibre économique général d'une manière moins paradoxale, mais plus objective et plus nuancée que Keynes.

On se méprendrait donc à qualifier Bernácer de prékeynésien. C'est au contraire un esprit très moderne, adepte de la valeur-travail, rompu à la comptabilité macro-économique, partisan de l'auto-gestion des entreprises, adversaire de la propriété privée des actifs productifs de rente et convaincu que le rôle de l'État consiste en la satisfaction des besoins collectifs. Puisse Germán Bernácer obtenir, grâce à Henri Savall, la place qu'il mérite au panthéon des économistes : celle d'un esprit dont la formation autodidacte a préservé l'originalité, dont le contact avec la réalité monétaire a nourri l'induction scientifique et que ses options doctrinales ont conduit à une unité de pensée que pourraient lui envier les technocrates contemporains!

Colette NÊME.

Professeur à l'Université de Droit,

d'Économie et de Sciences sociales (Paris II).

Paris 1974

REMERCIEMENTS

Le présent ouvrage est la réduction de notre thèse pour le doctorat d'État ès sciences économiques, soutenue à l'Université Paris-II le 27 septembre 1973. À quelques exceptions près, le corps du texte proprement dit a été respecté. C'est surtout les annexes qui ont subi les coupes sombres que la crise des matières et de l'édition scientifique imposent à l'auteur. On peut déplorer, notamment, la disparition d'un tableau synoptique d'histoire de la pensée et des faits économiques, inspiré de celui qui se trouve à la fin du manuel d'histoire de la pensée du professeur Piettre, où sont insérés les événements en Espagne, la vie de Bernácer et ses principales publications. Certains éléments de la bibliographie complète de Bernácer et les résumés de ses principales œuvres ont été supprimés. Ce que nous regrettons davantage c'est la disparition des témoignages détaillés d'économistes mondialement connus, et, surtout, celle de notre traduction[15] de l'article fondamental de 1922 sur « la théorie des disponibilités comme interprétation des crises économiques et du problème social» auquel fait référence Robertson. L'érudit trouvera dans notre thèse originelle[16] l'ensemble des éléments sacrifiés.

Il est plus agréable de reconnaître, ici, notre dette envers ceux qui ont suivi notre parcours, d'abord, dans la découverte de la théorie bernacérienne, puis dans sa diffusion en France. Nous sommes redevables à Jacques Monteil de nous avoir orientés, voici plusieurs années, vers une recherche qui devait s'avérer féconde, celle de la pensée économique de Germán Bernácer. Nous avons envers Madame veuve Bernácer et ses enfants une double dette de reconnaissance. Sans eux, nous aurions eu beaucoup de peine à retrouver les premiers écrits de Bernácer, ouvrages depuis longtemps épuisés. Mais c'est surtout grâce à sa correspondance privée qui nous fut obligeamment communiquée par sa famille, et grâce aux témoignages longuement recueillis auprès de sa femme, de ses enfants, de ses amis et de ses collègues, que nous avons pu essayer de retracer chacun des traits de sa personnalité. Grâce à cette aide, peut-être avons-nous pu mieux comprendre certains points de vue originaux de l'auteur et peut-être avons-nous laissé paraître une certaine incarnation de sa pensée...

Nous remercions très vivement Colette Nême pour les nombreuses remarques qu'elle nous a prodiguées tout au long de la rédaction de notre ouvrage. Nous remercions aussi tous ceux qui nous ont encouragé à publier cet essai et, parmi eux, tout particulièrement, les membres de notre jury de thèse, réunis sous la présidence de Colette Nême, André Piettre, de l'Institut de France, Luc Bourcier de Carbon, Maurice Bernadet et Pierre Dockès, ainsi que les membres de la commission du Centre National de la Recherche Scientifique qui, sous la présidence de Henri Guitton, ont jugé cet ouvrage digne des deniers publics.

Enfin, last but not least, François Perroux, Professeur au Collège de France, le seul économiste qui ait fait prononcer une conférence à Bernácer, hors de son pays -- c'était à Paris en 1952 -, trouvera ici le gage de notre gratitude. Il a témoigné, une fois de plus à Bernácer sa haute estime, en nous demandant d'honorer la mémoire de l'économiste espagnol en un court article paru en juin 1974 dans la revue de l'I.S.E.A. : Mondes en développement.

[15] Que nous avons rétablie dans la présente réédition en 2012 de notre ouvrage de 1975.

[16] Intitulée : *Germán Bernácer, économiste espagnol* (1883-1965). *Une théorie générale de l'emploi, de la rente et de la thésaurisation*, thèse, Université Paris-II, sept. 1973, offset, 602 p.

SOMMAIRE

Introduction
à la première édition (1975)

L'HOMME ET SA CARRIÈRE

I
BIOGRAPHIE DE BERNÁCER [17]

L'ENFANT ET L'ÉTUDIANT

Germán Bernácer naquit le 29 juin 1883 à Alicante, dans une famille modeste. Son père tenait une de ces boutiques méditerranéennes où l'on vendait de tout : de l'épicerie, des articles de bazar, de mercerie... Sa mère, une femme simple, intelligente et affable lui léga ses qualités et fut pour lui un objet d'adoration.

De sa terrasse, le jeune Germán aimait à contempler la mer et le mouvement des bateaux de commerce qui transportaient outre-mer le vin d'Alicante : ainsi furent liés tout au long de sa vie son amour de la nature et sa curiosité pour toute l'activité de l'homme.

Écolier studieux, puis, ayant commencé ses études à l'École de Commerce, Germán dut, dès l'âge de 14 ans, aider pécuniairement sa famille car, entre temps, l'affaire de son père avait périclité. Il dut donner des cours particuliers le jour et étudier la nuit, à la lueur d'un quinquet car, à la fin du XIXe siècle il n'y avait pas encore d'électricité à Alicante. Au petit jour, lorsque le soleil commençait de poindre à l'horizon méditerranéen, le jeune Bernácer se couchait pour prendre un peu de repos avant d'entreprendre une journée laborieuse.

Á la fin de ses études, Germán Bernácer obtint brillamment le grade de « profesor mercantil » [18] puis fut l'assistant de son professeur de physique-chimie à l'École supérieure de Commerce d'Alicante. Il apprit et perfectionna pendant ces années d'assistanat le français, l'anglais, l'allemand et l'italien. Cet heureux apprentissage devait lui servir, tout au long de sa carrière, à lire dans la langue les ouvrages et les revues économiques étrangères, et à rédiger certains de ses articles pour des revues étrangères.

En 1905, il présente, à Madrid, le concours national de recrutement des enseignants des Écoles de Commerce dans la spécialité de Technologie industrielle. Il fut reçu premier et plutôt que de choisir une chaire à Madrid, le jeune Bernácer - il a vingt-deux ans - obtint sa nomination à l'École supérieure de Commerce d'Alicante, car sa famille avait encore besoin de son aide et son attachement au pays natal était tenace.

SA VIE Á ALICANTE

Voici Germán Bernácer installé à Alicante pour 26 ans encore. Cette longue période fertile devait lui permettre l'épanouissement de ses qualités que nous qualifierions aujourd'hui de pluridisciplinaires. Bernácer devait être en effet, tout au long de sa vie, partagé par la curiosité de tout. Cette pluridisciplinarité se

[17] L'annexe A-1 de notre thèse, *op. cit.* contient un tableau synoptique retraçant, d'une part la vie de Bernácer, l'histoire d'Espagne et l'histoire mondiale, et d'autre part, les publications économiques marquantes qui ont jalonné la carrière de l'auteur et l'histoire de la pensée économique contemporaine. En outre, l'influence de l'histoire sur les options doctrinales de Bernácer est étudiée dans la troisième partie.

[18] Ce titre existe encore en Espagne : il sanctionne les études commerciales supérieures.

manifestera d'abord dans l'ordre intrapersonnel : il consacrera la majeure partie de son énergie à l'étude de l'économique et pourtant, il poursuivra, jusqu'à sa retraite à l'École des Hautes Études commerciales à Madrid, en 1953, l'enseignement de ses disciplines de base : la physique et la chimie. Dans l'ordre interpersonnel, nous soulignerons son épanouissement culturel, en tant qu'homme, dans ce que nous avons dénommé le cercle humaniste d'Alicante et sa contribution, en tant qu'économiste, par ses relations avec les plus grands mathématiciens espagnols, au démarrage de la recherche en économie mathématique et en économétrie dans son pays.

LE CERCLE HUMANISTE D'ALICANTE

Bernácer eut à Alicante trois grands amis : un grand écrivain, un grand musicien et un peintre de la célèbre école de Sorolla. Gabriel Miró occupa dans la littérature espagnole des trente premières années de ce siècle une place importante ; à sa mort, c'est Germán Bernácer qui lui rendit un hommage littéraire, publié à Madrid dans la revue Sigüenza. Oscar Esplá, malgré son grand âge, partage encore sa vie entre Alicante et Madrid, il dirige la Fondation du prix de musique qui porte son nom. Emilio Varela n'atteignit pas la renommée de son maître Sorolla. Des excursions dans la belle nature environnante d'Alicante, des discussions littéraires, philosophiques et artistiques, créaient le lien entre les quatre hommes. Ils formaient le comité de rédaction d'une revue littéraire locale qui eut quelque résonance nationale du fait, notamment, de la renommée de Gabriel Miró.

C'est donc activement que Bernácer participa à la vie culturelle d'Alicante. Grand amateur de musique classique, il s'intéressa à toutes les manifestations de l'art et du savoir ; pendant la guerre civile espagnole (1936-1939), alors que la majeure partie des enfants furent privés d'école primaire, Bernácer enseigna les siens, à la maison, il lui arriva même d'apprendre le latin - ayant la cinquantaine passée - pour aider ses enfants.

LE PHYSICIEN TECHNOLOGUE

Bernácer, jeune professeur de physique à 22 ans, fut frappé par les insuffisances qu'il constata autour de lui : difficulté de se documenter, manque de qualification de nombre de ses concitoyens dans les domaines techniques, absence d'infrastructures de toutes sortes. Il fit venir à Alicante des ouvrages, s'attela à la rude et passionnante tâche de la formation des jeunes, créa le premier laboratoire de physique et de chimie expérimentales. Il fut aussi soucieux de participer d'une manière plus directe à la vie active de son pays, de sa ville[19]: il créa un service d'analyses de produits en laboratoire, et d'expertises à l'usage des industriels et des assureurs, auquel participèrent ses jeunes disciples. Il publia à cette époque deux ouvrages de technologie[20].

---

[19] Après son mariage, il occupera le poste de secrétaire de la Chambre de Commerce d'Alicante.
[20] Cf. Bibliographie, à la fin de l'ouvrage.

Les quelques ressources complémentaires que procurèrent cette activité permirent à Bernácer de doter l'École supérieure de Commerce du seul laboratoire d'enseignement de la ville. Jusque-là l'étude de la chimie et de la physique avait été purement livresque.

Il obtint une bourse de voyage d'études en 1911 et entreprit un voyage d'un an à travers l'Europe. Il séjourna et étudia en France, en Allemagne, en Belgique, aux Pays-Bas, en Italie, et en Angleterre. Le physicien y découvrit des éléments très intéressants ; mais ce qu'il vit dans le domaine économique et social affligea l'économiste, le confirma dans la conviction qu'il était sans doute plus important de s'attacher à étudier les difficultés de l'économie politique et à tâcher de les résoudre. Á Son retour, il devait terminer le manuscrit de son premier ouvrage économique *Société et Bonheur* et parvenir, non sans peine, à le faire publier en 1916.

Désormais ses recherches eurent pour domaine le vaste champ de l'économique, mais il demeura toute sa vie le professeur de physique qu'il fut d'abord et ce, jusqu'à l'âge de 70 ans.

En 1926, à l'âge de 43 ans, Germán Bernácer épousa la fille d'un ami, biographe de Gabriel Miro, Maria Guardiola, de vingt ans sa cadette, qui devait lui donner quatre enfants.

SA VIE Á MADRID

Cependant, tandis que la deuxième république espagnole[21] appelait pour diriger le célèbre musée du Prado[22] le non moins célèbre peintre Pablo Picasso, Germán Bernácer était sollicité de créer et de diriger le Service des Études de la Banque d'Espagne à Madrid[23]. Ce poste important ne nourrissait pas son homme en Espagne, et Bernácer dut envisager d'obtenir une chaire de Technologie industrielle à l'École des Hautes Études commerciales de Madrid. Il lui fallut pour cela, repasser le concours d'agrégation de physique et il écrivit à cet effet le manuscrit d'un traité de méthodologie de la physique qu'il ne devait jamais publier. Étant reçu deuxième au concours de 1932, il put s'établir à Madrid. Il fit installer un laboratoire à l'École des Hautes Études commerciales de Madrid, à une époque où la Faculté des Sciences elle-même n'en avait pas. Il publia plus tard un manuel.

De sa formation de physicien, Bernácer devait retirer le goût de la rigueur dans l'observation et dans l'analyse scientifique que l'on remarque dans son œuvre d'économiste, mais aussi, croyons-nous, une sorte de frustration très discrète de ne pouvoir se livrer à l'expérimentation, sans laquelle une science n'est science qu'à demi.

[21] Proclamée en 1931 après « l'abdication » du roi Alphonse XIII.
[22] En 1936, après la victoire électorale des partis de gauche.
[23] Dès 1931.

LA VOCATION D'ÉCONOMISTE [24]

Dès l'âge adulte, Bernácer constata un premier déphasage entre, d'une part, le flux de progrès scientifique et technique qu'il estimait très en avance par rapport à la réalité industrielle et, d'autre part, celui du progrès économique qui lui paraissait, à juste titre, très en retard, parce que soumis à un mystérieux mal chronique, le chômage, et à des crises cycliques.

Nous pensons que son voyage en Europe affermit en lui l'idée qu'il était plus impérieux pour le mieux-être social de faire progresser l'économique que la physique. Son premier livre d'économie, *œuvre de jeunesse*, porte en son sein tous les germes de sa pensée future, généreuse et sans concessions scientifiques. Il semble que ce livre ait eu quelque répercussion en Allemagne[25].

Il publia un article fondamental en 1922 sur « la théorie des disponibilités », cette publication suivie d'autres articles et de son livre de 1925 sur l'intérêt du capital, marqua le véritable départ de ses investigations économiques : c'est un filon qu'il devait exploiter méthodiquement jusqu'à cette théorie fonctionnelle de la monnaie qui marqua, à notre sens, l'apogée du chercheur dans la spécialité choisie.

À cette époque, Madrid attira, dans tous les sens du terme notre économiste, que sa récente notoriété avait mis au contact de penseurs et de savants en vue. Le grand philosophe sociologue José Ortega y Gasset [26] qui eut une grande audience, même en dehors des milieux universitaires ou intellectuels, lui écrivait le 29 mai 1931 à l'aube de la deuxième république : « J'ai toujours cru que l'un des grands crimes du défunt régime a été de ne pas créer sérieusement et en grand une école d'études économiques supérieures ». Cet appel déboucha, pour Bernácer, sur la Direction du Service des Études de la Banque d'Espagne, mais non sur la création des études universitaires en Espagne, qui fut le fait de certains de ses amis, politiquement engagés dans le nouveau régime, après la guerre civile espagnole.

Bernácer dont la tâche était scientifiquement si ambitieuse, et qui fut en contact d'égal à égal avec les plus grands économistes étrangers, fut très mal accepté par ses compatriotes économistes[27]. Peut-être son désir de rester à l'écart de la politique, surtout après 1939, explique-t-il l'ostracisme dont il fut victime ; son caractère fut, certainement aussi, déterminant à cet égard. Tous ceux qui avaient approché Bernácer, et que nous avons rencontrés, ou dont nous avons lu les témoignages écrits, sont unanimes pour reconnaître sa très grande modestie, sa probité intellectuelle et morale, sa timidité dans les contacts quotidiens, son goût de la nature qui coïncidait avec celui de l'étude en solitaire dans la pinède, près de sa maison de la plage de San Juan d'Alicante. C'est là qu'il devait attendre la mort jusqu'à un jour de mai 1965, il avait alors 82 ans.

---

[24] Cf. en annexe, « Publications de l'auteur »

[25] La famille de Bernácer lui a souvent entendu parler de lettres que lui auraient écrites des économistes allemands à la suite de la publication de *Société et Bonheur*.

[26] Connu en France où l'on a publié dans les années 1960 une traduction de l'un de ses ouvrages fondamentaux : La rébellion des masses. Cf. aussi *supra*, note 1, p. 5).

[27] Cf. Témoignages : *Le mur du silence*, *infra*.

LES PÉRIPÉTIES DE SA CARRIÈRE À LA BANQUE D'ESPAGNE

D'après les témoins oculaires que nous avons pu rencontrer, il semble que Bernácer ait eu une action efficace jusqu'à l'éclatement de la guerre civile en 1936. Après cette époque ses fonctions seront troublées, d'abord par les événements militaires qui bouleversent l'Espagne et ensuite par les événements politiques qui tendront à instaurer un certain ordre politique et social.

Entre 1936 et 1939, tandis que s'affrontent les « nationaux» sous la junte militaire dirigée par le général Franco et le gouvernement légal de la République, dans une guerre civile que certains considèrent comme une gigantesque et tragique répétition générale de la seconde guerre mondiale, le gouvernement devra quitter Madrid pour s'installer successivement à Valence, puis à Barcelone. La Banque d'Espagne suit le gouvernement et Bernácer installe sa famille à Alicante ; de Valence où il exerce ses fonctions, l'économiste rejoint sa famille chaque semaine. En 1938, la banque centrale s'installe à Barcelone et quelques mois avant la fin de la guerre, les troupes du mouvement nationaliste coupent les communications entre Valence et Barcelone : Bernácer se trouve alors bloqué chez lui à Alicante et ses fonctions sont momentanément interrompues.

La fin de la guerre d'Espagne faillit mettre un terme à sa carrière à la Banque Centrale. En effet, la victoire du « Mouvement » du général Franco fut suivie d'une période d'épuration qui devait toucher à des degrés divers les responsables de tous échelons qui n'avaient pas, spontanément, adhéré au « Mouvement » Bernácer n'échappa pas à une enquête, mais l'intervention de collègues bien placés fit oublier ses inclinations républicaines. C'est notamment, à l'intervention en sa faveur du statisticien Olegario Fernández Baños [28] et de Ramón Artigas, sous-gouverneur de la Banque d'Espagne, que Bernácer, après quelque temps au «purgatoire » pourra reprendre ses fonctions à Madrid.

Cependant son opposition discrète au régime, due à l'incompatibilité de ses idées libérales avec les structures politiques, sociales et économiques espagnoles, le condamne. La réforme de la Banque d'Espagne de 1947 sera l'occasion de confirmer sa neutralisation lorsque Mariano Sebastián Herrador, politiquement engagé, sera nommé directeur du Service des Études et s'intercalera entre le Conseil d'Administration et Bernácer, nommé sous-directeur. Ce n'est une disgrâce qu'à demi, car la pleine influence de l'économiste dans les organes de la Banque centrale s'est terminée avec la République espagnole : depuis 1940, il est comme un fonctionnaire en sursis. La réforme de 1947 n'est qu'un épisode du déclin de son influence. Le gouvernement du général Franco a laissé le savant ou le spécialiste dans ses attributions d'études mais, de fait, il a limogé le haut fonctionnaire et réduit ses fonctions.

Lorsque, au cours des années 1940, sera créée la licence ès sciences économiques en Espagne et que sera ouverte la Faculté des sciences économiques de Madrid, Bernácer ne figurera pas parmi les fondateurs, qui sont, entre autres, Emilio Figueroa[29], Mariano Sebastián Herrador, Olegario Fernández Baños.

[28] Professeur, à l'époque, à la Faculté des Sciences de Madrid, puis l'un des fondateurs de la Faculté de Sciences économiques de la capitale.

[29] Son élève, puis collaborateur à la Banque d'Espagne et enfin son successeur au service des Études.

BERNÁCER ET LA RECHERCHE ÉCONOMIQUE

Cependant, la discrétion, la timidité, l'absence d'ambition sociale de Bernácer ne souffriront nullement de cet état de choses car ce qui lui importe c'est de pouvoir rester en contact, grâce à son poste, avec les publications et les hommes qui, de l'étranger, lui écrivent ou viennent le voir, de pouvoir disposer d'une infrastructure et d'un environnement pour ses recherches (bibliothèque, services de traduction, collaborateurs compétents, etc...). Bernácer passera ainsi un tiers de sa vie à la Banque Centrale, qu'il quittera à l'âge de 72 ans, en 1955. Quelques moments importants jalonnent la dernière partie de sa vie.

Pendant la seconde guerre mondiale, il rencontre, à Madrid, le docteur Schacht, ministre des Finances du IIIe Reich, venu prêcher les vertus de l'étalon-or, au cours d'un colloque mémorable. Schacht connaissait Bernácer de réputation [30] et le fit appeler, car on avait négligé d'inviter ce dernier à participer au colloque! Les échanges entre les deux hommes, au cours d'un débat animé, sont restés dans la mémoire de ceux qui y assistèrent[31].

Quelques années après, il rencontre à plusieurs reprises à Madrid, Jacques Rueff et le Suédois Johan Ackermann.

Invité par François Perroux, il fait une conférence à l'I.S.E.A. à Paris, le 1er avril 1952. Cette conférence devait être publiée la même année dans la revue Économie Appliquée. De nombreux économistes français sont allés l'écouter[32].

Deux ans après, en 1954, il rencontre enfin Robertson à Grenade, en marge d'un congrès international de Banque, les deux hommes s'y sont donnés rendez-vous[33], ils s'isolent dans la campagne environnante et leurs longues promenades sont prétexte à de savantes conversations. Enfin nous avons retrouvé une lettre de 1959 de la Faculté des Sciences économiques de Buenos-Aires lui offrant une chaire d'économie politique, malgré son grand âge, il avait 76 ans.

BERNÁCER ET LES MATHÉMATIQUES

Dans ses recherches économiques et bien qu'il s'en défende souvent, Bernácer va intégrer progressivement la méthode mathématique. Son jeune ami, José Antonio Fuentes, aujourd'hui professeur d'analyse à la Faculté des Sciences de Madrid, lui apporte à cet égard, ses précieuses observations.

Par ailleurs, l'économiste a pour amis de longue date deux prestigieux mathématiciens : Julio Rey Pastor qui professa à Madrid et à Harvard, avant de mourir en exil en 1962, et José Gallego Díaz, qui professa à l'École supérieure d'Ingénieurs agronomes de Madrid puis à l'Université de Stanford avant de mourir en exil à Caracas en 1965.

---

[30] L'Allemagne a été peut-être le pays où ses écrits d'avant 1940 ont eu le plus de résonance, d'après la correspondance qu'il a reçue à cette époque. Cela lui ouvrit la porte d'un certain nombre de revues allemandes.

[31] Cf. FIGUEROA, in article: « *Germán Bernácer, in memoriam* », *infra*.

[32] [17]André PIATIER lui écrivit à ce sujet « Je tiens à vous féliciter encore de ce brillant exposé et à vous dire combien il avait impressionné les économistes qui l'avaient entendu... ».

[33] Cf. FIGUEROA, *op.cit.*

Avec eux et son collègue de l'École des Hautes Études Commerciales, le mathématicien actuaire Antonio Estrugo, il fonde en 1954 la « Sociedad española de matematicas aplicadas » qui publiera des études d'économie mathématique et d'économétrie dans la revue Arquímedes [34] et qui siège à l'Institut de Calcul du Consejo superior de Investigaciones cientificas, le C.N.R.S espagnol[35].

SA FIN [36]

Retraité depuis 1953 de l'École des Hautes Études commerciales, depuis 1955 de la Banque d'Espagne, ayant publié son dernier ouvrage en 1961 et son dernier article en 1962, Bernácer se retire alors, définitivement, dans sa maison sur la colline, au bord de la plage de San Juan d'Alicante. Il retrouve les pins dans la nature proche de sa maison, sous lesquels il aimait à lire les ouvrages qui devaient forger sa culture d'économiste autodidacte et à tracer les épures de ses ouvrages.

Il s'éteindra le 22 mai 1965, entouré des siens et de quelques vieux compagnons tels que le musicien Oscar Esplá qui lui a survécu.

Sa famille reçut des témoignages de sympathie de tous les grands économistes survivants étrangers et de ses amis espagnols. On put croire un instant que les démarches faites à l'initiative de collègues [37] de feu Germán Bernácer, bien en vue à Madrid, et que les articles élogieux parus dans la presse locale [38] eussent abouti à un hommage de sa ville natale sous la forme d'un buste. Huit ans plus tard ces élans généreux n'ont toujours rien donné. Nous sommes persuadé que l'économiste qu'il fut eût préféré qu'on lui réservât la place qu'il mérite dans l'histoire de la pensée économique.

---

[34] Cf. en annexe « Publications de l'auteur ».

[35] Ceci corrobore l'opinion de J. Rueff que nous citons dans nos « Témoignages » *infra*.

[36] Nous avons relevé cet extrait de l'annuaire 1965-66 de l'Enciclopedia Universal Illustrada Europeo-Americana, Éd. Espasa-Calpe, Madrid, 1970, p. 242 et 243 : « Germán Bernácer Tormo, professeur et économiste espagnol né à Alicante en 1883 et mort à San Juan (Alicante) le 22 mai 1965… Il fut membre du Conseil supérieur des recherches scientifiques et de l'Académie des Sciences économiques et financières de Barcelone. Outre…ses rapports économiques et financiers, il écrivit d'importantes études économiques… ».

[37] Que nous avons rencontrés ; cf. aussi l'article de FIGUEROA, « Germán Bernácer, in memoriam », *op. cit.*

[38] Tels que le journal *Información d'Alicante* des 4 et 5 juin 1965, la *Verdad de Murcia*, 16 juin 1965 et juin 1966. Dans l'article du 4 juin 1965, Óscar Esplá rapporte un jugement du philosophe Ortega y Gasset sur Bernácer : « une des premières têtes pensantes de l'Espagne ».

II

TÉMOIGNAGES

UN TÉMOIGNAGE DE FOND IMPORTANT : ROBERTSON

Traduction de l'anglais d'un article de Robertson, paru dans la revue *Economica* de février 1940, pages 50 à 65, sous le titre « A spanish contribution to the Theory of Fluctuations ».

« Une contribution espagnole à la théorie des fluctuations »

I

« Voici environ seize ans, je reçus de la part de Germán Bernácer, alors professeur à l'École supérieure de Commerce d'Alicante, un article en espagnol intitulé « La théorie des disponibilités comme interprétation des crises économiques et du problème social » (Barcelone, 1923).

Je lus, sans grande attention, le résumé en français qui accompagnait la brochure ; pourtant, je devais certainement lui prêter, subconsciemment, plus d'attention que je ne pensais, car il y a de toute évidence un air de famille entre la méthode d'analyse des périodes successives employée par Bernácer (cf. II, 3, *infra*) et celle que je suivis quelque temps après dans mon ouvrage *Politique bancaire et niveau des prix.*

Plus tard, au cours de rangements successifs, ces documents refirent surface. En relisant dernièrement le résumé en français celui-ci me parut, à la lumière des récentes controverses, recouvrer plus d'intérêt que je ne lui en avais d'abord attribué.

Mes tentatives de ces derniers mois pour reprendre personnellement contact avec Bernácer ont été infructueuses ; je me propose donc d'offrir un résumé de son article avec de larges extraits des passages qui me paraissent les plus intéressants et d'en faire quelques commentaires. Si, comme je le souhaite, il vit encore et cette revue tombe sous ses yeux, j'espère qu'il m'accordera rétrospectivement la permission de le faire et réclamera la modeste récompense que *Economica* peut offrir à ses collaborateurs !

Je me suis servi d'une traduction faite à mon intention par Josué Saens. Deux expressions cependant soulèvent quelque difficulté ; le mot de disponibilidades que j'ai rendu par « fonds disponibles» et l'expression valores de renta que j'ai traduite par « biens productifs de revenu »[39], Cette dernière expression ne contient pas cependant tout le caractère « afonctionnel» qui, je crois, se dégage de l'expression originale.

II [40]

III

[39] Robertson est ici abusé par une mauvaise traduction du mot *renta* : il aurait du employer ici le mot rente, car cela introduit un contresens dans son interprétation de la théorie de Bernácer.

[40] La deuxième partie de l'article de Robertson est constituée de larges extraits de l'article de Bernácer, traduit en anglais. On trouvera notre traduction exhaustive en français de l'article original de Bernácer dans le compte rendu des œuvres de Bernácer (A-222) de notre thèse intitulée *Germán Bernácer, économiste espagnol* (1883-1965). *Une théorie générale de l'emploi, de la rente et de la thésaurisation,* Université Paris-II, 1973, 602 p.offset ; ainsi que dans l'introduction de la présente réédition, en 2012, où a été réinsérée l'intégralité de l'article de Bernácer (1922) que nous avons traduit.

Je me propose de commenter brièvement deux aspects seulement de l'œuvre de M. Bernácer : sa théorie du taux de l'intérêt (II, 2 et 5) et son expérience d'analyse de périodes (II, 3).

1° Il est une ressemblance évidente, à certains égards, entre la théorie de l'intérêt de Bernácer et celle de Keynes. Le taux de l'intérêt est considéré comme étant primordialement déterminé, hors du circuit de la production comme le résultat du jeu entre une masse de liquidités et une masse de biens productifs de *revenu*[24]. Le taux de l'intérêt ainsi déterminé joue le rôle d'un obstacle à l'utilisation des fonds disponibles dans l'industrie. Si la monnaie pouvait être soustraite au but spéculatif, le taux de l'intérêt baisserait et le système industriel tendrait vers le plein emploi.

Jusque là les deux auteurs semblent être sur la même voie, mais leurs chemins divergent sitôt qu'ils en viennent à formuler de façon plus précise l'origine première de l'intérêt.

Tous deux, me semble-t-il, commettent la même erreur, à savoir le refus de reconnaître à la productivité des fonds susceptibles d'être investis, le caractère de déterminant direct de l'intérêt du côté de la demande. Cependant leurs erreurs diffèrent. Keynes en est resté, de son propre aveu, à une théorie purement monétaire dont j'ai essayé de dénoncer, par ailleurs, les insuffisances. Bernácer reconnaît en la productivité physique la véritable source de l'intérêt, mais, refusant de reconnaitre une productivité au capital ou aux fonds susceptibles d'emprunt (« les emprunts ne sont pas en soi la cause de l'intérêt »), il en est réduit à chercher refuge dans la productivité de la nature. Dans ce morceau de néo-physiocratie, j'ai bien peur qu'il ne soit en retard sur notre époque, bien qu'il devance de quelques siècles Keynes et son néo-médiévalisme !

2° J'ai déjà payé mon tribut de respect, voire même de gratitude, envers la tentative de Bernácer de raisonner dynamiquement en termes de périodes. Mais on ne peut pas dire, selon moi, qu'il soit parvenu à une parfaite clarté avec son système d'équations simpliste. Le paragraphe (b) est censé donner une explication complémentaire du paragraphe (a) ; mais en réalité, c'est une question différente. Au paragraphe (a), on devine une source de confusion dans l'inégalité des deux intervalles successifs : celui entre le moment où le travail est effectué et où le revenu monétaire est perçu, et celui entre le moment où le travail est réalisé et celui où le produit obtenu par ce travail est vendu.

Nous pouvons peut-être simplifier en supposant que le premier intervalle est virtuellement nul ; en ce cas, il me semble que Bernácer essaie de démontrer qu'il peut surgir un déséquilibre si le rythme d'input (auquel est liée la vitesse de circulation du revenu monétaire) s'accroît ou diminue par rapport au rythme d'output. Une analyse plus développée dans cette voie l'eût conduit à un schéma proche de celui de Hawtrey dans lequel un excès de dépense par rapport au revenu, entraîne une diminution des stocks, alors qu'une insuffisance de dépense entraînerait un accroissement de ces derniers. Mais je ne pense pas qu'il l'ait fait, car, en arrivant au paragraphe (b), on passe à un troisième intervalle dont on n'avait pas parlé précédemment, intervalle entre la perception du revenu et sa dépense.

Il est clair que dans les passages suivants, Bernácer donne une idée généralement concrète et lumineuse des résultats des processus de thésaurisation et de déthésaurisation ; mais il y parvient en dépit de son algèbre. Car, il n'explique pas vraiment comment, pour l'ensemble de la communauté, le revenu perçu (I) peut ne pas varier parallèlement à la demande totale (D), autrement dit, comment il peut surgir une disparité entre ces deux grandeurs. Il ne semble pas, disais-je, que Bernácer envisage, à l'instar de Hawtrey, une disparité entre la dépense et le revenu, associé à une variation du niveau des stocks. Il n'adopte pas non plus de façon explicite, comme le fait Keynes dans son *Traité sur la monnaie*, une définition du revenu comprenant les profits « normaux » et seulement eux. Il ne s'efforce pas davantage comme je l'ai fait, de faire la distinction entre le « revenu perçu» et le « revenu disponible» d'une même période, encore qu'il semble avoir effleuré tous ces concepts.

Je crois devoir des excuses aux économistes de langue anglaise de n'avoir pas partagé plus tôt avec eux l'essai de Bernácer. Outre les difficultés de la langue et celles, plus générales, que l'on éprouve à distinguer les bons des mauvais, parmi les nombreux manuscrits de littérature monétaire qui nous sont adressés, j'ai peut-être quelque meilleure excuse.

Sans diminuer le mérite du travail de Bernácer, on peut dire que, somme toute, cet essai n'est peut-être pas aussi intéressant qu'il paraît à première vue. Il court une légende, de par le monde, suivant laquelle avant 1930 presque tous les économistes orthodoxes pensaient et écrivaient exclusivement en termes d'équilibre général, laissant à quelques amateurs inspirés le soin de gribouiller, dans leur tour d'ivoire, sur les questions relatives à la monnaie oisive et aux ressources inemployées. Cette légende n'a rien à voir avec la réalité. Si l'essai de Bernácer avait été mieux connu en 1923 de ses collègues économistes, qu'il ne l'a été, je pense, l'ordre d'idées qu'il contient n'eût pas été aussi nouveau pour eux, que veulent bien le croire nos étudiants d'aujourd'hui. Mais je crois, cependant, qu'il vaut bien la peine d'être réimprimé ; et je souhaite sincèrement que son auteur soit encore de ce monde. »

Cet article fut intégré, en appendice, à l'édition espagnole des *Essays on monetary Theory* publiée en 1961 chez Aguilar. Dans la préface de ce livre, Robertson cite Bernácer parmi les noms d'économistes qui ont directement inspiré ses travaux, tels que Keynes, Hicks, Hawtrey.

Á la suite de la publication de cet article en 1940, Robertson eut avec l'économiste espagnol un échange copieux de correspondance.

Ces relations épistolaires culminèrent en 1954 à Grenade, lorsque les deux hommes s'y rencontrèrent en marge d'un congrès international[41]. Robertson fait aussi allusion, dans différentes lettres adressées à Bernácer, à des contacts que celui-ci aurait eus avec Hayek[42].Celui-ci aurait rencontré, à plusieurs reprises, Bernácer à Madrid, notamment vers la fin de la deuxième guerre mondiale, et se serait chargé de remettre à Robertson

---

[41] Cf. *supra*, p. 11.

[42] Lettres de Robertson datées du Treasury, London, 14 juin 1944 (quelque temps avant son départ à la conférence de Bretton-Woods) et de Trinity College, Cambridge (20 déc. 1945 et 16 mai 1947)

des articles de Bernácer. Dans une autre lettre[43], Robertson fait allusion à un échange de correspondance entre Bernácer et Domar, à propos de La *théorie fonctionnelle de la monnaie*, ouvrage de l'économiste espagnol. Le livre dut certainement intéresser vivement Robertson car cette lettre était accompagnée d'un très long résumé en anglais, de la main de l'économiste anglais, accompagné de commentaires.

En revanche Bernácer n'eut jamais aucun contact, même épistolaire, avec Keynes : nous évoquerons ce point dans la conclusion de notre ouvrage.

Nous observons que Robertson n'a pas compris la théorie de la rente qui sous-tend la théorie de l'intérêt de Bernácer. Notamment, dans son article de 1940, lorsque Robertson traduit par « biens productifs de *revenus*» les actifs productifs de *rente*. Cette confusion est entretenue par l'ambiguïté du mot espagnol « renta» qui signifie soit la rente, soit le revenu. Par ailleurs, Bernácer répondit aux différentes objections de Robertson dans son article de 1941 : « La théorie monétaire et l'équation du marché ».

Il nous apparaît que Robertson n'a pas réellement saisi le fond de l'analyse temporelle de Bernácer. Quant à la théorie de l'intérêt, les deux auteurs ont des positions trop tranchées pour s'être véritablement compris.

TÉMOIGNAGES D'AUTRES ÉCONOMISTES CONTEMPORAINS

Bernácer a entretenu une importante correspondance avec des économistes contemporains de différents pays, notamment après 1945. Nous avons pu dépouiller sa correspondance avec les anglo-saxons Howard Ellis du Federal Reserve Board, Washington ; Arthur W. Marget, University of Minnesota, Minneapolis ; Per Jacobson, du Fonds Monétaire International ; James W. Angell, Columbia University, New York ; F. Machlup, Washington ; Montgomery D. Anderson, University of Florida ; Gottfried Haberler, Harvard University ; Virgil Salera, Université de Miami ; Henry C. Wallich, Federal Reserve Bank of New York, puis Yale University ; Jorge Freyre. Ces quatre derniers auteurs ont cité l'œuvre de Bernácer. Haberler l'a fait dans la préface de l'édition espagnole publiée à Mexico, de son ouvrage Prospérité et dépression (1942). C'est lui qui recommanda Bernácer à François Perroux, quelques années après Salera fit un compte rendu dans American Economic Review de 1947 du livre de Bernácer : La théorie fonctionnelle de la monnaie. Wallich fit un compte rendu de ce même livre pour Review or Economic Statistics, en 1947. Enfin, Freyre fit un compte rendu de *Une économie libre sans crises et sans chômage* de Bernácer, dans American Economic Review, 1956. Bernácer fut aussi en contact avec des Italiens. Camilo Supino, Université de Milan, fit dès 1923, une critique élogieuse de l'article *« La théorie des disponibilités comme interprétation des crises économiques et du problème social »*. C'est la seule réaction dont nous ayons trouvé trace à l'envoi par Bernácer de son article de 1922 aux 150 économistes les plus connus dans le monde, si l'on excepte l'article de Robertson de 1940 et un commentaire élogieux mais laconique et anonyme de l'Organisation Internationale du Travail, en 1924.

[43] Lettre de Robertson du 26 février 1946.

C'est surtout après 1940 que Bernácer devait entretenir des relations épistolaires suivies avec plusieurs économistes éminents. Parmi eux, les Italiens : Marco Fanno, Université de Padoue ; Giovanni Demaria, Aldo Scotto, Université de Gênes ; Francesco Vito, Université de Milan, et Ferdinando di Fenizio qui cite Bernácer dans son *Manuel d'économie politique*. Les autres correspondants de Bernácer sont Allemands : Predôhl, Walter Hoffmann de l'Institut d'Économie Mondiale de Kiel ; Suédois : Johan Ackermann, qui rencontra plusieurs fois Bernácer à Madrid ; Danois : Erich Schneider, Université de Aarhus ; Suisse : Emile Kung, Université de Zurich ; Argentin : Rafael Olarra Giménez, Université de Buenos-Aires, résume dans son ouvrage sur *La monnaie et les structures monétaires*, les idées maîtresses de Bernácer, et Oreste Popescu cite plusieurs fois Bernácer dans son ouvrage *Introducción á la ciencia economica contemporânea.*

En France, Bernácer a connu Louis Baudin, de l'Institut ; Henri Guitton, Université de Paris et Institut de France ; François Perroux, Collège de France ; André Piatier, École Pratique des Hautes Études ; Jacques Rueff, Chancelier de l'Institut de France. Louis Baudin fit traduire un article de Bernácer en italien, paru dans la revue milanaise : Rivista Bancaria, «*Stabilità monetaria contro pieno impieg*», article traduit sous la direction de Jean-Claude Dischamps et publié en France[44]. Henri Guitton rendit hommage à l'œuvre de Bernácer dans son ouvrage sur *Les fluctuations économiques*, Editions Sirey, Paris, 1951, page 390 ; ainsi que André Piatier qui cite l'œuvre de Bernácer, dans son ouvrage *Statistique et observation économique*, P.U.F., Thémis, Paris 1961, tome l, page 34. François Perroux invita Bernácer à Paris en 1952 pour donner une conférence à l'I.S.E.A. ; Il fit publier deux articles dans la revue Economie appliquée et proposa à Bernâcer, en 1954, de devenir membre correspondant à titre étranger de l'Institut de Science Économique Appliquée.

Peu après la mort de Bernácer, en 1965, la Revue d'économie politique, Paris, publia un hommage d'un compatriote de Bernácer, José Pozuelo, qui résume assez superficiellement les grandes lignes de l'œuvre de Bernâcer, sans avoir montré cependant qu'il l'avait bien saisie. Dans son propre pays, Bernácer fut peu connu ou mal aimé des économistes universitaires.

Cependant Emilio de Figueroa, professeur à l'Université de Madrid, sous-directeur du service des études de la Banque d'Espagne, rend hommage à Bernácer[45], et révèle dans un article que la publication de l'article de Robertson dans la revue Economica de février 1940, qui valut à Bernácer des échos élogieux d'économistes réputés du monde entier, n'éveilla en Espagne, chez les économistes « académiques », aucune bienveillante critique, voire même qu'un dédain absolu. II rend hommage, d'une part aux qualités intellectuelles et scientifiques de l'auteur, citant à ce propos un jugement de J. Rueff porté sur Germán Bernácer en privé, et, d'autre part, à ses qualités morales qui firent que sa pensée ne fut pas seulement une froide analyse des réalités économiques, mais aussi d'une constante orientation humaniste, inspirant tous ses travaux.

Citant Bernácer, Emilio Figueroa résume ainsi les « piliers » de la pensée socio-économique de Germán Bernácer : liberté, efficacité, justice et paix. Figueroa parle de Bernácer en connaissance de cause : il fut son élève à l'École des Hautes Études Commerciales de Madrid, puis son collaborateur à la Banque d'Espagne, avant de se voir confier la chaire de Politique Economique à la Faculté des Sciences économiques de Madrid,

---

[44] Cf. *infra* « Bibliographie »

[45] Article «*G. Bernácer in memoriam* » du Pr. FIGUEROA paru dans la revue espagnole Moneda y crédito, Madrid, 1965.

et de succéder, en 1955, à Germán Bernácer à la direction des études de la Banque d'Espagne. Cependant, il ne fut jamais le disciple à proprement parler du théoricien espagnol, bien qu'il aime à se réclamer de lui, plutôt par sympathie et déférence, selon nous, que par conviction scientifique.

Fabian Estapé, professeur à la Faculté des Sciences économiques de Barcelone, cite longuement Bernácer dans sa traduction du *Manuel d'économie politique* de Ferdinando di Fenizio parue aux Editions Bosch (Barcelone, 2e éd. 1958), aux pages 184, 526, 527. À vrai dire, c'est par des références à l'article de Robertson de 1940 que le professeur Estapé évoque l'œuvre de son compatriote : nul n'est prophète en son pays, en Espagne, moins qu'ailleurs!

Le mur du silence :

Ceux qui ont connu de près Bernácer et que nous avons rencontrés, parlent tous de la conspiration du silence à propos de la manière dont Bernácer a été négligé dans son propre pays par les économistes universitaires. Des raisons politiques, voire déontologiques, sont certainement à l'origine de ce mur du silence, dressé en Espagne autour de son œuvre[46]. Toujours est-il que nous n'avons trouvé dans la littérature économique espagnole, publiée à ce jour, aucun commentaire, aucune controverse ni même une simple allusion à l'œuvre de Bernácer, à l'exception de l'hommage de Emilio Figueroa et de la citation de Fabián Estapé. On trouve des illustrations d'une telle injustice, à l'égard d'autres savants espagnols[47] qui ont joui à l'étranger d'un prestige mérité que l'Espagne leur a refusé. Nous ne parlerons pas ici des nombreux savants, universitaires, grands artistes et hommes de lettres, qui pour des raisons politiques ont dû s'établir à l'étranger.

Enfin, en 1973, la grande presse espagnole s'est fait l'écho, à deux reprises, de témoignages favorables à Bernácer. Le plus grand quotidien espagnol : ABC de Madrid, dans son numéro du 2 mars 1973 consacre une page entière intitulée « *Une économie libre sans crises et sans chômage* »[48]aux idées de Bernácer. L'occasion saisie par ce journal est la flambée de spéculation internationale du mois de février 1973, véritable caisse de résonance pour les idées de l'auteur. Nous avons relevé cette phrase qui illustre l'audace aux yeux du profane de la suppression du « marché financier» : « Si dans l'Antiquité quelque grec audacieux et humanitaire eût préconisé l'abolition de l'esclavage, fondement économique de la société de l'époque, il eût été pris pour un fou », Dans l'ABC de Séville du 30 janvier 1973, à l'occasion de l'inauguration de la Faculté des Sciences économiques, une série d'articles fut consacrée aux études d'économie en Espagne. La personnalité interviewée est le professeur Manuel Berlanga, de l'Université de Madrid, qui déclare : « Cependant, le

[46] Bernácer a entretenu, cependant, des relations personnelles avec quelques économistes espagnols tels que son collègue de l'Académie des Sciences économiques et financières, le professeur Ramón Perpiñá, avec les professeurs Fuentes Quintana, José Larraz (ancien ministre des Finances), Luis Olariaga, Olegario Fernández Baños, Mariano Sebastian Herrador (ancien secrétaire général de la Banque d'Espagne), Higinio París Eguilaz (ancien secrétaire du Conseil National de l'Économie), Ildefonso Cuesta Garrigos et Wenceslao Millán. Cependant, leur engagement politique ou/et leur spécialité en économie non théorique placèrent ces relations privées sous le signe de la courtoisie professionnelle plus qu'elles ne favorisèrent un véritable dialogue scientifique. Marcial Lopez Moreno, ancien doyen de la Faculté de Madrid, fut son élève.

[47] Nous citerons seulement deux exemples :

- l'économiste Flores de Lemus serait un précurseur ignoré du tableau input-output ;
- le mathématicien Rey Pastor, mort en 1962, enseigna à Harvard, aux États-Unis.

[48] C'est le titre de l'ouvrage de synthèse de Bernácer publié en 1955.

personnage le plus marquant de la science économique espagnole a été un professeur d'École supérieure de Commerce, également décédé, Germán Bernácer Tormo qui réunissait toutes les qualités du savant : humilité, simplicité, sérénité et goût infatigable pour l'étude et pour l'esprit d'observation... L'Espagne doit un hommage national à Bernácer ».

Cet hommage eut lieu, en novembre 1983, à Madrid, sous le patronage du Ministère de l'Économie et de la Banque d'Espagne, ainsi qu'à Alicante, avec le concours de l'Université et de la Caja de Ahorros au cours duquel nous fûmes invité à faire deux conférences sur Bernácer. Une rue d'Alicante porte désormais le nom de Bernácer.[*]

Le Prix Nobel d'Économie fut institué quelques années après la mort de Bernácer. La portée de son oeuvre sur l'interprétation de l'économie contemporaine aurait probablement fait de Bernácer un lauréat digne de cette distinction, si elle avait existé de son vivant.

[*] Précision apportée dans la deuxième édition de cet ouvrage, en 2012.

III

PRÉSENTATION DU PLAN

Nous exclurons de notre étude les rapports rédigés sous l'autorité de Bernácer par le Service des Études de la Banque d'Espagne, ainsi que les articles de vulgarisation publiés dans certaines revues non théoriques. Les sources utilisées sont donc : les ouvrages, les articles de doctrine et la correspondance de Bernácer avec certains économistes étrangers contemporains.

L'œuvre de Bernácer étant peu connue en France, il nous est apparu qu'un exposé synthétique de la pensée de l'auteur s'imposait dans une première partie. Dans cet exposé, on s'efforcera de pénétrer la pensée de Bernácer et de la décrire le plus fidèlement possible. En un mot, on essaiera d'assimiler la pensée de l'auteur. Que Bernácer nous pardonne de plagier Keynes, dans le titre que nous donnons à cette partie : « La théorie générale de Bernácer ». La lecture de cet exposé administrera la preuve que nous n'avons pas cédé à une simple démagogie, car la théorie de Bernácer est bien « générale ».

Nous nous permettrons cependant d'utiliser parfois un vocabulaire différent de celui employé par l'auteur, chaque fois que l'exposé y gagnera en clarté. Dans ce cas, nous signalerons la liberté de langage que nous aurons prise.

La seconde partie est consacrée à l'analyse de la contribution de Bernácer à l'économique. C'est par une étude comparative de la position de Bernácer sur quelques grands thèmes, vis-à-vis de certains économistes qui ont marqué l'histoire de notre science, que nous espérons éclairer le lecteur sur l'importance de l'apport théorique de Bernácer. Certains développements montreront l'antériorité de l'analyse de Bernácer par rapport à celle de Keynes et à bien des égards sa supériorité.

La troisième partie s'efforce de cerner les infrastructures de la pensée de Bernácer. C'est en découvrant les indicateurs de ses structures de pensée que l'on pourra discerner les germes de la floraison d'idées révélée dans les deux premières parties.

Notre conclusion laissera éclater le mobile, jusque-là presque inavoué de notre thèse, à savoir que le jugement de l'œuvre de cet auteur doit le situer dans le panthéon des grands économistes, et que l'on nous pardonne à cet égard notre maladresse : tous les Jean Moulin n'ont pas le bonheur de trouver un Malraux.

CHAPITRE I

LA THÉORIE GÉNÉRALE DE BERNÁCER :

« UNE ÉCONOMIE LIBRE, SANS CRISES ET SANS CHÔMAGE »[49]

[49] Titre de l'ouvrage paru en 1955.

I

PRÉAMBULE

LA GÉNÉRALITÉ DE LA THÉORIE DE BERNÁCER

Nous tenons à souligner que l'analyse de Bernácer forme une synthèse cohérente d'idées qui touchent à des problèmes fondamentaux de l'économie universelle. Nous revendiquons la qualification de générale, car les implications de l'analyse sont liées à tous les domaines de l'activité et de l'analyse économiques, à travers les problèmes étudiés : l'emploi, la monnaie, l'intérêt, les fluctuations et la croissance.

Pourtant, Bernácer n'emploie jamais le mot « générale» pour qualifier sa théorie, car sa modestie est trop grande. Nous en voulons pour témoignage le titre séraphique du premier exposé de sa théorie : *Société et bonheur*, tout un programme ! L'analyse en termes de structures légitime notre dénomination.

L'ORIGINE DE L'EXPOSÉ DE LA THÉORIE

Le premier exposé de la théorie de Bernácer se trouve dans son premier ouvrage écrit à partir de 1905 et publié en 1916.

Son article publié en 1922 marque un progrès sensible par rapport à l'ouvrage précédent : la théorie monétaire y est épurée, et ne serait-ce que du fait de sa brièveté, il constitue davantage un exposé incisif d'économie politique.

L'ouvrage de 1925, consacré à la théorie de l'intérêt, est monolithique en ce sens que l'analyse est entièrement tournée vers la démonstration que l'intérêt est pernicieux, économiquement parlant, ce qui est un des thèmes majeurs de la théorie générale de Bernácer. Après cet ouvrage, c'est une floraison d'articles qui marquent les progrès réalisés par l'auteur, notamment dans le domaine monétaire. Son ouvrage de 1945 fera la synthèse de ces recherches. Enfin, en 1955, au terme de près d'un demi-siècle de recherches, et après que Bernácer se fût retiré de la vie active, en tant qu'enseignant et en tant que directeur des études à la Banque d'Espagne, l'auteur nous offre une synthèse de toutes ses investigations dans son ouvrage : *Une économie libre, sans crises et sans chômage*.

Ce dernier ouvrage est aussi complet que le premier ; il contient véritablement une théorie générale. Il est simplement dépouillé de ce que l'on serait tenté d'appeler la « gangue » extra-économique qui, d'un certain point de vue, encombre son premier essai. C'est un ouvrage dont le langage, au sens large du terme, est plus actuel et qui a bénéficié de la décantation que le temps, l'étude mûrie, les communications de Bernácer avec de grands économistes contemporains, ont apporté à ses idées.

À quelques détails près que nous soulignerons, le moment venu, ses idées-forces sont les mêmes : la théorie qu'il nous livre à l'âge de 73 ans est la même qui avait germé chez ce physicien de 33 ans, à l'aube de sa carrière d'économiste. Nous avons choisi de partir de l'exposé de 1955, pour diverses raisons. Tout d'abord, l'ouvrage écrit en 1955 fait quelques allusions à l'apport keynésien et le lecteur qui aborde la théorie de Bernácer le fait à partir d'un substrat de connaissances keynésiennes et postkeynésiennes. Il y a donc dans les connaissances du lecteur une antériorité de la pensée de Keynes[50] qui s'oppose à l'antériorité chronologique des idées de Bernácer. On pourrait déplorer l'impact, parfois excessif de la pensée keynésienne sur notre génération, mais il serait vain de vouloir lire Bernácer, comme si la *Théorie générale*...de Keynes n'avait pas encore été publiée[51]. À cet égard, l'exposé de 1955 est plus affirmé dans l'expression que celui de 1916.

Ensuite, l'exposé de 1955 est plus élaboré que le premier et laisse paraître une plus grande maîtrise de l'économie de la part de l'auteur. Il contient même un appendice mathématique que nous utiliserons pour certaines démonstrations.

LA MÉTHODE SUIVIE DANS L'EXPOSÉ

Il nous a donc paru nécessaire de concilier la clarté de la théorie de Bernácer parvenue à son zénith, à la fin de sa carrière, et l'un des thèmes de notre thèse, à savoir l'antériorité de certaines idées de Bernácer par rapport à Keynes.

C'est pourquoi nous avons choisi le procédé suivant : construit à partir de l'ouvrage de synthèse de 1955, notre exposé contient des citations ou des renvois aux ouvrages pré-keynésiens (au sens chronologique du terme) de Bernácer : *Société et bonheur*, 1916 ; La théorie des disponibilités, 1922 ; L'intérêt du capital, 1925 ; ou postkeynésiens : La théorie fonctionnelle de la monnaie, 1945. Ces renvois marquent parfois l'évolution d'une même idée chez Bernácer.

[50] H. GUITTON, *La monnaie*, Dalloz, 1969, s'interroge à la page 5 : « Ne sommes-nous pas tous un peu keynésiens » ?

[51] Cf. correspondance de Wallich.

II

L'ANALYSE CRITIQUE DU CAPITALISME PAR BERNÁCER

DÉFINITION DES CONCEPTS ET DU CADRE DE L'ÉTUDE

Le fonctionnalisme définitionnel de Bernácer

Bernácer prend soin, préalablement à toute étude, de définir avec précision les concepts qu'il utilise. Cette précaution [52]est utile dans notre science, compte tenu de ses particularités sémantiques.

À cet égard, on observe que Bernácer définit toujours les concepts par rapport à la fonction et non par rapport à la nature ou à la matérialité de la chose définie. Cette fonctionnalité dépasse le simple cadre de la sémantique, puisque toute l'analyse économique de Bernácer est faite dans cette optique : cela est explicité dans le titre de son ouvrage le plus « technique » : *La théorie fonctionnelle de la monnaie*[53].

Deux exemples illustrent ce principe dans le vocabulaire de Bernácer : la définition du capital et celle de la monnaie.

Le capital est un élément corporel propre à accroître la productivité du travail. C'est la fonction par excellence du capital : l'aide apportée au travail dans son activité de production.

La monnaie est un signe : le signe d'une dette de la collectivité envers son détenteur, dette qui sera éteinte en échange d'un bien. La monnaie se caractérise donc par une triple fonction : l'acquisition de biens aptes à satisfaire immédiatement les besoins, l'acquisition de biens aptes à accroître la production, enfin et hélas, l'acquisition de biens spéculatifs aptes à fournir un revenu sans travail. La consommation, l'investissement et la thésaurisation sont ainsi impliqués dans la définition de la monnaie.

Quelques prémisses destinées à éclairer préalablement l'exposé

L'ANALYSE DE L'UNIVERS MACRO-ÉCONOMIQUE

L'univers décrit par Bernácer est macrocosmique. Nous n'insisterons pas sur le caractère novateur que l'on attribue à l'œuvre keynésienne à cet égard, car les historiens ont assez reconnu que les physiocrates ou Marx, par exemple, l'avaient précédé dans cette voie. De même, Bernácer conçoit-il toute son analyse dans la globalité des phénomènes économiques et raisonne-t-il sur des agrégats.

Chez lui, l'analyse au niveau des agents est exceptionnelle ; lorsqu'il ne donne pas de précisions, c'est au concept macro-économique qu'il fait allusion. Il faut lire à la place d'épargne : épargne globale ; à la place de revenu : le revenu national, etc...

---

[52]Cf. GALBRAITH et son plaidoyer pour un langage propre à l'économiste ; et MACHLUP, *Essais de sémantique économique*, Calmann-Lévy (1971), traduction française.

[53] 1945, *op. cit.*

L'ANALYSE D'UN RÉGIME HISTORIQUEMENT RÉALISÉ : L'ÉCONOMIE DE MARCHÉ CAPITALISTE

C'est le régime capitaliste concret dans sa réalité historique qu'il étudie, même si le mot capitalisme ne revient pas souvent sous sa plume. Il refuse la fiction d'un tel système en équilibre figé, pour ne l'envisager que dans ses pulsations de vie. L'activité économique est en mouvement perpétuel, où l'équilibre est une position exceptionnelle, fiction créée par l'observateur. Il saisit donc d'emblée, avec toutes ses imperfections, mais sans jamais se référer à un autre système idéal, à priori.

Ainsi Bernácer observe-t-il un milieu réel, puis il définit une éthique économique, sans quoi aucun jugement n'est possible. Enfin, il propose des réformes à partir du régime étudié et en fonction de l'éthique choisie.

Cette éthique doit être conçue, à ce niveau de l'étude, comme la rigueur mathématique des axes de coordonnées par rapport auxquels se définit un point quelconque de l'espace. Il ne faut donc pas donner un contenu moral, a priori, au mot éthique[54].

L'ANALYSE D'UNE ÉCONOMIE MONÉTAIRE

Ce même souci de réalisme se manifeste aussi lorsqu'il étudie l'économie monétaire d'emblée. À l'encontre de certains contemporains[55], qui refusent aussi l'analyse dichotomique, Bernácer observe directement un milieu concret où les phénomènes monétaires sont saisis dans leur réalité, sans passer par la fiction d'une organisation d'où la monnaie serait d'abord exclue puis réintroduite dans une phase ultérieure de l'analyse.

Le vocabulaire économique

Pour faciliter le regroupement des différents concepts, nous avons choisi trois domaines de définition : les facteurs de la production et la loi de la valeur, la monnaie, la répartition du produit.

LES FACTEURS DE LA PRODUCTION ET LA LOI DE LA VALEUR

Dans l'esprit de Bernácer, les trois facteurs classiques de la production sont ordonnés hiérarchiquement, de par leur fonction. Au sommet de la structure hiérarchique est le travail : c'est le facteur dynamique, par excellence, de la production qui consiste dans les tâches de conception, de mise en œuvre et d'accomplissement de cette dernière. Ensuite vient le capital : élément passif mais précieux puisqu'en tant qu'outil il améliore la productivité du complexe de production, toutes choses égales d'ailleurs. Enfin, la terre, élément essentiel, sans quoi la production et donc la vie serait impossible, intervient en tant qu'élément inerte, impropre en soi à créer

[54] Au sens de SPINOZA (1632-1677) dont l'ouvrage fondamental *Éthique* est une démonstration, par la méthode géométrique, ordonnée en définitions, axiomes, démonstrations et corollaires, suivant la méthode déductive.
Plus récemment, il a été écrit de l'ouvrage de S. Ch. KOLM, *Justice et équité* (C. N. R.S., 1973) qu'il fonde ce que l'on pourrait appeler l'éthique scientifique.

[55] Robertson, Allais, par exemple. Keynes lui-même raisonne parfois en termes non monétaires, en unités de salaire réel (*Théorie générale*, Livre III, chapitre 8).

le bien économique. Cette analyse conduit Bernácer tout naturellement à adopter une loi de la valeur, assez proche de la loi de la valeur-travail[56].

A. - *Le travail*

1° *Quelques citations signifiantes.*

« Le travail, au sens large du terme, est l'agent actif de la production »[57] .À propos de la capacité de travail, la réserve de besoins et le chômage : « Il est difficile de comprendre pourquoi avec la capacité de travail et tous les besoins non satisfaits existants, le travail qui est le seul à pouvoir les satisfaire se trouve paralysé, et pourquoi le chômage est devenu le grand spectre du monde moderne »[58] [59].

Le travail et la monnaie sont les deux facteurs incorporels qui mettent en œuvre la production, or... « de par son caractère d'utilité potentielle, le travail est ce qui ressemble le plus à la monnaie…, Pourquoi le travail se trouve-t-il déprécié en regard de la monnaie ? ». C'est ce que Bernácer dénomme « l'étrange paradoxe»[60].

2° *La nature du travail.*

Le travail est une force vive, employée dans une activité créatrice d'un produit. Il implique un effort de la part de l'homme, et l'organisation économique devrait permettre de réaliser l'adéquation de l'effort au produit par la fixation de l'échelle des salaires.

3° *La spécificité du travail en tant que facteur de la production.*

Le travail est un facteur bien particulier de la production : il n'a pas de coût et il n'y a pas de valeur hors du travail[61]. Il rejette, en effet, la théorie d'entretien de la force de travail[62]. Le salaire n'est pas un coût dans ce sens[63], mais un élément de la répartition du produit, indépendamment du coût et donc du mode de vie de l'individu : « le salaire dépend de l'offre et de la demande de travail, à ceci près que dans ce cas il n'y a pas d'effets subsidiaires du coût (sur le prix), car il n'y a pas de coût proprement dit... Si la concurrence entre travailleurs est grande, le salaire baissera, la persistance du chômage devrait renforcer cette concurrence, et déprimer les salaires, et ce, depuis les temps les plus reculés »[64].

B. - *Le capital*

1 ° Quelques citations.

« Le capital lui-même n'est rien d'autre que du travail passé fixé sur la matière»[65].

« Le capital, fruit du travail, constitue un instrument passif»[66].

---

[56] Cf. nos réserves à ce sujet, dans la suite de notre ouvrage.
[57] BERNÁCER, *Une économie libre…*, p. 3. Cf. aussi in *Société et Bonheur*, 1916, p.19, 20, 27, 30.
[58] BERNÁCER, *Une économie libre*, p. 5 ; *Société et Bonheur*, 1916, p. 38 à 43.
[59] B. SCHMITT, *op. cit.*, *infra*, titre son chapitre l, p. 267 : « Le travail est l'unique facteur du revenu national »
[60] BERNÁCER, *Une économie libre*, p. 6.
[61] Cf. cependant : « la valeur », *infra.*
[62] Cf. aussi BERNÁCER, préface à l'édition espagnole de *La richesse des nations* de Adam SMITH, Editions Aguilar, Madrid, 1961.
[63] Cette conception de Bernácer est remarquable et en opposition avec les théories classique et marxienne généralement acceptées à son époque.
[64] BERNÁCER, *Une économie libre...*, p. 96.
[65] BERNÁCER, *Une économie libre...*, p. 4.

Bernácer rejette la notion extensive de capital, définie par Adam Smith, comme étant tout ce qui est destiné à produire un revenu[67].

La première condition du capital est que ce soit un produit ; la deuxième est que ce produit permette d'obtenir d'autres produits ou du moins, qu'il soit employé à cet usage et non à satisfaire aucun besoin direct de l'homme»[68].

Bernácer aurait donc une conception du capital proche de celle de Marx, telle que l'exprime S. de Brunhoff : « Auxiliaire de l'accumulation capitaliste réelle, le crédit l'est sans doute, mais à sa manière. Pas plus que l'on n'a le droit de confondre monnaie et marchandise, on ne peut confondre capital de prêt et capital « réel»[69]. Marx, lui-même, précise la différence qu'il faut établir entre le capital monétaire et le capital réel, en prenant l'exemple de la dette publique « capital purement illusoire», le capital-argent prêté à l'État ayant depuis longtemps été dépensé par lui »[70].

Cependant, influencé par Henry George[71], Bernácer[72] réfute l'idée que le travailleur est sustenté pendant le processus de la production par le capital accumulé précédemment. Nous observons donc que Bernácer :

a. Refuse l'idée du « capital variable »[73] : masse de biens nécessaires à l'entretien de la « force de travail ».
b. Ne considère comme biens de capital que ceux qui, par leurs qualités physiques immédiates, concourent directement à la production.
c. Dénonce implicitement, par cette définition, la confusion entre investissement et épargne, entre formation de stocks et formation de capital fixe. En effet, ce dont le travailleur a besoin pour se nourrir pendant le processus de production, c'est d'une épargne accumulée précédemment sous forme de stocks de biens de consommation.

La conséquence de cette position est d'ordre social et politique : le travailleur n'est nullement redevable au capitaliste d'une avance pour subsister.

2° *Définition.*

Le capital est donc, pour Bernácer, constitué de biens reproductibles et son élément fondamental est le travail incorporé. Il est, par ailleurs, essentiellement différent de la richesse monétaire. Cette discrimination fondamentale a été, plus près de nous, reprise par Joan Robinson.

C. - *La terre ou la nature*

« La nature, du point de vue économique, est aussi un élément inerte. L'erreur des physiocrates[74] a été de ne pas la considérer comme telle et d'avoir fait de la terre le pivot de la production »[75].

---

[66] *Ibid.,* p. 3.
[67] *Ibid.,* p. 27.
[68] BERNÁCER, *Société et Bonheur*, 1916, p. 29.
[69] S. DE BRUNHOFF. *La monnaie chez Marx*, p. 145, op. cit., *infra.*
[70] K. MARX, Le capital, op. cit., *infra*, livre III, t. 2, p. 129.
[71] H. GEORGE, *Progress and Poverty*, livre 1 ; cf. *infra* : A. Piettre qualifie cet américain de la fin du XIXe siècle de « socialiste ».
[72] BERNÁCER, *Société et Bonheur*, 1916, p. 30, 31.
[73]L'auteur n'emploie pas ces expressions.
[74] Allusion à l'erreur de Robertson (*supra*, p. 17, 19, 20,) lorsque celui-ci le traita de néophysiocrate.
[75] BERNÁCER, *Une économie libre...*, p. 3.

D. - *La valeur*

1° *Définition.*

Bernácer donne aussi, de la valeur, une définition fonctionnelle. La fonction naturelle de la valeur est la répartition du produit social.

Hors de la répartition, la définition de la valeur relève de la pure métaphysique, dans le plus mauvais sens du terme, tel que l'illustrait Voltaire, dans cette citation de Bernácer (sans référence) : « Lorsque celui qui parle ne comprend plus ce qu'il dit et que ceux qui l'écoutent ne comprennent absolument rien, c'est alors que commence la métaphysique ».

2° *Fonction.*

Cependant, la « répartition en valeur », comporte deux énormes difficultés : « l'instauration d'une unité de valeur et la fixation dans cette unité de la valeur des choses, et de la part de chacun, comme récompense de sa collaboration dans la production ».

L'unité de valeur apparaît comme le dénominateur commun indispensable à l'échange : l'unité de mesure, à la fois de la valeur d'échange des biens et des revenus issus de la production. Les prix des biens et les salaires, par exemple, s'expriment en unité de valeur sur les différents marchés particuliers.

3° *Le rejet de la valeur « utilité» et de la valeur « coût ».*

Bernácer réfute, à juste titre, la notion d'utilité[76], notion qui n'a de sens que dans l'ordre micro-économique, et qui a un contenu essentiellement subjectif. C'est donc un concept impropre à servir de base de référence pour un système économique.

Pour ce qui est de la valeur-coût, l'argument principal pour la rejeter tient à l'existence de biens non susceptibles de reproduction, ou de biens dont le prix est sans commune mesure avec leur coût de production[77].

4° *La loi de la valeur.*

Bernácer ne parvient pas toujours à surmonter le dualisme de l'analyse macro-économique et micro-économique. On le constate, par exemple, à propos de la loi de la valeur.

Bernácer est un adepte de la loi de la valeur « travail»[78], au niveau macro-économique ; il ne peut y avoir, à cet égard, aucun doute. Pourtant, on remarque une certaine contradiction, lorsqu'il analyse les différents marchés[79] : « Certaines écoles d'économistes - notamment celles de Ricardo et de Marx - ont prétendu que la valeur des produits résidait simplement dans la quantité de travail incorporé, bien qu'ils se contredisent aussitôt en admettant qu'il y a dans le prix du marché un profit, ou une plus-value, qui n'est pas du travail. Pour justifier ce point de vue, on doit avoir recours à une distinction entre la valeur et le prix, leur différence en serait la plus-value, mais alors, la valeur prend un sens très difficile à saisir, car nous ne savons pas ce

---

[76] Le rejet du marginalisme, théorie triomphante à son époque, est une innovation remarquable de la part d'un auteur non marxiste. Peut-être peut-on aussi déplorer la survivance de cette théorie chez nos contemporains d'inspiration néo-classique ou keynésienne. Cf. aussi M. BERNADET, Les théories de l'utilité, thèse, Faculté de Droit et des Sciences économiques de Lyon, 1967.

[77] BERNÁCER, *Société et Bonheur*, 1916, p. 27 ; La quantité de travail nécessaire à l'obtention d'un produit constitue son coût ; le coût est essentiellement différent de la valeur ».

[78] Cf. *op. cit.*, BERNÁCER, *Société et Bonheur*, 1916, p. 27.

[79] BERNÁCER, *Une économie libre*..., p. 96.

qu'est une valeur différente du prix, c'est-à-dire, distincte de l'appréciation relative des hommes pour les choses, par l'intermédiaire du marché ».

Nous pouvons essayer de concilier cette critique faite par Bernácer à la valeur travail et sa propre position, par ailleurs favorable à celle-ci, en deux propositions. D'abord, en faisant observer que pour Bernácer, le travail n'a pas seulement le sens de travail salarié (élément de coût dans la théorie micro-économique), mais que c'est une notion plus large de participation à l'activité de production. Ainsi, l'employeur assure-t-il dans son entreprise un certain travail qui peut être un travail de coordination, de direction, etc... Ensuite, et surtout, parce qu'il y a ambiguïté dans la définition de ce concept. Dans l'étude descriptive, Bernácer ne peut que constater l'existence d'autres éléments que le travail dans la valeur ; alors que dans l'étude normative, Bernácer est partisan de la valeur-travail. Cependant, précisons que même dans ce cas, le travail est surtout un élément de la répartition, et non la base de la valeur.

Dès lors, le profit peut être aussi la rémunération d'un travail effectif ; il aurait un caractère résiduel, complémentaire, stimulant[80]. Dans cette hypothèse, la contradiction signalée par Bernácer, dans la citation ci-dessus, entre le prix et la valeur n'est plus incompatible avec la notion de valeur-travail.

5° *La valeur d'échange.*

Selon Bernácer, il y a une hiérarchie des structures qui commande la valeur. Le marché fixe le prix ou la valeur d'échange. Il n'est pas besoin, à cet égard, de se référer au critère subjectif de l'utilité. Cette valeur d'échange est, à priori, indépendante du coût. L'articulation entre les différents marchés (de biens, de travail et de monnaie) permettrait donc de déterminer le coût des différents composants à l'intérieur d'une certaine marge de manœuvre. L'une de ces marges est le profit qui sanctionne l'entreprise – au sens où l'on entreprend une production -. C'est le quantum de profit qui commande l'arrivée ultérieure sur le marché de nouveaux producteurs, et qui permet, s'il n'y a aucun obstacle, un ajustement fluctuant de la valeur en coût.

Si nous poursuivons le raisonnement de Bernácer, nous pourrions aboutir à une notion pragmatique et dynamique de l'optimum. Essayons brièvement. La condition de base est l'existence d'une réserve d'innovations, tant en biens qu'en techniques de production, d'une part, et d'autre part la fluidité des marchés et donc de l'existence d'une structure d'informations et de formation professionnelle.

A l'époque 0, la mise en œuvre de quelques innovations sur le marché détermine un mouvement de réajustements. Ces réajustements portent sur le prix des biens (anciens biens et nouveaux biens, en fonction de leur degré de substitution) et du prix des facteurs (en fonction de la conjoncture sur leurs marchés respectifs).

A l'époque 1, il devrait se produire un réajustement des prix des facteurs, par suite des mouvements déclenchés à l'époque 0.

A l'époque 2, les effets de tout ce qui précède aboutiraient à une réallocation des facteurs.

En conclusion, nous croyons pouvoir dire que dans l'esprit de Bernácer, le concept macro-économique de la valeur est différent de son concept micro-économique, et que seul le premier a véritablement une pleine signification.

---

[80] Cf. « Notion de profit » chez BERNÁCER in *Société et Bonheur*, 1916, p. 47 à 57, 60, 61, 106.

A. - *La monnaie, équivalent général*

1° *La monnaie, c'est aussi du travail :* « ...dans tout cela, qu'y a-t-il d'autre que du travail ? Où est l'œuvre de cette monnaie qui paraît être le *deus ex machina* de l'architecture économique » ?[81]

2° *Le fétichisme monétaire des peuples évolués*[82] : « ...Si la monnaie peut consister en un symbole, c'est que telle est son essence, vérité dont Montesquieu eut l'intuition en affirmant : « La monnaie est un signe »[83].

« La monnaie est une dette de la collectivité dont le paiement effectif se fera sur le marché et consistera en biens »[84].

« La valeur de la monnaie papier est conditionnée par la confiance ou le crédit dont jouit l'émetteur, entité privée ou publique »[85].

3° *Définition synthétique*[86].

La monnaie est donc un signe incorporel, mesure de la valeur et instrument de la répartition. Elle conditionne les niveaux de l'emploi et de la production et pose deux sortes de difficultés : sa rareté et le pouvoir d'achat de l'unité monétaire.

B. - *Les disponibilités*

C'est le concept forgé en 1922 par Bernácer pour désigner la monnaie disponible aux mains des différents agents. On peut lui assimiler les mots d'encaisses ou de liquidités. Pivot de toute l'analyse bernacérienne de la dynamique économique, ce concept à forme plurielle recouvre les différentes sortes de monnaie, celle-ci étant envisagée dans ses différentes fonctions.

Dans ses grandes lignes, l'analyse des disponibilités montre qu'il y a trois degrés de disponibilités ; classées par ordre croissant, celles-ci forment :

a) les revenus prédestinés à la consommation ;

b) les encaisses des intermédiaires des entreprises, véritables creusets des revenus ;

c) enfin, les encaisses, fraction de revenu, destinées soit à l'investissement soit à la thésaurisation,

Cette analyse aboutit, au-delà de l'étude de la monnaie, à l'optique keynésienne de la ventilation de la dépense (C + I) et à une théorie des fluctuations fondée sur la thésaurisation. Elle permet, notamment, d'éviter l'erreur de confondre épargne et thésaurisation.

---

[81] BERNÁCER, *Une économie libre...* p. 4.

[82] Selon Bernácer, l'homme primitif serait un homme naturellement bon ; cf. J.-J. Rousseau.

[83] En français dans le texte.

[84] *Ibid.* p. 14.

[85] *Ibid.* p. 13

[86] *Ibid.* p. 3 à 22.

C. - *La thésaurisation, fonction perverse de la monnaie*

La thésaurisation a un effet pervers sur le niveau de l'emploi : la monnaie inemployée est l'arbitre des énergies des nations ; elle permet à ses possédants de vivre dans l'aisance et empêche les chômeurs de travailler. Quelle énigme bizarre y a-t-il là »[87] ?

La thésaurisation se définit comme une rétention de pouvoir d'achat hors du circuit de la production : elle peut avoir un aspect figé (encaisses disponibles), mais elle peut aussi être en mouvement dans le financement de transactions sur des « biens» qui ne sont pas issus de la production actuelle. Pour recouvrir les deux concepts, nous avons forgé l'expression « thésaurisation double » car la fonction est unique.

La thésaurisation est donc une fraction de l'épargne monétaire, celle qui ne s'investit point dans les biens de production.

LA CIRCULATION ET LA RÉPARTITION DU PRODUIT

A. - *Les biens*

La classification des biens se fait par rapport à deux coordonnées la période de leur production et leur nature.

1° *L'époque de saisie d'un bien.*

La fonction d'un bien est de satisfaire un besoin : le bien acquiert toute sa valeur lorsqu'il est aux mains de son utilisateur. La machine-outil invendue, chez le producteur de biens d'investissement, n'a pas encore accompli pleinement sa fonction économique, de même que le bien de consommation encore en stock chez le marchand. L'une et l'autre sont appelés à passer dans le patrimoine d'un industriel et d'un consommateur, respectivement. Entre temps, leur fonction est imparfaite : l'équilibre économique dépend de ce que les produits atteignent leur cible[87], pour employer un langage cher aux spécialistes de la mercatique (marketing).

2° *Le millésime[88] des biens.*

Il y a, à tout moment, trois sortes de biens sur le marché :

a) les biens produits « récemment » et qui n'ont pas encore atteint l'utilisateur. Ce sont les stocks de marchandises dont on peut dire, pour simplifier, qu'ils ont été produits au cours de la période écoulée.

b) les biens produits, il y a plusieurs périodes, qui sont aux mains de leur utilisateur et sont susceptibles d'être redemandés sur le *marché.*

c) les biens non reproductibles, de création ancienne.

Les premiers constituent la majeure partie de la production. Ils sont la source véritable du revenu de la période. Les deuxièmes ont des effets variables sur l'activité. Quant aux troisièmes, ils sont à l'origine de bien des maux, puisqu'ils font l'objet, tôt ou tard, de spéculation perturbatrice de l'activité productive.

Il importe donc de millésimer les biens, si l'on veut identifier leurs effets différenciés sur l'activité économique. La question du millésime revêt toute son importance, lorsque l'on observe que les revenus,

---

[87] BERNÁCER, *Une économie libre...*, p. 5.

[88] Ces expressions sont de nous. La fonction de Solow illustre bien cette notion de «*vintage* », avec sa différenciation des biens de capital d'âges différents.

évalués en unités de valeur, nés de la production de la période ont vocation à acquérir les biens contemporains, estimés dans les mêmes unités de valeur. On devine déjà que tout décalage entre ces flux entraînera des distorsions et des déséquilibres.

3° *Le particularisme des biens non reproductibles.*

Ce sont des biens préexistant à la production de la période : œuvres d'art anciennes, objets historiques, antiquités en général, biens irremplaçables, en tant que choses historiques, nous pourrions dire millésimées, par la production contemporaine.

La valeur de ces biens est liée :

a) aux volumes des sommes énormes consacrées à leur acquisition : éléments quantitatifs monétaires.

b) aux probabilités, garanties par l'expérience, d'accroissement de leur valeur : éléments spéculatifs.

Cette valeur n'a donc aucun rapport avec le coût de production de ces biens, ni avec le coût de leur impossible reproduction, qu'il ne faut pas confondre avec leur imitation.

D'autres biens que les antiquités répondent aux mêmes lois ; ce sont les biens productifs de revenus sans travail que nous appellerons par la suite les *actifs productifs de rente*. Ce sont : les domaines, les terrains, les mines, les forêts, les propriétés foncières en général, les pêcheries, les chasses gardées, qui, de fait, constituent autant de monopoles. Les titres de créance matérialisés peuvent aussi leur être assimilés[89] tels que les valeurs mobilières, dont le rôle économique est proche de celui des biens réels ci-dessus, de par leur double contenu de nue propriété et d'usufruit.

La particularité essentielle de ces biens est que leur valeur est davantage liée aux revenus qu'ils produisent et aux perspectives de plus-value qu'ils offrent qu'à leurs coûts de production ou de remplacement. Nous verrons plus loin[90] les répercussions de cette classification dans l'analyse bernacérienne.

B. - *Le marché*

1° *Définition.*

Le marché est le lieu géométrique des points de contact entre désirs des consommateurs et initiatives des producteurs. Dans l'analyse de Bernácer, le marché a une place centrale : « Une économie doit se réguler par elle-même ou être régulée de l'extérieur. Cependant, ce ne sera une économie libre que dans la mesure où elle sera à même de s'autoréguler. Le mécanisme régulateur de l'économie est le marché»[91].

C'est l'existence du marché qui donne à la valeur tout son relief[92]. Sans le marché, la valeur se trouve ramenée à un simple concept subjectif, et donc non susceptible d'un traitement scientifique, qui plus est, au niveau global de l'ensemble de l'économie.

Pour Bernácer, le marché est la manifestation tangible de la liberté du consommateur et du producteur. Il est donc logique que Bernácer fasse une apologie, sans réserve, du marché.

[89] Cette assimilation se fonde sur l'identité de fonction de ces biens (production de rente et spéculation) et non sur leur nature, puisque, dans un certain sens, les valeurs mobilières sont susceptibles de « reproduction» lorsque l'on procède à des émissions nouvelles.

[90] Cf. *infra*.

[91] BERNÁCER, *Une économie libre*..., préambule, p. IX.

[92] Cf. *supra* « la valeur II »

2° *Une approche séquentielle*[93] *du marché.*

L'approche de la notion de marché, chez Bernácer, est à la fois fonctionnelle et séquentielle.

Nous pouvons ainsi résumer la pensée de l'auteur :

- à l'origine, l'initiative appartient à l'offre, selon une conception très schumpétérienne du rôle dynamique de l'entrepreneur.

- la première réponse de la demande est de fixer une échelle des valeurs concrétisée dans les prix des biens, et ce, en fonction des besoins d'une part, et du revenu, d'autre part.

- l'offre fait alors un calcul de coût, à partir des prix des facteurs, puis élabore un premier programme de production.

- la demande rend son verdict en fixant le couple quantité-prix d'équilibre.

- l'offre fait alors le calcul de son profit a posteriori, à savoir du résidu : (recettes moins coûts). Puis en fonction, d'une part, du résultat passé et d'autre part, de sa projection sur l'avenir, elle établit un nouveau programme de production, pour la séquence de périodes qui suit. Nous proposons le schéma suivant pour illustrer cette idée.

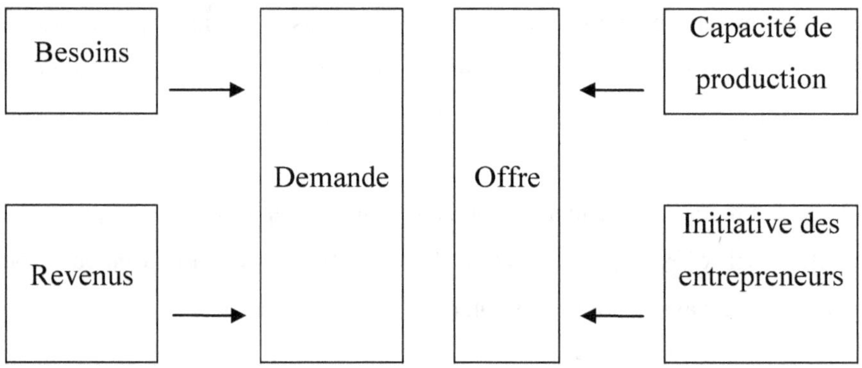

3° *La fonction et la structure du marché.*

Le déterminant de la valeur étant le marché, celui-ci fixe l'échelle des valeurs relatives des différents biens et celle du travail, en fonction de sa qualification. Ce mécanisme tend à rapprocher le prix des marchandises de leur coût et détermine, par contrecoup, l'échelle des salaires, en fonction non point du coût du travail[94] mais de sa rareté relative.

On remarque dans cette analyse l'hypothèse implicite sur la structure concurrentielle du marché, ce qui pourrait constituer un vestige de classicisme chez Bernácer. Cependant, l'auteur se propose d'expliquer ultérieurement que la réalité n'offre pas toujours l'image de ce déterminisme parfait[95] : « Si la réalité, dit-il, ne répond pas à ces conditions, il faut expliquer pourquoi et ne pas l'accepter comme le font ceux qui admettent la possibilité d'un équilibre de sous-emploi[96] et ceux qui croient à la fatalité de la misère[97] ».

---

[93] L'expression est de nous.

[94] Notion rejetée par BERNÁCER, cf. *supra*, le travail et *Société et Bonheur* (1916), p. 30.

[95] BERNÁCER, *Une économie libre...*, p. 98 et 99, et *Société et Bonheur* (1916), p. 210.

[96] Flèche à Keynes.

Tout au long de son œuvre, Bernácer reste fidèle au marché : c'est le seul élément important du capitalisme qu'il conservera dans le système rationnel qu'il préconise. À ce titre, le marché incarne pour lui la liberté dans son acception économique.

C. - *Les revenus autres que le salaire*

1° *La rente.*

La rente différentielle de la terre est le revenu du monopole de la meilleure terre. On peut généraliser, en disant que toute terre produit une rente qui constitue le revenu, perçu sans travail par le propriétaire de la terre, monopoleur absolu. Il existe aussi d'autres situations de monopole qui produisent des rentes.

2° *Le loyer.*

C'est le prix d'usage d'un bien, c'est donc la contrepartie d'un service. Il ne devrait pas être confondu avec la rente. Cependant, le loyer perçu sur les biens naturels, particulièrement, la terre et les ressources minières, est une rente qui n'est légitime que dans la mesure où la collectivité, seul propriétaire légitime de ces biens, est le seul bénéficiaire de cette rente.

3° *L'intérêt.*

Sous réserve de tout ce que nous préciserons dans le chapitre suivant, sur le taux d'intérêt, nous pouvons simplement fournir quelques idées pour faciliter la compréhension de ce qui suit.

1) Bernácer condamne l'intérêt, car il renchérit l'investissement productif et entretient le sous-emploi.

2) Bernácer fait reposer l'origine de l'intérêt sur la rente généralisée.

3) L'intérêt est le prix qu'il faut payer pour provoquer la déthésaurisation double : épargne stérile ou placements spéculatifs

4° *Le profit.*

Le profit est un revenu résiduel, aléatoire, stimulant. Il se détermine au niveau collectif de l'unité de production et se répartit en une sorte de complément salarial ; l'entrepreneur étant d'une certaine manière le primus inter pares, salarié et travailleur parmi les autres dans l'entreprise. C'est un élément fondamental de la dynamique du système productif et du progrès économique et social.

LES DEUX MARCHÉS[98] ET LE CIRCUIT DE LA PRODUCTION

La monnaie a deux fonctions essentielles[99] : la circulation et la répartition du produit, d'une part, et la circulation et l'accumulation hors du circuit productif, d'autre part. Cette dualité caractérise le circuit économique tout entier.

---

[97]Flèche à Marx et à Malthus. Cf. cependant in *Société et Bonheur*, 1916, le chapitre XV sur les solutions politiques, où l'analyse et non, bien entendu, la solution préconisée par BERNÁCER, nous paraît très proche de celle de Marx.

[98] Titre du Chapitre III de *Une économie libre...*, op. cit.

[99] P. 39 : *Une économie libre...* ; cf. aussi *Société et Bonheur*, 1916, Chapitre VII sur « la dynamique de la richesse ».

La dualité du circuit économique

La production de biens et de services est la source première des revenus, mais elle n'est pas l'unique source. Il existe un circuit a-productif où se créent des richesses, en termes monétaires. Les relations entre les deux circuits sont de type dialectique : il y a des interactions à la fois instantanées et successives qui forment les effets réciproques, elles-mêmes commandées par des variables para-économiques[100], nées hors des deux circuits considérés.

LA PRODUCTION

Sans la production, il n'y aurait pas d'activité économique. C'est donc le premier étage d'une construction sur laquelle vient se greffer un deuxième étage : le circuit financier. La production se fonde sur la notion de besoins et sur l'aptitude de l'homme à les satisfaire. Sur ce marché, c'est la valeur d'usage qui a cours. Cette activité est commandée par la réserve de quantités de travail (facteur démographique) et par le degré d'organisation et de niveau technique (facteur technique). Ces conditions naturelles ne sont pas cependant les seules car à cela s'ajoutent des conditions sociologiques et économiques : l'aptitude à mettre en œuvre son propre travail - apanage des entrepreneurs - et la disposition de moyens monétaires propres à acquérir les indispensables biens et à subvenir aux besoins, pendant la période de démarrage due au cycle de production.
Le « marché des produits » fixe la valeur-pouvoir d'achat de la monnaie, à savoir l'inverse du niveau général des prix.

LA RENTE[101]

Il n'y a pas de bien-être ni de mieux-être hors de la production ; pourtant, de tous temps, certains hommes sont parvenus à vivre aux dépens du travail d'autrui. Cette domination, historiquement établie, fondée sur des institutions de fait ou légales, servage, impôt au profit de certaines classes sous la monarchie, s'est transformée à l'ère industrielle en de certaines pratiques rendues possibles par des institutions juridiques, économiques et sociologiques.
La fuite de substance économique hors du circuit de la production, à savoir l'emploi de moyens monétaires pour l'acquisition de certains biens ou de certains titres de créance, susceptibles d'acquérir une plus-value, constitue une activité parasitaire greffée sur la somme de biens aptes à satisfaire les besoins : la production.
Ainsi, de tous temps, ces activités parasitaires ont-elles été légitimées, alors qu'elles constituent une spoliation pure et simple des travailleurs[102]. Il existe donc une source de revenus sans travail : c'est l'acquisition d'actifs productifs de rente et la spéculation sur ces mêmes biens. L'homme étant ce qu'il est a, de tous temps, recherché les situations de rente, dans la plus parfaite tradition de *l'homo economicus*, celles où le rapport intra personnel du rendement sur le coût est le plus élevé.

[100] D'ordre psychologique, sociologique, historique, politique, culturel.
[101] C'est dans les chapitres V et VI de *Société et Bonheur*, 1916, que BERNÁCER publie la première version de son analyse sur la rente et le taux d'intérêt (p. 133 à 154).
[102] Au sens de Bernácer, nous pourrions dire : les agents actifs de la production.

Le « marché financier», ainsi dénommé par Bernácer (ou « marché de la monnaie et du capital »), est celui où a cours la « valeur de rente»[103]. Sur ce marché l'offre et la demande d'actifs productifs de rente déterminent le prix et donc, à revenu donné, le taux d'intérêt qui apparaît alors comme le taux de rente moyen. L'étude du marché financier fera l'objet du point suivant. Nous nous occuperons, à présent, seulement du circuit de la production.

Le circuit productif ou le marché de la production contemporaine

LA DEMANDE

A. - *L'expression monétaire de la demande ou le rejet implicite de la loi des débouchés de J. B. Say*[104]

Dans une économie monétaire, « la demande n'est pas fonction d'une marchandise quelconque, mais seulement de la monnaie, et l'offre est fonction de toutes les autres marchandises, car toutes sont offertes en échange de monnaie et exclusivement de monnaie... »[105]. De fait, la loi des débouchés contient deux propositions : premièrement, les produits sont source de revenus et donc de demande, deuxièmement, les produits s'échangent contre des produits. Bernácer admet la première proposition mais rejette la deuxième[106], laquelle pose le principe de la neutralité de la monnaie.

Bernácer admet donc qu'il y a dichotomie[107] dans le processus de la répartition du produit, la monnaie venant s'interposer dans le processus de l'échange mais pour y jouer un rôle actif. Il en résulte que pour Bernácer, la demande n'a d'expression que monétaire[108], et il marque de ce point de vue un progrès considérable par rapport à ses contemporains, en intégrant ainsi définitivement la monnaie à l'analyse économique dite en termes réels.

Nous croyons pouvoir dire au risque d'exagérer le point de vue de Bernácer que pour ce dernier, la demande de biens est une offre de monnaie.

B. - *La demande effective : consommation et investissement*[109]

Sont exclus du circuit envisagé : les actifs productifs de rente et les consommations intermédiaires dont la valeur est impliquée dans celle des biens.

Pour l'auteur, la consommation et l'investissement sont, au même titre, des éléments de ce qu'il appelle la « demande générale »[110]. Il n'y a pas lieu de les distinguer, car leurs effets sont identiques, eu égard à

[103] Valeur de rente : aptitude d'un actif à produire un revenu sans travail.

[104]Le rejet explicite date de l'article de BERNÁCER de 1926, « Le cycle économique » op. cit. où l'auteur montre que l'offre d'une marchandise n'est pas une demande de toutes les autres mais d'une seule : la monnaie.

[105] BERNÁCER, *Une économie libre...*, p. 40.

[106] BERNÁCER, *Une économie libre...*, p. 297-298. « Ce que Say a oublié, c'est que nous ne vivons pas dans un régime de troc. Si notre économie est une économie d'échange, c'est aussi une économie monétaire, ce qui implique que toutes choses s'échangent entre elles par l'intermédiaire de la monnaie. La monnaie fut créée entre autres choses afin que la loi de Say pût s'accomplir dans de meilleures conditions. Si elle ne se réalise pas, ce qui est patent, il y a lieu de croire qu'il existe un défaut fondamental dans le mécanisme.»

[107] Dichotomie, mais pas au sens des économistes classiques

[108] BERNÁCER, *Une économie libre...*, p. 41.

[109] C'est dans son article de 1926 « Le cycle économique », *op.cit.*,que BERNÁCER pose le principe que la demande est une fonction du revenu, que toute demande effective cause l'extinction d'un revenu équivalent et que toute portion de revenu ne se transformant pas en demande implique l'existence d'un stock de produits invendus, de valeur égale à la non-demande.

[110] Que nous appellerons dans ce qui suit : demande globale ou demande effective.

l'équilibre du marché de la production. Il insiste seulement sur la distinction à établir entre investissement réel et opération sur capital[111] : « La formation de capital[112] est une opération qui relève du marché ordinaire. La réalisation d'un capital ancien est une opération neutre[113] qui relève du marché financier ».

Dans la perspective où se place Bernácer (de même que Keynes), c'est-à-dire en se donnant pour objectif : le plein emploi, on peut accepter l'amalgame de la demande de consommation et d'investissement au sein de la demande globale. Cependant, on peut leur reprocher de ne pas se placer dans une perspective de plein-emploi avec risque d'inflation, hypothèse où le dosage de la demande globale entre consommation et investissement a une importance capitale.

C - *L'équation de la demande*

1° *La prise en compte des stocks.*

Formulée pour la première fois en 1916, la fonction de la demande globale de Bernácer offre la particularité d'intégrer les stocks. En cela, la demande chez Bernácer est plus proche de celle de Hawtrey que de celle de Keynes. La différence avec la conception keynésienne découle de ce que, pour Bernácer, l'investissement, défini par Keynes comme l'ensemble des biens de la période non consommés, est un concept brumeux[114].

Son identité avec l'épargne est alors tautologique, puisque l'investissement apparaît alors au même titre que celle-ci, comme un résidu de biens produits dans la période et non consommés et dont on ne sait pas :

a) s'ils représentent d'authentiques biens de production, par nature ;

b) s'ils sont ou non déjà mis en œuvre en tant que facteur de production.

Selon Bernácer, l'égalité P=C+I est une pure tautologie.

I = (P - C) ne représente donc pas pour Bernácer la *demande* de biens d'investissement.

2° *La demande potentielle globale.*

La demande potentielle telle que la définit Bernácer a un sens restrictif. Il s'agit du maximum que peut atteindre la demande solvable au cours d'une période et non de la demande potentielle au sens de la théorie des unités de production.

Soit : A = les revenus des consommateurs, issus des périodes précédentes et non encore dépensés en début de période,

P = les revenus perçus au cours de la période,

M = la création de monnaie de la période.

Demande potentielle = A + P + M.

Cette somme représente la demande théorique maximum susceptible de se manifester sur le marché des biens et services en cours de période.

---

[111] BERNÁCER, *Une économie libre...*, p. 41.

[112] Formation de capital : « capitalización », dans le texte, p. 42. Bernácer propose en anglais « investment », mais il se trompe en français : « placement de capitaux ».

[113] Précisons que dans la pensée de Bernácer la neutralité de l'opération s'applique à ce qu'il appelle ici le marché ordinaire (marché de la production).Il en serait autrement si l'on étudiait les effets de la réalisation d'un capital sur le marché financier et sa répercussion sur le taux d'intérêt.

[114] Cependant, au début de *Société et Bonheur*, 1916 (p. 34 notamment), BERNÁCER inclut les stocks dans la définition trop extensive qu'il donne du capital. Dans la suite de l'ouvrage et surtout à partir de « *La théorie des disponibilités...* », 1922, l'auteur ne retiendra plus que la définition fonctionnelle du capital : instrument de production qui accroît la productivité du travail.

3° La demande effective globale

Les consommateurs, en fin de période, disposeront généralement d'une certaine somme de revenus non dépensés. Soit A' cette somme.

En cours de période, les particuliers font des prêts aux entreprises. Soit E cette somme.

Une fraction de E sera investie par les entreprises, en cours de période, dans la formation de capital fixe (F).

La demande effective de la période devient :

$$D = D_p - A' - (E - F)$$

Si nous partons de notre formule, $Dp = A + P + M$,

équation de la demande potentielle *globale*, nous obtenons l'équation de la demande effective globale :

$$D = P - (A' - A) + [M - (E - F)]$$

avec $\Delta A = A' - A$: thésaurisation de la période

$\Delta M = M - (E - F)$: création de monnaie de la période destinée à la consommation ou à la formation de capital fixe.

La demande effective de la période peut donc différer du montant de la production de la période par deux causes : - les variations des disponibilités,

- la création de monnaie affectée « aux dépenses productives» : consommation et investissement.

Nous pouvons résumer cette idée dans nos deux schémas qui suivent :

EMPLOIS		RESSOURCES	
- consommation potentielle de la période - formation de capital potentielle de la période	Dp	P + A + M	Revenus nés de la production de la période Disponibilités (ou encaisses disponibles) en début de période Création de monnaie de la période
- consommation effective de la période - formation de capital effective de la période	D	P - ΔA + ΔM	Revenus nés de la production de la période Accroissement des encaisses disponibles en cours de période (thésaurisation) Création de monnaie de la période affectée aux dépenses productives

LA FORMATION DE LA DEMANDE GLOBALE

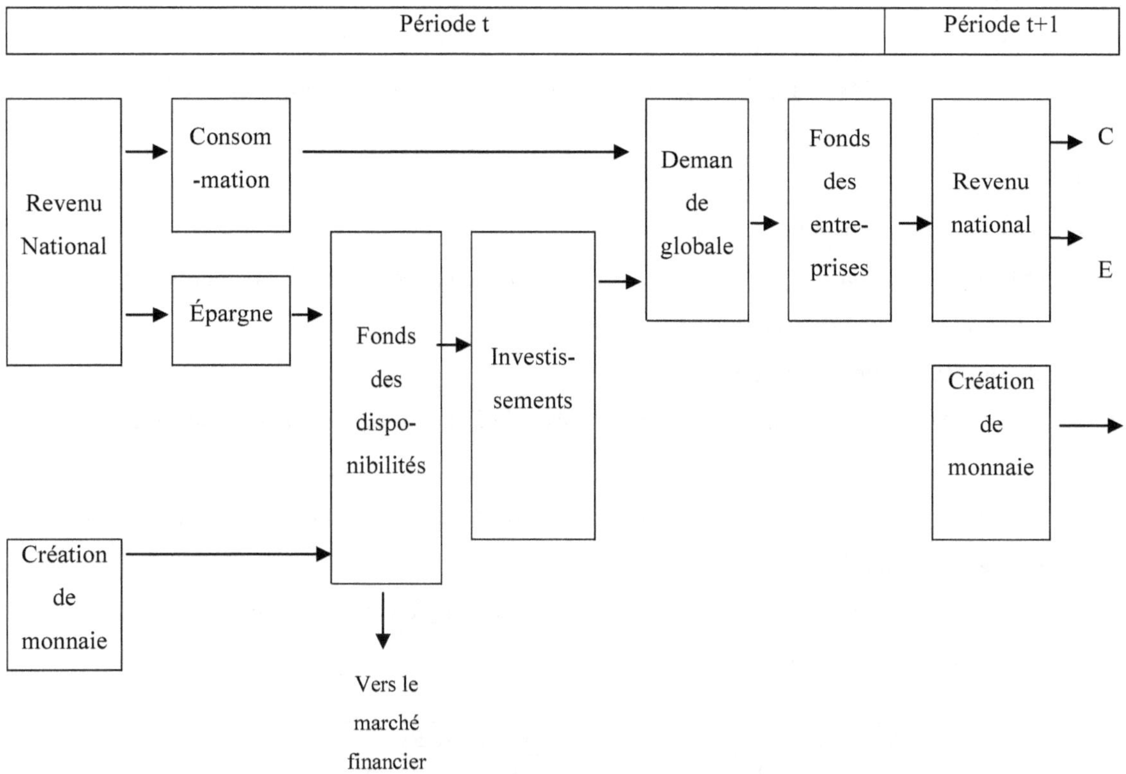

L'OFFRE[115]

A. - *L'offre potentielle*

Il est impossible d'évaluer l'offre en termes réels. On le fera par le biais de la valeur des biens qui composent l'offre. Cette valeur étant définie comme la somme des revenus (salaires, profits, intérêts) incorporés dans les produits. Ainsi :

a) la valeur de la production de la période est la somme des revenus distribués pendant la période, soit Y.

b) la valeur des stocks en début de période est la somme des revenus distribués au cours des périodes précédentes et incorporés dans les biens non encore vendus, soit Z.

Il est donc possible de faire la sommation de *(a)* et de *(b)*, ce sera l'offre potentielle :

$$Op = Z + Y$$

B. - *L'offre effective*

L'offre effective est la somme des revenus de la période incorporés dans les biens vendus au cours de la période.

---

[115] *Une économie libre...*, p. 60.

Soit Z' les stocks en fin de période

$$O = Op - Z'$$

$$O = Y - (Z' - Z)$$

$$O = Y - \Delta Z$$

Avec ΔZ : formation de stocks en cours de période.

Précisons que ces stocks sont composés :

a) de biens finals (de production ou de consommation) non encore affectés à leur emploi final,
b) de biens intermédiaires (biens semi-ouvrés de consommation ou de production) qui par leur état d'inachèvement ne peuvent encore accomplir leur fonction finale.

Nous suggérons ce schéma pour figurer la structure du marché :

<table>
<tr><td rowspan="2">Biens produits au cours de la période</td><td>Biens de consommation</td><td rowspan="4">Offre globale potentielle de la période sur le marché ordinaire (ou marché de la production)</td><td rowspan="4">Demande globale de la période</td><td rowspan="6">Revenus de la période</td></tr>
<tr><td>Biens de production</td></tr>
<tr><td rowspan="3">Biens produits au cours des périodes précédentes</td><td>Stocks de biens de consommation</td></tr>
<tr><td>Stock de biens de production</td></tr>
<tr><td>Patrimoine en biens durables productifs de rente</td><td rowspan="2">Offre potentielle sur le marché financier (ou marché spéculatif)</td><td rowspan="2">Demande d'actifs productifs de rente</td></tr>
<tr><td>Actifs de portefeuille</td><td>Patrimoine en titres de créance et valeurs mobilières

Emissions nouvelles</td></tr>
</table>

C. – *Les variables qui gouvernent la production et donc l'offre*

1° *La capacité physique de production*

Il y a selon Bernácer de grandes réserves de capacité de production. Le capital physique n'est pas aussi rare qu'on le dit. Quant à la main d'œuvre disponible, elle est souvent surabondante.

Le scandale du capitalisme à cet égard et de l'économie politique, c'est de laisser croire que la cause de l'insuffisance de l'offre qui dégrade le pouvoir d'achat, c'est la rareté des facteurs de production ; il y a de ce point de vue, un véritable abus de confiance[116].

2° *Les initiatives de production.*

Dans le capitalisme, l'initiative de production appartient au capitaliste et, en tous cas, elle ne peut se réaliser sans lui. Or, il existe des contraintes d'ordre monétaire ou institutionnel qui font que les occasions d'investissement sont rares[117].

Les causes de cette raréfaction sont multiples et tiennent surtout aux institutions économiques, politiques, sociales et juridiques. C'est à elles que l'on doit imputer les déséquilibres du marché[118].

L'ÉQUILIBRE SUR LE MARCHÉ[119]

A. - *Le principe de l'équilibre : une approche comptable du revenu et de la production*[120]

Admettre la possibilité qu'il y ait équilibre sur le marché implique que l'on admette le principe de l'égalité entre Produit et Revenu. La démonstration sommaire de l'égalité entre revenu et produit[121] tient en deux propositions :

a) tout revenu d'une micro-unité distribué en cours de production augmente d'autant la « valeur »[122] du produit social.

$$\Delta R = \Delta P$$

b) ceci étant vrai pour un élément est vrai pour la somme des éléments (processus d'agrégation).

$$\sum \Delta R = \sum \Delta P$$

[116]On pourrait observer l'opposition entre l'optimisme du physicien et le pessimisme de l'économiste. Cependant, ce pessimisme ne s'applique qu'aux structures (institutionnelles, par exemple) car Bernácer a foi en l'homme.

[117] Cf. BERNÁCER, *Société et Bonheur* (1916), p. 205 à 212.

[118] Cf. *infra*

[119] Remarquer la progression de l'analyse au cours des étapes suivantes : BERNÁCER, *Société et Bonheur*, 1916, p. 142 à 167 (chapitres sur « La statique de la richesse » et « La dynamique de la richesse. » ; *La théorie des disponibilités*, 1922, § 12 ; *L'Intérêt du capital,* 1925, p. 243-244 ; *Le cycle économique*, 1926 ; *La technique du retour à l'étalon-or*, 1929, *op. cit.*, p.15 ; *Analyse de la demande et synthèse du marché*, 1933, p. 9 ; et enfin, *La théorie fonctionnelle de la monnaie*, 1945. La formule donnée en 1933 peut être considérée comme définitive, seule l'analyse des échanges extérieurs sera affinée en 1945.

[120] P. 63, *Une économie libre...*

[121] P. 62, *Une économie libre...*

[122] Voir *supra*, « La valeur » l'article de Bernácer de 1922, *op. cit.* § 11, et celui de 1926, op. cit.

	PRODUCTION		REVENU	
Époque 0	Stocks = 0 Valeur de la production de la période	Ventes de biens de consommation Ventes de biens de production	Dépenses de consommation Dépenses d'investissement	Revenus nés de la production Fonds disponible en début de période = 0
Période 1		Formation de stocks de la période = solde	Fonds des disponibilités = solde final	
Époque 1	ΣP	ΣP	ΣR	ΣR
Période 2	Solde initial = stocks en début de période			Solde initial = Revenu disponible en début de période

Toute variation de la valeur d'échange du produit global implique une variation de même sens et de même amplitude du revenu global. En effet, il serait absurde et vain de rechercher une position d'équilibre instantané si, de façon permanente et définitive, le flux de revenus était différent de celui de la valeur des biens.

Notre schéma qui suit reproduit assez bien l'optique comptable de l'équilibre bernácérien[123] :

Hypothèse : équilibre général à l'époque 0

Stocks = fonds disponible

Conséquences :

- si Δ1 Stocks = Δ1 Fonds disponible : équilibre général à l'époque 1
- si Δ1 Stocks ≠ Δ1 Fonds disponible : déséquilibre

Or les quantités échangées étant identiques, le déséquilibre se traduit par un équilibre « en valeur »[124] avec variation des prix. La résultante d'un déséquilibre global sur le marché sera donc une variation du niveau général des prix.

Si l'on admet les propositions *(a)* et *(b)*, on postule l'existence d'un équilibre potentiel[125]. L'histoire des faits montre cependant que, jusqu'à présent, il n'y a pas eu d'équilibre stable durable. Ceci n'infirme pas cela. Il faudra rechercher la cause de ce déséquilibre. L'instabilité du marché peut être due, soit à la stratégie des

[123] Cf. figure précédente

[124] Nous dirions plutôt : équilibre en termes monétaires, car l'ambiguïté du mot valeur nous obligerait à nous prononcer sur le caractère égal ou inégal de cet échange.

[125] La stabilité des prix évoquée par Bernácer comme condition d'équilibre n'a pas la même place que dans la théorie de Wicksell. Ce dernier est, comme la quasi-totalité des économistes non marxistes d'avant 1930, un théoricien de l'équilibre, à la différence de Bernácer pour qui l'équilibre est une virtualité et constitue un simple référentiel.

entreprises, soit au comportement des consommateurs, soit à des causes purement monétaires telles que création de monnaie, utilisation des prêts des consommateurs aux entreprises.

B. - *La question du profit*[126]

Bernácer répond à une objection qui lui a été faite, à savoir que l'égalité de l'offre et de la demande procèderait d'un simple raisonnement tautologique. Ce serait vrai si le profit ne constituait le lien entre les concepts *ex-ante et ex-post de* l'offre et de la demande[127]. En effet, a priori, la demande n'est pas égale à l'offre ; en revanche, lorsque les transactions sont réalisées, dire que l'offre est égale à la demande, c'est exprimer que la quantité de biens qui a changé de mains au cours de la séance est unique, ce qui est une évidence factuelle, et donc, que la somme de monnaie représentative de la valeur d'échange de cette quantité unique de biens est elle-même unique.

Le profit joue un rôle décisif dans l'équilibre de l'offre et de la demande en égalant les coûts et les prix du marché. Par ailleurs, les fluctuations du profit sont extrêmement liées à celles des prix.

Si l'on considère le profit comme un revenu de même nature que les autres revenus nés de la production et distribué, comme ces derniers, au cours de la même période, il est bien certain que l'offre et la demande sont nécessairement et automatiquement équivalentes, et l'égalité offre égale demande est pure tautologie. En effet, le caractère aléatoire de ce profit, dont la nature est essentiellement résiduelle, fait que le profit afférant à l'écoulement d'une production donnée équilibre, par définition, l'offre et la demande. Le déséquilibre peut donc survenir de ce que la détermination et la répartition de ce profit se font toujours *a posteriori*.

La question se pose de savoir à quelle époque il faut comptabiliser les revenus : est-ce du fait de leur caractère exigible ou du fait de leur perception effective ? Dans l'analyse du marché, il est opportun de saisir ces revenus au moment où ils se transforment en demande. L'observation montre qu'au niveau global on dispose des revenus passés ou contemporains mais non des revenus futurs. Lorsque certains agents dépensent aujourd'hui leur revenu de demain, c'est parce que d'autres agents leur consentent des prêts ; ce cas a été envisagé sous deux rubriques, dans l'étude de la demande : la création de monnaie et les prêts.

L'actionnaire attend la fin de l'exercice en cours avant de connaître la quote-part de profit qui lui revient, de la même manière que le salarié devra attendre le mois suivant pour pouvoir dépenser le fruit de son travail. Le décalage est de même nature, seule la longueur de la période change.

La notion de profit doit être étendue à la fraction non distribuée qui constitue l'autofinancement des entreprises : il faut considérer que l'actionnaire a perçu la totalité du profit et qu'il en prête une quote-part à sa propre entreprise. Ce cas a déjà été considéré dans la détermination de la demande sous la dénomination « prêts pour le financement du fonds de roulement des entreprises ».

---

[126] P. 76, *Une économie libre...*

[127] Les concepts ex-ante et ex-post sont tout au plus implicites chez Bernácer. L'auteur met surtout l'accent sur le mode de calcul du profit.

C. - *Une convention de comptabilisation des revenus*

Une généralisation de la méthode de comptabilisation du profit aboutit à la constatation d'une disparité permanente entre la variation du fonds de roulement et la variation des revenus d'une période par rapport à la précédente. Cette disparité est aggravée par le fait que certains éléments du coût sont incorporés dans le prix des biens vendus ou en stocks.

Dès lors, un déséquilibre entre l'offre et la demande peut en résulter, sans variation des prix d'une période à l'autre ; ce déséquilibre ne consiste alors que dans une variation du fonds de roulement. En effet, le fonds de roulement incorpore des éléments exigibles mais non liquidés (impôts, loyers, intérêts), alors que la dette des entreprises envers les percepteurs de ces éléments (Etat, propriétaires, prêteurs) n'est pas comptabilisée.

Ce mode de calcul présenterait peu d'inconvénients sur une assez longue période, l'année au moins, car la totalité ou presque des revenus exigibles serait effectivement répartie. Cependant, une analyse sur une période aussi longue serait impuissante à mettre en lumière l'explication réelle des forces qui gouvernent le marché. Il faut pour cela définir une période plus opératoire, aussi courte que l'on veut, d'où la nécessité d'adopter une convention comptable, fondée sur les trois éléments suivants.

a) considérant la nécessité de tenir compte du fait que le profit n'est connu qu'en fin de période ;

b) considérant la nécessité comptable d'égaler les revenus versés à l'occasion de la production et les prix de marché des produits ;

c) considérant que la période de référence devra être aussi courte que l'on voudra, pour les besoins de l'analyse des fluctuations de l'offre et de la demande sur le marché.

On admettra :

- que tous les revenus de la période sont disponibles à la fin de la période ou, si l'on préfère,
- que les revenus issus de la production de la période (t) ne seront dépensés qu'à la période (t + 1).

On observe dans cette analyse une contribution considérable, au niveau conceptuel, de Bernácer à l'économie dynamique : l'analyse de périodes successives dont on attribue trop souvent la paternité à Robertson[128].

D. - *La nature de l'équilibre*

En termes monétaires, l'échange est toujours équilibré. Ce que l'on désigne par déséquilibre se traduit dans un autre domaine : celui de l'ensemble des biens échangés, affectés d'un coefficient de valeur. Le développement qui suit n'est pas explicité chez Bernácer et nous espérons ne pas déformer sa pensée par nos propos.

Le déséquilibre a un épiphénomène : la variation des prix. Ce phénomène révèle l'existence d'un déséquilibre entre quantités physiques de biens offerts et demandés. Cependant, ce déséquilibre de quantités physiques serait impropre à expliquer une variation des prix, s'il n'y avait un mécanisme équilibrant du marché : le prix. Si l'on admet que le prix proposé avant la transaction comprend les éléments suivants : la rémunération du

[128] La théorie de Bernácer est non seulement antérieure mais aussi supérieure à celle de Robertson, grâce à sa conception du temps continu (cf. *infra*, « *La théorie fonctionnelle de la monnaie* »).

travail salarié, directement ou indirectement incorporé au produit, l'investissement et le profit budgété[129] (rémunération de l'entreprise), tous éléments prédéterminés à la transaction, on pourrait admettre que la valeur d'échange de ces biens est, *a priori*, égale au coût de ces facteurs. La variation des prix qui consacrera - après la transaction - un déséquilibre entre l'offre et la demande, aura un effet sur le seul élément qui peut fluctuer : le profit réel.

Profit réel = profit budgété + appréciation relative du bien par le marché,

ou – dépréciation relative du bien par le marché.

On pourrait alors grossièrement considérer que le déséquilibre traduit un décalage entre valeur et prix. Une hausse des prix serait donc due au fait que les acheteurs sont disposés à donner une contrepartie monétaire supérieure à la « valeur » des produits[130], estimée *ex-ante*.

E. - *Les conditions de l'équilibre*

« ...avec un certain pouvoir d'achat on acquiert la même somme d'unités de revenu contenues dans les biens achetés. C'est cela que j'appelle l'équilibre du marché, car il implique la stabilité du niveau des prix »[131].

La condition de stabilité de l'équilibre résulte des hypothèses et de leurs conséquences. Au départ, l'hypothèse est faite de l'équilibre général sur le marché des biens. À cela s'ajoute qu'il n'y a pas de création de monnaie au cours de la période, ni de prêts des consommateurs aux entrepreneurs affectés au financement du fonds de roulement. La conséquence de cette hypothèse est double :

a) au départ : il y a égalité entre pouvoir d'achat des revenus disponibles et valeur de la production non écoulée. Les prix sont donc stables puisque les acheteurs ont, en leur pouvoir, une somme d'unités monétaires juste et strictement suffisante pour acheter les stocks de biens qui sont aux mains des vendeurs[132].

b) tout accroissement positif ou négatif du revenu global sera donc concomitant d'un accroissement de la production de même signe et de même amplitude. La condition d'équilibre, ou si l'on préfère, de stabilité des prix, est qu'à tout instant, la variation des stocks de biens doit être égale à la variation du volume des disponibilités[133] ;

c) l'introduction de la création de monnaie et des prêts entre consommateurs et producteurs ne modifie pas l'équilibre pour autant qu'il y a compensation entre les postes de l'offre et ceux de la demande.

$$\Delta M = \Delta A + (E - F) - \Delta Z$$

$$- \Delta M + \Delta A + (E - F) - \Delta Z = 0$$

[129] Profit budgété : expression que nous avons introduite pour désigner le profit prévu en début de période par l'entrepreneur, compte tenu du taux de profit réel de la période précédente. Cette notion, voisine de celle de profit «normal» chez Keynes («Treatise »), a un contenu que Bernácer veut plus objectif, moins psychologique.

[130] *Une économie libre*...p.65-66

[131] *Une économie libre*...p.63.

[132] On relève une certaine contradiction entre (a) et (b). Ce qui importe, en partant d'un niveau d'équilibre donné, c'est que les variations de stocks de biens et de disponibilités soient égales et non nécessairement leurs valeurs absolues : c'est $\Delta A(t) = \Delta Z(t)$ et non $A(t) = Z(t)$ qu'il faut poser comme condition, nécessaire et suffisante, d'équilibre.

[133] Disponibilités : encaisses disponibles (revenus non dépensés).

F. - *Les causes de déséquilibre*

On peut citer comme facteurs éventuels de déséquilibre ceux qui sont implicitement contenus dans ce qui précède : le comportement des consommateurs, des entrepreneurs, la création de monnaie, la thésaurisation, le commerce international. Nous ne faisons qu'évoquer ici les déséquilibres, car nous leur consacrerons un chapitre[134], où les facteurs d'ordre statique et dynamique seront analysés.

LE MÉCANISME DU MARCHÉ FINANCIER[135] ET LE TAUX D'INTÉRÊT

Le marché financier[136]

Les revenus sont généralement dépensés dans l'acquisition de biens issus de la production courante. Cependant, une fraction du revenu est continuellement détournée de cet emploi « naturel », attirée par des emplois productifs de revenu sans travail[137]. Bernácer appelle marché financier[138] - *ou marché des actifs productifs de rente* - l'ensemble des offres et des demandes de ces actifs[139].

UN MARCHÉ PARALLÈLE[140]

La rente et la spéculation sont les démons tentateurs du détenteur de disponibilités. Celui-ci est parfois débauché de son rôle de consommateur ou d'investisseur et se voit transformé en thésaurisateur puis en spéculateur et en rentier soit par lui-même soit par personne interposée. Ce détournement de disponibilités a des conséquences considérables sur l'activité productive.

A. - *La rente, la spéculation et la thésaurisation*[141]

L'homo economicus[142] s'efforce de maximiser sa fonction de satisfaction, notamment en minimisant son coût. Parmi les éléments du coût, il en est un qui est intimement ressenti et assumé par l'individu, c'est le travail personnel fourni pour l'obtention d'une satisfaction, et pourrions-nous dire, d'un revenu, puisque la possession

---

[134] Cf. « Les déséquilibres », *infra*.

[135] Le contenu de cet exposé sommaire fera l'objet d'un examen approfondi dans l'étude analytique et comparative qui constitue la deuxième partie de cet ouvrage.

[136] Le premier exposé sur le marché des actifs productifs de rente se trouve dans les chapitres III, IV et V de *Société et Bonheur* (1916), *op. cit.*, puis aux pages 243, 244 et 248 du même ouvrage. Reprise dans *La théorie des disponibilités* (1922), et dans *L'intérêt du capital* (1925), cette thèse fut approfondie dans plusieurs articles ; en 1926, « Le cycle économique » ; en 1934, « De l'origine des crises » et « La formation et les péripéties de l'épargne » ; en 1935, « La théorie du marché financier », « La monnaie et le cycle économique ». Enfin, c'est dans l'ouvrage de synthèse de 1955, *Une économie libre...*, que l'auteur intègre parfaitement le deuxième marché au schéma général.

[137] Travail, au sens extensif de Bernácer : toute participation active à la production.

[138] Bernácer emploie tantôt l'expression marché financier (mercado financiero) tantôt celle de marché des actifs productifs de rente (mercado de rentas). Précisons que cette dernière expression (en français littéral : marché des rentes) synthétise très bien la pensée de Bernácer, à savoir que le marché financier est davantage un marché où s'échangent des unités de rente que des biens, bien que ces deux choses soient indissociables.

[139] Nous traduisons par actifs, l'expression « valores de renta », que Robertson a rendu en anglais d'une manière ambiguë, voire erronée, par « income yielding assets ». Ces actifs sont composés de biens réels et de titres de créance.

[140] L'expression est de nous : elle est empruntée au vocabulaire boursier ou cambiste, cependant il ne faudrait pas pousser l'analogie jusqu'à la transposition géométrique de l'expression, car, comme nous le verrons plus loin, ce marché parallèle ne manque pas de Points de contacts avec le marché de la production

[141] Dans ce point, nous essayons de rendre l'esprit de la pensée de Bernácer, à défaut de nous en tenir à la lettre.

[142] Dans ce point, nous essayons de rendre l'esprit de la pensée de Bernácer, à défaut de nous en tenir à la lettre.

de celui-ci est le moyen de parvenir à celle-là. Ce principe d'économie individuelle, égoïste, se trouve dégagé d'une pratique historique, plus ou moins développée suivant les régimes sociopolitiques, où l'homme recherche toujours une position avantageuse dans l'activité économique.

Si nous convenons d'appeler rente[143] le revenu du non-travail[144], il apparaît évident que l'agent économique rationnel cherchera à s'approprier une rente. Le rentier est celui qui, muni de moyens[145] de domination économique, prélève sur la production une part que Bernácer juge imméritée.

Les conditions d'existence de la rente sont d'ordre institutionnel. La première condition c'est le droit de propriété privée qui consacre légalement la domination absolue d'un individu sur une chose ; ce droit s'exerce à l'encontre d'autrui et représente un véritable monopole.

La deuxième est une condition de prospérité du phénomène : c'est l'existence d'un marché organisé à partir de la liberté des contrats et donc de l'échangeabilité[146] des actifs productifs de rente. Sur ce marché se confrontent les demandes de ceux qui veulent obtenir la position de rente et les offres des détenteurs de rentes qui sont prêts à la céder pour autant qu'une plus-value suffisante soit dégagée. Cette plus-value est en soi une véritable rente et sert de base à une forme particulière de celle-ci : la spéculation.

L'homme s'est, de tous temps, ingénié à perfectionner les structures de jeux : la spéculation repose sur la notion de pari. Les fluctuations des cours des enjeux de la spéculation relèvent plus du jeu que de la conjoncture économique. Bernácer donne de la spéculation une notion extensive tout placement est, en un sens, une opération spéculative, ne serait-ce que par l'incertitude que l'on a, quant au quantum futur (nominal ou réel) de revenu et de prix du titre ou du bien considéré. Une opération financière consiste ainsi en un échange de monnaie actuelle contre de la monnaie future.

Par ailleurs, Bernácer considère que la masse monétaire n'est pas homogène : les sommes de monnaie actuelle consacrées à de telles opérations ne peuvent être confondues avec celles que le particulier consacre à la consommation ou celles dont l'entrepreneur a besoin pour le fonctionnement courant de son affaire. C'est donc une fraction de la monnaie actuelle qui forme la demande sur le marché financier Bernácer la désigne par le terme de disponibilités[147].

« Le mot « disponibilidad » (disponibilité)[148] est d'usage courant dans le langage boursier des pays latins pour désigner les sommes susceptibles d'être placées, par opposition aux valeurs mobilières qui, bien qu'exprimées en monnaie[149], ne représentent pas une disponibilité pour leurs détenteurs, mais bien une demande de disponibilités ou de capitaux liquides, lorsqu'on souhaite les réaliser. On l'utilise aussi pour faire la distinction entre ces sommes « libres » et celles qui sont engagées dans d'autres affaires. C'est un concept utile pour la terminologie scientifique ». « J'ai vu récemment employer le vocable anglais de « disponibility» dans un sens voisin (cf. Robertson, *Utility and all that, and other essays*, p. 85-86) ».

---

143 Cf. *infra* chapitre « *Le taux d'intérêt* ».

144 Au sens de Bernácer, à savoir que le profit « normal » n'est pas la rente, puisque c'est la sanction du travail collectif de l'unité de production (« normal » est de nous).

145 Ensemble composite.

146 Cette deuxième condition permet de distinguer la rente de l'impôt et ajoute à la rente un effet pervers que n'a pas l'impôt.

147 Dans son premier ouvrage *Société et Bonheur* (1916), l'auteur désigne les disponibilités par « avoir » p. 142, « avoir circulant » et « avoir disponible » p. 157 ; il est à la recherche d'un concept nouveau, et celui-ci recevra une dénomination définitive dans le titre de son article de 1922 : « *Une théorie des disponibilités...* » .

148 En français dans le texte.

149 Nous pourrions ajouter « future », au sens de Bernácer.

L'effet pervers de la rente et de la spéculation c'est la « thésaurisation double»[150]. Nous l'appelons thésaurisation double car cela nous paraît correspondre à l'idée de Bernácer (plus large que celle de Keynes) d'une thésaurisation sous forme de monnaie en expectative d'opérations lucratives et sous forme de monnaie en cours de réalisation d'opérations lucratives hors production. La perspective de la rente attire en effet des disponibilités[151] hors du circuit de la production, où elles auraient permis d'acquérir le produit, pour intégrer, au contraire, le marché des actifs productifs de rente.

Ces disponibilités occupent deux positions :

a) une position d'attente hors du circuit de la production mais encore dans le circuit financier : c'est la position que Keynes appellera la préférence pour la liquidité (motif spéculatif) ;

b) une position de moyen de règlement des opérations effectuées sur le marché financier : l'effet étant le même, que ces disponibilités soient entre les mains des opérateurs-acheteurs ou des opérateurs-vendeurs.

Il y a ainsi, en permanence, outre la monnaie thésaurisée liquide qui se trouve dans l'expectative d'une transaction avantageuse, un volant (ou un stock) de monnaie qui est utilisé à des transactions hors production. La cause de la rareté des disponibilités sur le marché de la production, qu'il est convenu d'appeler[152] rareté de la monnaie, est donc double, l'effet primordial étant le même : entretenir hors du circuit de la production une masse de monnaie qui n'accomplit pas sa fonction naturelle de pouvoir d'achat des biens de la production contemporaine.

Bernácer fournit aussi une approche en termes dynamiques de la thésaurisation[153] : « Les économistes ont généralement négligé, par souci de simplification, le temps nécessaire à la formation des accumulations et à la réalisation de toutes ces opérations qui retiennent les disponibilités sur le marché financier, en ne remplissant ainsi aucune mission productive et en ne causant aucun effet sur la demande de produits réels». On perçoit dans ce passage, d'une part que le temps peut être en soi une cause supplémentaire et médiate de la thésaurisation, et d'autre part, que seule l'analyse dynamique peut révéler certains effets pervers de certains phénomènes.

Voilà comment nous interprétons la pensée de Bernácer sur ce point crucial de sa théorie. Bernácer parvient à une double généralisation : celle de la rente et celle de la thésaurisation. La rente est due à des institutions perverses et elle consiste dans tout revenu issu du non-travail[154]. L'effet immédiat de la rente c'est la thésaurisation : toute monnaie distraite de la circulation du produit est thésaurisée sous forme liquide, soit du fait de l'attente d'une opération spéculative, soit du simple fait des décalages temporels entre le paiement et l'encaissement[155].

B. - *Le marché financier, concurrent du marché de la production contemporaine*

La concurrence du marché financier se manifeste à deux niveaux :

[150] Cette terminologie est de nous, elle vise à éviter toute équivoque avec le concept courant – très restrictif – de thésaurisation.

[151] Ou encaisses.

[152] Abusivement, car la monnaie n'est pas rare sur le marché financier.

[153] p. 119, BERNÁCER, *Une économie libre...* ; *Société et Bonheur* (1916), p. 157-158.

[154] Optique revenu des plus-values patrimoniales.

[155] Rappelons que, pour Bernácer, la thésaurisation a parfois une acception très large et toujours fonctionnelle : une disponibilité thésaurisée est une disponibilité qui n'a pas encore été utilisée comme demande sur le marché de la production contemporaine.

a) le quantum de disponibilités thésaurisées[156] diminue la demande effective.

b) le marché financier procure un revenu (rente au sens large) sans travail. Dès lors, tout emploi de disponibilités doit produire un revenu au moins égal[157] à la rente moyenne du marché financier[158] pour attirer les disponibilités et faire face à la concurrence de ce dernier. Dans la mesure où l'on condamne la rente, il est certain que l'existence de ce taux de rente moyen fausse le calcul économique sur le marché de la production.

1° *L'effet pervers du marché financier sur la demande effective : une fuite dans le circuit de la production contemporaine*

Nous nous expliquerons d'abord sur l'image de la fuite dans le circuit de la production, en terme de perte d'énergie ou de baisse de potentiel.

Toute soustraction de monnaie au circuit de la production se traduit par un manque de pouvoir d'achat et donc de décision d'achat qui peut porter soit sur les biens de consommation, soit sur les biens de capital, avec, dans l'un et l'autre cas, des effets dépressifs sur l'appareil de production, dispensateur de revenus et de satisfactions. Tout système où se produit une déperdition d'énergie perd de sa puissance et voit baisser ses performances. Nous avons vu que l'effet déprimant de la thésaurisation s'exprime par le biais de la défaillance de décision d'achat de produits, aussi bien s'il s'agit de biens de consommation que de biens de capital. C'est donc la demande effective globale qui se trouve, de ce fait, diminuée.

Ce qu'il faut mettre en évidence, c'est que la demande potentielle globale, solvable et non solvable, n'est pas inférieure à l'offre potentielle globale, effective ou non, car les besoins réels globaux de produits ne sont jamais saturés. Bernácer rejette la notion de surproduction globale et, partant, de surinvestissement global durable. Les agents économiques sont toujours capables d'absorber les quantités qu'ils ont produites, avec les revenus nés de cette même production. Ce sont les moyens monétaires pour se porter acheteur du produit tout entier qui font défaut.

Or, l'existence de disponibilités oisives au niveau global montre que la rareté ne provient pas de ce que la collectivité est impuissante à acheter toute la production, mais de ce que les agents « déficitaires» disposés à acheter et qui manquent, momentanément, de moyens de paiement ne trouvent pas, auprès des agents «excédentaires», la monnaie qui permettrait d'accomplir l'activité d'achat, activité économique par excellence. Or, ils ne trouvent pas ces « crédits » inter agents parce que les agents excédentaires thésaurisent[159], car il existe des *occasions de rentes* pour les détenteurs de monnaie disponible. Supprimer ces occasions ce serait résoudre le problème de la soi-disant rareté de la monnaie.

---

[156] Nous appellerons thésaurisées celles que nous avons définies précédemment comme étant les disponibilités qui sont soustraites au marché de la production, soit pour réaliser une opération de spéculation (sans contrepartie dans le circuit de la production), soit dans l'attente de la réalisation d'une telle opération.

[157] À égalité de risques.

[158] C'est le taux d'intérêt.

[159] Au sens large de Bernácer.

2° *Les effets du marché financier sur la production, l'investissement et l'emploi, ou le problème de la rentabilité hors production.*

Le marché financier a un deuxième effet pervers dont on se demande si ce n'est pas la deuxième face de Janus. En effet, la thésaurisation, accaparement par le marché financier de pouvoir d'achat, est due à l'existence d'une rentabilité propre au marché financier, cette rentabilité jouant le rôle d'appât. Or, cette rentabilité en termes monétaires est elle-même due à l'abondance des disponibilités sur le marché monétaire. Il y a là un effet de « feed-back » qui entretient le processus et qui sont, de fait, deux émergences d'un phénomène unique : la rente.

Si l'on examine le cas de la rente (autre que celle qui résulte de la spéculation, source de plus-values), on observe que le demandeur d'actifs productifs de rente est attiré par l'achat d'un certain nombre d'unités de rente par période. Il existe donc une offre et une demande de rente (abstraction des actifs productifs de la rente) et à tout moment, le marché s'équilibre par le prix de l'unité de rente.

Soit P_t ce prix à l'instant (t), le rapport $\frac{1}{P_t}$ représente la rentabilité d'une unité de prix d'actif productif de rente ou, si l'on préfère, un taux de rémunération du placement de la monnaie en rente. Tout détenteur de monnaie ayant accès au marché financier directement ou indirectement va donc jauger tous les programmes de placement qu'on lui propose, en fonction de leur rentabilité et les classer par comparaison à $\frac{1}{P_t}$. Soit C_1, C_2 et C_3 les trois programmes offerts et r(C) leur taux de rendement :

$r(C_1)$; $r(C_2)$; $r(C_3)$

C_1 : placement immobilier direct

C_2 : placement direct dans l'industrie

C_3 : prêt

Soit $\frac{1}{P\,(L)_t}$ le taux de rendement du placement le plus liquide, il paraît évident que tout $r(C_i)$, taux de rendement net d'un placement C_i quelconque moins liquide, doit être $> \frac{1}{P\,(L)_t}$.

On peut trouver des exemples de $P(L)_t$ tels que, par exemple, le taux d'intérêt hebdomadaire de l'eurodevise ou le taux de report en bourse, le reporteur faisant l'avance de fonds pour reporter la liquidation d'une opération au mois suivant.

Un cas particulier de ces placements est le financement des investissements du marché de la production. Tout placement dans la production doit donc répondre à l'exigence que son rendement soit supérieur à celui du placement le plus sûr du marché financier. La prise en compte de cette exigence revient à introduire un terme supplémentaire dans le coût de l'investissement, donc à renchérir celui-ci. La rentabilité sur le marché financier entraîne une baisse du niveau des investissements, le prix d'équilibre étant supérieur et, partant, un frein au développement de la production à court terme.

Les effets sur l'emploi ne sont pas différents car si l'on admet qu'il y a surtout une relation de complémentarité[160] entre le capital et le travail, en tant que facteur de la production, toute création d'emploi exige parallèlement un investissement en capital. Le progrès technique n'étant pas incompatible, au niveau global, avec cette notion de complémentarité.

---

[160]Au niveau macro-économique.

À plus long terme, les contrecoups du marché financier consistent à limiter la croissance par l'incorporation moins rapide du progrès technique. À la condition : toutes choses égales d'ailleurs, il est clair qu'un moindre coût des innovations les ferait intégrer à un rythme plus rapide dans le circuit de la production contemporaine. En résumé, l'effet instantané réduit le niveau de la production et de l'emploi ; à terme, c'est le progrès technique, la croissance et donc le bien-être qui se trouvent amoindris, du fait de l'existence concurrentielle du marché financier.

LES COMPOSANTES DU MARCHÉ

Nous avons évité d'employer l'expression de taux d'intérêt jusqu'à présent, elle était cependant implicitement contenue dans les paragraphes qui précèdent. Bernácer assimile taux de rendement des actifs productifs de rente et taux d'intérêt. Désormais, nous emploierons la deuxième expression.

A. - *La demande d'actifs productifs de rente*[161]

L'étude de la demande ne soulève aucun problème particulier pour Bernácer. C'est généralement[162] une fonction directe du taux d'intérêt et elle est soumise à une contrainte d'ordre budgétaire : la politique d'open market ou de l'émission. Nous pouvons ajouter qu'elle exprime aussi l'offre de monnaie sur le marché financier.

La demande potentielle est constituée de :

$$D_p = \text{disponibilités} + \text{crédit}$$

$$D_p = f(i) \text{ ou } f\left(\frac{1}{p}\right)$$

B. – *L'offre*[163]

L'offre potentielle actuelle[164], c'est-à-dire l'ensemble des actifs susceptibles de faire l'objet de transactions sur le marché financier, est très grande en valeur absolue, par rapport au volume des disponibilités susceptibles d'être placées. C'est lorsque des circonstances de panique financière se sont produites que l'on a vu s'effondrer le cours de certains actifs et le taux augmenter jusqu'à des sommets inhabituels.

Par ailleurs, l'offre potentielle actuelle a une certaine élasticité, fonction des perspectives d'affaires et du taux d'intérêt bas : de nouvelles émissions de titres (valeurs mobilières proprement dites ou créances) peuvent venir augmenter l'offre potentielle.

L'offre est une fonction décroissante des prix des actifs et donc une fonction croissante du taux d'intérêt[165].

---

[161] BERNÁCER, *Une économie libre*..., p. 121 ; *Société et Bonheur* (1916), p.238.

[162] Cf. *infra* « La détermination du taux d'intérêt »

[163] BERNÁCER, *Une économie libre*..., p. 123 ; *L'intérêt du capital* (1925), p. 117.

[164] C'est nous qui précisons : actuelle.

[165] Cf. *infra* « Le taux d'intérêt » : les plus-values ont cependant un effet pervers sur la loi de l'offre et de la demande d'actifs. Bernácer en a tenu compte, par ailleurs.

C. –*L'équilibre du marché financier*

Le marché financier n'existe pas dans son unicité[166] : il y a, comme sur le marché des biens de la production courante, de multiples marchés[167]. Les marchés financiers forment donc une structure complexe. Ils ont un degré variable d'organisation interne et leurs intercommunications sont plus ou moins faciles. Il est plus facile, par exemple, de passer du marché des fonds d'État à celui des valeurs industrielles, en Bourse, qu'au marché hypothécaire. Les déplacements dépendent de l'information des agents, de leurs habitudes, des coûts de transferts, notamment.

Ce marché complexe connaît cependant un mouvement interne d'unification relative des différents marchés qui le composent. Ce mouvement peut être favorisé par des procédures telles que l'arbitrage ou le transfert spontané des ordres d'opérations d'un marché à un autre. Cependant, cette uniformisation tendancielle n'implique pas l'existence d'un taux de rendement financier unique[168].

Nous suggérons ce schéma du marché financier :

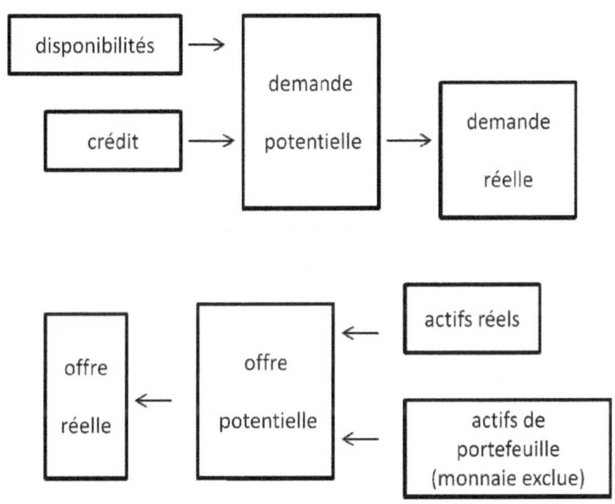

Le dénominateur commun de l'offre et de la demande permettant d'agréger les différents actifs, objet des transactions, c'est le prix d'une unité de rente, puisqu'à travers l'acquisition des actifs, c'est l'appropriation de rentes que l'on vise. Les rentes, même exprimées en unités de valeur, ne sont pas pour autant homogènes : elles ne possèdent pas toutes le même degré de sécurité, car il en est de certaines mais il en est aussi d'aléatoires. Il est cependant possible de définir un concept d'unité-type de rente, les différentes rentes réellement observées se dispersant autour de la valeur moyenne qui représente l'unité.

On ne peut, à cet égard, faire grief à Bernácer de cette simplification, car toute théorie - économique particulièrement mais non exclusivement – est fondée sur cette méthode d'analyse, ainsi lorsque l'on parle[169] du taux d'intérêt ou du prix, c'est à l'acception générique que correspond l'emploi du singulier.

---

[166] BERNÁCER, *Une économie libre*..., p. 124-126.
[167] Nous pourrions ajouter, qu'à la limite, il y en a un pour chaque catégorie d'actifs fongibles.
[168] Cf. *infra*, « Le taux d'intérêt ».
[169] A. H. HANSEN, *A guide io Keynes*, New York, 1953, p. 87, reformulant la théorie keynésienne parle du taux d'intérêt « pur ». Cependant ROBINSON insiste, quant à elle sur la diversité des taux : « parler du taux d'intérêt comme le faisait KEYNES ne permet

Les auteurs non contemporains ont, semble-t-il, procédé de la sorte quelle que soit leur école. H. Denis l'affirme pour ce qui concerne les marxistes : « La tendance à l'unification des taux de profits (tendance à la formation d'un taux général de profit dans la théorie marxiste) est assez généralement reconnue pour que nous puissions admettre qu'une théorie très générale de l'intérêt du capital peut partir de la considération d'un taux de profit espéré par l'ensemble des capitalistes»[170].

Or, ce prix – l'unité-type de rente –a deux expressions : on peut le considérer comme la rente relative d'une unité de prix[171] d'actif ou comme le prix de l'actif qui rapporte une unité de rente.

On pourrait écrire que l'équilibre de l'offre et de la demande réelle s'exprime ainsi :

$$O = D = f(i) \text{ ou } O = D = f(\frac{1}{p})$$

I = rente relative d'une unité de prix d'actif

p = prix de l'actif productif d'une unité de rente.

Le volume des transactions peut être indifféremment exprimé par le nombre d'unités-types de rente échangées ou le prix total des actifs qui ont changé de mains.

Cet équilibre a plusieurs caractéristiques : il est instantané, essentiellement[172] instable, car les transactions de ce marché répondent, non à un besoin réel comme sur le marché de la production, mais le plus souvent un pari spéculatif.

C'est dire que l'on attend généralement de ces transactions des écarts par rapport à l'équilibre précédemment atteint[173].

De plus, ce marché est hypersensible aux moindres conjectures, avec la particularité d'ailleurs que, dans certaines circonstances de psychologie collective, la demande peut être une fonction décroissante du taux d'intérêt et l'offre une fonction décroissante du prix. La perturbation des conditions normales du marché entraîne alors un changement dans la forme des courbes[174].

Le taux d'intérêt

L'origine et la nature de l'intérêt

Bernácer justifie l'importance de la recherche de l'origine de l'intérêt pour le reste de l'analyse théorique, en ces termes[175] : « Nul ne peut penser qu'il s'agit d'un problème de pure spéculation scientifique, c'est au contraire une question éminemment pratique qui me pousse à la poser, à savoir la possibilité de trouver un moyen d'agir sur les fluctuations économiques, en les corrigeant radicalement à la base. Si l'intérêt, ainsi que

pas de donner une réponse adéquate à la question qui se pose » (*The rate of interest...*, op. p. 23). Gurley et Shaw, d'accord sur ce point avec J. Robinson, insistent sur la diversification des actifs secondaires et ne souscrivent donc pas à la thèse de l'unicité du taux telle qu'elle apparaît, notamment, chez Marx, Bernácer et Keynes.

[170] H. DENIS, Revue économique, 1950, p.438 : « *Trois théories de l'intérêt du, capital* ». L'auteur cite notamment à l'appui de sa thèse, les études statistiques de R. HOPE, *Profits in British Industry from 1924 to 1935*, Oxford Economic Papers, juin 1949, p.159-182.

[171] C'est nous qui précisons prix, car le mot valeur est souvent employé par Bernácer (et par bien d'autres !) dans des acceptions différentes et parfois vagues. Ici, cependant, il est clair que dans l'esprit de Bernácer la mesure de la rente (qui est un prix) n'a de sens que par rapport à un autre prix : celui des actifs dont la possession est à l'origine d'une rente.

[172] Au sens étymologique de « par essence ».

[173] La lecture de la cote boursière se fait généralement en termes de plus ou de moins tant de points.

[174] Il semble donc que Bernácer intègre les fluctuations des cours des actifs dans son analyse, mais c'est ici une simple allusion implicite dont l'auteur ne tire pas toutes les conséquences.

[175] BERNÁCER, *Une économie libre...*, p. 151 ; cf. aussi *L'intérêt du capital* (1925), p. 11 à 24.

quelques auteurs l'affirment, est un phénomène normal et nécessaire qui apparaîtra, aussi bien dans une société socialiste que dans une société capitaliste, aussi bien dans une économie naturelle que dans une économie mercantiliste, les fluctuations économiques seraient un fait inévitable que nous serions forcés d'admettre et que nous pourrions tout au plus nous efforcer de pallier... Cependant, si l'intérêt est un phénomène institutionnel, nous pouvons trouver, au moyen d'une réforme appropriée, la stabilisation de l'économie».

A. – *Quelques réfutations fondamentales des théories de l'intérêt*

Bernácer prend d'abord ses distances à l'égard des classiques en affirmant que l'abstinence[176] n'est pas la cause de l'intérêt, que la peine de l'épargne est un mythe et que l'épargne existerait, même en l'absence d'intérêt[177]. De ce point de vue, Bernácer est le premier post-classique à notre connaissance[178].

L'auteur explique l'existence de l'épargne par des facteurs qui n'ont rien à voir avec l'intérêt. La saturation des besoins actuellement ressentis, l'échelonnement des satisfactions futures et, pourrions-nous ajouter d'une manière générale, la loi des utilités marginales décroissantes[179], font que l'homme épargne spontanément, sans besoin pour cela d'être stimulé par l'intérêt. N'importe quel gestionnaire d'un budget sait qu'il faut échelonner les dépenses, lorsque la périodicité de la perception du revenu diffère de celle de la réalisation de la dépense. L'intérêt ne joue, a priori, aucun rôle dans cette fonction de l'épargne. Le troisième argument est celui de l'inflation : malgré le phénomène d'érosion monétaire, les agents économisent, car ils préfèrent, somme toute, disposer à l'avenir d'un pouvoir d'achat déprécié plutôt que d'un pouvoir d'achat nul. Bernácer résume ainsi sa réfutation de la théorie de l'agio[180]. On a présenté celle-ci comme étant une théorie psychologique, or, la psychologie de l'épargnant est telle qu'une satisfaction future a pour lui plus de prix qu'une satisfaction actuelle, puisqu'il épargne![181] . Enfin, Bernácer rejette la thèse productiviste[182] qui sert de point de départ à la théorie classique de l'intérêt. Pour lui, il y a confusion entre la notion de capital réel et celle de capital financier (ou monétaire).

Cette confusion a été entretenue par les classiques, si bien que Bernácer – avant Joan Robinson – attache la plus grande importance à ce point de terminologie économique[183]. Il n'emploie le mot capital que pour désigner les moyens physiques de production et il précise toujours, dans le cas du capital financier, par l'emploi du qualificatif « financier » ou « monétaire ». Le capital réel apparaît comme le produit matérialisé du travail[184], alors que le capital financier est le résultat de l'acte d'épargne.

---

[176] Cf. BERNÁCER, *L'intérêt du capital*, p. 145-154.

[177] BERNÁCER, *Une économie libre...*, p. 155 ; et *Société et Bonheur* (1916), p. 85 et s. *L'intérêt du capital*, p. 145-154, 181-196, 240,243.

[178] Avant 1916 et depuis A. Smith aucun auteur connu n'a réfuté l'idée de l'intérêt récompense de l'acte d'épargne ; hormis Proudhon et Marx, bien entendu.

[179] Cet argument doit être pris seulement comme une réfutation de la théorie marginaliste de l'épargne portée sur le terrain même des marginalistes.

[180] BERNÁCER, *Une économie libre...*, p. 153-154.

[181] On a constaté par exemple en France des périodes où l'érosion monétaire n'a pas supprimé l'épargne.

[182]BERNÁCER, *Une économie libre...*, p. 154-155.

[183] Voir le chapitre sur les définitions.

[184] BERNÁCER, *Une économie libre...*, p. 128.

Pour Bernácer, le capital monétaire, instrument d'appropriation du capital réel n'a pas de productivité en soi : le partage des fruits du capital entre l'entrepreneur et le capitaliste[185] résulte de pratiques institutionnalisées et n'est pas la conséquence intrinsèque du régime de la production industrielle.

B. - *Les fondements du taux d'intérêt dans l'optique bernacérienne*

L'optique bernacérienne du taux d'intérêt est multiforme : elle intègre des fondements d'origine très diverse.

1° *Le donné historique religieux*[186].

Bernácer apparaît parfois comme un visionnaire. L'institutionnalisation de l'intérêt comme pratique légale serait le résultat d'une victoire historique : celle de la morale protestante sur la morale catholique dans les pays hégémoniques, ou si l'on se réfère à l'histoire de la pensée, à la victoire des idées de Calvin et de Luther sur celles des scholastiques tels que Saint Thomas d'Aquin.

2° *Le donné historique socio-politique.*

Pour Bernácer, nous l'avons vu, l'intérêt procède de la rente. La situation de rente résulte de la domination militaire, politique, sociale, elle en est l'émergence économique. La rente a deux visages : c'est un monopole (opposabilité absolue de certains droits à l'égard d'autrui) et c'est une spoliation (prélèvement autoritaire, conscient ou discret, sur le travail des authentiques producteurs)[187]. La rente est le produit de la propriété privée de la terre. Le propriétaire a dû partager cette rente avec d'autres agents : le seigneur, le clergé, l'intendant des finances (au nom, pas toujours, du roi), le bourgeois bailleur de fonds, l'occupant étranger... Malgré ce partage, la possession de biens productifs de rente est attrayante. Sous la République, les prêts des bourgeois aux États se font moyennant le paiement d'une rente (quelquefois perpétuelle !).

Si l'on admet cette interprétation des faits, il vient logiquement que l'intérêt est une spoliation, de la part des détenteurs de monnaie, du produit créé par les agents actifs de la production. C'est un authentique privilège social et économique.

3° *La cession des disponibilités.*

Les agents ayant des occasions d'emploi lucratif, et n'ayant pas de disponibilités peuvent trouver des agents qui, ayant des disponibilités, n'ont pas l'occasion ou ne sont pas désireux de les employer directement mais sont prêts à en céder l'usage, moyennant une compensation. Cette compensation, c'est l'intérêt du prêt.

Le prêt en soi, n'est donc pas la cause de l'intérêt, encore faut-il une condition supplémentaire, à savoir la lucrativité de l'emploi des disponibilités prêtées. Ainsi l'entrepreneur qui emprunte pour investir en capital réel, le fait-il parce que – en temps normal – l'investissement lui procurera un profit additionnel sur lequel il pourra prélever l'intérêt à payer au prêteur.

À supposer que ce profit soit insuffisant ou inexistant, cela n'infirme pas le fait que c'est le raisonnement que tient l'entrepreneur au moment où – à tort ou à raison – il décide d'emprunter. De ce point de vue, Bernácer

---

[185] L'apporteur de capital monétaire.

[186] BERNÁCER, *Une économie libre...*, p. 208.

[187] Nous pourrions dire aussi que ce monopole et cette spoliation ont, à leur tour, deux manifestations : la rente et l'impôt (cf. *infra*). Selon Bernácer, l'impôt est un prélèvement autoritaire décidé par la puissance publique pour financer son budget. L'auteur préconisera la suppression de l'impôt remplacé, dans sa fonction de finances publiques, par la socialisation de la rente.

n'est donc pas tout à fait contre la thèse productiviste, à condition que l'on raisonne en termes réels[188] (tant en capital qu'en produit) et que l'on ne fasse aucune pétition de principe sur l'appropriation du surproduit de l'investissement.

Toujours est-il que si nous raisonnions par l'absurde, nous verrions que l'entrepreneur, sachant (ou prévoyant : le résultat est le même pour la décision) que l'investissement envisagé n'est pas susceptible de fournir Un surproduit au moins égal à l'intérêt de l'emprunt, n'engagerait ni investissement ni prêt. La position de Bernácer est-elle donc ambiguë ? Point du tout : il y a, une fois de plus, une approche séquentielle[189] telle que les relations entre les déterminants de l'intérêt sont univoques, irréversibles :

- condition 1 : il faut un marché libre d'actifs productifs de rente,
- condition 2 : il faut des disponibilités et, partant, soit de l'épargne, soit de la création de monnaie,
- condition 3 : il faut que le marché de la production offre des perspectives de rémunération pour les disponibilités investies.

Si ces trois conditions sont réunies, il y aura un marché de prêts aux entreprises, avec intérêt. Au contraire, sans la première condition, on ne voit pas pourquoi les détenteurs de disponibilités s'opposeraient à leur emploi dans l'industrie, sans intérêt[190].

4° *L'intérêt : donnée exogène du circuit de la production.*

Le complexe marché de la production-marché financier est une structure hiérarchisée où celui-ci domine celui-là. Le marché financier commande, dans l'instant, le niveau de la production et de l'emploi et, à terme, les programmes d'investissement, la croissance de la production et donc le progrès économique et social. L'instrument de cette domination c'est le taux d'intérêt. « L'intérêt est donc un phénomène qui va de l'extérieur à l'intérieur dans l'entreprise. Ce n'est pas un fait autochtone. L'intérêt courant indique le niveau des capitaux qu'il est lucratif d'employer et qu'il ne faut pas dépasser, de même que l'écluse indique le niveau maximum du niveau du canal. Sans l'intérêt, on emploierait tous les capitaux qui offriraient quelque économie par rapport au coût d'entretien et d'amortissement.

L'intérêt entrave la capitalisation de l'épargne d'une façon d'autant plus forte que l'intérêt est plus élevé. Quiconque a cru trouver la cause de l'intérêt dans l'économie évaluée en termes monétaires que produisent les capitaux en termes réels a interverti les termes»[191].

Cette longue citation de l'auteur résume bien sa théorie de l'intérêt[192], laquelle théorie a trois composantes :

a) la thèse de l'abstinence volontaire,

b) la thèse de la liquidité ou «disponibilité» dans le langage bernácérien,

c) la thèse de la productivité du capital réel.

---

[188] À vrai dire : à valeur constante de l'unité monétaire, et non en termes physiques.

[189] Nous entendons par séquence un enchaînement ordonné et logique d'actes consécutifs irréversibles.

[190] Il suffirait que les risques du prêt (altération de la valeur du capital monétaire, insolvabilité de l'emprunteur) soient alors assurés selon des techniques qui ont cours de nos jours (indexation, assurance-crédit).

[191] BERNÁCER, *Une économie libre*..., p. 162.

[192] Dont nous donnerons, dans le chapitre suivant, une étude analytique et comparative dans le chapitre « Le taux d'intérêt », *infra*, p. 251.

A. - *La formation du taux d'intérêt sur le marché financier*

Le marché financier reçoit, à une époque donnée, des demandes de disponibilités (de monnaie) d'origines différentes[193], de la part :

a) des offreurs de valeurs mobilières (préexistantes),

b) des vendeurs d'actifs réels (productifs de rente au même titre que les valeurs (a),

c) des emprunteurs (quelle que soit l'affectation du prêt, fût ce la consommation),

d) des investisseurs directs en capitaux réels dans l'industrie, contre l'émission de nouveaux titres de créances. Ces titres, d'ailleurs, feront partie de (a) à l'époque suivante, lorsque les acheteurs actuels se porteront offreurs.

Vis-à-vis de l'offreur de monnaie, ces demandeurs se font concurrence et, *ceteris paribus*, le taux d'intérêt pour chaque actif tend à s'équilibrer en vertu de la théorie marginaliste des prix.

Pour obtenir les disponibilités nécessaires à ses investissements, l'industriel doit offrir au marché financier de payer le même intérêt que ses concurrents demandeurs de disponibilités, après quoi il pourra acquérir sur le marché de la production les biens de capital réel et embaucher, sur le marché de l'emploi, la main-d'œuvre nécessaire à leur mise en œuvre[194].

B. - *La dualité du taux d'intérêt*[195]

En fait, il y a dans le complexe des deux marchés[196], deux taux d'intérêt à long terme : l'intérêt du marché financier proprement dit et le taux de rentabilité des investissements industriels[197].

Le premier est parfaitement défini, par la confrontation de l'offre et de la demande d'actifs productifs de rente, du fait de la tendance à l'unification des rendements des différents placements[198], résultant de la procédure de l'arbitrage généralisé. Une forme concrète de ces rendements étant celui des obligations à intérêt fixe, par exemple. Le deuxième dépend de facteurs multiples et repose essentiellement sur le rapport $\frac{\text{Prix de vente}}{\text{Coûts des facteurs et des consommations intermédiaires}}$ qui ne peut se mesurer qu'au niveau des unités de production et qui peut être sensiblement différent du fait de la faible mobilité des facteurs réels[199]. Ce taux fluctue au gré des variations de la demande effective, de la productivité et du niveau des salaires ; notamment, de la position relative du taux d'intérêt du marché financier dépend la phase de la conjoncture.

---

[193] BERNÁCER, *Une économie libre*..., p. 128 ; *La théorie des disponibilités*... (1922).

[194] Observons que Bernácer n'envisage ici que l'hypothèse de l'investissement net créateur d'emploi et donc de la complémentarité des facteurs travail-capital ; contestable au niveau micro-économique, cette hypothèse est peut-être moins discutable si l'on examine ses effets au niveau macro-économique.

[195] BERNÁCER, *Une économie libre*..., p. 127-170 et 171 ; *L'intérêt du capital* (1925), chapitre III et X ; *Société et Bonheur* (1916), chapitre V, livre II.

[196] Celui de la production et celui des actifs productifs de rente.

[197] Note de traduction : l'expression «tipo de capitalización en la industria », (littéralement taux d'investissement) nous a paru trop ambiguë.

[198] Cf. *supra*, « L'équilibre du marché financier » et « La formation du taux d'intérêt ».

[199] A l'opposé, la mobilité des capitaux monétaires sur le marché financier est la cause d'une plus grande instabilité du marché et d'une plus grande uniformité des taux d'intérêt concrets sur le marché financier.

Cette dualité du taux d'intérêt est à l'origine de l'explication de la mécanique des cycles[200]. Le rôle du taux d'intérêt dans les fluctuations et la croissance économique sera examiné d'abord dans l'étude des déséquilibres du système capitaliste puis dans l'étude comparative de la deuxième partie.

Il est donc trop tôt pour en parler ici, car dans l'optique de Bernácer, l'intérêt doit être considéré comme un élément perturbateur de l'équilibre et non comme un élément nécessaire à cet équilibre. Cette raison nous incite aussi à ne pas approfondir l'étude des effets du taux d'intérêt sur le marché de la production, au-delà de ce qui a été vu précédemment[201].

LES DÉSÉQUILIBRES

La virtualité de l'équilibre général ou les défaillances des régulateurs automatiques

LA PRISE EN COMPTE DE NOUVELLES VARIABLES DANS LE SCHÉMA DE L'ÉQUILIBRE BERNACÉRIEN[202]

A. - *Les effets du commerce international*[203]

« Le fait, peut-être surprenant pour certains, est que le déséquilibre de la balance commerciale agit de la même manière sur l'offre et sur la demande potentielles. Il ne déséquilibre pas, par lui-même, le marché intérieur, si ce n'est indirectement, dans la mesure où il peut provoquer un accroissement ou une baisse de la demande et de l'offre effectives, simultanément »[204].

Cette position de Bernácer s'explique par le fait qu'implicitement il envisage la balance des paiements en équilibre par définition et qu'il y a donc compensation automatique entre excédent ou déficit des opérations courantes et déficit ou excédent en capitaux (au sens monétaire, bien entendu).

Dans cette optique, l'excédent des opérations courantes[205] crée sa propre contrepartie monétaire ; ainsi, par exemple, un excédent des importations sur les exportations, en termes réels, a sa contrepartie en potentiel de demande financé par le crédit accordé par l'étranger, ou la déthésaurisation de l'or qui servent, l'un ou l'autre, à régler le déficit de la balance des opérations courantes.

A défaut de nourrir un débat sérieux sur cette question d'économie internationale, nous nous contenterons d'admettre le point de vue de l'auteur, en insistant sur l'hypothèse, *ceteris paribus*, que le déséquilibre «commercial» ne peut se prolonger indéfiniment. Or cette hypothèse reste pertinente par rapport à l'optique générale de Bernácer sur les mécanismes d'auto-ajustement.

En conclusion, le commerce international a des effets neutres sur l'équilibre général instantané.

---

200 Cf. « Les déséquilibres », *infra*.

201 Cf. *supra*, « Le marché financier, concurrent du marché de la production ».

202 Par rapport à ce qui précède cf. *supra*.

203 BERNÁCER, *Une économie libre*..., p. 67 à 70 ; « La technique du retour à l'étalon-or... », article de 1929, op. cit. « Analyse de la demande et synthèse du marché », article de 1933, *op. cit.* et « *La théorie fonctionnelle de la monnaie* » (1945), *op. cit.*

204 BERNÁCER, *Une économie libre*..., p. 70.

205 Nous serions tentés de dire « des opérations spontanées sur biens et services ».

B. *–Les mouvements d'or*

L'or étant considéré comme une marchandise, lorsque les règlements des soldes de la balance commerciale sont effectués en or, il s'ensuit des effets analogues dans les deux pays échangistes :

a) dans le pays ayant des importations excédentaires, l'excédent de marchandises « réelles » est échangé contre de l' « or-marchandise» ce qui n'altère pas l'offre effective ;

b) dans le pays ayant des exportations excédentaires, l'excédent de marchandises exportées est remplacé par de l' « or-marchandise » ce qui produit le même effet qu'en a).

Citons Bernácer[206] : « l'or vient se substituer aux articles exportés dans les stocks commerciaux... Les exportateurs « excédentaires » de marchandises sont payés par les importateurs d'or, de la même manière que lorsqu'on exporte des oranges et que l'on importe du charbon, les exportateurs d'oranges sont réglés avec la monnaie des importateurs de charbon, tandis que dans le pays d'origine de l'or, les exportateurs d'or sont payés par les importateurs de l'excédent de marchandises courantes ».

La particularité de l'or tient donc aux éventuels effets monétaires subsidiaires de ces mouvements, à savoir lorsque les dépôts d'or dans les banques donnent lieu à émission de monnaie courante.

1 ° *Effets du côté de la demande.*

Les disponibilités s'accroissent comme dans le cas, envisagé en économie fermée, de la création de monnaie : il s'ensuit un accroissement de la demande potentielle.

2° *Effets du côté de l'offre.*

Les stocks des biens qui constituent l'offre potentielle diminuent du fait de la disparition de l'or du marché des biens réels. Il se produit donc une variation de sens contraire de l'offre et de la demande potentielles, ce qui explique l'effet inflationniste[207] des importations d'or suivies d'émission et l'effet déflationniste des exportations d'or accompagnées d'une « démonétisation de l'or»[208]. Les mouvements d'or sont donc, par leurs effets subsidiaires internes, un élément perturbateur de l'équilibre. Cependant, ils ne sont pas, en soi et a priori, inflationnistes ou déflationnistes, il faut une condition supplémentaire pour cela, à savoir l'émission de monnaie en contrepartie.

Nous serions enclin à dire que c'est l'émission qu'il faut incriminer, que les mouvements d'or ne laissent pas préjuger l'attitude de la banque centrale, par exemple, que l'encaisse-or n'est qu'un prétexte parmi d'autres pour pratiquer l'émission de papier monnaie. En généralisant la position de Bernácer, toute monétisation de marchandises réelles est source de déséquilibre.

Bernácer fait aussi observer que ces effets impliquent des mouvements non virtuels d'or et que dans le cas où le règlement du déficit n'est pas effectué véritablement en or, on est ramené au cas déjà examiné[209] d'une compensation à effet neutre de mouvements de biens réels par des mouvements de « capitaux monétaires ».

---

206 BERNÁCER, *Une économie libre...*, p. 70.

207 Répétons-le : à la condition « toutes choses égales d'ailleurs »

208 Au sens où HARROD (*La monnaie*, traduction française, Dunod, 1971, p. 138) déclare : « Récemment (mars 1968) certaines tentatives ont été faites, en vue d'obtenir ce que certains appellent une démonétisation de l'or ».

209 Cf. *supra*, « Les effets du commerce international ».

C. - Les transactions de seconde main[210]

Certains biens produits au cours des périodes précédentes, parfois très anciens, réapparaissent sur le marché au cours d'une période actuelle, leurs anciens acquéreurs éprouvant le besoin, selon le langage courant, de les « revendre », de les « réaliser »

Bernácer distingue deux cas :

a) le rachat par des commerçants à des particuliers en vue de la revente à des particuliers.

Dans ce cas, l'offre et la demande potentielle augmentent simultanément car le prix payé par le commerçant augmente la demande tandis que les biens cédés par le particulier augmentent l'offre. Il s'ensuit, a priori, soit un accroissement de l'offre et de la demande effectives concomitantes, soit un accroissement concomitant des stocks des entreprises et des disponibilités (encaisses) des particuliers. Ces opérations sont donc sans effet direct sur l'équilibre général, lorsqu'elles portent sur des biens de consommation.

b) Or, certains de ces biens ne sont pas recherchés en tant que biens concurrents des biens de la production contemporaine, mais parce que leur possession procure une rente (soit au sens strict : intérêt, soit au sens large : plus-value de spéculation). Ces biens sont des bijoux, des antiquités de collection, des livres rares, des métaux précieux, des immeubles, des droits de propriété en général, des titres de créances ... « De telles opérations constituent un volume considérable des opérations financières d'un pays ; il suffit de considérer le chiffre des opérations boursières, les ventes et les hypothèques sur biens immeubles ... Un sondage dans notre pays révèle que les opérations de cette nature représentent un montant équivalent au tiers du revenu national. Le problème devra faire l'objet, plus loin, d'une attention particulière, en le considérant d'un autre point de vue[211]. »

Ce deuxième type d'opérations, par contre, a des effets directs et indirects déjà étudiés[212]. Elles font l'objet d'une étude spécifique dans l'analyse des déséquilibres. Lorsque Bernácer intègre[213] les transactions de seconde main dans son schéma de l'équilibre général, c'est au premier type de biens qu'il fait allusion.

LE MODÈLE DE L'ÉQUILIBRE CHEZ BERNÁCER

Rappelons, au risque de nous répéter, que Bernácer n'emploie à aucun moment le terme de modèle et qu'il ne prétend, à aucun moment, fournir un schéma de l'équilibre général. Il nous a paru cependant, intéressant de présenter ce qu'il appelle modestement les équations du marché comme un modèle d'équilibre général, pour la commodité de la comparaison ultérieure avec d'autres auteurs.

A. - *Les particularités de l'équilibre économique*

« L'équilibre économique est un équilibre dynamique ... ; il ne peut exister des équilibres de cette nature que lorsque les forces internes antagonistes s'annulent »[214].

---

[210] Bernácer les dénomme littéralement : « Reventes et réalisations », *Une économie libre*..., BERNÁCER, p. 71. Nous avons opté finalement pour une expression moins ambiguë.

[211] BERNÁCER, *Une économie libre*..., p. 73. Notons que c'est une des rares allusions à l'économie espagnole. Encore faut-il préciser qu'elle n'est pas l'objet, ici, de spécificité, n'ayant qu'une valeur illustrative.

[212] « Le marché financier », p. 68.

[213] Cf. *infra*, « Les équations complètes du marché ».

Il y a trois conditions fondamentales de l'équilibre :

a) condition de signification de l'équilibre.

Les demandes et les offres de chaque bien et, partant, la demande et l'offre globales doivent être égales.

b) conditions d'homogénéité du milieu.

Les revenus des différents secteurs doivent être proportionnels à l'effort et au risque, sans quoi les activités les moins attrayantes seraient abandonnées. C'est une condition d'équilibre du complexe des prix des biens et des facteurs.

c) les taux d'intérêt sur les différents marchés doivent être proportionnels aux rendements et aux prévisions des investisseurs.

Ces principes étant posés, il est normal que des déséquilibres instantanés se produisent ; cependant leur évolution normale doit être leur atténuation et non leur amplification, de telle sorte que la stabilité de l'ensemble ne soit pas en péril. La régulation de l'équilibre est le rôle de mécanismes automatiques[215].

En effet, l'alternative quant au type de système économique que l'on veut se donner est la suivante :

- ou bien l'on admet l'existence et l'efficacité de mécanismes autorégulateurs,
- ou bien l'on a recours à une planification de l'économie.

Le constat historique de l'échec des régulateurs doit conduire à une analyse des causes de cet échec et non à un rejet pur et simple, a priori. La question est double :

. est-ce leur efficacité qui est mise en cause ?

. y a-t-il des phénomènes exogènes à ces mécanismes, qui empêchent leur bon fonctionnement ?

L'analyse des déséquilibres qui suivra apportera des éléments de réponse à cette double question. L'analyse de l'équilibre économique en termes de dynamique laisse percevoir que la régulation de la production et de la consommation pose un problème majeur. S'il est vrai que l'équilibre se manifeste sur un marché où l'offre et la demande réagissent instantanément l'une sur l'autre, il faut observer que les activités qui aboutissent à ce marché, qui nourrissent ses deux composantes, ce sont la production et la consommation, essentiellement. Or, ces deux activités, contrairement à l'offre et à la demande, ne réagissent l'une sur l'autre qu'avec des retards. De sorte que l'on observe des retards dans le fonctionnement des mécanismes autorégulateurs réciproques de l'ajustement de la production à la consommation. Ces décalages faussent l'appréciation du phénomène de déséquilibre chez l'observateur, en lui faisant voir, tantôt une surproduction relative, tantôt une sous-consommation relative. Bernácer[216] pencherait d'ailleurs vers la deuxième interprétation, et considère que le mécanisme d'ajustement fonctionne dans ce cas. Cependant, cet ajustement conduit généralement à une restriction de la production et au chômage[217].

---

[214] BERNÁCER, *Une économie libre...*, p. 101 ; l'analyse bernacérienne en termes dynamiques remonte à son premier ouvrage *Société et Bonheur* (1916), p. 83, 85 à 87 : « ... la production et la consommation tendent toujours vers l'équilibre ; mais celui-ci n'apparaît pas immédiatement et pendant le délai nécessaire à sa réalisation, une partie de la production s'accumule ». L'auteur consacre d'ailleurs tout le chapitre VII du livre II à la « Dynamique de la richesse ».

[215] Ce principe, ainsi posé par un physicien économiste, nous fera dire que l'approche de Bernácer du système économique est cybernéticienne.

[216] Rappelons que Bernácer est loin d'être obnubilé par l'équilibre. Cette notion a, dans la pensée de l'auteur, un statut qui peut paraître ambigu, dans la mesure où Bernácer forge un système d'équations de l'équilibre, pour constater ensuite que l'équilibre ainsi défini n'est généralement pas réalisé. L'équilibre a donc chez lui un caractère virtuel et fortuit.

[217] BERNÁCER, *Une économie libre...*, p. 103 : le chômage, de problème le plus grave de notre économie, dont nous nous proposons de déceler les causes... ». Dans son premier ouvrage de 1916, *Société et Bonheur*, l'auteur consacre de nombreux chapitres aux problèmes du salaire, de l'emploi, du chômage (p. 90, 112, 181, 370, 549, notamment).

B. - *La formation de l'équilibre général*

Nous nous sommes inspirés de son appendice mathématique sous-titré : « exposé analytique de la théorie des chapitres IV et V »[218].

1° *Tableau des variables*

	EN DÉBUT DE PÉRIODE	EN FIN DE PÉRIODE	VARIATIONS EN COURS DE PÉRIODE
Masse monétaire……………………………...	M	M'	$\Delta M = M' - M$
Encaisses des clients…………………………	A	A'	$\Delta A = A' - A$
Encaisses des entreprises……………………..	C	C'	$\Delta C = C' - C$
Stock de marchandises des entreprises………	E	E'	$\Delta E = E' - E$
Fonds de roulement des entreprises…………	K	K'	$\Delta K = K' - K$
Capital fixe des entreprises…………………..	X	X'	$\Delta X = X' - X$
Prêts et dotations aux entreprises……………	Z	Z'	$\Delta Z = Z' - Z$
Prêts destinés au fonds de roulement des entreprises……………………………………	H	H'	$\Delta H = H' - H$

2° *Tableau des agrégats*[219] *de la période*

Revenu national total……………………………...	R
Valeur totale de la production………………………	P
Demande potentielle…………………………………	Dp
Demande réelle………………………………………	D
Offre potentielle……………………………………...	Op
Offre réelle…………………………………………...	O
Résultat d'exploitation excédentaire des entreprises...	B

3° *Les équations réduites du marché.*

Nous avons, par définition :

$$R = P$$

$$M = A + C$$

$$K = E + C$$

$$H = Z - X$$

La demande et l'offre potentielle s'expriment par :

$$Dp = R + A + \Delta M$$

$$Op = P + E$$

La demande effective : $D = Dp - A' - \Delta H$

$$D = R - \Delta A + (\Delta M - \Delta H)$$

[218] BERNÁCER, *Une économie libre...*, p. 229.
[219] Cette dénomination est de nous

comprend donc : le revenu de la période, diminué de l'accroissement des encaisses des ménages et augmenté de la création de monnaie (ΔM) non affectée au fonds de roulement des entreprises (ΔH), soit (ΔM - ΔH). Cette création de monnaie étant donc affectée, soit à la consommation des ménages, soit à la formation de capital fixe par les entreprises.

L'offre effective : $O = Op - E'$

$$O = P - \Delta E$$

elle est égale à la production de la période, diminuée de la formation de stocks.

Hypothèse d'équilibre

$$D = O$$

$$R - \Delta A + \Delta M - \Delta H = P - \Delta E$$

Conditions d'équilibre

Étant donné : $R = P$

Il faut et il suffit que : $\Delta A - \Delta M + \Delta H = \Delta E$

Or, on aura : $\Delta A = \Delta E$

lorsque : $\Delta M = \Delta H$

et puisque : $\Delta K = \Delta E + \Delta C$

on a : $\Delta A = \Delta E$ => $\Delta K = \Delta A + \Delta C$

et en vertu de la définition de ΔM : $\Delta K = \Delta M$

Or $\Delta M = \Delta H$

Donc $\Delta M = \Delta K = \Delta H$

C'est-à-dire qu'à l'équilibre la variation en cours de période des encaisses des demandeurs (consommateurs et investisseurs)[220], sera égale à la variation des stocks des offreurs lorsque cette dernière sera financée exclusivement par la création de monnaie. Ou encore, selon l'expression de Bernácer[221] : « En situation d'équilibre, l'accroissement du fonds de roulement est égal à (celui des) prêts destinés au fonds de roulement et aussi à la quantité de monnaie créée ».

S'il y a déséquilibre (par exemple $D > O$)

$D – O = R - \Delta A + \Delta M - \Delta H - (P - \Delta E)$

$D – O = \Delta E - \Delta A = \Delta M - \Delta H$

Or $\Delta M = \Delta A + \Delta C$

d'où il vient :

$D - O = \Delta E + \Delta C - \Delta H$

Or $\Delta E + \Delta C = \Delta K$

Donc $D – O = \Delta K - \Delta H$

$|\Delta K - \Delta H|$ mesure donc l'écart à l'équilibre

($D > O$ ou $O > D$)

---

220 C'est nous qui précisons

221 *Une économie libre…* BERNÁCER, p.230 ; et aussi *Analyse de la demande et synthèse du marché* (1933), *op. cit.*

La condition fondamentale de l'équilibre est donc que tout accroissement du fonds de roulement soit financé par l'émission de monnaie, ce qui implique deux sous-conditions :

a) qu'il y ait création de monnaie

b) que cette monnaie aille bien financer le fonds de roulement des entreprises.

4° *Les équations complètes du marché.*

Elles ont la même morphologie que les équations réduites. Elles intègrent :

a) les variations de l'encaisse or : Δ S

b) le solde de la balance des opérations courantes (marchandises, services, or monétaire) : W

c) les transactions sur biens d'occasion (biens produits au cours des périodes précédentes et qui ont déjà été vendus une première fois par les producteurs) : L.

L'équation de l'offre effective devient :

$$O = P - \Delta E - \Delta S + W + L$$

Celle de la demande effective sera :

$$D = R - \Delta A + \Delta M - \Delta H + W + L$$

L'écart à l'équilibre aura pour expression :

$$D - O = \Delta K - \Delta H + \Delta S$$

Δ S est donc un facteur complémentaire de l'équilibre, alors que W et L sont des éléments neutres.

La nouvelle condition d'équilibre s'exprime par rapport à la première, en ajoutant que la création de monnaie doit non seulement être égale à l'accroissement du fonds de roulement des entreprises mais qu'elle doit, de plus, permettre de financer l'accroissement de l'encaisse-or.

Nous avons, comme Bernácer, envisagé des accroissements ou des formules de déséquilibres où $D > O$. Il est bien évident que la réciproque est vraie et que nous devons raisonner sur des variations dans les deux sens.

C. – *La notion de variation du fonds de roulement des entreprises*

C'est une notion-clé de l'édifice de l'équilibre bernácérien. Son importance se fonde sur le fait que Bernácer tient compte de la formation des stocks et que l'investissement[222] est, pour Bernácer, un concept très précis et concret : c'est l'acquisition par l'entreprise de biens d'équipement en vue de leur mise en œuvre pour la réalisation d'une production. De sorte que l'acte économique n'est pas, à cet égard, la production du bien mais l'achat accompli. L'équilibre sur le marché s'apprécie après la réalisation des transactions et non avant.

La variation du fonds de roulement des entreprises est l'expression d'une non-transaction (ou une non-demande)[223]. Les deux termes de cette variation comprennent la variation des encaisses des entreprises (ΔC) et celle de leurs stocks (ΔE). La première représente les moyens de paiement additionnels qui ne se convertissent pas en demande sur le marché, de la part de ces entreprises. La deuxième représente le surproduit de la

[222] Il en va de même, bien entendu, des biens de consommation. Cependant, nous insistons sur les biens d'investissement, car c'est un point crucial de notre démonstration ultérieure de la réalité de l'analyse bernacérienne par rapport à d'autres, notoirement connues.

[223] Ces deux expressions sont de nous.

période, qui n'a pas été demandé par les clients de ces mêmes entreprises (consommateurs ou d'autres entreprises). Ces deux agrégats représentent donc bien un potentiel de demande non exprimée en tant que telle sur le marché.

Il apparaît donc que la condition fondamentale de l'équilibre[224], exprimée en termes de modalité de financement de cette non-demande nous paraît parfaitement cohérente : l'accumulation d'encaisses oisives (ΔC) ou de stocks d'invendus (ΔE) est perturbatrice de l'équilibre, si sa source de financement se trouve dans le revenu de la période, car alors l'égalité fondamentale $P = R$ est négligée. Il existe cependant un moyen[225] de financer cette accumulation, sans mettre en péril l'équilibre : la création de monnaie.

UNE EXPLICATION GÉNÉRALE DU DÉSÉQUILIBRE

A. – *Les émergences du déséquilibre*

1° *Les fluctuations des prix.*

Les fluctuations des prix expriment un déséquilibre entre l'offre et la demande, soit sur le marché d'un bien soit au niveau global. Lorsque la variation des prix est limitée à un secteur, elle exprime des mutations que l'on observe dans les habitudes de consommation et qui se traduisent par des transferts de demande d'un produit à un autre.

Un tel désajustement circonscrit à certains marchés n'a pas d'effet, a priori et toutes choses égales d'ailleurs, sur le marché global, instantanément. Lorsque de tels désajustements se multiplient, on est en présence d'une variation généralisée des prix et le déséquilibre, après sa propagation intersectorielle, atteint le marché tout entier. Les effets d'une variation généralisée seront examinés plus loin.

De l'indice du déséquilibre entre l'offre et la demande à l'indice des prix.[226]

a) Analyse dynamique.[227]

En début de période, les acheteurs (consommateurs et investisseurs) n'ont en leur pouvoir que des revenus provenant de périodes antérieures qui leur permettent d'effectuer leurs premières dépenses. En cours de période ces dépenses vont permettre aux entreprises de verser de nouveaux revenus et ainsi de suite... Ainsi, à tout instant, la situation résulte-t-elle de la conjonction des effets de transactions antérieures et actuelles, situées dans un cadre conjoncturel différent avec une tendance, soit à la hausse, soit à la baisse.

Le mouvement des prix est complexe et tel, qu'à une époque donnée, le rapport du prix actuel à un prix d'une époque quelconque de référence est égal à la somme des variations successives des prix.

b) Le coefficient de déséquilibre total[228]

Soit D_i : demande effective de la période i[229], exprimée en unités de revenu de la période $(i - 1)$ et O_i : offre effective de la période i exprimée en unités de revenu de la période $(i - 1)$.

---

[224] Cf. *supra.*

[225] Sans préjudice des effets analysés ultérieurement, ainsi par exemple : cf. BERNÁCER, *Une économie libre...*, p. 20 : « du fait que la création de monnaie a été séparée de l'acte corrélatif de production, de nombreux désordres en ont découlé, que nous devrons examiner».

[226] Cf. *infra* notre exposé complet de « La théorie fonctionnelle de la monnaie» dans la deuxième partie.

[227] BERNÁCER, *Une économie libre...*, p. 75 ; *La théorie fonctionnelle de la monnaie* (1945), p. 149 et s. p. 166 et s.

[228] BERNÁCER, *Une économie libre...*, p. 73-74 et 234-235 ; *La théorie fonctionnelle de la monnaie* (1945), p. 190.

L'unité étant la même, il est donc possible de comparer D_i et O_i en affirmant qu'a *priori*[230] ces deux grandeurs sont différentes. Le rapport $\frac{D_i}{O_i}$ exprime le coefficient de déséquilibre relatif à la période (i) entre la demande et l'offre. En fait, ce rapport exprime le déséquilibre moyen de la période et non l'écart entre le début et la fin de la période. Le coefficient de déséquilibre total de la période par rapport à la période 0, aura pour expression

$$\frac{D_0}{O_0} \times \frac{D_1}{O_1} \times \ldots \times \frac{D_i}{O_i} \times \ldots \times \frac{D_n}{O_n}$$

Soit : - π le rapport D/O

- π - 1 : l'écart de la demande effective par rapport à l'offre effective
- N_i : le niveau des prix observés au début de la période (i)
- I_i : l'indice des prix observés, tel que $I_i = \frac{N_i}{N_{i-1}}$

I représente donc la variation des prix de deux périodes successives, tandis que π est le coefficient de déséquilibre moyen d'une même période.

On démontre que $I \rightarrow \pi$ lorsque $\Delta t = t_i - t_{i-1} \rightarrow o$

Lorsque la période est très courte, on pourra admettre que

$$\pi = \frac{I_i}{I_{(i-1)}}$$

$$\pi - 1 = \frac{I_i - I_{(i-1)}}{I_{(i-1)}} = \frac{\Delta I}{I}$$

écart de la demande par rapport à l'offre = variation relative des prix.

Lorsque $\Delta I \rightarrow 0$; $\frac{\Delta I}{I}$ est la dérivée de la fonction I (niveau des prix) au point considéré.

En prenant $\Delta t < \varepsilon$, I peut être considérée comme linéaire et ses variations sont alors proportionnelles au temps.

En différenciant on obtient : $\frac{dI}{I} = (\pi - 1)\,dt$

et en intégrant : $\mathrm{Ln} I = \int (\pi - 1)dt + k$

$$\boxed{I = e^{\int (\pi-1)dt+k}}$$

L'indice des prix de la période t_n par rapport à la période t_0 est égal à [231] :

$$I_n = e^{\int_{t_0}^{t_n} (\pi-1)dt+k}$$

D'où la loi :

L'indice total des prix d'une période est la somme des déséquilibres partiels de chacune des sous-périodes qui la composent (déséquilibres entre la demande et l'offre effectives).

Bernácer parvient ainsi à formuler une loi du mouvement des prix en fonction de variables indépendantes autres que les prix, ce qui n'implique aucune détermination du prix de base.

Cette loi aboutit à :

---

[229] En vertu de « la convention de comptabilisation des revenues », cf. *supra*.

[230] À priori : cette précaution méthodologique révèle l'approche originale de Bernácer, en contre-pied de celle des théoriciens de l'équilibre.

[231] BERNÁCER, *La théorie fonctionnelle de la monnaie* (1945), p. 165.

- une formulation synthétique des fluctuations de prix intégrant, sans les dissocier, les facteurs réels et les facteurs monétaires ;
- un rejet de la détermination quantitativiste univoque Δ M => Δ P
Nous commenterons ce résultat seulement dans la deuxième partie, car les hypothèses qu'il implique sont fort variées[232].

2° Le chômage.

Le chômage est une émergence au second degré du déséquilibre du marché : c'est un effet subsidiaire[233] des fluctuations des prix.

a) Le chômage technologique[234].

Un déséquilibre circonscrit à un marché et durable entre l'offre et la demande produit un chômage dû aux mutations de consommation ou d'investissement. L'équilibre général et le niveau de l'emploi d'origine peuvent être rétablis dans la mesure où le transfert de demande (ou d'offre, éventuellement) d'un produit à un autre s'est réalisé sans grand retard. Dans ce cas, et toutes choses égales d'ailleurs, ce chômage technologique est sans gravité. En revanche, il tend à aggraver la conjoncture lorsqu'il s'ajoute à un « chômage organique effectif ou latent »).

b) Niveau de l'emploi global.

Dans le cas d'une hausse généralisée des prix, les salaires réels diminuent, alors que les profits réels augmentent[235]. Les effets d'une telle hausse dépendent de l'attitude des entrepreneurs. Si les entreprises emploient l'accroissement des profits à la formation de capital fixe, la demande de biens d'investissement, génératrice de revenus, prendra le relais de la consommation affaiblie par la baisse du pouvoir d'achat des salariés. Dans ce cas la hausse est neutre à l'égard de l'équilibre et du niveau de l'emploi[236]. Si les entreprises thésaurisent (placements sur le marché financier) ou destinent l'excédent de leurs profits à financer leur fonds de roulement, il en résultera une baisse de la demande globale et un niveau de l'emploi inférieur au niveau d'origine.

Toujours est-il qu'une hausse généralisée des prix n'entraîne pas nécessairement un sous-emploi.

Bernácer envisage aussi le cas d'une baisse généralisée des prix[237] qui conduit à peu près aux mêmes effets. Cependant, nous retrouverons l'analyse de ces deux conjonctures dans l'étude du cycle.

B. – *Les causes du déséquilibre*

L'existence du déséquilibre tient à la fois à des causes structurelles et à des causes conjoncturelles, encore que les deux aspects se trouvent souvent intimement liés, certains types de structure ayant une influence directe sur certains types de conjoncture.

---

[232] Cf. «*La théorie fonctionnelle de la monnaie* », *infra*.
[233] C'est nous qui utilisons le qualificatif de subsidiaire, au sens fonctionnel bien sûr car, par ailleurs, le chômage est éminemment plus grave que les fluctuations des prix.
[234] BERNÁCER, *Une économie libre*…. p. 103 ; La théorie des disponibilités (1922).
[235] BERNÁCER raisonne donc à niveau de productivité globale constant.
[236] Du fait qu'à court terme les contrats en cours (salaires nominaux notamment) restent en vigueur, tandis que le revenu aléatoire s'adapte à la conjoncture.
[237] Cf. article de BERNÁCER, *La théorie des disponibilités*, in notre thèse, *op. cit.* p. 505 et dans l'introduction à la présente réédition (2012).

1° *Les causes structurelles*[238].

Les structures qui sont parfois à l'origine du déséquilibre ce sont les marchés et le pouvoir politique central.

a) Le marché de la production et de l'emploi : monopole et syndicalisme.

La plupart des analyses macroéconomiques modernes[239] se fondent implicitement ou non sur l'existence virtuelle d'un univers d'iso-unités, structure généralement dénommée marché de concurrence pure et parfaite. Les théoriciens introduisent, dans un deuxième temps, des structures de marchés différentes, au niveau de l'explication du déséquilibre global. Bernácer procède de la même manière.

L'introduction du monopole sur le marché des biens de la production courante produit deux effets, paradoxaux seulement en apparence : la dépression et l'inflation. Le monopole a pour effet immédiat, voire pour finalité, la fixation d'un prix « plus rémunérateur » que le prix de concurrence parfaite. Les effets médiats sont la baisse de la production, celle du revenu réel, et celle du niveau de l'emploi. La dépression de l'activité économique ou, si l'on préfère éviter l'ambiguïté du mot dépression, la contention en-deçà de sa capacité réelle de l'appareil de production tout entier, provoquent le sous-emploi de ses facteurs et une production insuffisante.

Or, sur le marché de l'emploi une certaine viscosité est introduite du fait de l'organisation des travailleurs salariés[240]. En effet, les syndicats parviennent généralement à faire maintenir les salaires nominaux à leur niveau précédent (celui où l'économie était en équilibre) alors même que le niveau d'emploi a diminué. Si bien que la baisse du revenu réel global, non accompagnée d'une baisse corrélative du revenu nominal, traduit une conjoncture inflationniste. Bernácer n'envisage pas ici le fait que cette action syndicale permet d'éviter une trop grande baisse de la demande solvable. Ce qu'il veut démontrer, c'est que les deux structures qui faussent le mécanisme d'autorégulation de la production et de l'emploi produisent des effets déséquilibrants cumulés : qu'à l'effet dépressif du monopole s'ajoute l'effet inflationniste de la revendication syndicale, que la conjugaison des deux aggrave le déséquilibre.

La généralisation du monopole dont l'origine peut être multiple : concentrations et ententes des micro-unités, monopole légal, nationalisations, engendre à la fois deux fléaux sociaux : l'inflation et le sous-emploi permanent, et un effet aberrant – non pertinent par rapport à la finalité logique du monopole – : un processus cumulatif continu de baisse du profit de monopole, par suite de l'effet sur la demande de la baisse du revenu réel global.

Citons Bernácer : « ... mais si les monopoles se multipliaient sur une grande échelle, en suivant la tendance actuelle à la nationalisation ou plutôt à l'étatisation des entreprises industrielles, cet effet déclencherait un grave processus d'inflation et, en même temps, de chômage»[241].

b) Une institution congénitalement déséquilibrante : le marché financier.

Cette institution, perfectionnée sous le régime capitaliste par l'organisation de la bourse et dans une certaine mesure de la banque, est en soi la cause de bien des maux. Nous avons déjà bien développé ce point dans

[238]Ou institutionnelles.

[239] Modernes ou postclassiques

[240] Il faut juger cette critique de Bernácer dans l'optique de la cohérence du système économique tout entier. Il ne faut pas en conclure que Bernácer devrait logiquement adopter la même attitude que Rueff, par exemple. Au contraire, l'humanisme de l'auteur l'empêche d'envisager des solutions qui ne vont pas dans le sens de l'accomplissement d'un idéal social et du progrès. Les réformes qu'il propose en témoignent, cf. *infra*, p. 139.

[241] BERNÁCER, *Une économie libre...*, p. 93.

l'étude de la thésaurisation, de la rente et de l'intérêt, les trois aspects pervers du marché financier, pour nous contenter de citer ici cette structure malfaisante, seulement pour mémoire.

c) Le pouvoir politique central ou l'institution de l'impôt.

Nous n'évoquerons pas ici tous les aspects déséquilibrants de la politique économique et sociale de l'État[242], pour privilégier seulement une institution, l'impôt, qui occupe une place prépondérante dans l'analyse bernacérienne du déséquilibre.

Si l'on admet l'allure générale de la courbe de demande effective, on observe que l'impôt indirect (et dans une grande mesure l'impôt direct) produit un effet identique au monopole. La hausse des prix qui résulte, pour l'acheteur, du prélèvement fiscal, provoque une baisse de la demande et, partant, de la production des biens frappés par l'impôt[243]. En effet, l'impôt est répercuté en aval par l'assujetti, si bien qu'en général c'est le consommateur final qui supporte la charge effective du prélèvement fiscal. La rigidité du comportement de ces agents dépend, bien entendu, de leur position dominante dans la hiérarchie économique et sociale et la répercussion peut porter de ce fait, aussi bien sur l'impôt indirect que sur l'impôt direct[244].

2° *Les causes conjoncturelles.*

Elles tiennent au comportement des agents en fonction des données du moment : situation financière interne, phase du cycle (ascendante ou descendante), anticipation, environnement professionnel, économique et social. Parmi ces agents, les entreprises, par leurs décisions de production, d'investissement, d'emploi et donc de distribution de revenus, jouent un rôle primordial.

Si nous reprenons l'approche comptable de l'équilibre, nous pouvons mettre en évidence comment le comportement des entreprises, à partir d'une situation d'équilibre général, peut provoquer un déséquilibre général par leur seule politique commerciale, pour ne prendre que cet exemple

PRODUCTION DE LA PÉRIODE		REVENU DE LA PÉRIODE	
Valeur de la production	Valeur des marchandises vendues	Consommation Formation de capital	Revenu = Production
	Solde = Variation des stocks	Solde = Variation du fonds disponible	

[242] L'un de ces aspects étant l'émission de monnaie par l'Etat, facteur de désordres, pas seulement financiers : « ... du fait que la création de monnaie a été séparée de l'acte corrélatif de production, de nombreux désordres ont découlé, que nous devrons examiner » : BERNÁCER, *Une économie libre...*, p.20.

[243] BERNÁCER ajoute même (*Une économie libre...*, p. 94), que ces biens ont généralement une forte élasticité. Cette précision nous paraît desservir la cause défendue par Bernácer, à moins qu'il ne fasse allusion, ce qui n'est pas certain, à une forte élasticité-revenu. En effet, nous pensons que les préférences du législateur fiscal vont aux biens dont l'élasticité-prix est faible pour des raisons évidentes d'efficacité du rendement de l'impôt. Ceci ne nous fait pas condamner, en principe, la position de Bernácer face à l'impôt car un courant récent d'opinion d'économistes, pas nécessairement libéraux, défavorables à certaines formes de l'impôt, prend corps (par ex. : J. FOURASTIÉ, article dans l'Express, février 1973).

[244] Cf. J.-C. DISCHAMPS, *Comportements économiques et distorsions fiscales*, P.U.F., Paris, 1960.

Rappelons que, dans l'optique du revenu, l'équilibre général est assuré lorsque la variation des stocks est égale à la variation des encaisses des consommateurs et des investisseurs (les disponibilités). Or, cet équilibre comptable est détruit chaque fois que la tactique des entreprises, et particulièrement leur politique de vente, provoquera des accélérations[245] (positives ou négatives) des flux des biens par rapport au flux des dépenses monétaires[246].

En effet, les entreprises peuvent adopter à un certain moment une politique d'agression commerciale par les prix afin de forcer leurs ventes : la baisse des prix volontairement pratiquée accroîtra la vitesse du flux des biens et produira ainsi un décalage entre ce flux et celui des dépenses monétaires des consommateurs et des investisseurs. Elles peuvent aussi raréfier volontairement l'offre et provoquer un déséquilibre factice qui fera monter les prix. Le même décalage entre deux flux se produira, en sens inverse cette fois.

Nous pouvons résumer les facteurs perturbateurs de l'équilibre à l'ensemble composite figuré dans notre schéma :

NATURE	FACTEURS	MOBILES
Éléments réels	Variation des stocks	Politique des entreprises (incitations à la consommation et à l'investissement)
Éléments monétaires	Thésaurisation	Perspectives de rente sur le marché financier
	Prêts aux entreprises	Taux d'intérêt
	Création de monnaie	- politique monétaire délibérée - politique monétaire provoquée par les variations de la thésaurisation : élément d'appoint.

Théories des principaux déséquilibres

ÉLÉMENTS POUR UNE THÉORIE DE L'EMPLOI

A. - *La spécificité du facteur travail*

Le travail humain est un facteur de la production et en tant que tel il a une définition et un marché spécifiques.

1° *Le travail*[247] [248].

Bernácer s'attache d'abord à rejeter la notion de coût du travail. Le travail de l'homme n'est pas d'essence matérialiste, ce n'est pas une marchandise qui a un coût de production. Le travail de l'homme est un moyen de

[245] L'expression est de nous mais elle traduit bien le décalage des vitesses dont parle l'auteur.
[246] Nous faisons ainsi une modeste transposition, qui nous semble éclairante de la théorie de la relativité d'Einstein et ses prolongements plus récents.
[247] Nous revendiquons la responsabilité d'une présentation aussi concentrée et aussi didactique de la notion de travail chez Bernácer. Nous avons parfois été au-delà de la lettre de la pensée de l'auteur mais nous croyons nous être attachés à en préserver l'esprit.
[248] Cf. aussi, *supra*, « Le vocabulaire économique ».

produire ce dont l'homme a besoin, quelle que soit la forme d'organisation de la production, quel que soit le régime historiquement réalisé. Le travail n'est pas seulement le travail rémunéré par un salaire : l'entrepreneur assure aussi un travail ; le travail n'est pas seulement celui qui a un prix, une cession et un marché. L'activité économique n'a pas d'autre finalité que la satisfaction des besoins de l'homme. Il ne faut donc pas dissocier l'homme et le producteur, il ne faut pas dissocier le travail et l'homme. Ces notions sont intimement liées.

Il n'y a pas de vie, donc de satisfaction de besoins sans production ; or, il n'y a pas de production sans travail ; donc le travail[249] est le seul moyen légitime d'appropriation du produit. D'un point de vue plus technique, disons que pour participer à la répartition, le travail n'a pas besoin de faire valoir un mythique « coût de reproduction ».

N'ayant pas de coût, le travail a cependant un prix. Ce prix peut être considéré d'une manière pragmatique comme celui que fixe le marché de l'emploi, compte tenu du type d'organisation de la production où le travail est mis en œuvre dans des structures particulières : les unités de production, qui font donc appel à un marché du travail. Le prix peut être envisagé aussi comme la base de la répartition du produit, compte tenu, là aussi, du type d'organisation de la production, tel que l'acte de production et celui de consommation se trouvent dissociés dans les sociétés évoluées.

2° *Le marché du travail*[250].

Sur le marché de l'emploi, le travailleur est en position défavorable pour négocier : c'est un principe fondamental qui explique les palliatifs que cet état de choses a suscités. Compte tenu de cette faiblesse, la puissance publique a été amenée, historiquement, à imposer par la loi, par les conventions collectives ou en favorisant l'intervention des syndicats, une procédure de fixation du salaire répondant à un but social. Selon Bernácer, ce n'est là qu'un expédient d'un point de vue économique.

Les néolibéraux sont sceptiques quant à la possibilité de trouver un régulateur automatique du marché du travail : ce renoncement révèle une certaine impuissance à proposer des solutions actuelles cohérentes. Quant à Keynes, il a forgé le concept d'équilibre de sous-emploi, ce qui est, pour Bernácer, une pure aberration. Il nous semble que la notion de sous-emploi est incompatible avec celle de l'équilibre général, puisqu'au moins un marché se trouve alors déséquilibré : celui de l'emploi. À moins que cela ne provienne d'une ambiguïté chez Keynes de la notion d'équilibre : toujours est-il que cette référence à l'équilibre chez Keynes révèle, soit un relent de classicisme dans son approche des problèmes économiques, soit une sujétion intellectuelle à ses maîtres d'inspiration néo-classique. Bernácer, prenant le contrepied sémantique de l'expression keynésienne, désigne cette situation par « le déséquilibre de sous-emploi ». C'est la bête noire de l'auteur, c'est selon lui le scandale par excellence, c'est la preuve tangible de l'aberration totale du genre humain dans son organisation économique, compte tenu de son éthique collective.

Bernácer constate que les palliatifs employés jusqu'à présent n'ont pas résolu tout le problème de l'emploi et il s'obstine à croire que la cause se trouve ailleurs que dans le marché, plus profondément, quelque part ailleurs.

---

[249] Au sens large défini ci-dessus.

[250] BERNÁCER, *Une économie libre...*, p. 107 ; cf. aussi *Société el Bonheur* (1916), p. 90 à 109.

B. - *Les thèses rejetées*

La théorie du chômage chez Malthus est-elle pertinente ? Le progrès technique est-il une cause permanente de sous-emploi ? Telles sont les thèses que Bernácer réfute avant de fournir sa propre explication.

1° *Le rejet de la théorie classique du chômage.*

Pourquoi y a-t-il, toujours ou presque, un excédent d'offre de travail ? Pourtant, le chômeur a besoin de travailler pour vivre, il ne choisit pas délibérément de ne pas travailler : il en est empêché. N'y aurait-il plus d'équilibre général si les chômeurs se mettaient au travail ? Or, si l'on admet l'équivalence du produit et du revenu, on voit que si l'excédent de force de travail était employé, il produirait les biens en quantité équivalente à celle qu'il irait, ensuite, demander sur le marché des produits.

Malthus prétendait que les ressources naturelles étaient insuffisantes pour entretenir toute la population terrestre, qu'il n'existait à cela aucune solution humanitaire et qu'il fallait exterminer les bras en excédent. L'histoire s'est chargée de démentir ce pessimiste, puisque le génie humain a su découvrir des ressources en quantités suffisantes[251]. Les terres à défricher ne manquent pas[252], ce sont les bras qui manquent pour défricher les terres.

Cette analyse nous fait penser que Bernácer considère que le seul frein à la croissance pourrait être la quantité de main-d'œuvre disponible, toutes choses égales d'ailleurs. Ce n'est donc pas le facteur naturel qui explique le chômage ou le niveau de production insuffisant, car les besoins et le travail sont en abondance, c'est la rareté des moyens monétaires qui constitue l'obstacle artificiel. La cause du chômage n'est pas dans la nature des choses, mais dans l'artefact institutionnel.

Bernácer pourrait-il donc prôner l'émission de monnaie comme moyen d'accroître le niveau de l'emploi ?[253] Ce serait lui prêter des intentions de pratiquer une thérapeutique symptomatique au lieu de s'attaquer à la racine du mal : la rente et la thésaurisation.

2° *Le progrès technique.*

Le progrès technique n'est pas en soi la cause d'une baisse durable du niveau de l'emploi[254].

a) *Cas de l'introduction localisée du progrès technique.*

Si nous prenons une fonction de production[255] d'un secteur de l'activité où se manifeste un progrès technique sensible, et que l'on dérive par rapport au travail, il est évident que la productivité du travail est accrue dans ce secteur et que, suivant la capacité d'absorption du marché et l'accroissement de productivité, le niveau de l'emploi du secteur peut rester, soit stable, soit diminuer, soit même augmenter.

---

[251] Sous réserve de tout ce que nous pourrions dire sur la détérioration ou la dégradation de certains milieux physiologiques.

[252] À propos du débat actuel sur l'abondance des réserves énergétiques du globe, nous admettrons que les estimations actuelles permettent, à horizon d'homme, de rejeter aussi la thèse de Malthus, puisqu'aussi bien la conjonction de deux éléments, aléatoires dans leur quantum sinon dans leur réalisation, tels que le flux de réserves à découvrir et celui du progrès technique futur ne permettent pas d'être pessimiste, a priori.

[253] À l'instar de Keynes.

[254] Cette thèse affirmée dès le premier ouvrage de BERNÁCER (1916) fut souvent confirmée dans ses écrits ultérieurs et notamment dans son article « De l'origine des crises » (1934), *op. cit.*, p. 21.

[255] Par exemple à trois variables indépendantes : capital fixe, travail, progrès technique non incorporé.

Si nous retenons la seule hypothèse défavorable pour le niveau de l'emploi du secteur, il nous reste à examiner ses implications sur le niveau global de l'emploi.

a_1) *Cas où le progrès est obtenu par l'investissement en capital fixe.*

On peut admettre qu'il y a une certaine compensation entre le sous-emploi du secteur à progrès nouveau et le sur-emploi provoqué dans les secteurs en amont producteurs des biens de capital fixe et éventuellement producteurs de consommations intermédiaires. Il faut admettre, pour cela, qu'au départ tous les secteurs étaient en situation d'équilibre de plein-emploi, que le progrès ne touche pas simultanément d'autres secteurs que celui envisagé et donc que l'accroissement de la demande de biens d'équipement de la part du secteur à progrès incorporé provoque une augmentation de l'emploi dans les secteurs d'amont. Si l'on fait intervenir les coefficients techniques de relations interindustrielles et le principe de l'accélération d'investissement[256], le schéma devient complexe et la compensation au niveau de l'emploi peut être soit juste égale, soit inférieure, soit supérieure au sous-emploi provoqué dans le premier secteur.

Ce qu'il faut surtout retenir, à défaut de pouvoir démontrer quantitativement l'existence d'un équilibre, c'est la tendance qualitative vers un équilibre représenté par une compensation, dans une certaine mesure du moins. De sorte que, si les régulateurs automatiques fonctionnent correctement, le déséquilibre n'est pas *a priori* inéluctable.

a_2) *Cas où le progrès est obtenu sans investissement en capital fixe.*

Ce cas est plus rare, il peut résulter d'une rationalisation, d'une simplification, d'une réorganisation, cependant il faut reconnaître que souvent ces actions sont associées à un investissement en capital fixe. C'est donc, plutôt qu'une cause isolée, une cause complémentaire de progrès technique, que l'on ne doit pas sous-estimer[257]. Dans ce cas, le progrès technique a pour effet de créer automatiquement du sous-emploi dans le secteur considéré, sauf accroissement de la production si la capacité du marché le permet.

b) *Cas de l'incorporation généralisée du progrès technique.*

La généralisation du progrès technique peut résulter de deux cas : celui où le progrès technique localisé, envisagé en (a), se propage, à terme, à d'autres secteurs et/ou celui où le flux « naturel » et permanent de progrès technique finit par toucher l'ensemble des secteurs de l'activité économique.

Dans ces cas, le progrès technique provoque une baisse du niveau de l'emploi, niveau mesuré en quantité d'heures de travail, à niveau de production constant[258]. La solution en économie stationnaire est alors de procéder à un nouveau dosage, au niveau de l'individu et de la collectivité entre activités de travail et occupations de loisir. La solution, presque toujours adoptée jusqu'à présent, de réduire le niveau de l'emploi en

[256] C'est nous qui introduisons ces variables dans l'explication de l'auteur.

[257] Surtout à la lumière des vérifications statistiques des fonctions de production et par exemple celle de l'équipe de Malinvaud en France, à partir de la fonction Cobb-Douglas (I.N.S.E.E., 1965). Ce serait le fameux facteur résiduel qui expliquerait pour moitié (1) la croissance de l'économie française. Cf. le commentaire critique de STOLERU, *op. cit.*, p. 347 et la critique de François PERROUX, in revue Mondes en développement, n° 2, 1973, p.237, sur l'ouvrage plus récent de J.-J. CARRÉ, P. DUBOIS, E. MALINVAUD, a *croissance française. Un essai d'analyse économique causale de l'après-guerre*, Seuil, 1972.

[258] BERNÁCER, *« De l'origine des crises »* (1934), article, *op. cit.*, p. 21 : « le processus pathologique commence à l'instant où, circonstanciellement, tout ou partie de ce pouvoir de demande libéré de certains emplois n'est pas utilisé non plus à d'autres fins et l'este flottant sur le marché financier, ou est thésaurisé. C'est alors qu'une restriction de la demande est provoquée et entraîne la dépression »

termes d'unités de travailleurs, au lieu de réduire seulement la durée du travail, est une absurdité, à bien des points de vue, économiques ou non.

La solution alternative à l'économie stationnaire avec sous-emploi provoqué par le progrès technique est celle du plein-emploi maintenu avec croissance de la production et donc du bien-être social. Ce mouvement de croissance est généralement observé dans les économies industrielles sur la longue période, mais à quel prix de fluctuations et de sous-emplois ! On voit ainsi que le salut se trouve, dans tous les cas (a_1, a_2, b), principalement dans la croissance de la production et accessoirement dans la réduction *généralisée* de la durée du travail.

Envisageons les différents cas produits par l'incorporation du progrès technique généralisé :

s_1) maintien du niveau de l'emploi avec croissance de la production, avec deux types de réactions du marché :

s_{11}) la demande absorbe l'excédent de production,

s_{12}) le marché ne parvient pas à absorber l'excédent de production : les stocks augmentent puis la production est freinée et l'emploi est réduit.

s_2) maintien du niveau de production et réduction du niveau de l'emploi (car les entrepreneurs pensent que le marché réagirait comme en s_{12})

s_{21}) réduction de la durée de travail : la baisse de la masse salariale, sans baisse des salaires (puisqu'il n'y a pas de chômeurs) favorise momentanément un accroissement des profits et la formation de capital fixe. La demande effective peut ainsi être maintenue, voire même accrue puisque la demande globale de biens d'investissement prend le relais de la demande de biens de consommation. La productivité globale devrait s'accroître encore, du fait de l'accroissement de capital fixe, ce qui devrait favoriser des hausses de salaires réels. On est ramené au cas (s_{11}).

s_{22}) réduction du nombre de travailleurs : l'effet sur la masse salariale peut être identique au cas (s_{21}), cependant la concurrence des chômeurs (déséquilibre du marché de l'emploi) fait baisser les salaires, si bien que le niveau atteint par la masse salariale en (s_{22}) est inférieur à celui de (s_{21}). La demande finale quant à elle sera encore inférieure si l'on admet que les salariés non chômeurs continuent d'épargner comme à l'équilibre. Il y a donc amplification de la baisse de demande. Momentanément, les profits croissent et l'investissement en capital fixe aussi ; l'accroissement de production qui en résulte peut être soit absorbée, soit rejetée par le marché.

s_{221}) la demande suit la production : on est ramené au cas (s_{11}) et (s_{21}) : la croissance a simplement été différée.

s_{222}) la demande ne suit pas la production, on est ramené au cas (s_{12}) ; la réduction de l'emploi et la crise ont été différées, mais elles sont maintenant amplifiées, aggravées. Dans le débat des solutions, Bernácer s'élève particulièrement contre la solution trop souvent adoptée par les entrepreneurs au cours de l'histoire de l'industrialisation, laquelle solution consiste à réduire le nombre de travailleurs au lieu de réduire la durée du travai1. Même si l'on relativise les conclusions du schéma qui précède, même si par exemple la réduction de la durée du travail n'a pas des effets bénéfiques aussi absolus qu'il apparaît dans le cas (s_{21}), du moins peut-on affirmer que c'est une solution moins mauvaise que (s_{22}).

Nous aurions beaucoup à dire sur ce schéma qui apparaît chez Bernácer, dès 1916, dans *Société et Bonheur*[259], puis dans l'article de 1922[260]. Nous réservons cependant notre analyse au chapitre « Le taux d'intérêt, l'activité et la politique économiques», *infra*.

Après avoir ainsi montré que le progrès technique est un élément neutre à l'égard de l'équilibre, Bernácer constate cependant qu'il produit des effets pervers, par comportement des agents interposé.

En effet, les consommateurs (les salariés et les autres percepteurs de revenus) ont pourtant les revenus monétaires nécessaires à l'acquisition de toute la production (si l'on admet que P = R).

Pourquoi ne se portent-ils pas demandeurs pour la totalité de leur pouvoir d'achat ? Si cette situation est durable, pourquoi travaillent-ils donc autant que précédemment (avant l'incorporation du progrès technique), lorsque leur pouvoir d'achat était inférieur, puisque leurs besoins n'ont pas varié ? Pourquoi les travailleurs ne réduisent-ils pas spontanément la durée de leur journée de travail, ce qui traduirait chez eux un comportement cohérent eu égard à leur choix initial : ne pas consommer ou investir davantage ? C'est là toute la question. Il serait difficile de répondre sans faire intervenir la thésaurisation et le marché financier dans l'explication de ces comportements, incohérents seulement en apparence[261].

C. – *La théorie bernacérienne du chômage*

1° *La genèse du sous-emploi.*

Cette citation de Bernácer[262] donne le ton : « L'existence d'une plus-value permanente, différence entre prix et salaires, est sans fondements dans un marché libre et dans le cadre d'une théorie de la valeur telle que la soutiennent l'école classique et Marx lui-même».

En effet, Bernácer axe sa démonstration de la genèse du chômage sur la comparaison du prix des produits finals et des coûts, ou du profit et du salaire. Il introduit la question en prenant l'exemple d'une baisse de la demande effective. Dans ce cas, les prix baissent, entraînant une baisse des profits[263] et, par suite, une baisse de la production et de l'emploi[264]. Or, cette baisse de l'emploi devrait entraîner une baisse des salaires et pourrait donc provoquer une augmentation des profits et relancer ainsi la production, l'emploi, et les affaires en général. On reviendrait ainsi à l'équilibre du point de départ, lequel équilibre pourrait avoir pour condition que le rapport $\frac{\text{profit}}{\text{salaires}}$ fût constant[265].

Il faut donc examiner les différentes hypothèses de désajustement des prix et des coûts des produits (produits finis : biens de consommation et biens de production).

H_1) les prix et les coûts restent dans le même rapport : nous pourrions dire que l'échelle mobile fonctionne parfaitement et sans décalage temporel.

---

259 Cf. *infra* « Publications de l'auteur »

260 Voir notre traduction complète dans l'introduction à la présente édition (2012) ainsi que dans notre thèse, *op.* cit., p.505

261 Cela ne doit pas faire oublier les autres éléments de la réponse : rigidités institutionnelles, domination et incitation de la part des «capitalistes » à maximer l'effort des travailleurs en vue de maximer le profit (d'après le postulat marxiste de la constance du taux de profit par unité (heure) de force de travail employée)...

262 BERNÁCER, *Une économie libre...*, p. 111.

263 Rappelons que les éléments du coût restent fixes pendant la période.

264 Avec l'hypothèse implicite d'un fonctionnement parfait des régulateurs automatiques.

265 On se place donc, ici, dans l'hypothèse d'un état donné de la technique avec une fonction de coût à deux variables : prix des matières et salaires.

Dans ce cas, la monnaie est neutre, la théorie quantitative de la monnaie s'applique parfaitement, sans modification du niveau de l'activité et de l'emploi, toutes choses égales d'ailleurs. Le seul effet est une revalorisation de l'unité monétaire dans le cas d'une baisse des prix et une dépréciation dans le cas d'une hausse.

H_2) Les prix augmentent davantage ou diminuent moins que les coûts : le rapport $\frac{\text{prix}}{\text{coût}}$ croît.

L'activité de production s'avère plus rentable qu'avant la variation des prix : le niveau de production tend à augmenter alors même que le pouvoir d'achat des travailleurs diminue et que celui de la « classe patronale» augmente. Une telle situation ne peut subsister longtemps.

a) Si l'augmentation de la production se réalise, les travailleurs, sollicités, obtiendront des salaires plus élevés, et le rapport $\frac{\text{prix}}{\text{coût}}$ tendra vers le niveau d'équilibre antérieur à la hausse des prix.

L'accroissement de la demande globale est provoqué, dans ce cas, par les dépenses de consommation et d'investissement additionnelles des bénéficiaires du désajustement provoqué par la hausse des prix. Le relais sera pris, plus tard, par les dépenses de consommation additionnelle des travailleurs lorsque, par suite de l'accroissement de la production, leurs salaires augmenteront.

b) Si l'augmentation de la production ne se produit pas, c'est donc que les super-revenus de la « classe patronale » n'ont pas été dépensés sur le marché de la production. Dans ce cas, la thésaurisation (épargne non investie) provoque une baisse de la demande globale, puis une baisse de la production et enfin une baisse du niveau de l'emploi.

H_3) Les prix augmentent moins ou diminuent plus que les coûts :

le rapport $\frac{\text{prix}}{\text{coût}}$ décroît.

L'activité de production est moins rentable et tend à baisser, entraînant avec elle le chômage. Si la libre concurrence entre travailleurs joue parfaitement, la baisse du niveau de l'emploi doit entraîner une baisse des salaires et donc une baisse des coûts et une tendance du ratio $\frac{\text{prix}}{\text{coût}}$ à retrouver son niveau d'équilibre d'avant la hausse.

Les percepteurs de revenus fixes, bénéficiaires de la baisse des prix, voient croître leur pouvoir d'achat. L'excédent du pouvoir d'achat entraînera une augmentation de la demande globale, à condition qu'il ne soit pas thésaurisé : on est donc ramené aux hypothèses (H_{2a}) et (H_{2b}).

Les trois hypothèses envisagées par Bernácer n'occupent pas la même place dans son esprit.

L'hypothèse (H_1) est selon lui un cas particulier irréel de sorte que Bernácer est anticlassique, car il n'admet ni la neutralité de la monnaie ni, a priori, la théorie quantitative de la monnaie[266]. Les hypothèses (H_2) et (H_3) ont valeur d'expériences vécues et elles aboutissent à une même conclusion : le chômage est le produit de la thésaurisation, engendré et entretenu par celle-ci. Un déséquilibre sur le marché de la production, à la hausse ou à la baisse, peut entraîner, suivant l'attitude des thésaurisateurs, soit un nouvel équilibre avec croissance du produit, soit le sous-emploi.

[266] Cette hypothèse, cas particulier et fortuit selon Bernácer, illustre parfaitement le système de l'équilibre walrassien.

2° La thésaurisation[267], cause du chômage.

Nous avons vu que la thésaurisation commande le retour à l'équilibre dans les hypothèses envisagées précédemment et commande aussi, par conséquent, le niveau de l'emploi. En partant d'un équilibre donné, à la fin de la période 1, la thésaurisation pendant la période 2 d'une partie de l'épargne de la période 1 provoque une contraction de la demande globale ; cela déclenche un processus cumulatif de dépression de la production, du revenu global et de l'emploi :

Supposons qu'il n'y a pas de thésaurisation à la fin de la période 0 :

$E_o = I_1$

et l'équilibre en termes monétaires à la fin de la période 1 :

$P_1 = R_1 = C_1 + E_1$

Nous avons, en vertu de la convention de comptabilisation de la dépense du revenu :

$E_1 = I_2 + T_2$

Supposons :

$C_2 = C_1$

étant donné que :

$I_2 < E_1$

il y aura baisse de production au cours de la période 2

$P_2 = C_2 + I_2 < P_1$

On voit qu'une baisse de la demande globale ($C_2 + I_2$) entraînée par la thésaurisation – c'est-à-dire la non-demande – sur le marché de la production à la période 2, d'une fraction (T_2) de l'épargne de la période 1 - déclenche un processus dépressif :

Production => emploi => salaires => coût => demande globale => production ...

En effet $P_2 < P_1$ => chômage => $C_3 < C_2$ et vraisemblablement => $I_3 < I_2$ de sorte que $P_3 = C_3 + I_3 < P_2$ et ainsi de suite.

Au terme de ce processus, le chômage devient chronique lorsque le salaire atteint un niveau qui n'assure plus la subsistance au travailleur : « Telle est la véritable origine de la loi d'airain, qui n'est pas le résultat de la volonté des patrons ou des ouvriers, mais de la fatalité du système économique » [268].

Dans cette analyse, le point débattu n'est pas l'aliénation de la plus-value par le patron. Ici, ce que l'ouvrier ne gagne pas ne profite à personne, « c'est une perte sèche pour la collectivité »[269].

Un tel processus conduit à la paupérisation collective et à l'extension de la prolétarisation à toutes les couches sociales, progressivement, de la société, y compris les petits entrepreneurs. Des expédients, plutôt que des solutions, ont été expérimentés. C'est ainsi qu'on pourrait croire que l'action des syndicats, visant à empêcher la baisse des salaires, dans une telle conjoncture, enraye ce processus dépressif. Il n'en est rien, car cette action introduit une rigidité dans le système, faussant le mécanisme régulateur du marché[270] et aboutissant,

[267] Rappelons qu'au sens de Bernácer la thésaurisation peut se faire soit sous forme d'encaisse liquide, soit sous forme de placement hors du circuit de la production.

[268] BERNÁCER *Une économie libre…*, p. 113 ; cf. aussi *Société et Bonheur* (1916), p.241 et s.

[269] BERNÁCER *Une économie libre…*, p. 114 ; cf. aussi *Société et Bonheur* (1916), p.236 et s.

[270] Et notamment le ratio prix / coût. Peut on en déduire que Bernácer est néolibéral ? Nous ne le pensons pas, car le marché n'est pas, dans son esprit, la structure idéale d'un équilibre général ; c'est une structure nécessaire à la régulation de l'activité ; cependant, il n'a pas la naïveté de croire que c'est un régulateur idéal, car il est bien évident que le marché peut être, parfois, déséquilibrant.

lorsque la crise se prolonge, à une extension rapide du chômage. Cette action sauvegarde seulement les intérêts individuels des travailleurs qui ont le bonheur de ne pas perdre leur emploi, dans cette tempête économique et sociale. Illustrant ce principe, Bernácer affirme que l'aggravation des crises dans la perspective historique depuis le milieu du XIXe siècle serait due à l'introduction des lois sociales pendant la première guerre mondiale et au cours des années 1920[271].

Il va de soi qu'une telle législation était profondément respectable, cependant, elle a parfois abouti à entreprendre de grands travaux d'utilité contestable sous prétexte de créer de l'emploi : on ne considérait ainsi que l'effet-revenu et non l'effet-utilité[272].

UNE THÉORIE DU CYCLE

A. - *Intérêt de la question : le cycle et le système économique*

« Les déductions[273] que nous avons faites dans les chapitres précédents nous permettent d'exposer une explication raisonnée, suivant laquelle la cause d'un tel phénomène[274] ne serait pas un mal inhérent au régime libéral, dans lequel il s'est développé avec une telle virulence. Elle obéirait plutôt à une contradiction interne du système institutionnel, dans lequel on a laissé subsister des éléments incompatibles avec le fonctionnement d'une économie libre.

Une fois ces éléments écartés, le régime de la liberté économique, qui s'est avéré le plus efficace dans la stimulation de la production et du bien-être, le sera aussi dans l'introduction de la stabilité et, avec elle, de la justice dans la répartition ».

B. - *Le déroulement du cycle*

Les différents agrégats caractéristiques du volume de l'activité économique n'ont pas un mouvement chronologique monotone. Ils connaissent des mouvements croissants ou décroissants que l'on peut identifier dans les quatre phases du cycle : le passage de l'état d'équilibre de plein-emploi à la dépression, c'est la phase descendante ; la dépression, état plus ou moins durable où l'activité économique atteint son minimum ; la phase ascendante, appelée encore reprise et enfin la prospérité (équilibre de plein emploi).

Encore faut-il montrer pourquoi le mouvement n'est pas monotone, pourquoi la prospérité est inéluctablement suivie d'une phase descendante : en d'autres termes, il faut montrer l'instabilité de l'équilibre économique[275].

1 ° *La phase descendante : la récession*[276].

En situation de prospérité relative et d'équilibre, il existe quatre causes de déséquilibre spontanées dans le système économique et financier actuel ; elles ont pour unique source l'emploi de l'épargne. Celle-ci peut être destinée à :

---

[271] Bernácer n'apprécie, ici, que la cohérence économique de ces mesures et se garde bien de porter un jugement de valeur dans l'ordre social.

[272] Flèche à Keynes.

[273] BERNÁCER, *Une économie libre*..., p. 132. Cf. aussi *Société et Bonheur* (1916), p. 241 à 253 et *La théorie des disponibilités* (1922).

[274] La crise.

[275] De plein-emploi, dans l'optique de Bernácer ; puisque l'équilibre dit de sous-emploi n'est pas, selon lui, un véritable équilibre.

[276] BERNÁCER, *Une économie libre*..., p. 133 ; cf. aussi *La théorie des disponibilités* (1922), § 14.

a) accroître les disponibilités des ménages (encaisses liquides),

b) accroître le volume des opérations boursières ou sur actifs de formation ancienne,

c) accroître le fonds de roulement des entreprises,

d) diminuer l'endettement et réduire la masse monétaire, ce qui revient à accroître les encaisses des intermédiaires financiers.

Les hypothèses *(a)*, *(b)*, *(d)* aboutissent à une réduction de la demande globale effective, et à un accroissement de la demande potentielle et des stocks (offre potentielle). L'hypothèse (c) revient à accroître les stocks sans accroissement de la demande potentielle. Toujours est-il que l'accroissement des stocks conduit à une baisse des prix et, comme la situation se prolonge généralement, à une diminution de la production provoquée, d'une part par l'accroissement des stocks et, d'autre part, par la baisse de la demande effective. Cette baisse de production annonce la phase suivante.

2° *La dépression.*

La baisse des prix et des profits industriels et la diminution de la formation de capital fixe sont autant de repoussoirs pour le placement de l'épargne dans le circuit de la production. La thésaurisation sous forme liquide ou sous forme de transactions sur actifs productifs de rente, se trouve consolidée, justifiée, encouragée. Dans cette conjoncture, la comparaison entre le revenu tiré des opérations sur actifs productifs de rente et celui que procure la formation de capital fixe dans la production est de plus en plus favorable au premier type d'emploi, accélérant ainsi la chute de l'investissement. La baisse du revenu global devrait entraîner, à prix constants, une baisse de la capacité d'épargne. Or la baisse des prix permet aux percepteurs de revenus nominaux fixes d'accroître leur épargne réelle (salariés en activité, fonctionnaires, rentiers, pensionnés) alors que le chômage entraîne une baisse de la consommation. Si bien que la baisse de la production n'entraîne pas une baisse sensible de l'épargne, elle provoque seulement un déplacement de l'épargne.

L'afflux des disponibilités sur les marchés boursier et foncier fait monter les cours et baisser le taux d'intérêt. Cependant, les hausses des cours compensent très largement les baisses du taux d'intérêt[277]. Cela explique que l'augmentation de la demande de tels actifs ne soit pas découragée par la baisse du taux d'intérêt. Ce paradoxe du marché financier, déjà dénoncé précédemment, explique l'instabilité fondamentale du système capitaliste, le régulateur automatique que devrait être le taux d'intérêt ne jouant plus son rôle habituel.

Un réajustement entre les prix et les coûts sur le marché de la production n'est-il pas concevable, permettant ainsi le rétablissement de l'équilibre ?

a) *Le taux de salaire* : le chômage tend à le réduire et à rétablir partiellement l'équilibre $\frac{\text{prix}}{\text{coût}}$; cependant le volume global des coûts salariaux diminue et contribue à diminuer encore la demande de biens de consommation.

b) *Le taux d'intérêt* : l'afflux d'épargne liquide fait baisser le taux d'intérêt et les non-spéculateurs pourraient être tentés de placer leur épargne sur le marché de la production. Malheureusement, la formation de capital, un

[277] À des époques où les titres peuvent connaître des variations de cours, entre deux séances à la bourse, de l'ordre de 10 % (on en a vu de plus sensibles encore), le taux d'intérêt spéculatif est de 10 % par jour i on admettra donc aisément que ce taux puisse compenser un taux d'intérêt de placement courant, fût-il de 10 % l'an !

moment tentée par le faible taux d'intérêt, ne se réalise pas, car son incitation principale provient du marché des biens de consommation, lequel marché est en état de dépression.

On n'entrevoit pas ainsi comment, au niveau de la demande effective globale, l'investissement pourrait prendre le relais de la consommation, dans une conjoncture aussi défavorable. « La seule chose qui puisse inciter la production c'est la demande, or les besoins qui pourraient promouvoir cette demande existent mais ceux qui les ressentent ont perdu les moyens[278] d'alimenter efficacement la demande. C'est ainsi que ce système de régulation du marché, parfait en théorie, s'avère impropre à ajuster la production aux besoins »[279].

Où est donc la cause de cette impasse ? « Les moyens de production ne sont pas moins abondants, cependant ils sont dans le marasme et l'humanité est dans la misère simplement à cause de la paralysie du mécanisme circulatoire ». Suffirait-il, pour trouver une issue, d'insuffler de la monnaie dans le circuit ? Bernácer répond en invoquant, sans la nommer, la « trappe à monnaie » : « il est inutile de fournir des fonds à bas prix au marché. On parviendrait tout au plus à gonfler le cours des valeurs mobilières, mais on n'en stimulerait pas pour autant l'économie productive »[280].

2° *La phase ascendante : la reprise.*

Bernácer ne croit pas qu'il y ait dans la dépression des germes de reprise économique spontanée, contrairement à la prospérité qui – si l'on nous passe l'expression – porterait en son sein le fœtus de la récession[281]. L'auteur pense que les causes de reprise sont fortuites, qu'il n'y a pas de mécanisme régulateur qui provoque automatiquement le renversement de la tendance.

La baisse des éléments du coût (salaires et intérêt) est impuissante à provoquer la reprise car l'élément instigateur fondamental de la crise est que l'investissement est inférieur à l'épargne. Or l'investissement ne peut augmenter, à la condition d'avoir un coût favorable, que pour autant que les entrepreneurs auront un jugement optimiste sur l'avenir et sur l'évolution future des prix et des profits. Ces anticipations[282] joueront un rôle primordial dans le dénouement de la crise ; or ces anticipations sont comme le diable dans l'édifice économique : on ne sait comment les saisir, comment les provoquer, elles relèvent à la fois de la psychologie – or nous savons que Bernácer l'exclut du domaine économique proprement dit – et des événements. Il est donc logique qu'en dernière analyse, Bernácer juge que la cause de la reprise est un événement fortuit ; nous pourrions dire d'une donnée exogène au système économique *stricto sensu*.

Il faut deux conditions, alternatives ou cumulatives, pour provoquer un retour à la prospérité : augmenter les prix ou diminuer sensiblement les coûts.

a) *La hausse des prix.*

C'est le résultat d'un accroissement sensible de la demande, lequel dépend d'événements favorables. Parmi ceux-ci, on peut citer le déficit budgétaire de l'État, les guerres, les révolutions, les calamités naturelles (catastrophes, mauvaises récoltes...). L'histoire fournit des exemples de bonne corrélation entre les

[278] Monétaires.

[279] BERNÁCER, *Une économie libre*, p. 134 ; *Société et Bonheur* (1916), p. 241 à 253 ; *La théorie des disponibilités* (1922), § 13 et 14.

[280] BERNÁCER, *Une économie libre*, p. 135 ; *La théorie des disponibilités* (1922), § 15, 16 et 17.

[281] Nous examinerons ce point, *infra*, «La fatalité de la crise ».

[282] Nous essayons ainsi d'expliciter la pensée de l'auteur.

mouvements des prix et les guerres[283]. Quant au déficit budgétaire, l'auteur le cite comme à regret : ce n'est point une panacée, car la hausse des prix qui en résulte est à peu près assurée, alors que la résorption du chômage qui devrait s'ensuivre est moins sûre.

b) *La réduction des coûts.*

Elle résulte aussi d'une série d'événements fortuits qui favorisent la reprise : les découvertes, les inventions. Nous pourrions dire les innovations, car sur ce point l'optique de Bernácer est très proche de celle de Schumpeter. En effet, la perspective de réduction durable des coûts est un puissant incitateur pour les entrepreneurs qui induit de grands investissements. Ces investissements sont alors à l'origine de l'accroissement sensible de la demande qui provoque la reprise. Nous pourrions ajouter que la dépression est souvent un état propre à la remise en cause de l'organisation de la production et à la recherche puis à l'application d'innovations. Le caractère fortuit de ces événements ou, si l'on préfère la discontinuité du flux de progrès technique, explique la durée variable des périodes de dépression. Dans les deux modalités examinées de la reprise, *(a)* et *(b)*, le rétablissement d'un certain rapport $\frac{\text{prix}}{\text{coût}}$ paraît nécessaire mais non suffisant pour provoquer la reprise : il faut en plus des variables exogènes que l'on peut regrouper sous la dénomination de perspectives optimistes.

4° *La prospérité.*

L'accroissement relatif de la demande par rapport à la production de la phase précédente conduit à la réduction des stocks puis, avec un décalage plus ou moins grand, à l'accroissement de la production, du niveau de l'emploi et de la formation de capital. Dès lors, toutes choses étant égales d'ailleurs, tout accroissement de la demande, induit par l'accroissement de la production, induit à son tour un nouvel accroissement de la production, pendant un certain temps.

Pourquoi la prospérité ne se prolonge-t-elle pas indéfiniment ? En vertu de quelle énigme, la crise suit-elle toujours et sans exception la prospérité ?

5° *La fatalité de la crise.*

Si l'on admet qu'il faut un événement exogène à l'activité économique pour provoquer la reprise, on constate par contre, que le système économique sécrète en son sein le virus de la crise. Il y a donc asymétrie du cycle dans la théorie de Bernácer[284]. Examinons ce qui se passerait si la prospérité durait indéfiniment. L'une de ses conséquences – et de ses conditions tout à la fois – serait que toutes les disponibilités seraient dépensées sur le marché de la production[285]. Dès lors, le « vide de disponibilités» serait créé sur le marché financier, provoquant la chute des cours[286] des actifs productifs de rentes et donc un fort accroissement du taux d'intérêt,

[283] BERNÁCER donne à la page 138 de *Une économie libre...* un diagramme illustrant ce principe dans le cas de la Grande-Bretagne entre 1790 et 1849.

[284] Doit-on pour autant classer Bernácer parmi les stagnationnistes ? Nous pensons que non : l'économie n'est qu'un sous-ensemble dans l'ensemble des activités humaines. Bernácer est confiant dans les éléments de l'ensemble, autres que ceux du sous-ensemble économique, propres à provoquer la reprise ; il n'est donc pas pessimiste : il affirme que les structures économiques sont perfectibles.

[285] Sans quoi on serait ramené au cas de la récession (cf. *supra*).

[286] Bernácer cite l'exemple du Federal Reserve System aux États-Unis, « aboutissement de réformes successives tendant à faire intervenir la banque dans la politique d'open market destinée à éviter de trop grandes secousses sur le marché boursier ».

tel qu'une baisse des cours de 50 % par exemple ferait doubler le taux d'intérêt. Une forte hausse du taux d'intérêt attirerait des disponibilités sur le marché financier, encouragerait la thésaurisation, rendrait doublement difficile l'investissement, du fait du manque de capitaux et du fait du prix élevé de l'argent qui fausse le calcul de rentabilité de l'investissement.

La crise survient alors, provoquée davantage par la double[287] insuffisance de la demande effective que par la hausse du taux d'intérêt. En effet, pendant la période de prospérité, la forte demande et les profits élevés avaient favorisé l'investissement en fonds de roulement et en capital fixe. Or les effets de la formation de capital fixe se produisent avec un retard, de sorte que lorsque la thésaurisation survient, sonnant le glas de la prospérité, l'offre s'avère trop forte face à la demande effective du moment. Les stocks (fonds de roulement), déjà constitués à leur niveau normal, s'accumulent et c'est le prélude de la récession.

C. - LE MÉCANISME DU CYCLE

1° *Le schéma général : analyse hydrodynamique.*

Dans le schéma d'équilibre stable de l'économie envisagée avec le seul circuit de la production, la dépense du revenu n'a que deux possibilités de choix : la consommation et l'investissement. L'introduction du marché financier ajoute un troisième choix possible : la demande d'actifs productifs de revenus sans travail.

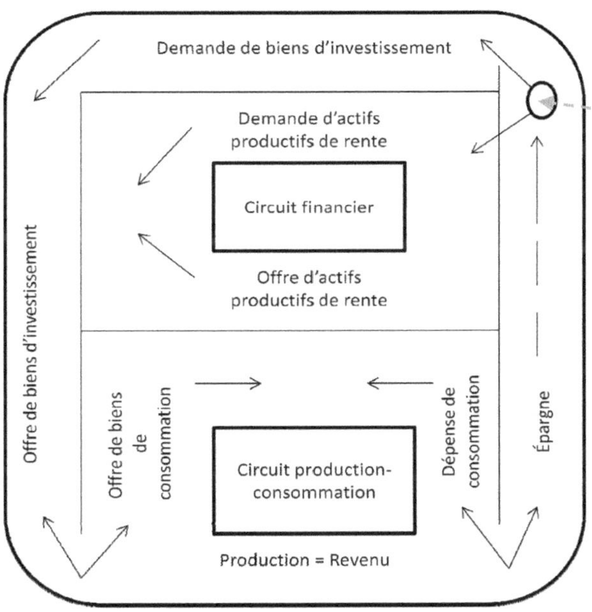

point névralgique où l'épargne doit se déterminer, soit à investir, soit à thésauriser[288]

Le déséquilibre survient dans ce circuit lorsque le flux monétaire de demande de biens d'investissement est différent du flux réel de l'offre de ces biens.

a) Le flux monétaire de demande de biens d'investissement est relativement insuffisant par rapport au flux réel d'offre. Ces biens ne peuvent pas être vendus à leur « juste prix ».

---

[287] Double insuffisance de la demande effective :
- baisse de l'investissement, voire de la consommation, du fait de la thésaurisation ;
- augmentation de l'offre, du fait de la productivité accrue des nouveaux investissements.

[288] Nous avons introduit dans notre schéma, inspiré de celui de Bernácer, quelques compléments et notamment le point névralgique qui nous paraît bien correspondre à l'idée de l'auteur.

a₁) L'accroissement de demande de biens d'investissement est relativement insuffisant par rapport au flux réel d'offre. Ces biens ne peuvent pas être vendus à leur « juste prix ».

a₂) La baisse de la demande de biens d'investissement ne s'accompagne pas d'un accroissement de la demande de biens de consommation : le déséquilibre sur le marché des premiers biens s'étend au marché des seconds et déprime la demande effective globale : c'est la crise.

b) Le flux monétaire de demande de biens d'investissement est relativement plus élevé que le flux réel d'offre, par suite de la demande d'application d'innovations techniques, par exemple. La hausse des prix des biens accroît les profits, ce qui entraîne un accroissement de la production et du revenu global.

c) Le circuit de la production ayant attiré en (b) relativement plus de monnaie, cela crée une certaine rareté de monnaie sur le marché financier et fait monter le taux d'intérêt. Cette hausse du taux d'intérêt attire de nouvelles disponibilités sur le marché financier. Entre temps, le potentiel de production ayant augmenté, la production et l'offre augmentent et lorsque les disponibilités refluent du circuit productif vers le circuit financier, l'offre (accrue) est excessive en regard de la demande (diminuée). C'est la dépression jusqu'à ce qu'un événement fortuit entraîne un accroissement sensible de la demande.

La répartition de l'épargne entre les deux demandes, investissement et thésaurisation[289] , au point névralgique du schéma a donc une importance capitale. Il y a aussi une répartition secondaire au niveau du choix : thésaurisation ou consommation. Ce choix secondaire, peu explicité chez Bernácer peut constituer cependant un dénouement à l'amorce d'une crise comme nous l'avons vu en (a_1). Pour simplifier nous nous bornerons à l'étude de ce qui se passe au point névralgique.

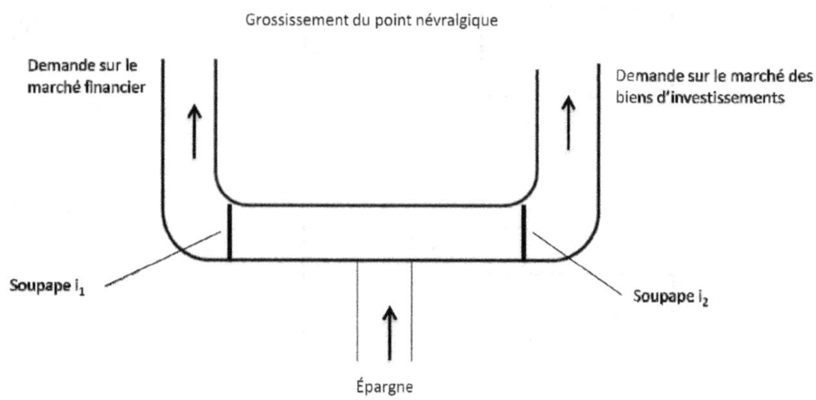

Soit un flux d'épargne qui aboutit à la bifurcation que nous avons appelé point névralgique, où deux portes entrouvrent les deux issues possibles. Soit i_1[290], le taux d'intérêt proposé par les entrepreneurs désireux d'investir aux épargnants, et i_2 le taux d'intérêt du marché financier (taux de rendement moyen des différents placements « en rente »). i_1 et i_2 constituent les ouvertures plus ou moins grandes des deux portes d'accès aux deux marchés concurrents. Remplaçons dans un appareil hydraulique simple l'épargne par un liquide et les

---

[289] Rappelons que nous employons « thésaurisation » et « marché financier » au sens extensif de Bernácer.

[290] L'analyse que nous fondons sur la dualité du taux d'intérêt est à peine ébauchée chez Bernácer. Elle ne doit, en tous cas, pas nous induire à faire un rapprochement trop hâtif avec la théorie wicksellienne. Il n'est pas, dans l'esprit de Bernácer, un intérêt naturel au sens de Wicksell : c'est un intérêt qui tient compte, notamment, des prix monétaires des biens et des facteurs.

portes entrouvertes par deux soupapes, et citons Bernácer[291] : « Ce mécanisme offre une certaine analogie avec le fonctionnement de l'appareil élémentaire de physique appelé bélier hydraulique. Dans cet appareil, un courant d'eau à fort débit prend une vitesse de plus en plus grande jusqu'à ce que sa force vive soit suffisante pour fermer la soupape de sortie, l'eau reflue alors vivement, en élevant le niveau de l'eau à une hauteur telle que l'impulsion reçue s'annule ; alors la soupape de vidange se rouvre tout naturellement, l'eau sort et reprend une vitesse suffisante pour redonner un nouveau coup de bélier ».

Dans le cas du circuit économique, ce qui fait fonction de soupape c'est le marché financier. Lorsqu'un mouvement spontané d'accroissement de la demande[292] se produit et absorbe tout le flux monétaire d'épargne, ce courant s'emballe de lui-même et lorsque le vide[293] monétaire sur le marché financier acquiert une certaine intensité, celui-ci dégage son ouverture d'accès, attirant vers lui le flux d'épargne, voire faisant refluer vers lui les fonds qui se dirigeaient vers le marché des biens d'investissement. Ce dernier connaît alors une dépression[294] jusqu'à ce que la surpression du marché financier reproduise un nouveau coup de bélier. On peut relativiser ce mécanisme en prenant des flux d'intensité[295] différenciée se dirigeant vers les deux marchés, cette intensité étant fonction des taux d'intérêt respectifs au degré d'ouverture i_1 et i_2 des soupapes.

2° *Les mouvements asynchrones et l'asymétrie du cycle.*

Nous avons vu que l'essor et la crise sont des états intermédiaires de la prospérité et de la dépression, respectivement, mais ce sont aussi en quelque sorte des épiphénomènes de ces deux états extrêmes.

a) Les décalages.

Dès lors, essor et crise peuvent se produire à contre-temps, concomitamment à la dépression et à la prospérité, respectivement. Ce phénomène est dû aux retards dans la réalisation des engagements antérieurs. La prospérité et la dépression n'existent pas toujours à l'état pur, car il y a généralement dans une même période des mouvements contradictoires, chaque période étant à la fois grosse[296] des germes de conjonctures futures et porteuse des fruits de conjonctures passées.

Les essors et les crises sont donc le résultat de mouvements asynchrones. Ces désajustements provoquent une tension de plus en plus forte[297] qui éclate sous forme de crise ou d'expansion : « l'incendie se produit du fait de l'accumulation du combustible »[298].

b) Les élasticités[299].

---

[291] BERNÁCER, *Une économie libre*, p. 143.

[292] Plus généralement : demande d'investissement, mais éventuellement aussi, demande de consommation.

[293] Relatif.

[294] Au sens physique.

[295] Sur la notion d'intensité en économie, cf. correspondance entre Bernácer et Jacques Rueff.

[296] Au sens obstétrical.

[297] Nous aurions, quant à nous, une position plus nuancée que Bernácer. Par exemple, nous pensons que les retards d'expansion, du fait de la réalisation des engagements, peuvent atténuer ou retarder la crise puis la dépression, et que la tension n'est plus forte que lorsque les retards font se superposer des mouvements de conjoncture de même signe et dans ce cas, il est vrai, avec plus de force. D'une manière générale, il nous semble qu'en établissant, implicitement, sa théorie sur les paiements des transactions, Bernácer se prive d'un régulateur potentiel de l'activité : les délais entre l'engagement de la décision, la réalisation de la transaction sur le marché et le règlement de l'opération peuvent être équilibrants (et éventuellement déséquilibrants). Toujours est-il qu'il faudrait les prendre en compte dans une perspective dynamique.

[298] BERNÁCER, *Une économie libre*, p. 143.

[299] Dans l'acception physique de l'élasticité d'un corps à la traction par exemple, et non au sens purement économique des élasticités.

Les accidents de la conjoncture se produisent lorsque la tension des événements est plus forte que l'élasticité des structures. En effet, on observe que dans les périodes qui précèdent les crises, la spéculation est forte sur le marché financier, pour deux raisons :

- la prospérité fait entrevoir des perspectives favorables de revenu : les cours montent car la demande est forte et les détenteurs ont peu de raisons de se dessaisir de leurs actifs productifs de rente ;

- les revenus relativement élevés tirés de la prospérité (et particulièrement les profits) permettent de dégager une forte épargne que l'on maintient en disponibilité dans l'éventualité de placements avantageux à réaliser[300].

Ces deux causes cumulées (thésaurisation en placements hors production et thésaurisation sous forme liquide) sont capables à elles seules de déclencher la crise. Le crédit permet de nos jours de pallier pendant un certain temps le manque de monnaie sur le marché de la production, mais généralement cela a pour seul résultat de retarder puis d'aggraver la crise.

c) L'asymétrie dans le renversement de la tendance

On a vu précédemment[301] que la fatalité de la crise à la fin de la période de prospérité n'a pas son symétrique à la fin de la période de dépression. La crise est une donnée endogène du système économique alors que l'essor est provoqué de l'extérieur. Cette idée est fondamentale dans la théorie du cycle de Bernácer, car elle explique sans justifier les actions diverses intentées par l'État ou parfois par les agents en vue de provoquer la reprise. Cette raison est insuffisante pour que Bernácer soit convaincu de la nécessité de faire intervenir l'État. Les chemins, parfois parallèles, des analyses keynésienne et bernacérienne se séparant[302], car les options philosophiques des deux hommes sont différentes.

Au niveau de l'explication du cycle, l'idée de l'asymétrie repose sur le concept de structure dominante : le marché financier, par son instabilité et du fait de sa nature de marché dispensateur de revenus sans travail, jouit d'une position privilégiée dans le système économique, vis-à-vis du marché de la production. Ce que l'on a appelé le capitalisme financier, ou encore le rôle actuel de la banque sont des faits notoires de domination qui viennent étayer l'analyse conceptuelle de Bernácer.

3° *Les structures rigides de catalysation du cycle.*

Les crises sont précipitées et aggravées par les rigidités du système monétaire et financier : encadrement du crédit, étalon-or… Parmi les structures rigides évoquées précédemment[303], l'or[304] en tant qu'étalon monétaire a joué, historiquement, un rôle prépondérant. En effet, l'or se prête merveilleusement bien à la thésaurisation. On pourrait penser que la thésaurisation comporte moins d'inconvénients lorsqu'elle se fait sous forme d'or qu'en monnaie courante, puisque l'acquisition de l'or implique son échange contre de la monnaie courante.

---

300 L'analyse de Keynes est, sur ce point, identique à celle de Bernácer (préférence pour la liquidité, motif de spéculation).

301 Cf. *supra* : « La phase ascendante : la reprise ».

302 Au niveau des solutions préconisées

303 Cf. *supra* : b) « Les élasticités »

304 Sur le problème de l'or Bernácer était en opposition avec Rueff alors que les deux économistes étaient d'accord sur d'autres thèmes (correspondance de Bernácer). Dès la page 10 de son premier ouvrage *Société et Bonheur* (1916), BERNÁCER dresse une caricature du mythe de l'or. Les points d'analogie entre les deux auteurs se trouvent surtout dans l'analyse descriptive des obstacles au bon fonctionnement des régulateurs automatiques, dus à certaines rigidités de comportement. Cependant, l'économiste espagnol ne suit pas la voie indiquée par son homologue français, au niveau des solutions préconisées ; dans ce domaine, seul le désir de préserver un certain libéralisme économique réunit les deux pensées.

Cependant la contre partie en monnaie courante ne se dirige généralement pas vers le marché de la production, elle reste dans le circuit financier. C'est du moins ce qui se produit en période de dépression où l'or apparaît à l'épargnant comme la valeur-refuge idéale. La demande d'or – actif parmi d'autres – augmente fortement et le prix de l'or monte, accaparant ainsi les précieuses disponibilités monétaires indispensables au fonctionnement du marché de la production. Le prix des produits baisse encore et la crise s'intensifie, tandis que l'or apparaît de plus en plus comme une valeur sûre, dans ce panorama éminemment instable.

En période de haute conjoncture, c'est l'effet inverse qui se produit. La demande de monnaie sur le marché financier, en vue d'accroître la consommation et l'investissement provoque la déthésaurisation de l'or, la baisse de son cours, vient augmenter l'offre de monnaie sur le marché de la production, ce qui intensifie l'inflation.

Pour illustrer le rôle de l'or dans le cas d'une dépression, Bernácer cite l'exemple de la grande crise de 1929 et du désordre économique et monétaire qui suivit la première guerre mondiale : les pays furent obligés d'abandonner l'étalon-or ou de dévaluer. Selon lui, la France tarda davantage que la Grande-Bretagne à se sortir de la grande crise, parce qu'elle dévalua plus tardivement.

4° *Les structures rigides de propagation du cycle.*

La crise a, comme le tremblement de terre, un épicentre et des ondes régulières concentriques de propagation théorique. En fait, la propagation est assez irrégulière, car elle dépend de la perméabilité différentielle du milieu de propagation[305].

Le milieu économique a ses obstacles et ses diversités : au plan international, l'obstacle essentiel est constitué par les barrières douanières et la diversité réside dans les différences institutionnelles. Quant au véhicule de propagation du cycle, c'est l'échange. A cet égard, « les parités fixes, telles que les établit un système d'étalon monétaire commun, tel que par exemple l'étalon-or, constituent le dispositif le plus approprié pour une propagation rapide des ondes cycliques». Historiquement, cette propagation a conduit au protectionnisme multiforme : tarifs douaniers, contingentements... qui permettent de « se défendre contre la concurrence étrangère maligne ».

Il existe un moyen efficace de « défense » : c'est le change variable qui fonctionne en raison inverse du mouvement des prix. Cependant, au nom d'une mythologie dominante[306] quant au maintien de la parité, on a préféré subir de graves crises ou contracter de lourds emprunts, plutôt que de dévaluer ou de laisser fluctuer le change. Or ces expédients se sont avérés le plus souvent inopérants et l'on en appelle, alors, à l'État pour intervenir sur le marché des changes[307] : « on a fait appel à l'intervention de l'État sur les changes, l'arbitrage le plus préjudiciable pour le commerce et pour l'économie"[308].Que l'on nous permette ici une remarque : de nombreux économistes – et des plus sérieux – ont tenté de démontrer par la vérification statistique l'application de principes d'économie pure[309]. Ces essais sont louables et il est aisé de les critiquer. Nous

[305] On observe ici une intuition qui sera reprise plus récemment par des théoriciens de l'information.

[306] Bernácer fait allusion, entre autres, à la Grande-Bretagne après 1918. Nous pourrions peut-être ajouter les États-Unis à la fin de la dernière décennie.

[307] Bernácer fait certainement allusion au soutien, plutôt qu'au contrôle des changes.

[308] BERNÁCER, *Une économie libre*, p. 147 ; dans *Société et Bonheur* (1916), l'auteur développe le même thème de la défiance envers l'action de l'État dans plusieurs chapitres : p. 461, 483, 557. Son discours d'entrée à l'Académie des Sciences économiques et financières de Barcelone (1959) s'intitule « Liberté contre intervention », *op. cit. infra*.

[309] Les exemples sont nombreux, nous citerons celui de BELA BALASSA, in *The Review of Economics and Statistics*, p. 231 à 238, en économie internationale, dans l'essai de démonstration du principe ricardien de la spécialisation du commerce international.

pensons cependant que ces auteurs devraient s'entourer de précautions et que la satisfaction légitime qu'ils tirent de leurs essais devrait être tempérée par la modestie où le chercheur se trouve, dans le domaine des sciences sociales.

Quelquefois, les hypothèses ou le choix des variables dans l'ensemble des réels ne correspond pas aux hypothèses et aux variables imaginées dans le schéma théorique : peut-on alors faire des applications d'un ensemble dans l'autre ? Supposons maintenant que le choix des hypothèses et des variables soit pertinent dans la réalité par rapport au schéma théorique, cela implique-t-il que l'on puisse en conclure que le principe théorique est vérifié ? Le choix parmi l'ensemble total des hypothèses et des variables réelles n'est-il pas guidé par un préjugé intellectuel, sans quoi il n'y a pas d'orientation, donc pas de recherche d'intention scientifique ? Supposons encore que, sans aucun préjugé – à supposer que l'on puisse trouver des critères de choix libres de tout préjugé – on opère ce choix d'hypothèses et de variables. C'est donc que l'on convient de négliger certaines hypothèses et certaines variables, que l'on convient de représenter une réalité complexe faite d'un ensemble d'hypothèses et de variables retenues d'une part, et d'hypothèses et de variables négligées d'autre part, par le sous-ensemble plus simple des hypothèses et des variables retenues. Dire que ce sous ensemble est représentatif de l'ensemble ou que l'échantillon est représentatif de la population, c'est faire, en toute rigueur, une pétition de principe.

Que l'on n'interprète pas notre remarque comme une prise de position absolue, au contraire, c'est plus de modestie et plus de relativisme scientifiques que nous demandons pour la recherche économique. Notre science a une spécificité que l'on ne doit pas tenir cachée comme une maladie honteuse : c'est son caractère quasiment a-expérimental qui fait que la dissociation des variables indépendantes reste souvent du domaine de l'imaginaire plus que de celui de l'expérience.

Bernácer, donc, vérifie[310] que l'étalon-or ne préserve pas les pays échangistes de l'instabilité, en choisissant trois chroniques de prix aux États-Unis, en Grande-Bretagne et en Espagne en 1904-1914 et 1922-1932. Il constate que dans les deux premiers pays, les prix ont eu des fluctuations de très grande amplitude et qu'en revanche, en Espagne, les prix sont restés stables. Les écarts maxima sont de 6 et de 12 points en Espagne pour les deux périodes respectives, de 22 et de 64 en Grande-Bretagne et de 18 et 40 aux États-Unis (base 100 dans chaque pays en début de période : 1904 et 1922). Or, l'Espagne a un système de changes flexibles et les autres pays ont, pendant ces deux périodes, le système de l'étalon-or. L'auteur en déduit donc que sa proposition selon laquelle l'étalon-or favorise la propagation du cycle est vérifiée par l'expérience historique. Nous ne rejetons nullement le résultat de cette vérification et nous pensons que les conditions de méthode suivies dans cet essai sont au moins aussi satisfaisantes que dans d'autres essais d'autres économistes. Nous voulons simplement renvoyer quant au principe général de ces vérifications statistiques de modèles macroéconomiques à la remarque que nous avons faite précédemment.

D. –*Un effet principal du cycle : le gaspillage universel*

[310] BERNÁCER, *Une économie libre*, p. 147-148.

La dépression peut se développer à l'infini et la prospérité a une limite[311] : l'économie fonctionne donc à terme en deçà de sa capacité. Le mécanisme autorégulé des fluctuations ne fonctionne qu'unilatéralement, dans le sens de la dépression[312]. Ainsi le cycle est-il le résultat d'une action et d'une réaction :

- la tendance, inscrite dans la nature humaine, vers le progrès,
- la force de résistance développée, en sens inverse, par le système.

Le résultat de cela est que l'humanité s'est vainement efforcée de découvrir et d'inventer des formes de progrès, car la plupart ne se concrétisent pas. Les forces vives ne sont exploitées au maximum que dans un seul but : le mal (la guerre). Sitôt la paix revenue, les forces de freinage recommencent de jouer. Et l'on aboutit ainsi à ce paradoxe : la paix est un état qui s'accompagne de misère et de chômage. Comment l'esprit peut-il se faire à l'idée que le progrès serait inutile, alors qu'il y a tant de maux à guérir, tant de carences à combler, tant de besoins à satisfaire, tant de choses à perfectionner[313], alors qu'il y a tant d'énergies humaines et matérielles à exploiter ? « L'humanité a vécu et vit encore soumise au supplice de Tantale : elle entrevoit les moyens d'améliorer son sort sans parvenir à les atteindre ; l'assurance de pouvoir vivre à la sueur de son front, suivant la sentence divine, ne lui est même pas donnée pour le repos de son esprit ».

Bernácer s'insurge contre certains paradoxes qui déforment le système :

- le travail est le moyen le plus noble pour l'homme de se nourrir, or il est avili, déprécié, méprisé dans l'organisation économique actuelle.
- le commerce est l'expression la plus patente de la coopération entre les peuples et pourtant ceux-ci se sont parfois ingéniés à monter un système d'obstacles au développement des échanges.
- le travail est un effort nécessaire mais coûteux, or, le voilà institué comme un droit et en vertu de ce principe, il est parfois utilisé à des productions inutiles.

Dans l'optique de Bernácer, il existe pour l'économiste, comme pour le biologiste, un ordre naturel perturb par l'artefact, c'est à dire par ce que l'homme a créé. En institutionnalisant, au terme d'une analyse mal orientée, les luttes politiques et sociales, l'homme s'éloigne de plus en plus de l'ordre naturel et au terme de ce processus, Bernácer entrevoit pour notre civilisation un état de « barbarie très avancée et destructrice »[314].

---

[311] Cf. *supra* : « Le déroulement du cycle» et « le mécanisme du cycle ».
[312] Cf. *supra* : « Le déroulement du cycle » et « le mécanisme du cycle »
[313] Cf. le concept d'inachèvement : Henri GUITTON, *Maîtriser l'économie*, Fayard, 1967.
[314] BERNÁCER, *Une économie libre*, p. 149 ; cf. aussi dans *Société et Bonheur* (1916), le chapitre VIII du livre V : « Barbarie et civilisation ».

III

LE SYSTÈME RATIONNEL DE BERNÁCER

LA PHILOSOPHIE GÉNÉRALE DU SYSTÈME PRÉCONISÉ PAR BERNÁCER[315]

Les trois principes d'un système économique rationnel

Le système économique rationnel préconisé par Bernácer comporte trois principes : liberté, justice et efficacité.

La liberté est le cadre naturel de l'épanouissement de l'homme. L'histoire est faite de luttes entre oppresseurs et opprimés, leur enjeu étant la liberté individuelle et collective. On peut admettre que cette aspiration est une condition légitime pour tout système où est impliqué l'homme, que c'est un critère fondamental d'évaluation du système.

La justice est une condition de même nature qui doit être posée, de même que la liberté, comme condition exogène d'existence d'un système social stable. C'est, en un sens, un autre aspect de la liberté prise au sens plein du vocable.

L'efficacité est un élément de synthèse : elle est à la fois une condition spécifique endogène du système économique qui doit être subordonnée aux conditions de liberté et de justice et un corollaire de la pertinence de ces deux conditions exogènes par rapport au fonctionnement du système. En d'autres termes, l'efficacité est non seulement compatible avec la liberté et la justice mais encore elle est améliorée par ces deux autres conditions. Il existe donc une solution logique qui permet d'accroître ces trois variables en même temps.

Une pétition de principe : la solution est dans le perfectionnement du capitalisme

Nous prendrons deux exemples pour expliquer la position de Bernácer vis-à-vis du principe de la réforme.

À l'issue de sa critique de l'économie politique, Marx préconise un système antinomique par rapport au capitalisme. Puisque ce dernier est un mauvais système, on en imaginera un autre qui prendra son contre-pied. Cette position serait rationnelle si véritablement tout le système capitaliste était inefficace. La solution consiste pour Marx à bouleverser totalement les structures.

Keynes, après avoir critiqué l'économie classique, va préconiser une action superficielle et d'appoint de l'Etat. Celui-ci se substitue à l'initiative privée chaque fois que cette dernière est défaillante. La solution est un remède symptomatique, sans action sur les causes profondes du mal. C'est, paradoxalement, à la fois le contraire d'une solution de type marxiste et, du fait du caractère évolutif de la maladie et de la thérapeutique,

[315] BERNÁCER, *Une économie libre*, chapitres XII et XIII ; dans son premier ouvrage *Société et Bonheur* (1916), l'auteur consacre le livre IV «La réforme » et particulièrement les chapitres I et IV, à « l'objectif» et aux « résultats » de la « réforme ».

c'est de fait et dans une certaine mesure, une solution qui conduit à une étatisation progressive mais quasiment certaine de l'économie.

La position de Bernácer se situe entre les deux : c'est par un processus de perfectionnement d'un système qui a donné des preuves de sa capacité de croissance et de mise en œuvre du progrès technique – le capitalisme – qu'il faut parvenir au système rationnel plus libre, plus juste et plus efficace. Il n'y a pas de procédure de rejet total des structures existantes, comme chez Marx et il y a une action plus en profondeur que chez Keynes, offrant plus de garantie quant à la liberté, voire la justice et l'efficacité.

Peut-on alors concevoir un système économique sans chômage, sans fluctuations, permettant à chacun d'agencer sa vie selon ses besoins et de trouve la sécurité du revenu de son travail et du pouvoir d'achat de son époque ? « Ce que notre recherche[316] nous enseigne, c'est que les déviations de notre organisation économique, loin d'être dues à la nature des choses, sont motivées par le non respect des lois économiques naturelles ».

Dans tous les maux à éviter, la monnaie joue un rôle primordial du fait qu'elle est utilisée dans des transactions hors production, lorsque les revenus nés de cette dernière permettent tout juste d'acheter ce qui est produit actuellement. C'est là que réside la cause de la faillite du capitalisme et non dans la liberté économique. Il ne faut donc pas substituer à l'initiative privée un plan qui prescrive les actes des individus, il faut au contraire s'efforcer de retrouver les voies des libertés individuelles.

Nous pourrions ajouter que le fonctionnement « normal » de tout système résulte d'un processus cybernétique plus ou moins conscient[317]. Toute intervention sur le système doit se donner pour objectif de rétablir le programme de fonctionnement normal du système et non de détruire ce dernier.

Le schéma sommaire du système rationnel

Le système rationnel est décentralisé et assure le plein emploi des forces productives.

LA CONTRAINTE STRUCTURALE : LA DÉCENTRALISATION

Elle est assurée par l'existence de marchés, libres de toute intervention économique de l'État, sur lesquels concourent des unités de production, de consommation et d'investissement autodéterminées.

L'entrepreneur joue un rôle essentiel par ses initiatives de production et d'investissement. Ces initiatives paraissent être plus efficaces qu'un plan centralisé, plus à même de mettre en œuvre le progrès technique qu'une structure de décisions centralisées.

La décentralisation se retrouve aussi au niveau de l'organisation monétaire : la collecte de l'épargne et le financement des dépenses sont décentralisés dans les micro-unités d'intermédiation financière.

---

[316] BERNÁCER, *Une économie libre*, p. 181. Ce thème revient constamment sous la plume de l'auteur. Il fait d'ailleurs l'objet d'une conférence de Bernácer à Madrid en 1954 : « La mission de l'économiste », *op. cit.*, *infra*.

[317] Cf. J.-P. ALGOUD, *Les périodes de libéralisation en Union soviétique, 1921-1928 ; 1953-1958 : Essai de traduction cybernétique*, thèse, Université Lyon II, 1971.

Pour un état de la technique donné et à horaire de travail donné[318], le plein-emploi est une condition de la maximisation globale du produit, et donc du bien-être économique, au niveau global et au niveau individuel. C'est une condition de progrès. Le travail[319], unique source légitime de revenu, est à la fois, un droit et un devoir, un moyen et une éthique.

La paix et la prospérité sociales sont dans le plein-emploi. Toute activité individuelle ou collective doit répondre au critère d'utilité sociale[320].

L'un des bienfaits de cette organisation sera la stabilité de l'équilibre général dans son ensemble : adéquation des offres aux demandes sur les marchés des produits, de l'emploi et de la monnaie ; ainsi sera évité le gaspillage en énergie économique qu'entraînent les fluctuations.

LA PRODUCTION

La structure des unités de production

LE STATUT DE LA PROPRIÉTÉ PRIVÉE

La propriété privée est inhérente à la liberté. Le seul titre d'accession à la propriété[321] dans le nouveau régime[322] c'est le travail, puisque l'épargne, nous l'avons vu, est une accumulation de travail. La seule forme de propriété du capital c'est un bien réel, produit du travail[323]. Parmi les biens réels, la terre[324] appartient en nue propriété à la collectivité publique, l'individu ou la collectivité privée (unité de production ou autre) n'ayant qu'un droit accessoire à titre d'usufruit. Á l'opposé, les biens de consommation sont la propriété pleine et entière des individus[325].

Entre ces deux extrêmes, la propriété des moyens de production appartient aux collectivités privées de travailleurs. Il y a donc coexistence de trois régimes de propriété :

- la propriété privée individuelle (biens de consommation),
- la propriété privée collective (biens de production reproductibles),
- la propriété partagée, avec nue propriété collective publique et usufruit privé (la nature en général, et plus particulièrement le sol : biens non reproductibles).

Il y a donc, dans le nouveau régime, une atténuation sensible de la propriété privée : elle touche surtout les biens de production et les biens collectifs. Cette réforme du régime de la propriété n'est pas sans lien avec la lutte contre le monopole et la chasse à la rente que Bernácer veut engager dans le régime capitaliste actuel.

---

[318] C'est-à-dire choisi (selon une procédure collective à envisager).
[319] Au sens large de Bernácer.
[320] Nous ne sommes pas très loin de la notion marxienne de « travail socialement nécessaire »
[321] Sous réserve de ce qui sera dit plus loin (3e partie) sur le régime transitoire pendant la réforme.
[322] Nous emploierons indistinctement « nouveau régime » et « système rationnel » pour désigner le système prôné par Bernácer.
[323] Les actifs financiers sont des titres représentatifs du droit à une dépense future ayant une contrepartie réelle sous forme de produits.
[324] Sous réserve de ce qui sera dit plus loin (3e partie) sur le régime transitoire pendant la réforme.
[325] Biens de consommation à usage personnel, logement, éléments du confort individuel, à l'exclusion de tout titre productif de revenu sans travail.

La transmission pour cause de décès des biens de propriété individuelle serait un droit pleinement reconnu, avec exonération totale des droits. Les droits de succession n'ont aucune raison d'être dans un régime où la propriété privée a pour seule origine le produit intégral du travail : ce qui légitime la transmission exonérée d'impôts. D'ailleurs, la possibilité pour l'individu de léguer des biens aux êtres qui lui sont chers est un grand stimulant pour la production et surtout pour l'épargne. C'est un corollaire parfaitement logique du droit de propriété privée. Bernácer voit dans la pratique actuelle des droits de succession la preuve que, dans le régime actuel, la propriété est considérée comme un privilège.

MORPHOLOGIE ET FONCTIONNEMENT DES UNITÉS DE PRODUCTION AUTOGÉRÉES[326]

Dans chaque entreprise, les moyens de production sont la propriété de la collectivité des travailleurs : « les lois devront favoriser l'acquisition des titres de capital de chaque entreprise par ses ouvriers, ses cadres, ses employés. Naturellement, le personnel se renouvelle par cooptation, les changements d'entreprise et la retraite des travailleurs en vue de profiter de leur épargne accumulée donneraient lieu au transfert des titres aux nouveaux travailleurs en activité, à leur valeur nominale, c'est-à-dire sans possibilité de prime»[327].

La propriété privée des moyens de production subsisterait donc, mais d'une part, elle serait vidée de son contenu spéculatif et, d'autre part, elle verrait l'exercice de ses droits politiques[328] subordonné à la participation effective au travail collectif de l'entreprise. Ainsi serait abolie la dichotomie capital-travail.

LE PROFIT COLLECTIF[329] DE L'UNITÉ DE PRODUCTION

« La disparition de l'intérêt n'implique pas celle du profit industriel. Ce sont deux choses différentes que la thèse productiviste a eu tendance à confondre. L'intérêt est la récompense du non-travail ; le profit est le résultat d'un travail plus important ou plus efficace que celui des autres»[330].

Ainsi, dans le système économique rationnel de Bernácer, le profit des unités de production serait maintenu pour deux raisons. D'abord, en tant que fruit mérité du travail collectif de la micro-unité, à partager entre les participants à l'effort de production. Ensuite, en tant que stimulus nécessaire en vue d'accroître l'efficacité collective, la productivité du travail dans l'entreprise. Ce stimulus sera d'autant plus puissant que le profit ira récompenser les véritables artisans du succès dans la compétition économique, et qu'il sera intégralement acquis aux travailleurs, et non partagé entre eux et les bailleurs de fonds. Chacun sait qu'un élément de rémunération est d'autant plus stimulant qu'il représente une fraction plus importante du revenu individuel.

Le profit est une institution propre à garantir un état permanent de perfectionnement dans les unités de production. Le profit risquerait-il de devenir l'enjeu de la spéculation et redeviendrait-il une rente ? Bernácer

[326] Cette terminologie est de nous. L'auteur apporte peu de précisions, cependant nous croyons pouvoir affirmer que, dans son esprit, tous les travailleurs, dans l'unité de production, doivent avoir un rôle véritablement actif et non celui, passif, qu'implique l'actionnariat ouvrier ou l'intéressement. Bien avant qu'il n'existe historiquement, Bernácer (en 1916) annonce en quelque sorte le système de production de type yougoslave.

[327] BERNÁCER, *Une économie libre*, p. 188.

[328] Participation aux décisions de l'entreprise.

[329] Cette terminologie est de nous.

[330] BERNÁCER, *Une économie libre*, p. 187.

pense que non, car les titres ne seront transmissibles par les travailleurs-propriétaires qu'en cas de changement d'entreprise et au moyen d'une cession au prix coûtant (= valeur nominale). Une fraction du profit provient parfois de causes externes à l'entreprise, du progrès de la collectivité en général, voire de conditions d'exploitation privilégiées[331] : cette fraction du profit ne serait pas laissée à la disposition de l'entreprise, elle serait prélevée sous forme d'imposition spéciale au bénéfice de la collectivité publique[332].

La structure et la dimension du marché

LE MARCHÉ DE CONCURRENCE : STRUCTURE IDÉALE DE RÉFÉRENCE

Chez Bernácer, comme dans la plupart des théories, le marché de concurrence est un concept ambivalent. C'est à la fois une hypothèse sous-jacente de référence implicite et une condition idéale de réalisation des trois conditions de liberté, de justice et efficacité, Bernácer, pas plus qu'un autre, ne doute de la virtualité d'une telle hypothèse. Sans doute, est-elle ambiguë : elle n'a probablement pas aujourd'hui le même contenu que pour les classiques. L'évolution historique des structures du marché n'a échappé à personne. L'atomicité de l'offre et de la demande, le caractère a-spatial et a-temporel[333] de l'hypothèse sont certainement exclues du concept contemporain de concurrence. Pourtant ce concept ambigu[334] n'est pas vide de sens de nos jours : l'attachement de la C.E.E., devenue l'Union Européenne à la réglementation intracommunautaire des ententes, les réglementations nationales et les campagnes d'opinion contre les entraves à la liberté commerciale[335], les négociations internationales pour l'abaissement des droits de douane et la levée des restrictions quantitatives aux échanges commerciaux sont autant d'exemples qui illustrent l'actualité de ce concept de concurrence.
Que l'on ne fasse pas, par conséquent, un procès de cette nature à toutes les théories qui, à des degrés divers, prennent pour référence la structure concurrentielle du marché. Bernácer, comme Marx, comme Keynes, comme la plupart des théoriciens contemporains de la macroéconomie raisonne par référence implicite à la structure de concurrence, quoi qu'il s'attache explicitement dans la critique du capitalisme à montrer les méfaits des monopoles.

LA STRUCTURE D'ACCUEIL SPATIALE DU SYSTÈME RATIONNEL : LE MARCHÉ TRANSNATIONAL

Le libéralisme[336] de Bernácer se manifeste aussi, bien entendu, dans la définition de l'espace vital économique et politique. Bernácer voit dans les obstacles au développement international trois inconvénients. Ces obstacles sont, selon lui :
- impuissants à éviter la propagation des crises,
- de nature à entretenir un état permanent de sous-emploi à l'échelle mondiale,

[331] Par suite de la mise en place d'infrastructures publiques, par exemple.
[332] Cf. « L'investissement public », *infra*.
[333] Caractère a-spatial : le concept de concurrence implique l'existence d'une aire de marché, mais les théoriciens de la concurrence accordent peu de place à l'analyse spatiale (cf. P. DOCKÈS, *L'espace dans la pensée économique du XVIe au XVIIIe siècle*, Paris, Flammarion, 1969) ; de même pour le caractère a-temporel, la concurrence suppose une information parfaite et instantanée. Or, la théorie de l'information est une innovation récente de notre discipline. Cf. PERLSTEIN, Information et concurrence parfaite, thèse, Lyon, 1967.
[334] Nous ne préciserons pas volontairement si c'est de la concurrence pure et parfaite que l'on parle.
[335] En France, les jugements sur les ententes des compagnies pétrolières et les refus de vente.
[336] En tant que structure historiquement non réalisée.

- propres à stimuler les belligérances par l'aggravation des crises économiques.

Par ailleurs, l'auteur constate la contradiction entre le développement du progrès technique et une définition restreinte de l'espace économique. L'autarcie, prétendument protectrice de l'économie nationale, a pour effet de limiter l'espace vital nécessaire à la mise en œuvre et au développement du progrès économique rendu possible par l'amplification du progrès scientifique et technique. Son argumentation déborde du cadre strict de l'économie pour faire une apologie sans réserve de la solidarité des peuples, unis dans la recherche de l'accomplissement du Progrès. Bernácer ne croit pas cependant à la nécessité de faire correspondre au grand espace économique transnational qu'il définit, un espace politique intégré[337]. Sans doute juge-t-il qu'il sera plus facile d'intégrer les structures économiques que les structures mentales et sociopolitiques. Cependant, il ne semble pas qu'il envisage que celles-ci puissent gêner celles-là.

La formation de capital fixe

L'ÉPARGNE, CONDITION PREMIÈRE DE L'INVESTISSEMENT PRIVÉ

L'accroissement de la capacité de production dépend du volume de l'épargne, c'est-à-dire dans une perspective, à terme, de la proportion de travail appliqué à produire, non des biens de consommation, mais des biens de production. Le volume d'épargne ne dépend nullement du taux d'intérêt[338] mais du volume de la production, c'est-à-dire du revenu global. L'épargne n'est pas de la monnaie : ce sont des produits non consommés. La croissance du produit résulte d'une bonne conjonction du volume de l'épargne et de l'emploi. L'épargne est un phénomène « naturel» qui n'est pas induit par le taux d'intérêt ; cependant l'épargne a un repoussoir : c'est l'inflation. Afin que l'épargne se réalise naturellement, il faut que l'épargnant potentiel soit assuré de retrouver lorsqu'il le désirera, plus tard, le quantum du pouvoir d'achat qu'il s'abstient d'exercer aujourd'hui sur le marché de la production, au profit d'un investisseur.

Dans le régime actuel, l'épargne est, de ce point de vue, une aventure. Cela explique pourquoi, en l'état actuel des déséquilibres, l'économie ne sécrète pas spontanément toute l'épargne nécessaire à sa stabilité et à sa croissance, car l'épargnant n'est pas suffisamment incité à épargner et l'investissement dans le circuit de la production n'est pas attrayant, car il comporte des risques dans une telle perspective de déséquilibre.

Il est donc essentiel que le nouveau régime contienne un mécanisme de garantie de pouvoir d'achat. Celle-ci devra résulter d'une stabilisation généralisée de l'économie :

- stabilité du niveau général des prix,
- stabilité du niveau général des salaires[339],
- disparition des fluctuations,
- disparition du chômage,
- disparition du taux d'intérêt.

---

[337] BERNÁCER, *Une économie libre*, p. 205 ; cf. aussi *La doctrine du grand espace*, *op. cit.* et *Société et Bonheur*, p. 224 et p. 369.

[338] Cf. Keynes.

[339] Nous pensons que Bernácer ne songe pas à une inertie totale des prix et des salaires, mais plutôt à la stabilité du ratio $\frac{\text{prix}}{\text{salaire}}$. Cette stabilité doit être facilitée par la disparition de l'intérêt (et des rentes).

Nous avons vu précédemment[340] que ce résultat sera obtenu à la double condition que :

a) tout le revenu épargné soit investi dans la formation de capital fixe,

b) le financement de l'accroissement de la production soit réalisé au moyen de la création de monnaie[341].

Telle est la solution pour la stabilité et la croissance et non celle préconisée par d'aucuns qui pensent qu'il suffit « d'ouvrir les robinets de la monnaie et du déficit budgétaire de l'État pour réaliser le plein-emploi »[342].

L'INVESTISSEMENT PUBLIC

On observe généralement, dans le système actuel, un excédent d'épargne par rapport à l'investissement privé[343]. On peut faire correspondre à cet excédent les besoins collectifs (notamment en infrastructures) qui sont généralement, et ont été de tout temps, à la charge de la collectivité publique. Or cet excédent risque d'être plus fort du fait de la suppression des occasions de placement sur le marché financier.

Il y a donc d'un côté, une fonction publique d'investissement à assumer, et, d'autre part, un excédent d'épargne privée disponible. Tenant compte de l'évolution historique, Bernácer admet que l'État peut assumer cette fonction[344], ou un organisme paraétatique créé pour cette fonction. Un plan d'action serait élaboré, définissant un programme de réalisations utiles. Ce programme serait accompli dans le temps, suivant le volume de l'excédent d'épargne disponible à cette fin. Quelle est la différence entre ce projet et la réalité actuelle ? Bernácer perçoit deux différences :

a) *Au niveau du mobile des réalisations publiques.*

Le critère unique doit être l'utilité et non, comme c'est actuellement le cas, l'opportunité politique ponctuelle. C'est par une prévision rationnelle continue à long terme, partant de critères globaux, que l'on évitera le pointillisme incohérent des actions improvisées dites anticonjoncturelles.

b) *Au niveau des effets dus aux modalités de la dépense publique.*

Les réalisations actuelles sont souvent doublement inflationnistes : par leur coût[345] et par le mode de financement (émission fiduciaire). Dans le système rationnel, c'est l'épargne réelle qui finance les réalisations des projets publics et non la création de monnaie.

Bernácer ne rejette donc pas toute action de l'État, il lui assigne simplement un rôle précis dans un domaine qui lui est propre : les biens collectifs. Ce qu'il rejette c'est l'intervention de l'État, sur la conjoncture et dans les autres domaines.

---

[340] Cf. *supra*, « La formation de l'équilibre général ».

[341] Cette condition découle de ce que l'accroissement de la production, au cours de la première période, provoque un accroissement des stocks et que le surplus de revenus distribués en contrepartie ne sera dépensé qu'à la période suivante, en vertu de la convention de comptabilisation du revenu. Si bien qu'au cours de la première période, l'accroissement de la production pourra être réalisé sans contraction de la demande finale, grâce au crédit : anticipation du revenu.

[342] Flèche à Keynes.

[343] Bernácer ne cherche pas à l'expliquer. Il semble l'admettre tout naturellement. Nous pensons que dans son esprit, c'est la disparité des rythmes respectifs de développement des besoins d'une part, et du progrès technique d'autre part, qui explique cet excédent de l'épargne sur l'investissement privé spontané.

[344] Dans une perspective plus actuelle - qui n'est pas totalement absente chez Bernácer - on pourrait admettre que les collectivités publiques locales peuvent aussi assumer cette fonction. L'auteur invoque la décentralisation administrative dès son premier ouvrage *Société de Bonheur* (1916), p. 558 notamment.

[345] Nous serions tentés de dire : coût de l'inutilité.

La disparition du marché financier et l'organisation du marché monétaire

L'ABSENCE DE MARCHÉ FINANCIER DANS LE SYSTÈME RATIONNEL

C'est l'existence d'un marché financier spéculatif qui incite à thésauriser dans l'attente d'un bon placement ou qui rend la déthésaurisation possible, lorsque les anticipations des spéculateurs sont défavorables. La thésaurisation et la déthésaurisation sont, l'une comme l'autre, sources de déséquilibre sur le marché financier. Le meilleur moyen pour stabiliser le système est de supprimer les sources de déséquilibre et, partant, la structure d'accueil de la thésaurisation : le marché financier. La suppression du marché financier consisterait à instituer l'inaliénabilité des biens jusque-là productifs de rente, à remplacer les différentes structures du marché financier (la bourse principalement) par un registre de la propriété mobilière comme il en est tenu pour les biens immeubles, avec le maintien de tous les contrats afférents à ces biens sauf la vente (héritage, donation, usufruit, louage, hypothèque ou nantissement ...).

Rappelons aussi que le marché financier, défini par Bernácer, inclut aussi les transactions immobilières. Á ce propos, il faut noter que la spéculation foncière disparaîtra avec la collectivisation de la nue-propriété du sol. Le marché financier disparu, il faudra réorganiser le financement de la production.

LA COLLECTE DE L'ÉPARGNE DES MÉNAGES

La collecte de l'épargne serait effectuée selon une procédure analogue à celle que nous connaissons dans la réalité actuelle. Les ménages déposeraient leurs disponibilités dans leurs comptes en banque, ces dépôts non rémunérés seraient disponibles à vue. Pour des raisons statistiques, afin de mieux recenser la masse monétaire destinée à la consommation et celle qui est destinée à l'épargne, les banques ouvriraient deux sortes de comptes : les comptes de transactions courantes et les comptes d'épargne[346].

Dans ce système, les retraits de fonds auraient pour unique objet soit la consommation, soit la formation de capital réel[347] c'est à dire la demande effective globale, acquisition de biens de la production contemporaine.

La formation de capital fixe par les entreprises peut être réalisée soit par l'autofinancement[348] soit par l'emprunt[349]. Les travailleurs auraient donc la possibilité de placer à plus ou moins long terme[350] leur épargne dans l'entreprise dans laquelle ils travaillent, et cela aurait un effet doublement bénéfique :

[346] Cette distinction qui peut paraître une complication inutile est actuellement appliquée dans nos banques avec les comptes chèques et les comptes sur livrets ou encore les comptes d'épargne, en vue de mieux saisir statistiquement et de mieux stabiliser les fonds qui ont vocation à être épargnés, même à court terme.

[347] Nous pensons que Bernácer parle en termes d'affectation finale de ces fonds, car à ne semble pas qu'il faille exclure la possibilité de prêts inter-agents ce qui a un effet neutre, a priori, sur la demande effective globale.

[348] Nous pourrions concevoir un système d'augmentation de capital par incorporation des profits non distribués aux travailleurs, les titres de capital nouvellement émis étant répartis entre ces derniers au prorata de leurs droits au profit. La décision d'autofinancement appartenant aux travailleurs de l'entreprise autogérée, cette procédure semble cohérente vis-à-vis du systerne imaginé par Bernácer.

[349] Nous pensons que Bernácer fait allusion aux grandes unités de production à forte intensité capitalistique.

[350] Suivant la formule de financement : emprunt ou augmentation de capital.

- la participation directe du travailleur au développement de l'unité de production dans laquelle il travaille, et dont il est en mesure d'attendre des revenus accrus de son travail : effet-revenu ;

-la participation du travailleur à la gestion et, pour le moins, au contrôle de l'affaire : effet-éducation, avec ses prolongements sur l'épanouissement de ses qualités professionnelles, voire intellectuelles et sociales, contribution au processus global de perfectionnement.

Les entreprises où l'épargne directe du personnel ne permettrait pas d'assurer tout le financement du développement des unités de production pourraient faire appel à l'épargne publique par l'intermédiaire des banques, gestionnaires du surplus d'épargne. Les banques accorderaient les prêts suivant le critère de garantie offerte par l'emprunteur et des perspectives[351] réelles de développement de l'affaire[352].

LA GESTION FINANCIÈRE DES ENTREPRISES

Les entreprises seront soumises à des prescriptions normatives d'ordre financier, puisque la stabilité générale de l'économie dépend de leur gestion financière[353].

A. – *Le financement de la formation de capital fixe*

L'investissement net devra être réalisé au moyen de l'émission de titres souscrits soit par le personnel, soit par le public, soit par la banque. Le produit de ces émissions sera porté au crédit d'un compte spécial de l'entreprise : « compte disponible pour la formation de capital fixe ». Ce compte recevra aussi les dotations aux amortissements et les provisions constituées à la fin de chaque exercice[354].

Au niveau global, ces sommes s'ajouteront aux comptes des ménages pour former l'épargne globale disponible. En aucun cas, sous peine de provoquer une contraction de la demande et de la production, ces sommes ne devront être affectées au financement du fonds de roulement.

B. – *Le financement du fonds de roulement*

Les entreprises auront des comptes en banque, crédités du montant de leurs ventes et débités, d'une part, du montant de leurs achats[355] et, d'autre part, des revenus distribués. Lorsque la croissance de l'activité l'exigera, le fonds de roulement devant être alors plus important, le volume de crédit nécessaire au financement du fonds de roulement sera accru[356].

Il est de la plus haute importance que la comptabilité bancaire soit tenue selon des normes de présentation très précises, faisant apparaître, au niveau global, tous les agrégats opérationnels, ce qui, tout en mettant en

---

[351] Non actualisées (c'est nous qui précisons).

[352] Il n'y a rien d'extravagant à tout cela. Bernácer prône simplement un système où, l'intérêt disparu, seuls les critères d'efficacité doivent guider les décisions de prêt des institutions financières. Si l'on fait exception de l'intérêt c'est souvent ce qui se passe dans le régime actuel.

[353] Cf. *supra* : « Les équations réduites du marché» et « La notion de variation, du fonds de roulement des entreprises ».

[354] Ces dotations permettront, quant à elles, de réaliser le remplacement des biens de capital hors d'usage.

[355] Consommations intermédiaires.

[356] D'après tout ce qui précède, Bernácer sous-entend par crédit : la création de monnaie scripturale, sous le contrôle de la banque centrale, pensons-nous.

évidence les infractions au nouveau système financier, permettra de déceler le signe annonciateur de la crise ou de l'inflation.

Chaque banque disposera auprès de la banque de premier rang d'un quota de crédit pour faire face au financement du fonds de roulement envisagé plus haut. La banque, en tant qu'unité de production parmi d'autres, vendra ses services d'intermédiation financière en percevant une commission qui couvrira ses frais généraux, la rémunération du personnel, et éventuellement le profit qui sera maintenu à un niveau « normal » par la concurrence.

La répartition[357]

LE TRAVAIL, UNIQUE SOURCE DE REVENUS

Le travail, seule activité qui légitime l'appropriation du produit est la seule source principale de revenus.

A. - *Le salaire*

C'est le revenu pré-déterminé à l'activité productive. Il est fixé en début de période, en tenant compte de la productivité moyenne de la branche d'activité, des résultats passés de l'unité de production et de l'aptitude individuelle du travailleur. Il représente une sorte de rémunération de base – à caractère assez stable – de l'effort individuel.

B. - *Le profit*

Partagé entre tous les travailleurs de l'unité autogérée, le profit est une sorte de sur-salaire qui sanctionne l'efficacité collective de l'unité de production dans le concert productif. Il faut représenter, entre autres choses, la rémunération de l'aptitude particulière de la firme à accroître sa productivité, au plan spatial, vis-à-vis des autres unités, et au plan temporel, par rapport à la productivité de la période précédente.

LES TRANSFERTS[358]

Bernácer évoque parfois des procédures de péréquation, d'assurance mutuelle, qui ont pour but de faire partager à la collectivité les risques inhérents à des situations ou des événements particuliers. Nous pensons cependant qu'il est hostile aux subventions en tant qu'elles faussent le mécanisme du marché et qu'elles imposent une charge fiscale ou d'inflation pour les financer.

[357] Bernácer ne se livre pas à une analyse approfondie de la répartition. Sa théorie est implicite, nous espérons ne pas l'avoir dénaturée dans le « digest» que nous en donnons.

[358] Notons le scepticisme que suscitent les réalisations – sinon le principe – des transferts actuels : A. BARRÈRE, *Économie financière*, Dalloz, 1965, 1. 2, p. 142, notamment, et un document de Philippe LEFOURNIER, in 1 L'Expansion, sept. 1970 : « La France, terre d'inégalité. La lourde machinerie des transferts sociaux ne parvient pas à redistribuer les revenus ».

CHAPITRE II

ÉLÉMENTS
DE
THÉORIE ÉCONOMIQUE COMPARÉE

I

LA THÉORIE GÉNÉRALE DE LA MONNAIE[359]

LA PLACE DE LA MONNAIE DANS LA THÉORIE ÉCONOMIQUE D'ENSEMBLE

Il nous semble naturel, aujourd'hui, grâce au progrès de la théorie économique et à cause de la richesse des enseignements du vingtième siècle sur l'expérience des fluctuations en général et celles de la monnaie, en particulier, de considérer que le domaine de l'analyse économique est un univers monétaire où les prix, les revenus, l'épargne sont exprimés en monnaie et n'ont vraiment de sens qu'à cette condition.

Nos programmes d'enseignement[360] s'appliquent pourtant à faire traiter en première année de licence les phénomènes « réels» et en deuxième année les questions monétaires. Kaldor[361] affirme que « la grande majorité des banquiers du monde et un nombre déconcertant d'économistes » acceptent encore l'hypothèse dichotomique. Nous pensons aussi que, subconsciemment, nous faisons encore de nos jours une distinction entre le réel et le monétaire et nous craignons qu'en fait cette distinction ne procède pas toujours d'une préoccupation didactique.

Heureux Bernácer, l'autodidacte qui eut la pertinence[362] de commencer son étude de notre science par les questions monétaires: il fut ainsi toute sa vie au cœur du problème. Il est commode de situer les théoriciens par rapport aux deux conceptions des phénomènes économiques: dichotomique ou intégrationniste[363]. Les classiques, les néoclassiques et les néolibéraux se trouveraient ainsi rangés parmi les dichotomistes : tels que, par exemple, Hawtrey[364], Robertson et Allais. Nous pourrions ajouter Marx et peut-être Wicksell[365]. Ce dernier se trouve à la charnière entre les deux catégories définies: « chez Wicksell l'approche dichotomique a laissé des traces. À côté du taux monétaire de
l'intérêt se trouve un taux normal qui est présenté comme un taux naturel ou réel, celui qui s'établirait dans une économie où la monnaie ne jouerait aucun rôle. Myrdal, plus tard, soulignera l'anomalie »[366]. Parmi les intégrationnistes, « fondateurs de l'analyse monétaire moderne », figureraient selon nous, par ordre

[359] H. GUITTON, *La monnaie*, Dalloz, 1969, p. 6 : L'idée centrale du livre de DENIZET (*Monnaie et financement*, Dunod, 1967) est « qu'à la base de nos impuissances, il y a moins des erreurs politiques et administratives, moins une faiblesse profonde du corps social, qu'une mauvaise connaissance théorique des phénomènes monétaires ». Dans le même esprit, Ch. GIDE et Ch. RIST, *op. cit. infra*, p. 727 à 730, considèrent qu'entre les deux guerres mondiales, les échanges internationaux et les crises sont les deux domaines de la science économique qui ont fait de remarquables progrès, alors que la théorie monétaire aurait peu avancé, n'ayant fait l'objet que de nombreuses discussions stériles.

[360] En France, particulièrement. Ce n'est pas le cas de l'ouvrage américain de P. SAMUELSON, traduit en français sous le nom de *L'économique*.

[361] Cité par J. MARCHAL et J. LECAILLON dans *Les flux monétaires*, p. 4.

[362] A. PIETTRE n'affirme-t-il pas que « dans la théorie libérale la monnaie n'est rien » , alors qu'en réalité, elle « est tout dans le système capitaliste étudié par les classiques » (*Histoire de la pensée économique*, Dalloz, p. 97).

[363] Dans *Les flux monétaires*, op.cit, J. MARCHAL et J. LECAILLON construisent leur ouvrage sur cette distinction (p.3 et 5).

[364] HAWTREY, in *Capital and employment*, 1937, p. 67 : « la quantité demandée est en dernière analyse la quantité demandée en échange d'autres produits. Nous pouvons, si l'on veut, introduire la monnaie et exprimer la fonction en termes de prix, au lieu de la valeur d'échange mais la monnaie n'est qu'un intermédiaire dans le calcul ». Une conception aussi classique étonne de la part de Hawtrey qui, par ailleurs, fait des analyses monétaires fort pertinentes, cf. *infra*.

[365] Cependant Wicksell figure en tête des fondateurs de l'analyse monétaire moderne (intégrationnistes) dans l'ouvrage cité de J.Marchal et J. Lecaillon.

[366] J. MARCHAL et J. LECAILLON, *Les flux monétaires*, p. 284.

chronologique[367], l'espagnol Bernácer, les français Nogaro et Aftalion, l'anglais Keynes[368], l'autrichien Hayek et le suédois Myrdal.

Nous pourrions aussi essayer d'affiner la typologie car il y a un monde entre Walras ou Marx et les classiques et entre Robertson, Allais et les autres tenants de l'école libérale. En effet, l'ensemble des intégrationnistes nous paraît plus homogène que celui des dichotomistes, ce qui est logique puisque cette dernière catégorie embrasserait une période de près d'un siècle et demi. On ne peut tout de même pas confondre, sans nuancer, Ricardo et Robertson ou Friedmann, on ne peut nier les progrès accomplis par l'école de Cambridge ou celle de Chicago par rapport aux classiques.

Nous suggérons par conséquent quatre générations d'économistes dans l'approche de la théorie monétaire :

a) Les classiques pour qui la « monnaie n'est rien » [369], si ce n'est un voile ou un vernis[370] ;

b) Les auteurs (néoclassiques ou non) qui ont pressenti que la monnaie est un bien spécifique, tels que Walras et sa théorie des encaisses désirées, ou Marx et la thésaurisation[371],[372];

c) Les postclassiques qui introduisent la monnaie dans les schémas réels et ont de ce fait une approche dichotomique didactique : Wicksell[373], Robertson[374], Allais ;

d) Les monétaires modernes, pour qui l'analyse des phénomènes économiques est d'emblée monétaire et qui construisent leurs analyses sur une saisie intrinsèquement directe du donné monétaire : Bernácer, Nogaro, Aftalion, Keynes, Hayek, Myrdal.

LES FONCTIONS DE LA MONNAIE

La monnaie a trois fonctions : elle est mesure des valeurs, moyen de circulation et instrument de conservation de la valeur. Cette distinction classique ne nous paraît pas propre à analyser séparément la description des mécanismes, d'une part, et d'autre part, la problématique de la monnaie.

Nous suggérons de définir deux domaines de l'étude : la monnaie a une fonction passive où elle subit les effets des phénomènes, et des fonctions actives instrumentales. La fonction passive est liée à sa valeur et nous examinerons sa problématique dans le chapitre suivant: la valeur et la monnaie.

Les fonctions actives peuvent être définies comme la circulation de la monnaie dans l'espace[375] instantané[376] et dans le temps[377] a-spatial. Nous définirons ainsi une fonction cinéticospatiale : la monnaie comme instrument de la répartition contemporaine, et une fonction dynamicotemporelle : la monnaie, lien

[367] G. BERNÁCER, *Société et Bonheur*, 1916, puis *La théorie des disponibilités,* 1922; B. NOGARO, *La monnaie et les phénomènes monétaires contemporains*, 1924; A. AFTALION, *Monnaie, prix et changes*, 1927; J. M. KEYNES, *Le traité de la monnaie*, 1930 et *La théorie générale...*, 1936; F. A. HAYEK, *Preise und produktion*, 1931 ; G. MYRDAL, *Om penningteoretisk jamvikt*, 1931, traduit en français en 1950 sous le titre de *L'équilibre monétaire* ".

[368] Sous réserve de notre remarque, *supra*, p. 35, note 2

[369] A. PIETTRE, loc. cit.

[370] J. MARCHAL, op. cit., p.3

[371] Suzanne DE BRUNHOFF, *La monnaie chez Marx*, p.11 : la monnaie chez Marx est aussi « l'objet d'une demande spécifique »

[372] H. BARTOLI, *La doctrine économique et sociale de Marx*, op. cit., infra.

[373] Résumant la contribution de Wicksell à l'analyse moderne, J. MARCHAL et J. LECAILLON, op. cit., p. 238-239, prêtent cependant à l'auteur une approche d'emblée monétaire des phénomènes. Nous pensons que les autres éléments de sa contribution sont mieux établis : analyse dynamique évolutive, monnaie tout autant conditionnant et conditionné, scission de l'offre et de la demande globale en consommation et investissement, rôle des intermédiaires financiers dans la fixation de la quantité de monnaie. En revanche Wicksell, pas plus que les néoclassiques et les keynésiens, n'apporte pas une analyse qui ne repose pas sur une hypothèse de stabilité monétaire (cf. à ce sujet C. NÊME, thèse sur Robertson, 1956, *op. cit.*)

[374] C. NÊME, 1956, *op. cit.*

[375] H. GUITTON (*La monnaie*, Dalloz, 1969) p. 15 parle des fonctions de la monnaie dans l'espace et dans le temps.

temporel entre l'accumulation, la perception du revenu et la dépense. La fonction cinéticospatiale ne sera pas étudiée car, ni Bernácer, ni les autres monétaristes n'ont éprouvé le besoin de le faire. Il nous faut d'abord définir le concept de monnaie.

Définition du concept de monnaie

DÉFINITION GÉNÉRALE

Nous définissons la monnaie comme contrepartie de biens réels, ayant un caractère libératoire général et immédiat[378]. Le caractère de contrepartie apparaît très bien dans l'expression marxienne de l'« équivalent général» ou dans celle de Bernácer de « créance individuelle du détenteur de monnaie sur les richesses sociales». Ce bien particulier qu'est la monnaie n'a pas de valeur intrinsèque.

Marx parle de « richesse abstraite»[379] Bernácer, dit que « la monnaie, dans son essence, est indépendante de toute condition matérielle». Par rapport à la définition schumpétérienne[380] de la monnaie, « tout objet possédant, ou ne possédant pas une valeur propre », Bernácer a une conception plus résolument non-métalliste de la monnaie; Keynes a une attitude très proche, dès 1930 dans *Le traité de la monnaie.* Le pouvoir libératoire général de la monnaie caractérise aussi les définitions des auteurs pré-cités, ainsi que celles de Hawtrey et de Robertson[381] qui définit la monnaie« toute chose qui est généralement acceptée en paiement pour des biens ou des créances ». Cette propriété de la monnaie est généralement reconnue par les auteurs et n'appelle donc aucune remarque. En revanche, Bernácer, par rapport à tous les théoriciens cités, insiste sur le caractère immédiat du pouvoir libératoire, ce qui laisse augurer chez lui une définition plus stricte de la monnaie, vis-à-vis du crédit.

LA MONNAIE ET LE CRÉDIT

Où est la délimitation entre la monnaie et le crédit ? La quasi monnaie n'est-elle pas une notion micro-économique[382] ? Est-il pertinent de parler de quasi-monnaie au niveau macro-économique[383] ? Telles sont les questions que nous suggère la théorie monétaire de Bernácer.

La monnaie doit avoir un pouvoir libératoire général et immédiat pour exercer pleinement ses fonctions[384]. Tout obstacle à cet exercice constitue la limite entre la monnaie et les autres actifs, financiers ou réels. Ces

---

[376] Le présent n'a pas d'épaisseur, D. VILLEY, *Cours de doctorat*, les cours de Droit, Paris (1966-67).

[377] H. GUITTON (*La monnaie*, Dalloz, 1969) p. 15 parle des fonctions de la monnaie dans l'espace et dans le temps.

[378] J. MARCHAL, *Monnaie et crédit*, Cujas, 1967, p. 11 « ...le pouvoir d'achat que représente la monnaie a la double caractéristique d'être à la fois général et immédiat » .

[379] Cité par Suzanne de BRUNHOFF, *op. cit.*, p. 55.

[380] Pour ne citer que ces deux auteurs et, a fortiori, par rapport à Marx (cf. S. DE BRUNHOH, *op. cit.*, p. 39 et 41. : « cependant l'analyse du papier monnaie n'est pas essentiellement claire dans *Le Capital* ».

[381] Cités par C. NÈME, *La théorie monétaire* de Sir Dennis Robertson, thèse, Paris, 1956.

[382] La quasi-monnaie, notion micro-économique selon nous, est un bien qui, pour un agent, a la particularité de pouvoir se transformer aisément et rapidement en monnaie. Au niveau macro-économique, cette transformation doit aboutir soit à un transfert de monnaie inter-agents, soit à une création de monnaie; avant cette transformation – ou sans elle – la quasi-monnaie ne remplit pas une fonction monétaire, mais seulement patrimoniale.

[383] Cf. P. SAMUELSON, dans *L'Économique*, t. I, semble, lui aussi, donner une définition extensive de la monnaie, incluant la quasi-monnaie.

obstacles, c'est, par exemple, la nécessité d'emprunter, d'obtenir une avance, de céder un actif ou de l'hypothéquer en vue d'obtenir de la véritable monnaie, celle que chacun acceptera sous sa forme actuelle et sans transformation, comme moyen de paiement.

Par conséquent, au niveau global, le financement de l'activité est assuré par la monnaie existant dans le circuit économique et par la monnaie nouvellement créée par l'Institut d'émission. Le crédit est donc soit une émission de monnaie au niveau global, soit des opérations de transferts de monnaie inter-agents. La monnaie est le moyen d'acquérir, entre autres biens, les actifs : elle est offre de monnaie et demande d'actifs, elle ne peut être les deux à la fois[385]. Un actif financier non immédiatement liquide n'est pas une monnaie au niveau social. Nous souscrivons à ce point de vue rigoureux de Bernácer car il évite notamment certaines confusions que l'on a reproché à Keynes sur son concept de «money». Pour lever toute ambiguïté sémantique, Bernácer forge le concept[386] de disponibilité, et évite l'emploi du mot monnaie au sens strict.

Pour un individu, comme pour une communauté, les actifs peuvent être classés par ordre décroissant de liquidité. Nous trouverions, en tête, les quantités de monnaie pour l'emploi desquelles les agents ont la plus grande latitude : ils peuvent soit les thésauriser, soit les destiner à des dépenses exceptionnelles de consommation ou d'investissement, soit les placer sous forme financière ou réelle, etc... Cette quantité de monnaie représente un pouvoir d'achat parfaitement libre, ce sont les « disponibilités maxima»[387]. Au-delà de ces disponibilités, se trouvent des encaisses liquides qui ont apparemment la même nature que les précédentes mais qui, de fait, sont pré-dépensées, prédestinées à des dépenses, soit engagées, soit indispensables à des remboursements de dettes... L'organisation de la vie moderne montre bien que tout agent a un budget dont certaines dépenses ont un caractère impératif : besoins courants, incompressibles, endettements, épargne contractuelle, impôts... Matériellement, cette monnaie, n'est pas différente des disponibilités maxima, fonctionnellement, elle a un caractère de «disponibilité minimum»[388]. Ces deux actifs liquides forment l'essentiel de l'offre de monnaie[389] [390]. Les autres actifs, financiers ou réels, s'échelonnent par ordre d'immobilisation croissant, depuis les dépôts à moins de trois mois jusqu'aux propriétés foncières, et constituent une partie de la demande potentielle de monnaie.

Nous avons choisi d'opposer à la définition stricte de Bernácer celle, plus floue, de Keynes. Cette dernière nous semble conduire à des équivoques et, particulièrement dans la définition du revenu : peut-on, au plan macroéconomique, dépenser un revenu futur[391] ? Le déficit budgétaire ou les avances de la banque centrale à l'économie sont de la monnaie, mais les crédits à court terme n'en sont pas: ils ne peuvent pas, à la fois, être

---

384 J. MARCHAL, *op. cit.*, p. 13 : « Dans le monde capitaliste, celui qui détient de la monnaie et celui-là seul est libre. Tout autre a vocation à le devenir, il ne l'est pas vraiment ».

385 S. DE BRUNHOFF, *op. cit.*, p. 23 : « La théorie marxiste de la monnaie commence donc par la détermination de la « forme équivalent général ou monnaie» qui distingue une marchandise de toutes les autres, et toutes les marchandises de la monnaie» . C'est nous qui soulignons.

386 Repris, depuis, par la comptabilité nationale française, notamment.

387 BERNÁCER, *La théorie des disponibilités* (1922), *op. cit.*; cf. notre traduction en Introduction à la présente réédition de notre ouvrage (2012)

388 BERNÁCER, *La théorie des disponibilités* (1922), *op. cit*

389 Le reste de l'offre étant constitué par l'émission de monnaie par un agent particulier : l'État.

390 L. BOURCIER DE CARBON (*Analyse économique*, t. 2, « La monnaie et le crédit », Ed. Montchrestien-Paris, 1970) juge insuffisante l'analyse keynésienne de la préférence pour la liquidité (p. 29). Il distingue d'autres causes de liquidité que Keynes n'envisage pas dans les trois motifs. Nous pensons que la théorie des disponibilités de Bernácer exposée in extenso dans notre traduction de l'article de 1922, est à cet égard plus riche (cf. aussi le point: « Le fractionnement fonctionnel de la masse monétaire, *infra*).

391 Dans un espace économique fermé.

dépensés par les emprunteurs et par les prêteurs. À notre sens, la définition trop vague de la monnaie chez Keynes constitue un relent de classicisme, l'application d'un concept microéconomique à l'analyse globale. Nous pensons que le concept de monnaie gagne en clarté à être strictement défini, cependant nous observons dans les définitions courantes actuelles une tendance à assimiler le crédit à la monnaie, ce qui paraît procéder d'une confusion entre les analyses microscopiques et macroscopiques des problèmes monétaires.

LA MATÉRIALITÉ DE LA MONNAIE

L'histoire des différentes formes matérielles de la monnaie ne fait pas directement partie de la théorie monétaire[392]. Il faut cependant admettre que cette histoire nous livre une leçon quant à l'évolution de la matérialité de la monnaie. D'une façon sommaire, nous pourrions dire que la monnaie s'est dématérialisée[393] au cours de l'histoire, sous l'impulsion de trois facteurs: l'inélasticité de la production de métal, le renforcement de la structure politique centrale : l'État, et le développement de la production et des échanges.

Lorsque l'on observe l'attachement de certains auteurs contemporains au métal jaune il est vrai que c'est, surtout depuis la deuxième guerre mondiale, un attachement à son rôle de monnaie internationale, lorsque l'on constate la place de l'or dans le système monétaire international vécu au cours des années 1960 et aux spéculations dont il fait encore l'objet, on peut se demander si l'on peut tout à fait ignorer la question de la matérialité. Celle-ci est-elle tout entière dans l'histoire passée? Est-ce une simple résurgence éphémère ?

Nous croyons qu'il est utile, pour l'intelligence des théories monétaires, de commencer par préciser la position des théoriciens face à ce problème. Parmi les partisans de la monnaie-signe, la position la plus avancée est celle de Knapp avec sa thèse nominaliste, qui fonde la valeur de la monnaie sur la seule définition légale. Sans doute cette thèse est-elle extrême, ou peut-être en avance sur les événements historiques. À l'opposé, la position de Ricardo et de la Currency School est résolument métalliste : elle jette les bases de l'orthodoxie monétaire dont la plupart des auteurs du XIXe siècle et certains contemporains sont partisans. Pareto n'affirmait-il pas que le papier-monnaie est de la fausse monnaie? Dans quelle mesure Jacques Rueff s'est-il libéré du mythe de l'or[394] ; ses attaches avec l'or sont-elle dues à un souci de réalisme (analyse descriptive) ou à une conviction scientifique (analyse normative)? Sur ce point, Bernácer, dont la pensée avait souvent rencontré celle de Jacques Rueff, était en désaccord complet avec l'économiste français[395]

Entre ces deux positions tranchées, de nombreux auteurs éprouvent des difficultés à intégrer la monnaie fiduciaire et la monnaie scripturale au schéma de la monnaie métallique. Marx, parmi d'autres, écrivant à une époque où l'usage du papier-monnaie se répand, ne peut pas ne pas considérer cette forme comme de la

[392] C. NÊME-CORDEBAS, thèse sur Robertson, *op. cit.*, p. 19.

[393] H. GUITTON (La monnaie, Dalloz, 1969), p. 48 : « La monnaie se dématérialise ».

[394] J. RUEFF, *L'âge de l'inflation*, 2e éd., Payot, Paris, 1963 : « Demain, le franc-or ? », c'est le titre d'un chapitre, page 79 et de sa conférence du 27 mars 1952; page 93 : « L'inflation subsistera, parce que les hommes sont ce qu'ils sont tant que le franc et la livre sterling resteront inconvertibles. Page 100 : « La tutelle de l'or, condition du maintien de la civilisation occidentale » ; ou encore sur « L'étalon-or monarque absolu mais éclairé » citation d'A. PIETTRE, *op. cit.*, p. 97.

[395] Correspondance privée entre G. Bernácer et J. Rueff.

monnaie au même titre que l'or[396]. Cependant, il a du mal à appliquer ses raisonnements anti-quantitativistes au papier-monnaie[397] [398]. Ch. Rist fait encore une discrimination [399] entre ces deux formes de monnaie.

Les économistes, au XXe siècle, ont moins de mal à adopter une attitude non métalliste[400], car le détachement de la monnaie intérieure et de l'or date de la première guerre mondiale et l'expansion de la monnaie scripturale appartient à l'observation factuelle. C'est ainsi que Wicksell, dès la fin du XIXe siècle, puis Bernácer[401] et Keynes construisent leurs analyses sur une monnaie non métallique. Nous pensons que Bernácer va même plus loin, car il nous semble considérer dans son schéma général l'or comme une marchandise, comme un de ces actifs, objets de spéculation et donc productifs de rente, qui tiennent une telle place dans sa théorie. Cette idée s'inscrit parfaitement dans la généralisation de la thésaurisation et de la rente.

Les tenants de la monnaie non métallique[402] adoptent donc une position intermédiaire, entre la thèse métalliste et la thèse nominaliste, la monnaie étant détachée de sa définition métallique mais gardant un fondement éminemment réel: la quantité de biens et de services dont elle est la contrepartie. La principale conséquence de cette prise de position est dans l'ordre de la praxis économique, la politique monétaire comme ressort d'incitation de l'activité économique,

Les fonctions dynamico-temporelles de la monnaie, lien entre l'accumulation, la perception et la dépense du revenu

L'ACCUMULATION ET LA PERCEPTION DU REVENU

A. - *Le fonds de roulement des entreprises*

Nous avons déjà signalé que le fonds de roulement[403] tient une place essentielle[404] dans l'analyse bernacérienne de la monnaie et de l'équilibre.

Le fonds de roulement est la structure d'accueil de l'accumulation du revenu, qu'il soit fixe ou certain (salaires, rentes) ou aléatoire (profit). Il permet d'accumuler, suivant la conjoncture, soit des stocks de produits, soit des encaisses liquides, soit généralement les deux.

---

396 K. MARX, Le Capital, t. 1, p. 321 (Ed. sociales), *op. cit.* : « La production capitaliste avec son volume actuel serait-elle possible sans le système du crédit… c'est-à-dire avec la seule circulation métallique? Evidemment non ! Elle se serait, au contraire, heurtée aux limites mêmes de la production des métaux précieux ».

397 H. BARTOLI, *op. cit.*

398 S. DE BRUNHOFF ne semble pas adopter un point de vue aussi catégorique que H. Bartoli (*op. cit.*, p. 40 : « La distinction que fait Marx entre papier-monnaie d'État et monnaie métallique, est un élément de la distinction fondamentale entre la monnaie mesure des valeurs et la monnaie moyen de circulation »).

399 Ch. RIST, Histoire des doctrines relatives au crédit et à la monnaie, p.343.

400 Plutôt que la position extrême nominaliste.

401 Nous avons trouvé une copie de lettre non datée, de trois pages, écrite en français par BERNÁCER et intitulée « Lettre à Monsieur Richard, un partisan acharné de l'étalon-or », où l'auteur tourne en dérision le besoin généralement éprouvé de fixer la valeur de la monnaie dans le métal précieux. Ce texte polémique est amusant, c'est une sorte de dialogue dont l'auteur écrit les questions (arguments des partisans de l'étalon-or) et les réponses (arguments de Bernácer contre l'étalon métallique), A propos de la prospérité de l'Angleterre du XIXe siècle, à l'époque de l'étalon-or, Bernácer affirme: « la vérité est qu'elle s'est faite par son travail très efficace, quand les autres pays n'étaient pas encore mécanisés, aidé par sa politique commerciale ». S'il fallait encore montrer que la conception monétaire de l'auteur était non métalliste et qu'elle se fondait sur le travail et sur la demande du marché, ou ne pourrait trouver de citation plus significative.

402 L. BOURCIER DE CARBON (*op. cit.*, p. 27) qualifie cette position intermédiaire de « thèse psycho-sociologique qui est en mesure de synthétiser les points de vue précédents et d'y ajouter ce qui leur manque ». Nous éviterons cependant cette dénomination à cause de la prise de position de Bernácer vis-à-vis de l'approche psycho-sociologique des phénomènes économiques.

403 Cf. aussi *supra*, p. 64-65 et p. 97-98.

404 NÊME observe, *op. cit.*, p. 39, que « Robertson (il n'est pas le seul) raisonne de préférence sur l'encaisse de l'homme d'affaires » . Cf. aussi G. PETIT-DUTAILLIS et H. BERNARD, *Le crédit et les banques*, Sirey, 1964.

La monnaie détenue par les unités de production, véritables creusets de la formation du revenu[405], représente donc à tout instant des revenus momentanément non disponibles pour leurs détenteurs finals (les ménages). Cette rétention de revenus peut avoir des effets déséquilibrants sur l'ensemble de l'activité économique, en déprimant la demande effective, cependant, elle peut n'avoir aucun effet pernicieux dans toute la mesure où ce flux de revenu contenu correspond à un flux de biens également contenu. La synchronisation cybernétique[406] des délais : de production, de paiement des produits, de paiement des revenus, de tous les paiements en général, devrait permettre d'équilibrer l'ensemble des flux monétaires et des flux de biens.

Le fonds de roulement des unités de production est égal au montant de leurs stocks augmenté du montant de leurs disponibilités :

$$K = E + c$$

Il peut être, en outre, alimenté par les transferts des ménages (prêts directs ou prêts bancaires) pour la fraction de ces transferts non transformés en formation de capital fixe (H) :

$$K' = E + c + H$$

Ce nouvel élément du fonds de roulement a les mêmes propriétés dépressives sur la demande que l'accumulation de revenus non distribués, quelle que soit l'affectation qui en est faite au sein du fonds de roulement.

$$K' = E' + c' = E + c + H$$

$$H = (E' - E) + (c' - c)$$

L'accumulation de monnaie entre les mains des non-demandeurs finals, quelle que soit son origine, a un effet de régulation de la demande dans le temps: elle permet de contenir la dépense du revenu de formation actuelle tandis que, par ailleurs et dans le même temps, s'accomplit la dépense du revenu de formation antérieure. Cette analyse de périodes successives déjà implicite dans le premier ouvrage de Bernácer, devait être achevée dans l'article de 1922[407]. Robertson devait la reprendre, de son propre aveu[408], dans Banking policy and price level (1926) et en tirer sa notion de « jour», unité mal définie du temps fractionné. Bernácer ne devait pas en rester là, car dans une analyse véritablement macroéconomique, il y a lieu d'envisager des diachronies inter-agents telles que le temps macroscopique[409] est un et non susceptible d'être fractionné. De sorte que dans sa version définitive de la théorie fonctionnelle de la monnaie, Bernácer, après avoir fractionné le temps pour les besoins de l'observation des comportements d'encaisses, va en reconstituer le mouvement continu[410]. Après avoir inspiré Robertson, il va en quelque sorte le dépasser, échappant ainsi aux critiques que le fractionnement du temps en jours ne manque pas de susciter[411].

---

[405] B. SCHMITT, *op. cit.*, *infra*, p. 189, a une conception proche: « Le schéma est le suivant: les banques créent la monnaie. Les entreprises transforment la monnaie bancaire en revenu monétaire. Les revenus sont consommés ou épargnés: dans les deux cas, ils finissent par être convertis en biens réels. Après conversion, le revenu monétaire est redevenu monnaie et dans un dernier temps celle-ci est reprise par les banques émettrices » (c'est nous qui soulignons). Notons aussi que pour cet auteur, comme pour Bernácer, la monnaie n'est pas, a priori, un revenu; elle a vocation à devenir un revenu mais cette conversion implique une décision de dépense et de production, l'une et l'autre étant liées par une relation dialectique. « L'achat ne devient possible qu'après transformation de la monnaie en revenus » (B. SCHMITT, *Ibid.*, p. 183). Cf. aussi *infra*.

[406] L'expression est de nous: nous évoquons une structure d'automatismes, susceptibles d'être corrigés, assurant la synchronisation des différents délais appréciés au niveau macroscopique. Cf. J.-P. ALGOUD, thèse, Université Lyon II, 1971, *op. cit.*

[407] Respectivement *Société et Bonheur*, 1916, *op. cit.* et *La théorie des disponibilités*, 1922 *op. cit.*

[408] Cf. « Témoignages », *supra*.

[409] L'expression est de nous : que l'on nous pardonne! Cf. aussi *infra* la section « Définition du coefficient de déséquilibre ».

[410] Cf. *infra*.

[411] C. NÊME-CORDEBAS, thèse sur Robertson, *op. cit.*

B. – *Le profit*[412]

1° *Le statut du profit.*

« Le profit est... la différence entre le coût et le prix... Le profit se trouve, de ce fait, compris entre deux prix : celui des éléments de la production et celui des produits obtenus[413] ». Tandis que le coût est concomitant de l'acte de production, le profit naît au moment de la vente[414]. Pour Bernácer, le profit a un caractère résiduel, aléatoire, fonctionnel et dynamique.

a) *Le profit, résidu équilibrant du marché.*

Moteur et ressort de la mise en œuvre de la combinaison productive, le profit a ceci de particulier qu'il n'est pas prédéterminé au programme de production : c'est un résidu calculé *ex-post*. Cette position semble opposée à celle de la constance marxienne du taux de profit; toujours est-il que Bernácer reproche à Keynes de n'avoir pas la même conception que lui. Keynes emploierait dans le *Treatise on money*[415] un concept de double profit: le normal et l'exceptionnel. Bernácer réprouve cette position héritée de Marshall[416]. Bernácer ne peut donc pas être d'accord avec les marginalistes et plus particulièrement Wicksell[417] qui affirme qu'il n'y a pas de résidu : « Cela me semble aller de soi, dit-il[418] et moi-même je l'ai toujours considéré comme tel, bien que je n'aie pas réalisé une analyse satisfaisante de la matière

b) *Le profit, revenu aléatoire.*

Cette qualité est le corollaire du résidu. Différence entre un prix fixé *ex-ante*, celui des éléments du coût, et un prix seulement connu *ex-post*, celui des biens et des services vendus, le profit est lié au niveau du prix de vente et a donc une existence et un volume incertains. Cependant, il convient de relativiser l'ensemble des revenus. Dans une analyse séquentielle, que Bernácer semble suggérer implicitement, on observe qu'à chaque période, les rapports des différents revenus – certains ou aléatoires – connaissent des ajustements, de sorte que la prédétermination des prix des facteurs est relative, elle est plus apparente que réelle et le profit dépend tout autant du prix de vente des produits que de leur coût et, par conséquent, le caractère aléatoire du profit ne doit pas faire conclure[419] à l'instabilité ou à la disparition, même tendancielle, du taux de profit.

---

412 F. PERROUX, *Le problème du profit*, 1925; *L'économie du XXe siècle*, p. 529 : « sur les fonctions de profit en économie capitaliste et en économie soviétique » .Cf. aussi, p. 63-64.

413 BERNÁCER, *La théorie fonctionnelle*, *op. cit.* p. 330.

414 BERNÁCER, *op. cit*, p. 257.

415 Selon Bernácer, Keynes n'abandonne pas tout à fait la distinction entre les deux sortes de profits dans la *Théorie générale*, elle est impliquée dans le schéma du multiplicateur: c'est la forte propension à épargner des patrons et des capitalistes percepteurs des profits exceptionnels dus aux hausses des prix de la période de prospérité qui provoquerait le freinage de l'impulsion créée par l'effet du multiplicateur. HAWTREY tient un raisonnement assez proche dans *Capital and Employment*, *op. cit.* p. 75 : « Les fluctuations de l'épargne sont plus fortes que celles du revenu car celles-ci portent principalement sur le profit, source principale de l'épargne ».

416 LEBRATY, *Profit, décision et incertitude*, Cujas, 1967, p. 45 : « Marshall parvenait à déduire une notion de taux normal de profit... il est clair que pour Marshall un taux normal de profit pouvait subsister dans une branche sans qu'il y ait tendance à l'élimination »

417 LEBRATY, *op. cit.*, p. 20-21 : « K. Wicksell a fort bien exposé la théorie marginaliste et en particulier celle de l'école autrichienne, la démonstration de l'inexistence d'un résidu après rémunération des facteurs a d'abord été effectuée sur un cas particulier où était supposée implicitement l'homogénéité de la fonction de production ».

418 Article publié en 1900 et traduit dans les *Selected papers on economic theory*, Allen and Unwin, 1958, p. 93: "Marginal productivity as the basis of distribution in economics".

419 Nous pensons que cette contradiction apparente est due, une fois de plus, à la dissociation souvent négligée que l'on doit faire entre l'analyse micro et l'analyse macroéconomique.

J. Ullmo[420] a découvert une autre contradiction à propos du profit chez Keynes: il lui semble que sa théorie de l'emploi (démonstration keynésienne de l'existence du chômage involontaire, à partir du rejet de la loi des débouchés) qu'il approuve, est incompatible avec la théorie keynésienne, qu'il conteste, du « profit différentiel analogue à celui de la théorie classique. On ne voit, en effet plus de raison, dit Ullmo, que le salaire soit égal au revenu procuré par la productivité marginale... La situation où le salarié reçoit moins que le revenu de la productivité marginale devient donc stable; il n'y a plus aucun automatisme économique qui s'oppose à cet état de choses. La théorie du juste salaire s'évanouit donc en corollaire de l'analyse keynésienne ».

Bernácer admet avoir succombé parfois à la tentation de dire que « la stabilité du marché implique que les produits soient vendus avec un profit « normal » ou « prévu »[421]. À ce propos, Bernácer admet[422] deux acceptions de la stabilité du marché, se prémunissant ainsi contre les critiques que l'on pourrait faire à certains aspects de son analyse qui font penser au stagnationnisme[423] , critique qui risquerait de réduire, selon nous, la généralité de sa théorie:

- au sens strict, la stabilité implique que les prix, les coûts et les profits sont invariables.
- au sens large, la stabilité c'est l'état dans lequel les revenus ont tendance à garder entre eux un certain rapport, le rapport $\frac{\text{profit}}{\text{coût}}$ en étant un exemple particulier[424].

Les conditions posées pour la stricte stabilité du marché ne sont pas indispensables, en revanche la condition $\frac{\text{profit}}{\text{coût}} = \text{cte}$ est nécessaire et suffisante car, à terme, une variation du rapport $\frac{\text{profit}}{\text{coût}}$ aurait pour effet de modifier l'offre et donc l'équilibre du coût du marché. Partant de la définition stricte de la stabilité, Bernácer pose[425]:

- P' = revenus fixes de la période
- $\Delta E'$ = coût de la variation des stocks
- $\frac{P'}{P}$ = coût moyen d'une unité de produit
- $\frac{\Delta E'}{\Delta E}$ = coût moyen d'une unité de stocks
- $P' - \Delta E'$ = coût des produits vendus
- D = prix payé pour les produits vendus
- $\frac{P' - \Delta E'}{D}$ = coût relatif des ventes

Lorsque $\Delta E = 0$ il y a stabilité, au sens *strict*, si $\Delta A = 0$; c'est aussi vrai lorsque

$\Delta E = \Delta A \neq 0$, on peut donc écrire :

---

420 *Op. cit.*, p. 92-93.

421 Cette tentation s'explique, selon nous, d'une part par la remarque précédente et, d'autre part, par la distinction, sur laquelle on n'insiste pas assez, entre bénéfice brut budgété par la firme dans sa tarification et profit net *ex-post*.

422 *Ibid.*, p. 332.

423 À ce propos, cf. aussi F. Perroux, « *Le profit et les progrès économiques* », Revue d'Action populaire, nov. 1.957.

424 BERNÁCER rejoint ainsi l'optique marxienne de la constance du taux de profit, laquelle nous paraît être en contradiction avec la théorie également marxienne, de la baisse tendancielle du taux de profit évoquée précédemment. À ce sujet, ULLMO dans *Le profit*, Dunod, 1969, p. 72, serait d'accord avec Bernácer, contre Marx, Keynes et les néoclassiques : « Sur le plan concret, la déduction logique de Marx (la baisse tendancielle du taux de profit.) a rencontré toute une école d'économistes libéraux, largement majoritaire jusqu'à une époque récente (ce qui ne nous étonne pas étant donné l'attitude générale vis-à-vis du profit) et dont Keynes fut un illustre représentant. Cette école était persuadée que les occasions d'investissements profitables étaient essentiellement limitées et seraient bientôt épuisées dans une économie parvenue à maturité). Observons que le concept de maturité de l'économie paraît, aujourd'hui, bien désuet (cf. concept de l'inachèvement chez H. GUITTON dans *Maitriser l''économie*, *op. cit.*).

425 Cf. aussi *supra*, p. 94; Δ A = variation en cours de période des «encaisses des clients» (ménages).

$$\frac{\Delta E'}{\Delta A} = \text{coût relatif des stocks}$$

La stabilité, au sens large, exige que :

$$\frac{P'}{P} = \frac{\Delta E'}{\Delta A} = \frac{P' - \Delta E'}{P - \Delta A} = \frac{P' - \Delta E'}{D}$$

À savoir que le coût relatif de production = coût relatif des stocks = coût relatif des ventes.

Nous pensons que Bernácer veut ainsi démontrer la nécessité d'évaluer la production, les stocks et les ventes selon la même méthode de calcul. Cela pose subsidiairement le problème de la comptabilisation du profit ainsi que le principe que le pouvoir d'achat né de la production se répartit, à l'équilibre, entre stocks et ventes, selon un même prix relatif unitaire[426].

Bernácer démontre la réciproque, à savoir que la stabilité au sens large peut subsister même si les prix ne sont pas maintenus. Soit le rapport des coûts relatifs de la production, différents de ceux des ventes:

$$\frac{P' - \Delta E'}{D} : \frac{P'}{P} - \frac{P' - \Delta E'}{D} \times \frac{P}{P'} = \frac{P - \Delta E'\frac{P}{P'}}{D}$$

$$\Delta E' \times \frac{P}{P'} = \Delta E \quad \text{car} \quad \frac{\Delta E}{\Delta E'} = \frac{P}{P'}$$

D'où il vient :

$$\frac{P - \Delta E}{D} = \frac{P - \Delta E}{P - \Delta A} = \frac{O}{D} = \frac{1}{\pi}$$

Nous retrouvons ainsi l'équation fondamentale de la valeur de la monnaie de Bernácer, selon laquelle il apparaît que la stabilité au sens strict n'est qu'un cas particulier de la stabilité au sens large, tel que $\Delta E = \Delta A \Rightarrow \pi = 1$[427].

c) *Le profit, revenu fonctionnel.*

Selon Lebraty[428], « Le profit, dans le modèle néoclassique, est donc considéré comme un revenu fonctionnel. Il rémunère l'activité de l'entrepreneur. Si les conditions de la concurrence sont réunies, il n'y a rien au-delà de cette rémunération. Le profit résiduel n'existe pas. Les néoclassiques reprennent ici une vieille idée, celle de profit fonctionnel[429]. Cette conception était déjà présente chez certains scholastiques ... Pour St Bernard de Sienne (1404-1444) « Le profit apparaissait en effet comme la rémunération d'un « service social» ... Ces idées se retrouvent chez les jésuites espagnols des XVIe et XVIIe siècles, en particulier chez Molina (1535-1600) et Juan de Lugo (1593-1666). La notion fonctionnelle de profit est également présente chez les classiques. Dans son *Traité d'Économie Politique* (1803) J.-B. Say affirme que le profit est un élément du coût de production. Il rémunère le travail de direction de l'entrepreneur, il a donc la nature d'un prix. Chez Smith, l'idée est moins nette ... (le profit) contient néanmoins une partie qui peut s'analyser comme un salaire ... que vienne à manquer en effet, une des conditions nécessaires au fonctionnement du modèle néoclassique, et un profit résiduel apparaîtra normalement; à côté du profit fonctionnel».

[426] Joan ROBINSON, *The rate of interest and other essays*, London, 1953, affirme que dans le cas d'un accroissement de la propension à épargner, le revenu reste inchangé dans la mesure où les stocks sont évalués aux prix de détail (profit du détaillant inclus).

[427] BERNÁCER, *La théorie fonctionnelle*, p. 335.

[428] *Op. cit.*, p. 49-50.

[429] C'est nous qui soulignons

Bernácer n'a pas pris position sur la question du profit fonctionnel ainsi défini. Cependant nous croyons devoir en parler, d'une part, à cause du terme « fonctionnel» cher à Bernácer et, d'autre part, afin de le situer face à ce concept qui nous paraît ambigu. Le profit fonctionnel défini par J. Lebraty est très proche, peut-être se confond-il avec lui, du concept de profit normal, réprouvé par Bernácer. Or, l'idée de « fonctionnel » n'est pas sans intérêt; en effet, dans l'optique bernacérienne, le profit pourrait être qualifié de fonctionnel dans la mesure où il est la rémunération de la fonction d'entrepreneur[430], et où il remplit lui-même une fonction: l'incitation au progrès[431]. Nous pensons que cette précision sémantique n'est pas inutile, dans la mesure où, nous semble t-il, elle éclaire la pensée de Bernácer sur la question, et où elle débouche sur le problème du profit, revenu du risque ou de l'incertitude.

d) Le profit, revenu du risque ou de l'incertitude? Lien entre le présent et l'avenir?

La question, ainsi posée par S. Ch. Kolm[432], en critiquant la distinction que fait Knight entre le risque et l'incertitude, ressortit aussi à l'hypothèse de travail alternative : analyse statique ou analyse dynamique? Selon J. Lebraty[433], « il revient à J.-B. Clark[434] d'avoir eu le mérite d'insister sur la distinction entre l'état statique et l'état dynamique, en analysant les composantes du changement». Cependant pour Knight[435] l'essentiel est que les conséquences fondamentales du changement ne proviennent pas du changement lui-même, mais plutôt de l'incertitude qu'il implique: « Si l'un de ces changements ou tous à la fois se produisent avec régularité ou progressivement ou périodiquement ou selon une loi connue, leurs conséquences sur le système des prix et l'organisation économique pourraient être rapidement élucidées ».

J. Lebraty[436] résume ces idées, dans une terminologie moderne dont l'esprit, sinon la lettre, nous paraît correspondre au mode de pensée bernácérien : « Ne peut-on pas en effet analyser la réalité économique comme le terrain d'un perpétuel affrontement de l'entropie et de la négentropie[437]... les formes du marché ne pourraient-elles pas s'analyser comme autant de manifestations de réaction à l'entropie du système, comme le désir des unités de production de se protéger de l'incertitude dans un univers aléatoire ? » J. Lebraty conclut, dans la première partie de son ouvrage: « l'émergence du concept d'incertitude dans la théorie du profit », à l'existence de profits certains. Bernácer eût-il été d'accord avec cette analyse? Nous pensons que oui, sa démonstration de la constance du *ratio* $\frac{\text{profit}}{\text{coût}}$ nous paraît être la transposition de cette idée, dans l'ordre macroéconomique.

Dans l'approche bernacérienne du profit, en tant qu'élément nécessaire à l'équilibre *ex-post* et à la liaison inter-temporelle dans une perspective de progrès, nous croyons déceler l'idée que J. Austruy[438] exprime en ces termes: « Le profit n'est pas seulement la récompense des réussites passées, il est aussi la prime perçue sur la société actuelle pour assurer à la société future un avenir meilleur ».

---

430 Rappelons que cette fonction peut (doit : dans le système rationnel de Bernácer) être assumée collectivement dans les unités de production autogérées.
431 Cf. F. PERROUX, *op. cit.*
432 S. Ch. KOLM, *Les choix financiers et monétaires, théorie et techniques modernes*, Dunod, 1967, p. 46.
433 *Op. cit.*, p. 74.
434 J. B. CLARK, "*The distribution of wealth*", 1899, *Essentials of economic theory*, Boston, 1907.
435 KNIGHT, *Risk, uncertainly and profit*, Houghton Miffin Co, 7e éd. 1948, p.137 (1re éd. en 1921).
436 J. LEBRATY, *op. cit.*, p. 142.
437 Dictionnaire Robert: entropie « fonction mathématique exprimant le principe de la dégradation de l'énergie. Cette dégradation se traduit par un état de désordre toujours croissant de la nature » Négentropie, mot non défini, signifierait le principe de la réaction à l'entropie.
438 J. AUSTRUY, *Le scandale du développement* cité par H. GUITTON dans la préface du livre, *op. cit.*, de Lebraty.

2° *Le rôle et la disponibilité du profit.*

Selon Bernácer, certains auteurs attribuent la cause du déséquilibre du marché à l'existence du profit. L'auteur fait-il allusion aux adeptes de l'analyse walrassienne? Walras ne disait-il pas, parlant d'une situation d'équilibre: « nous allons supposer nos entrepreneurs ne faisant ni bénéfice ni perte ... »[439]. Pourtant, Marshall, à peu près à la même époque, ne fait-il pas une analyse méticuleuse de « la fricassée d'éléments » de gains des entrepreneurs, telle que l'évoque Schumpeter[440]? Y a-t-il donc une opposition aussi affirmée au sein même de «l'» école néoclassique marginaliste ? Schumpeter ne le pense pas, il en attribue la cause à la différence d'approche entre la conception éminemment statique de Walras et l'orientation résolue de Marshall vers l'étude d'un monde en changement et en croissance. À choisir, Bernácer est évidemment plus proche de l'École de Cambridge.

Bernácer constate d'ailleurs, non sans ironie, que parmi ceux qui incriminent le profit, il y a les partisans de la thèse de la déflation et ceux de la thèse de l'inflation.

L'auteur considère que le profit fait partie intégrante de la valeur, qu'il naît au moment de la vente du produit, et qu'il n'y a pas, eu égard à l'analyse de la demande, à faire de discrimination, a priori, entre les différentes sortes de revenus. Le profit est, lui aussi, un pouvoir d'achat; son caractère aléatoire est sans effet à cet égard et nous avons vu qu'à terme Bernácer considère que tous les revenus comportent une certaine indétermination. Ayant établi que le profit n'est pas, sui generis, un revenu fonctionnellement[441] différent des autres, Bernácer va plus loin: il affirme que dans une économie monétaire de marché il faut, pour prétendre trouver une position d'équilibre, qu'au moins un type de revenu soit, à court terme, potentiellement variable et aléatoire[442].

Le fait que l'entreprise retienne momentanément le profit-revenu n'empêche pas qu'à un certain moment ce revenu devient disponible, soit pour le réinvestissement (circuit virtuel[443] : Entreprise –Ménages – Entreprises + circuit réel : Entreprises – marché des biens de capital) soit pour la dépense de consommation (circuit réel: Entreprises – Ménages – marché des biens de consommation). Nous rejoignons ainsi l'analyse faite précédemment sur le fonds de roulement.

Rappelons simplement la démarche dynamico-temporelle de Bernácer. D'une part, à tout instant, il y a dans un espace économique donné des répartitions de profits (et d'autres revenus) et d'autre part, au cours d'une période donnée, il y a échelonnement de la répartition des profits (et des autres revenus), de sorte que le temps réel n'est jamais fractionné[444], du fait de la : non-coïncidence, a priori, des périodicités des différents types de revenus et des différents types d'agents. À tout instant, le revenu disponible pour la dépense est composé de revenus de millésimes[445] différents: profits de l'année dernière, appointements du mois précédent, salaires de la quinzaine passée, épargne accumulée depuis des années[446]. Ainsi, l'événement présent est conditionné par les événements passés: les théories fondées sur une analyse des effets simultanés et les solutions alternatives

[439] L. WALRAS, *Éléments d'économie pure,* 1877, 2e M., p. 216.
[440] J. SCHUMPETER, *History of economic analysis,* Oxford University Press, 4e éd., New York, 1961, p. 1049.
[441] Vis-à-vis de la demande.
[442] Bernácer se place ainsi dans la tradition de Ricardo; B. SCHMITT affirme à ce propos (*Monnaie, salaires et profits*, P.U.F., Paris, 1966) : « La complémentarité des salaires et des profits est sans doute la plus belle conception ricardienne ».
[443] Nous l'avons dénommé ainsi pour illustrer le cas de l'autofinancement où il n'y a pas mise à disposition effective des ménages d'une fraction de profit.
[444] Reproche à Robertson, déjà signalé, *supra.*
[445] L'expression, rappelons-le, est de nous. Samuelson, dans le modèle de l'oscillateur dans lequel les revenus sont datés, et Solow dans celui de la fonction de production où les capitaux sont datés («vintage »), font des applications de cette idée.
[446] En revanche, ces exemples sont de Bernácer.

considérées en dehors de toute dimension temporelle concrète, de toute approche séquentielle paraissent bien faibles.

Nous avons déjà eu l'occasion d'évoquer les deux problèmes particuliers que soulève le profit: la détermination de son quantum exige une attente, la fin de la période de comptabilisation, et la disposition du profit, en tant que revenu à dépenser, comporte également une attente, généralement plus longue que pour les autres sortes de revenus. Tant que la répartition du profit aux ménages n'est pas réalisée, le profit accumulé par l'entreprise, en instance d'affectation, doit être traité comme un transfert d'épargne des ménages (Z). Lorsque sa répartition s'effectue, en fin de période, une partie des profits – les dividendes – viendra grossir les disponibilités des ménages (A). Aux mains des entreprises ou des ménages, le profit est un revenu comme un autre qui n'altère pas la demande globale, tant qu'aucune décision d'acquisition de biens d'équipement de la part de l'entreprise ou de consommation de la part des ménages n'est prise.

Il faudrait aussi ajouter une remarque, quant au caractère anticyclique du profit non distribué. Bernácer fait observer qu'en cas de croissance de la production, la production additionnelle ne trouve pas, en face d'elle, sur le marché, tous les revenus susceptibles de l'acquérir, car une fraction – le profit – n'est pas encore disponible pour la demande (soit d'équipement, soit de consommation). Le phénomène inverse se produit, en cas de baisse de la production[447]. Ainsi se trouvent freinées, dans une perspective d'analyse des fluctuations, les tendances à la hausse ou à la baisse de la production et du niveau de l'emploi[448].

LA PERCEPTION ET LA DÉPENSE DU REVENU[449]

À des époques convenues d'avance, une partie des disponibilités des entreprises change de mains, par le paiement des salaires, des rentes, ou des remboursements de prêts des ménages. La fraction la plus importante de ces « transferts» constitue la mise à disposition d'un revenu actuel et donnera lieu à une dépense dans un délai relativement bref. Cependant, dans une perspective temporelle, la question que soulève le décalage entre perception et dépense du revenu se résout, en définitive, à l'ensemble des problèmes que pose, dans une période de temps arbitrairement définie, la non-consommation et l'emploi de l'épargne.

A. – *La non-consommation ou l'ambiguïté du concept d'épargne*

Nous avons préféré introduire cette dénomination pour répondre à l'esprit de l'analyse de Bernácer. Tout autre eût parlé d'épargne[450] mais étant donné que la théorie bernacérienne se fonde sur la ventilation des encaisses et

[447] Le raisonnement paraît juste seulement en cas d'absence d'émission monétaire; cette hypothèse est implicite chez Bernácer, puisqu'il s'efforce constamment d'isoler les effets imputables à la création de monnaie et les effets spontanés. Au plan microéconomique, le raisonnement est moins discutable, si l'on tient compte de la pratique des achats à crédit; cependant Bernácer se place au niveau macroéconomique.

[448] ULLMO, *op. cit.*, p. 165 établit un lien étroit entre la demande globale et le profit : « la politique de deficit spending (ce qu'on pourrait dénommer en France la manœuvre de l'impasse) grossit ce profit total. Elle peut donc avoir des effets... puissants... en encourageant les entreprises à de nouveaux investissements par l'attrait de ces profits accrus et par les facilités nouvelles d'autofinancement qu'ils procurent. Il apparaît là une sorte d'amplificateur psychologique de la politique monétaire, où le profit affirme son rôle moteur ». Cette analyse est très marquée par l'optique keynésienne.

[449] Dans son article « *La théorie monétaire et l'équation du marché* » (1941), *op.cit.*, p. 33; BERNÁCER, répondant aux objections émises par Robertson dans son article de la revue Économica, *op. cit.* (p. 15) écrit : « Je ne m'oppose pas à ce que l'on considère comme nul le décalage entre la production et la perception du revenu... ce qui m'importe c'est le laps de temps qui s'écoule entre la perception des revenus et la dépense... »

[450] Pour Myrdal aussi, l'épargne est un concept monétaire, un revenu non consommé, et non une masse de biens.

que les théories dominantes d'inspiration classique, néoclassique ou keynésienne se fondent sur l'égalité, voire la confusion, de l'épargne et de l'investissement, il nous paraît essentiel de définir le produit non consommé comme une simple non-consommation, sans préjuger les différents emplois et les diverses formes de cette non-consommation.

Dans la logique de l'économie du bien-être et du besoin, et pour autant qu'il soit possible de distinguer entre biens de consommation durables et biens de capital[451], la consommation finale est naturellement le premier choix que font les ménages de sorte que, globalement, le revenu non consommé serait un résidu. Bernácer ne se prononce pas vraiment sur le double caractère de ce résidu: est-ce un résidu simplement comptable ou est-ce un résidu, en ce sens que la décision porte d'abord et principalement sur l'autre terme de l'alternative de l'emploi du revenu: la consommation?

Cependant, compte tenu d'une part du rôle du marché financier comme attrait pour le placement des disponibilités des épargnants et, d'autre part, de la mise en évidence des comportements différenciés d'encaisses, nous croyons pouvoir affirmer que la position de Bernácer, sans être aussi élaborée que la théorie du choix du consommateur ou la théorie du revenu permanent de Friedmann, est, par son refus de la simplification[452] excessive de ce point de vue que contiennent les théories keynésiennes et post-keynésiennes[453], assez différente de celles-ci.

À la suite de Keynes, les économistes contemporains reconnaissent généralement la supériorité de l'analyse de la ventilation de la demande globale, en demande de biens de consommation d'une part, et demande de biens d'investissement, d'autre part. Bernácer, non seulement n'a pas précédé Keynes dans cette voie, mais surtout, il ne l'a pas suivi, puisque pendant vingt-six ans après la parution de la *Théorie générale*, l'économiste espagnol aurait eu le temps de méditer sur cette question, s'il l'avait jugée importante. Il semble que le problème ne l'ait pas effleuré car dans *La théorie fonctionnelle de la monnaie* où, sur près de 200 pages, il justifie son analyse en la comparant systématiquement, sur de nombreux points, à ses contemporains anglo-saxons, il n'éprouve pas le besoin de s'expliquer sur celui-là.

Pour le Keynes de la *Théorie générale* le revenu est, soit consommé, soit épargné alors que pour Bernácer le revenu est soit dépensé dans le circuit de la production sous forme de demande de consommation et d'investissement, soit placé, hors production, dans l'acquisition de biens productifs de rentes.

Pour Keynes: $R = C + S$

Pour Bernácer : $R = (C + I) + T$

= demande globale + thésaurisation

Qu'on nous permette de faire observer que l'approche keynésienne est, à cet égard, dichotomique[454], alors que celle de Bernácer est franchement intégrationniste. Keynes, en ventilant d'une part la production et d'autre part le revenu, a une démarche classique.

---

451 C. NÊME-CORDEBAS, « *Essai sur les fonctions de consommation et d'épargne* ». Librairie Ferraris, Alger, 1960, extrait des Annales de la Faculté de Droit d'Alger, 4e série, p. 4 et 197 à 201. Cependant, Nême montre dans cet article que l'épargne peut être prédéterminée par rapport à certaines consommations: il y aurait donc prédépense du revenu, d'une part en consommation et d'autre parti en épargne et, seulement après, se dégagerait un revenu non consommé résiduel.

452 C. NÊME-CORDEBAS, *op. cit.*, p. 9.

453 DUESENBERRY, *Income, saving and the theory of consumer behavior*, 1949.

454 BERNÁCER dans *La théorie fonctionnelle...*, p. 266 et s. qualifie l'identité (I = S) de pure robinsonnade; selon lui, elle présuppose une économie non monétaire pour que, par définition, soit posée l'équivalence de I et de S. Ainsi seraient escamotées chez Keynes, les distorsions que comporte le passage de l'épargne monétaire (S) à l'épargne réelle (1).

Il pose[455]:

$$P = C + I \qquad \text{optique réelle}$$

$$R = C + S \qquad \text{optique monétaire}$$

or $P = R$

donc $I = S$

Dans ce raisonnement, le marché est absent, à moins que l'on ne pose que

I = offre de biens d'investissement

et S = demande de biens d'investissement

Mais alors, comment concilier cette analyse avec la ventilation keynésienne de la masse monétaire en :

$$M = M_1(Y) + M_2(i) ?$$

ou encore: comment admettre la conception résiduelle de l'épargne en tant que demande de biens d'investissement ?

Nous n'essaierons pas de démontrer les contradictions internes de l'analyse keynésienne, car tel n'est pas notre propos et nous adopterons, pour la question qui nous occupe, le point de vue généralement admis que pour Keynes, le choix dans l'alternative de la dépense porte principalement sur C, d'où il résulte que S est un résidu, un emploi amorphe du revenu. Nous ne chercherons pas pourquoi Keynes, dans son souci de démarquer son analyse de celle de ses maîtres néoclassiques, met l'accent – trop, peut-être, selon nous – sur le fait que l'épargne n'est pas, d'une part un réflexe de conservation du revenu, sensible dans son ensemble au taux d'intérêt, et d'autre part, une composante fondamentale du marché monétaire classique sur lequel se forme l'intérêt. Bernácer, d'accord sur ces deux points, avait devancé l'analyse keynésienne.

Pourtant, Bernácer n'est fondamentalement pas d'accord avec l'analyse de Keynes. Moins attaché que celui-ci à la démonstration d'un équilibre de sous-emploi, pavé que lance le bouillant économiste anglais dans la mare néoclassique, Bernácer, l'autodidacte, se place résolument dans une hypothèse de déséquilibre, où l'équilibre apparaît comme un cas particulier presque fortuit. Keynes, peut-être influencé[456] par Bernácer, s'était essayé dans le *Treatise on money* de 1930, à placer son analyse dans cette voie[457].

Son équation :

$$\pi O = E + (I - S)$$

où O représente le volume de la production

π le niveau général des prix

E le revenu

I l'investissement

S l'épargne

présente un air de ressemblance avec celle de Bernácer (1922)

$$D = R + (A - A')$$

---

[455] Notons la critique de B. SCHMITT, *op.cit.*, p. 322 : « Interprétées littéralement les équations de Keynes résultent d'une agrégation fautive».

[456] Voir dans notre conclusion le débat sur l'antériorité et l'influence des idées de Bernácer.

[457] Contrairement à la plupart des économistes pour qui KEYNES s'incarne dans la *Théorie Générale*, Bernácer attache une grande importance au *Traité,* souvent mal connu et insuffisamment commenté, selon nous, en France. R. HARROD, dans *La monnaie*, traduction française parue chez Dunod en 1971, écrit, p. 159: « Il me semble impossible de comprendre véritablement Keynes en profondeur, si l'on n'a pas lu le Traité ».

Où D représente la demande en valeur

R le revenu

(A – A') la déthésaurisation

Bernácer démontre que le deuxième membre de chaque équation est identique :

Soit S_a et S_b l'épargne en début et en fin de période, respectivement :

I_a et I_b l'investissement en début et en fin de période respectivement

$S_a - I_a$ = A les encaisses thésaurisées en début de période

$S_b - I_b$ = A' les encaisses thésaurisées en fin de période

$S_b - S_a$ = S l'épargne de la période

$I_b - I_a$ = I l'investissement de la période

Il vient que :

$$\begin{aligned} A - A' &= (S_a - I_a) - (S_b - I_b) = S_a - I_a - S_b + I_b \\ &= (I_b - I_a) - (S_b - S_a) \\ &= I - S \end{aligned}$$

Et E – (I – S) = R + (A – A')

Keynes Bernácer

La différence entre les équations des deux économistes réside donc dans le premier membre. Elle est essentielle, car Keynes prend πO, valeur de la production, alors que pour Bernácer, D représente la demande réelle. L'origine de cette différence, c'est la prise en compte des stocks par Bernácer[458]. Cette négligence des stocks de la part de Keynes, sera renouvelée dans la *Théorie générale*, dans laquelle les stocks interviennent dans le texte, sans être intégrés dans les équations de l'équilibre général, car cela détruirait, selon nous, tout l'édifice keynésien fondé sur l'égalité I = S.

Bernácer a donc raison de dire que la *Théorie générale* de Keynes marque un recul par rapport aux positions plus avancées de cet auteur dans le *Treatise*. Nous pensons que Keynes n'ignorait pas l'analyse de Hawtrey sur les stocks, qu'il n'ignorait pas la thésaurisation (I – S) dans le *Treatise* et $M_2(i)$ dans *La Théorie générale* – qu'il n'ignorait pas non plus l'analyse wicksellienne en termes de processus cumulatifs et de déséquilibres puisqu'il la cite dans le *Treatise*.

Que s'est-il donc passé entre 1930 et 1936, entre le Traité et la Théorie ? Pourquoi Keynes ne fait-il plus référence à Wicksell dans la *Théorie générale* ? Pourquoi n'intègre-t-il pas la thésaurisation dans le schéma de l'équilibre général comme en 1930, au lieu de la reléguer au seul marché du taux d'intérêt ? Pourquoi n'intègre-t-il pas les stocks, au lieu de se contenter de les citer en marge du schéma général ?

Nous pensons que Keynes, par souci de simplification didactique, car sa cible[459] n'est pas la théorie économique mais, au-delà, la politique économique, s'efforce de construire dans la *Théorie générale* un schéma simple explicatif ou démonstratif de ses thèmes privilégiés[460] : le sous-emploi, le taux d'intérêt, la

[458] Au plan des conséquences du « postulat » I = S, Bernácer considère que Keynes se ferme ainsi les voies d'une « explication logique de la dynamique économique » (*La théorie fonctionnelle*, p. 272).

[459] A. BARRÈRE, *Théories économiques et impulsion keynésienne*, Dalloz, 1952, p. 9 : « En faisant la part de ce qui, dans la « *Théorie générale de l'emploi de l'intérêt et de la monnaie* », est imputable au dessein prémédité de l'auteur et au milieu dans lequel il a vécu, on peut dégager plus aisément ce qui ressort de la pure élaboration scientifique ».

dépense publique, au mépris d'analyses plus subtiles qui risqueraient de minimiser, en les nuançant, les grandes conclusions qu'il s'attache à tirer. Son ouvrage est plus une « Doctrine » qu'une « Théorie » générale. Qu'on nous permette d'affirmer que nos remarques ne sont pas incompatibles avec une appréciation générale positive, de notre part, de la contribution keynésienne à l'économique[460] : notre jugement est-il si éloigné de celui de A. Barrère lorsque ce dernier écrit[461] « L'actualité de J.-M. Keynes n'est sans doute plus celle de la lettre de la « General theory », elle n'est certainement pas celle des textes sur l'excès d'épargne, les grands travaux, le déficit des finances publiques ou l'expansion monétaire. Seule une interprétation superficielle peut laisser croire que ces aspects particuliers constituent l'essentiel de l'œuvre, alors qu'ils n'en sont que l'application à une situation de dépression qui ne correspond plus à l'état présent. L'actualité de Keynes est dans l'esprit de son message. Celui-ci est une invitation permanente aux dépassements, à la synthèse et à la conciliation qui donnent l'impulsion à l'analyse économique[462]. Il est aussi un exemple proposé au chercheur qui doit s'efforcer de déceler les objectifs proposables à l'activité économique, afin de mieux répondre aux besoins des hommes de son temps ».

À défaut d'être intégrée dans le schéma de l'équilibre général, la thésaurisation a cependant, dans l'analyse keynésienne, une place importante[463] de même qu'elle joue un rôle marqué dans l'œuvre de Marshall. Au contraire, Wicksell a pratiquement ignoré ce phénomène, ce qui affaiblit sa théorie monétaire, alors que Hawtrey a une position plus avancée que Keynes, proche de celle de Bernácer[464]. Il accorde une grande place aux variations du fonds de roulement et à la relation étroite existant entre variations des stocks de biens et variations des encaisses, mettant ainsi en lumière la contrainte budgétaire des entreprises. Sur ce point, Hawtrey rejoint Bernácer[465], lorsqu'il montre que la baisse de la demande peut ne pas se traduire par une baisse de la production, s'il y a accroissement des stocks, cependant, cette solution implique que les entreprises puissent disposer de liquidités nouvelles. De ce point de vue les solutions théoriques de Bernácer, de Keynes et de Hawtrey sont identiques: il faut, dans ce cas, pour éviter une baisse de la production et donc de l'emploi, recourir à l'émission fiduciaire (condition nécessaire mais non suffisante, d'après Bernácer).

---

[460] A. BARRÈRE, *op.cit.*, p. 1 : « Être keynésien n'a pas plus de sens, aujourd'hui, que de se proclamer anti-keynésien ».

[461] Préface de A. BARRÈRE à la traduction française de A. H. HANSEN, *Introduction à la pensée keynésienne*, Dunod, 1967, (éd. originale en 1953).

[462] Nous voudrions cependant faire remarquer que d'autres grands économistes connus ou inconnus ont, dans leurs œuvres, lancé des invites et formulé des propositions de même nature. S'ils n'ont pas, aujourd'hui, la même place que Keynes dans l'histoire de la pensée, peut-être est-ce dû simplement à une moindre réceptivité de la part de leurs contemporains. À cet égard, l'opportunité historique de la parution de la «*General theory*» le soin avec lequel elle a été « lancée », la nationalité et la personnalité de l'auteur, et les bouleversements mondiaux qui ont suivi ont certainement contribué à son succès. Rendons simplement à Keynes le mérite dû à ceux qui réussissent !

[463] Nous jugeons cependant excessif l'éloge de R. HARROD, *La monnaie*, Dunod, 1971, p. 139 : « S'agissant de la demande intérieure de monnaie, dont il faut faire l'analyse pour compléter l'approche en termes d'offre et de demande, Keynes a fait une étude en profondeur d'une qualité qui n'est pas encore dépassée de nos jours ». Nous pensons, quant à nous, que Bernácer a précédé et « dépassé » Keynes.

[464] BERNÁCER, dans *La théorie fonctionnelle...*, p. 227 juge que c'est HAWTHEY qui est le plus proche de son analyse, notamment dans *Capital and Employment*, 1937, *op. cit*,

[465] HAWTREY, *op. cit.*, p. 99 : « L'accroissement de l'investissement » (Hawtrey désigne certainement l'épargne par le mot « investment ») « implique dans un premier temps une réduction immédiate de la consommation et, partant, de l'activité productive dans les industries qui produisent des articles de consommation, tandis que l'augmentation correspondante sur l'activité des industries productrices de biens de capital ne commencera que lorsqu'un marché favorable aura stimulé l'investissement en capital ».

B. – *L'affectation du revenu non consommé: l'épargne et la thésaurisation*

Si nous convenons, avec Bernácer, de ce que le revenu non consommé ne peut être confondu avec l'épargne, au sens où l'épargne est investie dans la production, nous admettons que la non-consommation d'une période se compose de deux éléments : l'épargne et la thésaurisation. L'épargne, c'est le revenu non consommé affecté à des emplois productifs, alors que la thésaurisation c'est le revenu non consommé affecté à des emplois hors du circuit de la production.

Une définition aussi générale a le mérite de permettre la comparaison entre différentes théories. La définition de la thésaurisation, par exemple, peut aussi bien illustrer « l'interruption du procès de la production » observée par Marx que la liquidité keynésienne ou que la thésaurisation double de Bernácer. Les auteurs qui accordent quelque importance au concept de thésaurisation ont ceci en commun qu'ils considèrent que c'est une fuite hors du circuit de la production. Cependant, si l'on approfondit les deux concepts, si l'on tient compte surtout de leur intégration dans l'analyse d'ensemble, on s'aperçoit de la fragilité de notre définition, due à la diversité des optiques en présence.

Le critère qui permet de définir l'épargne est l'emploi productif. Or Bernácer recense deux emplois possibles de l'épargne dans la production: la formation de capital fixe et la formation de stocks, les deux emplois ayant des effets fondamentalement différents puisque la première est une demande sur le marché des produits finis, alors que la formation de stocks est en majeure partie une non-demande. Robertson a une définition proche de celle de Bernácer, alors que Hawtrey et Keynes ont une définition plus large. Chez ce dernier, l'« investissement» est en quelque sorte un placement de l'épargne, alors que Robertson s'efforce de préciser ce même mot: « capital-formation (sometimes nowadays called, rather confusingly, by the name investment) »[466]. Cette distinction est si fondamentale dans la théorie de Bernácer que, malgré l'habitude que nous avons du mot investissement, nous nous sommes efforcés de nous abstenir de l'employer dans tout notre ouvrage, afin de clarifier l'analyse.

À notre sens, l'ambiguïté du concept keynésien de « investment» est grave, elle détruit son analyse de la propension à investir et de l'efficacité marginale du capital, car l'ensemble «investissement» n'est pas fonctionnellement[467] homogène, de sorte que les motivations et les effets des différentes parties de l'ensemble (capital fixe, stocks) ne sauraient répondre aux mêmes critères d'analyse. L'origine de la confusion tient à un malentendu qui date des classiques: les biens de consommation en stock sont considérés comme du capital .Joan Robinson a dénoncé, comme Bernácer, l'ambiguïté du mot capital dans les théories anciennes et actuelles.

Nous n'insisterons pas sur la faiblesse de l'optique classique, si ce n'est pour dire que, d'une part, elle résulte d'une absence d'observation élémentaire de la réalité et, d'autre part, qu'elle conduit à la négation de la possibilité de la croissance. De cette première confusion est née celle qui touche à la fonction de l'épargne: comment, à la fin du siècle dernier et dans les années 1930, a-t-on pu écrire que l'épargne pouvait être la cause des crises? N'appelle-t-on pas épargne, à ce propos, ce qui est en fait une non-demande sur le marché des biens de la production contemporaine ? Cette épargne que l'on incrimine, n'est-ce pas précisément la

466 D. H. ROBERTSON, *Essays in monetary theory*, p. 140.
467 Au sens étymologique et non mathématique

thésaurisation? Dans son premier ouvrage *Société et Bonheur* (1916), Bernácer condamne certains effets de l'épargne, cependant, il n'incrimine en fait qu'une fraction de l'épargne, celle que dès la « *Théorie des disponibilités* » (1922) il dénommera la thésaurisation.

Or, la thésaurisation n'est pas absente des théories du XIXe siècle. Des auteurs aussi différents que Marx[468] et Marshall lui accordent une certaine place dans leurs analyses; Walras a effleuré le concept; en revanche, on s'étonne que Wicksell, le père des processus cumulatifs, ait ignoré la question. Il revient à Bernácer, qui a ignoré l'œuvre de Wicksell jusqu'à la publication du *Treatise* de Keynes, le mérite d'avoir construit sa théorie de l'emploi et des fluctuations sur la thésaurisation et d'avoir, en outre, consolidé la thèse wicksellienne fondée sur le taux d'intérêt, en établissant une relation étroite entre les deux phénomènes : taux d'intérêt et thésaurisation[469].

Pour Bernácer, la thésaurisation est une épargne, en abstention de pouvoir d'achat, qui ne se réalise pas dans sa finalité économique : une demande de biens durables. C'est un phénomène qui fait partie intégrante d'un phénomène plus vaste : la disponibilité, qui touche non seulement les biens de capital mais aussi les biens de consommation. De sorte, qu'a priori, le décalage constaté entre perception du revenu et dépense, sous forme de demande de biens, existe aussi dans la consommation. Cependant, constate Bernácer, les disponibilités ayant vocation à être consommées à court terme sont moins instables que celles qui se destinent à l'épargne, car il existe des besoins impérieux de consommation qui régulent la dépense de consommation. Nous ne sommes pas éloignés de la constance keynésienne de la propension à consommer à court terme. La différence entre les deux auteurs provient de l'analyse plus rigoureuse et plus audacieuse de l'épargne chez Bernácer. Ce dernier perçoit très bien que, dès l'instant où la masse monétaire se compose de fractions inégalement instables, c'est sur la portion la plus instable (chez Bernácer : les disponibilités des épargnants) qu'il faut porter l'effort de l'analyse afin de mettre en évidence les facteurs d'instabilité du système économique tout entier et la mécanique des déséquilibres. Nous ne reprocherons pas à Keynes d'avoir ignoré la thésaurisation puisqu'elle est présente dans sa théorie de l'intérêt, nous regrettons qu'il ne l'ait pas plus directement intégrée dans le schéma d'équilibre. Cela revient à remettre en cause ce dernier, car l'optique se trouve alors très nettement modifiée même si, à bien des égards, les analyses bernacérienne et keynésienne sont souvent très proches dans leur philosophie d'ensemble.

Comparant les analyses classiques et keynésiennes, Bernácer montre que la position de Keynes apparaît comme une tentative avortée d'hétérodoxie. Les classiques, soucieux de démontrer l'équilibre, posent que $P = R \Rightarrow I = S$. En toute logique, la position méthodologique de Keynes lui paraît difficilement soutenable, car le souci légitime d'hétérodoxie de Keynes part de l'observation des faits, particulièrement après la grande dépression de 1929. De sorte que, logiquement, sa théorie devrait se donner pour objectif la démonstration des déséquilibres: il devrait donc, selon Bernácer, et nous sommes d'accord avec lui, prolonger[470] son essai du

[468] Il semble que le concept marxien de thésaurisation soit proche de celui de Keynes et de Marshall. La thésaurisation est un phénomène psychologique appréhendé au niveau de l'individu. Sur ce point, et en ce qui concerne Marx, l'interprétation de S. de Brunhoff coïncide avec celle de H. Denis. Ce dernier va même plus loin; dans son article *op. cit.*, p. 440, il évoque, sans la nommer mais en utilisant le même exemple chiffré que Keynes (2 %), la trappe à liquidités, en admettant que lorsque l'intérêt est très bas la confrontation des prêteurs et des emprunteurs se trouve perturbée, car la thésaurisation devient alors moins risquée et moins coûteuse.

[469] Cf. « *Le taux d'intérêt* », p. 251.

[470] Et le corriger, car KEYNES pose dans le *Treatise* que $E \neq I$, $P \neq R$ et que $E - I = P - R = Q$ (profit *anormal*). Bernácer est d'accord avec la définition d'un écart, a priori, $(E - I)$, mais il ne peut l'être sur l'explication de cet écart, que l'on prenne $(P \neq R)$ ou (Q) profit anormal, deux notions que Bernácer rejette.

Treatise par un traitement systématique de l'écart entre le revenu qui ne se consomme pas et le revenu qui s'investit : la thésaurisation.

C. – *Les facteurs de variation de la thésaurisation*

La théorie de Bernácer n'accorde pas au système bancaire le même pouvoir que Wicksell, Hawtrey, Robertson, Keynes ou plus généralement, les suédois et les anglais[471]. Selon lui, il n'y a pas de décideur privilégié dans ce domaine : autorité monétaire, intermédiaires financiers, entreprises, ménages ont leur rôle à jouer. S'il devait y en avoir un, peut-être accorderait-il aux entreprises et aux ménages, gestionnaires du fonds de disponibilités d'épargne, une importance prépondérante. En effet, il reproche à Hawtrey et à Keynes particulièrement, de n'avoir pas vu que la variation de l'équilibre n'est pas nécessairement due à une variation globale de la masse monétaire.

– Implicitement, cela signifie que ces auteurs n'ont pas envisagé[472] qu'une variation de la masse monétaire peut être neutralisée par les comportements d'agents (entreprises ou ménages) soit par la thésaurisation, soit par la déthésaurisation soit encore, croyons-nous, par l'allongement ou la réduction des délais habituels de paiements. Cependant Koopmans dans un article intitulé « Zum problem des neutralen geldes » repris dans *Beitrâge zur Geldhere* de Hayek, 1933, reprend sans le savoir deux idées bernacériennes, selon l'éloge mitigé d'A. Piettre, *op. cit*., p. 420-421 : la liaison entre l'offre et la demande de monnaie avec le reste de l'économie, et l'incidence de la thésaurisation et de la déthésaurisation. Nous pensons, quant à nous, que Koopmans apporte à la théorie économique plus qu'une « expression améliorée de la théorie quantitative de la monnaie » : il relativise tout le schéma de l'équilibre monétaire. Nous résumons ci-dessous l'exposé qu'en donne A. Piettre : $C + S + \Delta M = C + I + \Delta L$

avec ΔM : variation de la masse monétaire et ΔL : variation de la thésaurisation. Deux cas :

si $\Delta M \uparrow$ => soit $\Delta L \nearrow$ (pas d'inflation)

soit $(C + I) \nearrow$ (inflation)

si $\Delta L \uparrow$ => soit $(C + I) \searrow$ (déflation)

soit $\Delta M \searrow$ (équilibre sans déflation)

Nous n'avons pu établir si Koopmans avait pu être touché par l'article de Bernácer de 1922 envoyé à 150 économistes de réputation mondiale. Cependant la proximité des analyses des deux auteurs (puisqu'on ne peut parler d'emprunt) est grande.

– Explicitement[473], cela signifie que les anglais n'adoptent pas résolument la thèse du revenu, en l'appliquant aux différentes fonctions de la monnaie telles qu'ils les ont définies. Hawtrey par exemple croit devoir chercher du côté des banques la cause des variations de la demande. Bernácer juge que sur l'analyse de la dépense, les américains[474] ont une position plus réaliste. Cependant il n'est pas d'accord avec la thèse de la

---

[471] À cet égard, Marx, tout en accordant aux banques un pouvoir d'appréciation dans l'opportunité de créer de la monnaie (H. DENIS, art. *op. cit.* de la *Revue Économique,* 1950, p.442), aurait une position proche de celle de Bernácer, puisqu'il considère que le ressort de cette création est la demande.

[472] Cependant Keynes semble avoir eu une certain intuition dans ce sens avec la trappe à monnaie; encore que celle-ci soit fonction du niveau d'intérêt.

[473] BERNÁCER, *La théorie fonctionnelle*, p.288.

[474] Cf. *infra*

surproduction de Catchings[475] et celle de la sous-consommation de Moulton, car nous l'avons déjà vu[476], Bernácer, optimiste à cet égard, considère que la réserve de besoins non satisfaits est énorme. Pourtant Bernácer reconnaît à ces auteurs américains le mérite d'avoir vu, après lui mais avant Keynes, que le pouvoir d'achat incarné dans la monnaie a des effets dépressifs sur les prix, la production et l'emploi, tant qu'il ne se transforme pas en demande. Ainsi Moulton montre-t-il que l'épargne ne trouvant pas d'occasion d'investissement cherche et trouve, en dehors du circuit de la production des occasions de placement lucratif. Sur ce point, l'analyse de Moulton[477] est proche de celle de Bernácer. Cependant, il lui manque une analyse plus fouillée des emplois de l'épargne investie (l'analyse bernacérienne du fonds de roulement nous paraît supérieure), et la détermination des causes de fluctuations des prix. Quant à Catchings, il confond comme la plupart de ses contemporains l'épargne totale et l'épargne investie.

En revanche, nous pensons que l'analyse de la demande globale ventilée en consommation d'une part et investissement d'autre part, telle qu'elle apparaît chez Catchings et chez Moulton, puis chez Keynes, met en évidence d'autres facteurs de déséquilibre, à court terme, à partir de l'analyse du ratio $\frac{C}{I}$. L'absence d'une telle analyse chez Bernácer limite bien entendu la généralité de celle-ci, cependant nous pensons qu'un enrichissement de sa théorie est possible à partir de l'analyse (C + I)[478].

Où est donc la cause principale, car il y a pluralité de causes, des variations de la thésaurisation selon Bernácer ? C'est dans un complexe structurel dispensateur de rentes: le marché financier. Ce marché, par la possibilité qu'il offre, structurellement de servir des intérêts, conjoncturellement de permettre des plus-values spéculatives, constitue une tentation constante pour l'épargnant d'y placer ses disponibilités, plutôt que de les engager dans le processus de la production dont les possibilités de rendement sont généralement inférieures, à risque égal.

Nous rappellerons que le concept de thésaurisation est souvent entendu au sens très restrictif de la monnaie métallique ou de la monnaie fiduciaire, tel que l'évoque l'image du bas de laine. H. Guitton, dans son manuel, ne parle de thésaurisation qu'à propos de l'or[479], en insistant sur l'importance du volume de la thésaurisation d'or. Bernácer serait bien d'accord avec ce dernier point, cependant il donne un contenu bien plus vaste à la thésaurisation telle que nous l'avons résumée dans la dénomination de *thésaurisation double*. Pour Bernácer, la thésaurisation c'est le maintien, hors de l'activité productive, du pouvoir d'achat incarné par la monnaie; elle comprend donc:

a) la thésaurisation au sens banal: monnaie figée;

---

[475] Bernácer cite H.G. MOULTON, *Income and Economic progress*, Brookings Institution; CATCHINGS, *Profits* (1925).

[476] Cf. *supra* « Les déséquilibres », p. 87.

[477] Pour H. G. MOULTON, *op. cit.*, p. 38-39:
- il y a identité entre le prix du marché et la somme des revenus distribués;
- l'insuffisance de la demande de consommation ne provient donc pas de ce que les prix et les revenus distribués sont différents;
- l'étude statistique (aux États-Unis entre 1900 et 1930) montre qu'il y a des revenus qui ne sont dépensés ni dans la consommation ni dans la production.
- la cause de cet écart est que la production n'est une activité rentable que pour autant que la demande soit suffisante, or l'épargne est une non-demande globale.

[478] Toutefois observons, avec ACKLEY, *Macroeconomic theory*, Mac Millan, New York, p. 584-585 que dans une économie développée, l'investissement et la consommation varient plutôt dans le même sens qu'en sens inverse l'un de l'autre. Cette observation tend à justifier l'analyse par la demande globale de Bernácer.

[479] H. GUITTON, *La monnaie*, *op. cit.*, p. 177 : une évaluation, faite en 1963, de la thésaurisation d'or par les particuliers donnait un chiffre de l'ordre de 16 milliards de dollars soit l'équivalent de l'encaisse-or des États-Unis.

b) la monnaie en mouvement dans le circuit financier, en cours de réalisation des opérations non productives dont la plupart sont de nature spéculative.

Nous ne connaissons pas d'autres économistes qui aient adopté une telle définition. Le vaste champ donné par Bernácer à la définition de la thésaurisation résulte naturellement de son approche fonctionnelle. Pour l'activité de production, pour le niveau de l'emploi, la monnaie liquide en attente d'une spéculation heureuse – concept keynésien de la thésaurisation – joue le même rôle que la monnaie en cours de réalisation d'une opération sur le marché financier.

D. - L'investissement, la formation de capital fixe et les stocks

Bernácer considère que la formation du capital fixe ne saurait être confondue avec la formation des stocks. Son analyse, au niveau global où elle se tient, n'est évidemment pas très affinée, et il y aurait lieu de l'approfondir à l'aide du tableau d'échanges inter-industriels d'une part, et dans la perspective de la croissance, d'autre part. Faute de l'avoir fait, la thèse de Bernácer peut paraître sommairement établie. Nous pensons que l'on ne peut pas lui faire grief de n'avoir pas, voici quarante ans, étendu son analyse dans ces deux directions, car l'économique a connu depuis des progrès accélérés dans cette voie. Au contraire, nous croyons que son analyse suscite – à défaut de les avoir annoncés – ces approfondissements. Elle débouche naturellement sur une analyse fouillée de la comptabilité nationale et sur celle de la croissance de la production. Sans chercher à établir le mérite de Bernácer dans cette perspective historique de dynamique des idées, nous nous attacherons surtout, en revenant à l'époque où il écrivait, à montrer que son analyse constitue, sur ce point aussi, un bouleversement des idées classiques et une contribution à la réalité de l'analyse économique, supérieure à celle de la plupart de ses contemporains.

L'idée de Bernácer semble avoir été « reprise» par Koopmans dans sa théorie de la « demande pure», « demande dans laquelle il n'y a pas égalité entre l'ensemble des biens demandés et offerts. Il n'y a pas égalité walrassienne »[480]. Koopmans, pour expliquer cette disparité pose l'équation de l'équilibre global:

$$C^* + I^* + \Delta L = C + S + \Delta M$$

où C* et C représentent la consommation, respectivement anticipée et réalisée

I* et I l'investissement respectivement anticipé et réalisé

Δ L la variation de la demande d'encaisses

Δ M la variation de la masse monétaire

Il utilise donc l'opposition *ex-ante / ex-post* pour représenter le décalage, alors que Bernácer stigmatise ce décalage dans le rapport $\pi = \frac{D}{O}$ où D et O sont différents, a priori, du revenu et de la production, du fait des variations de stocks.

La théorie de Koopmans de la demande pure ainsi définie reflète très précisément le postulat[481] bernacérien fondamental, historiquement antérieur, qu'a priori et en général, l'ensemble des biens demandés ne coïncide

[480] H. GUITTON, *La monnaie*, Dalloz, 1969, p. 343.

[481] C'est nous qui forgeons ce postulat en résumant les idées-forces de l'auteur.

pas parfaitement avec l'ensemble[482] des biens offerts, quelle que soit l'approche – statique ou dynamique – et quel que soit le système d'organisation où l'on se trouve – économie de marché, économie planifiée –, qu'il n'y a aucun ordre naturel qui fasse que la confrontation de l'offre et de la demande se résolve en une confusion des deux ensembles - réel: l'offre, et virtuel: la demande – de biens. Nous insistons sur cette idée, car elle explique tout le système de raisonnement économique de Bernácer ; elle constitue selon nous, la véritable révolution bernacérienne de la pensée économique, révolution qui est d'abord un refus de toute la philosophie de l'analyse classique, mais surtout l'amorce d'un courant contemporain de recherches économiques fondé sur les concepts de l'indétermination[483], la dynamique et la relativité de la rationalité, notamment.

Le critère essentiel pour Bernácer de la distinction de ce qui est stocks et de ce qui est formation de capital est celui de la demande : c'est la décision volontaire de celui qui mettra en œuvre les biens en question.

• *Cas des biens de capital*: un bien d'équipement productif est, entre les mains de son producteur, un élément de l'offre qui pèse à la baisse sur le marché des produits : c'est une demande de disponibilités (de liquidité). Une fois acquis par celui qui la mettra en œuvre, d'une part il est en mesure de réaliser sa finalité qui est d'accroître, toutes choses égales d'ailleurs, la production, et, d'autre part, le paiement de son prix injecte – en amont – un volume de disponibilités. Cela se traduit in fine par des décisions de produire, par des distributions de revenus : c'est le sang qui irrigue l'appareil de la production.

• *Cas des biens de consommation* : l'assimilation de la formation de stocks de biens de consommation à un investissement telle que, implicitement, Keynes le fait à la suite des classiques, nous paraît aberrante et en contradiction avec son analyse sur le comportement des entrepreneurs.

Lorsque Keynes pose, dans l'équation en termes réels :

$$P = C + I$$

que C représente le volume des biens de consommation produits et que, dans l'équation en termes monétaires

$$R = C + S$$

C représente la valeur du volume de C ; c'est faire une pétition de principe que, d'une part l'équilibre entre l'offre et la demande est réalisé, et d'autre part que les prix sont demeurés constants dans l'intervalle.

Quel est l'industriel qui, partant d'une situation générale jugée équilibrée, et voyant au cours de la période qui suit ses stocks de produits finis augmenter, considérerait que ses invendus sont, toutes choses égales d'ailleurs, un élément positif de l'activité de la période écoulée ? C'est une question de bon sens que de considérer différemment le cas où la comparaison des deux bilans consécutifs de l'économie nationale ferait ressortir qu'à l'actif :

- dans un premier cas, le poste « biens d'équipement productif » a augmenté, ce qui traduit une formation nette de capital fixe et annonce donc une future production en croissance, avec ses répercussions sur le niveau de l'emploi, le bien-être, etc...
- dans un deuxième cas, le poste, «stock de biens de consommation » a augmenté, ce qui traduit potentiellement une saturation relative de la consommation et annonce, toutes choses égales d'ailleurs, des perspectives plutôt moins favorables pour les programmes de production et d'emploi de la période suivante.

---

[482] Au sens mathématique.

[483] Bernácer eût certainement souscrit à cette affirmation de Bernard SCHMITT, *Monnaie, salaires, profits*, *op. cit.* : « La monnaie est indéterminée ». H. GUITTON définit l'indétermination: une absence de relations rationnelles, et s'interroge, *op. cit.*, p. 352 : «Est-ce que cette indétermination est satisfaisante ? Est-ce qu'il faut s'en contenter ? Est-ce qu'il faut vivre dans cette indétermination? »

Il est bien évident que les effets qu'il est raisonnable de prévoir dans le premier cas sont de nature à provoquer ou entretenir la prospérité et la croissance, alors que dans le deuxième cas, il faut s'attendre à un certain ralentissement de l'activité, voire à un renversement de la tendance.

Peut-être pourrait-on discuter du principe de la discrimination, sans doute trop tranchée, que fait Bernácer entre demande de biens d'équipement et formation de stocks, car cela revient à négliger l'importance technique et économique des stocks-outils, dont la reconstitution après une période d'essor peut représenter une véritable demande d'investissement. L'auteur n'a pas entièrement ignoré ce problème lorsqu'il dit que la formation de stocks peut donner lieu à une distribution de revenus[484]; cependant nous pensons que ce qui l'a empêché d'affiner son analyse dans ce sens, c'est la difficulté d'appréhender au niveau global la formation volontaire de stocks par les entreprises, par opposition à la formation subie des stocks, cette dernière exprimant une non-demande.

La disparité entre l'épargne et la formation de capital a aussi un fondement temporel. L'analyse dynamique consiste à montrer que lorsque le revenu naît, en même temps que le produit chez le producteur, il faut attendre de le voir revenir sous forme de dépense et que de ce retour dépend en définitive le sort du produit actuel et des plans de la production future. « La monnaie est un droit de demande qui naît de la production et s'éteint avec la demande »[485].

Le décalage spatial entre les décisions d'investir et d'épargner (les investisseurs ne sont pas, en général, les épargnants) et le décalage temporel entre l'accumulation de l'épargne et la réalisation de l'investissement sont deux facteurs dont le cumul doit, en parfaite logique, faire conclure à la non-coïncidence automatique, a priori, de l'épargne (= non-consommation) et de l'investissement. Or le décalage –temporel en particulier – peut être théoriquement aussi grand que l'on veut et l'histoire a montré que ce cas théorique s'est souvent réalisé. L'étude d'un tel décalage est essentielle pour la compréhension du mouvement général de l'économie et du mécanisme du marché. C'est un élément primordial de l'instabilité du système.

---

[484] Cf. *infra*, dans « *Une théorie dynamique de la valeur de la monnaie* » paragraphe sur le « placement de l'épargne »: le terme (r) représente la fraction de la formation des stocks qui se traduit par une distribution de revenus.

[485] BERNÁCER, *op. cit.*, p. 277.

TABLEAU COMPARATIF DES ÉLÉMENTS DE L'ÉQUILIBRE

ÉLÉMENTS COMPARÉS	BERNÁCER 1916-1922[486]	KEYNES 1930[487]	HAWTREY 1932[488]	KEYNES 1936[489]
Automatisme P = R	oui	non	non	Oui
Automatisme I = S	non	non	non	Oui
Définition de l'équilibre	« Lorsque l'épargne est égale à la formation de capital fixe »[490]		« Si tous les coûts comprennent des revenus et si tous les revenus sont dépensés ou placés et si le placement est égal au capital installé, l'équilibre est assuré ».[491]	
Causes de déséquilibre	$P = R$ or $I \neq S$ Thésaurisation $(S - I)$	$P \neq R \Rightarrow I \neq S$	$P \neq R \Rightarrow I \neq S$ Coûts = revenus ≠ prix (écart = profits)	

Ainsi, la monnaie, par les décalages qu'elle introduit dans la création du revenu et dans la réalisation de la dépense, contient en son sein de par sa nature et de par ses fonctions, les germes de toute la problématique de sa valeur. L'étude de celle-ci ne relève pas de la pure spéculation intellectuelle, elle se trouve en fait au cœur de la science économique, comme la synthèse d'un grand nombre d'éléments essentiels de l'activité[492].

LA VALEUR DE LA MONNAIE[493]

La notion de valeur est indissociable de la structure de la répartition du produit[494]. De plus, elle n'a de sens que dans la mesure où il y a à la fois rareté relative du produit et liberté de choix des produits. Un tel système est

[486] Référence des ouvrages citée *supra*.
[487] Référence des ouvrages citée *supra*.
[488] HAWTREY, *The art of Central Banking*, London, 1932, p. 93.
[489] Référence des ouvrages citée *supra*.
[490] BERNÁCER, *La théorie fonctionnelle*, p. 273
[491] HAWTREY, *Capital and Employment*, *op. cit.*, p. 99.
[492] Cf. H. GUITTON, *Revue économique*, 1950, V, p. 614, «La valeur de la monnaie dans l'économie contemporaine ».
[493] J. DENIZET, « La part des phénomènes monétaires dans le modèle de Keynes et dans les modèles de comptabilité économique » in *Économie appliquée* (Théorie monétaire, 1958, p. 466) affirme: « On peut dire que la grande revendication des économistes les plus clairvoyants pour l'intégration de la théorie monétaire dans la théorie générale de la valeur n'a pas encore abouti ». Puisse l'essai de Bernácer nous mettre sur la voie.
[494] BERNÁCER, *La théorie fonctionnelle de la monnaie*, p. 46.

celui qui existe dans la majorité des pays mais on pourrait imaginer d'autres systèmes où la valeur n'aurait pas la même signification, voire même aucune signification, tel que dans le régime « utopique» du socialisme français de la répartition « à chacun selon ses besoins » ou du strict rationnement tel qu'il se pratique, quelquefois, en période de guerre.

Si l'on admet que la répartition en valeur est un système supérieur[495] élaboré par notre civilisation, on admettra que le fondement théorique de la notion de valeur est doublement relatif, d'une part, à la structure de la répartition et d'autre part, au moyen circulatoire qui en est l'instrument : « la valeur n'est pas un concept immanent qui apparaît dans n'importe quelles conditions. Il naît d'un besoin social et répond à un certain régime de répartition qui n'est pas le seul que l'on puisse imaginer[496] ». Il est donc logique que la valeur ait pour étalon l'unité monétaire; vouloir dissocier valeur et monnaie est absurde[497].

La répartition en valeur ne va pas sans inconvénients. Deux difficultés majeures sont à résoudre: la conservation dans le temps de l'unité de valeur et la double détermination de la valeur des biens et des revenus. La solution de ces problèmes tient à l'efficacité des structures et particulièrement du marché qui est la structure par excellence de l'échange.

Pour Bernácer, la valeur n'est pas un concept abstrait, c'est une certaine quantité d'unités monétaires qui permet à la fois d'évaluer le revenu et la dépense, l'effort de production et le produit. Il est donc partisan du concept de valeur d'échange et non de valeur d'usage. La valeur de la monnaie se définit donc strictement par rapport à la valeur des biens, comme étant l'inverse du niveau général des prix[498]. Bernácer, sur ce point, rejoint l'opinion unanime[499] [500] de ses collègues.

Il s'éloigne cependant de certains auteurs lorsqu'il affirme qu'il n'y a pas d' « expression positive » de la valeur « hors du prix[501] ». Toute répartition du revenu dans le processus de la production se traduit par une augmentation de la valeur des biens. Le coût est l'ensemble des prix des facteurs et la différence entre le coût et le prix: le profit, constitue avec le coût l'ensemble des revenus. Au niveau macroscopique, ce raisonnement nous paraît pertinent, d'autant plus que Bernácer affirme que cela ne préjuge pas la justice de la répartition entre les différentes parties prenantes de la production.

---

495 Selon Bernácer la supériorité du système de la répartition en valeur tient à ce qu'il rend compatible la libre satisfaction des besoins individuels et la limitation naturelle du produit.

496 Ce relativisme historique paraît en contradiction avec les ambitions généralistes de certaines théories telles que la théorie monétaire de Marx, selon l'interprétation, il est vrai, de S. DE BRUNHOFF, *op. cit.*

497 Bernácer condamne ainsi toutes les tentatives ayant pour but de renier l'expression monétaire de la valeur (Ricardo, Marx..., Comptabilité sociale en temps de travail, thème actuel de recherches à Grenoble). Il nous semble aussi que Bernácer assimile à cet égard les théories néo-classiques de l'utilité aux théories dissociantes de la valeur et de la monnaie. De ce point de vue, Bernácer paraît être très en pointe vis-à-vis de ses contemporains monétaristes. La monnaie est, chez lui, plus intégrée au schéma « réel » que chez Wicksell, Robertson, Myrdal et peut-être Keynes et ses wage-units.

498 Cependant, selon .J. MARCHAL et J. LECAILLON, *Les flux monétaires*, p. 291, dans le *Traité de la monnaie*, Keynes ne retient que le prix des biens de consommation.

499 Si l'on admet que l'utilité de la monnaie, en tant que bien de thésaurisation, telle qu'elle est définie dans le concept de préférence pour la liquidité de Keynes, ne remet pas en cause la définition générale de la monnaie et que cette utilité se résoudra elle-même *in fine* en une demande de biens ayant un prix.

500 Les manuels définissent généralement la valeur de la monnaie par rapport à un système de prix. L. BOURCIER DE CARBON, p. 87, *op. cit.*; R. BARRE, *Économie politique*, t. 2, Thémis, P. U.F. ; H. GUITTON, *La monnaie*, *op. cit.*

501 BERNÁCER, *La théorie fonctionnelle*, p. 51-52 « Le prix qui varie pour des raisons circonstancielles a une expression différente dans chaque cas; la valeur qui n'obéit, dans ses variations, qu'à des raisons fondamentales a une expression univoque pour un espace et pour une époque relativement peu étendue, quoique plus stable, la valeur n'a cependant rien d'immanent ». Cf. la notion de prix permanent chez M. Friedmann.

La théorie quantitative de la monnaie[502]

La seule théorie élaborée[503] de la monnaie jusqu'à la « théorie fonctionnelle» de Bernácer est la théorie quantitative de la monnaie. On peut considérer que les théories plus récentes sur la demande de monnaie par exemple sont des sous-théories de la T.Q.M.[504].

Le point de départ de cette famille de théories est une équation dont le premier membre est censé exprimer les échanges en termes monétaires et le second les échanges en termes réels, la variable dépendante qui fait le lien entre les deux étant le niveau général des prix. Elle repose implicitement sur une hypothèse d'équilibre du marché et, bien entendu, sur la neutralité de la monnaie.

EXPOSÉ COMMENTÉ DES THÉORIES QUANTITATIVES

La théorie quantitative de la monnaie est, en quelque sorte, une théorie dégénérée. S'inscrivant d'abord dans un système d'hypothèses classiques[505], puis néoclassiques, et s'attachant à montrer l'existence d'une relation simple de proportionnalité entre les variations de la masse monétaire et les variations du niveau général des prix, la théorie quantitative formait un tout cohérent, construction fondée sur la méthode déductive. Les critiques apportées à partir de l'observation des faits ont conduit les théoriciens tantôt à rejeter – mouvement minoritaire – tantôt à conserver en la reformulant et en la dénaturant, croyons-nous, la théorie quantitative de la monnaie, Nous jalonnerons l'histoire de cette théorie par les formulations néoclassiques de Irving Fisher, de l'École de Cambridge, de Keynes, de l'École de Chicago, de Maurice Allais.

Dans son ouvrage fondamental de 1911, Irving Fisher[506] établit une « vérité comptable, évidente et simple[507], que dans une période donnée le flux monétaire est égal au volume des paiements réalisés ».

$$M\,V + M'\,V' = P\,T$$

« De cette relation comptable, les quantitativistes vont tirer des relations causales, c'est-à-dire une signification normative»[508]. En affirmant que M' est proportionnel à M, que V et V' sont des constantes structurelles, et que seul M est susceptible de variations autonomes, si T manque d'élasticité, « on conclura à la liaison univoque de M en P, refusant par postulation la liaison bi-univoque de P en M »[507 509].

---

[502] Cf. *Essais sur la nouvelle théorie quantitative de la monnaie*, P. U.F., Paris, 1970, par D. BLONDEL, J.-P. DALOZ, Cl. JESSUA.

[503] Nous ne considérons pas comme « théories élaborées » les critiques des antiquantitativistes, fussent-elles aussi novatrices que celles de B. Nogaro et de A. Aftalion.

[504] Pour les besoins de notre étude, nous ne suivrons pas exactement la classification établie par L. BOURCIER DE CARBON, *op. cit.*, p. 87 : nous considérerons comme faisant partie de la lignée de la théorie quantitative: la théorie « mécaniste », la théorie revue par Keynes et les reformulations telles que celles de M. Friedmann, D. Patinkin et M. Allais. Quant à la théorie psychologique, nous la présenterons plutôt comme une critique de la T.Q.M. que comme une théorie originale.

[505] Exclusion faite des précurseurs mercantilistes.

[506] I. FISHER, *Purchasing power of money*, 1911.

[507] Bernácer qualifiera cette relation de pure tautologie.

[508] L. BOURCIER DE CARBON, *op. cit.*, p. 92.

[509] Fisher ne nie pas que M, V et T peuvent varier, cependant il considère que *normalement* c'est M qui varie et qui a une action sur P.

Bernácer[510] considère que l'édifice de la théorie quantitative a été élevé à la gloire de la neutralité de la monnaie, principe selon lequel les prix ne peuvent se modifier que sous l'action des variations de la masse monétaire. Or, l'introduction de V comme variable indépendante est une contradiction logique au principe de la neutralité de la monnaie.

Fisher atténue la portée de cette variable, en considérant que *normalement* la vitesse de circulation de la monnaie est constante. À cet égard, Bernácer[511] considère que tous les auteurs modernes ayant répudié le principe de la neutralité de la monnaie devraient *logiquement* réfuter la théorie quantitative, au nom de la cohérence de leur système de pensée.

Cette action causale et mécanique[512] de M sur P a un rôle atténué dans la formulation de l'École de Cambridge. Cette dernière débouche, selon nous, tout naturellement sur la formulation keynésienne que nous verrons plus loin. Dans l'optique de ces auteurs anglais, la masse monétaire représente une fraction du revenu, le rapport entre les deux étant la proportion jugée constante[513] du revenu gardé sous forme liquide.

$$M = k\ R$$

Marshall est, si l'on exclut l'intuition walrassienne des « encaisses désirées », le premier néoclassique à formuler ainsi une théorie de la demande d'encaisses, traduction de la « préférence structurelle de la fortune et du revenu de chacun »[514]. Cette analyse sera reprise par Pigou, Hawtrey, Robertson.

Hawtrey s'attache plus particulièrement à l'analyse structurelle des encaisses, telle que Keynes la reprendra dans le *Traité de la monnaie*. Robertson met l'accent sur les effets différenciés de l'expansion monétaire sur les différents groupes sociaux, annonçant ainsi les thèses récentes de l'analyse sociologique de H. Aujac[515]. Son apport le plus original est cependant l'intégration du temps à l'analyse de la dépense et du revenu. Cependant, cette intégration est moins élaborée que celle de Bernácer. Pigou, dans une *Théorie réaliste, psychologique et institutionnaliste* de la monnaie[516], veut réagir contre la conception mécaniste de la théorie quantitative traditionnelle, en essayant d'élaborer une théorie qualitativiste où seraient intégrés l'observation de la réalité (relation entre quantité de monnaie et le niveau de production, de progrès technique, de richesse réelle), la psychologie des agents (volonté et tempérament du demandeur d'encaisses), le fonctionnement de l'émission de monnaie (action des banques sur le volume des liquidités chère à Wicksell et à tous les auteurs anglais, à sa suite).

En fait, selon nous, l'École de Cambridge annonce la théorie du revenu[517] telle que la développent Bernácer puis les français Nogaro et Aftalion, Keynes se trouve précisément à cette croisée des chemins et va faire la synthèse[518] de tous ces éléments, d'abord dans le *Treatise on Money*[519], puis dans la *Théorie générale*[520]. Dans le premier ouvrage, Keynes emprunte à Hawtrey la distinction entre les différentes encaisses qui

510 BERNÁCER, *op. cit.*, p. 241.
511 BERNÁCER, *op. cit.*, p. 242.
512 A. PIETTRE, *Histoire de la pensée économique*, *op. cit.*, p. 293.
513 C'est un point de contact avec la démonstration de M. ALLAIS, cf. *infra*.
514 L. BOURCIER DE CARBON, *op. cit.*, p. 107.
515 Cf. *infra*.
516 L. BOURCIER DE CARBON, *op. cit.*, p. 107.
517 Le coefficient, $\frac{1}{kR}$ « income velocity» appelé encore: rapidité de transformation du revenu en dépense, est significatif, à cet égard, par opposition au V fishérien, « transaction velocity ».
518 Sans préjudice de l'antériorité de la théorie de Bernácer telle que nous l'établirons plus loin.
519 *Op. cit.*
520 Pour R. HARROD, *op. cit.*, p. 155, le concept keynésien de la préférence pour la liquidité traduit bien l'idée du « Marshallian k ».

constituent la masse monétaire: dépôts de revenus, dépôts d'affaires, dépôts d'épargne, mais, contrairement à Bernácer qui le premier en a eu l'idée, il n'intègre pas véritablement cette analyse à son schéma théorique de la monnaie.

Dans la *Théorie générale*, Keynes s'attache surtout à montrer l'influence de M sur le volume de la production et de l'emploi. À cet égard, précisons que dans cet ouvrage, Keynes adopte un préjugé[521] intellectuel très orienté vers l'étude du sous-emploi[522]. Il est donc logique qu'il adopte une théorie quantitative de la monnaie relativisée au niveau de l'emploi et qu'il s'efforce de montrer comment une expansion de la circulation monétaire entraîne, selon lui, un accroissement de la demande puis de la production et enfin du niveau de l'emploi. Il considère donc que la théorie quantitative de la monnaie ne s'applique pas à une situation de sous-emploi[523]. Ses disciples en déduiront, *a contrario*, que la théorie quantitative s'appliquera au plein-emploi[524]. Il faut, à ce propos, souligner l'abus scientifique que l'on commet, en sciences sociales, chaque fois que l'on invoque la doctrine de tel ou tel auteur, par la confusion subconsciente que l'on fait entre l'œuvre du maître et celles de ses continuateurs. Les querelles entre keynésiens orthodoxes et keynésiens bâtards évoquées par Joan Robinson, les querelles entre les différents théoriciens de la doctrine marxiste sont éloquentes de ce point de vue. Il est à peu près certain que si l'on négligeait les enrichissements successifs apportés à la théorie keynésienne, la *Théorie générale* apparaîtrait comme une œuvre beaucoup plus contingente, plus conjoncturelle et d'ambition moins universelle que certains auteurs enthousiastes lui ont prêté. L'importance d'une telle œuvre nous paraît être plus historique que théorique, elle nous paraît plus grande par les réflexions suscitées et par les expériences tentées que par la valeur absolue de ses analyses ou des solutions préconisées.

Si l'on admet cette interprétation de la position de Keynes vis-à vis de la théorie quantitative, il faut lui objecter que le niveau global de l'emploi n'est pas une hypothèse significative, que l'hypothèse implicite de concurrence parfaite et l'absence du temps de réalisation des phénomènes économiques qui président à l'analyse keynésienne constituent des restrictions très importantes pour l'application de la généralité et de la réalité du « modèle» keynésien.

En effet, les élasticités-revenus différenciées, suivant les catégories d'agents et les secteurs d'activité, font que le sous-emploi global n'est pas incompatible avec des goulots d'étranglement sectoriels ou catégoriels et qu'ainsi, une injection monétaire peut provoquer une inflation localisée puis la propager dans tout l'espace économique avant que les effets bénéfiques sur le niveau global de l'emploi n'assure le plein emploi recherché[525].

La non-substituabilité et la non-fluidité des facteurs disponibles, dans la totalité de l'espace économique, que l'on constate dans la réalité, détruisent l'hypothèse implicite de la concurrence parfaite sur laquelle se fonde

---

[521] Au sens étymologique.

[522] Notons à ce propos, comment R. HARROD, *op. cit.*, p. 162, interprète la genèse de l'égalité I = S chez Keynes: « Keynes se rendit compte d'une chose : l'épargne peut être égale à l'investissement (même au sens *ex-ante*) pour tout niveau de l'emploi... » (c'est nous qui soulignons). Cela démontrerait, si l'interprétation de Harrod est « orthodoxe », la faiblesse originelle du postulat keynésien I = S, puisque cette égalité serait alors un simple cas particulier.

[523] C. PONSARD, in *Études et Conjonctures*, 1958, p. 167 : « L'actualité de la théorie quantitative de la monnaie ».

[524] Peut-être peut-on considérer que Keynes lui-même l'admet plus ou moins explicitement. Comment interpréter, en effet, cette phrase tirée de la *Théorie générale* traduction française, Payot, 1959, p. 247 : « Or, dans le cas de la monnaie, l'offre est fixe (nous ne considérons pas... les effets... d'un accroissement délibéré de l'offre provoqué par l'autorité monétaire)».

[525] F. PERROUX ne définit-il pas l'inflation « un système de désajustements, nés dans des zones diverses de l'économie, et propagés dans des zones de transmission qui les amortissent ou les développent ». Cf. aussi: H. AUJAC et Y. MAINGUY et P. DIETERLEN, *infra*.

l'effet de compensation au niveau macroscopique des désajustements localisés, de sorte que leur propagation l'emporte sur leur compensation.

Enfin, le temps est singulièrement absent de cette analyse, car la mise en œuvre des facteurs et la réalisation de la production additionnelle exigent des délais que le progrès technique est loin de réduire. À cet égard, nous devons souligner, parmi les théoriciens de Cambridge, la supériorité de Robertson qui, pour être moins ambitieux, moins révolutionnaire et moins imaginatif que Keynes, ouvre, à la suite de Bernácer[526], une voie féconde de la recherche économique.

L'homogénéité du macrocosme économique et le cadre atemporel de l'analyse économique sont les deux tares du schéma keynésien. Keynes se trouve ainsi, à notre sens, en tant qu'analyste et non en tant qu'instigateur de politique économique, plus proche de ses contemporains néoclassiques de Cambridge que de l'analyse économique de ces vingt dernières années. Il nous aide à sortir du XIXe siècle mais nous prépare-t-il vraiment à vivre le XXème ? Nous plaiderons donc l'ambiguïté de la position de Keynes sur la théorie quantitative sans lui laisser le bénéfice du doute[527].

Avec l'École néolibérale[528], Milton Friedmann nous offre une « théorie quantitative de la monnaie, nouvelle formulation »[529], sous la forme d'une théorie de la demande de monnaie. Pour être récente, elle semble peu convaincante, à la fois par son argumentation et par sa méthode[530]. On peut grossièrement la résumer par la proposition suivante: l'offre de monnaie étant fixée de façon autonome par les autorités monétaires, la demande varie et tend à s'ajuster à l'offre en vertu de mécanismes sociopsychologiques complexes, fonctions de la demande de capital, des prix, réels ou attendus, du revenu, de l'intérêt et du rendement des valeurs mobilières.

On retrouve dans cette théorie deux invariants des néoclassiques : l'autonomie de l'offre de monnaie et l'analyse dichotomique qu'elle implique. Comment peut-on encore affirmer que l'offre de monnaie est autonome et que les phénomènes réels sont sans prise directe sur les phénomènes monétaires ? La présentation sophistiquée du deuxième terme de l'équation de Chicago pourrait faire illusion quant à la modernité de la théorie, cependant une analyse sommaire de cette théorie fait ressortir des fondements que l'École néoclassique flamboyante n'eut pas désavoués[531].

On pourrait formuler un reproche du même type[532] à la formulation mathématique de Don Patinkin[533]. J. Marchal critique non seulement la conclusion de la théorie quantitative de Patinkin : « les variations de la circulation monétaire déterminent des variations de même sens et proportionnelles dans le

[526] Cf. Témoignages, *supra*.

[527] Notre opinion semble assez proche de celle de J. MARCHAL, dans son article de la *Revue d'Économie politique*, 1959, « La restauration de la théorie quantitative de la monnaie par Don Patinkin et ses limites » qui déclare à la page 887 : « Ni K. Wicksell ni J.-M. Keynes n'ont discuté en elle-même la théorie quantitative ».

[528] J. Marchal la qualifie, assez justement croyons-nous, de néoclassique.

[529] In Richard S. THORN, *Théorie monétaire*, Dunod, 1971; texte de M. FRIEDMANN, p. 89; cf. aussi *Studies in the quantity theory of money*, University of Chicago Press, 1956.

[530] A. PIETTRE, *op. cit.*, p. 423.

[531] R. BERNARD (Thèse Université Lyon II - 1973; sur la théorie quantitative) note à ce propos, que celle-ci présuppose le plein-emploi au *sens néoclassique* (pas de chômage involontaire), postulat sans lequel elle ne s'appliquerait pas.

[532] J. R. HICKS, "A rehabilitation of classical economics » ? *Economic journal*, juin 1957, cité par J. MARCHAL, *op. cit.*, p. 894, qui affirme que « certains commentateurs ont suggéré que Patinkin était un restaurateur de l'économie néoclassique » .

[533] *Money, Interest and Prices: an integration of monetary and value theory*, Evanston, 1956. Et dans un article de la revue *Économie appliquée*, janv-juin 1956, p. 151 : « La théorie quantitative de la monnaie : une analyse par l'équilibre général ». Cf. aussi C, PONSARD, *L'actualité de la théorie quantitative de la monnaie*, *op. cit.*

niveau général des prix»[534], mais aussi et surtout l'approche qui est selon lui « très ancienne et détermine bien davantage l'essence de la théorie quantitative », cette critique repose sur la neutralité. J. Marchal souligne que, par sa méthode, Patinkin refuse explicitement l'approche dichotomique reprochée aux anciens, cependant il réussit à tomber dans le piège de la neutralité de la monnaie en négligeant les anticipations et les effets sur la répartition du revenu.
A. Piettre[535] résume la théorie de Patinkin par la formule de l' « effet des encaisses réelles » suivant lequel les agents conservent une proportion constante entre encaisses et achats projetés, de sorte que tout accroissement des encaisses entraînerait un accroissement des dépenses, et partant une hausse des prix ; comme J. Marchal, il critique l'irréalité des hypothèses de fixité et l'absence d'analyse de structures mais il insiste, selon nous à juste titre, sur la négligence du temps[536] dans l'analyse, ce qui est un critère supplémentaire de classicisme[537].

La dernière tentative importante de reformulation de la théorie quantitative de la monnaie est la théorie économétrique de Maurice Allais qu'il intitule « formulation héréditaire, relativiste et logistique de la demande de monnaie »[538]. Dans une optique opérationnelle, M. Allais, s'appuyant sur de troublantes[539] études statistiques, démontre que le rapport de la dépense à la masse monétaire

$\frac{\text{Dépense}=\text{Revenu}=PQ}{M} = k$ est sensiblement constant.

Ayant introduit dans son analyse certains éléments qui manquaient aux théories antérieures, tels que le temps, les variations du revenu (hérédité et relativisme)[540] , ayant intégré un facteur « temps de mémorisation collective » et un « coefficient d'expansion psychologique» qui nous paraissent être des concepts intéressants, l'auteur démontre aussi que la vitesse est un invariant[541].
L'objet général de notre étude étant assez éloigné de la seule théorie quantitative, nous ne nous proposons pas de faire une étude critique exhaustive de la théorie de M. Allais. Cependant nous voudrions signaler qu'à notre sens l'action univoque de la masse monétaire sur les prix ne nous paraît pas démontrée et nous reviendrons sur ce point avec la critique générale de Bernácer, car cette formulation nous paraît illustrer parfaitement l'ambiguïté de la théorie quantitative[542].

LA CRITIQUE DE BERNÁCER À LA THÉORIE QUANTITATIVE

---

534 J. MARCHAL, *op. cit*., p. 916.
535 *Op. cit.*, p. 423.
536 Critique plus vaste, selon nous, que celle de l'absence d'anticipations soulignée par J. Marchal, car elle englobe les délais de réalisations et de réactions.
537 H. GUITTON, *op. cit*., p. 334, parlant de l'ouvrage cité de Patinkin, écrit pourtant : « Cet ouvrage peut être considéré comme le grand ouvrage monétaire de ces dix dernières années ».
538 M. ALLAIS *Une reformulation de la théorie quantitative de la monnaie*, Sedeis, 10 sept. 1965.
539 Par les résultats qui viennent à l'appui des conclusions théoriques du modèle.
540 Nous avons relevé, *infra*, que la théorie fonctionnelle de la monnaie de Bernácer présente aussi un aspect héréditaire et relativiste.
541 Nous sommes partis de l'exposé de L. BOURCIER DE CARBON, *op. cit*., p. 113-114 et 130-142.
542 H. GUITTON, *op. cit*, p. 320, ne dit-il pas à ce propos : « M. Allais a exprimé l'idée que c'était la mauvaise formulation de la théorie qui pouvait la condamner, mais pas l'idée même qui était à sa base ».

Bernácer pose le problème de la théorie quantitative de la monnaie en termes de logique. Une théorie doit se proposer de donner une explication scientifique de la réalité. L'équation des échanges de Fisher devrait répondre à cette exigence[543]. La question posée n'est donc pas de savoir si l'équation de Fisher est juste ou non, mais de savoir si elle exprime une véritable relation fonctionnelle à l'aide de variable indépendantes et de variables induites. C'est donc une critique d'ordre économétrique que formule Bernácer et que l'on peut résumer dans la proposition suivante. Soit P : niveau des prix l'inconnue (variable induite) ; T : les transactions; V la vitesse de circulation de la masse monétaire M.

- d'après la théorie des prix: P = f (T)

  et de la même manière: T = f (P)
- or il paraît logique[544] de poser que: V = f (T, M)

de sorte qu'il ne peut pas y avoir seulement une action univoque de M sur P[545] .

Cette critique d'ordre logique a, en fait, des prolongements de théorie économique. Il apparaît que Bernácer intègre le réel dans le monétaire plus que tout autre contemporain, en partant de l'observation des faits et de la nécessité d'une cohérence interthéorique: il intègre la théorie des prix à la théorie monétaire par l'intermédiaire du marché. Cela le conduira bien plus loin que ses contemporains anti quantitativistes : il formulera sa théorie fonctionnelle de la monnaie fondée sur les deux composantes du marché.

A Marshall et à Pigou[546], Bernácer reproche de vouloir donner une valeur absolue des prix et non une valeur indiciaire, en partant du prix à une époque de base. L'auteur considère que c'est une séquence de classicisme dont l'analyse est dénuée de toute référence au temps[547]. Il reproche à Hawtrey[548] de négliger tout concept de vitesse et souligne sa difficulté à intégrer son analyse des stocks - que Bernácer juge intéressante - à la théorie quantitative à laquelle Hawtrey reste attaché : sa démarche paraît encore trop classique.

Bernácer juge avec moins de sévérité le quantitativisme de Robertson[549] tel qu'il apparaît dans *Banking policy and price level*. Il considère intéressante la transformation du V fishérien en $\frac{1}{k}$ [550], k représentant la période de circulation de la monnaie. Bernácer ne manque pas, bien entendu, de souligner la difficulté de mesurer k, mais il juge que cette intuition est conceptuellement importante, et que Robertson met ainsi l'accent[551] sur la transformation de la monnaie en revenu, *seule transmission monétaire qui ait un effet sur le volume des transactions et sur la production.*

543 BERNÁCER, *La théorie fonctionnelle de la monnaie*, *op. cit*, p. 243.

544 Si l'on se réfère aussi bien à la formulation de Ricardo (M = PT) rapportée par .J. Marchal, article cité, qu'à celle de Cambridge, il apparaît que V ou $\frac{1}{k}$ ont été introduits comme paramètres permettant de faire la liaison entre une période quelconque et la période de base où la masse monétaire circule une fois, ou encore, pour un volume de T rendu possible par M. Or ce paramètre est en fait une variable, fait reconnu quoique négligé par les quantitativistes (cf. *supra*).

545 H. GUITTON, *op. cit.*, p. 382, qualifie la T.Q.M. de « bi-dimensionnalité à sens unique ».

546 BERNÁCER, *op. cit.*, p. 246.

547 Cependant « l'effort nécessaire pour se débarrasser d'une vue statique des phénomènes économiques est particulièrement net chez les économistes de l'École de Cambridge », selon Mme NÊME-CORDEBAS dans la thèse sur *Robertson*, *op. cit.*, p. 60.

548 BERNÁCER, *op. cit.*, p. 253.

549 BERNÁCER, *op. cit.*, p. 244.

550 C. NÊME est du même avis, *op. cit.*, p. 44: « l'utilisation du facteur K apparaît donc comme un progrès certain de l'analyse monétaire par rapport à l'emploi de la notion de vitesse qui l'a précédé ».

551 Par rapport au V de Fisher : nombre de transmissions en une période donnée.

De même T ne représente plus, chez Robertson, le volume réel des transactions, lequel volume peut être plus ou moins grand, pour une même production, suivant que les transactions sur actifs[552] sont plus ou moins nombreuses. T devient le volume réel de la production et P l'indice des prix des produits courants. Selon Bernácer, cette optique, prolongement des thèses de Marshall et de Pigou, est proche de la théorie du revenu.

À propos de Keynes[553], Bernácer distingue deux thèses sensiblement différentes: celle de *A tract on monetary theory*[554] reprise dans la *Théorie générale*[555] , et celle, plus proche de sa propre optique, du *Treatise on monetary theory* que Keynes devait renier six ans plus tard[556]. Bernácer lui reproche la disparition du temps dans sa formule n = Ikp, ce qui l'éloigne de Fisher et de Robertson et le rapproche de ses maîtres néoclassiques Marshall et Pigou[557]. Il lui reproche encore ses velléités d'échapper aux prix courants, par l'artifice du coût de production : (coût + profit normal)[558]. Une telle exclusion du profit exceptionnel qui, précisément, de par sa nature, reflète les mouvements de prix, stérilise l'analyse. L'interprétation que Bernácer donne de la théorie quantitative, vue par Keynes, peut se résumer ainsi : le niveau général des prix est fonction des encaisses liquides; dans la *Théorie générale* ce principe est dénommé préférence pour la liquidité. Si le système monétaire et bancaire ne répond pas aux variations de la préférence pour la liquidité, le taux d'intérêt variera. Si le l'apport de l'efficacité marginale du capital au taux d'intérêt atteint une certaine valeur, il s'ensuivra une variation de I, qui se traduira par une variation de la demande globale et par une variation du niveau de l'emploi[559]. Dans le cas où le plein-emploi empêche la production d'augmenter, les prix des produits augmentent, ainsi que ceux du travail.

Il semble donc que Bernácer soit de l'avis presque unanime des commentateurs de Keynes : implicitement, il admet que Keynes a une optique revenu qui marque un progrès dans notre science, et explicitement, il admet que Keynes envisage l'application stricte de la théorie quantitative dans sa version traditionnelle d'action univoque de M sur P dans le seul cas du plein-emploi[560] Cependant, la critique de Bernácer nous paraît plus perspicace en ce qu'elle pose le principe de la relativité temporelle de la notion de valeur de la monnaie. Bernácer affirme implicitement que hors d'une analyse temporelle, l'équation monétaire n'a pas de signification.

Nous pourrions ainsi résumer la critique globale et fondamentale de Bernácer à la théorie quantitative : si l'on admet que l'équation monétaire des échanges exprime un truisme, il faut admettre que toutes les variables peuvent effectivement varier et sont indépendantes[561]. Dès lors n'importe lequel des éléments (M, M', V, V', P,

---

552 M. Friedmann et D. Patinkin auraient-ils entendu ce reproche ? Dans leurs équations, ils ajoutent aux transactions « réelles », et sous des termes différents, certains actifs, financiers notamment.

553 BERNÁCER, *op. cit.*, p. 247 et s.

554 P. 86-87.

555 Édition anglaise, London, 1936, p. 41 et tout le chapitre IV.

556 BERNÁCER, *op. cit.*, p. 252, exprime cette idée en ces termes: « Le *Treatise* reste en marge, telle une velléité d'hétérodoxie suivie six ans après d'un acte de remords et de contrition ». Ce jugement de Bernácer contredirait l'opinion généralement admise que le *Traité* est plus classique que La *Théorie générale*. Nous serions tenté de défendre le point de vue de Bernácer en soulignant la tentative avortée de théorie générale et originale que constitue le *Traité* alors que la *Théorie générale* serait plutôt une œuvre spéciale, de circonstance, à ambition plutôt politique et opérationnelle que proprement scientifique. Cf. aussi R. HARROD, *op. cit.*, p. 151.

557 Bernácer suggère d'utiliser un indice de prix en divisant p par p_o (prix moyen de la même collection de biens à l'époque de base 0).

558 Héritage conceptuel wicksellien, selon nous, et classique.

559 Ce que Fisher affirme, cependant il ne retient que l'hypothèse « normale» où c'est M qui varie (Cf. *supra*).

560 D'après A. PIETTRE, *op. cit.*, p. 422, ce sont les successeurs de Keynes, Samuelson en particulier, qui soutiennent cette position. Celle-ci résulterait d'un raisonnement *a contrario* appliqué à l'assertion de Keynes selon laquelle la T.Q.M. ne s'appliquerait pas au cas du sous-emploi.

561 Certaines structures économiques provoquent les mêmes effets que le plein emploi. Ainsi a-t-on observé que les pays sous-développés avaient une structure propice à développer les effets suggérés par la théorie quantitative : D. C. LAMBERT, *Les inflations*

T) peut, en variant, provoquer un processus d'ajustement. Bernácer, parallèlement à la critique psychosociologique[562] qu'il ignore ou qu'il veut[563] ignorer, s'attache à montrer l'importance des variations de V (ou/et V'). Il considère que même lorsque M et T sont constants, la vitesse est une cause possible de variation de P. Quelle est la signification de la variation de V ? C'est une accélération de l'un des flux par rapport à l'autre (flux monétaire de dépense, ou flux réel de biens). Or, Bernácer considère que ce qui explique une telle *accélération différentielle* c'est la modification du « rapport d'échange)) entre les deux flux, c'est donc la *variation des prix* qui provoquerait le désajustement. Il en déduit qu'il y a inter-relation entre toutes les variables et non causalité irréversible de M sur P; ce qui revient à la négation même de la théorie quantitative.

Bernácer admet que le concept de vitesse de création de revenu pourrait être fructueux s'il était possible de quantifier la ventilation de la masse monétaire dans ses différentes fractions fonctionnelles. Cependant, il n'est pas dupe des limites d'une analyse qu'il a suggéré dès 1922, car si Hawtrey, Robertson et Keynes semblent l'avoir suivi dans cette voie[564], il est cependant impossible de définir un critère objectif de fractionnement de la masse monétaire.

Nous croyons pouvoir résumer la position de Bernácer sur la théorie de la monnaie par les trois points suivants:

a) l'équation monétaire de la forme P = f (M) est un *truisme* n'ayant pas de vertu explicative et moins encore opérationnelle[565].

b) une équation monétaire instantanée n'a pas de signification, ce qu'il importe de connaître c'est l'*évolution* de la relation M/P[566],

c) Toutes les variables qui interviennent dans l'équation monétaire sont *interdépendantes* et ne privilégient aucune thèse dans l'étude des causes de variations[567] : ce peut être la propension à consommer ou/et à investir, la création de monnaie, la thésaurisation et la déthésaurisation, sans aucune hypothèse quant à leurs causes psychosociologiques.

SYNTHÈSE DES CRITIQUES À LA THÉORIE QUANTITATIVE

Sans remonter aux mercantilistes, Law, Tooke, Carey ont admis que l'abondance de monnaie pouvait être un stimulant de l'activité, ce qui devrait entraîner un abaissement du prix des objets manufacturés. Certains auteurs associent John Stuart Mill à ces précurseurs antiquantitativistes[568]. Nous pensons cependant que, sur

---

sud-américaines, 1959, et les travaux sur les pays africains cités par C. PONSARD, dans son article, *op. cit.* En fait, on peut étendre cette analyse aux cas de pays industrialisés dans la mesure où des goulots d'étranglement sectoriellement localisés peuvent provoquer les mêmes effets par propagation; cf. citation sur F. PERROUX, *supra*.

562 Cf. *infra*.

563 De par ses options scientifiques positivistes.

564 C. NÊME, *op. cit.*, p. 36 à 40.

565 M. ALLAIS lui-même, *op. cit.*, ne croit pas aux vertus opérationnelles de la théorie quantitative traditionnelle.

566 Nous faisons tous, aujourd'hui, cette hypothèse implicite dans nos études statistiques : la comparaison instantanée des pouvoirs d'achat d'un ouvrier américain et d'un ouvrier français est difficilement quantifiable, peut-être même n'a-t-elle qu'une signification qualitative limitée. En revanche on étudie souvent l'évolution comparée de différents agrégats ou d'autres grandeurs significatives, afin d'en tirer des conclusions dans l'ordre comparatif ou, si l'on préfère, relatif.

567 On pourra nous répliquer que c'est la négation même d'une théorie ; cependant la complication des équations récentes de la famille quantitativiste ou l'informalité des théories psychosociologiques tend à montrer que la théorie monétaire, comme toute autre, ne peut sérieusement s'affirmer que comme une synthèse sans exclusive. D'autre part, Bernácer n'en reste pas là, il cherche dans une autre voie un essai de formulation de la théorie monétaire.

568 A. PIETTRE, *op. cit.*, p. 97; J. MARCHAL, et J. LECAILLON, *Les flux monétaires*, p. 50-51 ont une position plus nuancée en citant, d'une part la p. 48 des *Principes* de J. STUART MILL (t. 2) et d'autre part son assertion ultra-classique « il n'y a rien de si indifférent que la monnaie ».

ce point, la pensée du formulateur moderne de la loi de l'offre et de la demande n'est pas parfaitement cohérente. Nous croyons qu'à cause de sa position dogmatique, Stuart Mill n'intègre pas à son analyse certaines de ses observations pertinentes qui, étant en contradiction avec le schéma général, ont été négligées à un point tel, qu'elles paraissent incohérentes par rapport à l'ensemble. De tels exemples, nombreux dans notre science, expliquent son retard au siècle dernier et au début du XXème. Walras et le concept d'encaisses désirées, Marshall[569] et la thésaurisation, Keynes et l'inflation offrent quelques exemples notoires de cette impuissance où se trouve le théoricien à intégrer en parfaite logique l'ensemble de ses vues dans un schéma général, cohérent par sa logique interne et par sa résistance à une analyse statistique.

Nous ferons une place particulière à un courant théorique qui s'est surtout développé en France, où l'hégémonie scientifique de fait des anglo-saxons a toujours trouvé – à juste titre, croyons-nous – une certaine résistance intellectuelle, au surcroît fort saine pour les progrès de la science. Menger, précurseur de la théorie de la demande de monnaie[570], Von Wieser, précurseur de la théorie du revenu[571], et Wicksell[572], inspirateurs à des titres divers de la théorie keynésienne; se sont inscrits en faux contre la théorie quantitative, cependant c'est à Aftalion et à Nogaro que l'on doit la « théorie qualitative ou psychologique»[573]de la monnaie suggérée par la terminologie sinon par l'analyse walrassienne des « encaisses désirées »[574]. Cette étude par les comportements et les anticipations, entreprise par les deux économistes français inspirera Keynes puis connaîtra un renouveau, à dominante sociologique, en France puis aux États-Unis[575].

La critique de Nogaro à la théorie quantitative est d'abord d'ordre méthodologique. Elle s'appuie sur l'observation statistique qui montre, d'une part, qu'il n'y a pas proportionnalité entre les mouvements du stock monétaire et ceux des prix et que les variations limitées de la vitesse de circulation ne suffisent pas, dans ce cas, à expliquer quantitativement les variations de prix. De ce fait, la théorie quantitative est incomplète et insuffisante, les coïncidences, parfois constatées entre les mouvements monétaires et ceux des prix, n'établissent pas, en toute rigueur, un lien de causalité. Ensuite, Nogaro[576] impute à l'approche dichotomique, sur laquelle elle se fonde, le vice essentiel de la théorie quantitative. Telle est la prémisse sur laquelle l'économiste français fonde sa critique. « Dès l'abord, (Nogaro) saisit les phénomènes tels qu'ils s'expriment, dans leur forme monétaire. Les revenus qu'il envisage sont des revenus en argent » ... (Il) « reproche aux auteurs traditionnels et aussi au Keynes de la « Réforme monétaire » de n'avoir pas saisi la nécessité de

---

[569] Cité par A. BIENAYMÉ, *Croissance et monnaie en plein emploi*, Ed. Cujas, Paris, 1964, p. 27, comme inspirateur de Keynes quant au comportement des consommateurs à l'égard de leurs encaisses.

[570] in : *Grundsiitze der Volkswirtschaftleehre*, traduit en 1950 aux États-Unis sous le titre de *Principles of Economics*, cité par A. BIENAYMÉ, *op. cit.*, p. 27.

[571] Cité par L. BOURCIER DE CARBON, *op. cit.*, p. 104, et J. MARCHAL, et ,J, LECAILLON, *op. cit.*, p. 260.

[572] Cité par J. MARCHAI, et J. LECAILLON, *op. cit.*, p. 253, comme ayant rejeté la théorie quantitative. Cependant A. BIENAYMÉ considère que Wicksell est – sur le problème de la thésaurisation – en retrait par rapport à Menger et à Marshall, car Wicksell considère que c'est un phénomène subi par les agents et que le phénomène « normal » est l'absence de thésaurisation qui rend possible l'équilibre. Cette assertion est en fondamentale contradiction avec toute la pensée de Bernácer, pour qui l'attrait du marché financier est cause de l'attitude active des agents quant à la gestion de leurs encaisses et aux mouvements de thésaurisation, notamment.

[573] L. BOURCIER DE CARBON, *op. cit.*, p. 104.

[574] L. WALRAS, *Théorie de la monnaie*, 1883, apport souligné par J.RUEFF in *L'ordre social*, p. 222-223.

[575] H. AUJAC et Y. MAINGUY in *Économie appliquée*, avril-juin 1950, « *L'influence du comportement des groupes sociaux sur le développement d'une inflation* ». P. DIETERLEN, *Quelques enseignements de l'évolution monétaire française* de 1948 à 1952; HOLZMAN et DUESENBERRY in *Review of Economie Statistics*, mai 1950 : « Income determination in open inflation ».

[576] B. NOGARO, *La monnaie et les phénomènes monétaires contemporains*, 1924.

l'intégration de la théorie de la monnaie et de la théorie de la production »[577]. C'est exactement la position prise par Bernácer dix ans plus tôt dans son premier livre et qu'il devait garder par la suite.

Nous avons relevé dans l'aspect positif de la théorie de Nogaro, plusieurs points de ressemblance avec celle de Bernácer. Dans la détermination des prix, Nogaro tient compte des élasticités, il envisage des coûts décroissants et la prise en compte du progrès, ce qui le place à contre-courant de la pensée marginaliste dominante et le rapproche de l'économiste espagnol. Mais c'est surtout dans le contenu de la théorie-revenu de la monnaie que la théorie de Nogaro ressemble à celle de Bernácer : « c'est donc par un accroissement des revenus des particuliers que l'augmentation du stock monétaire peut faire hausser les prix »[578].

Comme Bernácer, mais sans procéder à une analyse aussi exhaustive, Nogaro accorde à l'entreprise un rôle privilégié dans la transformation de la monnaie en revenu, condition nécessaire pour que les mouvements du stock monétaire se répercutent sur les prix. Cette importance de l'entreprise, envisagée à travers l'étude du fonds de roulement, est renforcée en outre par la prise en compte de l'offre dans le schéma du mouvement des prix. Cette idée fondamentale chez Bernácer, ces deux auteurs l'ont eue à la même époque (1924-1925) et place leurs théories à un niveau de supériorité incontestable par rapport à leurs contemporains théoriciens de la monnaie.

C'est en 1945 que Nogaro devait affirmer « le corollaire d'un développement normal de la production est un accroissement correspondant du stock monétaire»[579] . Bernácer l'avait précédé d'une douzaine d'années, en posant les conditions d'émission monétaire nécessaire au plein-emploi et à la croissance de l'activité.

En revanche, Nogaro a une idée originale par rapport à la théorie de Bernácer, en ce qu'il différencie les produits, en montrant que ce que l'on appelle une hausse générale des prix est souvent, en fait, une hausse moyenne due à ce que certains biens ont une rareté relative par rapport aux autres sur le marché à un moment donné, de sorte que l'inélasticité relative de la production et, partant; de l'offre peut être à l'origine d'une hausse du niveau général (moyen) des prix.

Nous conclurons sur la théorie de Nogaro par cette citation tirée du rapport au Congrès des économistes de langue française, en 1947, « *Théorie de l'inflation*» : « En résumé, si l'on considère la théorie quantitative comme exprimant une action en quelque sorte mécanique, que les variations de la quantité de monnaie exerceraient sur les prix indépendamment des facteurs qui affectent *l'offre et la demande* sur les divers marchés, il convient de reconnaître qu'elle ne correspond à aucune réalité »[580].

Aftalion[581], partant de l'observation statistique entre 1922 et 1924 constate des variations ordonnées de la manière suivante : les changes, les prix, la vitesse de circulation de la monnaie et enfin seulement la masse monétaire. Il énonce la théorie du revenu en ces termes[582]« La théorie du revenu ne considère comme facteur direct et sûr des variations de la valeur de la monnaie que celles qui modifient le revenu national, le revenu en monnaie, sans accroissement correspondant de la production. Il en résulte une absence de proportionnalité entre les mouvements de la circulation et des prix... et non seulement la théorie du revenu n'admet pas l'action

---

577 J. MARCIIAL et J. LECAILLON, *op. cit.*, p. 256 et 257.
578 B. NOGARO, *op. cit*, p. 164.
579 B. NOGARO, La monnaie et les systèmes monétaires, 1945, p. 241.
580 C'est nous qui soulignons pour marquer l'analogie entre Nogaro et Bernácer sur ce qui devrait être le fondement d'une théorie robuste de la monnaie; Cf. *supra*.
581 A. AFTALION, *monnaie, prix et changes*, 1re éd. 1927.
582 Cités par L. BOURCIER DE CARBON, *op. cit.*, p. 106, d'après les p. 169 à 176 de la 2e éd. de *Monnaie, prix et changes*, 1935.

proportionnelle de la circulation sur les prix, mais encore admet la possibilité de l'action des prix sur la circulation ». Cette théorie monétaire est une théorie psychologique qui intègre le volume de l'impasse budgétaire, les facilités de crédit qui peuvent expliquer une demande de plus en plus spéculative, la rapidité et l'efficacité de l'information économique, et les tendances sociales telles que les pressions syndicales, les goulots d'étranglement de la production. Selon L. Bourcier de Carbon[224] [583]« la théorie monétaire se fait alors dynamique, explicative d'accélérations et de décélérations, intégrante des phénomènes de mémoire et d'anticipation ». Selon J. Marchal et J. Lecaillon[584] , Aftalion « apporte après Wicksell mais qu'il ne connaît pas, avant le *Traité de la monnaie* et la *Théorie générale* de Keynes, avant l'équilibre monétaire de Myrdal, une vue révolutionnaire, profondément suggestive des problèmes monétaires ».

Plus près de nous, Gurley et Shaw[585] ont insisté sur le processus d'ajustement entre l'offre et la demande de monnaie telles qu'ils les définissent, et utilisent le concept de disponibilité cher à Bernácer, en suivant une méthode et des concepts qu'il n'eût pas désavoués: « Appelons offre de monnaie, la création de monnaie nouvelle par les autorités du système bancaire... au cours d'une période donnée. Appelons demande de monnaie, la masse monétaire disponible au début de la période... »[586].

A. Bienaymé conclut[587] à la prédominance dans le processus de croissance des tendances réelles et donc à la dépendance de l'offre de monnaie, à partir du modèle Gurley et Shaw, puis par la notion de détours de financement, il introduit les substituts à l'offre de monnaie (création d'actifs financiers). Cette parenthèse d'histoire récente des théories a été faite pour montrer l'actualité des instruments et du schéma de l'analyse commencée par Bernácer voici près d'un sicècle.

Si l'on reprend, en les ordonnant par ordre d'importance le catalogue des postulats sur lesquels se fonderait la théorie quantitative d'après L. Bourcier de Carbon on pourrait admettre que lorsque les deux premières de ces conditions sont remplies, la théorie quantitative serait susceptible de s'appliquer[588]:

- rigidité des encaisses,
- rigidité de T,
- inexistence des délais de réactions,
- inexistence des stocks,
- inexistence d'une masse de quasi-monnaie,
- inexistence de techniques de financement particulières.

Nous allons nous efforcer de reformuler en les regroupant les critiques de la théorie quantitative.

---

[583] On est singulièrement troublé de la coïncidence des points de vue entre, d'une part, Bernácer dont l'antériorité des idées est établie et d'autre part, les thèses de Nogaro et d'Aftalion, étant précisé que les uns et les autres se sont entièrement ignorés, tant dans leurs publications que dans leur correspondance privée. Dans la *Théorie fonctionnelle de la monnaie*, p. 320-322, Bernácer se réjouit que la théorie-revenu de la monnaie ait progressé parmi les économistes et ait acquis certains anciens quantitativistes (allusion sans doute à Keynes), cependant il regrette que la thèse des différentes fonctions de la monnaie (cf. *infra*, « Le fractionnement de la masse monétaire») n'ait pas été généralement suivie. Le passage qui suit résume bien sa formulation de la théorie du revenu, la première selon nous: «... le véritable fondement de la monnaie n'est pas dans sa valeur intrinsèque mais dans le produit qui est né en même temps qu'elle et qui a créé un revenu... En réalité la monnaie est émise à chaque fois qu'elle sort des mains d'un industriel en paiement d'une collaboration à la production, et elle s'éteint à chaque fois qu'un consommateur l'emploie dans l'acquisition d'un produit, pour ressortir de nouveau comme résultat d'une nouvelle production. Ce qui importe, ce n'est pas la vitesse de sa course, le nombre de fois qu'elle change de mains ou le nombre d'échanges qu'elle permet, mais la quantité de revenu qu'elle engendre » (c'est nous qui soulignons).

[584] *Les flux monétaires*, *op. cit.*, p. 260.

[585] GURLEY et SHAW, *Money in a theory of finance*, The Brookings Institution, 1962.

[586] Le terme *disponible* est souligné par les auteurs Gurley et Shaw.

[587] A. BIENAYMÉ, *Croissance et monnaie en plein-emploi*, *op. cit.*, p. 202 et s.

[588] Soit dans l'hypothèse de pays sous-développés, soit dans la phase ultime de l'essor appelée surchauffe. C. Ponsard, article cité, parvenait à la même conclusion.

– *Réversibilité de l'action de M sur P*[589].

Formulé par Bernácer, Nogaro, Aftalion, Gurley et Shaw entre autres, ce principe revient à admettre la prédominance des facteurs réels ou du marché sur les mouvements de prix: il met l'accent sur l'inter-relation des variables et conduit, selon Bernácer, à la négation de la conclusion essentielle de la théorie quantitative.

- *La relativisation de la théorie quantitative el la conjoncture.*

Ce principe conduit à admettre la possibilité de faire varier l'offre de biens suivant les sollicitations provoquées par la variation de la masse monétaire. L'ajustement peut se faire par les stocks (Bernácer, Hawtrey) ou par la production puis le niveau de l'emploi (Bernácer, Nogaro, Keynes). La formulation, trop globale de Keynes, est plus nuancée chez Bernácer qui, se gardant d'utiliser le concept ambigu de plein-emploi, parle d'ajustements réciproques du marché.

– *La thésaurisation.*

Intuitif chez J. Stuart Mill et Walras, négligé par Wicksell, le concept de thésaurisation prend plus de vigueur chez Menger, von Wiesell, Marshall, Robertson et Aftalion, il acquiert droit de cité chez Keynes, mais seul Bernácer en fera le pivot de sa théorie monétaire de l'équilibre. Elle n'est cependant pas intégrée parfaitement à toutes les analyses, puisque, à l'exclusion d'Aftalion et de Bernácer, la prise en compte de ce facteur n'aboutit pas à la remise en question de la théorie quantitative.

Marx[590] accorde à la thésaurisation plus de place que nul autre à son époque, semble-t-il. Réserve de valeur[591], régulateur[592] de la circulation des marchandises, la thésaurisation n'a pas le même statut chez Marx que chez Bernácer.

– *La dynamisation de la théorie monétaire.*

L'intégration du temps, à l'état d'intuition chez Wicksel ou chez Simiand[593], puis à l'état de variable à part entière chez Bernácer, Robertson, Samuelson, M. Friedmann et M. Allais, conduit ces auteurs tantôt à justifier tantôt à rejeter la théorie quantitative.

– *La logique de l'analyse.*

L'approche dichotomique est la première critique de Bernácer et de Nogaro. Celui-là ira cependant plus loin en affirmant que la théorie quantitative est une tautologie et, qu'à ce titre, elle ne mérite pas tant de discussion : on peut à la fois l'accepter et la rejeter, selon ce que l'on veut lui faire dire.

[589] Sans doute, faut-il citer S. de BRUNHOFF, *op. cit.*, p. 34, qui résume la pensée de Marx en ces termes: « Et la quantité d'or qui doit effectivement circuler dépend des échanges effectifs de marchandises... La quantité d'or qui circule est une variable dépendante des prix, de la masse et de la vitesse de transactions », et citer MARX lui-même, *Le Capital*, Livre 1, t. I, p. 129 et s. : « Cette loi, que la quantité des moyens de circulation est déterminée par la somme des prix des marchandises circulantes et par la vitesse moyenne du cours de la monnaie, revient à ceci : étant donné et la somme de valeur des marchandises et la vitesse moyenne de leurs métamorphoses, la quantité du métal précieux en circulation dépend de sa propre valeur » ou encore ceci : « l'expansion et la contraction des moyens de circulation, la valeur des métaux précieux restant la même, sont toujours l'effet et jamais la cause des fluctuations de prix » (K. MARX, *Contribution à la critique de l'économie politique*, Éditions sociales, p. 144).

[590] S. DE BRUNHOFF, *op. cit.*, p. 47 à 59: « La thésaurisation est une interruption du procès de circulation des marchandises ».

[591] K. MARX, *Contribution à la critique de l'économie politique*, p. 136 : « La monnaie arrêtée à dessein dans sa circulation se pétrifie, pour ainsi dire en devenant trésor, et le vendeur se change en thésauriseur ».

[592] K. MARX, *Le Capital*, Livre 1, t. I, p. 139 : « Les réservoirs des trésors servent à la fois de canaux de décharge et d'irrigation de façon que les canaux de circulation ne débordent jamais ».

[593] Cité par L. BOURCIER DE CARBON, *op. cit.*, p. 97-98. Dans son cours d'économie politique au Conservatoire National des Arts et Métiers de 1929-1930, Simiand fait allusion à des délais de réalisation des équipements qui expliquent des accroissements de la masse monétaire sans entraîner un accroissement de même amplitude de la confiance en la monnaie et des encaisses désirées qui peuvent contrecarrer les effets de M sur P.

C'est là toute l'ambiguïté de la terminologie actuelle: nous serions d'avis que la théorie quantitative est un cadavre sémantique. On s'accroche à cette expression comme représentant le seul édifice théorique formalisé de théorie monétaire. Nous doutons pourtant que M. Allais ait voulu montrer qu'en augmentant M on augmente proportionnellement P. Nous sommes persuadés que la théorie héréditaire relativiste et logistique de M. Allais établit seulement qu'il existe une relation à peu près constante entre M et PQ sans vouloir définir la source des variations. Si notre interprétation est juste, alors Bernácer eût souscrit à la thèse de M. Allais, de même qu'il n'a jamais récusé la formule MV = PT, c'est-à-dire que les échanges d'une période (PT) sont réalisés au moyen d'un instrument monétaire (M) qui circule V fois au cours de la période! Cette ambiguïté explique, selon nous, les contradictions d'un J. Stuart Mill, d'un Keynes, et le regain d'intérêt de la « Théorie » chez des auteurs résolument modernes.

Contre cette théorie quantitative quelques auteurs ont essayé de forger une théorie du revenu, avec pour lignée: von Wieser, Bernácer, Aftalion, Nogaro et Keynes, dans laquelle l'approche, la méthode, les variables sont différentes. Nous examinerons, dans le point qui suit, la contribution de Bernácer.

La théorie fonctionnelle de la monnaie

Bernácer a qualifié sa propre théorie de fonctionnelle, car il « la fonde sur la fonction différente des différentes portions que l'on doit distinguer dans la masse monétaire »[594]. Une autre dénomination eût été possible par référence à la théorie dominante : « la base de la théorie de la monnaie ne doit pas être la quantité de monnaie en circulation, ainsi que le postulait la théorie quantitative de la monnaie, mais le revenu des sujets économiques. Peut-être, à cause de cela la théorie revenu [595] [596] de la monnaie serait-elle une dénomination plus caractéristique et plus compréhensible »[597].

LE FRACTIONNEMENT FONCTIONNEL DE LA MASSE MONÉTAIRE[598]

La masse monétaire n'est pas parfaitement homogène. Les différentes unités qui la composent ne sont pas absolument interchangeables. Il est possible d'en identifier plusieurs sortes, étant entendu que cette discrimination est ponctuelle, statique et provisoire, puisque le stock que représente la masse monétaire donne lieu à un flux qui transforme constamment la qualité de ces unités monétaires.

---

[594] BERNÁCER, *La théorie fonctionnelle*, p. 217.

[595] En espagnol « teoria rentalista », car il existe un adjectif dérivé du substantif renta (= revenu) alors qu'il n'y en a pas en français. L'expression théorie-revenu de la monnaie nous paraît plus exacte que celle de théorie du revenu dont on prête la paternité à Nogaro et Aftalion, car c'est en fait une théorie de la monnaie et non une théorie du revenu.

[596] Cf. aussi la formulation de la théorie-revenu de Bernácer dans le renvoi à propos d'Aftalion (p. 217, note 4).

[597] BERNÁCER, *La théorie fonctionnelle*, p. 217.

[598] B. SCHMITT, *op. cit*., intitule son chapitre 1 du Titre 1 de la 3e partie: " L'hétérogénéité de la monnaie et des biens réels » (p. 217 à 238), et notamment, p. 236 , (« Les deux encaisses ») : « effet du flux créateur, créance sur les banques, la monnaie est pure disponibilité , (c'est nous qui soulignons) ... » Une partie des encaisses est donc faite d'une monnaie dont la fin est circulatoire, non acquisitive : dans le langage courant on parle de « fonds de roulement » ... nécessaire à la rémunération des facteurs de production » ... « Il n'est pas douteux que les encaisses des entreprises comprennent les deux espèces : une monnaie possédée, appropriée, un pouvoir d'achat positif (ainsi les profits) ; et, deuxièmement, une monnaie détenue mais due aux banques émettrices, une monnaie à fin de circulation et non d'achat: non appropriée, elle ne compte pas parmi les revenus ; c'est la grande idée de Petit-Dutaillis parfaitement confirmée »... « La distinction entre les deux monnaies reste mystérieuse à ce stade... Si nous consentons à *scinder les encaisses* (monnaie circulatoire, monnaie possédée) peut-être serons-nous plus heureux » (c'est nous qui soulignons). Par ces termes, B. Schmitt, qui ignore la théorie de Bernácer, cautionne l'analyse de ce dernier.

L'idée est intuitive mais, à notre sens, elle enrichit remarquablement l'analyse[599] : un franc que l'on s'apprête à dépenser en une consommation a un potentiel économique de production que n'a pas un franc thésaurisé.

Tous les adeptes de la théorie-revenu de la monnaie font implicitement ce raisonnement. Une unité monétaire ne vaut que par la décision qui lui est attachée. À cet égard, toute unité monétaire contient trois « cases »[600] au plan macro-économique - où les transferts se compensent - : elle peut servir - *in fine* - à demander un bien de consommation, à demander un bien d'investissement, ou à ne rien demander sur le marché des produits (thésaurisation au sens large).

Dans *« la théorie des disponibilités comme interprétation des crises et du problème social »*, article publié par Bernácer en 1922 et diffusé à 150 exemplaires[601], accompagné d'un résumé en français, auprès des plus grands économistes européens et américains, l'auteur reprend et approfondit l'idée qui lui était venue dans son premier ouvrage *Société et Bonheur*.

Le concept bernacérien de disponibilité est proche du concept keynésien de liquidité sous réserve de ce que nous avons dit sur la définition de la monnaie. Cependant la disponibilité, encaisse monétaire immédiatement disponible, a des degrés divers qui traduisent le degré de liberté de décision de l'agent. L'idée sous-jacente chez Bernácer, qu'il n'explicite pas, est une véritable théorie de la répartition; une unité monétaire, pouvoir d'achat additionnel distribué par la production, n'aura pas les mêmes effets sur la production, sur l'emploi, sur la croissance et le progrès, selon que le bénéficiaire est un agent dont le revenu étant faible sera entièrement consommé[602] et selon que c'est un agent dont le revenu est tel que l'unité monétaire vient grossir le stock des disponibilités des épargnants. Dans le deuxième cas, c'est le stock de disponibilités des épargnants qui se trouvera augmenté.

Bernácer voit deux différences[603] entre son concept de disponibilité et la liquidité keynésienne. Selon lui, l'intérêt en tant que prix de l'abandon de la liquidité n'a de vertu explicative que dans une approche microscopique. Cependant la principale différence résulte de l'essence même des deux concepts : la liquidité de Keynes n'est pas compatible avec le postulat I = S. Nous pensons en effet qu'il y a une confusion dans l'analyse keynésienne. I = S est un *flux* d'épargne et d'investissement dont l'égalité est parfaitement compatible avec l'existence d'un *stock* de liquidités, à condition que ce stock reste invariable. Or le stock « préférence pour la liquidité » est, selon Keynes, fonction du taux d'intérêt, donc éminemment variable. Il y a selon nous incompatibilité entre le postulat I = S et la fonction de liquidité. Ce qui nous fait rejoindre la conclusion de Bernácer selon laquelle le concept de liquidité tel que Keynes l'établit n'est pas pertinent par rapport au postulat de l'égalité, par définition, de l'investissement et de l'épargne. La négligence des stocks à l'*intérieur* du schéma keynésien nous paraît être responsable de bien des incohérences de l'analyse keynésienne. De ce point de vue, Hawtrey et Koopmans ont, après Bernácer, fait une analyse plus robuste, mais ils n'ont pas su

---

599 Marx a eu cette même intuition, selon S. DE BRUNHOFF, *op. cit.*, p. 50 :" Il en résulte un arbitrage continuel entre monnaie de transaction et monnaie thésaurisée », p. 51 : « De façon paradoxale, c'est l'analyse marxiste de la thésaurisation qui semble reposer tout entière sur la psychologie du thésauriseur : avarice, goût pour les qualités esthétiques de l'or, frénésie de l'accumulation » ...

600 L'expression est de nous

601 Cité par BERNÁCER, *La théorie fonctionnelle*, *op. cit.*, p. 210.

602 Nous dirions aujourd'hui: revenu dont la propension marginale à consommer est forte.

603 BERNÁCER, *La théorie fonctionnelle...*, *op. cit.*, p. 285.

rendre parfaitement cohérentes entre elles les différentes intuitions qu'ils ont eu[604]. Cela est dû, selon Bernácer, à l'absence d'une véritable analyse fonctionnelle de la monnaie chez ces auteurs[605].

Une telle analyse part de l'idée que, le volume global de la masse monétaire étant constant, il existe des *mouvements internes* à la masse qui, faisant passer la monnaie d'un « fonds» (catégorie) à un autre, traduisent un changement de fonction. Or ces mouvements internes de la masse sont à l'origine de variations importantes de l'équilibre global. Bernácer ne souligne pas qu'une telle analyse englobe ou implique les comportements, les décisions des agents qui sont à l'origine de ces mouvements internes, et qu'au fond son analyse a certainement une approche positive, objective, qui analyse les faits réalisés et non les intentions des agents. Cependant elle ne nous semble pas incompatible avec l'analyse psychologique de Nogaro ou sociologique de Aujac, celles-ci la complètent et l'enrichissent, en ce que des désajustements importants peuvent naître sans altération de la masse monétaire globale. Bernácer est, à nos yeux, le plus antiquantitativiste des monétaristes car il ne se borne pas à montrer que la théorie quantitative est erronée, du fait qu'il existe de nombreuses inter-relations entre les variables et non causalité de M sur P, mais en ce qu'il montre qu'il y a des causalités partant d'un bouleversement de la *structure interne* de la masse monétaire. Cet apport de Bernácer nous paraît moderne, par son analyse structurale[606], et originale par la théorie monétaire qu'elle contient. Au niveau de la cohérence générale des idées, bien que Bernácer n'utilise jamais le vocable de structure, nous affirmons que l'analyse bernacérienne tout entière est *structuraliste, évolutive, et institutionnaliste.*

Il faut souligner que le changement de fonction de la monnaie ne se confond pas toujours avec un changement de détenteur; ce qui est déterminant ce n'est pas le changement de mains. Conscient de la difficulté d'appréhender statistiquement[607] cette masse monétaire mouvante[608], Bernácer préconisera dans sa réforme[609] que les banques ouvrent des comptes distincts pour les dépenses courantes et pour l'épargne[610]. On peut donc observer des changements de mains sans changement de fonction et vice versa. Ainsi, lorsqu'au moyen d'un prêt, des disponibilités passent des mains d'un épargnant à celles d'un investisseur, cela est sans effet sur l'équilibre du marché des biens, tant que ces sommes n'aboutiront pas au producteur des biens d'équipement objet de l'investissement. Au contraire, lorsque le consommateur prélève sur son épargne pour réaliser un achat de consommation, cela représente un changement fonctionnel sans transfert inter-agents immédiat, un acte qui affectera l'équilibre sur le marché de la production.

[604] Cf. notamment, *infra*, la thésaurisation.

[605] Bernácer ne cite pas Koopmans, qu'il ne connaît pas.

[606] H. GUITTON, *Les fluctuations économiques*, *op. cit.*, p. 12 : « La notion de structure commande de plus en plus l'intelligence de tout le problème économique ». Cf. aussi F. PERROUX, « *Pour un approfondissement de la notion de structure* » in Mélanges Witmeur, Sirey, 1939, p. 271.

[607] ULLMO, *op. cit.*, p. 164, insiste sur la nécessité de différencier l'épargne des ménages, d'une part, et l'épargne des entreprises et de l'État, d'autre part.

[608] De nombreux commentateurs condamnent la ventilation de la masse monétaire mais peut-être est-ce parce que les théoriciens qui s'y sont employés (Hawtrey, Keynes) n'ont pas tiré tout le parti d'une telle initiative. Par exemple L. BOURCIER DE CARBON écrit, *op. cit.*, p. 111, à propos du *Treatise on money* de KEYNES : « il ne s'agit plus d'un appareil de mesures et de normalité mais uniquement d'un appareil de réflexion ». Ce n'est pas l'avis de Bernácer.

[609] Cf. « Le système rationnel de Bernácer », p. 139.

[610] À cet égard, les banques s'efforcent, elles aussi, de promouvoir l'usage du compte sur livret, pas seulement en France, et, bien entendu pas pour confirmer les raisons théoriques de Bernácer. On peut simplement voir par là que cette idée de Bernácer n'est pas dépourvue de réalisme et détruit, en partie, la critique faite à Keynes à propos de la ventilation de la masse monétaire en $L_1 = f(Y)$ et $L_2 = f(i)$.

Nous résumons l'analyse fractionnelle de la masse monétaire faite par Bernácer, Hawtrey[611] et Keynes[612] en un tableau synoptique[613].

<table>
<tr><th></th><th>BERNÁCER
(1916 - 1922)</th><th>HAWTREY
(1919 - 1937)</th><th>KEYNES
(1930)</th><th colspan="2">KEYNES
(1936)</th></tr>
<tr><td rowspan="2">Fonds productifs</td><td>Disponibilités de consommation</td><td>Consumers' cash balances</td><td>Income balances</td><td>Income motive</td><td rowspan="2">Motif de transaction</td></tr>
<tr><td>Disponibilités des entreprises</td><td>Traders'cash balances</td><td>Business balances</td><td>Business motive</td></tr>
<tr><td></td><td></td><td></td><td></td><td></td><td>Motif de précaution</td></tr>
<tr><td>Fonds spéculatif</td><td>Disponibilités d'épargne</td><td>Investment market cash balances</td><td>Saving balances</td><td>Speculative motive</td><td>Motif de spéculation</td></tr>
</table>

Nous avons appelé, pour simplifier, fonds spéculatif les disponibilités des épargnants, bien que cette dénomination ne soit pas aussi clairement exprimée sous la plume de Bernácer. Celui-ci considère que le motif de précaution est difficilement dissociable du motif de transaction et qu'il présente peu d'intérêt pour l'analyse. Nous voulons insister sur le fait que le parallélisme de l'analyse fractionnelle des trois auteurs est plus apparent que réel. Hawtrey ne tire pas de grandes conséquences du fractionnement de la masse monétaire. Keynes fonde l'un des termes de la préférence pour la liquidité sur le taux d'intérêt et le motif de spéculation. Bernácer, quant à lui, tire le plus grand parti de cette ventilation en affinant l'analyse de la masse monétaire et du comportement des agents qu'elle sous-tend et en centrant son étude et ses conclusions de théorie de l'équilibre sur les disponibilités des épargnants. Robertson, sans faire une analyse systématique de la structure de la masse monétaire, semble utiliser des concepts d'encaisses différenciées[614].

La structure de la masse monétaire chez Bernácer.

Après avoir décrit les opérations qui sont sans influence sur la valeur de la monnaie (paiements sans contrepartie ou à contrepartie différée, paiements des opérations de réalisation d'actifs, paiements de services consomptifs ou transferts de revenus, paiements des consommations intermédiaires), Bernácer nous livre la structure de la masse monétaire en un schéma que nous reproduisons[615].

---

[611] Abondamment cité par Ch. RIST dans son *Histoire des doctrines relatives au crédit et à la monnaie*, Sirey, 1938, cité par L. BOURCIER DE CARBON, *op. cit.*, par H. DENIS, *op. cit.*, p. 674, 703, 738, Hawtrey n'est pas cité par A. PIETTRE, *op. cit.*, ni par H. GUITTON, *La monnaie*, Dalloz (diverses éditions).

[612] BERNÁCER, 1916, *Société et Bonheur* ; 1922, *La théorie des disponibilités*. HAWTREY, 1919, *Currency and credit*; 1937, *Capital and Employment*. KEYNES, 1930, *Treatise on money*, t. 1, chap. III et XV; 1936, *General theory...*

[613] Cf. p. 226.

[614] C. NÊME, *op. cit.*, p. 36 : « Robertson avait décelé le mobile de transaction et de précaution... » p. 39 : « Robertson (il n'est pas le seul) raisonne de préférence sur l'encaisse de l'homme d'affaires ». In *Money*, 2e éd., p. 41-195.

[615] Notons la manière dont B. SCHMITT, *op. cit.*, p. 183, conçoit l'intégration de la monnaie : la rétribution des facteurs productifs est-elle « une simple translation de monnaie identique ? Or, dans l'intervalle, des biens réels se sont formés, production des facteurs rémunérés. Et au fur et à mesure que le fonds circulatoire est distribué aux « producteurs », la monnaie « assume » les produits nouvellement apparus : entendez ce fait d'expérience que les titulaires de la monnaie répartie viennent d'acquérir pouvoir sur les produits de la période, pouvoir d'option pour chaque sujet et pouvoir d'absorption pour leur ensemble. Par la rémunération des facteurs,

Dans cette structure, c'est le fonds disponible total (C), et plus particulièrement le stock (a) des disponibilités des épargnants qui sont spécialement *instables*[616] [617]. En effet, si la fonction naturelle des disponibilités épargnées est l'investissement, c'est-à-dire la formation de capital fixe des unités de production, il existe hélas, une possibilité pour l'épargne d'être détournée de sa fonction naturelle, c'est l'acquisition d'actifs productifs de rente.

Bernácer a donc vu, avant Keynes, que les agents pouvaient être incités à ne pas consommer ou investir dans la mesure où il existe des opportunités de placement lucratif hors production. Keynes est ainsi conduit à ventiler la masse monétaire en deux sous-masses M_1 et M_2[618], la première étant fonction du revenu et la deuxième étant fonction du taux d'intérêt. Bernácer, quant à lui, considère que l'élément (a), disponibilités des épargnants et, dans une moindre mesure[619], l'élément (c), disponibilités des entreprises, sont fonctions de l'attrait de ce qu'il dénomme le marché financier, attrait non seulement concrétisé par l'existence d'un taux d'intérêt servi par ce marché mais aussi par les perspectives - souvent plus alléchantes - de plus-value. À cet égard, l'analyse de Bernácer est plus complète que celle de Keynes et, en incluant les plus-values[620] dans une analyse dynamique, elle confirme l'hypothèse implicite de travail de Bernácer qui refuse le postulat de la stabilité des prix et se place, d'emblée, dans un système en mouvement perpétuel.

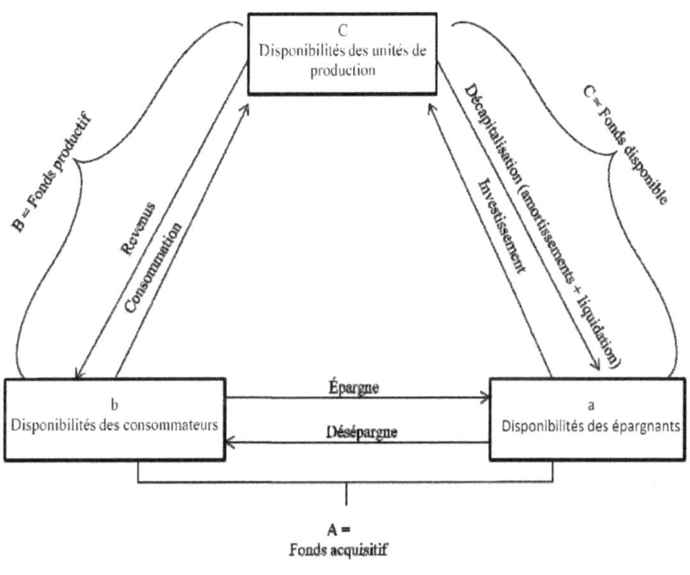

M = masse monétaire = a + b + c

produits et monnaie sont placés en correspondance; la monnaie est enfin « intégrée », elle commande l'écoulement des biens apparus consommables et durables ». Cette conception de l'intégration et l'approche dynamique nous paraissent très proches de celles de Bernácer ; notamment, le fonds circulatoire évoqué par celui-là n'est autre que le fonds productif défini par celui-ci. Notons aussi, au passage, que l'intégration de la monnaie au circuit « réel » se fait sans discrimination entre biens « consommables et durables » (B. Schmitt), de même que Bernácer ne ventile pas la demande globale.

616 Cette idée, essentielle dans le schéma bernacérien de l'équilibre, se fonde sur l'attrait - abondamment signalé - du marché financier sur cette fraction de la masse monétaire.

617 Sur ce point, l'analyse de Marx diffère de celle de Bernácer : « La conjoncture financière dépend alors principalement de la demande de monnaie de transaction des capitalistes industriels et commerçants » (S. DE BRUNOFF, *La monnaie chez Marx*, *op. cit.*, p. 165).

618 Où $L_1 = f(Y)$ et $L_2 = f(i)$.

619 Cf. cependant tout ce qui se dit actuellement sur la spéculation monétaire internationale provoquée ou entretenue par les firmes multinationales.

620 (5) Les équations de la liquidité sont différentes chez les deux auteurs : pour Keynes: $L = f(i)$; pour Bernácer : $L = f(i, \Delta P_a)$ avec P_a = prix des actifs, objet de transactions hors production.

A = (a + b) : fonds susceptible d'acquérir la totalité de la production et les stocks: il représente, à un instant donné, la capacité maximum de demande potentielle de produits.
B = (b + c) : circulation des biens finals entre producteurs et consommateurs : marché des produits .de consommation finale.
C = (a + c) : fonds disponible: montant global de l'épargne disponible pour un usage quelconque (consommation, investissement, placement hors production).
Les flèches représentent des flux et les rectangles des stocks monétaires.

Il convient aussi de rappeler que le concept keynésien de liquidité est - en un sens[621] - plus étroit que celui de Bernácer ; pour ce dernier, la thésaurisation peut être constituée de monnaie en mouvement. Cette monnaie est dite thésaurisée non parce qu'elle est immobilisée mais parce qu'elle est hors du circuit de la production, qu'elle soit dans l'attente de réalisation d'une opération de placement ou spéculation, ou qu'elle soit en cours de réalisation d'une telle opération. Pour Bernácer, la thésaurisation n'est pas seulement une épargne liquide, c'est surtout une non-dépense dans le circuit de la production, elle peut se traduire soit par une détention liquide soit par un placement en actifs productifs de rente. Le fondement bernácérien de la thésaurisation est concret, celui de Keynes est psychologique, de même que celui de Marx[622].

UNE THÉORIE DYNAMIQUE DE LA VALEUR DE LA MONNAIE

A. - Les éléments de l'approche

1° *La perspective dynamique temporelle.*

La théorie monétaire de Bernácer se place, d'emblée, dans une perspective de dynamique temporelle[623]. L'un des égarements pernicieux de la recherche économique a été « la recherche d'une mesure invariable de la valeur des choses. Nombreux sont les économistes qui se sont laissés entraîner par l'illusion vaine d'une mesure commune des marchandises et des services qui fût indépendante de la monnaie... Les unités de valeur absolues sont aussi irréalisables que la quadrature du cercle ou le mouvement perpétuel... L'économiste n'a d'autre recours que de s'appuyer sur la valeur instable de la monnaie elle-même, de même que le géographe prend comme point de référence le niveau variable de la superficie des mers. Notre royaume est celui de la relativité »[624].

2° *La nécessité du marché comme structure fondamentale de la valeur sociale de la monnaie.*

« Les individus sont incapables de chiffrer leurs besoins, leurs satisfactions, leurs préférences[625]. Ce n'est qu'en vertu du concours d'un grand nombre d'individus, et grâce à l'instrument monétaire et à la mécanique du marché qu'il est possible d'arriver à l'expression numérique de la valeur. C'est pourquoi l'économie de

---

[621] Rappelons, en revanche, que Keynes considère les titres à court terme comme de la monnaie alors que Bernácer donne de la monnaie une définition plus stricte.
[622] Cf. *supra*.
[623] Rappelons que H. GUITTON (*Les fluctuations économiques*, *op. cit.*,p. 386) cite Bernácer dans le « chapitre II : La naissance de la dynamique & comme précurseur de l'analyse des périodes successives, premier « cadre formel des modèles économétriques ». Cf. aussi *supra*, « Témoignages ».
[624] BERNÁCER, *La théorie fonctionnelle...*, *op. cit.*,
[625] Le rejet de l'approche individualiste néoclassique ne peut être plus flagrant !

Robinson, dont on abuse tant dans les raisonnements économiques, n'enseigne rien d'utile quant à la théorie de la valeur »[266 626].

3° *L'approche positiviste de l'équilibre monétaire réalisé.*

On peut se poser deux questions très différentes: celle de savoir pourquoi le .point d'équilibre entre l'offre et la demande se fixe à un certain niveau (concept *ex-ante* de « spéculation mathématique-psychologique ») ou celle de l'analyse de l'équilibre réalisé *ex-post*, problème d'ordre « mathématico-statistique ». Bernácer déclare[627] s'attacher à résoudre seulement la deuxième question, la seule qui permette « l'expression satisfaisante de la demande et de l'offre effectives[628] de monnaie évaluées en marchandises, en vue d'une étude statistique de ces grandeurs ».

C'est en 1929 [629] que Bernácer donne la première formulation explicite de la valeur de la monnaie V

$$V = \frac{1}{I} = \frac{P + \Delta E + \text{solde de la balance commerciale}}{R + \Delta A + \text{solde de la balance des paiements}}$$

où I représente l'indice des prix, P la production, R le revenu, ΔE la variation des stocks de produits et ΔA la variation des encaisses.

B. - *Établissement de la formule dynamique de la valeur de la monnaie*[630]

Le flux de demande effective[631] pour une période donnée est égal au flux de revenu de la période, diminué de la formation de stocks de disponibilités A (fonds d'acquisition)[632].

$$D = R - \Delta A \qquad (1,0)$$

Le flux d'offre de la période est égal au flux de production diminué de la formation de stocks de produits E.

$$O = P - \Delta E \qquad (2,0)$$

Or la production est au revenu ce que l'objet est à son image :

$$P = R$$

La condition d'équilibre est:

$$\Delta A = \Delta E$$

L'accroissement de la masse monétaire est $\Delta M == \Delta A + \Delta C$; cet accroissement implique une création de monnaie de même quantum, et se traduit par un accroissement du fonds de roulement des entreprises, qui devient :

$$\Delta K = \Delta E + \Delta c$$

Etant donné que

$$A = M - c$$

---

626 C'est en 1925, dans son ouvrage *L'intérêt du capital* que BERNÁCER exprime la nécessité d'intégrer l'offre dans la théorie monétaire, jusque-là fondée sur l'étude de la demande, et qu'il posera la condition de l'équilibre: pour que O = D il faut et il suffit que $\Delta A = \Delta E$, c'est-à-dire qu'à la variation des stocks de produits corresponde une même variation des encaisses monétaires.

627 BERNÁCER, *op. cit.*, p. 22-23.

628 Au sens français du terme et non dans l'acception anglaise, mal traduite en français et impliquant la notion d'anticipation, au sens de Keynes.

629 Dans un article de la *Revista nacional de economía* de janv.-févr. 1929, p. 15, « La technique du retour à l'étalon-or. Le problème du prix de la monnaie ».

630 Cf. *supra*, « La formation de l'équilibre général », p. 93.

631 BERNÁCER, *op. cit.*, p. 22-23.

632 Cf. La structure de la masse monétaire chez BERNÁCER, *supra*.

L'offre est inchangée, mais la demande devient, en remplaçant R par P dans (1,0)

$D = P - \Delta A$

$D = P - \Delta (M - c)$

$D = P + \Delta c - \Delta M$ (1,1)

1° *L'hypothèse d'absence d'émission monétaire.*

Lorsqu'il n'y a pas création de monnaie:

$\Delta M = O$ et $D = P + \Delta c$ (1,2)

Dans ce cas Δc représente les revenus qui ne seront distribués par les entreprises qu'au cours d'une période ultérieure, du fait de leur périodicité (profits, intérêts, certaines redevances et rétributions, etc...)

Si D et O sont différents

$D - O = \Delta E + \Delta c - \Delta M$

$D - O = \Delta K - \Delta M$

Et, en l'absence de création de monnaie, on retrouve l'écart à l'équilibre:

$D - O = \Delta K = \Delta E - \Delta A$ (3,0)

Cette égalité s'exprime : lorsqu'il y a déséquilibre sur le marché des produits, l'écart est égal à la variation du fonds de roulement (ΔK) c'est-à-dire à la différence entre la variation des stocks et la variation du fonds disponible des ménages[633].

Si $\Delta E > \Delta A$ ($\Delta K > 0$), c'est que l'on a dépensé, pour l'acquisition d'une certaine quantité de biens en cours de période, une quantité de revenus supérieure à celle que la production finale de cette même quantité de biens avait permis de distribuer et il en résulte que les prix augmentent.

Si $\Delta E < \Delta A$ ($\Delta K < 0$), c'est le cas contraire qui se produit et les prix baissent.

2° *Le placement de l'épargne dans la production.*

Quels sont les effets d'un transfert de disponibilités des ménages aux entreprises ?

1er temps : l'épargne est accumulée par les ménages, au détriment, toutes choses égales d'ailleurs, de la demande effective.

2ème temps : les ménages transfèrent aux entreprises des disponibilités pour un montant ΔZ.

La demande devient, par transformation de (1,2)

$D = P + \Delta c - \Delta Z$ (1,3)

3ème temps : l'emploi, par les entreprises, de ΔZ peut être affecté partiellement à la formation de capital fixe z et partiellement au fonds de roulement ΔH[634]:

$$\Delta Z = \Delta H + z$$

Cet investissement donne lieu à la répartition d'une fraction (r) de ΔZ en revenus aux ménages. Les nouveaux stocks de disponibilités deviennent:

entreprises : $c' = c + (\Delta H + z - r)$

---

633 C'est une *accélération relative* du flux de vente des produits vis-à-vis du flux de dépense ou vice-versa.

634 Cette distinction, fondamentale dans la théorie de Bernácer, est totalement négligée chez Keynes où l'investissement représente aussi bien une véritable demande de biens d'équipement que la formation de stocks résiduels, moyennant quoi Keynes peut écrire: I = S.

ménages : $A' = A + r$

Et la demande devient:

$$D = P + \Delta c - \Delta Z + z$$

$$D = P + \Delta c - \Delta H \qquad (1,4)$$

ΔH = transferts d'épargne des ménages aux entreprises, destinés à la formation de stocks ou plus généralement à l'augmentation du fonds de roulement (stocks et disponibilités en instance d'affectation).

Le tableau que nous proposons ci-dessous résume les différents cas à envisager.

Hypothèse générale: $\Delta M = 0$ (absence de création de monnaie)

Période[635]	**Expression de la demande**	**Expression de l'offre**	**Conditions d'équilibre et effets**
t_0	$D_o = P - \Delta A$	$O_o = P - \Delta E$	$D_o = O_o$ [636] lorsque $\Delta A = \Delta E$ Or $\Delta M = 0 \rightarrow \Delta A = \Delta M - \Delta c = - \Delta c = \Delta E$ Les disponibilités des entreprises sont affectées au financement des stocks $D_0 \neq O_0$ [279] $D_o - O_o = \Delta E - \Delta A = \Delta E + \Delta c = \Delta K$ Le déséquilibre est égal à l'augmentation de fonds de roulement des entreprises.
t_1 = transfert d'épargne des ménages aux entreprises ΔZ			
	$D_1 = P - (\Delta A + \Delta Z)$ $D_o - \Delta Z$	$O_1 = O_o$	$D_1 < O_1$ = *tendance* à la récession
$(t_2)'$ = emploi du transfert d'épargne par les entreprises $\Delta Z = \Delta H + z$ (cas général)			
	$D_2 = D_1 + z$	$O_2 = O_1 + z$ $= P_o - \Delta(E_o - z)$	$D_1 < D_2 < D_o$: récession par rapport à l'équilibre $D_o = O_o$ (t_o) et reprise par rapport au déséquilibre en (t_1)
$(t_2)''$ = emploi du transfert d'épargne par les entreprises au financement exclusif du fonds de roulement $\Delta Z = \Delta H$ (cas particulier, peu réaliste, car la formation de stocks entraîne indirectement une formation de nouveaux revenus)			
	$D_2 = D_1$	$O_2 = O_1 = O_o$	$D_2 = D_1 < D_o$: récession par rapport à l'équilibre en t_o et par rapport au déséquilibre envisagé en $(t_2)'$
$(t_2)'''$ = emploi du transfert d'épargne par les entreprises au financement exclusif de la formation de capital fixe $\Delta Z = z$			
	$D_2 = D_1 + \Delta Z = D_o$	$O_2 = O_1 = O_o$	$D_2 = D_o = O_o = O_2$: on est ramené à l'équilibre atteint en t_0[637]. L'investissement a pris, dans la demande globale, le relais de la consommation.

[635] Les notations (t) que nous avons introduites pour la clarté du schéma représentent dans ce tableau des périodes et non des époques.

[636] Pour des raisons didactiques nous retiendrons l'hypothèse ($t_o \rightarrow D_o = O_o$) pour clarifier la présentation des situations en t_1 et t_2 mais nous pourrions aussi bien partir de l'hypothèse générale $D_o \neq O_o$.

[637] Il faut remarquer que BERNÁCER n'étudie pas la différence qu'il y a lieu de faire entre les équilibres en t_o et en (t_2). Ce dernier est, toutes choses égales d'ailleurs, par rapport au premier, un équilibre porteur de croissance. Peut-être faut-il voir là un aspect stagnationniste de l'analyse de BERNÁCER : nous n'en sommes pas persuadé, cf. *infra*.

Le principal enseignement qu'il faut tirer de ce schéma est double:
- même intégrée à sa théorie monétaire, l'offre n'occupe pas une place aussi active que la demande dans le processus de la production. Il semble qu'implicitement Bernácer considère que la demande est le moteur véritable de l'activité; l'auteur rompt ainsi avec une tradition classique et annonce les analyses modernes de type keynésien. .
- en l'absence de création de monnaie, la formation de stocks additionnels par les entreprises provoque, toutes choses égales d'ailleurs, une récession.

Au plan de la théorie monétaire, *stricto sensu*, ce schéma tend à démontrer qu'en l'absence de ce qu'il est convenu d'appeler une variation autonome de l'offre de monnaie - hypothèse quantitativiste - les variations du fonds disponible, et donc le changement de *structure interne* de la masse monétaire suffit à provoquer des variations dans les niveaux de la production et de l'emploi.

L'analyse de Bernácer privilégie l'approche du revenu et de la dépense[638] par opposition à l'approche purement monétaire, elle implique une analyse du comportement des agents, telle que l'explicitent, après lui, Nogaro[639], Aftalion[281] et Keynes[281] ou telle que l'approfondiront Perroux et Aujac[281], entre autres. Car son refus, bien compréhensible à son époque, de ne pas mêler l'économique aux autres disciplines, en s'efforçant de fonder l'analyse sur des faits *observables* au niveau macroscopique, s'inscrit dans un courant de pensée économique moderne que l'on pourrait qualifier d'économétrique[640] au sens éthymologique du mot. Il s'efforce de fonder les lois de l'économique sur une mesure des agrégats et il annonce ainsi, à la suite des physiocrates, la mise sur pied d'une comptabilité nationale.

Cependant, la théorie quantitative de Koopmans, tenant de l'optique monétaire, citée par Hayek[641] présente une certaine ressemblance avec certains aspects de la théorie de Bernácer qui, rappelons-le, est antérieure.

Ainsi les termes $\frac{\Delta M}{\Delta t}$ et $\frac{\Delta L}{\Delta t}$ de l'équation monétaire de l'économiste hollandais fait ressortir l'importance de l'ajustement entre vitesse de création de monnaie $\frac{\Delta M}{\Delta t}$ et vitesse de thésaurisation$\frac{\Delta L}{\Delta t}$. D'après Bourcier de Carbon, les optiques monétaires et des dépenses se complètent sans s'exclure et Wicksell en serait la racine commune. Nous pensons que la théorie de Bernácer, plus que celle de Wicksell qui reste, selon nous, trop attaché à la théorie quantitative, mérite ce rôle de synthèse entre ces deux optiques que nous croyons indissociables[642] . Ainsi Bernácer peut-il être affranchi de la plupart des critiques qui sont faites aux monétaristes et aux tenants de l'école des dépenses, telles que les résume J. Pen[643] . Pour notre part nous mettrons quelques-unes de ces remarques à l'actif de Bernácer : celui-ci néglige M, « variable trop molle» selon l'expression de Pen, il intègre le taux d'intérêt dans l'analyse (*infra*), la prévision économique est liée à l'analyse des dépenses. Enfin Bernácer échappe à la principale critique faite à l'école des dépenses, car il ne minimise pas, quant à lui, l'importance de la création ou de la destruction de monnaie dans le circuit.

---

638 L. BOURCIER DE CARBON distingue (*op. cit.*, p. 120 et s.) trois écoles modernes d'étude de la liaison monnaie-prix: l'école monétaire (MV), l'école des dépenses (C + I) et l'école de la fonction de production. S'il fallait choisir une école pour la théorie bernacérienne, nous la rangerions plutôt dans l'école des dépenses.
639 Cf. *supra*.
640 Cf. *supra* témoignage de J. Rueff.
641 F. A. HAYEK, *Beitriige zur Geldtheorie*, Vienne, 1933, p. 211 à 359.
642 SELDEN, « La théorie quantitative de la monnaie contre l'optique des dépenses et du revenu », *Bulletin de la Banque nationale de Belgique*, oct. 1965.
643 in « La controverse entre l'école monétaire et l'école des dépenses : quelques contributions récentes », *Bulletin de la Banque nationale de Belgique*, février 1966.

Antiquantitativiste par l'aspect fonctionnel de son analyse, Bernácer l'est aussi par son essai de définition d'une théorie dynamique de la valeur de la monnaie, deuxième aspect de sa théorie dite fonctionnelle. L'expression que donnait Bernácer, en 1929, de la valeur de la monnaie résultait d'une approche encore insuffisamment dynamique où le temps n'était intégré[644] que par l'intermédiaire des variations de stocks (réels et monétaires) et où le concept de valeur de la monnaie, exprimé en fonction du revenu total à un moment donné était encore trop classique à son gré. Bernácer, au cours des années 1930, sera progressivement amené à considérer définitivement que la valeur de la monnaie est un concept qu'il faut relativiser[645] par rapport à la variable temps: au fond, pense-t-il, écrire une équation de la valeur de la monnaie à un moment donné a peu de signification. Il faut franchir résolument un pas de plus dans la voie du progrès de la science économique en affirmant qu'il n'est de valeur de la monnaie qu'en fonction de la variable temps.

Il va donc s'efforcer d'intégrer trois paramètres de sa pensée économique à l'analyse monétaire : la méthode structurale, la monnaie implique une structure de création de la valeur : c'est le marché, l'analyse fonctionnelle, la monnaie n'est pas une entité homogène, et enfin l'analyse temporelle qui est vraiment le signe distinctif de notre époque où ce qui importe c'est d'étudier les évolutions car il n'y a pas de critère immuable d'appréciation des grandeurs, économiques notamment. Il importe moins, par exemple, de définir un critère de répartition pour l'heure actuelle que de s'efforcer d'améliorer à l'avenir ou d'étudier l'évolution passée de la structure de la répartition. Il nous reste à voir comment Bernácer essaie d'intégrer le temps dans la théorie monétaire.

3° *La définition du coefficient de déséquilibre.*

Soit $\pi = \frac{D}{O}$ le rapport de la demande à l'offre pendant une période donnée; lorsque ce coefficient est égal à 1, cela signifie qu'en moyenne, sur l'ensemble du marché, les produits ont été vendus à un prix tel qu'une unité de valeur de la production a été échangée contre une unité de revenu[646]. Lorsque $\pi \neq 1$ (cas général, a priori), π représente le prix d'une unité de valeur marchandise exprimée en unités de revenu. Comparée à 1, la valeur numérique de π indiquera la tendance globale pour les prix à se situer au-dessus ou au-dessous du prix moyen d'équilibre. Selon l'auteur, π ne doit pas être confondu avec les indices de prix courants. π représente la totalité de la population des prix réels pondérés par la quantité réelle de biens et non l'échantillon, plus ou moins représentatif, que constituent les indices de prix. π est plus proche, conceptuellement, de l'indice des prix de détail que de l'indice des prix de gros, car les opérations intermédiaires sur biens non-finals sont exclues du calcul de π. Enfin, ce coefficient est différent de l'indice des prix de détail en ce qu'il comprend les prix des biens finals de production alors qu'il exclut ce que Bernácer appelle les services consomptifs[647].

---

644 L'analyse keynésienne dans son ensemble devait rester à ce stade d'intégration insuffisante du facteur temps.

645 La relativisation de la valeur de la monnaie est à la fois temporelle et spatiale. Nous n'insisterons pas sur le facteur spatial de relativisation, car il est implicite dans toutes les théories monétaires, qu'elles soient quantitativistes ou non, puisque la relation monnaie-prix n'est jamais étudiée que dans un espace économique où s'exerce l'influence d'une même autorité monétaire. A cet égard, le facteur de relativisation spatial n'est pas un signe distinctif des différentes théories, alors que l'analyse temporelle que fait Bernácer nous parait constituer un apport historiquement nouveau et fondamentalement important pour une théorie moderne de la monnaie et plus particulièrement de la relation monnaie-prix.

646 Cf. à ce sujet, *supra*, « Une convention de comptabilisation des revenus ».

647 Observons que Bernácer a une conception matérielle du Produit, et que les services non incorporés dans un produit (services consomptifs) ne font pas partie de la production proprement dite. Ils sont acquis grâce à des transferts interagents.

π apparaît donc comme un indice de prix idéal dont la pondération serait parfaite[648], n'impliquant aucune hypothèse quant à la détermination des coefficients de pondération. Les indices statistiques utilisés couramment pourraient être, selon nous et quoi qu'en dise Bernácer, une approximation utile de π, celui-là étant à celui-ci ce que l'échantillon est à la population ou ce qu'un sondage est à un recensement exhaustif.

4° *La formule selon la méthode du temps fractionné.*

Dans le développement qui suit nous utiliserons le mot indice I pour désigner l'indice idéal de Bernácer.

Soit V_0 la valeur d'un ensemble de marchandises à l'*instant* t_0, V_i et V_n, la valeur du même ensemble aux instants respectifs t_i et t_n. On peut définir les indices des prix successifs:

$$I_1 = \frac{V_i}{V_0} \ldots I_i = \frac{V_i}{V_0} \ldots I_n = \frac{V_n}{V_0}$$

Ou les indices

$\frac{V_1}{V_0}, \frac{V_i}{V_{i-1}}, \frac{V_n}{V_{n-1}}$; dont le produit est égal à $I_n = \frac{V_n}{V_0}$.

Si l'ensemble des biens considéré est constitué par l'ensemble des biens, en nature et en quantité, réellement échangés aux différentes périodes $(t_1 - t_0)$, $(t_i - t_{i-1})$, $(t_n - t_{n-1})$[649] :

$\frac{V_1}{V_0} = \pi_1 \quad \frac{V_i}{V_{i-1}} = \pi_i \quad \frac{V_n}{V_{n-1}} = \pi_n$

Et $I_n = \frac{V_n}{V_0} = \pi_1 \ldots \text{x}\ \pi_i \ldots \text{x}\ \pi_n$

d'où il vient

$$\log_e I_n = \log_e \pi_1 + \ldots + \log_e \pi_i + \ldots + \log_e \pi_n$$

et lorsque $(t_i - t_{i-1})$ est très petit, on peut écrire

$$\log_e I_n = (\pi_1 - 1) + \ldots + (\pi_i - 1) + \ldots + (\pi_n - 1)$$
$$= [\ \textstyle\sum_{i=1}^{i=n} \pi_i\ ] - n$$

$$I_n = e^{\sum_{i=1}^{i=n} (\pi_i - 1)}$$

Cela exprime que la relation entre la monnaie et les prix passe par le marché, que l'évolution de la valeur de la monnaie $\frac{1}{I_n}$ à un *instant* donné (t_n) est fonction des déséquilibres (π_i) entre les flux d'offre et de demande au cours des périodes passées[650].

---

648 La méthode de l'École de Cambridge est inspirée de la même idée. C. NÊME, *op. cit.*, p. 29 : « Afin de mesurer... (les) valeurs de la monnaie..., Robertson, de même que Keynes, Hawtrey et Pigou, a cherché à confronter des indices. L'idée semble devoir être fructueuse... Pour le plus grand dommage de la science économique tous les essais ont été vains, tous ont échoué devant la difficulté d'établir un indice des prix *pondéré de façon satisfaisante* » (c'est nous qui soulignons).

649 Nous insistons sur la dualité période et instant (ou époque). Soient t_0, t_1, t_{i-1}, t_i, t_{n-1}, t_n des instants ou des époques, les périodes se définissent comme étant le temps qui s'écoule entre deux instants successifs : $(t_1 - t_0)$, $(t_i - t_{i-1})$, $(t_n - t_{n-1})$. Cette distinction est implicite dans l'analyse de Bernácer. Nous l'explicitons car elle est essentielle pour la compréhension de ce qui suit. Les π_i sont définis par rapport à des périodes et les V_i (et donc les I_i) par rapport à des époques, d'où la nécessité de la démonstration qui suit – évoquée mais non approfondie par l'auteur – que le passage des I_i aux π_i est rigoureusement acceptable, à condition de prendre des périodes infinitésimales.

650 En ce sens, la théorie de Bernácer annonce la théorie « héréditaire » de M. Allais.

Pour passer de la méthode discrète, où le temps est découpé, à la méthode continue où la période serait infinitésimale, il faut vaincre une difficulté de calcul. En prenant les π_i au lieu des V_i, on commet l'erreur qui consiste à prendre les écarts entre les valeurs moyennes *des périodes* (π_i = moyenne de $\frac{D_i}{O_i}$) au lieu des écarts extrêmes entre le début et la fin de la période (*instants*). Or, le résultat d'un fractionnement de la période est de réduire l'erreur commise en prenant les π_i comme approximation des I_i.

D'autre part, nous considérons qu'au niveau macroscopique, le flux des revenus et des dépenses paraît plus continu encore que pour chaque agent, du fait de la non-concomitance des décisions. Cela réduit la valeur de l'hypothèse de Robertson[651] [652] sur le décalage entre le revenu et la dépense, analyse qui, selon nous, ne vaut qu'au niveau microscopique. Bernácer a bien perçu cette difficulté, puisqu'après avoir, le premier[653], énoncé cette diachronie entre revenu et dépense, point de départ de son analyse temporelle, il s'efforce de revenir au mouvement macroéconomique continu en surmontant la contradiction interne qu'implique le fractionnement des périodes successives. En fractionnant la période, Bernácer parvient à tenir compte du mouvement continu, au moyen des 1ti successifs, véritables jalons indicateurs du rapport des flux de demande et d'offre qui arrivent réellement sur le marché.

La méthode d'approche bernacérienne nous paraît fort enrichissante, en ce qu'elle permet de surmonter les dualités analytiques telles que: flux-stocks, époque et période, instant et temps. De nombreuses insuffisances chez la plupart des auteurs sont dues à ce qu'ils ne parviennent pas à vaincre, voire même à percevoir ces dualités essentielles.

5° *La formule selon la méthode du temps continu.*

Dans un deuxième temps, Bernácer établit une formule[654] de l'indice idéal des prix - inverse de la valeur de la monnaie - en fonction du revenu, de la demande et de l'offre, et du temps continu.

Soient les trois fonctions, ayant en commun une variable indépendante: le temps, définies entre les instants a et b.

fonction de Produit =	Revenu	$P_{ab} = \int_a^b P(t)dt$
fonction de demande globale		$D_{ab} = \int_a^b D(t)dt$
fonction de l'offre globale		$O_{ab} = \int_a^b O(t)dt$

Soit le graphe des fonctions du revenu-produit et de la demande.

[651] C. NÊME, *op. cit.*, p. 48-49.

[652] E. LINDHAL, *Studies in the theory of money and capital*, p. 158 fait une analyse analogue à celle de Robertson et commet donc la même erreur: il fige les phénomènes à l'intérieur de la période.

[653] *La théorie des disponibilités*, *op. cit.*, cf. aussi témoignage de Robertson.

[654] Nous simplifions la démonstration de l'auteur qui nous a paru confuse par endroits. Les symboles et les relations fonctionnelles ont déjà été utilisées dans : « *Les équations complètes du marché* », p. 97.

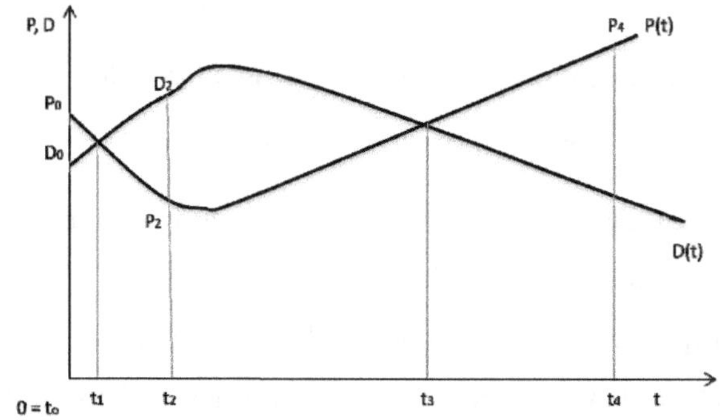

Le segment D_4 P_4 représente l'intensité d'accumulation du revenu non dépensé à l'instant t_4, corrigé par le terme

$$(\Delta M - \Delta H)^{655}.$$

L'aire sous la courbe $[t_0\ D_0\ D_4\ t_4]$ représente le volume du flux[656] de demande entre les époques[298] t_0 et t_4.
L'aire sous la courbe $[t_0\ P_0\ P_4\ t_4]$ représente le volume du flux[298] de revenu entre les époques[298] t_0 et t_4.
L'aire $[(t_0\ P_0\ P_4\ t_4) - (t_0\ D_0\ D_4\ t_4)1$ représente l'accumulation d'encaisse entre to et t_4 [297].
Entre les instants t_0 et t_i, l'écart entre le revenu et la demande a pour expression:

$$\Delta A - (\Delta M - \Delta H) = \int_{t_0}^{t_i} P\,(t)\,dt - \int_{t_0}^{t_i} D\,(t)\,dt$$

expression en termes de stocks = expression en termes de flux.
L'équation de la demande s'écrit :

$$\int_{t_0}^{t_i} D\,(t)\,dt = \int_{t_0}^{t_i} P\,(t)\,dt - \Delta A + \Delta M - \Delta H$$

Or $\Delta M = \Delta A + \Delta c$; Δ afférent à la période $(t_i - t_0)$

$$\int_{t_0}^{t_i} D\,(t)\,dt = \int_{t_0}^{t_i} P\,(t)\,dt + \Delta c\,(t_i - t_0) - \Delta H\,(t_i - t_0)$$

Examinons l'offre

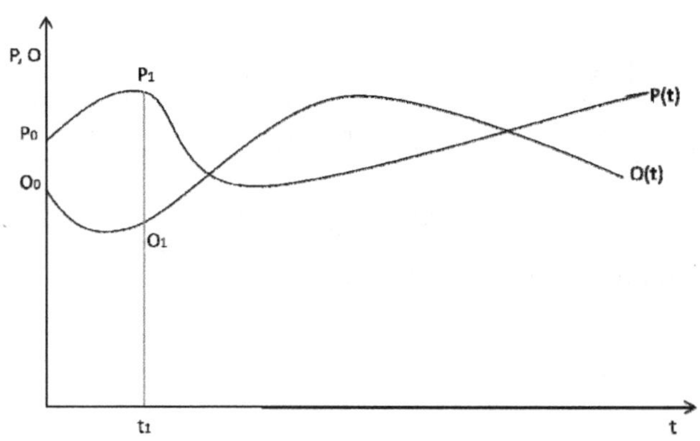

Nous avons vu[657] que O diffère de P par le terme (Δ E + Δ S).

---

[655] Cf. *supra*, « Les équations réduites du marché », où il apparaît que la demande est égale à : R - ΔA + (ΔM - ΔH).
[656] C'est nous qui précisons.
[657] Notons que ΔS a un rôle subsidiaire dans l'équilibre du marché. L'auteur le définit (*La théorie fonctionnelle*, p. 124) : « C'est la seule quantité de monnaie métallique qui entre en circulation au cours de la période; aujourd'hui, c'est généralement sous forme d'augmentation de la réserve métallique des banques d'émission, laquelle correspond à un accroissement des billets à couverture totale » et p. 126 : « Le seul acte monétaire qui affecte l'offre, c'est la création de monnaie métallique, car son effet est de diminuer la quantité réelle de marchandises existant sur le marché d'une quantité égale à la quantité de métal monétisé ou mis en réserve par la banque d'émission. Le signe de ΔS est négatif lorsqu'il y a augmentation de monnaie métallique et positif lorsqu'il y a diminution. On

O_1 P_1 représente donc « l'intensité d'accumulation des stocks» et de l'encaisse métallique à l'instant t_1.

La variation des stocks et de l'encaisse-or entre t_0 et t_1 est égale à la différence des aires sous les courbes P(t) et O(t)

$$\int_{t_0}^{t_i} P(t)\,dt - \int_{t_0}^{t_i} O(t)\,dt = \Delta E + \Delta S$$

Δ afférent à la période $(t_i - t_0)$

L'équation de l'offre s'écrit :

$$\int_{t_0}^{t_i} O(t)\,dt = \int_{t_0}^{t_i} P(t)\,dt - \Delta E\,(t_i - t_0) - \Delta S\,(t_i - t_0)$$

On peut donc définir une aire comprise entre les courbes de demande et d'offre dont l'expression sera :

$$\int_{t_0}^{t_i} D(t)\,dt - \int_{t_0}^{t_i} O(t)\,dt$$

$$= \int_{t_0}^{t_i} P(t)\,dt + \Delta c\,(t_i - t_0) - \Delta H\,(t_i - t_0)$$

$$- \int_{t_0}^{t_i} P(t)\,dt - \Delta E\,(t_i - t_0) - \Delta S\,(t_i - t_0)$$

$$= \Delta c\,(t_i - t_0) + \Delta E\,(t_i - t_0) - \Delta H\,(t_i - t_0) + \Delta S\,(t_i - t_0)$$

Le fonds de roulement (K) étant égal au stock (E) augmenté des disponibilités des entreprises (c) :

$$= \Delta K\,(t_i - t_0) - \Delta H\,(t_i - t_0) + \Delta S\,(t_i - t_0)$$

Soit le graphe représentant D(t), O(t) et leur écart [D(t) – O(t)]

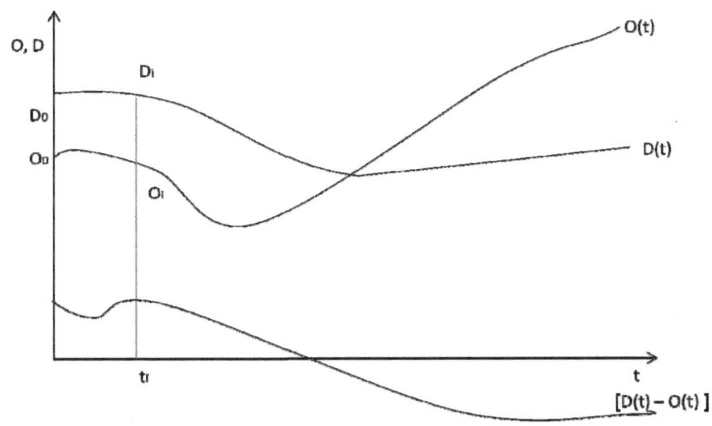

On peut définir pour chaque point de la courbe D(t) – O(t) la pente de la tangente en prenant comme valeur approchée la pente de la sécante coupant la courbe en deux points aussi proches que l'on veut, de part et d'autre de l'abscisse considérée sur la courbe . Cette fonction ayant ainsi une forme dedérivée et la différence des aires $\int D(t)$ et $\int O(t)$ étant elle-même une aire on peut écrire :

$$D(t)\,dt - O(t)\,dt = (K - H + S)\,dt$$ [658]

En divisant les deux membres par O(t) dt, et en intégrant de t_o à t_i, on obtient :

---

pourrait supprimer ce terme dans la mesure où la réserve d'or ne serait pas décomptée comme un stock de biens sur le marché Bernácer, ayant introduit, par souci de rigueur ce terme dans l'équation monétaire, ne semble pas lui attacher grande importance; cependant, et sous réserve d'un examen plus approfondi, nous pensons que le terme ΔS pourrait représenter non exclusivement de l'or mais aussi des réserves de devises, ce qui viendrait renforcer l'importance de ΔS.

[658] (K - H + S) devrait être noté (K - H + S) (t) en toute rigueur, pour bien montrer que cette somme représente non seulement des stocks mais aussi une dérivée du flux par rapport au temps.

$$\int_{t_0}^{t_i}\left[\frac{D(t)}{O(t)}-1\right]dt = \int_{t_0}^{t_i}\frac{K-H+S}{O}\,dt$$

Or, $\frac{D}{O} = \pi$, d'où vient : $\int_{t_0}^{t_i}(\pi - 1)dt = \int_{t_0}^{t_i}\frac{K-H+S}{O}\,dt$

D'après ce que nous avons vu, π est une valeur approchée de I

$\pi - 1 = \frac{I_i - I_{i-1}}{I_{i-1}}$

$(\pi - 1)\,dt = \frac{dI_i}{I_i} = d\,(\log_e I_i)$

$\log_e I_i = \int_{t_0}^{t_i}(\pi - 1)dt$

$= \int_{t_0}^{t_i}(\pi - 1)dt$

$I_i = e^{\int_{t_0}^{t_i}(\pi-1)dt}$

$$I_i = e^{\int_{t_0}^{t_i}\frac{K-H+S}{O}\,dt}$$

Comparée à la formule $I_n = e^{\sum_1^n(\pi_i-1)}$établie précédemment, la formule I_i apparaît bien comme une transposition de I_n selon la méthode du temps continu[659].

Ainsi Bernácer établit une relation fonctionnelle[660] dynamique entre la masse monétaire représentée par une de ses fractions (K - H + S) et les prix représentés par un indice (I_i). Une telle formulation nous paraît intégrer, entre autres choses, les comportements psychologiques et sociologiques des agents - ménages et entreprises - par les décisions de transferts, de dépense et de production impliquées ensemble dans les variables K, H et O. Contrairement à des auteurs comme Nogaro, Aftalion et Keynes, Bernácer se refuse à étudier les motivations[661], les éléments d'ordre psychologique *ex-ante* pour ne prendre en compte que les manifestations tangibles, réalisées *ex-post*, de ces décisions.

CONCLUSION PROVISOIRE SUR LA THÉORIE GÉNÉRALE DE LA MONNAIE

Bien qu'il soit difficile de qualifier une pensée aussi originale et aussi autonome que celle de Bernácer, nous pourrions inscrire son essai dans une trajectoire parallèle au grand courant de pensée de l'équilibre monétaire

[659] Dans un « appendice numérique au livre 1» de *La théorie fonctionnelle*, p. 191 à 202, Bernácer donne un exemple de simulation d'une série chronologique de prix et des principaux agrégats du modèle, en appliquant successivement la méthode discontinue et la méthode continue. Partant de là, l'auteur trace les deux diagrammes de variation d'indices des prix illustrant la presque coïncidence des courbes quelle que soit la méthode suivie. Nous serions d'accord pour admettre la démonstration que l'on peut passer du temps fractionné au temps continu, cependant nous faisons, a priori, la réserve que le choix de chiffres théoriques n'illustre pas la réalité du modèle mais seulement sa logique, indépendamment des mérites de cet essai.

[660] Ici, au sens mathématique.

[661] Ph. HERZOG, *Prévisions économiques et comptabilité nationale*, P.U.F., 1968, p. 54, dit à propos de la justification théorique des modèles globaux : « Nous avons déjà dit que les comportements économiques se manifestent en amont des flux économiques (les transactions marquent un arbitrage entre les comportements d'un agent individuel et les contraintes externes tenant aux comportements des autres agents) ».

dont les représentants sont principalement suédois et anglais : Lindhal, Myrdal, Hawtrey, Robertson[662], mais pas exclusivement, tel que Koopmans ; Bernácer apparaît comme un franc tireur pris entre, d'une part, ces deux écoles et d'autre part Wicksell et Keynes.

Comme tous ces auteurs, et en réaction contre le courant néo-classique, Bernácer procède à une analyse de l'équilibre général intégré. Chez lui, la dissociation de son analyse de l'équilibre, d'une part, et de la monnaie, d'autre part, paraît plus difficile que chez ses contemporains. Peut-être la monnaie n'a-t-elle pas dans son œuvre le même statut scientifique que chez la plupart des économistes de son époque. Il semble, à bien des égards avoir une optique plus actuelle, une écriture et une méthode plus modernes.

Nous pourrions, en quelques lignes, essayer de résumer les innovations que renferme la théorie monétaire de Bernácer :

- relativisation du concept de valeur de la monnaie par rapport à l'espace et au temps,
- détachement total par rapport à la matérialité de la monnaie,
- découverte d'une fonction perverse de la monnaie: la thésaurisation double,
- liaison entre les variations de l'épargne et de la valeur de la monnaie,
- rôle de l'écart entre l'épargne et l'investissement dans les fluctuations de l'activité.

Dans une tentative de qualification de la théorie de Bernácer, nous ferions ressortir que cette théorie monétaire est :

- synthétique : intégration des deux composantes du marché dans une optique moniste monétaire-réelle,
- dynamique : intégration du temps comme variable indépendante à part entière,
- structuraliste : mise en lumière des mouvements internes de la masse monétaire,
- et que c'est une théorie-revenu, mettant l'accent sur la fonction de création de revenu par la monnaie.

Enfin, que cette théorie comprend en son sein une théorie de l'intérêt dont l'étude fera l'objet du prochain chapitre. Ce n'est qu'après cette étude que nous pourrons établir quelques comparaisons à propos de la politique monétaire.

[662] H. DENIS, *Histoire de la pensée économique*, Collection « Thémis », P.U.F., p. 738, définit leur position commune: l'équilibre est atteint lorsque I = S et l'on parvient à cette égalité grâce à une manipulation du taux d'intérêt.

II

LE TAUX D'INTÉRÊT

« Une théorie vaut autant par ce qu'elle suscite que par ce qu'elle contient de vérité »

François PERROUX[663]

« Le phénomène de l'intérêt soulève l'un des problèmes les plus difficiles de la théorie économique ».

L.R KLEIN[664]

[663] F. PERROUX, *Introduction à la théorie de l'évolution économique de J. Schumpeter*, Dalloz, 1935, p. 216.
[664] L. R. KLEIN, *The keynesian revolution*, p. 117.

C'est en tant que variable stratégique des modèles d'équilibre et de fluctuations[665] que le taux d'intérêt mérite une étude à part entière, détachée de la *Théorie générale* de la monnaie. À ce titre, tout ce qui a été dit à propos des fonctions de la monnaie[666] et du fractionnement de la masse monétaire[667] constitue un préalable indispensable[668] ainsi que le bref exposé de la théorie bernácérienne de l'intérêt[669], pour la compréhension du présent chapitre.

EXISTENCE ET ESSENCE DU TAUX D'INTÉRÊT CHEZ BERNÁCER

Survol de la théorie de Bernácer

La détention de monnaie disponible (disponibilités proprement dites) permet d'acquérir des actifs dont la possession a ceci de particulier qu'elle donne droit à une part du produit sous forme de rentes diverses, (loyers, fermages, intérêts des fonds d'État ou des valeurs industrielles...). Il est donc rentable, pour les agents, d'affecter l'emploi de la monnaie à autre chose que l'acquisition des biens nés de la production contemporaine, la rente[670] que produit une unité de monnaie ainsi placée est le taux d'intérêt. Dès lors, la production ne trouvera de financement nouveau que dans la mesure où elle pourra rémunérer la monnaie qui s'y investit : « cette prime qu'il faut donner à la richesse pour l'attirer dans l'industrie est la seule chose qui essentiellement puisse constituer l'intérêt »[671].

Une théorie historique et positive de l'intérêt: genèse de l'intérêt

La citation qui suit permet de situer d'emblée le problème du taux d'intérêt chez Bernácer : « Il existe une cause économique qui force à payer un intérêt indépendamment du fait que ce soit juste ou non et c'est cette force qui nous importe d'un point de vue scientifique »[672] .

Par ailleurs, l'auteur assoit sa conception positive, loin de toute conception métaphysique, sur la constatation que ceux qui empruntent des capitaux paient un intérêt parce que s'ils ne le faisaient pas, ils ne pourraient pas obtenir de capital[673]. Il constate aussi que l'intérêt existe, ce qui ne nécessite aucune explication; en revanche ce qu'il convient de montrer c'est ce pourquoi l'emprunteur consent à le payer[674].

---

[665] C. NÊME-CORDEBAS, *op. cit.*, p. 66, a Une conception, sinon une formulation proche de cette idée « l'étude du taux d'intérêt non seulement fait partie de la théorie monétaire de Robertson comme elle fait partie de celle de Keynes, mais aussi assure la jonction entre la théorie monétaire et la théorie économique générale, comme, depuis Wicksell, chez tous les économistes suédois. »

[666] Cf. *supra*, « Les fonctions dynamico-temporelles de la monnaie ».

[667] Cf. *supra*, « Le fractionnement fonctionnel de la masse monétaire ».

[668] Peut-être cette précision nous préservera-t-elle du jugement de NÊME-CORDEBAS, *op. cit.*, p. 66 (, Les économistes français ont le tort de ne pas lier l'étude de la monnaie à celle du taux d'intérêt ou des fluctuations économiques. Même à l'heure actuelle où la *Théorie générale* est bien connue d'eux, ces phénomènes demeurent étudiés dans des chapitres différents et seuls de fragiles ponts sont jetés entre les uns et les autres ». Dans l'œuvre de Bernácer, le taux d'intérêt est parfaitement intégré à la théorie monétaire et surtout aux fluctuations. Notre présentation ne doit pas faire conclure à l'opposé.

[669] Cf. *supra*, « Le taux d'intérêt» et d'une manière générale, « Le mécanisme du marché financier ».

[670] Rappelons que pour Bernácer, l'acception est large: c'est la rémunération d'un non-travail.

[671] BERNÁCER, *Société et Bonheur*, 1916, p. 139-140.

[672] BERNÁCER, L'intérêt du capital, 1925, p. 18.

[673] *Ibid.*, p. 17.

[674] *Ibid.*, p. 24.

EXISTENCE DE L'INTÉRÊT DANS L'UNIVERS PRÉCAPITALISTE

De mémoire d'homme, l'intérêt a toujours existé quels que fussent l'époque, le type d'organisation sociale et du travail, les rapports et les techniques de production. Les puissants eux-mêmes ont souvent dû payer des intérêts pour obtenir des prêts, bien qu'ils aient pu prélever par l'impôt ou par les mutations monétaires des sommes nécessaires à leurs dépenses. Dans son ouvrage de 1916 surtout, Bernácer montre comment « la ploutocratie de l'argent» au XIXe siècle réussit, par sa mainmise sur l'État, à obtenir des rentes perpétuelles en échange des sommes engouffrées dans des dépenses souvent improductives (guerres coloniales...). La réflexion des scholastiques devait tendre à rejeter l'intérêt au nom de la morale, cependant constate Bernácer[675], l'intérêt a résisté, il a survécu à l'interdit religieux et politique et il l'a vaincu.

Cette préexistence au système capitaliste proprement dit et surtout au développement de l'économie industrielle où le capital physique tient une place sans précédent dans l'histoire économique, nous met sur la voie de l'analyse bernacérienne du taux d'intérêt. L'intérêt est certainement lié à la monnaie, mais il n'est pas une institution intrinsèque et exclusive du capitalisme industriel[676].

EXISTENCE DE L'INTÉRÊT, INDÉPENDAMMENT DES STRUCTURES DE RÉGIMES ÉCONOMIQUES NON-CAPITALISTES

Que l'on observe des pays où le régime économique est globalement différent du système capitaliste ou, partiellement, du fait de la présence de secteurs d'activité nationalisés, on s'aperçoit que le taux d'intérêt n'a pas disparu[677]. Dans l'U.R.S.S. du début des années 1920 où les taux atteignirent des sommets, dans les entreprises nationalisées françaises ou dans la réforme ultérieure de la gestion des unités de production soviétiques, l'intérêt n'avait pas et n'a pas disparu. Quelle que soit l'interprétation nuancée que l'on fasse du rôle de l'intérêt dans les différents types de structures et de systèmes, il n'en demeure pas moins que l'intérêt, dans son existence, sinon dans son essence, est un phénomène répandu dans l'ensemble des espaces économiques, indépendamment de leur mode de production, de leurs structures économiques ou para-économiques et de leurs systèmes. Il devrait donc y avoir une généralité de la théorie du taux de l'intérêt, au sens où Marx essaie d'établir une *Théorie générale* de la monnaie[678] qui ne soit pas confondue dans son analyse critique de l'économie politique capitaliste. Bernácer n'a pas cette ambition, cependant elle nous paraît impliquée dans la manière dont il pose le problème.

LE REFUS DU PROCÈS EN LÉGITIMITÉ DE L'INTÉRÊT

Certaines théories de l'intérêt n'ont aucun objet scientifique, elles visent à démontrer tantôt que l'intérêt est une institution immorale, tantôt le contraire. La thèse juridique est de ces dernières, elle fonde l'intérêt sur la

---

675 *Ibid.*, p. 23.

676 La même position est adoptée par MARX, *Le Capital*, Éditions sociales, Paris, 1962, t. II, p. 253) : « Le capital productif d'intérêts, ou pour le désigner sous sa forme antique, le capital usuraire, fait partie avec le capital commercial, son frère jumeau, des formes antédiluviennes du capital qui précèdent de loin le mode de production capitaliste et se retrouvent dans les structures sociales les plus diverses au point de vue économique ». La dernière proposition de cette citation constitue d'ailleurs une bonne transition vers le point suivant «Existence de l'intérêt... ».

677 R. BARRE, *Économie politique*, t. 2, P.U.F., Thémis.

678 S. DE BRUNHOFF, *op. cit.*, p. 13 à 24.

distinction entre la nue propriété et l'usufruit ou la jouissance du capital ; c'est une thèse tendancieuse visant à justifier l'institution de l'intérêt[679] . Nous pensons aussi que la thèse juridique, se fondant sur l'institution juridique du droit de propriété, se borne en fait à montrer que l'intérêt est cohérent par rapport à la structure dualiste du capital, elle prétend légitimer l'intérêt. Dans tout cela, semble-t-il, l'observation économique est distordue, le normatif se confond avec le descriptif, la nature se confond avec l'artefact.

Bernácer faisant cette objection aux « partisans » de l'intérêt se refuse, pour démontrer sa thèse, les moyens qu'il incrimine, il n'usera donc point des notions de morale, d'éthique ou d'aliénation. Cependant ce refus n'est pas absolu, sa théorie n'est pas incolore, son insistance à rechercher l'origine de l'intérêt et à en tirer des conclusions de politique économique constitue un aveu de préconçu. Cela n'enlève rien, selon nous, au caractère scientifique de sa théorie : y aurait-il une recherche scientifique sans idée préconçue ? On ne doit pas faire grief au savant d'avoir des intuitions préalables, ce qu'il faut c'est surveiller la manière dont il les traitera ensuite par la méthode et par la vérification théorique ou l'expérimentation.

Il est bien évident qu'en fondant sur la théorie de la rente l'origine première de l'intérêt, Bernácer dévoile ce à quoi son observation de l'activité économique le conduit: la critique d'un ordre social instable et injuste. Cette critique affirmée est cependant le résultat logique de sa construction théorique de l'intérêt et non le point de départ. Nous avons vu que Bernácer constate d'abord que l'intérêt est un phénomène très répandu et qu'il ne fait donc pas, a priori, de choix entre de « bons» régimes économiques où l'intérêt serait inexistant et de « mauvais» régimes où il sévirait.

On peut reconnaître à Bernácer le mérite qu'il ne cherche pas à justifier une idéologie existante; il procède à une analyse très approfondie de la réalité et, raisonnant par hypothèses, il observe que la disparition des rentes individuelles devrait logiquement entraîner la disparition de l'intérêt.

CONVERGENCE DE LA MÉTHODE HISTORIQUE ET DE LA MÉTHODE POSITIVE

Dans l'ordre descriptif, l'histoire corrobore la simple observation factuelle, toutes deux tendant à faire croire à l'existence d'un ordre naturel de l'intérêt. Celui-ci, légitime ou non, serait dans l'ordre des choses. S'arrêter à ce stade de l'étude revient à accepter l'ordre naturel, à démissionner devant tout obstacle, à renoncer à aménager le cadre naturel ou à se défendre contre une nature parfois hostile. La prospective actuelle peut faire croire à l'épuisement progressif des matières premières, à l'insuffisance de la nutrition mondiale[680] et l'on peut, en tant que point de départ pour la recherche et l'action, accepter ces augures comme des mises en garde à exploiter en vue de la réalisation du Progrès, sinon comme des prophéties de ce qui sera. Au nom de cette observation des faits et au nom de l'histoire, devrons-nous pour autant adopter l'attitude pessimiste de Malthus[681] à propos des guerres ou de la misère populaire qu'il juge naturellement inéluctables ? Le savant doit se garder d'être, en un certain sens, optimiste ou pessimiste: il doit surtout rejeter l'idée même de la fatalité. C'est ainsi que Marx et Engels s'opposeront à l'économiste anglais.

[679] BERNÁCER, *L'intérêt du capital...*, *op. cit.* p.20.
[680] Cf. René DUMONT, *L'utopie ou la Mort*, Éditions du Seuil, 1973.
[681] R. MALTHUS, *Principes d'économie politique*, 1820; éd. française, 1846.

Cependant, nous voici, depuis quelques lignes dans l'ordre normatif. Or, dans ce domaine tous les espoirs sont permis, malgré l'énorme difficulté que représente le choix d'une procédure collective de définition de la finalité économique. Toujours est-il que l'on doit, dans ce domaine, poser que l'abolition de l'intérêt est possible, s'il est démontré que cette abolition est utile, voire nécessaire. En appeler à l'ordre actuel ou historique pour démontrer une soi-disant impossibilité de réaliser cette réforme est pour le moins antiscientifique. Nous devons, dans le domaine théorique, accepter l'idée d'une économie sans intérêt: l'effort d'imagination pour l'économiste ne paraît pas devoir être plus grand pour ce faire, que lorsque l'on évoque l'univers isotropique de la concurrence parfaite dans lequel raisonnent les classiques, les néoclassiques et les keynésiens.

LE TAUX D'INTÉRÊT ET L'EXTENSION DE LA THÉORIE DE LA RENTE

A. - *La théorie originelle de la rente*

On attribue encore souvent à Ricardo[682] la paternité de théories inventées par Malthus. D. Villey écrit[683] « Deux ans avant les Principes de Ricardo (1817), c'est Malthus qui a inventé la loi de la rente foncière ». Peut-être Malthus a-t-il été victime de la « malédiction divine » ou du « darwinisme » historique[684] ! Annonciateur de Ricardo et de Marx, selon D. Villey, Malthus devient, sous la plume de H. Denis[685], celui qui cherche à justifier la cherté du blé anglais.

Cependant, il nous apparaît que la théorie de la rente de Malthus est plus large que celle de Ricardo. Ch. Gide semble être de cet avis[686] : « La théorie (de la rente) de Ricardo ... n'admet l'existence que de rentes différentielles et ne retient que ce dernier cas de ceux envisagés par Malthus. Il semble qu'en ceci, c'est Malthus qui avait vu plus juste que Ricardo ... Il est évident que dans une société parvenue à un certain degré de densité de population, le seul fait que la terre est en quantité limitée suffit pour conférer à toutes les terres et à leurs produits une valeur de rareté indépendante de leur inégalité de rendement. Et quand bien même elles seraient toutes de fertilité égale, cela n'y changerait rien. Il n'en est point qui ne puisse trouver preneur à prix d'argent ». Ch. Gide explique la position de Ricardo par la contradiction qu'il y aurait entre une acception large de la rente et la théorie de la valeur-travail. Bernácer surmonte cette contradiction apparente, puisqu'il adopte ces deux concepts, en nuançant le deuxième. Le principe de la valeur-travail se traduit chez lui par l'affirmation que seul le travail est un moyen légitime d'appropriation individuelle du produit, mais le travail, source principale, n'est pas source unique de valeur ; les autres sources de valeur - il y en a au moins une : la terre - feront l'objet d'appropriation collective dans sa réforme de structures économiques[687]. Bernácer est

---

682 BERNÁCER fait de même (*L'intérêt du capital*, *op. cit.*, p. 14). Citant les trois concepts qui lui paraissent fondamentaux pour la science économique (la valeur, l'intérêt, la rente), il rend hommage à Ricardo pour la transcendance de sa théorie de la rente.

683 D. VILLEY, *Petite histoire des grandes doctrines économiques*, 4e éd., Génin, Paris, 1958, p. 130.

684 D. VILLEY, *op. cit.*, p. 125, intitule son chapitre sur cet auteur: « Malthus ou la malédiction divine » et plus loin, évoquant son principe de sélection naturelle, p. 129 : «Le darwinisme est fils du malthusianisme ».

685 H. DENIS, *Histoire de la pensée économique*, P.U.F., Paris, 1966, p. 291.

686 Ch. GIDE et Ch. RIST, 1920, p. 177.

687 Cf. *supra*, p. 139, « Le système économique rationnel de Bernácer » et p, 371 « La vigueur des solutions ou le radicalisme de la réforme préconisée par Bernácer ».

proche de l'analyse de A.Smith puisque, selon H. Denis[688], Malthus justifie « la thèse de Smith selon laquelle la rente foncière est un prélèvement sur le fruit du travail, dû à la situation de monopole dans laquelle se trouve le propriétaire de la terre ».

B. - *L'extension de la théorie de la rente*

Ch. Gide croyait pouvoir conclure à la fin de son chapitre sur la rente[689]: « Après avoir joué un si grand rôle pendant tout le XIXe siècle, elle (la théorie de la rente) sera peut-être devenue dans quelques années, une simple curiosité historique ». Bernácer, sans interruption entre 1916 et 1956, J. Robinson en 1951[690], les législations concernant le sol urbain et les plus-values foncières, la survivance périodiquement ressentie et parfois mise en pratique[691] de l'idée de la socialisation du sol apportent un démenti au scepticisme de Ch. Gide.

Loin de remiser au musée de l'économique la théorie de la rente nous allons donc examiner les extensions qui en ont été proposé par les économistes, après les deux auteurs anglais déjà cités. Faisant le bilan de ces essais jusqu'en 1920, Ch. Gide et Ch. Rist constatent[692] « La grande masse des économistes, ou bien est restée fidèle à la conception de Ricardo, ou bien s'est efforcée de l'approfondir et de la développer, mais sans nier le revenu propre du sol.

De là une double et très curieuse évolution de la théorie de la rente » :

- les auteurs qui, comme Ricardo, considèrent la rente « comme une anomalie économique due à des circonstances spéciales (l'inégale fertilité des terres et la loi du rendement décroissant) » ;
- les théoriciens modernes qui « n'y voient plus qu'une conséquence normale du jeu régulier des lois de la valeur ».

Dans le premier type de théories sont évoqués les rendements différenciés de la terre, en tant que réservoir de ressources et en tant qu'emplacements, les habiletés différenciées de l'homme ou de la machine. Ainsi par exemple le loyer apparaît comme une rente. Cependant, c'est le profit qui a le plus attiré les théoriciens de la rente[693] : à tel point que A. Marshall définit le profit, une « rente composite ». Pour tous ces auteurs, cette extension de la théorie est une sorte d'exutoire, « la théorie de la rente généralisée est le passe-partout grâce auquel s'expliquent toutes les différences individuelles de revenu »[694]. A. Piettre[695] est du même avis : « dès lors la notion de rente se trouvait pour ainsi dire diluée dans celle du déséquilibre entre l'offre et la demande... rente du producteur ... rente du consommateur ... La rente apparaît comme un fait de conjoncture »[696].

---

[688] H. DENIS, *op. cit.*
[689] Ch. GIDE et Ch. RIST, *op. cit.*, p. 647 et s.
[690] Joan ROBINSON, *Economics of imperfect competition*, Mac Millan, London, 1951.
[691] Constructions d'immeubles privés sur sol municipal moyennant un bail du sol de très longue durée (50 ou 60 ans), ou d'autoroutes avec concession de durée limitée (35 ans en France).
[692] *Ibid.*, p. 647.
[693] J.B. CLARK in *The distribution of wealth* ; L. WALRAS, A. MARSHALL in *Principles*, *op. cit.*, livre V, chap. X et livre IV, chap. VIII.
[694] Ch. GIDE et Ch. RIST, *op. cit.*, p. 653-654.
[695] A. PIETTRE, *op. cit.*, p. 151 à 155.
[696] Cf. aussi J. MONTEIL, *Les théories des surplus*, Gauthier-Villars, 1968.

Le deuxième type d'extension se fonde sur le concept de la rente non-différentielle ou absolue[337]. J. Stuart Mill[697]en est un illustre représentant lorsqu'il affirme : « si toute la terre d'un pays était nécessaire à la culture, elle pourrait tout entière fournir une rente ». D'où provient donc la rente pour ces auteurs ?

- De la rareté relative du produit ; il suffit pour que celle-ci soit établie que la demande soit suffisamment grande et le produit suffisamment limité. Nous pourrions ranger parmi ces théories celle de A. Smith[698], celle de J. Robinson[340] et celle de Bernácer ; car ces dernières définissent la rente comme le revenu du monopole[699], position privilégiée dont jouissent, entre autres, le propriétaire de la terre, le producteur sur un marché de concurrence imparfaite, le vendeur qui profite d'une information ou d'un emplacement qui l'avantage ... On retrouve cette idée dans la théorie de l'exploitation de Pigou et de J. Robinson où la structure du marché est directement tenue pour responsable de la rémunération au-dessous de la productivité marginale[700].

Cependant, A. Piettre constate[701] que « même ainsi élargie cette doctrine de la rente restait encore insuffisante ». Parlant de « ce que les libéraux n'ont pas vu », il ajoute : « Ils ont assigné à la rente une cause de conjoncture ; mais ils n'en ont pas vu la raison plus profonde, liée aux structures techniques et juridiques du régime capitaliste ». Plus loin : « Pas plus qu'ils ne voyaient l'origine de ces rentes, les libéraux ne pouvaient en trouver le remède dans le cadre de leur système... les rentes nées de causes structurelles exigeaient des remèdes également structurels, et c'est pourquoi des auteurs ... préconisaient soit la nationalisation de la rente par l'impôt unique (H. George, Stuart Mill), soit la nationalisation du sol (Gossen, Walras). En ce sens, ces auteurs étaient des précurseurs des néo-libéraux (M. Allais en particulier) car ils ne souhaitaient de telles réformes (avec indemnisation des anciens propriétaires) que pour abolir un monopole et mieux permettre le jeu des mécanismes libéraux ». Malgré la supériorité de l'analyse de ces auteurs vis-à-vis de l'ensemble des libéraux, A. Piettre montre l'insuffisance de leurs théories: « ceux-là même qui dénonçaient ces faits laissaient inaperçues les plus-values des capitaux mobiliers. Tout un pan de la réalité échappait ainsi à l'analyse libérale, victime d'une abstraction en dehors du réel ».

La théorie de Bernácer semble répondre aux vœux exprimés par A. Piettre. Pour l'économiste espagnol :

- la rente est un phénomène éminemment structurel,
- la réforme doit porter sur les structures et permettre l'indemnisation des anciens propriétaires,
- la rente est un phénomène non seulement immobilier mais de plus en plus mobilier. Bernácer, raisonnant sur un système de prix en mouvement, intègre, dans le calcul de l'intérêt réel, les plus-values sur actifs productifs de rente.

D'après les critères empruntés à A. Piettre, c'est Bernácer qui présenterait sur la rente la théorie la plus complète et la plus actuelle. Bernácer va plus loin que J. Robinson dans son assise de la théorie de la rente. Au-delà des structures de marché (aspect symptomatique) se trouvent incriminées certaines institutions

[697] J. STUART MILL, *Principes d'Économie politique*, livre II, chap. XVI.
[698] *Op. cit.*
[699] Cf. *supra*, p. 6H à 72.
[700] R. BARRE, *Économie politique*, t. 2, P.U.F., Thémis, p. 71-72.
[701] A. PIETTRE, *op. cit.*

juridiques, politiques et sociales, que l'on peut grossièrement englober dans le droit de propriété privée généralisé.

Après avoir rangé la théorie de Bernácer parmi celles que Ch. Gide a dénommé les théories modernes, puisque la rente, selon Bernácer, est un phénomène général et non seulement différentiel, il nous faut cependant démarquer l'économiste espagnol - de même sans doute que Joan Robinson - de ceux qui considèrent que c'est une conséquence normale du jeu régulier des lois de la valeur. Bernácer tendrait plutôt à considérer que la normalité du phénomène eu égard aux institutions juridiques, dans l'ordre descriptif, ne doit pas cacher, dans l'ordre normatif, les anomalies d'une telle situation[702].

C. - *De la rente au taux d'intérêt*

De toutes ces conceptions différentes ou nuancées de la rente, on peut retenir comme dénominateur commun l'idée de l'« unearned increment », elle nous semble correspondre à la conception large de Bernácer que nous avons essayé de rendre sous la dénomination de *revenu du non-travail.*

Il n'est pas étonnant que de nombreux auteurs aient préconisé la confiscation de la rente par l'impôt[703]. Proudhon eut à ce propos cette phrase célèbre: « Qui a fait la terre? - Dieu. En ce cas, propriétaire, retire-toi !»[704]. En 1851, le philosophe anglais Herbert Spencer[705] déclarait que la reprise des terres par l'État était « conforme à l'état de civilisation le plus élevé » et en parfaite harmonie avec la loi morale. Il est vrai que, plus tard[706], il devait faire une restriction, qui nous paraît pertinente par rapport à la théorie de la valeur-travail : « tout ce que la communauté est en droit de réclamer est la surface du territoire à l'état inculte et originel ». Bernácer, dans son projet de réforme, évoquant le passage du régime actuel au système rationnel qu'il préconise, semble, lui aussi, soucieux d'indemniser le travail accumulé par l'épargne et cristallisé dans les propriétés.

Quant à l'appropriation collective des rentes par l'impôt, Bernácer la rejette comme solution archaïque et timorée : ce sont les biens productifs de rente eux-mêmes qui doivent être appropriés par la collectivité, ceci entraînant naturellement cela.

En revanche, il reste en-deçà du collectivisme fabien[707] qui préconise à la fois la confiscation de l'intérêt et celle de la rente d'habileté. En effet, pour Bernácer, économiste chrétien, l'habileté personnelle est du domaine de l'intimité, elle est intrinsèquement hors du commerce. L'égalitarisme économique a, de ce point de vue, des limites: il aurait, croyons-nous des vertus de dégénérescence. D'accord pour confisquer l'intérêt, Bernácer refuserait sans doute que l'on touche à ce que certains ont appelé la rente d'habileté.

---

[702] Keynes lui-même est amené à condamner la rente. H. DENIS, *op. cit.*, p. 436 commentateur pourtant peu favorable à Keynes, donne cette interprétation : (Cette théorie de l'intérêt est au centre de la doctrine keynésienne : c'est elle, notamment, qui amène l'économiste anglais à penser que le capitalisme sera « dépassé « sans douleurs par *l'abaissement progressif* du taux de l'intérêt, amenant la fin des r*entiers* » (c'est nous qui soulignons).

[703] Ch. GIDE et Ch. RIST, *op. cit.*, p. 660.

[704] PROUDHON, *Qu'est-ce que la propriété*, p. 74.

[705] H. SPENCER, *Social statics*, chap. IX, sect. 8.

[706] H. SPENCER, *Justice*, traduction française en 1893, p. 107.

[707] M. et Mme WEBB (théoriciens du collectivisme fabien selon Ch. Gide et Ch. Rist, *op. cit.*, p. 686) «Histoire du Trade-unionisme», traduction française, p. 116.

La nationalisation du sol, telle que la prônent J. Stuart Mill[708], Henry George[709], Léon Walras[710] est bien dans la trajectoire préconisée par Bernácer. Cependant, Ch. Gide note[711] que ces auteurs « sont tous des individualistes[351]. Ils n'en veulent pas à la propriété en elle-même et l'intérêt du capital ne trouve pas d'ennemis parmi eux ». La position de Bernácer paraît donc plus avancée : il n'admet la propriété que pour les biens à usage individuel appropriés légitimement par le seul travail ; quant à l'intérêt du capital, on ne saurait le dissocier de la rente, et Bernácer devait s'attacher, tout au long de sa vie, à en montrer le caractère néfaste et à en préconiser l'abolition pure et simple.

La composante physiocratique

LA PSEUDO-PHYSIOCRATIE DE BERNÁCER

Robertson, dans son article de 1940 consacré à Bernácer[712], a qualifié la théorie bernacérienne de morceau de néo-physiocratie. Il règle, du même coup, il est vrai son compte à Keynes dont la théorie de l'intérêt est, dans ce même article, qualifiée de mercantiliste.

Ces deux affirmations sont autre chose qu'une simple boutade. Nous ne défendons pas ici la thèse de Keynes car elle nous paraît trop moniste, cependant nous voudrions relever l'erreur d'interprétation de Robertson lorsqu'il affirme que Bernácer admet qu'il existe une productivité - contrairement à Keynes – mais seulement celle de la nature. Cette erreur est double :

a) La productivité de la nature n'exclut pas le fait que le travail qui la met en œuvre a une importance primordiale dans le règne humain. La nature est un facteur passif de la production. Bernácer est plus proche de Smith, de Malthus et de Ricardo que des physiocrates.

b) Si Bernácer revient à la terre pour asseoir son principe de l'intérêt, c'est parce qu'à l'origine et en définitive c'est elle qui constitue *la richesse non reproductible*[713] par excellence et que son appropriation ou son usage perpétuel par les individus est, de ce fait, une aberration pour l'organisation économique. Mais Robertson n'a pas voulu voir que l'intérêt de la thèse de Bernácer réside dans l'extension de la notion de rente foncière. Que l'apport théorique de l'économiste espagnol consiste dans la manière dont il intègre les rentes mobilières et les plus-values dans une théorie véritablement dynamique de la rente[714].

---

[708] J. STUART MILL, *Principes d'économie politique*, Livre II, chap. II.

[709] Henry GEORGE, « autodidacte» (comme Bernácer) _ qui avant de devenir publiciste fit des métiers très divers » écrivit *Progress and poverty*, Livre VIII, chap. 1; Ch. GIDE, *op. cit.*, p. 666, écrit que « ce livre eut un retentissement extraordinaire ». C'est effectivement, l'un des rares auteurs que BERNÁCER cite dans son premier ouvrage *Société et Bonheur*, 1916. Cependant, Bernácer semble considérer George plutôt comme un auteur socialisant. C'est l'avis d'A. PIETTRE, *Histoire de la pensée...*, *op. cit.*, qui le qualifie de socialiste américain ».

[710] L. WALRAS, *Études d'économie sociale*, p. 218.

[711] Ch. GIDE et Ch. RIST, *op. cit.*, p. 683.

[712] Cf. nos « Témoignages », *supra*.

[713] Dès son premier ouvrage *Société et Bonheur*, 1916, Bernácer donne de la théorie de la rente une interprétation sociologique et économique, en insistant sur le monopole du propriétaire sur sa terre (p. 110). Il fait une différence entre le capital (illimité dans l'espace et limité dans le temps, reproductible comme le travail qui en est la principale composante, et la terre (limitée dans l'espace et illimitée dans le temps) dont la quantité utilisable est limitée, rare, c'est une grandeur finie. Le marché des biens de capital est donc un marché concurrentiel, relativement élastique; le marché de la terre est un monopole de vente, presque inélastique (p. 111 à 114).

[714] Cf. *supra*, p. 257 à 263, notamment.

Robertson a exprimé que, par rapport à la théorie keynésienne celle de Bernácer avait un aspect productiviste, ce qui est exact. Cependant il s'est trompé de productivité ! D'abord, la terre n'a pas de productivité en soi et ensuite, la productivité réelle ou physique n'a pas le même statut chez Bernácer et chez les tenants de la thèse productiviste de l'intérêt. Pour ceux-ci, la prise en compte théorique de la productivité permet de légitimer l'existence et l'appropriation de l'intérêt par les individus qui « fournissent » les biens de capital[715]. Pour Bernácer, la productivité est, en fait, le progrès technique *objectivement* incorporé dans les biens de production.Or la valeur comprend deux éléments : la nature, propriété collective dans l'optique réformatrice de Bernácer, et le travail au sens large; il n'y a donc pas de raison que certains individus aient le monopole de cette rente que constitue l'intérêt du capital. C'est donc le couple homme-machine qui permet de dégager une productivité globale; c'est parce que l'entrepreneur, dans certains cas, peut maintenir un écart suffisant entre la valeur ajoutée nette et les salaires, qu'il peut dégager un surproduit sur lequel il peut prélever la part des capitalistes. Lorsque les circonstances le permettent (niveau des salaires, niveau des prix, niveau de la demande, niveau de progrès technique), la production est une activité lucrative qui incite l'entrepreneur à emprunter pour investir, en payant un intérêt. Le taux d'intérêt n'a pas davantage sa source dans la productivité physique du capital que dans celle de la terre.

LES THÉORIES PHYSIOCRATIQUES ANTÉCÉDENTES ET CONTEMPORAINES

La théorie de la fructification de Turgot[716] est une théorie pré-classique à composante réelle. Bernácer la découvrit après la publication de *Société et Bonheur* (1916) alors qu'il se documentait en vue d'écrire. *L'intérêt du Capital* (1925), d'abord dans l'ouvrage de Böhm-Bawerk[717] puis, lui trouvant un air de ressemblance avec sa propre théorie, il lut directement le texte de Turgot[358]. Ce qu'il apprécia surtout c'est la communauté de méthode sur l'équivalence et l'échange de capitaux : « en général, tout capital est l'équivalent d'un fonds de terre ayant un revenu égal à une certaine fraction de ce capital »[718].

Vivement critiqué par Böhm-Bawerk, l'essai de Turgot est mieux compris selon nous par Schumpeter[719] qui estime « que l'équivalence terre-capital n'est pas une simple donnée car il y a une espèce de détermination du ratio d'échange entre terre et richesses mobilières ». C'est exactement la position originelle de Bernácer. P. Llau[720], à la suite de Böhm-Bawerk, a un jugement plus nuancé mais encore trop sévère : « la théorie de la fructification n'est qu'un cercle vicieux : l'intérêt s'explique par l'équivalence fonds de terre-capital due aux conditions de l'offre et de la demande, qui s'expliquent elles-mêmes par l'équivalence fermage-intérêt. Dès lors, l'explication de la genèse de l'intérêt présuppose l'existence de l'intérêt (puisque l'équivalence fermage-intérêt suppose que l'intérêt existe) ». Nous pensons que Böhm-Bawerk porte la responsabilité de

[715] BÖHM-BAWERK, *Histoire critique des théories de l'intérêt du capital*, 2e éd., 1902, traduction française (1re éd. Innsbruck, 1884) cite Walras en exemple, p. 199 : « Walras considère l'intérêt du capital comme étant une indemnisation pour le « service producteur » du capital lequel serait un certain bien immatériel (L. WALRAS, *Éléments d'économie politique pure*, Lausanne, 1889, 2e éd., p. 201-211) ».

[716] TURGOT, *Œuvres de Turgot*, Paris, Alcan, 1914, t. II, p. 504 à 601.

[717] *Op. cit.*

[718] Cité par BÖHM-BAWERK, *op. cit.*, 1. l, p. 77.

[719] J. SCHUMPETER, *History*, *op. cit.*

[720] P. LLAU, *op. cit.*

l'incompréhension et de la sous-estimation dont a souffert l'œuvre économique de Turgot et il est heureux que nos contemporains, E. Faure, P. Vigreux entre autres, aient entrepris un travail de réhabilitation scientifique[721]. Nous trouvons particulièrement faible l'argument qui consiste à reprocher le présupposé de l'existence de l'intérêt, présupposé qui nous paraît être le point de départ de toute approche positive. Böhm-Bawerk[722] reprend cet argument contre la théorie de Henry George qui fonde l'intérêt sur la rente du temps.
La proximité la plus troublante est celle que nous observons entre la théorie de Bernácer (à son point de départ seulement, il est vrai) et celle de J. Montagne[723]. Ce dernier expose une « théorie de l'intérêt biologique », fruit du facteur nature. Elle tient en trois propositions :
a) toute richesse vivante croît et se multiplie automatiquement,
b) toute richesse non vivante peut être échangée contre une richesse vivante,
c) donc toute richesse non vivante procure un revenu puisé dans le fonds constitué par l'accroissement automatique de la richesse vivante.
Plagiant cet auteur, nous pourrions reformuler le point de départ de la théorie de Bernácer, en ce qu'il a de « physiocratique » :
a') toute richesse vivante procure, grâce au travail, un certain produit; or elle est appropriée par des individus propriétaires qui exigent de ce fait une part du produit ;
b') toute richesse non vivante peut être échangée contre une richesse vivante ;
c') donc toute richesse non vivante (la monnaie, entre autres) peut procurer un revenu puisé dans le produit.

LES ÉLÉMENTS PHYSIOCRATIQUES DE LA THÉORIE DE BERNÁCER

Dans le cadre d'une loi économique fondamentale, la recherche le la maximation du bien-être - maximum de produit pour un minimum d'effort personnel - l'homme a tendance à chercher naturellement les situations économiques privilégiées. À cet égard, l'existence d'individus, même nombreux, qui dérogent à ce principe, ne contredit pas cet effet au plan global[724].
Quelle est la relation entre l'intérêt et la terre ? - « Une richesse (un actif) prêtée à autrui rapporte un intérêt ou un bénéfice à son propriétaire, équivalent à celui que ce dernier obtiendrait en l'employant dans l'acquisition de terres »[725]. Pourquoi la terre est-elle, parmi toutes les richesses, celle qui se trouve à l'origine du phénomène de l'intérêt du capital ? - Bernácer donne une réponse en quatre points :
a) les lois de la répartition du produit n'impliquent pas que le capital doit se voir attribuer autre chose que ce qui est nécessaire à sa conservation et à son renouvellement.

[721] *Textes choisis de Turgot*, par P. VIGREUX.
[722] BÖHM -BAWERK, *op. cit.*,1. II, p. 161.
[723] Cité par P. LLAU, *op. cit.*, p. 17 : J. MONTAGNE, *Le capital. Théorie de l'intérêt des capitaux proprement dits*, 1919. Publiée trois ans après *Société et Bonheur* (1916), cette théorie semble avoir été ignorée de Bernácer.
[724] BERNÁCER (*Société et Bonheur*, *op. cit.*) considère que la demande globale de terres qui est fonction de la population, du niveau de vie et de la productivité, tend à se situer constamment au-dessus de l'offre de terres, malgré les découvertes et le progrès, de sorte que la situation privilégiée de la terre, en tant que bien, est pour longtemps un donné naturel.
[725] *Ibid.*, p. 139. Nous sommes très près de la formulation de Turgot sur l'extension de la notion de capital-terre à celle de capital industriel et commercial.

b) l'intérêt n'est donc pas un phénomène inhérent au capital mais une qualité générale attachée à la richesse. Le capital est une richesse parmi d'autres et, comme telle, il rapporte un intérêt même s'il n'est pas productif.

c) cette qualité de la richesse implique que celle-ci ait un emploi rémunéré sans travail ou qu'elle procure une plus-value[726].

d) il n'y a pas de production sans incorporation, peu ou prou, de travail.

Toutes ces conditions se trouvent réunies dans la rente de la terre, dans la mesure où elle fait l'objet d'une appropriation privée.

Enfin le passage définitif de la rente à l'intérêt résulte de 1a définition du prêt, annonçant ainsi la composante monétaire de l'intérêt. Le prêt[727], « cession à autrui de l'usage des avantages que procure la possession d'un avoir[728] est un autre emploi possible. Cet emploi n'est pas lucratif en soi ; s'il n'en existait point d'autres, le lucre du capital tendrait vers zéro... Mais étant donné que l'emprunteur peut avoir un grand avantage ou le désir, voire le besoin impérieux, de recourir au prêt et que le prêteur ne consentirait à prêter sans en tirer un bénéfice équivalent à celui que lui procurerait l'achat de terres, l'emprunteur devra lui promettre une compensation équivalente, tirée de ses produits ou de ses revenus, pour que se réalise le prêt ».

L'OBSERVATION HISTORIQUE ET L'ACTUALITÉ DE LA COMPOSANTE PHYSIOCRATIQUE

Hormis l'argument logique abstrait que fait valoir Bernácer pour faire remonter à la terre l'origine de l'intérêt, il faut souligner que, historiquement, Bernácer vit dans un pays à dominante agraire, l'Espagne du début du XXème siècle. Si l'on ajoute à cela les structures archaïques de la propriété foncière - le dualisme *minifundia - latifundia* doublé du phénomène sociopolitique du caciquisme -, on conçoit que cet homme de progrès - dans toutes les acceptions du terme - ait été sensibilisé par la question de la rente du sol. Rappelons que l'une des pierres d'achoppement de la République espagnole fut l'échec de la réforme agraire, et que le régime franquiste n'a pratiquement rien fait dans ce sens, malgré ses promesses.

Si l'on examine avec des yeux actuels la question de la terre - terre arable, réservoir d'énergie ou espace vital, urbain ou non - on voit que la solution des problèmes des plus-values foncières, de la socialisation du sol, de l'expropriation, de l'aménagement du territoire, impliquent la résolution de la question de l'appropriation de la rente. Nous nous bornerons à l'évoquer, bien qu'elle mérite un traitement plus approfondi.

La composante monétaire

L'APPROCHE MONÉTAIRE DANS LA THÉORIE DE BERNÁCER

Après avoir défini la genèse de l'intérêt, Bernácer est amené à saisir le phénomène dans son cadre historique actuel. Son approche est alors résolument monétaire ; l'intérêt sera désormais saisi comme un phénomène monétaire dans une réalité complexe. En cela, Bernácer annonce Keynes et se distingue de Robertson et de

---

[726] Au sens courant du terme car le sens marxien est plutôt contenu dans la rémunération sans travail.
[727] *Ibid.*, p. 142.
[728] Ce terme d' « avoir » devait se transformer définitivement en «disponibilités » dans l'œuvre de Bernácer, à partir de 1922.

Ohlin dont la « conception mesurée du taux d'intérêt », « fragment d'orthodoxie en la matière »[729] ressortit à une démarche encore très classique où les phénomènes monétaires sont introduits graduellement et après coup dans un univers réel. Wicksell aurait[730] une approche plus monétaire que Robertson et Ohlin, cependant nous considérons qu'il n'est pas parvenu à se dégager totalement de la démarche traditionnelle, la présence du taux d'intérêt naturel qui a gêné ses disciples[731], à côté d'un taux d'intérêt monétaire, en est la preuve.

Nous rappellerons brièvement[732] les trois éléments de la composante monétaire de la théorie bernacérienne :

a) il existe un marché *parallèle* à celui de la production où l'offre est représentée par des actifs productifs de rente.

b) ce marché est alimenté du côté de la demande par les disponibilités d'épargne qui forment la demande potentielle d'actifs ou l'offre potentielle de monnaie.

c) ce marché est très instable du fait de la spéculation et absorbe ou rejette des disponibilités (thésaurisation ou déthésaurisation) qui affluent du circuit de la production ou refluent vers lui.

LA DÉTERMINATION DU TAUX D'INTÉRÊT

La rentabilité moyenne[733] est le rapport :

$$\text{rente des actifs} = \frac{\text{(revenu périodique + plus-value)constatés à l'époque(i)}}{\text{prix des actifs à l'époque(i-1)}}$$

$$= \frac{R_i + V_i}{P_{i-1}}$$

Contrairement à la plupart des classiques, néoclassiques et keynésiens, Bernácer tient compte de la plus-value[734]. La prise en compte de ce terme modifie totalement le résultat de l'analyse.

$$\rho_i = \frac{R_i}{P_{i-1}} + \frac{V_i}{P_{i-1}}$$

$$= \frac{R_i}{P_{i-1}} + \frac{P_i - P_{i-1}}{P_{i-1}} = \rho i_1 + \rho i_2$$

Posons comme hypothèse que R_i est donné

a) lorsque $P_i = P_{i-1}$: stabilité des cours des actifs

$\Rightarrow \frac{R_i}{P_{i-1}} = \frac{R_i}{P_i}$, et le deuxième terme $\frac{P_i - P_{i-1}}{P_{i-1}}$ = plus-value est nul.

Le taux d'intérêt est stable car les cours sont stables.

[729] C. NÊME-CORDEBAS, *op. cit.*, p. 96 ; cf. aussi p. 82 « Robertson... est un économiste traditionnel plutôt que keynésien. Ses analyses monétaires les plus subtiles dissocient l'aspect réel des phénomènes économiques de leur aspect monétaire ».

[730] J. MARCHAL et J. LECAILLON, *Les flux monétaires*, *op. cit.*, p. 205.

[731] G. MYRDAL, *L'équilibre monétaire*, Librairie Médicis, Paris 1950 (trad. française) devait, le premier parmi les suédois, abandonner ce vestige de classicisme dichotomique.

[732] Cf. *supra* « Le marché financier » et « Le schéma général; analyse hydrodynamique ».

[733] Nous faisons cette démonstration, que Bernácer n'a pas faite, pour rejoindre ses conclusions sur la nécessité de tenir compte des plus-values.

[734] Elle paraît être tout autant négligée chez Joan Robinson lorsque celle-ci neutralise la spéculation dans son analyse du taux de l'intérêt: « abstraction faite de la spéculation car sans cela il y aurait peu à dire... » (*The rate of interest...*, *op. cit.*, p. 20; ou encore lorsqu'elle déduit qu'un accroissement de la masse monétaire entraîne une baisse du taux d'intérêt (cf. P. LLAU, *op. cit.*, p. 121).

b) lorsque $P_i > P_{i-1}$: hausse des cours des actifs

$$=> \frac{R_i}{P_i} < \frac{R_i}{P_{i-1}} => \rho_{i_1} \searrow$$

$$\rho_{i_2} = \frac{P_i - P_{i-1}}{P_{i-1}} > 0$$

ri_2	ri_2	ρ_i
↘	↗	= cte
↘	↗	↘
↘	↗	↗

(b₁) $\rho_{i_2} = \rho_{i_1}$: cas particulier

(b₂) $\rho_{i_2} < \rho_{i_1}$

(b₃) $\rho_{i_2} > \rho_{i_1}$

Or $\frac{R_i}{P_{i-1}}$ est de l'ordre de 2 à 10% par an, suivant la catégorie de titres, tandis que $\frac{P_i - P_{i-1}}{P_{i-1}}$ peut être de l'ordre de 10% par jour en périodes de fluctuations.

De telle sorte, que le terme ρ_{i_2} peut être, dans une analyse à court terme, supérieur au terme ρ_{i_1} ; ainsi le cas *(b₂)* serait relativement fréquent. Ce cas est très important, car il détruit toute l'analyse de Keynes sur la fluctuation du taux d'intérêt dans le court terme ; en effet, cette hypothèse représente que la plus-value l'emporte sur l'intérêt calculé à prix constants. Si les prix sont constants, le taux d'intérêt l'est aussi *(a)* ; or si les prix fluctuent, l'intérêt (défini par Bernácer = ρ_i) sauf cas fortuit *(b₁),* peut fluctuer soit dans le même sens *(b₂)* que (ρ_{i_1}), intérêt défini par Keynes, soit en sens contraire *(b₃).* Pour que les fluctuations, de ρ_{i_1} et ρ_i soient de sens contraire, il faut et il suffit que :

$$\frac{P_i - P_{i-1}}{P_{i-1}} > \frac{R_i}{P_{i-1}}$$

En prenant un taux élevé de 10% par an pour $\frac{R_i}{P_{i-1}}$, il faut et il suffit que l'on ait, par exemple à la bourse, une hausse constante à chaque séance de l'ordre de $\frac{1}{2600}$ [735] soit environ 0,04 %, hypothèse fort plausible pour l'ensemble des titres, et généralement dépassée pour certaines catégories.

Ce résultat est très important car il montre qu'il n'existe pas de véritable mécanisme régulateur à court terme de l'explosion ou de l'effondrement des cours. En effet, lorsque Keynes définit l'intérêt comme étant égal à (ρ_{i_1}), la baisse de (ρ_{i_1}) entraîne une contention de la demande de titres et la fixation d'un prix d'équilibre relativement stable (taux d'intérêt) paraît possible[736]. Alors que le prolongement de l'analyse de Bernácer conduit à la démonstration que le taux d'intérêt est très instable, et permet de rejoindre l'analyse des processus cumulatifs de Wicksell, encore que celui-ci ait perçu le problème mais ne l'ait pas parfaitement mis en lumière, puisqu'il raisonne sur des prix constants.

---

[735] Sur la base de 260 séances par an.

[736] H. DENIS, *op. cit.*, p. 436, reproche à Keynes de n'avoir pas pu surmonter la dichotomie que celui-ci critique chez les classiques. Ou bien Keynes admet que l'offre de monnaie est rigide et sa théorie est analogue à la théorie « monétaire» de l'intérêt des classiques (cf. p. 277, renvoi n° 2), ou bien il admet que l'offre peut varier à la suite d'un déplacement de la courbe de demande. H. Denis rejoint ainsi la thèse de l'instabilité de Bernácer: dans ce deuxième cas, « on perd toute possibilité d'assigner un terme à ces oscilliations des deux courbes, c'est-à-dire de démontrer qu'il existe un taux d'intérêt d'équilibre ».

Une fois encore, la supériorité de l'analyse bernacérienne est mise en évidence, par son caractère dynamique temporel; sans connaître la théorie de Wicksell, il l'étaie au passage et la dépasse. Le cycle est ainsi parfaitement décrit, car la logique et l'expérience montrent que le mouvement $P_i > P_{i-1}$ peut durer longtemps, mais que les réflexes psychologiques des spéculateurs provoquent, tôt ou tard et immanquablement, un retournement de la tendance par l'apparition d'une spéculation .à la baisse, ou encore que les anticipations des joueurs suffisent, en l'absence d'autre cause, à provoquer le phénomène anticipé. Un raisonnement symétrique peut être tenu lorsque le mouvement déclenché est tel que $P_i < P_{i-1}$.

LA THÉSAURISATION, PERTE D'ÉNERGIE DU CIRCUIT DE LA PRODUCTION

L'entrepreneur ne pourra retenir les disponibilités attirées dans le circuit financier qu'en offrant de les rémunérer à un taux au moins égal au taux en vigueur sur ce marché. Wicksell, Bernácer et Keynes sont d'accord sur ce point : ainsi la décision d'investir paraît-elle subordonnée au niveau du taux d'intérêt, donnée extrinsèque ou exogène.

Cependant, il nous semble que la théorie de Bernácer est, plus que les autres, axée sur la raréfaction des disponibilités sur le marché de la production du fait de l'attrait permanent, quelquefois accru et d'autres fois atténué suivant la conjoncture, qu'exerce le marché des actifs productifs de rente. Pour lui, le capital n'est pas rare[737], l'épargne[738] n'est pas rare, ce sont les *disponibilités sur le marché de la production* qui le sont, du fait de la thésaurisation double[739]. Le taux d'intérêt que doit payer l'investisseur est bien le prix d'une déthésaurisation – tel qu'il apparaît dans la *Théorie générale* de Keynes – mais il n'est pas nécessairement unique et égal au taux moyen de rentabilité du marché financier (ρ_i).

Rien n'empêche de penser que le taux d'emprunt des investisseurs peut a priori, être égal, inférieur ou supérieur à (ρ_i), suivant l'état de conjoncture et plus précisément de la proximité du renversement de la tendance du cycle.

L'INTÉRÊT, PRIX D'ÉQUILIBRE D'UNE FRACTION DE L'OFFRE ET DE LA DEMANDE DE MONNAIE[740]

Pour Bernácer, l'intérêt apparaît comme un prix d'équilibre instantané[741] : « l'économiste déduit du compromis entre ces deux tendances opposées (l'acheteur et le vendeur) sa théorie de la valeur. Pourquoi procéderions-nous autrement pour l'intérêt qui est aussi un prix ? ». Cela n'est pas incompatible avec ce que nous disions de l'instabilité du prix d'équilibre, nous soulignerons simplement que pour l'auteur l'intérêt ne semble pas être le

[737] On peut rapprocher ce point de vue de celui de Marx, tel que l'exprime S. DE BRUNHOFF, *op. cit.*, p. 131 : «l'intérêt n'est pas le prix du capital. Il n'en exprime pas la valeur intrinsèque puisqu'il dépend du produit de la mise en valeur du capital-argent prêté aux producteurs. Il n'en exprime pas davantage la rareté sociale car il ne reflète que *l'insuffisance des disponibilités des investisseurs* » (c'est nous qui soulignons).

[738] Épargne au sens de la non-consommation comme nous l'avons précédemment définie.

[739] Rappelons que Keynes définit restrictivement la thésaurisation une préférence pour la liquidité. Elle ne contient donc que des encaisses liquides en attente de placement, alors que la thésaurisation - que nous avions qualifiée de *double* - chez Bernácer comprend toutes les disponibilités qui ne sont pas en cours ou en l'attente de réalisation d'opérations sur le marché de la production.

[740] C'est aussi un aspect de la théorie marxienne de l'intérêt, selon S. DE BRUNHOFF, *op. cit.*, p. 126. En effet, Marx étudie principalement « l'ensemble du capital, sous la forme de monnaie, se trouvant sur le marché, c'est-à-dire, somme toute, susceptible d'être prêté. Sur ce marché ne s'affrontent que prêteurs et emprunteurs » (K. MARX, *Le Capital*, *op. cit.*, t. II, p. 34) cf. aussi H. DENIS, *op. cit.*, p. 440.

[741] BERNÁCER, *L'intérêt du capital*, *op. cit.*, p. 23.

ressort essentiel qui commande le marché, ce serait plutôt l'offre et la demande de rentes ; autrement dit ce que les opérateurs désirent échanger et échangent sur le marché financier ce sont des rentes (revenus + plus-values), l'intérêt étant seulement le résultat d'un calcul *ex-post* qui sert surtout d'indicateur pour les transactions sur le marché de la production.

Toujours est-il que dans l'ensemble de l'économie (les deux circuits étant confondus) il existe une offre et une demande globales de monnaie. L'offre est alimentée par les revenus de la période, la déthésaurisation et l'émission monétaire, la demande est constituée par la dépense sur le marché de la production et par le placement sur le marché financier. L'intérêt n'est pas le résultat de la confrontation de l'offre et de la demande globales de monnaie, mais seulement d'une fraction: les disponibilités d'épargne, d'une part, et les actifs productifs de rente, d'autre part. Selon Bernácer, seule « la demande financière détermine l'intérêt »[742]. On retrouve l'idée, fondamentale chez Bernácer, du fractionnement de la masse monétaire, sur laquelle Keynes assoit le concept de préférence pour la liquidité et de taux d'intérêt[743] [744] [745].

L'INSUFFISANCE DU DONNÉ MONÉTAIRE[746]

Au-delà de la description fournie à partir de l'observation du marché financier, la théorie de Bernácer répond à deux questions d'ordre causal.

Pourquoi et comment les investisseurs peuvent-ils globalement juger intéressant de servir un intérêt aux épargnants capitalistes ? C'est parce qu'ils peuvent faire fructifier le capital dans l'industrie, puisque, à dose de travail égale, l'augmentation du stock de capital fixe productif augmente la productivité du couple productif travail-capital.

Pourquoi et comment le placement sur le marché financier est-il rentable en soi alors qu'il n'est pas à proprement parler productif ? S'il n'y a pas productivité au sens physique[747] et que certains agents prélèvent sur le produit, c'est donc qu'il y aura, spoliation des travailleurs[748].

Nous approfondirons successivement ces deux questions.

[742] BERNÁCER, *op. cit.*, p. 77-78.

[743] J. M. KEYNES, *Théorie générale*..., p. 182 : « Le taux de l'intérêt... est le prix auquel le désir de maintenir la richesse sous la forme liquide se concilie avec la quantité de monnaie disponible... La quantité de monnaie est le second facteur qui, joint à la préférence pour la liquidité, détermine en des circonstances données le taux effectif de l'intérêt)).

[744] Nous devrions aussi faire allusion, à ce propos, à la théorie des fonds prêtables dont Robertson est le principal adepte (NÊME-CORDEBAS, *op. cit.*, p. 97-98); cependant la position de Keynes et de Hicks à cet égard est controversée, de sorte qu'elle donne lieu à des interprétations assez brumeuses.

[745] Il semble que ce soit aussi l'optique de Marx: « la quantité de monnaie en circulation dans un pays n'influe pas sur le taux de l'intérêt qui dépend en général du seul marché des capitaux)) (S. DE BRUNHOFF, *op. cit.*, p. 150)

[746] Joan Robinson, post-keynésien orthodoxe, n'est pas de cet avis: « Pour Joan Robinson, l'intérêt est un phénomène exclusivement monétaire, ce qui signifie que dans les limites spatiales-temporelles, son analyse (pays ayant une structure économique proche de celle de la Grande-Bretagne, « very short or medium run» , utilisable dans une analyse historique causale), les facteurs réels (productivité du capital et préférence de temps) n'ont aucune influence sur la formation des taux d'intérêt » (P. LLAU, *op. cit.*, p. 125).

[747] BERNÁCER, *op. cit.*, p. 81 s'étonne: « Comment faire de ce qui (la monnaie) n'est pas capable d'engendrer un produit, la base de l'existence du lucre ? ».

[748] Au sens large de Bernácer.

La composante réelle

Les investisseurs empruntent lorsque, les perspectives d'accroissement de la demande étant favorables, l'intérêt exigé en contrepartie est inférieur au surplus que produirait le nouvel investissement. Cette loi généralement acceptée au nom du principe, rarement contesté, du calcul coût-avantage, est adoptée par les classiques, les néoclassiques, Bernácer, les keynésiens et nos contemporains. L'intérêt naturel chez Wicksell, l'efficacité marginale du capital chez Keynes, la productivité du capital physique chez Bernácer procèdent de la même idée.

LA PRODUCTIVITÉ DU CAPITAL PHYSIQUE

Bernácer rejette la thèse classique de la productivité du capital parce que le capital, aussi bien chez les classiques, chez les néoclassiques et chez Marx a un contenu trop vague, une acception trop large, résultant d'une confusion entre le capital fixe – outil, équipement productif – d'une part, et d'autre part, la monnaie nécessaire au fonctionnement de l'unité de production. Sous cette réserve, Bernácer admet, bien entendu, que la capitalisation du processus de production a pour résultat un accroissement de la productivité et que c'est grâce à ce surplus escompté que l'entrepreneur se trouve incité à investir.

Nous pensons que l'on a exagéré la position de Keynes[749] sur le fait qu'il n'intègre pas dans sa théorie de l'intérêt le facteur réel de la productivité du capital. Lorsqu'il confronte le taux d'intérêt l'efficacité marginale du capital, dans une analyse très proche de celle de Wicksell, il admet que la productivité du capital et le taux l'intérêt sont confusément liés. Peut-être insiste-t-il trop, dans son souci de se démarquer des néoclassiques, sur le fait que l'intérêt est fixé hors de la production. Sans doute cette formulation dépasse-t-elle sa pensée ?[750].

De ce point de vue, la formulation de Bernácer, tout en soulignant le rôle *dominant* des facteurs *exogènes* à la production dans le processus de détermination du taux d'intérêt, permet aussi d'intégrer le facteur réel[751]. L'intérêt est une institution vivace dans le circuit productif du fait que le capital physique – toutes choses égales d'ailleurs – a une productivité réelle.

Bernácer, nous l'avons vu, réfute les thèses classiques qui donnent de l'intérêt une explication moniste réelle. Il s'oppose véhémentement[752] aux théories de l'abstinence de Senior et de Carver[753] qui expliquent le point de vue du prêteur. Il condamne aussi les thèses productivistes de Say, de Malthus, de Leroy-Beaulieu qui

[749] P. LLAU, *op. cit.*, p. 113 « Keynes reste encore à beaucoup d'égard un grand classique. A-t-il vraiment estimé que les deux facteurs « traditionnels » n'ont aucun rôle à jouer dans la détermination des taux d'intérêt? » C. NÊME-CORDEBAS, *op. cit.*, parle de malentendu entre Keynes et Robertson à propos du taux d'intérêt.

[750] F. PERROUX, in *Revenu national et politique quantitative*, p. 157, n'écrit-il pas : « ou bien Keynes se met en contradiction avec lui-même ou bien il doit admettre qu'en principe l'influence de la productivité se fait sentir conjointement avec celle de la préférence pour la liquidité ». J. DENIZET, de même, consacre le chapitre IV de son ouvrage *Monnaie et Financement*, Dunod, 1967, à contester la théorie de l'intérêt de Keynes.

[751] On peut faire observer que Keynes reproche aux classiques d'avoir deux théories de l'intérêt, indépendantes l'une de l'autre: «L'école classique a donc adopté deux théories du taux de l'intérêt, l'une dans le volume I, où elle traite la théorie de la valeur, et l'autre dans le volume II, où elle traite la théorie de la monnaie » (J. M. KEYNES, *Théorie générale...*, p. 197). Partant de ce constat, nous pouvons distinguer deux attitudes très différentes : celle de Bernácer qui s'efforce d'intégrer le donné réel et le donné monétaire de l'intérêt, et celle de Keynes qui n'en retient qu'un, le deuxième.

[752] BERNÁCER, *L'intérêt du capital*, *op. cit.*, p. 17.

[753] Cités par BÖHM-BAWERK, *op. cit.*, et par P. LLAU, *op. cit.*, p. 20; N.-W. SENIOR, *Outline of the science of political economy*, 1836; T. CARVER, *The place of abstinence in the theory of interest*, 1893.

reflètent le point de vue de l'emprunteur, mais il admet que l'on peut conserver de ces dernières certains éléments qui expliquent le rôle de l'intérêt dans la production.

A. – *Le contenu physique de la productivité*

Certaines théories classiques que Böhm-Bawerk qualifie de naïves expliquent l'intérêt par le surplus[754] en quantité physique qui dégage l'utilisation du capital. Nous n'insisterons pas sur cet aspect, et nous contenterons de faire allusion à « la fameuse robinsonnade du pêcheur, du filet et des poissons[755]».

B. – *Le contenu en valeur de la productivité*

D'autres théories classiques plus élaborées, « les théories motivées de la productivité », font intervenir la notion de surplus en valeur. Cependant, « la productivité nette physique implique-t-elle une productivité nette en valeur ? » ... Un surplus physique peut parfois conduire à une diminution de valeur. De plus, en poursuivant le raisonnement à la place des théoriciens de la productivité, on peut même affirmer qu'à ce surplus physique ne correspondra jamais un surplus en valeur »[756].

Nous admettrons l'argument logique de P. Llau qui se place, comme les auteurs qu'il incrimine, au plan de la méthode déductive. Cependant, l'expérience a montré que l'investissement a un effet d'entraînement pour l'ensemble de l'activité et que,compte tenu de la réserve de besoins potentiels sans cesse renouvelée, une structure de la répartition proche de celle des pays industrialisés depuis la seconde guerre mondiale et ce, dans une perspective dynamique temporelle, l'investissement peut dégager, à chaque période, un surplus en valeur grâce au développement de la demande. Il faut se dégager de l'optique classique de l'économie stationnaire. Bernácer ne l'a jamais adoptée, même dans ses premiers écrits et il fait confiance à l'entrepreneur, dans une optique très schumpétérienne, pour le choix d'investissements qui permettront de dégager un surplus en valeur.

LA NON-PRODUCTIVITÉ RÉELLE DU CAPITAL MONÉTAIRE

Ayant discriminé le capital physique productif et le capital monétaire, Bernácer s'attarde à démontrer dans son analyse fondamentale du fonds de roulement que les trois composantes : stocks de produits finis ou semi-ouvrés, créances et encaisses monétaires n'ont aucune productivité au sens où les facteurs de la production sont productifs. Il conviendrait d'affiner l'analyse en faisant une distinction entre les stocks-outils et les stocks subis ou excédents saisonniers. Les premiers pourraient être assimilés à de véritables immobilisations (capital fixe productif), et nous pensons qu'une exploitation sérieuse et opérationnelle de la comptabilité privée des entreprises et de la comptabilité nationale ne peuvent être faites qu'au moyen de cette ventilation. Au

[754] Il faut souligner à ce propos que «les classiques distinguent mal la notion d'intérêt de celle de profit ; les classiques sont trop préoccupés par la confrontation salaire-profit pour attacher de l'importance au rôle de l'intérêt dans les processus de la répartition » (P. LLAU, *op. cit.*, p. 18).
[755] P. LLAU, *op. cit.*, p. 21.
[756] *Ibid.*, p. 22-23.

contraire, le deuxième type de stocks doit être – eu égard à l'analyse de la productivité en valeur – assimilé aux créances et aux encaisses monétaires.

D'où provient la confusion, que l'on fait souvent dans l'analyse micro comme dans l'analyse macro-économique en assimilant le capital fixe et le capital circulant ? N'est-ce pas parce que leur dénominateur commun est l'application de l'intérêt sur la totalité de l'emploi du capital ? Or, admettre cette confusion, lorsque l'on essaie précisément de cerner la nature et l'origine de l'intérêt, c'est se priver d'avance de l'outil nécessaire à cette analyse : nous tombons dans un raisonnement circulaire.

LE RENOUVELLEMENT DU CAPITAL FIXE ET L'INVESTISSEMENT NET

Est-il logique de traiter de la même manière l'investissement net et le simple renouvellement du capital fixe amorti ? La plupart des théories macro-économiques de l'équilibre confondent ces deux concepts, soit implicitement lorsqu'elles n'apportent aucune précision, soit sciemment en assimilant ces deux concepts dans un même ensemble homogène. Cette confusion est-elle recevable ?

Le débat porte en fait sur le contenu analytique de la fonction d'investissement. Y a-t-il une fonction unique d'investissement telle, par exemple, la fonction keynésienne :

$I = f(Y, i)$

où l'investissement, apparaissant comme une fonction du revenu et du taux d'intérêt, paraît répondre à la définition de l'investissement nouveau ou net.

Ne faut-il pas, là aussi, faire une distinction

telle que	$I_t = It_1 + It_2$	investissement total
avec	$It_1 = f(Y_t)$	renouvellement du capital en place
et	$It_2 = f(Y_{t+1}, i_t)$	investissement nouveau

Il ne semble pas que Bernácer ait évoqué cette question, cependant il importe de la poser car ce perfectionnement de l'analyse ... n'est pas incompatible avec son schéma de l'équilibre général, alors qu'il anéantit l'équilibre keynésien, dans la mesure où le taux d'intérêt n'intervient, dans la fonction d'investissement, que dans l'un des deux termes de la fonction.

LE TAUX D'INTÉRÊT EST-IL LA VARIABLE INDÉPENDANTE PRIVILÉGIÉE DE LA DÉCISION D'INVESTIR ?[757]

C'est toute la stratégie moderne des unités de production que nous mettons en cause. Nous ne développerons pas ici cette controverse parce que le rôle du taux d'intérêt sera étudié plus loin et que l'analyse de Bernácer paraît, de ce point de vue, remise en question au même titre que toutes les autres, y compris celle de Keynes.

Nous nous bornerons à soulever les questions sans chercher à les résoudre:

[757] Cf. P. DUHARCOURT, *La fonction d'investissement*, Sirey, 1970.

- La stratégie des unités de production à l'égard de l'intérêt est-elle la même lorsque le financement de l'investissement est interne et lorsqu'il est externe ? Le développement de l'autofinancement dans le monde industrialisé (secteur privé et secteur public) ne modifie-t-il pas le rapport de force entre l'investisseur et le prêteur ?

- Jusqu'à quel point les entrepreneurs, globalement ou individuellement, sont-ils libres de leur choix d'investir, à taux d'intérêt donné, poussés comme ils le sont par les impératifs de la croissance, de la concurrence, incités par des mesures fiscales avantageuses, pris dans une psychose de développement à tous les niveaux ? Il suffit que ces différents phénomènes soient localisés en des points stratégiques, sectoriels ou spatiaux, pour que les effets de propagation chers, à juste titre, à F. Perroux, se fassent sentir, élargissant ainsi des phénomènes d'abord ponctuels et générant un processus cumulatif de croissance. Remarquons à cet égard que la concurrence, fût-elle oligopolistique est une structure favorable à la propagation de l'incitation à l'investissement.

- Quelle place conserve le taux d'intérêt dans la décision d'investir, comparée à l'importance de la structure des marchés, des perspectives de croissance des firmes, des innovations en produits et en services ? Ces facteurs contribuent à limiter l'influence du taux d'intérêt, dans la mesure où l'entrepreneur, par ses anticipations plus ou moins optimistes et aussi par la possibilité qu'il a de répercuter dans ses coûts le taux d'intérêt, à quelque niveau courant qu'il se situe, fait de la décision d'investir un véritable pari sur l'avenir de son activité, laissant à l'intérêt une place dérisoire par rapport à celle qu'il occupe dans la théorie économique traditionnelle.

- D'un point de vue plus global, l'investisseur-emprunteur n'a-t-il pas, grâce à la hausse tendancielle du niveau général des prix de ces dernières décennies, davantage le réflexe automatique d'indexer ses prix[758], et de considérer que le taux d'intérêt réel est infime lorsque l'on déduit du taux nominal les effets de l'érosion monétaire sur la valeur réelle des remboursements de prêts ?

La composante sociologique

C'est dans ses deux premiers ouvrages « *Société et Bonheur* » (1916) et « *L'intérêt du capital* » (1925), et particulièrement dans le premier, que Bernácer insiste le plus sur la composante sociologique de sa théorie de l'intérêt. Par la suite, il ne devait jamais renier, puisqu'il prônera, jusqu'à la fin de ses jours, la suppression de l'intérêt, cependant il s'est plutôt attaché à développer l'argumentation économique, *stricto sensu*. Sur ce point, malgré ses affirmations antimarxistes, et encore que nous soyons persuadés que Bernácer, comme ses contemporains connaissait mal l'œuvre marxienne, malgré les quelques référence qu'il en donne dans les ouvrages cités, l'analyse de l'économiste espagnol est proche de celle de Marx. Le point de divergence fondamental réside essentiellement dans la définition restrictive et, à certains égards désuète, du travail chez Marx, comme chez les classiques, alors que Bernácer, écrivant un demi siècle après l'économiste-philosophe, donne du travail un visage plus actuel, plus diversifié. L'entrepreneur, dans une optique dynamique de fonctionnalité schumpétérienne, de même que dans la réalité de la structure des unités de production et de la

[758] À qualité égale, car la prolifération de législation des prix ne doit pas faire trop illusion, à cet égard.

législation actuelle, est un travailleur qui a droit, à ce titre, à une rémunération. Cette différence chez les deux auteurs peut paraître essentielle aux marxistes orthodoxes, cependant nous croyons que Bernácer a une approche sociologique: qui rappelle Marx.

L'INTÉRÊT, SPOLIATION DES PRODUCTEURS

Le clivage fonctionnel établi par Bernácer entre les producteurs et les non-producteurs ne coïncide pas avec le clivage de classes formulé par Marx. Celui-ci se fait en deux temps: une première scission se fait entre les exploiteurs et les exploités dans l'industrie, une deuxième scission se produit à l'intérieur de la classe des exploiteurs[759].

Le dénominateur commun entre les deux auteurs est le statut des rentiers; ceux-ci participent au partage du produit sans avoir contribué à l'effort de production ; le caractère parasitaire des rentiers réunit les points de vue de Bernácer et de Marx. Ce dernier, les évoquant, parle dans « Le Capital » de « parasites » et d'« honorables bandits ».

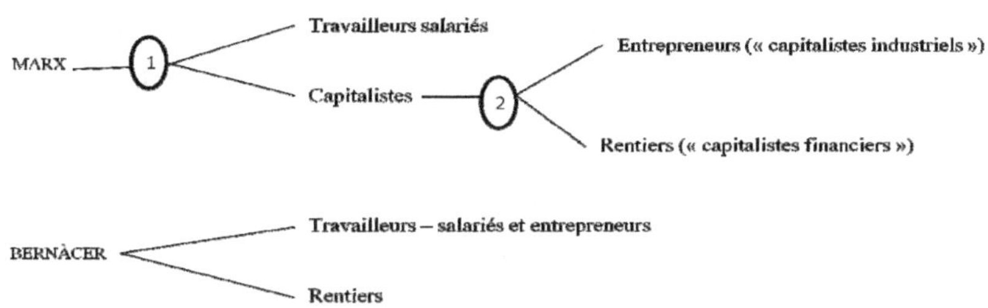

Pourquoi Bernácer refuse-t-il le premier clivage évoqué plus haut ? Est-ce seulement du fait de sa répugnance à raisonner en termes de classes ? Nous pensons que sa motivation est plus positive que cela. Comment H. Denis, fidèle à la théorie marxienne, peut-il de nos jours escamoter le problème que pose la non-coïncidence parfaite entre les « capitalistes » et les épargnants, ou encore entre les entrepreneurs et les épargnants ? Pour Bernácer, l'épargne n'est pas seulement le fait de la classe des capitalistes et l'entrepreneur n'est pas nécessairement un capitaliste au sens marxien; les définitions de l'épargne et de l'entreprise chez Bernácer sont essentiellement fonctionnelles. En condamnant le prêt à intérêt des épargnants aux industriels, Bernácer ne condamne pas une catégorie d'agents *intuitu personae*, il condamne une fonction nuisible ou une institution, fût-elle assumée par de petits salariés, comme dans les fonds de pension actuels.

INTÉRÊT ET PROFIT : L'INTÉRÊT, APPROPRIATION D'UNE PART DU SURPLUS PAR LES RENTIERS[760]

Y a-t-il une relation d'ordre entre ces deux phénomènes ? Les marxistes semblent y tenir beaucoup « notre analyse montre assez clairement l'unité de l'explication marxiste dont les bases sont la théorie de la

[759] S. DE BRUNHOFF, *op. cit.*, p. 127 et s. ; H. DENIS, in *Revue économique*, 1950, p. 431 et s. : « Trois théories de l'intérêt du capital ».
[760] MARX étudie « Le partage du profit en intérêt et profit d'entreprise » dans le tome II *du Capital* (consacré au crédit) : Livre 3, Sect. 5.

valeur-travail et la théorie de l'exploitation de la force de travail qui en découle[761]. Car si nous n'avions pu, grâce à la théorie de l'exploitation, expliquer le taux du profit *avant*[762] le taux de l'intérêt et indépendamment de lui, nous perdions toute chance de conduire à bien notre recherche et nous demeurions dans les incertitudes et les contradictions de la théorie non marxiste »[763]. Comment peut-on rapprocher ce point de vue de celui de Marx, lorsque ce dernier dit : « Le capital productif d'intérêts... fait partie... des formes antédiluviennes du capital qui précèdent de loin le mode de production capitaliste... »[764]. Dans le même sens, de Brunhoff[765] citant Marx dit que « l'usure (l'intérêt) survit[766] dans les pores de la production capitaliste… »

H. Denis semble admettre la thèse de la productivité du capital et stigmatiser le comportement du rentier, par opposition à celui de l'entrepreneur, dans son refus d'assumer le risque d'entreprise. « Ce que nous savons à expliquer, ce n'est nullement l'existence d'un taux d'intérêt positif qui se comprend d'elle-même du moment qu'il *existe des possibilités d'exploiter la force* de travail[408]; mais c'est le fait que le taux de l'intérêt est inférieur au taux de profit. Et cela, nous l'expliquons essentiellement par la possibilité donnée aux capitalistes d'échanger un *gain aléatoire*[408] dans son montant, le profit, contre un gain dont le montant est fixé, l'intérêt ». Bernácer, adepte d'une théorie synthétique de l'intérêt, pourrait admettre cette position ; cependant l'approche psychologique du rentier n'apporterait rien à l'étude de la genèse de l'intérêt. Peu importe selon lui de savoir pourquoi un détenteur de disponibilités préfère le comportement de l'entrepreneur à celui du rentier ; encore faudrait-il être certain que l'épargnant a réellement ce choix. Bernácer pense qu'il existe des obstacles structurels (psycho-sociologiques, techniques, etc...) qui empêchent l'épargnant de déterminer librement son comportement en lui laissant l'accès direct de la production industrielle. Les marxistes, en assimilant l'épargnant à un capitaliste, affirment sommairement qu'il est libre de son choix.

Pour résumer les deux optiques, nous les décrivons en parallèle:

MARX	**BERNÁCER**
Les capitalistes ont la possibilité d'exploiter la force de travail en investissant leurs disponibilités dans la production. Ils peuvent en tirer un profit.	Les détenteurs de disponibilités peuvent obtenir un revenu sans travail par l'acquisition de certains actifs hors production (intérêt).
- Certains capitalistes (financiers) préfèrent une part certaine du profit par l'intermédiaire du prêt. Ils perçoivent un intérêt. - D'autres capitalistes (industriels) préfèrent un revenu aléatoire tiré directement de la production. Ils prélèvent un profit d'entreprise.	- Certains épargnants obtiennent leur intérêt en prêtant aux entrepreneurs - Les entrepreneurs perçoivent seulement une part aléatoire du profit ; celui-ci étant partagé entre les rentiers eux-mêmes.

[761] Jusque-là, Bernácer pourrait souscrire à la conclusion de H. Denis.
[762] C'est l'auteur qui souligne.
[763] H. DENIS, article, *op. cit.*, p. 444.
[764] K.MARX, *Le Capital*, Éditions sociales, Paris, 1962, t. II, p. 253.
[765] S. DE BRUNHOFF, *op. cit.*, p. 113.
[766] C'est nous qui soulignons.

Sur quelles bases se fait le partage ? Les idées de Marx, de Bernácer, et de Keynes semblent converger sur ce point: « Il serait excessif d'en déduire à la suite de Fan Hung[767] que Marx, comme le fera Keynes plus tard, considère l'intérêt comme un taux monétaire dont « la détermination est donc spécifiquement un problème monétaire ». Il n'en demeure pas moins que la catégorie du taux d'intérêt dans *Le Capital* repose principalement sur l'analyse de l'offre et de la demande de disponibilités monétaires, ces dernières étant distinctes du capital réel comme la monnaie est distincte des marchandises, le capital du capital productif ... et le capitaliste financier du capitaliste industriel. En ce sens, on peut, avec Fan Hung, parler de l'existence d'une théorie monétaire du taux de l'intérêt dans *Le Capital*[768] . H. Denis, nous l'avons vu, a une interprétation différente : « Ainsi nous voyons que le taux de l'intérêt n'est pas davantage le prix de la monnaie que le prix de l'épargne ; il est essentiellement l'expression des choix faits par les capitalistes entre l'investissement direct du capital et son utilisation indirecte par l'intermédiaire du prêt »[769]. Pourtant Marx lui-même ne dit-il pas: « Il n'existe aucune loi générale du partage du profit entre intérêt et profit d'entreprise hormis celle dictée par la concurrence[770] ».

Si nous admettons la thèse de S. de Brunhoff, nous découvrons un autre point commun entre l'économiste allemand, l'espagnol et l'anglais : c'est la composante monétaire de l'intérêt qui, par confrontation de l'offre et de la demande de monnaie, permet d'expliquer non l'origine mais la détermination du niveau du taux d'intérêt. Nous admettrons cependant, avec H. Denis, que la forme des courbes est discutable, - ce que Bernácer avait pressenti lorsqu'il prenait en compte les variations de prix des actifs[771] - : « On voit aussi qu'elle » (l'analyse de la théorie marxienne) « est capable d'éclairer de façon décisive les discussions amorcées par des économistes non marxistes, sur la forme des courbes de demande et d'offre du capital, ou sur la préférence pour la liquidité, en intégrant chaque analyse partielle dans le seul cadre général qui soit valable »[772].

Les deux commentateurs de Marx sont d'accord sur l'ordre à établir entre profit et intérêt, soulignant ainsi la différence fondamentale entre Bernácer et Marx : « Une des conséquences » de la conception unitaire du crédit « est précisément que le capital financier participe au partage du profit moyen annuel donné, et non à la formation du taux de profit moyen ... »[773]. Cette conception unitaire se fonde sur l'unité des marchés de capitaux, le taux d'intérêt unique et la complémentarité des circuits financiers[774].

Selon Marx, l'offre de disponibilités monétaires émane principalement des capitalistes financiers, y compris les banques, qui satisfont à un certain prix, le taux d'intérêt, la demande de monnaie des capitalistes industriels : « ce mécanisme du financement implique une division de la classe capitaliste »[775].

---

767 FAN HUNG, in *The review of economic studies*, vol. 7, n°1, oct. 1939, *op. cit.*
768 S. DE BRUNHOFF, *op. cit.*, p. 128; cf. aussi p. 125, 129.
769 H. DENIS, *op. cit.*, p. 442.
770 K. MARX, *Le capital, op. cit.*, Livre III, t. 2, p. 24.
771 Cf. *supra*, « La composante monétaire ».
772 H. DENIS, *op. cit.*, p. 444.
773 S. DE BRUNHOFF, *op. cit.*, p. 108.
774 S. DE BRUNHOFF souligne que ces conceptions sont aujourd'hui utilisées par la comptabilité nationale française de l'offre et de la demande globale de capitaux.
775 S. DE BRUNHOFF, *op. cit.*, p. 125.

LE CONFLIT INTERNE DE LA CLASSE CAPITALISTE : RENTIERS CONTRE ENTREPRENEURS

A. – *La nature du conflit*

Ce conflit interne a, chez Bernácer, le statut d'une opposition d'intérêts entre rentiers et entrepreneurs, entre prêteurs et emprunteurs. Pour Marx, ce conflit prend une forme résolument violente : « Il faut maintenant insister sur le fait que toute tentative pour expliquer le niveau des taux d'intérêt à un moment donné devrait tenir le plus grand compte de la lutte incessante qui se déroule entre les deux catégories de capitalistes. Et il faudrait même tenir compte de la situation particulière de certaines catégories sociales que l'on devrait distinguer à l'intérieur des deux classes envisagées ... les grands capitalistes financiers ... qui dominent la banque[776]... et les petits ... qui sont dominés ... Le choc de ces diverses catégories sociales engendre des phénomènes très complexes ... »[777].

Une deuxième différence entre les deux auteurs provient de la définition d'une classe capitaliste. Pour Bernácer, celle-ci n'est pas une classe socioéconomique homogène où le capitaliste peut adopter tantôt la position de prêteur-rentier, tantôt celle d'emprunteur-entrepreneur. Bernácer ne retient, pour la stigmatiser, qu'une fonction, celle de rentier. Chez Marx, le dénominateur commun des différentes sortes de capitalistes qui permet, à certains égards, de les considérer comme un tout, c'est le pouvoir économique, le pouvoir de domination sociale et d'aliénation du travail.

Ce qui sépare le plus les deux auteurs c'est le moment du partage du surplus. C'est un point important, car il explique l'attitude plus discriminante de Bernácer à l'encontre des rentiers. D'après Marx, les capitalistes prélèvent collectivement et préalablement le profit : « Il est impossible d'expliquer l'intérêt si l'on n'a pas expliqué d'*abord* le profit »[778]. On peut admettre avec H. Denis la condamnation de l'attitude – en réaction contre la tradition ricardienne – des marginalistes, dont l'erreur « consiste en ce qu'il (le marginalisme) veut rendre compte de l'ensemble des revenus capitalistes par le taux de l'intérêt, réduisant les « profits » proprement dits à une fraction négligeable de ces revenus, ou expliquant ces « profits » par l'étonnante théorie anglo-saxonne de l'offre et de la demande de l'« *enterpreneurship* »...

Si le marginalisme s'oriente dans ce sens, c'est parce que son but essentiel est la justification du revenu capitaliste. Malheureusement pour lui, en prétendant tout ramener à l'intérêt, il perd en réalité la possibilité de donner une explication cohérente de l'intérêt »[779]. Bernácer serait à peu près d'accord avec cette critique du marginalisme, cependant il ne souscrirait pas à la thèse marxiste d'un prélèvement préalable et global du profit précédant le partage entre profit d'entreprise et intérêt. À cet égard, Bernácer dénonce les pseudo-théories orthodoxes qui, le plus souvent, visent à justifier un ordre social établi, en l'occurrence le prélèvement des rentiers sur le surplus. Il refuse, en effet, l'idée d'un mythique service rendu par le capital-argent dans le processus de la production et il réfute donc le fait qu'il faille le rémunérer comme une contrepartie fournie par les prêteurs aux producteurs. Marx est d'accord sur ce point, « c'est ce qu'indique l'existence du taux de

[776] Nous avons déjà souligné le rôle que jouent les banques dans la théorie de Marx et notamment dans la théorie monétaire.
[777] H. DENIS, *op. cit.*, p. 444.
[778] H. DENIS, *op. cit.*, p. 437.
[779] *Ibid.*, p. 434

l'intérêt, prélevé par les prêteurs sur le profit des «capitalistes actifs »[780]. Cette autre citation de S. de Brunhoff [781] est plus explicite encore sur la discrimination à faire entre le capital physique et le capital-argent : « ce qui apparaît comme un antagonisme au niveau de la répartition du profit se rapporte à la différence fonctionnelle du capital productif et du capital argent, ce dernier quoique lui-même improductif étant un chaînon indispensable de la circulation du capital... Le côté saint-simonien de Marx, traitant avec brutalité les financiers de « parasites » s'explique par toute sa théorie de la monnaie et du rôle du capital-argent ».

Il faut cependant souligner qu'aussi bien chez Bernácer que chez Marx, l'improductivité du capital-argent est appréciée dans l'ordre normatif. En effet, dans l'ordre descriptif – l'analyse du système capitaliste historiquement réalisé – l'un et l'autre admettent que le capital-argent, étant fonctionnellement nécessaire, reçoit une part du produit ; on rejoint ainsi la composante monétaire de la théorie de l'intérêt, déjà étudiée. Ainsi Marx considère que « les capitalistes industriels ont donc besoin du système du crédit, et ils tirent profit de son existence, à condition de rémunérer les capitalistes financiers avec une partie du profit. Le partage du profit moyen (donné par ailleurs) en intérêt et profit d'entreprise ne dépend alors que des conditions de l'offre et de la demande sur le marché des disponibilités monétaires ... Les seules données du partage sont donc que le taux d'intérêt ne peut être nul, et qu'il ne peut non plus être supérieur ou égal au taux général de profit »[782].

L'idée du marché parallèle, communicant avec le marché de la production, que nous avions relevée chez Bernácer et qui débouche sur une théorie synthétique de l'intérêt, paraît être présente dans l'analyse marxienne. L'interprétation qu'en donne H. Denis[783] rapproche celle-ci de l'analyse de Bernácer, puisqu'elle condamne le monisme monétariste de la théorie keynésienne de l'intérêt et qu'elle conclut à la nécessité de tenir compte des « facteurs sociaux » : « ce que nous avons dit doit suffire, à montrer l'erreur fondamentale commise par Keynes lorsqu'il s'appuie sur des faits propres au «marché monétaire» pour expliquer le phénomène de l'intérêt dans son ensemble », plus loin : « les facteurs sociaux ... nous permettraient de rendre compte de la division des capitalistes entre les deux classes qui se forment en leur sein : la classe des «capitalistes financiers» et la classe des «capitalistes industriels »[784], enfin : « nous avons imaginé que le taux de l'intérêt est commandé par les déplacements qui se produisent d'une classe à l'autre (nombre plus ou moins grand de prêteurs et d'emprunteurs) et par le volume de leurs opérations sur le « marché du capital ».

B. – *Les effets du conflit*

L'analyse de Marx nous paraît cependant trop monolithique, étant centrée sur le partage *ex-post* du profit : « Marx va si loin dans cette réduction de l'intérêt à un simple détournement du profit qu'il ne prend même pas en considération le risque, les calculs et les anticipations des prêteurs et des emprunteurs »[785]. S. de Brunhoff nous paraît ainsi condamner la *prédétermination* du profit au partage entre intérêt et profit d'entreprise telle qu'elle apparaît dans l'optique marxienne. C'est exactement la position qu'adopte Bernácer, dont nous avons

[780] S. DE BRUNHOFF, *op. cit.*, p. 108.
[781] *Ibid.*, p. 132
[782] *Ibid*, p. 129.
[783] H. DENIS, art. cité, p. 443 et 444.
[784] K. MARX, *Le Capital*, Éditions Molitor, t. XI, p. 174 et s., cité par H. Denis.
[785] S. DE BRUNHOFF, p. 131, *op. cit.*

déjà étudié[786] la théorie du profit. C'est là le grand point de divergence entre les deux économistes et les effets du conflit d'intérêts entre rentiers et entrepreneurs ne peuvent donc être de même nature.

L'optique de Marx semble être celle de l'économie stationnaire, où le profit est prédéterminé, du fait du principe de la constance du taux de profit, puis partagé *a posteriori* entre les deux classes de capitalistes. Outre la critique que l'on pourrait faire au plan de la réalité, l'intérêt étant, par contrat, prédéterminé à la production de la période, ce que l'on peut surtout déplorer, c'est l'absence de perspective dynamique.

Cette perspective est au contraire présente, dans une analyse très dialectique chez Bernácer, du rôle du conflit. Pour lui, en effet, la prédétermination de l'intérêt et, au contraire, l'indétermination *ex-ante* du profit est un facteur d'instabilité et donc de mouvement du système. Fixé a priori, le niveau du taux d'intérêt détermine le niveau de la production et de l'emploi de la période, dans le court terme et, pourrait-on ajouter, le rythme de croissance dans le long terme. Alors que le niveau du taux de profit, évalué *a posteriori*, conditionne le niveau du taux d'intérêt offert par les entrepreneurs pour la période suivante, déterminant ainsi le degré d'attraction de l'activité productive pour les disponibilités en instance de placement. Et c'est dans ce deuxième temps que le conflit d'intérêt entre prêteurs et emprunteurs prend toute son importance. Ainsi Bernácer apparaît quant aux effets économiques du conflit plus proche de l'analyse keynésienne des anticipations des entrepreneurs ou de l'explication wicksellienne de la conjoncture, que de l'approche plus statique de Marx.

L'INTÉRÊT, RENTE DU MONOPOLE DE LA PROPRIÉTÉ PRIVÉE DES MOYENS DE PRODUCTION

Bernácer reconnaît[787] à la thèse socialiste – qu'il réfute pour d'autres raisons – le mérite d'être une théorie *positive* de l'intérêt du capital. Il semble que l'auteur fasse ainsi allusion aux théories de ceux que Böhm-Bawerk appelle les socialistes de la chaire, tels que Schaffle[788], par exemple, ou aux théories de l'exploitation[789] analogues à celle de Proudhon.

Dans d'autres écrits et notamment *La théorie des disponibilités* et *Pour une économie libre, sans crises et sans chômage*[790], Bernácer développe le thème de l'obstacle qui est fait aux travailleurs, par l'organisation sociale, pour la mise en œuvre par eux-mêmes de leur travail et par la création de leurs propres entreprises. Nous ne sommes, de ce fait, pas loin de l'idée socialiste du monopole de la propriété privée des moyens de production.

Cependant, Bernácer qui propose dans sa réforme la « socialisation »[791] de la propriété de ces moyens, ne pense pas que là soit l'origine de l'intérêt. Cette institution renforce certainement la pérennité du phénomène de l'intérêt mais selon lui, il faut surtout rechercher parmi les biens non reproductibles la cause originelle du taux d'intérêt: c'est par excellence le monopole (ou si l'on préfère) le droit de propriété privée de la terre. Ainsi

---

[786] Cf., « Le profit ».
[787] BERNÁCER, *L'intérêt du capital...*, *op. cit.*, p. 24.
[788] BÖHM-BAWERK, *op. cit.*, p. 159.
[789] Dans la tradition classique qui conduit de Smith à Marx, en passant par Ricardo, Thompson, Rodbertus et Sismondi. La définition de la genèse de la plus-value chez Marx est ainsi résumée par R. BARRE (*Économie politique*, t. II, p. 70, Thémis, P.U.F... « Le pouvoir de l'argent oblige l'homme à travailler au-delà de ce qu'il faut pour assurer sa subsistance » ... et il s'en dégage la plus-value.
[790] Article et ouvrage cités.
[791] Cette expression qui est de nous, ne correspond pas exactement à l'idée de Bernácer. Cf. notamment p. 139, « Le système rationnel de Bernácer »

se trouvent rapprochées la composante physiocratique et la composante sociologique de la théorie bernacérienne de l'intérêt.

La définition bernacérienne de l'intérêt :
une théorie synthétique et fonctionnelle

LA SYNTHÈSE

La théorie de l'intérêt ne saurait avoir, aujourd'hui, un caractère moniste. L'intérêt ne peut s'expliquer ni par le donné réel uniquement, ni par le donné monétaire seulement, il faut intégrer les éléments nombreux qui expliquent le phénomène de l'intérêt. La préférence pour le temps doit-elle, comme le suggère P. Llau, avoir une place dans l'explication du taux d'intérêt ? Ne risque-t-on pas, de la sorte, de tomber dans le raisonnement circulaire que cet auteur voulait précisément éviter[792]? La question est de savoir si l'on doit considérer que la préférence de temps est un phénomène réel, primaire, qui contribue à donner naissance, avec d'autres facteurs, à l'intérêt dans l'univers économique. Le débat risque d'être aussi stérile que lorsque la question est posée à propos de l'œuf et de la poule, à savoir lequel a précédé l'autre.

La position de Bernácer est, à cet égard, très tranchée : il rejette toutes les théories du type de celle de l'agio de Böhm-Bawerk : pour lui, le postulat sous-jacent de toutes ces théories est l'existence *naturelle* (et donc inéluctable) du taux d'intérêt. De là à dire que ces théories ne démontrent pas l'origine de l'intérêt mais qu'elles s'attachent seulement à le justifier il n'y avait qu'un pas : Bernácer le franchit résolument. Si l'on postule, en effet, que l'intérêt existe et que l'on ne doit pas chercher à l'éliminer, il vient tout naturellement qu'il faut actualiser toutes les valeurs futures, mais on n'a pas démontré pour autant que l'actualisation est inscrite dans la nature des choses. La position de Bernácer sur ce point est originale et très ferme, nous l'examinerons plus loin dans l'étude du rôle de l'intérêt. Cette exclusion de la préférence de temps de l'étude causale de l'intérêt étant prononcée, Bernácer nous livre sa définition synthétique du taux d'intérêt.

A. – *La double condition d'existence de l'intérêt*

1° Existence de biens productifs de rente

Leur dénominateur commun est que leur offre est relativement rigide. Cette rigidité a des degrés divers. Ainsi à court et moyen terme, voire à long terme, la terre paraît être l'archétype de ces biens : offre rigide, non reproductibilité, monopole du propriétaire sur sa terre.

2° Existence d'un marché de ces biens

Raisonnant par l'absurde, Bernácer affirme que si ces biens n'étaient pas transmissibles, ce serait un moindre mal, en ce sens que le marché des rentes n'existerait pas, qu'il n'y aurait pas en permanence un tel attrait de la rente sur les détenteurs de disponibilités. L'auteur semble déplorer que l'accès à ce marché soit trop facile, trop bien organisé, de sorte que la fluidité des mouvements de disponibilités s'en trouve accrue. Il faut noter à

[792] Cf. *supra*, p.265

l'appui de cette observation que le marché boursier actuel, par le perfectionnement de l'information et des communications, par la facilité d'accès qui en est donnée, constitue le marché le plus instable qui soit, malgré certaines réglementations limitant les hausses journalières des cours (mesures qui semblent être assez peu efficaces). C'est le marché le mieux organisé où la fluidité potentielle – et parfois réelle – de l'offre et de la demande est telle que des transactions énormes en valeur peuvent se réaliser en quelques minutes. Que n'a-t-on mis autant de génie à organiser certains autres marchés autrement plus utiles à la collectivité !
À cet égard, Bernácer a une optique très antilibérale et anticapitaliste, la solution qu'il préconise c'est la disparition du « marché financier » comme moyen propice à l'abolition de l'intérêt et, à travers lui, de la rente.

B. – *Les ravages du marché des biens productifs de rentes*

La conséquence de l'existence de biens productifs de rente et de l'organisation des transactions sur ces biens, c'est le reflux des disponibilités monétaires, du marché de la production vers le marché financier, le plus souvent, et parfois en sens inverse. Le mal chronique dont souffre la production c'est la fuite de monnaie, résultat de la thésaurisation double, abstention de demande dans le circuit de la production. Cette baisse de potentiel a un double effet sur l'emploi : directement, par la non-demande, indirectement par la raréfaction artificielle des disponibilités dans l'appareil de la production et l'existence subséquente d'un taux d'intérêt.

C. – *L'intérêt : tribut que doit payer la production pour voir revenir à elle les disponibilités détournées*

Les disponibilités (offre de monnaie) consentent à se placer dans les activités productives, relativement risquées, dans la mesure où le taux d'intérêt offert par les producteurs leur paraît compenser, et au-delà, la prime de risque ajoutée à la rémunération qu'ils auraient tiré de placements « de bon père de famille » effectués sur le « marché financier ». Cela implique qu'il y ait une productivité suffisante dans l'investissement en capital réel pour permettre de rémunérer le capital-argent.

LA FONCTIONNALITÉ

La théorie bernacérienne de l'intérêt est fonctionnelle à double titre[793]. L'intérêt a dans les systèmes économiques actuels une fonction réelle au niveau de la production et de la répartition et une fonction monétaire en tant que résultat de la confrontation de l'offre et de la demande de monnaie.

A. – *La fonctionnalité réelle*

Le taux d'intérêt intervient dans le calcul du coût de l'investissement et, de ce fait, il détermine le niveau de la production et le niveau de l'emploi de la période suivante, infléchissant ainsi le cours des activités productives pendant les autres périodes successives. Il oblige aussi les entrepreneurs à prévoir un partage du profit et donc

[793] Précisons que cette fonctionnalité est dans l'ordre descriptif et non dans l'ordre normatif. Il n'y a pas de contradiction dans la théorie de Bernácer. Dans le premier cas, il décrit le système vécu, dans le deuxième il propose, comme réforme, une suppression de l'intérêt.

à régler globalement leurs prix sur le taux d'intérêt, et leurs programmes d'investissements sur le taux de profit attendu ; ce dernier devant être, toutes choses égales d'ailleurs, d'un niveau plus élevé que si l'intérêt n'existait pas. Il y a donc une relation dialectique entre le taux d'intérêt et la productivité réelle *en valeur*.

B. – *La fonctionnalité monétaire*

Dans la théorie de Bernácer, le taux d'intérêt a aussi une fonction purement monétaire : celle de prix d'équilibre instantané – quoique éminemment instable – entre l'offre et la demande de monnaie. La question est de savoir quel est le contenu de cette offre et de cette demande. Chez les classiques l'offre et la demande, respectivement l'épargne et l'investissement, sont des données essentiellement réelles. Pour Keynes, l'offre de monnaie est donnée, c'est une fraction de l'épargne qui est indépendante du taux d'intérêt (préférence pour la liquidité) et la demande c'est l'investissement. L'intérêt, chez lui, est le prix de l'abandon de la liquidité. Bernácer, quant à lui, voit une offre de monnaie, indépendante du taux d'intérêt et fraction de l'épargne, qu'il appelle disponibilités et qui se trouve confrontée à deux marchés. La demande de monnaie est donc double chez lui et ordonnée selon la hiérarchie suivante : la demande de monnaie se manifeste d'abord sur le « marché financier » et ensuite sur le marché de la production. Le détenteur de disponibilités arbitre alors suivant son anticipation de la conjoncture.
Robertson avait raison de trouver quelques ressemblances entre les théories de Bernácer (1916-1922) et celle de Keynes (1936) en tant qu'innovations cependant la théorie bernacérienne est plus complète et plus originale.

LA QUALIFICATION DE LA THÉORIE DE BERNÁCER

P. Llau cite Bernácer dans son ouvrage[794], dans la bibliographie du Livre II « Les théories contemporaines de l'intérêt : les théories synthétiques», Titre I «Le développement des théories synthétiques d'inspiration néo-classique». Il cite seulement deux articles de Bernácer : « Sparen, Kapital und Zins », *Kyklos*, 1953, p. 135 et « Osservazione sulle teoria dell interesse», *Moneta e credito*, 1953, p. 265.
Il semble donc que P. Llau n'ait pas approfondi l'étude de la théorie de l'intérêt de Bernácer, et c'est fort dommage, sans quoi il lui eût accordé une place privilégiée et hors de toute classification traditionnelle, dans son sous-titre II « La synthèse dynamique », à côté de da généralisation de la théorie de l'intérêt : la théorie du professeur F. Perroux»[795]. En effet, F. Perroux[796] fait plusieurs critiques à la théorie keynésienne, sur la sensibilité de l'investissement au taux d'intérêt, et surtout sur l'insuffisance de la notion de thésaurisation et la nécessité de préciser l'approche temporelle, critiques que Bernácer avait déjà formulées. En revanche, F. Perroux insiste sur la préférence pour le temps comme facteur essentiel de l'intérêt et, sur ce point, Bernácer ne peut être d'accord avec le grand économiste français. Ce n'est pas tant par l'éventuelle ressemblance des

[794] P. LLAU, La détermination des taux d'intérêt, Éd. Cujas, 1961, p. 416.
[795] *Ibid.*, p. 337.
[796] F. PERROUX, in revue *Banque*, 1950, p. 133 « La généralisation de la théorie de l'intérêt de Keynes ».

théories de F. Perroux et de Bernácer qu'il aurait fallu les rapprocher à la fin de l'ouvrage de P. Llau, c'est plutôt par l'importance accordée par Bernácer à la synthèse et à la dynamique temporelle.
Toujours est-il que ce que nous devons surtout reprocher à P. Llau c'est d'avoir cru que la théorie de Bernácer était d'inspiration néoclassique. Résumons les éléments de l'optique néoclassique définis par cet auteur[797] :

- existence d'un équilibre fondamental,
- on se place à l'équilibre pour analyser les phénomènes,
- on raisonne en termes de prix réels (T.Q.M., neutralité de la monnaie),
- analyse au niveau des micro-unités puis généralisation au niveau macroscopique,
- tout prêteur est un abstinent dont les motivations sont introspectives,
- analyse statique : temps « abstrait », « vide »,
- le comportement des unités économiques: maximation du profit et égalité entre les producteurs.

Aucun de ces éléments n'est présent dans la théorie bernacérienne général et de l'intérêt en particulier.
En conclusion, nous affirmons que de toutes les théories celle de Bernácer est une des plus synthétiques et des plus dynamiques.

LE TAUX D'INTÉRÊT, L'ACTIVITÉ ET LA POLITIQUE ÉCONOMIQUES

Le taux d'intérêt et le niveau de l'activité générale

La théorie de Bernácer fait partie de ce groupe de théories qui attribuent au taux d'intérêt un rôle dominant dans la détermination de l'activité générale : son niveau, son équilibre, ses fluctuations et sa croissance. Notre étude comparative englobera, sur ce point, les deux théories qui, historiquement, encadrent celle de l'économiste espagnol : Wicksell et Keynes.

LE TAUX D'INTÉRÊT, L'ÉQUILIBRE ET LE NIVEAU DE L'EMPLOI

A. – *L'équilibre et le temps*

Entre les deux conceptions de l'équilibre où celui-ci apparaît, soit comme une norme abstraite qui sert de référence théorique, soit comme une tendance réellement constatée résultant de la cybernétique économique, Bernácer semble avoir une position proche de la deuxième conception. Le système économique doit avoir, pour son bon fonctionnement, une propension naturelle à l'équilibre ; cependant, certaines structures s'opposent à la réalisation de l'équilibre, la *rente* étant, selon Bernácer, l'obstacle le plus important à cet égard. Le Nouveau Régime préconisé par l'auteur doit permettre précisément de réaliser les conditions cybernétiques nécessaires à l'équilibre, tendance « naturelle » du système économique.

797 P. LLAU, *op. cit.*, p. 25 à 28.

On peut cependant se demander s'il est opportun d'étudier l'équilibre. Comment l'esprit peut-il concilier l'équilibre, si souvent présent dans les théories et le déséquilibre, encore plus souvent observé dans la réalité ? L'équilibre relève-t-il donc d'une étude normative alors que le déséquilibre relèverait d'une étude descriptive ? H. Guitton[798] suggère pour nos multiples questions une réponse intéressante que nous développerons car elle éclaire parfaitement la position de Bernácer à cet égard. Comme celui-ci, H. Guitton a une optique relativiste[799] des phénomènes économiques : « C'est l'échelle d'observation qui crée le phénomène. Chaque fois que nous changeons d'échelle d'observation, nous rencontrons des phénomènes nouveaux »[800] . Ces deux auteurs accordent, semble-t-il, une place aussi discrète à l'équilibre dans la construction théorique: la notion d'équilibre « est comme un soubassement invisible[801] de toute la théorie des cycles, de toutes les théories du cycle »[802] . Tous deux font grief aux classiques d'avoir négligé ou même méprisé toute recherche visant à expliquer les déséquilibres : « cette vérité revient ici à dire que la thèse de Say est une thèse statique qui fait abstraction du temps, c'est-à-dire qui élimine par nature le problème à résoudre. Ce n'est pas l'instant de pure raison où peut s'effectuer un marché, ce n'est pas non plus la plus ou moins longue durée, permettant toujours de voir s'effacer les retards d'adaptation et se former un équilibre, qui intéressent le plus la vie économique. C'est l'entre-deux. C'est la transition. Tous les classiques sont des auteurs qui ne s'intéressent pas aux phénomènes transitoires. La transition, c'est pour eux l'accidentel, ce qui à leurs yeux est une imperfection. Mais précisément c'est dans cet accident, c'est dans cette imperfection, c'est dans cette transition que se passe le plus clair des actions humaines »[803]. Ces lignes auraient fort bien pu être écrites par Bernácer entre 1922 et 1942, c'est-à-dire-entre la parution de *La théorie des disponibilités* et celle de son article de synthèse : « *L'expression fondamentale de la valeur de la monnaie* ». Lorsqu'il analyse le système économique concret, c'est l'étude des déséquilibres qui retient le plus son attention.

Est-ce à dire que l'équilibre est une notion qui doit être absente des préoccupations de l'économiste ? Pas plus Bernácer que H. Guitton ne le pensent : « l'essence de l'économie est invisible, elle n'est jamais saisie, elle est toujours au-delà du tangible. C'est à ce titre qu'il est vrai de dire qu'à la longue, les produits ont tendance à s'échanger contre les produits : l'équilibre se présente comme un état limite »[804].

Quel doit être pour l'économiste l'instrument de l'approche des déséquilibres ? H. Guitton pourrait cautionner la place faite par Bernácer au marché dans sa théorie : « Il reste la dernière considération, celle des adaptations intermédiaires sur une durée plus courte, comprises entre l'instant et le définitif. Ici, il n'est plus possible de faire abstraction des prix. La situation du marché devient prépondérante ; c'est le niveau des prix qui fixe le niveau des offres et des demandes aux prix historiques, nous voulons dire par là aux prix effectifs qui d'instant

798 H. GUITTON, *Les fluctuations économiques*, Recueil Sirey, Paris, 1951 (suite du *Traité d'économie politique* de Gaëtan PIROU).
799 Cf. aussi G. BACHELARD, *Essai sur la connaissance approchée*, Paris, Vrin, 1927, p. 70.
800 H. GUITTON, *op. cit.*, p. 41.
801 C'est nous qui soulignons ce terme qui nous paraît illustrer parfaitement la pensée de Bernácer.
802 *Ibid.*, p. 172.
803 *Ibid.*, p. 176.
804 *Ibid.*, p. 179; c'est nous qui soulignons.

en instant se succèdent sur un marché ; à ces prix gonflés de passé[805] et déjà imprégnés d'avenir, il n'y a plus jamais équilibre concret des offres et des demandes »[806].

Loin de s'exclure réciproquement, l'équilibre et le déséquilibre sont deux dynamiques qui « se complètent heureusement l'une par l'autre selon les moments où l'on se trouve dans l'édification de la théorie »[807]. H. Guitton reprend ainsi la formule de M. Allais[808] qui distingue deux domaines de l'étude : la dynamique de l'équilibre et la dynamique du déséquilibre. Cet auteur, comme Bernácer, a une conception de l'équilibre totalement relativisée au temps : l'équilibre n'est plus un état statique qui s'oppose à la dynamique des déséquilibre, l'équilibre est lui-même un élément dynamique, dominé par le principe d'interdépendance des phénomènes résultant de l'observation des « effets secondaires ou durables », tandis que la dynamique du déséquilibre est commandée par le principe de causalité et consacrée à l'observation des effets primaires ou momentanés des choses visibles et vécues.

Nous pourrions ajouter, quant à nous, qu'il existe entre ces deux dynamiques des relations dialectiques[809] telles que chacune agit sur le cours de l'autre et réciproquement. Quel est donc le résultat de ce processus dialectique ? « L'équilibre est un modèle dont on se rapproche ; la situation réelle est une suite de déséquilibres. C'est de cet écart entre le modèle et les faits que résulte du reste le processus d'expansion ou de contraction qui engendre le mouvement économique »[810] [811]. L. Stoleru[812] fait une opposition, sans doute didactique, plus classique entre « l'équilibre économique statique »[813]d'une part et, d'autre part, une vision dynamique de l'activité économique qu'il dénomme « la croissance économique »[814]. On peut se demander si, dans cette approche dynamique, l'équilibre et les déséquilibres sont des notions qui cohabitent ou qui s'excluent.

Bernácer paraît ajouter une dimension de plus au concept de l'équilibre. Il nous semble en effet que Bernácer envisage l'équilibre surtout sur les marchés et d'une manière instantanée, tandis que lorsqu'il passe au niveau global et qu'il raisonne sur les agrégats, le mot d'équilibre disparaît de son langage. Nous pourrions peut-être tenter d'interpréter sa pensée en soulignant que dans l'approche macroéconomique, seul le mouvement compte et ceci, implicitement, par rapport à une tendance idéale : la croissance. Dans le déroulement de cette dynamique, se manifestent, à l'état visible la composante déséquilibre et, à l'état sous-jacent, la composante équilibre ; l'histoire concrète se chargeant de révéler laquelle des deux l'emporte à un instant donné.

---

805 La formule rappelle l'aspect héréditaire, au sens de M. Allais, de la formule bernacérienne de la valeur de la monnaie, cf. *supra,* p. 230 et s.

806 *Ibid.*, p. 180.

807 *Ibid.*, p. 181.

808 M. ALLAIS, *À la recherche d'une discipline économique*, t. I, nos. 225 à 227; *Économie et Intérêt*, t. I, p. 28 et 29.

809 Cette dialectique explique peut-être l'apparente contradiction relevée par J. MARCHAL et J. LECAILLON (in *Les flux monétaires*, p. 209) chez Wicksell «Dans ces conditions l'affirmation qu'ultimement l'offre globale et la demande globale s'égalisent, peut sembler une résurgence chez Wicksell de la pensée classique, résurgence qui se justifie d'autant plus mal que Wicksell insiste, comme nous le verrons plus loin, sur la possibilité de processus cumulatifs, c'est-à-dire d'équilibres instables qui ne tendent en aucune façon à se rétablir d'eux-mêmes, en dehors de toute intervention extérieure» .

810 *Ibid.*, p. 180.

811 La position de Keynes, assez proche, est cependant moins nette, elle nous paraît davantage fondée sur la dualité chère à Myrdal entre les concepts *ex-ante* et *ex-post.* « Si Keynes rejette l'établissement dès le départ d'un équilibre spontané, il n'en accepte pas moins la nécessité d'un équilibre final » (A. PIETTRE, *op. cit.*, p. 332).

812 L. STOLERU, *L'équilibre et la croissance économiques. Principes de macro-économie*, Dunod, Paris (1re éd. 1967). Nos renvois sont tirés de la deuxième édition (1968).

813 Titre de la deuxième partie de son ouvrage.

814 Titre de la troisième partie de son ouvrage.

L'univers économique de Bernácer est éminemment vivant et l'expression de H. Guitton illustre très bien cette vision : « l'équilibre évoque la perfection des êtres qui ne vivent plus. Le déséquilibre à base de variations renouvelées est lié à l'imperfection des êtres qui bougent, qui se remuent, qui changent, qui vivent en un mot »[815].

B. – *L'équilibre et l'emploi*

L'équilibre économique, même réduit à l'état d'une situation « limite », est-il une finalité en soi ? Ne doit-on pas faire place à une notion qualitative de l'équilibre, en faisant intervenir soit des critères endogènes de l'univers économique, soit des critères exogènes ? Y a-t-il incompatibilité entre ceux-ci – une plus grande justice dans l'organisation de l'activité et dans la répartition du produit – et ceux-là – efficience économique, impulsion de croissance ... ?

Si nous devions choisir une seule, parmi les innovations de l'analyse keynésienne, pour justifier la dénomination de révolution keynésienne, parfois attribuée à la « *Théorie générale* », nous n'hésiterions pas à choisir la notion de plein-emploi[816] . Bernácer, dès 1916 puis de nouveau en 1922, pour ne citer que ses écrits antérieurs à la *Théorie générale*, s'est donné comme principale finalité économique la disparition de ce qu'il appelait alors « le problème social »[817], ou encore le chômage. Keynes dut attendre la grande crise et se persuader, quatre ans après son début, qu'elle ne se résorberait pas, pour recommander une politique de plein-emploi[818]. Ne cherchons pas de querelle à Keynes sur la question de l'antériorité des idées, laissons-lui l'avantage qu'il a eu sur Bernácer d'avoir su se faire entendre.

Rendons à Bernácer et à Keynes[819] le mérite d'avoir renversé la séquence des priorités classiques (monnaie et finances – économie – social) et de nous fixer un nouvel ordre de priorités (social–économie – monnaie et finances)[820] , un ordre tel que soient rendus compatibles les critères endogènes et exogènes auxquels nous faisions allusion tout à l'heure. Ce point positif doit faire oublier certaines ombres du tableau keynésien : pourquoi reste-t-il marginaliste et conserve-t-il, par exemple, un taux de salaire réel qui serait égal à la productivité marginale ? Pourquoi se croit-il obligé de démontrer un *équilibre* de sous-emploi, si ce n'est pour porter la controverse contre les classiques avec les mêmes instruments analytiques qu'eux ? Le tableau bernacérien est à cet égard plus lumineux : point de marginalisme, et le chômage chronique est stigmatisé par Bernácer sous la dénomination de *déséquilibre* de sous-emploi. A vrai dire, cette querelle de mots, même si elle révèle une fois de plus l'aspect statique de l'analyse keynésienne, doit être enterrée, au bénéfice de l'importance accordée par les deux économistes au concept de niveau de l'emploi, tant au point de vue de l'analyse scientifique – la notion d'équilibre se trouvant ainsi relativisée à l'emploi – qu'au point de vue de la politique économique, de nombreux pays à structures socio-politiques très différentes ayant inscrit dans leurs lois et dans les faits cet objectif primordial.

---

[815] *Ibid.*, p. 181.

[816] Cet argument fut décisif de la part de Keynes pour convaincre un libéral comme Beveridge (Cf. W. H. BEVERIDGE, *Full employment in a free society*, London, 1948, titre qui rappelle celui de l'ouvrage de Bernácer de 1956).

[817] L'expression se trouve dans le titre de son article fondamental de 1922. L'auteur utilise les deux expressions alternativement.

[818] J. M. KEYNES, "The mean of prosperity", 1933 et « Letter to President Roosevelt », in *New York Times*, 13 déc.1933.

[819] Cf. aussi Abba P. LERNER, *Économie de l'emploi*, traduction française parue chez Sirey, Paris, 1972.

[820] Cf. A. PIETTRE, *op. cit.*, p. 347.

Le niveau de l'emploi est, dans ses grandes lignes, déterminé chez Bernácer et chez Keynes par le même facteur : la dépense (ou le revenu). Pour ces deux auteurs, la demande effective est fonction de la thésaurisation[821] (préférence pour la liquidité chez Keynes, préférence pour les actifs productifs de rente chez Bernácer), de la productivité du capital (efficacité marginale du capital chez Keynes, productivité, moyenne semble-t-il[822], chez Bernácer) et du taux d'intérêt fixé par le marché financier. Robertson quant à lui réfute lé rôle du taux d'intérêt dans la formation de la demande effective[823].

L'explication du sous-emploi est différente chez les deux auteurs : comme Rueff[824] , Bernácer admet que l'action syndicale favorise la rigidité des salaires, mais contrairement à Keynes et à Rueff, il ne croit pas que le salaire soit déterminé par la productivité marginale du travail. La théorie classique ne peut expliquer le chômage « qu'en invoquant une rigidité des salaires qui fixerait les salaires à un niveau plus élevé que celui de l'équilibre... On pressent que les choses ne sont pas aussi simples : le chômage dépend, bien sûr, des caractéristiques du marché de l'emploi, mais il dépend aussi de ce qui se passe du côté de la demande pour les produits fabriqués : peu de demande, peu de production, peu d'embauche. Cet aspect est complètement laissé de côté par la théorie classique »[825] . Bernácer a précédé de vingt ans Keynes dans cette explication du sous-emploi par la demande globale et tel semble être le fossé qui sépare radicalement Bernácer de Rueff. Ce dernier a la nostalgie des autorégulateurs : il pense comme la plupart des économistes d'avant la deuxième guerre mondiale, que la solution est dans la baisse des salaires. Bernácer est formellement contre, car il prend en compte l'effet de la demande dès son premier ouvrage publié en 1916.

Si la baisse des salaires n'est pas une solution retenue par Bernácer, c'est grâce à son approche temporelle[826] . En effet, à partir d'un certain équilibre donné, une baisse des prix déclenche un processus dépressif cumulatif car il n'y a pas nécessairement concomitance entre les baisses de prix et les baisses envisagées de salaires. De sorte que c'est au terme d'un processus dynamique que Bernácer aboutit à la même conclusion que Keynes : la baisse des salaires n'est pas un régulateur automatique efficace.

Bernácer explique la permanence du sous-emploi par la thésaurisation double et, sur ce point, son explication est plus étayée que l'observation pragmatique de Keynes qui conclut à la forte probabilité du sous-emploi, par le fait que les occasions d'investir diminuent et qu'une partie de l'épargne restera inemployée. Cette dernière cause pourrait être assimilée à l'explication bernacérienne, malheureusement le concept keynésien de la thésaurisation est trop étroit, ce qui limite fortement la portée générale de cette analyse. Bernácer trouve d'ailleurs absurde que la réduction de l'emploi se fasse par le nombre d'emplois et non le nombre d'heures de travail. La théorie marxienne pourrait suggérer que cela résulte d'une double stratégie de la part des

---

[821] La variable consommation n'est pas oubliée, elle est impliquée dans la variable thésaurisation, au sens de Bernácer.

[822] La productivité marginale projetée n'est pas un indicateur fiable selon Bernácer. L'investisseur n'a une connaissance satisfaisante que des coûts complets passés et donc de la productivité moyenne calculée *ex-post*. Dans la phase qui précède la décision d'investir, l'entrepreneur, soit fait une projection de la productivité moyenne actuelle (élément quantifié), soit renonce à un véritable calcul sur des bases positives pour faire un véritable pari sur l'avenir de l'investissement projeté (élément essentiellement qualitatif). Tel nous a semblé être le raisonnement qui fait rejeter par Bernácer le calcul marginal *ex-ante*.

[823] C. NÊME-CORDEBAS, thèse sur *Robertson*, *op. cit*., p. 64.

[824] J. RUEFF, in revue d'*Économie politique*, 1931, « l'assurance-chômage, cause du chômage permanent » _.

[825] L. STOLERU, *op. cit*., p. 60.

[826] J. ULLMO, keynésien parfois excessif (Cf. préface au livre, *op. cit*., de L. STOLERU, p. X et XI) admet cependant que la démonstration de Keynes « ne nous paraît plus convaincante aujourd'hui ; mais elle a tracé la voie » (in *Le profit*, *op. cit*., p. 179).

entrepreneurs, fondée sur la constance du taux de profit par unité de travail employé[827] et le désir d'entretenir la concurrence des salariés par un volant de chômage[828].

C. – *Wicksell, Bernácer, Keynes et le concept d'équilibre*

Ainsi, Bernácer et Keynes se démarquent-ils de la plupart de leurs contemporains dont les représentants pourraient être Pigou et Rueff, pour ne citer qu'eux, et aussi d'un prédécesseur de certaines de leurs théories : Wicksell. Celui-ci est un précurseur certain de l'analyse temporelle, cependant il reste très proche des marginalistes[829] et de son maître Böhm-Bawerk. P. Llau[830] n'affirme-t-il pas : « L'analyse de la détermination de ce taux réel emprunte tous ses éléments à Böhm-Bawerk et aux premiers néo-classiques ».

Wicksell, en effet, retient les leçons des marginalistes sur l'efficacité du capital, la productivité du travail ; son niveau d'équilibre est totalement indépendant du niveau d'emploi, sa théorie de l'emploi est, avec sa théorie du taux naturel de l'intérêt, le vestige le plus patent de son classicisme. Le chômage a chez lui le même caractère éphémère et accidentel que dans la théorie classique. Son apport essentiel est dans la nature de l'équilibre qui est chez lui fortuit et résulte d'un accident, d'un mouvement conjoncturel de disparité des taux d'intérêt naturel et courant.

Keynes, malgré ses séquelles de marginalisme déjà dénoncées, innove par la référence qu'il fait au niveau de l'emploi. Par rapport à Wicksell, son mérite est d'introduire une finalité dans le système économique : le plein-emploi. En revanche, son équilibre paraît bien statique et, de ce point de vue, son analyse reste inférieure à celle de Wicksell.

C'est Bernácer qui réunit dans sa théorie les qualités de l'analyse temporelle de Wicksell – après lui mais sans l'avoir connu[831] et celles de l'analyse du niveau de l'emploi de Keynes, bien avant ce dernier. À la différence de ces deux auteurs, Bernácer ne tient aucun raisonnement marginaliste.

Nous pouvons comparer brièvement les théories de ces trois auteurs dans le tableau suivant. Le taux d'intérêt a, pour ces trois auteurs, un rôle central dans la théorie de l'équilibre. « Pour Wicksell c'est le taux d'intérêt qui a le rôle primordial, c'est même le seul facteur d'équilibre »[832]. C'est aussi l'avis de Bernácer et de Keynes. Leur différend porte sur l'origine de l'intérêt et non sur sa fonction dans le système économique. Bernácer ne peut être d'accord avec le monétarisme[833] de Wicksell, pour qui « le taux d'intérêt dépend avant tout de l'excès

---

[827] Ce principe rendrait *indifférent*, en effet, l'emploi d'une même quantité de force de travail exprimée en *heures*, quel que fût le nombre de travailleurs employés (2 ouvriers travaillant chacun 45 heures par semaine = 3 ouvriers travaillant chacun 30 heures). On peut, à cela, faire deux observations : on raisonne à *rendement constant* (unité heure/travailleur) et on confond profit *budgété* et profit effectivement constaté. On pourrait plus aisément admettre que le profit escompté est constant par unité de facteur mais une analyse dynamique ne permet pas d'affirmer que le profit effectif l'est aussi.

[828] Ce deuxième principe paraît plus plausible.

[829] Cf. notamment MARCHAL et J. LECAILLON, *op. cit.*, p. 222 : « Wicksell est marginaliste », jusque dans la définition du taux naturel de l'intérêt.

[830] P. LLAU, *op. cit.*, p. 89.

[831] Il est de notoriété publique, de nombreux auteurs l'ont écrit, que Wicksell a été ignoré en Europe continentale jusqu'à la *Théorie générale* et en tous cas jusqu'au *Traité de la monnaie* de KEYNES. Les anglosaxons et les germaniques l'ont certainement connu avant, mais mal. Son maître BÖHM-BAWERK ne le cite qu'en note (p. 197-198) et dans la deuxième édition (1902) de son ouvrage, *op. cit.*, *Histoire critique des théories de l'intérêt du capital.*

[832] P. LLAU, *op. cit.*, p. 87.

[833] P. LLAU, *op. cit.*, p. 89.

ou de la rareté de la monnaie »[834], ni avec le fondement trop psychologique du taux d'intérêt keynésien. Il nous semble que Bernácer pourrait être d'accord avec Keynes, si ce dernier appelait la préférence pour la liquidité : préférence pour la non-dépense dans la production et s'il la faisait reposer sur une structure plus concrète que la simple psychologie, à savoir sur les occasions de placement rémunérateur hors production offertes par le « marché financier ». Peut-être Keynes, spéculateur heureux à la Bourse comme son illustre compatriote Ricardo, n'avait-il aucune raison personnelle de vouloir condamner cette institution !

Éléments de l'approche du concept d'équilibre	WICKSELL[835] (1893-1898)	BERNÁCER (1916-1922)	KEYNES (1936)
Analyse statique	non	non	oui
Analyse dynamique	oui	oui	non
Référence au niveau de l'emploi	non	oui	oui
Analyse marginaliste	oui	non	oui
Importance du taux d'intérêt	oui	oui	oui

LE TAUX D'INTÉRÊT ET LA CONJONCTURE

Malgré l'essai de Tsuru[836] en vue de construire un modèle d'inspiration marxiste du cycle, et l'affirmation de S. de Brunhoff[837] visant à nuancer l'opinion généralement admise que Marx ne s'était pas intéressé aux fluctuations, nous avons choisi de suivre la voie « orthodoxe » de l'interprétation de la pensée de Marx, telle que nous la suggère H. Bartoli[838] : « Théorie de l'équilibre général, la théorie marxienne permet d'étudier pourquoi l'équilibre est troublé, mais paraît inefficace lorsqu'il s'agit d'établir pourquoi le cycle est la forme de développement du capitalisme ». Nous limiterons donc notre étude comparative au courant de pensée issu de Wicksell et qui, à travers Bernácer, aboutit à Keynes.

A. – *Les deux taux d'intérêt et l'explication des fluctuations*

1° *Le taux d'intérêt, variable centrale d'un modèle de fluctuations.*

Pour ces trois auteurs, le taux d'intérêt est un élément fondamental de la théorie de l'équilibre général et, partant, des fluctuations. « Le rôle joué par le taux d'intérêt dans l'équilibre a pour les auteurs suédois une

[834] K. WICKSELL, *Interest and prices* (traduction anglaise en 1936 de son ouvrage cité, de 1898), p. 108.

[835] Les premiers ouvrages de WICKELL qui contiennent sa théorie sont *Uber Wert, kapital und Rente*, 1893; *Finanz-theoretische Untersuchungen*, 1896 et *Geldzins und Güterpreise*, 1898.

[836] Cf. aussi E. VARGA, *Essais sur l'économie politique du capitalisme*, Edition du Progrès, 1967, p. 232 à 268.

[837] S. DE BRUNHOFF, *op. cit.*, p. 163 : « Il est indiscutable que... Marx n'a pas construit de théorie du cycle... Mais si les déséquilibres conjoncturels décrits par Marx ne sont pas les fluctuations régulières du cycle, ils ne sont pas davantage les accidents partiels dont parle H. Bartoli : ils correspondent au mode de fonctionnement des structures capitalistes et aux modalités de l'ajustement global de structures différentes, économiques, financières, politiques ».

[838] H. BARTOLI, *La doctrine économique et sociale de Marx*, 1950, p. 221, cf. aussi dans l'ouvrage collectif *Fluctuations économiques*, Domat-Montchrestien, 1954.

importance beaucoup plus grande que n'en ont les divers facteurs explicatifs de la formation de ce taux »[839]. On peut rapprocher cette attitude de celle de Bernácer[840]lorsqu'il écrit que les variations de la thésaurisation (non-demande) expliquent les phases du cycle cependant, dit-il, ce serait faire là une analyse symptomatique, car la difficulté réside dans la détermination des causes profondes de la thésaurisation et de ses variations. Cette cause profonde c'est la théorie de l'intérêt et la mécanique du marché financier qui l'expriment.

2° Les deux taux

« Pour Wicksell, et c'est là son originalité, le taux d'intérêt est essentiellement de nature dichotomique. En fait selon lui, il y a deux taux d'intérêt. L'un se détermine dans une économie réelle sans monnaie. L'autre se détermine dans une économie monétaire, mais alors d'une manière tout différente de celle qui apparaît dans une économie réelle[841]. » On ne pouvait mieux montrer en quoi Wicksell reste un économiste du XIXème siècle, encore que beaucoup d'économistes du XXe siècle, il est vrai, restent « dichotomistes ». Ses disciples, Myrdal en tête, s'évertueront à atténuer cette trace de classicisme du maître suédois.

Keynes lui-même n'a pas réussi à échapper aux attraits de la théorie néoclassique. Citons Harrod[842] : « Nous devons à présent poser la question centrale : qu'est ce qui détermine le niveau de ce taux neutre compatible avec un équilibre de plein emploi ? La réponse est celle-ci : ce sont les propensions à investir et les propensions à épargner, c'est-à-dire exactement les mêmes forces qui déterminent le taux naturel de l'intérêt dans le schéma classique. De nombreux passages de la *Théorie générale* témoignent assez de la mauvaise appréciation qu'il en faisait. »

Quelle est, vis-à-vis de ces deux théories très proches l'une de l'autre et très connues, la position de Bernácer ? En premier lieu, il rejette le concept de taux naturel de l'intérêt[843] ; selon lui, il y a bien deux taux d'intérêt mais ce sont deux taux courants, pour employer la terminologie wickselienne. Ces deux taux obéissent à des variables relativement indépendantes.

3° Le modèle de Bernácer.

Essayons d'interpréter l'analyse de Bernácer.

a) Le marché de la production fixe un taux d'intérêt *virtuel*[844] qui est fonction :

- des niveaux de la demande globale et des prix,
- des niveaux de l'emploi et des salaires,
- du niveau de progrès technique incorporé. Ce taux d'intérêt s'exprime en valeur, il est aussi peu normal ou naturel qu'il est potentiellement instable, puisqu'il intègre le facteur conjoncturel, lié aux mouvements de

---

839 P. LLAU, *op. cit.*, p. 83.

840 BERNÁCER, La théorie fonctionnelle..., *op. cit.*, p. 312-314.

841 P. LLAU, op. cit. p.88

842 R. HARROD, *La monnaie* op. cit. p.164

843 BERNÀCER, La théorie fonctionnelle… op. cit. p.316. L'auteur ajoute même que s'il devait y avoir un taux naturel de l'intérêt, ce devrait être un intérêt nul, celui qui aurait cours dans un système économique où les disponibilités seraient abondantes, puisque seulement utilisées à la formation du capital fixe.

844 L'expression est de nous et reflète assez bien l'optique de Bernácer très proche ici de celle de Keynes. Pour ces deux auteurs, en effet, l'intérêt est une *donnée exogène* à la production : c'est celui que nous dénommons taux effectif : il s'impose aux emprunteurs quels qu'ils soient. Parmi ceux-ci, les investisseurs vont faire le rapprochement entre le taux effectif qu'on leur impose et le taux virtuel qu'ils estiment.

toutes ces variables (et particulièrement aux quatre premières qui peuvent être, à court terme, particulièrement mobiles).

Ce taux d'intérêt n'est pas sans relations avec le niveau du profit escompté. Il représente le maximum que les entrepreneurs peuvent payer pour emprunter et investir.

b) Le marché financier fixe un taux d'intérêt *effectif*[487]. C'est le taux de rendement moyen des actifs productifs de rente. C'est la rente moyenne qu'un détenteur de disponibilités peut retirer d'un placement hors production. Il est fonction :

- de la demande d'actifs productifs de rente dont les variations sont liées à celle de la thésaurisation double,
- du revenu de ces actifs : loyers, intérêts stipulés…et plus values.

Parmi ces variables la demande et, partant, les plus-values sont des éléments très instables, ce qui explique que le taux d'intérêt effectif est potentiellement instable.

c) Les relations entre les deux taux.

Plaçons-nous dans une période où il n'y a pas eu d'émission de monnaie, il vient que le revenu est soit dépensé dans la production soit thésaurisé, au sens de Bernácer. Dès lors, il y a opposition, par complémentarité, entre les niveaux respectifs de la demande globale de produits et de la demande d'actifs productifs de rente. Si bien que toutes choses étant égales d'ailleurs, étant donné la rigidité observée des salaires à la baisse et la régularité du progrès et des revenus fixes d'actifs à court terme, on voit qu'il y a, *a priori*, antinomie entre le taux d'intérêt virtuel et le taux d'intérêt effectif. L'instabilité respective des deux taux et leur relation dialectique nous paraissent être à la base de l'explication des fluctuations chez Bernácer. Outre la présente étude analytique des déséquilibres, on trouvera dans le chapitre « Les déséquilibres », *supra*, un exposé détaillé de la théorie de Bernácer.

4° *Étude comparative des trois théories.*

La théorie de Bernácer évoque celle de Wicksell et de Keynes; pourtant une étude approfondie devrait conclure à la prédominance de nombreuses disparités dans l'analyse. Nous choisissons quatre points pour la comparaison.

a) *La dynamique des taux.*

Appelons i_n le taux naturel de l'intérêt de Wicksell et, dans une certaine mesure, le taux neutre[845] de Keynes.

i_m le taux monétaire de l'intérêt de Wicksell et de Keynes

i_v le taux virtuel de Bernácer

i_e le taux effectif de Bernácer

Sous réserve de ce que nous avons dit précédemment, i_n et i_v jouent le même rôle, même s'ils sont de nature très différente. i_m et i_e jouent le même rôle et ont des natures assez proches.

Wicksell considère explicitement (et Keynes semble l'admettre implicitement) que :

- i_n est stable et i_m est instable.

[845] Qui réalise l'équilibre de plein-emploi (*Treatise on money*).

Bernácer admet que:

- i_v et i_e sont tous deux instables.

Les trois auteurs affirment qu'*a priori* et en général les deux taux ne coïncident jamais spontanément ($i_n \neq i_m$ pour les uns et $i_v \neq i_e$ pour l'autre).

b) *La détermination de la productivité du capital.*

Wicksell et Keynes déterminent une productivité marginale du capital, alors que Bernácer rejette l'analyse marginale[846] et considère que c'est la productivité moyenne qui entre en ligne de compte dans l'appréciation macroéconomique de l'opportunité de l'investissement nouveau. Keynes et Bernácer tiennent compte du niveau des prix, des profits et des facteurs dans l'évaluation de ce que Keynes devait appeler l'efficacité du capital. Wicksell, classique, définit la productivité marginale en termes réels ou physiques « Il faut noter d'ailleurs que la productivité dont parle Wicksell est une productivité physique et non en termes d'échanges, ce en quoi il se place en retrait par rapport à certains de ses maîtres. Le taux naturel conçu dans une hypothétique situation où l'échange se fait en nature ne peut donc varier que sous l'effet des modifications intervenant dans les processus capitalistiques de production »[847] .

c) *L'hypothèse sur les prix.*

B. Ohlin[848] a critiqué certaines insuffisances de l'analyse suédoise: « Nous avons besoin d'une analyse qui ne repose pas sur une hypothèse de stabilité monétaire ». Quels que soient les mérites de l'école suédoise, ayant à sa tête Wicksell – dont on nous dit qu'il introduit la dynamique dans notre discipline –, on constate par ailleurs l'insuffisance du traitement dynamique des données, et une certaine incohérence du fait que les prix, notamment, restent stables pendant la durée des processus (cumulatifs !). Keynes doit recevoir le même reproche, et Robertson par exemple est sur ce point supérieur, puisque dès 1926[849] il introduit, après Bernácer qui l'a précédé de quatre ans et dont Robertson admet s'être « subconsciemment »[850] inspiré, l'analyse des périodes successives.

[846] BERNÁCER, *La théorie fonctionnelle*, *op. cit.*, p. 316.
[847] P. LLAU, *op. cit.*, p. 89.
[848] B. OHLIN, *Some notes on the Stockholm theory*, 1944; phrase citée par de nombreux auteurs.
[849] D. H. ROBERTSON, *Banking policy and price level*, *op. cit.*
[850] Cf. notre traduction de l'article de ROBERTSON, *supra*, «Témoignages ».

	PRIX	COHÉRENCE PAR RAPPORT À LA DYNAMIQUE DE L'ANALYSE	OBSERVATIONS
WICKSELL	stables	incohérent	Les variations des prix constatées entre le début et la fin des processus cumulatifs n'interviennent pas dans l'explication même du déséquilibre.
BERNÁCER	instables	cohérent	Les prix – comme toutes les autres variables – sont en mouvement perpétuel dans le temps continu.
ROBERTSON	instables	cohérent	Mais il réfute le rôle du taux d'intérêt dans la détermination de la dépense effective.
KEYNES	stables	cohérent	Mais l'analyse est statique ou métastatique.

d) *Importance du donné monétaire.*

Bernácer souligne[851] la différence entre la trajectoire qu'il a suivi dans l'élaboration de sa théorie et celle de Keynes. Ce dernier s'est intéressé, au cours de la première partie – la plus longue – de sa carrière aux problèmes monétaires presque exclusivement, partant de la *Réforme monétaire* pour aboutir à son volumineux *Traité de la monnaie*. C'est seulement dans la brève partie de sa carrière qui précède la publication de la *Théorie générale* en 1936, qu'il ouvre ses recherches à d'autres problèmes plus cruciaux tels que le plein-emploi, le niveau de production et une esquisse de théorie du cycle.

Bernácer procède à l'inverse. Parti d'un ouvrage à dominante généraliste *Société* et *Bonheur*, 1916, il devait progressivement approfondir sa spécialisation dans les problèmes monétaires et de l'intérêt car c'est là que se trouve, selon lui, la clé de la problématique suggérée par le titre de son premier ouvrage. Nous devons ajouter, il est vrai, que Bernácer survécut près de vingt ans à Keynes, et put parachever son œuvre théorique par un ouvrage de synthèse, paru en 1955 : *Une économie libre, sans crises et sans chômage*, sorte de retour aux sources ou de reformulation de *Société et Bonheur*, mais cette fois, avec une conviction qui n'est plus intuitive mais étayée, renforcée par quarante années d'événements bouleversants et d'analyses fructueuses effectuées à la Direction des Études de la Banque d'Espagne.

Quelle est la signification de cette comparaison qui peut paraître – comme toute comparaison de ce genre – assez factice ? Bernácer reproche à Keynes de n'avoir pas persévéré dans la recherche d'une solution au problème du chômage et des crises dans la monnaie. D'avoir, de ce fait, échoué dans l'essai d'analyse dynamique que Keynes tente dans son *Treatise* (1930), d'avoir donc suggéré des solutions conçues pour une

851 BERNÁCER, *La théorie fonctionnelle*, 1945, p. 317.

seule hypothèse de conjoncture économique[852] : la dépression et le sous-emploi ; d'avoir ainsi encouragé un déviationnisme chez ses disciples ou les gouvernements qu'il a inspirés en laissant croire que ses recommandations étaient – *sui generis* – adaptables à toutes les conjonctures et par exemple à l'état d'inflation permanente que le monde connaît depuis 1945[853].

Bernácer recommande-t-il pour autant ce qu'on a appelé la politique monétaire, telle que la conçoit, depuis, l'école néoclassique de Chicago ? Bernácer suggère-t-il, en opposition avec son analyse sur la valeur de la monnaie, que la théorie quantitative est le cadre théorique dans lequel doit s'inscrire toute politique de stabilisation ? Notre prochain titre sur la politique monétaire apportera une réponse négative à ces questions. Notons simplement que Bernácer se situe entre le quantitativiste Wicksell et Keynes, le défenseur de la dépense publique, l'apologue de l'intervention « tous azimuts » de l'État sur la conjoncture économique, le théoricien impulsif qui renie partiellement son passé scientifique pour engager malgré lui tous ses disciples dans une voie excessive où la régulation monétaire n'a plus de place.

À vrai dire nous croyons pouvoir parler d'un malentendu entre Keynes et Bernácer. Ce malentendu repose sur l'égalité keynésienne S = I que Bernácer prend comme élément principal de la controverse. À tel point que Bernácer juge[854] Hawtrey plus proche de la vérité en posant que (S - I) représente l'absorption de disponibilités. On retrouve là l'approche des fluctuations par la thésaurisation telle que la privilégie Bernácer. Cependant, celui-ci, contre son gré, nous paraît plus proche de Keynes. En effet, il reproche à Hawtrey le rôle privilégié qu'il prête aux banques dans la création de monnaie : il montre bien que la monnaie *prêtée* (c'est nous qui soulignons) n'a pas la même fonction qu'une véritable dépense dans le circuit de la production. De la même manière, il reproche à Hawtrey la thèse fondamentalement monétaire[855] suivant laquelle la dépense publique anticyclique a pour principal effet d'injecter la monnaie que le système bancaire aurait dû sécréter. Bernácer fait observer que, *a priori*, si c'était vraiment une simple injection, rien ne s'opposerait à ce que l'absorption de liquidité – cause de contraction originelle de la demande – ne se reproduise. Bernácer, dans ces deux critiques à Hawtrey montre, sans le souligner, son identité de vue avec Keynes. Pour eux, un excédent de monnaie émise n'est pas en soi un revenu dépensé, pour que cette transformation se produise, les agents doivent prendre des décisions de dépense, sans quoi l'émission est sans effet sur le niveau de l'activité.

Peut-être la critique de Bernácer à Keynes sur la place insuffisante de la monnaie dans ses solutions préconisées dans la *Théorie générale*, et le fait qu'il ait une position qui n'exclut ni l'optique keynésienne ni, *a priori*, l'optique monétariste, ont-ils induit en erreur les lecteurs de Bernácer. Ainsi H.C. Wallich[856] interprète t-il mal la pensée de Bernácer lorsqu' il lui écrit, évoquant l'inflation de l'après-guerre[857] : « Je ne pense pas cependant que ces pressions inflationnistes ont une origine monétaire » donnant ainsi l'impression que Bernácer serait quantitativiste !

---

[852] Exclusion faite de *How to pay for the war* (1941), nouvel ouvrage ou Keynes, impulsif et fluctuant, s'adapte aux nouvelles circonstances.

[853] Cette critique rapprochait les points de vue de Bernácer et de Rueff (correspondance privée de Bernácer, et notamment après l'article de RUEFF in *Revue d'Économie Politique*, 1947, *op. cit.*).

[854] BERNÁCER, *La théorie fonctionnelle*, 1945, p. 318.

[855] HAWTREY, *Capital and Employment*, *op. cit.*, p. 69, 99 et 126-128.

[856] Professeur, à l'époque, à l'Université de Yale (New Haven, Connecticut).

[857] Lettre de Wallich du 3 septembre 1958.

B. – *Les autres composantes de la théorie du cycle*[858]

Outre l'intérêt, élément fondamental de l'explication du cycle dans les théories examinées, il y a lieu d'étudier trois autres composantes :

- la demande est un élément prépondérant dans le processus des fluctuations ;
- le cycle se caractérise par des retournements de la conjoncture dont il est important de fournir une explication cohérente ;
- enfin la question se pose de savoir pourquoi le cycle est la forme du mouvement des affaires : la stabilité n'est-elle pas possible ?

1° La prépondérance de la demande dans la fixation du niveau de l'activité et dans le déroulement du cycle.

Walras a eu des intuitions qu'il aurait dû exploiter : il a pressenti le rôle de la thésaurisation avec son concept d'encaisse désirée et il a pressenti que la demande joue un rôle plus actif que l'offre dans l'activité économique. Hélas, ces concepts ne sont nullement intégrés dans son schéma de l'équilibre général, voire même ils sont d'une certaine manière en contradiction avec lui.

Wicksell n'a pas, semble-t-il, accordé beaucoup d'importance au rôle de la demande de produits[859], et en tout cas, celle-ci n'occupe pas de place dans sa théorie de l'équilibre et des fluctuations, contrairement à Bernácer et à Keynes, ou même indirectement Schumpeter, par le biais des innovations. L'affirmation bernacérienne est catégorique « ce qui est certain, c'est que l'observation la plus élémentaire de notre économie révèle que le marché, et par réflexion, la production et l'emploi, se trouvent gouvernés par la demande; l'offre ne fait que se plier à ses incidences »[860].

Par rapport à l'argumentation keynésienne, essentiellement fondée sur la psychologie des agents et particulièrement les anticipations de la demande faites par les entrepreneurs, la démonstration de Bernácer paraît plus solide. En effet, elle explique pourquoi, *in fine*, les agents thésaurisent ou déthésaurisent, faisant ainsi fluctuer le quantum de demande globale et provoquant de ce fait le cycle. En quelque sorte, l'explication de Bernácer, antérieure rappelons-le à celle de Keynes, englobe implicitement le comportement des agents, mais elle ne se contente pas de constater la psychologie des agents, elle s'efforce de déterminer structurellement les fondements de cette psychologie, à savoir l'existence de l'institution de marché financier, d'une part, et, d'autre part, le réflexe psychologique de l'homme à la recherche du maximum de satisfaction avec le minimum d'efforts. Pourquoi, en effet, la demande globale diffère-t-elle de l'offre globale – en excluant certaines causes, du côté de l'offre, telles que les retards dus à la conjoncture ou à la modification des détours de production – si ce n'est parce que certains agents emploient une partie de leur revenu soit à des dépenses hors de la production contemporaine soit à la thésaurisation stricto sensu ? D'où vient cet emploi si ce n'est d'une pratique historique qui montre que l'on peut obtenir des revenus sans travail ou que l'on peut

[858] Cf. aussi, p. 120, « Une théorie du cycle ».

[859] Il semble pourtant avoir admis par exemple que sur le marché monétaire, la demande pouvait avoir un effet dominant : « de nos jours, la demande et l'offre de monnaie sont devenues à peu près la même chose, la demande créant dans une large mesure sa propre offre » (K. WICKSELL, « L'influence du taux d'intérêt sur les prix », in *Textes choisis*, vol. I : « Problèmes monétaires», Dalloz et Sirey, 1964, traduction d'un article de WICKSELL paru dans *The Economic Journal*, 1907, vol. XVII, p. 213-220). Cependant, d'une part cette affirmation ne clarifie pas – loin de là – sa position vis-à-vis de la théorie quantitative, et d'autre part, il ne tient pas le même langage à propos de la demande de consommation et d'investissement.

[860] BERNÁCER, *La théorie fonctionnelle de la monnaie*, *op. cit.*, p. 311.

augmenter son patrimoine grâce aux plus-values, deux aspects d'une même institution fortement dénoncée par Bernácer : *la rente*.

Théorie de la demande plus complète, nous semble-t-il, que celle de Keynes, la théorie de Bernácer ne fait pas de discrimination entre la consommation et l'investissement. Or la plupart des auteurs admettent qu'en ventilant la demande en consommation et en investissement, Keynes, après Wicksell, aurait fait une innovation importante. Est-ce à dire qu'en refusant de les suivre dans cette voie Bernácer serait rétrograde ? On pourrait longuement démontrer que l'investissement autonome et le multiplicateur sont des éléments indispensables à la démonstration keynésienne de la nécessité, pour l'État, de substituer des dépenses publiques aux dépenses privées défaillantes. Cette explication critique de Bernácer est implicite. Cette première réponse n'est cependant que partiellement satisfaisante.

L'argument le plus important est que, tant Bernácer que Keynes admettent – avec des nuances de la part du premier, concernant la portée des anticipations – que, *in fine*, la demande d'investissement privée est une fonction de la demande de consommation. Partant de cette observation, nos deux auteurs ont des attitudes politiques diamétralement opposées. Keynes, pessimiste, s'en remet à l'État pour se substituer aux demandeurs privés défaillants, car il ne prévoit pas le bouleversement psychologique que provoquera la deuxième guerre mondiale dans les habitudes de consommation et sur l'accélération du progrès technique, ce qui appelle naturellement une croissance de la consommation et du produit. Bernácer, optimiste, sait bien que la propension naturelle de l'homme est de consommer et que la solution n'est pas dans une intervention miraculeuse de l'État mais dans la réforme des structures, à commencer par certaines institutions juridiques et sociales.

2° *Le déroulement du cycle.*

a) *Relation entre fluctuation du taux d'intérêt et fluctuation des affaires.*

Wicksell affirme[861] que l'expansion qui résulte de la hausse des prix entraînée par un taux courant de l'intérêt inférieur au taux naturel, provoque une hausse du taux courant de la part des banques. Si le nouveau taux courant est fixé au-dessus du niveau du taux naturel, il s'ensuit une baisse des prix et la dépression. Wicksell évoque par ailleurs[862] que, s'il y a sous-emploi, l'intérêt relativement bas n'entraîne pas de hausse de prix. Cependant il considère que normalement il y a plein-emploi ; on retrouve ainsi la même position observée chez Keynes vis-à-vis de la théorie quantitative. Robertson fait coïncider lui aussi les périodes de hausse ou de baisse du taux d'intérêt avec les périodes, respectivement d'expansion et de récession[863], l'origine de cette position commune à Wicksell et à Robertson semble être leur quantitativisme.

Au contraire, Bernácer et Keynes semblent adopter des positions analogues telles que les deux phases opposées du cycle, l'expansion et la dépression, peuvent être toutes deux à l'origine d'une hausse du taux d'intérêt, hausse qu'ils considèrent aussi nuisible quelle que soit la phase qui l'a provoquée.

---

[861] K. WICKSELL, « L'influence du taux d'intérêt sur les prix », article cité, p. 243.

[862] K. WICKSELL, *Lectures*, *op. cit.*, t. 2, p. 95 ; cf. aussi J. MARCHAL et J. LECAILLON, *op. cit.*, p. 225.

[863] C. NÊME-CORDEBAS, thèse, *op. cit.*, p. 100.

b) *Le renversement de la tendance.*

Wicksell ayant accordé aux banques le pouvoir de fixer le taux d'intérêt i_m, soit au-dessous soit au-dessus de i_n, admet explicitement que le sort de l'activité économique est entre leurs mains et, qui plus est, qu'elles ont tendance généralement à fixer i_m au-dessous de i_n, car elles cherchent à augmenter le volume de leurs prêts. En déduire que les phases de prospérité sont plus longues que celles de crise paraît être un prolongement logique de sa position. Nous ne sommes pas sûr qu'il ait tiré cette conclusion mais en revanche, ce qui est certain, c'est qu'il attribue au système bancaire un pouvoir qu'il ne semble pas avoir eu – ou pu assumer – celui de stabiliser le cycle, de maîtriser le mouvement économique. L'optimisme de Wicksell quant à la symétrie du cycle – en contradiction avec les conclusions que l'on était en droit d'espérer à partir de ses processus cumulatifs – et à la possibilité de réguler l'activité simplement par la manipulation du taux d'intérêt, non seulement a été contredite dans les faits observés mais elle relève, qui plus est, d'une attitude intellectuelle proche des néoclassiques.

À l'opposé, Bernácer et Keynes admettent qu'il y a renversement de la tendance, cependant ils constatent:

• *que le cycle est asymétrique* dans le processus de déclenchement de ses phases : la crise est fatale[864]. Il n'y a aucun automatisme susceptible de renverser la tendance lorsque la préférence pour la liquidité est grande (*dixit* Keynes) ou lorsque la rentabilité sur le marché financier est grande (*dixit* Bernácer). Or ces deux conditions n'en font qu'une : c'est un accroissement de la « thésaurisation double » ce qui présuppose que l'on est alors en situation de dépression. D'où le « théorème de Bernácer-Keynes[865] »: en situation de basse conjoncture, aucun mécanisme automatique endogène ne peut provoquer la reprise des affaires ou le renversement de la tendance.

Bernácer l'exprime en ces termes[866] : « La crise de dépression est fatale. C'est le jeu même du marché financier qui l'impose, par la restriction de la demande qu'il provoque inéluctablement. Le changement en vertu duquel on passe de la dépression à la prospérité est plus contingent... Il n'y a aucun ressort qui agisse automatiquement en conduisant de la dépression à la prospérité, alors qu'il en existe en sens inverse. L'évolution dépend toujours de la concomitance fortuite de divers stimulants favorables que l'on peut réduire aux trois que nous avons déjà examinés : l'accroissement des dépenses publiques ou privées, l'intensification des investissements industriels, l'accroissement de la masse nouvelle de monnaie efficace ». Ces trois conditions indiquées par Bernácer doivent être remplies concomitamment. En effet, si les «dépenses » de consommation croissent sans accroissement des investissements, la hausse des prix des biens de consommation doit se traduire par une stagflation et non par une reprise, quant à la troisième condition, elle représente la remise dans le circuit de la production de la monnaie nécessaire au financement additionnel, la « masse nouvelle de monnaie efficace » désigne, soit la déthésaurisation, soit l'émission non suivie de thésaurisation, soit les deux concurremment.

---

864 HABERLER n'est pas du même avis, *Prosperity and Depression*, Genève, 1937 : « Un processus d'expansion et de contraction ne peut se poursuivre indéfiniment parce qu'il donne lui-même naissance à des forces qui le contrarient et finalement le renversent ».

865 Que nous inventons pour la circonstance.

866 BERNÁCER, *De l'origine des crises*, 1934, *op. cit.*, p. 26; cf. aussi notre traduction de la *Théorie des disponibilités* (1922) dans notre thèse, *op. cit.*

Bernácer ignore-t-il l'effet en retour de l'afflux des disponibilités sur le marché financier, à savoir la baisse du taux d'intérêt ? Non, il admet, bien sûr, que « le processus de la dépression engendre spontanément des circonstances favorables au rétablissement, mais qui ne sont pas déterminantes » (c'est nous qui soulignons). Bernácer fait alors intervenir[867], deux ans avant la parution de la *Théorie générale*, les facteurs psychologiques pour expliquer que la crise ayant éveillé la méfiance dans l'activité industrielle, la déthésaurisation n'est consentie qu'au prix d'une forte prime de risque, ce qui est une condition incompatible avec l'hypothèse conjoncturelle qui est faite au départ sur les prix des produits non rémunérateurs. Il faut ajouter à cela l'inertie du système provoquée par le faible niveau des prix et l'existence de stocks importants.

L'analogie des analyses de Bernácer et de Keynes est troublante, elle s'explique peut-être par l'observation des événements, cependant faisons remarquer une fois de plus que Bernácer n'a pas attendu la fin de la grande dépression pour adopter cette attitude ; il est vrai que Keynes avait du mal à se défaire de son héritage néoclassique : il fut en quelque sorte victime de la rigidité de tout un système de pensée ! Où donc est l'issue ? Wicksell pensait qu'elle était dans l'attitude de certains agents particuliers, dans le sein même du système économique : les banques. Bernácer et Keynes pensent que la solution est hors du système économique. Nous aurons l'occasion de préciser ce point.

Bernácer et Keynes constatent enfin :

• *qu'il y a disparité* dans la durée des différentes phases. Keynes démontrant l'existence d'un équilibre de sous-emploi montre, *a contrario*, que le chômage est la règle observée dans la réalité et que la prospérité est l'exception. Bernácer a exactement la même position : « c'est pourquoi les périodes de dépression traînent en longueur, se prolongent presque toujours beaucoup plus que les périodes d'expansion »[868].

Par rapport aux classiques et aux néoclassiques optimistes et confiants dans les dogmes de l'équilibre et des mécanismes régulateurs, Bernácer et Keynes font preuve d'un pessimisme dont il convient de préciser la nature. Loin des prophéties malthusiennes, le pessimisme de ces deux auteurs résulte d'un constat, cependant il débouche aussitôt sur une vision volontariste de l'économie. Au-delà de l'analyse descriptive, l'essentiel de leur apport relève du domaine de la praxis économique : les solutions qu'ils préconisent n'ont pas le caractère subsidiaire – parfois méconnu ou limité – de certaines suggestions des néoclassiques (nationalisation du sol chez Walras, ou suppression de l'intérêt chez Allais[869], au contraire les solutions de Bernácer et de Keynes sont intégrées au cœur même de leur analyse.

3° *L'impossible stabilité spontanée du système.*

Wicksell, Bernácer et Keynes sont d'accord pour reconnaître que le système livré à lui-même ne contient pas de stabilisateurs efficaces. Cependant leurs finalités paraissent différentes.

Wicksell semble soucieux de stabiliser la valeur de la monnaie, et donc le niveau général des prix. Il pense que les banques peuvent y parvenir, à condition qu'elles consentent à fixer le taux d'intérêt courant au niveau du taux d'intérêt naturel (ou normal). Cependant quelle raison peuvent avoir les banques à stabiliser le

[867] BERNÁCER, article cité, 1934, p. 26-27.
[868] BERNÁCER, *Ibid.*, p. 26.
[869] Il semblerait que M. Allais abandonnât cette suggestion de politique économique, par ailleurs vilipendée par certains auteurs (cf. P. LLAU, *op. cit.*).

système ? N'est-ce pas exagérer leur rôle et est-il logique d'ignorer le rôle de l'État à cet égard ? Plus grave nous paraît être l'absence de référence au niveau de l'activité et, à travers lui, celui de l'emploi. Toujours est-il que sans intervention, hors de l'ensemble du système défini par rapport à la rationalité du profit et de la rente, il n'y a pas de solutions de stabilisation.

Bernácer et Keynes ont pour principal objectif d'assurer le plein-emploi. L'un et l'autre semblent soucieux de réduire à néant cette entropie économique que constitue le cycle, puisqu'il se traduit très généralement par le sous-emploi.

Keynes, se plaçant dans un courant d'opportunité historique, va en appeler à l'État et lui demander de jouer un rôle particulier dans le macrocosme économique : celui d'agent « producteur », détaché des impératifs traditionnellement économiques de la recherche du profit et du choix judicieux des investissements. Sans doute ira-t-il trop loin dans cette voie, mais il sera hélas suivi dans la théorie et dans les faits.

Bernácer, se plaçant à contre-courant de l'histoire vécue – on ne sait ce que nous réserve l'avenir – propose aux libéraux de saborder leurs droits – jusque-là intouchables – de propriété privée absolue et de rente, et aux socialistes de refuser la centralisation et l'étatisme économique, et d'accepter un système ou règne la liberté, le profit et l'autogestion. Il sera plus exigeant[870] – croyons-nous – que Keynes envers l'État : il lui demande une réforme des structures fondamentales et une régulation monétaire discriminée.

LE TAUX D'INTÉRÊT, LA CROISSANCE DU PRODUIT ET LE PROGRÈS SOCIAL : LA DIALECTIQUE ÉTHIQUE DE BERNÁCER

Dans ce point de notre étude, Wicksell, théoricien, sera remarquablement absent. Nous avions en effet déploré l'absence de référence au niveau de l'emploi dans son œuvre, et il est donc normal que le théoricien de l'équilibre monétaire et des processus cumulatifs fondés sur la relation intérêt-profit, ait eu peu de goût pour les problèmes d'éthique[871].

A. – *La finalité de l'activité économique : le progrès social*

Bernácer et Keynes ont ceci d'attachant qu'ils laissent transparaître l'homme derrière leurs analyses économiques. A. Piettre, évoquant « la triple révolution keynésienne »[872] souligne au plan des principes que Keynes remplace la notion physique de mécanismes par celle de fonctions psycho-sociologiques et qu'ainsi « on remonte des mécanismes à l'homme ». Le sous-titre du premier ouvrage de Bernácer porte la marque du physicien « *Société et Bonheur. Essai de mécanique sociale* ». Sans doute l'auteur a-t-il voulu associer l'idée d'une analyse rigoureuse des mécanismes, en donnant à ce dernier terme un sens très large, à l'idée de finalité (« Bonheur ») et de milieu (« Société »).

---

[870] Cf. *supra*, « Le système rationnel de Bernácer » et *infra* « La vigueur des solutions ou le « radicalisme » de la réforme préconisée par Bernácer ».
[871] Nous utilisons cette fois le mot éthique dans son acception courante impliquant l'idée de finalité morale.
[872] A. PIETTRE, *op. cit.*, p. 319.

Il est réconfortant de trouver ces options humanistes chez des économistes, qu'ils soient physiciens, polytechniciens ou non. L. Stoleru termine son ouvrage[873] par le chapitre et « Progrès économique et progrès social » et par ces phrases[874] « Commencé par l'étude des équilibres les plus généraux de l'Économie, ce livre se termine par l'analyse du revenu individuel, et ce retour vers l'Homme fait figure de symbole de ce que doivent être les véritables finalités économiques » ou encore « Rien n'est plus à craindre que de voir s'estomper la suprématie des valeurs humaines sur les autres valeurs ». Dès 1932, Paul Valéry[875] affirmait avec force cette suprématie : « Nous vivons sous le régime de la surprise. Mais il n'en faut douter : les arts et les techniques auront beau changer, les vitesses, les puissances, la précision utilisable, l'emploi des relais auront beau croître au-delà de toute conjecture actuelle, la valeur de l'individu sera toujours en dernière analyse le support essentiel des valeurs de toutes créations ou organisations matérielles ».

Quelles que soient les différences entre Bernácer et Keynes, toujours est-il que le système économique n'a de rationalité que relative, par rapport à une certaine finalité. De ce point de vue la rationalité bernacérienne nous paraît plus rigoureusement établie. Il y a cohérence parfaite entre son concept du travail, facteur « unique » de la production[876] du plein emploi, du marché et sa condamnation de la rente.

Nous pourrions caractériser le progrès économique et social par la maximisation individuelle du ratio $\frac{\text{pouvoir d'achat en termes réels}}{\text{temps de travail}}$, ou pour faire intervenir les loisirs, comme Bernácer le fait, le ratio $\frac{\text{satisfaction totale des besoins}}{\text{temps de travail}}$, ou encore pour tenir compte de l'approche positiviste de Bernácer, nous pourrions prendre comme approximation le ratio plus concret $\frac{\text{salaires nominaux}}{\text{prix nominaux}}$. Enfin, dans l'optique bernacérienne, il faudrait surtout veiller à l évolution croissante de ce ratio au cours du temps.

B. – *La perspective de croissance dans l'analyse*

La réalisation de l'objectif social et individuel du progrès passe généralement par la croissance du produit. De ce point de vue, l'analyse de Keynes est-elle suffisamment générale ? Tient-elle suffisamment compte des perspectives considérables qu'offre le plein emploi des facteurs ? Au plan de la finalité de l'analyse keynésienne, et en dépit de maladresses dans le choix ou la présentation des instruments tels que le multiplicateur ou le rôle de l'investissement autonome, la réponse doit être résolument affirmative. Cependant l'analyse métastatique de l'économiste anglais, les hypothèses de rendements décroissants, l'absence de rendements d'échelle, d'évolution des structures, de progrès technique incorporé, sont autant de lacunes qui

---

[873] L. STOLERU, *L'équilibre et la croissance économique*, Dunod, 1968 (2e éd.).
[874] *Ibid.*, p. 585-586.
[875] Cité par L. STOLERU, *Ibid.*
[876] On observe aujourd'hui, chez les économistes non-marxistes, un regain d'intérêt pour certains fondements ricardiens et notamment celui du concept de travail « seul » facteur de la production nationale. B. SCHMITT, *op. cit.*, p. 267 titre un de ses chapitres « Le travail est l'unique facteur du revenu national » . Cf. aussi, plusieurs communications – ronéotées – au Séminaire sur la valeur organisée par l'Institut des Études économiques (Section Analyse-Épistémologie-Histoire) du département des Sciences économiques de Lyon (janv. 1973) et particulièrement J. H. JACOT, « De quelques problèmes théoriques relatifs à la valeur » ; C. BENETTI et J. CARTELIER, « Profit et exploitation : le problème de la transformation des valeurs en prix » ; J. FREYSSINET, M. HOLLARD et G. ROMIER, « Note préliminaire pour un projet de recherche sur l'élaboration d'une comptabilité en temps de travail et le problème de l'agrégation » ; P. MIFSUD, « Modèle de Léontieff et valeur travail ».

montrent la gêne où se trouve cet économiste dans les années 1930, à envisager résolument l'hypothèse de croissance rapide du produit.

Le physicien Bernácer, conscient des bouleversements que la technique peut introduire, à moyen terme, dans la production, a une analyse qui, sans être une théorie de la croissance, puisqu'elle se situe dans le court terme dynamisé, cadre propice à l'étude des fluctuations, a constamment en toile de fond cet objectif. Bernácer n'est donc pas stagnationniste. Son analyse contient un mécanisme dynamique de croissance auquel il fait souvent référence, à savoir, qu'en regard des capacités de production inemployées, il existe une réserve insoupçonnée de besoins à satisfaire, en quantité théoriquement infinie si l'on englobe les besoins potentiels et provisoirement insolvables. Cette attitude est cristallisée chez lui par son refus de la dénomination de crise de surproduction. Toute crise révélant des excédents de produits recèle en fait une sous-consommation à laquelle se trouve acculé le corps social, du fait de la thésaurisation double. Au-delà, il faut, bien entendu, déceler la problématique de la répartition sociale du produit. Cette optique de croissance est très nette chez Bernácer lorsqu'il affirme que dans la situation du sous-emploi, il importe moins de revendiquer une meilleure répartition du profit – ce qui augmenterait de peu le revenu de chacun – que de provoquer sa croissance en faisant participer tous les travailleurs potentiels à la production nationale. On ne doit pas pour autant laisser croire que Bernácer néglige la question de la répartition puisque, dans le système rationnel qu'il préconise, les travailleurs mettraient en œuvre eux-mêmes leur propre travail dans des unités de production autogérées, et échapperaient ainsi à l'aliénation, au moyen de la participation au partage intégral du profit d'entreprise à leur seul avantage.

C. – *Le taux d'intérêt, frein pour la croissance et le progrès*

Bernácer et Keynes accordent au taux d'intérêt le même rôle négatif dans la détermination du niveau de l'emploi et du produit et, au-delà, dans le mouvement de croissance et de progrès économique. À court terme le niveau du taux d'intérêt détermine l'investissement nouveau, compte tenu de l'efficacité marginale du capital (Keynes) ou compte tenu du niveau moyen de profit net, c'est-à-dire de la structure des prix des produits, des prix des facteurs et de la productivité technique (Bernácer). De l'investissement nouveau actuel dépend le revenu additionnel futur. Keynes ne semble envisager la chose qu'à état donné de la technique, or il semble d'après certains passages que Bernácer voit, en outre, dans l'investissement, le progrès technique matérialisé, dans une optique très proche de celle de Schumpeter. Selon nous la perspective de Bernácer est plus large, et, dans l'histoire des idées, elle est plus actuelle que celle de Keynes.

Il nous semble que Bernácer n'envisage pas le progrès technique comme un résidu comptabilisé *ex-post* que l'on ne peut appréhender que sur un terme relativement long. Le progrès technique a un statut plus concret, c'est une technique que l'on incorpore[877] dans le court terme et qui a des effets qui se font sentir aussi bien dans le court terme que dans le long terme. Les études récentes montrent que les faits depuis la seconde guerre mondiale doivent être interprétés ainsi[878].

---

[877] BERNÁCER, *De l'origine des crises*, *op. cit.* ,p. 21.

[878] Cf. notamment I.S.E.A., Cahiers, série D, sous la direction de F. PERROUX, *Le revenu national -7, la croissance du Revenu National Français depuis 1780* ; J. P. MOCKERS, *Croissances économiques comparées: Allemagne, France, Royaume-Uni* 1950-

Premier effet: renchérissement de l'investissement.

Pour Keynes, la croissance du produit dépend de la croissance de l'investissement. Or la demande d'investissement est une fonction croissante du revenu et décroissante du taux d'intérêt.

$$\Delta Y = f(\Delta I)$$

$$\Delta I = f'(i, Y)$$

Pour, Bernácer ces équations ne résument qu'un aspect du phénomène, l'intérêt étant simplement un élément du coût de l'investissement. Il conviendrait d'ailleurs de « dynamiser » ces équations en les datant

$(\Delta Y)_1 = f[(\Delta I)]$

$(\Delta I)_1 = f'(i_1, Y_0)$

Deuxième effet : raréfaction des disponibilités

L'analyse de Bernácer est sur ce point plus riche que celle de Keynes ; étant dynamique, elle intègre les effets pervers du marché financier. En effet, si au cours de la période l'intérêt étant i_1, l'investissement a pu atteindre le quantum $(\Delta I)_1$, au cours de la période 2 le marché financier connaît une contraction telle que $i_2 > i_1$, et i_2 attire des disponibilités nouvelles sur les actifs productifs de rente. Cela raréfie les disponibilités sur le marché de la production et empêche la reconstitution du fonds de roulement. Le marché de la production est alors déprimé et cette conjoncture peut provoquer la crise, sauf création de monnaie et utilisation dans le circuit de la production de la monnaie nouvelle née.

D. – *La dialectique éthique*[879] *de Bernácer*

Dans cette approche théorique, il existe un mouvement dialectique entre le taux d'intérêt, d'une part et la croissance et le progrès, d'autre part. L'un agit sur l'autre et vice-versa, provoquant ainsi un gaspillage d'énergie sociale. Bernácer constate[880] que le système se voit dans l'obligation de réduire le rythme de progrès afin de ne pas aggraver certains maux (les crises, le chômage, l'inflation), alors que la guerre – oh cruelle ironie ! - est une circonstance qui favorise le progrès technique et l'activité économique, tout travail ayant alors une place dans la production.

Nous avons qualifié d'éthique cette dialectique, car elle met en évidence que, *si l'on n'intervient pas de l'extérieur du système*, le système économique sécrète un antagonisme constant entre ses différentes finalités. Bernácer et Keynes admettent donc que le système appelle une intervention sur le taux d'intérêt, afin de réduire ou de supprimer l'entropie économique[881].

1967. *Essai d'analyse structurale*, Dunod, 1969 et L. STOLERU, *op. cit.* ; A. COTTA, *Théorie générale de la croissance et des fluctuations*.

[879] Nous avons forgé de toutes pièces cette expression.

[880] BERNÁCER, *De l'origine des crises*, 1934, p. 29.

[881] L'expression, significative selon nous, n'est pas employée par ces deux auteurs.

LE TAUX D'INTÉRÊT ET LE NIVEAU GÉNÉRAL DES PRIX

Wicksell et Bernácer ont construit deux théories du niveau général des prix fondées sur le taux d'intérêt. Ces deux théories sont radicalement différentes par le mode d'analyse et surtout par leurs prolongements de politique économique. Elles se trouvent réunies dans les *Textes choisis de problèmes monétaires* publiés sous la direction de L. Baudin, mais il semble que le rapprochement n'ait pas été fait, puisqu'elles se trouvent dans des parties différentes de l'ouvrage. L'article de Wicksell est dans le chapitre V « *Intérêt* »et celui de Bernácer dans le chapitre VI « *Inflation* ».

A. – *La théorie de Wicksell : « l'influence du taux de l'intérêt sur les prix »*[882]

« Si toutes choses égales ailleurs, les grandes banques dans le monde baissaient leur taux d'intérêt, par exemple d'un point au-dessous du niveau normal, et si elles le maintenaient dans cette position pendant quelques années, alors les prix de tous les biens se mettraient à monter et monter, sans jamais atteindre aucune limite dans leur hausse; à l'inverse, si les grandes banques élevaient leur taux d'intérêt ... alors tous les prix se mettrait à baisser continuellement sans atteindre aucune limite si ce n'est zéro ».

Quelles sont les causes de discordance entre i_m (taux d'intérêt fixé par les banques) et i_n (taux normal ou naturel) ?

a) Les banques, pour augmenter le volume de leurs prêts peuvent baisser i_m. Le résultat, toutes choses égales d'ailleurs, en sera un accroissement de la masse monétaire, une baisse de l'épargne et donc une hausse de la consommation et du niveau général des prix. Le quantitativisme de Wicksell[883] se fait jour, ainsi que sa conception classique de la fonction d'épargne. On doit reprocher[884] à Wicksell une certaine contradiction entre sa fonction d'épargne $S = f(i_m)$[885] et la logique des processus cumulatifs. En effet la séquence envisagée par Wicksell :

$$\Delta\, i_m \Rightarrow \Delta\, P \Rightarrow \Delta\, S^{527}$$

devrait se poursuivre par la séquence suivante :

puisque $S = f(i_m)$

$i_m = g(S)$

et $\Delta S \Rightarrow \Delta i_m$

par exemple $\uparrow S \Rightarrow \downarrow i_m$

Ainsi les processus cumulatifs, élément très intéressant de l'apport wicksellien, que l'on retrouve d'ailleurs chez Bernácer, sont incompatibles avec la définition wicksellienne de l'épargne.

---

882 Titre de l'article de WICKSELL publié pour la première fois dans *Economic Journal* en 1907 et dont la traduction figure parmi les *Textes choisis*, Vol. 1 : « Problèmes monétaires », Dalloz et Sirey, Paris, 1964, p. 241 et s.

883 E. JAMES, *Histoire de la pensée économique au XXe siècle*, p. 77 considère cependant que Wicksell révise la T.Q.M. en faisant dépendre M et P d'un même facteur : le taux d'intérêt. Cependant cela ne démontre pas qu'il n'y ait pas un enchaînement des éléments tel que $\Delta i \Rightarrow \Delta M \Rightarrow \Delta P$. Dans la deuxième partie de la séquence on retrouve le déterminisme quantitativiste $\Delta M \Rightarrow \Delta P$.

884 J. MARCHAL et J. LECAILLON, *Les flux monétaires*, *op. cit.*, p. 230 et s.

885 P : niveau général des prix; S : épargne.

b) Les variations spontanées de i_n (productivité marginale du capital) n'entraînent d'*éventuels* ajustements de i_m de la part des banques qu'avec retard. Wicksell semble admettre que i_n a tendance à augmenter alors que i_m ne suit qu'avec retard, d'où il résulte une hausse des prix. Les banques, pour les raisons exposées en (a) fixent généralement i_m au-dessous de i_n, lorsque parfois – et c'est toujours le cas lorsque s'annonce une crise – elles le fixent au-dessus, elles provoquent la déflation.

La critique de Davidson[886] montre aussi que les processus cumulatifs observés par Wicksell n'ont pas d'explication cohérente. Il montre que dans la même perspective d'accroissement spontané de i_n (progrès technique, et donc rendement du capital accrus), la séquence logique est la suivante :

progrès => ↑ i_n => profit exceptionnel => ↑ production => ↓ des prix => ↓ i_n ; ainsi le progrès ne modifie pas, *a priori*, la position initiale de i_n par rapport à i_m et la variation de i_n ne provoque pas, par elle-même, un processus cumulatif. Wicksell fait alors appel aux décalages temporels pour justifier ce processus. En cela il a raison, cependant il n'est pas ainsi démontré que ce sont les disparités entre i_n et i_m qui provoquent ou entretiennent le processus.

Nous ne reprocherons pas à Wicksell d'avoir insisté sur les processus cumulatifs[887], bien au contraire, nous[888] lui reprocherons plutôt de ne pas en avoir construit une théorie parfaitement cohérente. Son monétarisme est excessif car la monnaie est loin d'être parfaitement intégrée dans le monde réel. La production, les salaires, le potentiel de besoins insatisfaits n'occupent aucune place importante dans son schéma de l'équilibre. Son optique nous paraît être celle de la stagnation du produit global. À tous ces égards, la supériorité de l'analyse de Bernácer ne fait aucun doute.

c) Il est intéressant d'observer que Wicksell a eu l'intuition de la réversibilité de l'action de la monnaie sur les prix : « une hausse des prix, quand elle commence à être regardée par le public comme un phénomène habituel, devient elle-même la cause d'une hausse des taux d'intérêt »[889]. Cependant le schéma de l'équilibre monétaire ne fait aucune place aux variations spontanées du prix, dues par exemple à des phénomènes réels. Par cet excès inverse des classiques – le monisme monétaire – par l'absence des structures et leur influence sur les comportements, par l'absence (étonnante) du rôle de la puissance publique et par la défectuosité de l'approche temporelle, Wicksell et l'école suédoise derrière lui, méritent des critiques certaines[890]. Sans doute, les louanges de J. Marchal et J. Lecaillon[891] sont-elles excessives lorsqu'ils parlent du « caractère révolutionnaire de la pensée de K. Wicksell », ou qu'ils le félicitent de son analyse « d'emblée monétaire », de sa monnaie « dotée de tous ses attributs et notamment de sa *fonction de réserve* »[892] de son analyse dynamique ou de l'explication (évidente) de la variation de M par l'action des banques ».

En résumé, Wicksell condamne toute baisse du taux d'intérêt au-dessous du taux naturel, en prophétisant une hausse illimitée du niveau général des prix.

---

[886] J. MARCHAL et J. LECAILLON, *op. cit.*, p. 231.

[887] P. LLAU, *op. cit.*, p. 90 qualifie les processus cumulatifs « une des explications contemporaines les plus fécondes de l'évolution conjoncturelle » .

[888] À la suite de Myrdal.

[889] K. WICKSELL, *Lectures on Political Economy,* Routledge et Kegan, 1934 (traduction anglaise de son ouvrage publié en 1913 et 1922) t. II, p. 168.

[890] P. LLAU, *op. cit.*, p. 96-97.

[891] J. MARCHAL et J. LECAILLON, *op. cit.*, p. 238-240.

[892] C'est nous qui soulignons: il est pourtant généralement admis que l'une des principales lacunes de l'analyse wicksellienne est l'absence de thésaurisation. Cf. *supra*.

Or :

- si i_n est défini en termes réels, le progrès technique fait que pour qu'il y ait stabilité, il faut que i_m croisse au même rythme que i_n. Va-t-il croître jusqu'à l'infini ?

- si i_n est défini en valeur, suivant la correction apportée par Myrdal, i_n croîtra aussi jusqu'à l'infini, sur la longue période, mais à un rythme inférieur au cas précédent : i_m devra croître aussi jusqu'à l'infini.

Cela appelle deux observations :

- l'expérience montre que i_m varie dans des limites assez strictes: mettons de 2 à 20 % ;

- Wicksell jugerait-il sain, d'un strict point de vue économique et équitable d'un point de vue social, que la croissance de i_m, envisagée comme résultat logique du progrès technique se traduise par une mainmise de plus en plus grande des rentiers sur le partage des fruits du travail ?

Résumons la théorie du niveau général des prix de Wicksell

- $i_m < i_n \Rightarrow \downarrow i_m$ par rapport à la position d'équilibre :

$(i_m = i_n) \Rightarrow \uparrow$ Prix

- $i_m > i_n \Rightarrow \uparrow i_m$ par rapport à la position d'équilibre :

$(i_m = i_n) \Rightarrow \downarrow$ Prix

Bernácer fait une analyse radicalement opposée.

B. - *La théorie de Bernácer : « la stabilité monétaire contre le plein-emploi – une théorie de l'inflation séculaire »*[893].

Au fur et à mesure que ses recherches se développaient, Bernácer vit s'affermir la thèse que l'on trouve à l'état d'intuition dans ses premiers écrits : celle de « l'incompatibilité de l'intérêt avec la stabilité de la valeur de la monnaie »[894]. Il devait consacrer un article de la revue italienne *Rivista bancaria*[535], à un exposé de cette thèse fondé sur quelques arguments nouveaux. L.Baudin l'ayant remarqué le fit traduire et figurer dans le recueil de textes choisis sur les problèmes monétaires déjà cité. Bernácer s'attaque à l'un des postulats classiques les plus tenaces : l'essence naturelle du taux d'intérêt : « cette prémisse optimiste, que ce qui doit être est, fut la grande erreur de l'Économie classique. Au contraire nous devons considérer ce qui est et ce qui doit être, sans confondre ces deux termes. C'est de leur comparaison que nous devons tirer les réformes nécessaires. Procéder autrement équivaudrait à tomber dans la fausse présomption que tout est achevé et qu'il n'y a rien à changer »[895]. L'auteur pose ainsi le principe que pour étudier le taux d'intérêt et ses effets, il faut préalablement postuler que sa disparition est théoriquement possible, sans quoi le chercheur se ferme toute issue explicative. L'un des fondements essentiels de cette prémisse bernacérienne est que l'épargne n'est nullement fonction du taux d'intérêt. Ce principe, Bernácer l'avait énoncé bien avant Keynes et « l'un des commentateurs les plus autorisés de Keynes », Kurihara donne raison à l'espagnol et à l'anglais : « les motivations de l'épargne sont trop nombreuses outre la récompense sous forme d'intérêt » pour nous autoriser à redouter que l'épargne

---

[893] C'est le titre de l'article publié pour la première fois en italien: cf. Bibliographie de l'auteur en annexe.
[894] Lettre de Bernácer à L. Baudin du 27 février 1959.
[895] BERNÁCER, *Stabilité monétaire...*, art. cité, p. 261.

puisse tomber à zéro en situation de plein-emploi avant que le capital soit devenu suffisamment abondant pour perdre sa « valeur de rareté »[896].

1° *Un vestige classique : la préférence pour le temps.*

Bernácer affirme que la préférence pour le temps n'est pas un facteur de l'existence de l'intérêt ; c'est au contraire celle-ci qui entraîne celle-là. La presque unanimité des auteurs, y compris les contemporains, admettent l'importance de la préférence de temps comme composante du taux d'intérêt. Selon Bernácer cela révèle simplement à quel point l'origine et la nature de l'intérêt ont été mal définies jusqu'à présent et surtout à quel point les économistes actuels sont incapables d'imaginer un système économique sans intérêt. Outre le manque de logique, Bernácer leur reproche surtout le manque d'imagination sans laquelle tout progrès paraît illusoire.

a) Les deux prix de la monnaie[897].

Dans le régime capitaliste la monnaie a deux prix :

- un prix statique[898] stipulé en marchandises

$V = \frac{1}{P}$ [899]

- le prix du crédit, ou prix « dynamique »[900] de la monnaie

$$V_t = V_{t-1} - (1 + i)$$

L'observation des faits montre qu'au cours du temps, i, le taux d'intérêt, s'est avéré relativement stable alors qu'au contraire P, le niveau général des prix s'est avéré particulièrement instable.

b) exposé logique ou mathématique.

Dans un régime ou règne le taux d'intérêt, un revenu nominal actuel a une valeur supérieure à un revenu nominal futur de même quantum. C'est le corollaire logique du postulat de la préférence de temps.

À l'instant t_o, soit un prix nominal P_o

Ce prix nominal, toutes choses restant égales, devient à l'instant t_n : $P_n = P_o (1 + i)_n$

Et lorsque $i > 0$ et $n > 0$, ce qui est le cas en pratique :

$Pn > P_0$

$V_n = \frac{1}{P_n} < \frac{1}{P_0} = V_o$

Ainsi, dans un système où toute somme porte intérêt – le système capitaliste actuel, par exemple – toute valeur actuelle (V_o) est supérieure à sa valeur future (V_n), ce qui est en contradiction avec le phénomène de l'épargne, puisque épargner c'est préférer une dépense future à une dépense actuelle.

Dans un tel système, il n'existe, toutes choses égales d'ailleurs, qu'un moyen pour stabiliser V_o au cours du temps :

Pour que $V_o = V_n$ il faut et il suffit (n étant positif $\neq 0$) que $(i = 0) \Rightarrow (1 + i)_n = 1$

---

896 Kenneth K. KURIHARA, *Post keynesian Economics*, p. 271-272.

897 Dans ce qui suit, l'analyse algébrique est de nous, à l'exclusion du schéma, directement reproduit d'après l'article de Bernácer.

898 C'est nous qui précisons.

899 V = valeur de la monnaie, P = niveau général des prix des biens.

900 C'est nous qui précisons.

Alors, il vient

$$V_o = \frac{1}{P_0} = V_n = \frac{1}{P_0(1+i)^n}$$

Si l'on observe, comme c'est le cas dans la réalité, un taux d'intérêt positif, si petit soit-il, il faut donc, admettre que le système a une propriété intrinsèque à déprécier la valeur future de la monnaie.

Peut-on envisager une autre solution pour stabiliser la valeur de la monnaie, malgré le taux d'intérêt ? Bernácer admet qu'il y en a une : c'est la contraction, toutes choses égales d'ailleurs, de la masse monétaire « utile » ou si l'on préfère le volume en valeur des échanges. Cela supposerait que l'on arrive à maîtriser parfaitement le volume et les emplois de la masse monétaire. Une telle raréfaction relative de la monnaie devrait logiquement se traduire par une appréciation de l'unité monétaire, or l'on constate qu'elle aboutirait tout au plus à une stabilisation. Le paradoxe s'explique par l'action opposée et dévalorisante du taux d'intérêt. Il y a donc une baisse tendancielle de la valeur de la monnaie et des fluctuations de valeur qui correspondent à des conjonctures diverses, soit spontanées, soit provoquées par la politique économique.

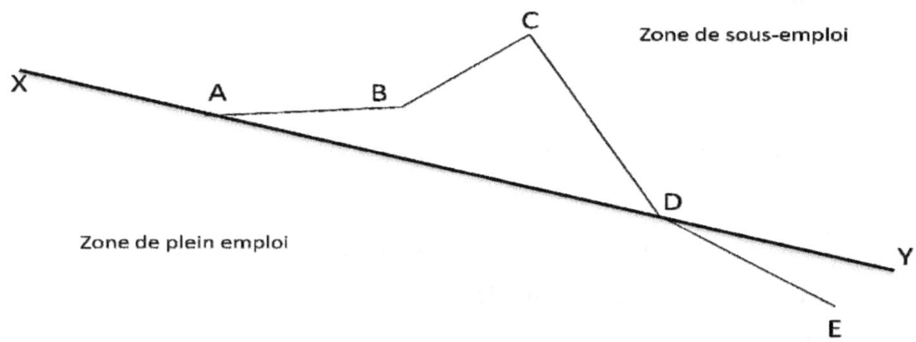

La droite xy représente la baisse séculaire de la valeur de la monnaie et la courbe AE représente le mouvement effectif de la valeur ; à chaque segment de cette courbe correspond un type de conjoncture.

AB = stabilité des prix, début de la récession

BC = dépression

CD[901] = inflation

DE = hyperinflation

« Ainsi serait contredite la thèse de plusieurs auteurs selon lesquels il serait possible de trouver une zone où le plein-emploi serait compatible avec une absence de dépréciation »[902].

Il faut donc choisir entre suivre, sur le schéma, la ligne horizontale où la valeur de la monnaie reste constante, au prix du sous-emploi subséquent, et la ligne descendante où le marché est en équilibre de plein-emploi mais où la monnaie se déprécie. Bernácer estime d'ailleurs que, contrairement à ce que pensent certains post-keynésiens, rien ne permet d'affirmer qu'il y a une solution de compensation des tendances – inflationnistes et déflationnistes – car selon Bernácer, celles-ci sont divergentes. « La suppression simultanée des deux

[901] Aussi bien dans l'article en italien que dans la traduction française, le segment CD est présenté, par erreur, comme une zone de déflation alors que c'est visiblement une zone d'inflation. Il manque aussi dans la traduction française, à la p. 266, tout un paragraphe de l'article en italien (p. 118-119) dans lequel nous relevons notamment cette conclusion : « la coexistence de la parfaite stabilité et de la santé de l'économie est une vaine chimère ».

[902] BERNÁCER, *Ibid.*, p. 267.

tendances ne serait donc possible que si l'on pouvait supprimer l'intérêt, mais la majeure partie des économistes n'envisage même pas cette solution »[903].

2° *L'exposé économique.*

Après avoir démontré, par la logique interne du système, le processus de dépréciation de l'unité monétaire, Bernácer revient aux outils d'analyse économique pour montrer la convergence des deux méthodes.

L'histoire a montré que lorsque l'on a voulu fixer la valeur de l'unité monétaire, il s'en est suivi une contraction de l'activité accompagnée du sous-emploi. Cette situation vivement ressentie par tous les agents de la production, travailleurs et entrepreneurs, a engendré de leur part des revendications auprès de l'État, sollicité d'intervenir. Les premiers se sont organisés en syndicats, ont exigé des conventions collectives, ont parfois avivé la lutte des classes sous différentes formes, grèves, sabotages... Les seconds ont obtenu une réglementation interne de l'activité industrielle, une protection externe contre l'étranger, voire même des monopoles ou des nationalisations.

Les agents de la production sont donc convenus de combattre le sous-emploi, action légitime en soi, malheureusement suivie d'effets pervers : réduction ou suppression de la liberté économique, renchérissement des produits dû aux droits de douane, à l'affaiblissement de la concurrence, à la baisse de production résultant des luttes sociales, au coût de fonctionnement de l'appareil étatique.

Ainsi l'inflation est-elle inscrite dans les faits et dans la logique du système. Bien entendu, le taux d'inflation séculaire n'est pas identique au taux d'intérêt, cependant les deux taux sont proches en valeur absolue, sur le long terme : « ce qui arrive communément dans la pratique, c'est que le taux de dépréciation se rapproche du taux de l'intérêt du marché. Cela démontre que le phénomène de dépréciation est un phénomène annexe de l'intérêt et non pas indépendant, il se modèle selon les circonstances... L'expérience nous montre que la stabilité des prix ne suffit pas à annuler l'intérêt, même pas à le réduire. Au contraire le moyen traditionnel que l'on emploie avec succès pour maintenir la stabilité de la monnaie consiste dans l'augmentation du taux d'escompte, au prix, naturellement, d'une aggravation des phénomènes de contraction que nous avons vus »[904].

3° *Appréciation sommaire de la théorie de Bernácer.*

On pourrait statistiquement mettre en défaut la démonstration de la convergence de l'exposé économique et de l'exposé logique de la théorie, en montrant que sur telle ou telle période de l'histoire, et dans tel ou tel pays, ou groupe de pays, le mouvement des prix n'a pas suivi, en moyenne, le taux d'intérêt moyen. On trouverait, en revanche une corrélation satisfaisante à d'autres périodes. Faut-il en conclure que la théorie proposée est sans fondement ? Si nous tenions ce raisonnement, d'une part il faudrait appliquer cette conclusion à toutes les recherches d'ordre statistique et économique et d'autre part, en pure logique, on aurait seulement accrédité l'idée que la démonstration n'est probante ni dans un sens favorable ni dans un sens défavorable.

Nous ne défendrons pas la théorie de Bernácer sur ce terrain-là. Ce qui nous paraît intéressant c'est l'exposé logique car il n'exclut pas la possibilité, d'une part de fortes fluctuations du taux observé de part et d'autre du

---

[903] BERNÁCER, *Ibid.*, p. 267.
[904] BERNÁCER, *Ibid.*, p. 269.

taux tendanciel et, d'autre part, la possibilité en toute logique, d'un cumul de facteurs ayant des effets de même tendance ou, au contraire, de tendances opposées. Ces facteurs complémentaires peuvent créer des perturbations sur les effets logiques exposés dans la théorie, sans la contredire pour autant.

La démarche de Bernácer peut paraître excessivement déductive au cours de l'élaboration de sa théorie. Toute la pensée économique de Bernácer nous paraît pourtant relever, au contraire, d'une méthode synthétique illustrée par la séquence logique suivante :

Méthode inductive fondée sur l'observation empirique des faits

(Il existe une inflation permanente et un taux d'intérêt relativement stable sur la longue période).

⇩

Hypothèse théorique

(Il existe une corrélation entre le taux d'inflation séculaire et le taux d'intérêt).

⇩

Méthode déductive fondée sur le traitement logique de l'hypothèse théorique

(Le taux d'intérêt explique la préférence pour le temps et celle-ci implique la dépréciation des valeurs futures).

⇩

Confrontation des résultats

(Au cours de l'histoire aucune tentative n'a été faite pour réduire ou supprimer le taux d'intérêt, tantôt on a essayé de stabiliser la masse monétaire et l'on a provoqué le sous-emploi, tantôt on a laissé faire – cas le plus fréquent – et les prix sont partis à la dérive).

⇩

Rejet ou confirmation de l'hypothèse

(L'hypothèse est confirmée : le taux d'intérêt déprécie le futur en l'absence de stabilisation de la masse monétaire ; lorsque celle-ci est entreprise on provoque le sous-emploi).

⇩

Énoncé de la théorie

(La stabilité de la valeur de la monnaie est incompatible avec le plein-emploi à cause du taux d'intérêt; celui-ci représente le taux d'inflation tendanciel).

Nous n'avons pas soumis la théorie de Bernácer à un traitement économétrique exhaustif, de sorte que nous nous garderons de lui apporter notre adhésion pure et simple.

Cependant nous tenons à souligner qu'à notre sens, la théorie de Bernácer nous paraît pertinente à condition de l'interpréter ainsi :

a) il peut y avoir des causes d'inflation autres que l'existence du taux d'intérêt ;

b) le taux d'intérêt est une cause d'inflation séculaire car les agents ont intérêt à anticiper leurs dépenses en empruntant ;

c) tant que le taux d'intérêt existera, toute politique de stabilisation véritable de la valeur de la monnaie paraît vouée à l'échec ;

d) en corollaire de *(a)*, après suppression du taux d'intérêt, il demeurera des causes secondaires d'inflation séculaire ;

e) à choisir entre la stabilité de la monnaie et le plein-emploi, on doit préférer, *à tous égards*, le deuxième objectif.

Ainsi présentée, nous pensons avoir rendu plus accessible une théorie qui peut heurter les esprits, sans l'avoir pour autant dénaturée. Signalons toutefois que l'intérêt est une institution si enracinée dans le système capitaliste, qu'un économiste américain, sympathisant de Bernácer, Wallich[905] écrit à ce dernier, après lecture de son article publié dans la revue italienne citée : « je ne crois pas cependant qu'il faille voir dans la baisse tendancielle de la valeur de la monnaie le résultat du taux d'intérêt, lequel ne représente qu'une part du produit national et ne constitue pas un fardeau accumulé sur le dos des producteurs »

Nous pensons que l'idée sous-jacente de Bernácer selon laquelle l'intérêt, de par son existence même et quel que soit son niveau, est un facteur d'instabilité de la valeur de la monnaie, serait parfaitement défendable, si l'auteur renonçait à traiter la question d'un point de vue statistique et, surtout, s'il renonçait à vouloir faire coïncider le *taux* de l'intérêt et le *taux* d'inflation séculaire. En d'autres termes, la faiblesse de sa thèse ne provient pas de sa conclusion mais du fait qu'il s'efforce de *mesurer* les phénomènes. En effet, nous admettons, bien entendu, que les causes de l'inflation sont multiples.

Dès lors l'existence du taux d'intérêt n'est qu'une cause parmi d'autres de l'inflation et, partant, le taux d'inflation mesure l'incidence de multiples variables, l'une d'elles étant le taux d'intérêt. Il est donc douteux, au plan de la simple logique, que la corrélation entre le taux d'inflation et le seul taux d'intérêt soit bonne quelles que soient les circonstances. Cet illogisme de la thèse de Bernácer s'explique par le fait que cette théorie lui est apparue tardivement – il avait alors 76 ans – et comme il le dit lui-même dans sa lettre à L. Baudin, il n'a pas eu le temps de faire subir à cette idée un traitement logique suffisamment rigoureux.

Cependant, présentée en termes d'analyse de structures, la thèse nous paraît bien fondée. Nous l'aurions exposée d'un point de vue strictement logique :

- soit une structure de la valeur telle qu'une valeur monétaire puisse aisément être productive d'intérêt, ce qui est effectivement le cas en pratique, surtout de nos jours ;
- le premier corollaire est que tout emploi de cette valeur-monnaie devra produire un intérêt, par exemple un investissement en biens d'équipement, pour conserver la même valeur actuelle que la même valeur stipulée en monnaie ;
- le deuxième corollaire est que toute valeur nominale future a une valeur moindre que la valeur nominale actuelle d'où il a été déduit qu'il fallait appliquer un taux d'actualisation sur les valeurs futures pour les convertir en valeurs actuelles. Le taux appliqué étant généralement, mais pas nécessairement, le taux d'intérêt

---

[905] H. C. WALLICH : lettre à Bernácer du 9 mai 1958, cf. aussi « Témoignages », *supra*.

courant. Ce principe baptisé préférence pour le temps n'a pas, selon Bernácer – et nous souscrivons à son point de vue – un contenu réel. C'est le simple résultat logique de l'existence d'une institution socio-juridique : le taux d'intérêt ;

- le principe de l'actualisation étant reconnu en tant qu'application de l'existence du taux d'intérêt, la valeur de la monnaie, toutes choses restant égales d'ailleurs, notamment la quantité de monnaie, a une propension institutionnelle à se déprécier.

En conclusion, l'existence de l'intérêt implique l'anticipation des dépenses futures et, partant, est cause d'inflation. D'autres facteurs peuvent contrecarrer ou amplifier l'inflation, ce qui ne détruit pas la valeur de la proposition logique de la théorie de Bernácer.

LES OBJECTIFS DE LA POLITIQUE ÉCONOMIQUE

C'est dans un sens restreint que nous envisagerons ici la politique économique, celle qui se donne pour moyen le taux d'intérêt ou/et la monnaie.

A. – *L'objectif oublié par Wicksell : le plein-emploi*

Bernácer et Keynes sont les précurseurs de l'analyse économique moderne : ils ont dignifié le travail et le haut niveau de l'emploi. Aucun théoricien de nos jours n'oserait plus construire des théories d'où serait absent cet objectif, du moins au plan conceptuel. Au plan des estimations quantitatives du niveau de plein-emploi et de la définition des priorités, il reste certainement des économistes qui n'ont pas encore suffisamment d'audace pour avoir foi, a priori et contre toute épreuve, dans les possibilités du plein-emploi[906]. Ces économistes mettent parfois en avant des arguments qui datent étrangement aujourd'hui. L'un des arguments les plus fallacieux est celui qui consiste à vouloir protéger l'épargne privée libellée en monnaie. Or il existe un moyen équitable de protéger les petits épargnants, c'est d'indexer la valeur nominale sur le niveau des prix au lieu de leur laisser croire à l'efficacité d'une politique de stabilisation et d'intérêt nominal positif qui, à vrai dire, ne compense généralement pas la dépréciation du capital. Il n'est pas étonnant que l'épargne cherche alors des valeurs refuges en dehors du marché de la production.

B. – *L'objectif oublié par Keynes : la stabilité de la monnaie*

Il a été souvent écrit que la *Théorie générale* avait été écrite sous la pression des événements, ce qui explique la spécificité de certaines de ses analyses. On comprend très bien que pour l'économiste des années 1930, et plus encore pour les anglais déçus par la politique de la première après guerre mondiale de retour à la parité de la livre, la stabilité pût paraître une préoccupation dérisoire en regard de la nécessité de renouer avec la prospérité et le plein-emploi.

[906] Qu'on se souvienne cependant des prévisions de production et de dépense en France; effectuées à la veille de 1950 – jugées alors plutôt optimistes – et qui de nos jours paraissent dérisoires, tant la réalité a dépassé la conjecture.

L'oubli de l'objectif de stabilité par Keynes s'explique donc par une position dialectique, en opposition avec la séquence traditionnelle des priorités déjà évoquée plus haut, qui avait dominé l'histoire des doctrines jusqu'à son époque. Cet oubli a un degré d'importance moindre que celui de Wicksell car l'option fondamentale qu'il fallait prendre était la recherche du plein-emploi, à la suite de quoi il devenait possible de chercher à résoudre les questions posées par le *nouvel état de l'économie politique.*

Relativement absoud par l'histoire, Keynes devrait admettre, cependant, que l'appréciation de la *Théorie générale* doit être mesurée à l'actualité des idées qu'elle contient. À cet égard, il est aussi injuste de le gratifier des adaptations faites après lui, que de lui reprocher certains prolongements dus aux post-keynésiens ou les malformations qu'en ont fait leurs adversaires. Toujours est-il que si Keynes affirme que l'équilibre de plein-emploi est possible et souhaitable, encore faut-il préciser que la politique qu'il préconise pour sortir du sous-emploi n'est pas nécessairement adaptée – les faits l'ont démontré – à une politique de haut niveau d'emploi. Le « dialogue » de W. Heller et de M. Friedmann[907] est à cet égard un dialogue de sourds et il convient de renvoyer dos à dos les deux économistes américains car ils se placent dans des perspectives anticonjoncturelles correspondant à des situations fort différentes, de telle sorte que le lecteur risque de ne pas saisir parfaitement l'absurdité de leur débat.

Si la position de Keynes est explicable, elle n'en est pas pour autant excusable. N'était-il pas possible de faire du contenu de son ouvrage de 1936 la première partie d'un ouvrage qui eût davantage mérité son titre s'il avait compris une deuxième partie consacrée à l'économie de plein-emploi et ses conditions de bon fonctionnement. La première partie se fût intitulée « À la recherche du plein-emploi » et la deuxième « Au-delà du plein-emploi ».

C. – *La synthèse des deux objectifs ou l'incompatibilité du plein-emploi et de la stabilité monétaire dans le système capitaliste actuel*

Sans attendre notre suggestion, avant même que Keynes ne se fît l'avocat du plein-emploi, Bernácer se fixe dès ses premiers écrits *Société et Bonheur*, 1916, *La Théorie des disponibilités*, 1922, *L'intérêt du capital*, 1925, le double objectif du plein-emploi et de la stabilité. Selon lui, ces deux objectifs n'en forment véritablement qu'un : *le plein-emploi dans la stabilité*. Ce n'est pas là une vaine spéculation de vocabulaire, c'est au contraire la conception même du plein-emploi qui, pour être durable, nécessite un fondement de stabilité. La théorie du cycle de Bernácer montre bien qu'autant l'inflation que la déflation sont pernicieuses pour le haut niveau d'emploi.

Le corollaire de cette analyse devait être, bien entendu, la démonstration de l'incompatibilité des deux objectifs au sein du système capitaliste actuel et, dans son chapitre sur la réforme dans *Société et Bonheur*, Bernácer affirme la nécessité de faire preuve d'imagination pour inventer un système équidistant du marxisme et du capitalisme, et propose les mesures qui doivent remplir les conditions exigées par le bon fonctionnement du Nouveau Régime.

[907] W. HELLER et M. FRIEDMANN ; cf. aussi le modèle de Saint-Louis, in *Federal Reserve Bank of St Louis Review*, avril 1970, p. 7 à 25 « *A monetarist model for economic stabilization* by L. C. Anderson and K. M. Carlson ».

Au plan théorique, c'est à Bernácer que nous décernerons le premier prix des objectifs, pour l'antériorité et la mise en évidence du *paradoxe bernacérien*[908].

L'ACTION CONJONCTURELLE ET SES LIMITES

A. – *La manipulation du taux d'intérêt*

C'est Wicksell qui, naturellement, préconise une manipulation du taux d'intérêt par les banques elles-mêmes, en vue de le faire coïncider avec la productivité marginale du capital. De ce fait, Wicksell est, selon nous, l'inspirateur des politiques modernes néoclassiques[909] fondées sur la théorie quantitative et utilisant la manipulation du taux d'intérêt[910] et de la masse monétaire. Ainsi A. Bienaymé affirme[911] que le classicisme de Wicksell tient à ce qu'il se sert du taux d'intérêt pour éclairer la théorie quantitative, en montrant l'action autonome de i sur P. On peut faire deux observations à cette proposition politique :

- *Au plan du réalisme*[912].

Telle qu'elle est laissée par Wicksell à l'initiative d'une entente entre toutes les banques du monde[913], on peut se demander s'il est très sain d'attribuer un tel pouvoir économique à des agents privés et s'il est raisonnable de penser que les banques ont intérêt à fixer i_m au niveau de i_n, à supposer que ce fût bien là la condition réelle de l'équilibre. Keynes suggérerait, en réponse à notre première objection que les banques centrales, généralement nationalisées, peuvent jouer ce rôle sous l'impulsion gouvernementale[914]. Soit, mais quel est le mobile qui pousserait les différentes nations à s'entendre ? Ya-t-il un espace économique transnational suffisamment homogène et intégré pour que l'on puisse dégager un concept précis d'intérêt général au niveau mondial ? À cet égard les événements monétaires de l'histoire et, plus près de nous, les difficultés actuelles des tentatives de gouvernance mondiale de la crise aigue 2007-2012 doivent nous faire déchanter.

---

908 Que nous pouvons formuler ainsi : «À laisser le taux d'intérêt – et donc la rente – en l'état, on condamne l'homme tantôt au chômage tantôt à l'inflation».

909 Un exemple peut en être donné par le modèle de Saint-Louis, *op. cit.*, et au plan pratique par les innombrables mesures, répétées par les gouvernements actuels, de manipulation du taux d'intérêt.

910 K. WICKSELL, *Lectures*, t. 2, p. 216-217 : « La seule possibilité d'un contrôle rationnel du niveau des prix doit se trouver dans une autre direction, dans la régularisation appropriée de la politique d'intérêt des banques ». Cf. aussi K. WICKSELL (*Textes choisis*, *op. cit.*, p. 247) : le moyen de résoudre le problème de la stabilité des prix doit être cherché « tout simplement dans une manipulation appropriée des taux bancaires que nous connaissons, taux que l'on abaisserait quand les prix sont en baisse et que l'on relèverait quand les prix sont en hausse ».

911 A. BIENAYMÉ, *Monnaie et croissance en plein-emploi*, *op. cit.*, p. 27.

912 Nous n'adopterons pas la même position élogieuse de P. LLAU (*op. cit.*, p.90) : « Le taux monétaire et le taux normal dépendent donc de l'action humaine qui peut, d'elle-même, obtenir l'équilibre économique : *le souci de réalité concrète* marque profondément la totalité de l' œuvre wicksellienne » (c'est nous qui soulignons).

913 J. MARCHAL et J. LECAILLON, *op. cit.*, p. 235 « Seule donc une action d'ensemble est concevable. Sur les modalités et les limites de cette action, Wicksell a semble-t-il hésité ».

914 K. WICKSELL (*Textes choisis*, *op. cit.*, p.247-248) ; répondant à des objections – celle de Edgeworth notamment –, sur le pouvoir exorbitant des banques, montre que sa solution consiste dans la définition et le respect d'une action commune, soit par les banques, « visant à maintenir constants la valeur de la monnaie et le niveau des prix dans un cadre mondial » , soit, admet-il, par les gouvernement. Cependant, là aussi, il faut mettre l'accent sur le degré de liberté relatif dont disposent les gouvernements : « un gouvernement agissant isolément n'a que le choix entre deux issues : il peut essayer de maintenir stable la valeur de sa monnaie par rapport aux biens, mais en sacrifiant alors nécessairement sa parité de change, ou bien il peut maintenir le change strictement à la parité mais alors, il n'a par lui-même aucun pouvoir sur le niveau des prix ». Cependant, dit-il, « il me semble que je puisse faire erreur, que pour diverses raisons de tels accords (politique commune du taux d'intérêt) pourraient être conclus beaucoup plus facilement et efficacement par les banques avec l'appui des gouvernements que par les gouvernements agissant sans les banques ».

• *Au plan de l'efficacité.*

L'observation des faits montre que la manipulation du taux d'intérêt, et dans une moindre mesure, celle de la masse monétaire se sont avérées impuissantes à réduire le cycle et surtout à empêcher durablement l'inflation. Bernácer aurait-il vu juste ?

Quant à Keynes, la baisse du taux d'intérêt qu'il suggère paraît effectivement efficace pour augmenter la dépense globale privée ; elle se rapproche, en outre, du vœu de Bernácer qui souhaite le supprimer totalement. Cependant quel est le moyen que se donne l'économiste anglais pour y parvenir ? Dans le prolongement logique de sa théorie « mercantiliste »[915] de l'intérêt, il suggère que l'émission, en diminuant la rareté de la monnaie sur le marché de la production, va permettre entre autres choses la baisse du taux d'intérêt et, par conséquent, la relance de l'investissement. Or, il n'est pas certain que l'emploi de la monnaie nouvelle-née se fasse dans la production et que la hausse du niveau de l'activité précède la hausse des prix. En effet tensions localisées dues à des rigidités de l'offre peuvent provoquer une propagation de l'inflation sans accroissement immédiat de la production. D'autre part, la baisse du taux de l'intérêt encourage certainement les emprunts, mais elle trouve sa propre limite car elle ne devrait pas, si elle est efficace, durer assez longtemps et une hausse du taux devrait inévitablement s'ensuivre. Le moyen théorique de maintenir le taux d'intérêt à un bas niveau c'est la pérennité de l'émission et donc l'inflation monétaire permanente.

Aux yeux de Bernácer, la manipulation à la hausse du taux d'intérêt est inflationniste et provoque le sous-emploi, contrairement à l'optique wicksellienne quand à la baisse du taux d'intérêt, elle n'est pas nécessairement une garantie de plein-emploi, alors qu'elle est sûrement une cause d'inflation, contrairement à l'optique keynésienne. Selon lui, la thèse de Wicksell serait absurde, et celle de Keynes contient d'une part une contradiction interne et d'autre part, elle est trop timorée car il ne suffit pas de provoquer une baisse du taux d'intérêt par le mécanisme de l'offre et de la demande de monnaie, il faut, selon Bernácer, *institutionnellement*, supprimer l'intérêt.

B. – *Le dosage de l'émission ou la complémentarité de la politique monétaire*

Le moyen théorique, selon Bernácer, de stabiliser les prix en assurant le plein emploi, c'est de rendre la monnaie neutre ; celle-ci « ne doit faire apparaître aucune tendance à la dépréciation ni à la revalorisation »[916].

Les conditions de réalisation de la neutralité monétaire sont de trois ordres :

a) Homogénéité. .

Tous les secteurs du marché doivent être en régime de concurrence parfaite ; or cette condition n'a jamais été historiquement réalisée.

b) Accès pour tous les producteurs au crédit.

Liberté des crédits « économiquement sains » en vue de l'expansion de la production dans la limite autorisée par les facteurs de la production et par les demandes de produits.

---

[915] Robertson devait qualifier ainsi la théorie de l'intérêt de Keynes dont il réprouvait le monisme monétaire (cf. *supra* «Témoignages»).

[916] BERNÁCER, *Textes choisis*, *op. cit.*, p. 273 à 275.

c) Absence de revenus[917] *hors production.*

Suppression des rentes et donc de l'intérêt.

Ces trois conditions se trouvent classées par ordre croissant d'importance. La condition (c) sera examinée dans l'action sur les structures. La condition (a) montre que la politique monétaire est indissociable d'une politique « réelle » visant à organiser rationnellement la production : elle a été évoquée dans notre chapitre « Le système rationnel de Bernácer » et sera réexaminée dans le chapitre « Les options doctrinales ».

Il importe ici de préciser la condition (b), ce que l'auteur entend par liberté des crédits « économiquement sains ». Cette condition implique deux types de politiques monétaires :

• *Une émission de monnaie*, appoint indispensable de disponibilités nécessaires au développement des échanges et de la production. Cette création monétaire d'appoint sera facilitée par le dépôt des disponibilités des agents dans les banques[918], l'auteur semble évoquer ainsi la ressource du multiplicateur de crédit[919]. Les dépôts seraient encouragés par ce que l'on a appelé parfois la monnaie fondante, la monnaie estampillée[920] voire même, selon une expression délicieuse, les berlingots de Carpentras[921]! Sans les escomptes et les pénalités préconisés par Bernácer, les banques, dans la plupart des pays industrialisés ont obtenu le même résultat par la diversification de leurs services et par une solide réglementation assortie d'une information bien conçue, par des moyens donc plus persuasifs, moins répressifs et donc plus durablement efficaces. Cette préoccupation fut partagée par certains auteurs de l'entre-deux guerres, parmi eux : Bernácer et Keynes.

En corollaire de cette fonction d'appoint de l'émission monétaire, Bernácer insiste sur la nécessité de surveiller les mouvements de thésaurisation et de déthésaurisation que la liberté du Nouveau Régime ne ferait pas totalement disparaître. C'est le Directeur des études de la Banque d'Espagne qui ressurgit dans cette recommandation ; c'est aussi l'idée de cybernétique ou de système autocontrôlé que nous évoquions par ailleurs. Pour assurer la stabilité, il est indispensable que l'information sur les emplois de la monnaie soit bien élaborée et actualisée. Bernácer participe donc à ce courant de pensée qui a abouti à la mise sur pied d'un système d'information économique et de statistiques : la comptabilité nationale. Aucune régulation de l'activité ne paraît devoir être efficace sans une bonne connaissance continue de la thésaurisation, de la création de monnaie, des crédits, du niveau général des prix et des stocks, afin de déterminer le quantum de l'appoint nécessaire[922].

Par ailleurs suggérée par Keynes et Beveridge, formulée par Lerner[923], cette politique financière d'appoint est parfois qualifiée de « finances fonctionnelles », expression que n'eût pas désavoué Bernácer, premier

---

[917] Dans l'article précité, le mot *lucro* italien a été traduit, à tort, par *profit*, or dans l'esprit de Bernácer, le profit d'entreprise, véritable *sur-salaire* dans le Nouveau Régime ne doit pas être aboli ; ce qu'il entend par lucro c'est un revenu et précisément le revenu du non-travail : la rente.

[918] Notons aussi cette idée voisine de WICKSELL in *Textes choisis*, *op. cit.*, p. 246: l'action d'ensemble de toutes les banques « ne peut aboutir que si l'on supprime la frappe libre de l'or et si le papier monnaie lui-même, ou mieux, l'unité qui est utilisée dans les comptes bancaires devient l'étalon de valeur ».

[919] BERNÁCER, *Une économie libre*, *op. cit.*, p. 199. À vrai dire la suggestion de l'auteur date de 1916.

[920] A. PIETTRE, *op. cit.*, p. 355. Notons que Silvio Gesell, cité par KEYNES (*Treatise*, p. 250), préconisait l'apposition d'une vignette mensuelle sur les billets de banque. Il était « un disciple méconnu du socialiste américain Henry George », selon A. Piettre. Or, Bernácer a connu l'œuvre de H. George, au cours de ses premières lectures d'économie.

[921] H. GUITTON, *La monnaie*, Dalloz, *op. cit.*

[922] Ainsi, Bernácer, dans une optique de comptabilité nationale que nous avons déjà soulignée à plusieurs reprises, préconise-t-il l'emploi du Tableau d'opérations financières.

[923] A.LERNER, *Economics of Employment*, 1953; l'État doit :

promoteur de l'idée. Une telle politique doit être anticonjoncturelle, Samuelson utilisera d'ailleurs pour la définir l'expression de « finances compensatoires ».

• *L'affectation de l'émission au seul fonds de roulement*, en économie de haut niveau d'emploi, paraît être une idée originale de Bernácer. Nous n'avons trouvé nulle part une affirmation aussi catégorique que la sienne, à savoir qu'en plein-emploi la stabilité exige qu'il y ait création de monnaie dans la même proportion que la croissance du fonds de roulement des unités de production. Nous avons suffisamment débattu cette idée à propos de la valeur de la monnaie, de l'équilibre du marché et du système rationnel, pour nous contenter ici de rappeler cette condition primordiale de la stabilité dans la théorie de Bernácer.

C. – *Le débat sur les sources de financement: dépenses publiques ou crédit ?*

Dès 1934[924], Bernácer souligne le caractère exceptionnel que doit avoir la dépense publique. Il admet que c'est un remède pour sortir de la dépression. Ce remède pourrait-il être toujours efficace ? La réponse de l'auteur est négative. Il y a trois modes de financement possible pour l'investissement public :

- *l'impôt* : Bernácer est hostile à son existence et en tous cas à son développement ;

- *l'emprunt* : l'auteur admet que c'est une solution théoriquement acceptable ; cependant son développement aggraverait très lourdement le service de l'intérêt, ce qui grèverait le budget de l'État, à moins que celui-ci ne préfère la troisième solution, commode mais contraire à l'objectif fixé,

- *l'inflation* : cette solution évite les défauts de l'emprunt mais il entretient l'instabilité et aboutit à une situation paradoxale: la réduction voire l'annulation de l'intérêt « réel » des prêts.

Bernácer est donc favorable à la dépense publique, à condition qu'elle soit épisodique. Il admet donc que ce n'est qu'un palliatif, par ailleurs souvent – quoique pas nécessairement[925] – inflationniste. Ce n'est, en tous cas, pas une solution définitive pour faire face à l'état quasi permanent de sous-emploi. La seule solution viable serait l'emprunt sans intérêt dans une économie à peu près stabilisée, pour le financement des équipements collectifs[926]. Pour comprendre l'optique de Bernácer, qui pourrait paraître rétrograde après la théorie keynésienne dominante. Il faut souligner dès à présent que dans un Nouveau Régime où le marché fonctionnerait plus efficacement que dans le système actuel avec des unités de production autogérées, grâce à des institutions plus rationnelles, l'État ne doit se substituer à l'initiative privée que pour les équipements collectifs. Il dispose pour cela des ressources que lui fournit le recouvrement des rentes, supprimées du domaine privé. Par ailleurs, l'État a une fonction de régulation de l'activité économique que nous sommes en train d'examiner.

Bernácer s'élève donc contre la panacée de l'investissement public prôné par Keynes. L'idée de ce dernier était pourtant séduisante. Grâce au « deficit spending », l'État faisait d'une pierre deux coups : il faisait baisser l'intérêt et finançait aussi l'investissement public. Aujourd'hui avec le recul et le bouleversement de la

- acheter ou vendre des titres,
- donner ou prendre des revenus,
- prêter ou emprunter.

924 BERNÁCER, *De l'origine des crises*, *op. cit.*, p. 19 et s.

925 *Ibid.*, p. 24-26.

926 Nous étudierons cette question dans le chapitre sur la réforme de la troisième partie.

conjoncture des pays industrialisés, la proposition politique de Keynes prend un cachet historique qui ne masque pas pour autant ses faiblesses et son impuissance à résoudre les problèmes de l'actualité. Une fois de plus, la pensée de Bernácer, soucieuse de synthèse entre le « réel » et le monétaire, ne tombe pas dans les excès du monisme monétariste de la pensée keynésienne.

LA NÉCESSITÉ D'UNE ACTION STRUCTURALE

Les effets pervers de l'émission permanente que nous avons dénoncés dans la théorie keynésienne nous obligent à envisager d'autres solutions pour la stabilité du système en plein-emploi, car on ne peut renoncer à aucune des deux composantes de cet objectif de politique économique. L'action conjoncturelle de l'émission compensatoire et fonctionnelle envisagée par Bernácer peut apparaître, à première vue, comme un perfectionnement de l'émission telle que la préconisée Keynes. Cependant Bernácer juge que la présence du marché des actifs productifs de rente en concurrence avec le marché de la production entretient un risque chronique d'instabilité et donc que la régulation monétaire déjà envisagée ne peut avoir d'efficacité que dans un système structurellement stabilisé.

Les objectifs de l'action structurale sont :

a) de mettre à la disposition du circuit de la production la totalité de la monnaie nécessaire aux échanges nés de la production contemporaine : il faut donc décourager la thésaurisation double.

b) de répartir entre les seuls producteurs[927] le produit, de sorte que le revenu soit entièrement dépensé en investissement et en consommation, et que la croissance du produit résulte de la participation active et perfectionniste des travailleurs à l'effort de production.

La réalisation de ce double objectif implique :

c) l'élimination des revenus du non-travail : les rentes,

d) et pour ce faire : la suppression du marché des actifs productifs de rente, au moyen de la réglementation de l'aliénabilité de ces actifs.

Le résultat des propositions *(c)* et *(d)* convergent avec celui qu'implique la proposition (b), le coût de la dépense étant affranchi d'un de ses éléments: l'intérêt. Quant au résultat attendu de la proposition (a) c'est la stabilisation ou, mieux, la croissance harmonisée. Nous n'insisterons pas sur le caractère éthique de ces mesures ni sur les dispositions concrètes qui doivent les mettre en œuvre, ce sera l'objet de notre chapitre sur la réforme. Bernácer va ainsi très au-delà des politiques néoclassiques ou keynésiennes et, sans accepter les propositions marxistes, il préconise une réforme des structures dont le caractère, l'esprit qui l'anime, est singulièrement actuel.

---

[927] Ou « travailleurs » au sens de Bernácer.

CHAPITRE III

LES PARAMÈTRES DE LA PENSÉE ÉCONOMIQUE DE BERNÁCER

I

LES OPTIONS DOCTRINALES

LE MILIEU, SOUBASSEMENT DE LA PERSONNALITÉ DE BERNÁCER

Toute personnalité se développe à partir de deux composantes : la génétique et la psychosociologie. La première de ces composantes échappe aux investigations de l'économiste, cependant la deuxième constitue un domaine privilégié de l'anthropologie économique.

La composante psychosociologique de la personnalité de Bernácer doit être examinée sous un double éclairage, l'intimité de la cellule familiale et la perception du milieu social. L'auteur ne s'explique ni de l'une ni de l'autre ; est-ce à dire pour autant que rien ne transparaît dans son œuvre ? Devons-nous négliger la recherche d'une explication infrastructurelle de sa pensée, en nous bornant à rapporter seulement ce qu'il a explicitement écrit ? Une telle attitude nous paraît frustrante, et nous avons tenu à explorer ce dédale mystérieux que constituent les soubassements de la personnalité.

Nous nous sommes aidés des témoignages oculaires de sa famille, de ses amis, de ses collègues. Nous avons aussi procédé à l'exégèse de ses allusions à l'économie concrète et, enfin, nous avons essayé de construire à partir d'une reconstitution sommaire de l'histoire d'Espagne, une explication logique et, partant, vraisemblablement insuffisante, de la personnalité de Bernácer.

La modestie d'origine et de vie de Bernácer

Bernácer, nous l'avons vu[928], est né d'une famille modeste de tout petits commerçants, dans une ville de moyenne importance, Alicante, chef-lieu de province, port à trafic moyen, ayant un arrière-pays, sinon exclusivement, du moins à dominante agricole. Sa vie (1883-1965) couvre l'une des périodes sans doute les plus riches de l'histoire universelle en découvertes, inventions, applications scientifiques et techniques, et en événements politiques, militaires, sociaux, économiques. On a parlé au XIXe siècle de révolution industrielle ; l'expression peut paraître dérisoire, compte tenu de la période qui a suivi et de l'accélération des événements qui s'y est produite.

La conjonction de la modestie du milieu familial et de l'état assez rudimentaire de la technique dans son enfance – il n'y avait pas encore d'électricité à Alicante et les communications étaient difficiles – a dû contribuer à développer chez Bernácer à la fois une certaine humilité intellectuelle et un certain émerveillement face à la science, la technique et leurs immenses possibilités.

Malgré une carrière professionnelle, en tant qu'enseignant et que haut fonctionnaire, exceptionnelle, Bernácer ne vécut jamais très à l'aise. Non seulement il ne fit pas fortune, mais il se contenta, tout au long de sa vie, de vivre avec le minimum de confort matériel. Son seul luxe fut sa maison, admirablement située sur une colline

---

[928] Cf. *supra*, p. 3.

face à la mer, sur la plage de San Juan d'Alicante. Il l'acquit, il est vrai, à une époque où le sol rural n'était recherché que pour ses vertus agraires et où les sites touristiques n'étaient nullement exploités, du moins dans cette partie de la côte méditerranéenne espagnole. Sa femme raconte que, vers la fin de sa vie, elle l'incita à acheter un petit appartement, à Alicante même, pour y passer l'hiver, et sa famille eut beaucoup de mal à le convaincre, car il lui semblait superflu et inique d'avoir deux logements pour sa seule famille.

Les dépenses qu'il engagea le plus volontiers toute sa vie furent pour l'acquisition d'ouvrages, scientifiques, littéraires, ou artistiques et pour l'éducation de ses enfants. En revanche, il dépensa ses propres deniers à équiper l'École de Commerce d'Alicante d'un laboratoire de physique et de chimie, et plus tard il obtint, à force de ténacité, le financement d'un grand laboratoire à l'École des Hautes Études Commerciales de Madrid.

Faute de moyens pécuniaires, ou/et soucieux de ne pas tirer un profit personnel de sa situation à la Banque d'Espagne, Bernácer ne fit pas tous les voyages qu'il eût souhaité entreprendre. Il avait seulement, grâce à une bourse, séjourné un an, en 1911, dans les principaux pays d'Europe, alors qu'il était encore célibataire et qu'il professait à Alicante. Quarante et un ans plus tard, il quitta de nouveau l'Espagne pour prononcer une conférence à Paris, sur l'invitation de François Perroux. C'est donc surtout à Madrid qu'il rencontra des économistes de réputation mondiale.

Cette gestion méticuleuse de ses ressources modestes fut certainement facilitée par le dur apprentissage qu'il fit des contingences matérielles de la vie, lorsqu'à 14 ans, les affaires de son père ayant périclité, Bernácer dut quitter l'école pour travailler et étudier, seul à la maison.

Son attachement au milieu familial fut grand ; très proche de sa mère, il ne quitta Alicante qu'après s'être marié et alors qu'il approchait de la cinquantaine. Or, avec sa première place au concours d'agrégation qu'il réussit à l'âge de 23 ans, il eût pu engager bien plus tôt sa carrière dans la capitale espagnole, s'il n'avait pas préféré être nommé à Alicante, malgré le manque d'infrastructures matérielles et universitaires qui le gênait beaucoup.

L'influence de l'histoire contemporaine, politique, sociale et économique de l'Espagne

LA TRADITION CATHOLIQUE : L'ESPAGNE « TRÈS CATHOLIQUE»[929]

L'emprise morale de l'Église catholique en Espagne fut et demeure très forte. La très grande majorité de la population était pratiquante surtout, mais non seulement, parmi les femmes. La religion était présente dans toutes les manifestations, politiques ou non, officielles ou même commerciales[930]. Elle est présente dans le calendrier civil et social, par un très grand nombre de fêtes religieuses chômées et généralement payées. L'Église espagnole actuelle a des attitudes politiques ou doctrinales évoluées ; elle joue et jouera, semble-t-il, un rôle important dans l'évolution de la politique sociale mais ce n'est pas à cette église post-conciliaire – qui

[929] Rappelons que les rois d'Espagne ont toujours porté le titre de «majesté très catholique ».

[930] L'évêque préside encore et, en tous cas, assiste souvent aux inaugurations de grands établissements bancaires, commerciaux ou industriels.

est surtout le fait d'une fraction importante de la hiérarchie et du clergé localisé dans certaines régions à développement industriel rapide – que nous faisons allusion ici.

Ce que nous voulons marquer c'est la présence de l'Église dans la vie quotidienne espagnole pour esquisser la toile de fond religieuse de Bernácer. L'un des deux éléments importants de cette présence que nous n'avons pas encore évoqués est la mainmise de l'Église sur l'enseignement. Il est notoire, même pour les petites classes moyennes, que le seul enseignement secondaire jugé de qualité était l'enseignement libre; et que la religion fut longtemps une matière obligatoire, depuis l'école primaire jusqu'à la licence d'enseignement supérieur, dans les programmes officiels d'enseignement et d'examens d'État.

Deux événements montrent la gravité de la situation :

- Francisco Ferrer, fondateur de l'enseignement laïc fut exécuté en 1909, peut-être dira-t-on que c'était parce qu'il était aussi anarchiste ? Toujours est-il que son exécution et sa conséquence – émotion dans toute l'Europe et chute du gouvernement « dur » de Maura – attestent l'importance du conflit.
- Plus près de nous, en 1932, un an après la proclamation de la république – proclamation qui se fit sans aucune effusion de sang – l'une des premières lois importantes promulguées par le gouvernement républicain de gauche de Azaña fut la suppression de l'enseignement confessionnel ; les troubles provoqués furent tels que le Parlement fut dissous par le Président de la République Alcalá Zamora et que les élections donnèrent la victoire à la droite favorable au Chef de l'État.

L'autre aspect important de la mainmise de l'Église, ce sont les ramifications des congrégations dans l'économie espagnole quel que soit le secteur : agriculture, industrie, commerce, banque ... Le problème avait déjà une telle acuité au début du siècle, que le premier ministre libéral sous Alphonse XIII, Canalejas, entreprit en 1910 une lutte contre les congrégations impliquées dans l'activité économique. Or, son ministère fut écourté : Canalejas fut assassiné deux ans après.

Ces deux aspects du pouvoir de l'Église sur l'enseignement et sur l'économie sont encore actuels. Peut-être, l'évolution que nous avons signalée dans l'Église post-conciliaire a-t-elle fait perdre à l'Église certaines prérogatives traditionnelles. Toujours est-il que l'Espagne est un pays profondément marqué par le catholicisme. Ainsi Bernácer, pratiquant catholique, était-il cependant très critique quant aux activités séculières de l'Église et fut, semble-t-il, déchiré entre sa religion intime et les extériorisations du catholicisme espagnol.

LES INSTITUTIONS POLITIQUES ET SOCIALES

A. - *Un demi-siècle d'instabilité gouvernementale*

Sans remonter aux luttes du XIXe siècle entre les différentes dynasties royales, l'histoire des dernières années du siècle dernier et du début du XXe siècle est marquée par la naissance d'un courant républicain et par l'impuissance des gouvernements de la monarchie à faire face aux problèmes posés par l'industrialisation naissante, la réforme agraire et la fin de la décolonisation.

En 1893, de violents troubles sociaux font suite aux difficultés posées par l'absence de réforme agraire. Mais c'est en 1904 que l'instabilité gouvernementale fait ses vrais « débuts», avec une période de recrudescence à partir de 1918 qui s'achèvera avec la chute de la monarchie en 1931. Pendant les 21 ans qui précèdent la république, 33 ministères se sont succédés, dont plusieurs dictatures.

D'autre part, tous les ans entre 1907 et 1926 inclusivement, l'État lève un ou plusieurs emprunts pour financer la guerre du Maroc, « dernière» colonie espagnole. Les finances publiques sont dans un état déplorable permanent. Bernácer dénonce dans son œuvre les effets des emprunts de la dette publique, sans faire allusion toutefois aux événements espagnols, à savoir l'instabilité monétaire et l'iniquité de la rente versée aux prêteurs de l'État en échange de monnaie qui sert à financer les guerres.

B. - *La violence politique et sociale*

1° *À l'échelle individuelle.*

Une série d'assassinats et d'exécutions marque la même période. Nous retiendrons les plus importants, ceux de trois premiers ministres : Canovas (1897), Canalejas (1912), Dato (1921), celui de l'ex-ministre Calvo Sotelo (1936), dont l'assassinat fut l'un des détonateurs de la guerre civile, et celui du fils de l'ex-dictateur, José Antonio Primo de Rivera (1936), fondateur de la Phalange et « martyr» des phalangistes espagnols, premier soutien des nationalistes du général Franco pendant la guerre civile (1936-1939). Quant au fondateur de l'enseignement laïc, Francisco Ferrer, exécuté en 1909, il illustre bien la violence du pouvoir dans sa répression contre les aspirants à la démocratie.

2° *À l'échelle collective.*

La violence qui marque cette période se développe de plus en plus sous des formes collectives.

a) Les soulèvements populaires.

Tels que le soulèvement républicain avorté de 1883 ; la grève générale de 1917, provoquée par la centrale U.G.T. en faveur d'une république démo-socialiste ; les grèves révolutionnaires dans toute l'Espagne en 1931 qui entraînèrent la chute d'Alphonse XIII ; enfin et surtout les troubles graves de 1935 (incendies d'églises, règlements de comptes ...) qui déclenchèrent la guerre civile.

b) Les répressions.

Réponse du pouvoir aux soulèvements populaires, la répression, généralement individuelle, prend aussi des formes collectives; en 1912, les militaires réquisitionnent de force les grévistes du chemin de fer; en 1935 une répression sanglante répond aux émeutes.

c) *Les soulèvements militaires.*

L'arbitrage politique des militaires tient une grande place dans l'Espagne du début du siècle. En 1916, des juntes de défense de l'armée sont formées contre le gouvernement jugé trop « mou» ; en 1923, le général Primo de Rivera se rebelle contre le gouvernement libéral. En 1929, les autres généraux complotent à leur tour contre lui et provoquent sa chute. Enfin le putsch militaire des généraux du 18 juillet 1936, sous la conduite de Franco, a déclenché une véritable guerre et bouclé le cycle infernal.

d) *Les guerres.*

L'Espagne est affrontée aux États-Unis au cours d'une guerre navale, en 1898 au large de Cuba, sa dernière colonie américaine. La défaite espagnole provoque une véritable crise de civilisation, dont la manifestation la plus durable devait être une génération d'écrivains fortement traumatisés par l'effondrement de l'Espagne : « la génération de 98 ».

La guerre du Maroc devait se « terminer» en 1927 par une soi-disant «pacification» qui fut le résultat d'une collaboration avec la France ; cependant, elle avait duré une vingtaine d'années et avait culminé en 1921 par un désastre militaire espagnol.

Cependant, c'est la guerre civile qui dura près de trois ans (1936-1939) – au cours de laquelle de futurs protagonistes de la guerre mondiale fourbirent leurs armes et expérimentèrent hommes et matériels – qui devait marquer le plus les Espagnols. On évalue à 1 000 000 le nombre de morts, presque autant que de victimes de la première guerre mondiale et trois fois plus que de Français au cours de la seconde.

Bernácer, spectateur impuissant de ces luttes et de ces déchirements fratricides proclama toujours sa non-violence. Ses raisons profondes sont, pensons-nous, de deux ordres :

- il est intimement opposé à toute forme de violence et ne peut admettre ce recours ;
- il observe que la violence aboutit généralement au contraire de l'effet recherché, qu'il y a des processus cumulatifs de la violence qui se terminent généralement par la pire, la plus sournoise des violences, la dictature et la régression, sinon l'abolition, des libertés.

La violence, l'exacerbation des conflits ne sont ni justes ni efficaces, selon Bernácer. Son œuvre théorique porte la trace de cette option de non-violence dans les solutions préconisées et même dans l'analyse. Ainsi, lorsque Bernácer dénonce l'iniquité de la rente, les oppositions d'intérêts entre parties prenantes de la production, il s'empresse d'ajouter que le développement du conflit de la part des opprimés, des spoliés ne saurait être une solution acceptable et efficace.

C. – La propriété agraire : du caciquisme à la dictature

Le cacique mot d'origine espagnole, est un riche propriétaire terrien, qui jouit d'une sorte de monopole territorial par la concentration en ses mains d'un si grand nombre de terres – localisées dans un village déterminé par exemple – qu'il est le maître de l'économie locale et, partant, de la politique locale. C'est une sorte de seigneur féodal intégré, dans le système politique représentatif, par l'intermédiaire d'un homme de paille qui assume des fonctions politiques et administratives pour le compte du cacique. Phénomène répandu au siècle dernier, le caciquisme existe encore de nos jours dans certaines régions pauvres de l'Espagne centrale et méridionale et dans les pays hispano-américains. Personnage de nombreux chefs-d'œuvre littéraires de la fin du XIXe et du début du XXe siècle, le cacique incarne le pouvoir absolu, économique, politique, social. Les démocrates – même arrivés au gouvernement – ont dû lutter souvent à la fois contre les féodalités locales et contre les forces dictatoriales incarnées le plus souvent par l'armée qui, parfois, a éliminé et supplanté les hommes politiques au pouvoir.

Aujourd'hui encore, la répartition des terres représente un grave problème surtout dans les régions d'agriculture traditionnelle à l'intérieur du pays et au sud. La vieille noblesse espagnole possède encore des domaines immenses. C'est la réforme agraire qui a constitué la pierre d'achoppement économique de la IIe République espagnole. Sa faillite n'est que la conséquence de son impuissance à imposer cette réforme agraire que les régimes successifs n'ont cessé de promettre en vain.

DE L'HISTOIRE DES FAITS À LA THÉORIE ÉCONOMIQUE

Dans l'œuvre théorique de Bernácer et dans la quasi totalité de ses articles de vulgarisation, l'Espagne est totalement absente, si l'on excepte quelques rares statistiques espagnoles qui servent alors d'éléments de comparaison pour des sujets aussi techniques que l'étalon-or, exemple que nous avons signalé dans l'étude de la monnaie. Or Bernácer, surtout pendant les 24 ans passés à la direction des Études de la Banque d'Espagne, a pourtant été étroitement mêlé à la vie économique de son pays. Son livre sur l'Espagne et les Communautés européennes est un ouvrage de commande.

Son option pour l'étude de la théorie économique est flagrante et c'est de propos délibéré qu'il veut ignorer dans son œuvre théorique les réalités du moment. Pourtant, médiatement, son œuvre s'inscrit dans un contexte espagnol et mondial, fait de crises cycliques et chômage, et la solution première qu'il préconise est la suppression de la rente. Quel lien plus direct peut-on faire, à ce propos, avec le domaine choisi par Bernácer : la science économique normative. Derrière la rente, il faut voir l'iniquité de la répartition du sol en Espagne, et les activités financières parasitaires, causes de crises et de chômage. Derrière la condamnation de l'émission monétaire pour le financement de la dépense publique, c'est le désastre des finances publiques espagnoles qu'il faut apercevoir. Derrière sa méfiance envers l'intervention de l'État, c'est son analyse réaliste des structures, du pouvoir politique, c'est l'histoire politique, la mainmise de privilégiés sur l'appareil de l'État, qu'il dénonce. Derrière son refus de la violence, ce n'est pas seulement l'individu viscéralement non violent qu'il faut voir, mais l'analyse d'une situation politique dialectique qui aboutit au chaos. Dira-t-on après cela que Bernácer est un théoricien écrivant dans sa tour d'ivoire ? C'est précisément le contraire : l'aspect révolutionnaire de l'analyse économique de Bernácer, provient précisément de ce que l'histoire vécue l'a forcé lui, l'autodidacte, à refuser les enseignements livresques qui étaient en non conformité avec son observation puis son analyse.

L'HUMANISME CHRÉTIEN

Bernácer appartient à la grande famille humaniste chrétienne qui de St Thomas d'Aquin à François Perroux et Daniel Villey – pour ne citer que des auteurs disparus – a attesté l'importance de la doctrine économique dans la pensée chrétienne avec, il est vrai, des éclipses ou des silences regrettables.

La lecture par Bernácer de l'article de D. Villey « L'économie de marché devant la pensée catholique»[931] inspira à l'économiste espagnol une lettre enthousiaste où celui-ci souligna sa communauté de vue avec le savant français[932] : « Je veux vous manifester mon accord sur... la compatibilité entre catholicisme et liberté économique. Encore plus, je pense que le libéralisme économique, fondement du libéralisme politique, est dans la tradition la plus pure de l'Église... Je pense que le capitalisme aussi bien que le communisme, appartiennent malgré leur apparente opposition à un procès général de matérialisme dans les idées, qui a commencé doctrinalement à partir de la Réforme qui a substitué au libéralisme de St Thomas d'Aquin un réalisme en contradiction avec les racines de la pensée catholique et je crois aussi en opposition avec les vrais buts de la science économique. Ces buts sont dirigés certes, vers l'obtention[933] du bien-être matériel non comme un but en soi-même, mais comme un échelon vers le bonheur, qui est un but moral... Une harmonie entre l'Économie et l'Éthique est le premier pas nécessaire pour un accord de l'économique avec l'esprit chrétien ».

L'aspect positif : la réalisation du bonheur[934]

Les extraits de la lettre de Bernácer montrent, mieux qu'une exégèse de son œuvre, ce que Figueroa[935] dénomme « les piliers» de la pensée de Bernácer. Nous retiendrons le plus haut de ces piliers : la recherche du « bonheur qui est un but moral ». Rappelons que le premier ouvrage économique de Bernácer porte le titre de *Société et bonheur. Essai de mécanique sociale* (1916). Cette finalité ultime du bonheur proposée par l'auteur à la société humaine parait être à l'image des préoccupations de son illustre prédécesseur Sismondi dont on a fêté le bicentenaire de la naissance[936]. Une comparaison très rapide entre Sismondi[937] et Bernácer révèle des points de convergence entre les deux pensées. Le souci de démonstration scientifique souligné par la plupart des participants au colloque organisé à la Sorbonne en l'honneur de Sismondi et l'analyse dynamique : « Il (Sismondi) cherchait à articuler différemment la démonstration[938] et moins à y inclure des préoccupations philanthropiques qu'une dynamique et peut-être même une dialectique... Si Schumpeter avait bien reconnu en Sismondi le premier théoricien de l'analyse dynamique par séquence, Henri Denis, suivi d'ailleurs par Henri Guitton (à cet égard la convergence est frappante) en aura apporté une démonstration convaincante»[9].

Le refus de l'orthodoxie et la vigueur de la doctrine sont aussi des points communs[9] : «À un moment où l'histoire de la science économique semble avoir hésité, n'avait-il (Sismondi) pas déjà montré la tâche qu'il nous reste à accomplir : l'étude approfondie des liaisons qui ne cessent de s'opérer à l'intérieur de ce que, peut-

[931] D. VILLEY in *Revue d'économie politique*, 1954, p. 936. Cf. cependant D. VILLEY et C. NÊME, *Petite histoire des grandes doctrines économiques,* nouvelle édition revue et complétée dans laquelle Colette Nême émet cependant des réserves sur la thèse de la compatibilité du catholicisme et de la liberté.
[932] Lettre en français de Bernácer à D. Villey du 17 janvier 1955.
[933] Bernácer emploie un hispanisme « consécution » au lieu d'obtention.
[934] Le bonheur est un vocable qui revient décidément à la mode. L. LEPRINCE-RINGUET a publié en 1973 un ouvrage : *Science et bonheur de l'homme*.
[935] Cf. *supra* : « Témoignages ».
[936] J. WEILLER, article dans *Le Monde* du 15 mars 1973 (intitulé : « Sismondi était à la recherche d'une économie politique, science du Bonheur».
[937] Cf. aussi J. F. FAURE-SOULET, *De Malthus à Marx*, Gauthier-Villars, 1970
[938] Á la différence de Ricardo.

être, nous pouvons appeler « le bloc F.T.P.» (faits-théories-politiques) ? Et cela au nom de ce que, suivi sur ce point par Walras, Sismondi avait dénommé : «L'économie sociale».

Bernácer s'inscrit donc dans une lignée d'économistes d'origine intellectuelle et sociale très variée, soucieux des finalités et de leur prise en compte scientifique... Il est remarquable cependant que ces auteurs – hétérodoxes au sens de J. Weiller – aient été méconnus ou sous-estimés à leur époque, et longtemps après, et que depuis le milieu de ce siècle notamment, on s'attache à faire émerger leurs enseignements.

Nous serions tentés de ce point de vue de jeter la pierre aux hédonistes marginalistes de la Seconde moitié du XIXe siècle, en montrant en quoi le bonheur peut parfois s'opposer au plaisir, surtout lorsque ces deux concepts sont promus au rang des finalités sociales, cependant nous serions entraînés trop loin de l'économique, vers une science que J. Weiller dénomme la science socio-économique et nous donnerions une fausse impression de la pensée économique de Bernácer si nous insistions trop sur les paramètres qui restent pour lui économiquement exogènes, même s'il doivent s'imposer à l'économiste.

En résumé, selon Bernácer, l'économique – en tant que fait, science, ou politique – doit s'inscrire dans un ensemble de structures dont la finalité est le bonheur. Quant à définir ce que recouvre ce vocable, nous n'avons trouvé trace d'aucun essai de définition de la part de l'auteur ; le bonheur a donc en quelque sorte un statut de postulat scientifique.

L'aspect négatif : la dénonciation de l'injustice sociale

L'injustice sociale n'est pas dans la nature des choses, elle est dans la société humaine. Le savant doit découvrir dans la « nature » les lois qui formeront le corps de sa science. C'est ainsi que Bernácer, optimiste en un sens, rejette sur l'organisation sociale, sur la manière dont les hommes ont conçu et réalisé leurs rapports, l'essentiel des maux sociaux. J-J. Rousseau que Bernácer ne cite pas, semble t-il, a laissé quelques traces dans l'esprit de l'économiste espagnol.

Loin de croire à l'existence de lois inscrites dans les choses et qu'il suffirait de suivre pour que tout fût bien, Bernácer considère que tout système, toute action, toute disposition de l'homme engage un processus de réajustement d'où est issu un nouvel ordre. Cet ordre est par rapport à l'ancien ordre établi, plus ou moins conforme à un idéal social caractérisé par des lois « naturelles ». Or, l'ordre résulte de la mise en œuvre de pouvoirs soit antagonistes soit convergents, ce qui aggrave ou améliore l'ordre de la justice sociale. Derrière l'ordre incarné par des structures de pouvoir se profile l'idéal de liberté qui doit présider à toute action touchant à l'ordre social. Bernácer annonce ainsi l'ordolibéralisme allemand.

La justice sociale pose le problème de l'égalitarisme ou de l'élitisme, de la stimulation individuelle et sociale, dès rapports du progrès et de l'inégalité des dotations naturelles. Sur tous ces points, nous resterons très circonspects car ils sont seulement évoqués dans l'œuvre de Bernácer. Le principe de l'égalité sociale tient compte, croyons-nous, d'une certaine inégalité dans les dotations intellectuelles, psychologiques ou morales des individus, différences qui peuvent être atténuées dans le temps grâce à la propagation du progrès et de l'éducation (aspect solidariste) et grâce à la mise en place de structures stimulantes qui facilitent cette propagation. Dans l'ordre économique, la décentralisation, la liberté économique, l'autogestion et le partage du profit collectif doivent permettre de promouvoir la justice sociale.

Toujours est-il que la dénonciation de l'injustice sociale, en tant qu'ordre établi, sert de point de départ à l'hétérodoxie de la théorie économique de Bernácer. Son économie politique n'a de sens que si elle conduit à une authentique politique économique...

La limite des moyens : unité morale et paix sociale

LE REJET DU DUALISME ÉTHIQUE OU L'INTÉGRATION. DE LA MORALE DANS LA RATIONALITÉ ÉCONOMIQUE

Partant de l'histoire des civilisations, Bernácer observe que les hommes ont, de tous temps, recherché les situations privilégiées où l'on peut vivre sans travail, depuis les luttes tribales primitives jusqu'au statut du capitaliste rentier, en passant par les privilèges de la noblesse. Dans tous ces régimes historiques, le but est la domination par un groupe d'hommes inactifs, au sens de la production, sur les autres hommes, ceux qui élaborent le produit. Cette exploitation dont l'origine a eu d'abord une forme violente : guerres, servage, voire même esclavage, a pris généralement des formes plus sournoises grâce à l'argent. Celui-ci a permis l'appropriation de certains actifs qui avaient la propriété institutionnelle et *non naturelle* de produire des revenus. Les formes historiques de ces « actifs» sont fort variées : charges octroyées par le souverain ou achetées par les bourgeois, terres, immeubles, moyens de production.

Le résultat de cette organisation économique et sociale c'est le clivage de la société en deux classes opposées : celle qui produit et paie des rentes et des *impôts*[939], véritable spoliation ou aliénation, et celle qui bénéficie de ces revenus sans contrepartie en travail. Cela explique que de tous temps les hommes recherchent les situations privilégiées pour autant que le système le permette c'est-à-dire, jusqu'à présent, toujours. Le moyen de cette appropriation est l'argent. Certains hommes s'ingénient donc à découvrir ou à inventer des systèmes qui produisent de l'argent : la spéculation sous ses différentes formes est, à cet égard, le plus « productif » de ces systèmes.

Ainsi la société, chrétienne particulièrement, a sécrété le mythe du dualisme éthique. Il y aurait un ordre moral extra-économique comportant des lois à observer scrupuleusement et un ordre économique où tout serait permis, y compris de laisser mourir de faim un homme sans emploi dans une société d'abondance ou de propulser aux plus hautes responsabilités sociales des hommes qui ne travaillent pas mais qui possèdent de l'argent.

Bernácer est partisan d'un monisme moral[940] : « l'argent fait le malheur de celui qui n'en a pas suffisamment et le malheur du riche. Cela est dû à ce que l'argent a faussement polarisé la vie de l'homme ; ce que l'homme doit poursuivre ce n'est pas l'argent c'est le bonheur, qui est un bien moral dont la première base est l'unité de

---

939 Rappelons que l'impôt est stigmatisé dans l'œuvre de Bernácer par référence au prélèvement autoritaire par le pouvoir de revenus, selon un processus qui est analogue à celui de la rente.

940 BERNÁCER, *Une économie libre...*, p. 218.

sa conscience… Même du point de vue de la plus stricte efficacité économique, la dissociation spirituelle de l'homme dans l'ordre moral et dans l'ordre économique est fausse ». Cette unité de la morale est, par ailleurs, conforme à la rationalité du système économique[941] : « Rien ne serait économiquement plus efficace que l'amélioration morale[942] des sujets économiques ; elle réduirait le coût de surveillance et les contrôles nécessaires, elle permettrait de meilleurs combinaisons, lesquelles sont impossibles dans un monde fondé sur la méfiance. Réciproquement, l'amélioration morale de l'homme serait favorablement influencée par un régime économique rationnel qui récompenserait le plus efficace et donc celui qui aurait l'éthique la plus élevée ». Cette citation résume bien l'anthropologie économique de Bernácer que nous essayons de résumer dans cette formule : l'homme, naturellement bon, doit se créer un système social qui favorise le développement de ses facultés morales et, partant, l'épanouissement de ses énergies économiques. Il faut imaginer un ensemble de lois de fonctionnement qui permette cet épanouissement.

Le régime actuel résulte d'un certain déterminisme historique dans l'ordre descriptif, cependant, ce déterminisme n'a aucune valeur dans l'ordre normatif. Telle est la manifestation de l'hétérodoxie de Bernácer vis-à-vis de toutes les idées reçues de ce que l'on a appelé, parfois péjorativement, l'Économie politique.

LE REJET DU DUALISME SOCIOLOGIQUE ET LE REFUS DE LA LUTTE DES CLASSES

A. – *Le réalisme dans l'observation des faits*

Bernácer ne nie pas l'existence de classes. Dans son chapitre sur l'histoire des institutions, à la fin de son livre[943] il évoque « les luttes humaines », « le servage », « de la féodalité à la ploutocratie historique ». Dans son premier ouvrage, ces points sont abordés avec plus de, détails encore.

C'est dire que l'auteur perçoit fort bien, dans le vécu, les oppositions d'intérêts incarnées dans les oppositions de classes. Chez les primitifs, Bernácer observe que les mal-nourris s'efforçaient de s'approprier les ressources de tribus voisines en les exterminant, que postérieurement, la civilisation de culture rendit inutile le recours à l'extermination : l'appropriation des terres et l'asservissement des producteurs, forme apparemment moins violente et plus rationnelle, l'a remplacée, l'institution juridique de la propriété ayant sanctionné et perpétué cet état de fait. L'affranchissement individuel ou collectif et les rapports financiers à l'intérieur de la hiérarchie féodale sont des exemples du rôle de l'argent dans la société économique et politique médiévale. La révolution française elle-même n'a pas mis fin aux privilèges, elle en a transféré le bénéfice d'une certaine classe (clergé, noblesse) à une autre classe (bourgeoisie) : « l'aristocratie a été remplacée par la ploutocratie, classe arriviste qui doit plus souvent son avènement à la spéculation qu'au travail, voire à la contrebande et au banditisme ». Cette phrase marque le ton violent employé par Bernácer pour vilipender la classe des exploiteurs et montrer qu'à l'origine de son analyse, il y a une appréhension très ferme du fait politique et

---

[941] BERNÁCER, *Une économie libre…*, p. 218.

[942] Par ailleurs, Bernácer a souvent affirmé – contre la thèse socialiste utopique– qu'il ne fallait pas imaginer que l'homme pourrait facilement modifier son comportement égoïste dans un système où chacun recevrait « selon ses besoins ». Il n'y a cependant pas contradiction avec son propos présent : à l'amélioration morale spontanée, supposée être la *condition* d'efficacité du système utopique dont Bernácer conteste le réalisme, s'oppose l'amélioration morale induite par le système imaginé par Bernácer.

[943] BERNÁCER, *Une économie libre*, *op. cit.* p. 214 à 221.

social. L'univers économique, décrit par Bernácer, ou du moins le donné brut à partir duquel s'élabore sa doctrine, est donc fait de chair et d'os, de sang et de vie.

B. – *Le refus de l'interprétation dichotomique du fait social*

Si l'auteur refuse de faire des concessions à l'observation factuelle, il n'en tire pas les conclusions, au niveau conceptuel, auxquelles on pourrait s'attendre. Il est exact, dit Bernácer, que le mécanisme de notre système économique a conduit à la formation de deux classes : une classe, peu nombreuse, possédante, et une classe prolétarienne qui forme la grande masse. Cependant, « l'erreur de Marx fut de considérer la lutte des classes comme le pivot de la mécanique économique et le résultat de la volonté des capitalistes d'exploiter le travailleur ».

Bernácer considère donc qu'il y a, dans le concert social, solidarité de fonction, entre employeurs et salariés et s'il faut jeter la pierre, c'est à des individus qui se trouvent hors du circuit de la production, à des parasites sécrétés, légalement entretenus, protégés, voire encouragés par le système : « Le fait est que la lutte des classes est le fruit de tous les maux qu'une organisation viciée de l'économie déverse sur la société. Le patron en est victime comme l'ouvrier; les deux souffrent du même mal encore que ni l'un ni l'autre ne sache en quoi il consiste »[944]. L'auteur admet, bien entendu, que « le patron jouit de biens matériels plus nombreux, cependant il n'a pas lui non plus, le bien spirituel de la tranquillité, de la paix, de la sécurité dans l'avenir, que chacun pourrait avoir en même temps que plus de bien-être matériel, dans un régime plus rationnel et plus juste»[17].

Ces difficultés ont, jusqu'à présent, été « résolues» par des expédients dans l'ordre politique et social. L'avènement d'une certaine démocratie politique dans le monde n'a instauré ni la prospérité économique ni la paix sociale durables. Les richesses matérielles (biens et services) et spirituelles n'ont pas, selon Bernácer, accompli tous les progrès que la science laissait espérer. Le thème sous-jacent de l'entropie économique et sociale, déperdition, dégradation de l'énergie revient ainsi implicitement dans la pensée de l'auteur. La solution n'est pas seulement et principalement dans le partage du maigre produit que sécrète l'organisation économique actuelle, mais bien, aussi et surtout, dans la croissance de l'activité. Quoi de plus actuel, malgré les réserves d'avant-garde que ce concept commence de susciter, que cette perspective de croissance.

Les déceptions causées par la démocratie politique que Bernácer ne condamne pas, bien sûr, mais qu'il juge impuissante à promouvoir le progrès économique, à elle seule, font l'objet de sa part d'un constat et d'une explication partielle. Celle-ci illustre ce que nous avons cru percevoir comme une sorte d'élitisme dans l'organisation rationnelle du corps social (à chacun selon ses capacités intellectuelles et morales ?). Il constate l'échec en ces termes : « les classes prolétariennes qui semblaient être plus intéressées par les conquêtes politiques ont été déçues par ces armes démocratiques qui ne servaient à rien et elles se sont décidées à l'action directe soit pour faire aboutir leurs revendications, soit dans le but plus ambitieux de conquérir le pouvoir»[945].

Puis il «explique» cet échec : « mettre à la disposition d'une masse illettrée, en état de rébellion contre son destin et ignorante des causes profondes d'où naît son malaise, la direction de la nation est une absurdité, c'est

[944] BERNÁCER, *Une économie libre*, p. 214 à 221.
[945] BERNÁCER, *Société et Bonheur*, *op. cit.*

prétendre que c'est le troupeau qui guide le berger. Les fortunes ont été diverses, selon les cas, mais l'échec est évident pour tous, à tel point que les réactions les plus diverses se sont développées contre la démocratie du type du XVIIIe siècle»[18].

C. – *Le refus de la violence comme moyen de réaliser la réforme*

Bernácer, nous l'avons vu, voit dans la violence la source du malaise social, l'origine des institutions politiques, sociales, juridiques et économiques au terme d'un processus historique dialectique[946]. Source de maux, la violence est aussi conséquence de la situation actuelle, elle est à la fois cause et effet. Cette dialectique a une conséquence logique, la violence ne peut être une solution comme l'histoire l'a montré ; ajoutons, pour notre part, que l'actualité aussi. Corollaire ou cause de son analyse sociologique, le refus de la violence par Bernácer a le statut d'un postulat dans l'édification de son système rationnel et dans la réalisation de la réforme, le passage du capitalisme au nouveau régime.

Jusqu'ici la démarche de Bernácer semble logique. Cependant étant donné, d'une part, l'état de violence, latente ou exprimée, et d'autre part la vigueur de la réforme qu'il propose, on peut craindre que celle-ci ne soit ressentie comme une véritable révolution et comme un acte violent *sui generis*. Serait-il possible de mettre en œuvre la réforme sans violence ? Si cette réforme est légitime, est-il souhaitable de se priver des moyens de la réaliser ? Est-il efficace de s'abstenir d'employer certains moyens au risque de sacrifier totalement la fin ? Ces questions doivent être posées quelle que soit la position que l'on adopte.

La vigueur des solutions ou le «radicalisme» de la réforme préconisée par Bernácer

LE RAPPEL DES PILIERS DE LA RÉFORME[947]

A. – *La suppression de la rente*

Bernácer préconise la suppression de l'intérêt, cependant, compte tenu de sa théorie de l'origine de l'intérêt et de l'ensemble de sa doctrine économique, il nous paraît plus exact de parler de suppression de la rente. L'intérêt dans son acception courante n'est qu'un aspect particulier de la rente. Pour respecter la pensée de Bernácer, il faut donc généraliser la notion d'intérêt et de rente et simplifier la question, en posant comme condition nécessaire et suffisante pour le bon fonctionnement du Nouveau Régime économique[948] que l'unique source de revenu est le travail. Cela n'exclut pas la possibilité d'organiser certains transferts pour faire face à des situations individuelles particulières (transferts dits sociaux, assurances contre toutes sortes de risques, épargnes en vue de la retraite ...). La suppression de la rente implique la suppression du « marché financier », véritable gouffre – ou repoussoir suivant le cas – à disponibilités, c'est-à-dire la suppression de la structure, ou organisation, des échanges entre la monnaie et les biens productifs de rente. Ce marché financier dont le but était de faciliter les échanges de ces actifs doit disparaître afin que ces échanges ne se produisent plus.

---

[946] L'expression n'est pas employée par Bernácer.
[947] Cf. chapitre, *supra*, « Le système rationnel de Bernácer ».
[948] Nous dénommerons désormais N.R.E. (Nouveau Régime Économique) le système rationnel préconisé par Bernácer.

B. – *L'appropriation collective du patrimoine naturel*

Cette suppression du marché n'implique pas nécessairement la disparition de toute forme de propriété sur les biens qui, aujourd'hui, sont productifs de rente. Bernácer fait une distinction entre les dotations naturelles dont la seule appropriation légitime est collective (terre et ressources naturelles) et les actifs créés de la main de l'homme qui constituent donc du travail incorporé (édifices, logements, matériel de production ...).

Ces derniers sont les domaines de la propriété individuelle, étant entendu que cette propriété ne donne aucun droit à la perception d'un revenu sans travail productif.

Ces biens susceptibles d'appropriation privée pourront être cédés à titre onéreux, au prix coûtant, selon des formes juridiques et administratives qui décourageront toute velléité de spéculation (formalisme imposé) ou librement, à titre gratuit (donations, successions). Dans le N.R.E., la transmission de ces biens constituant du travail incorporé serait totalement dégrevée de droits.

Bernácer répond ainsi à un idéal de justice et de paix sociales dont l'actualité accuse le besoin, généralement ressenti. En faisant la chasse à la rente, l'auteur s'attaque à l'une de ses formes les plus sournoises et les plus odieuses : les plus-values du capital; il s'attaque aussi à cet abus de droit qu'est la propriété privée absolue. Ses dispositions visent à résoudre des problèmes d'une grande actualité auxquels se trouve confronté de plus en plus le monde moderne : la spéculation foncière outrageusement injuste, la spéculation monétaire absurde et cause de désordres sans nombre, à l'intérieur comme à l'extérieur du pays, l'utilisation du domaine public (plages privées ...), l'expropriation et le problème de l'évaluation des terrains constructibles, la faiblesse inadmissible de certains salaires, ... Nous arrêtons ici la liste, car les exemples concrets abondent. Nous avons à l'esprit un article paru dans *le Monde*, voici quelques années, où un parallèle était établi entre certaines prédictions ou suggestions de 1'« utopique » Proudhon et l'abondante législation française qui, depuis la fin du XIXe siècle, s'efforçait de résoudre les problèmes par lui dénoncés. Nous aurions pu procéder de même à partir du N.R.E. de Bernácer.

C. – *L'autogestion des entreprises*

Suggérée par Bernácer en 1916, l'autogestion des entreprises par les travailleurs (dirigeants, cadres, employés, ouvriers) a été réalisée dans certains pays avec des fortunes diverses et plus ou moins sporadiquement. En Yougoslavie le système semble assez bien correspondre à l'idée que s'en faisait l'auteur, encore que celui-ci n'ait jamais évoqué cet exemple, sans doute parce que l'environnement macroéconomique qu'il préconise – liberté et marché, notamment – ne lui paraît pas être réalisé dans ce pays. En France, l'idée de coopération des travailleurs eut quelques faveurs doctrinales[949] et quelques réalisations[950] qui fonctionnent de façon à peu près satisfaisante.

Á la lumière des faits contemporains, conflits, concentrations spatiales ou fonctionnelles excessives, déséquilibres et désordres entre les centres de décision et les intéressés, dire qu'il se pose des problèmes aigus est un euphémisme. On semble admettre au niveau idéologique que là décentralisation est nécessaire et

[949] Ch. Gide.
[950] Revue Le Management, novembre 1972 : « 25 ans de participation »

souhaitable, qu'il faut imaginer de nouveaux rapports entre les pouvoirs et les gouvernés. L'entreprise, principale cellule de la vie économique, fait l'objet de nombreux débats sur ses structures et il semble que chacun admette, idéalement, que la participation des travailleurs[951] à la gestion est à la fois une condition d'efficacité de progrès et qu'elle est inéluctable à terme. La propagation de l'éducation, les nécessités de l'efficacité dans les unités de production font que la délégation implicite ou formelle des pouvoirs s'avère indispensable et se trouve empiriquement réalisée dans les organisations démocratiques efficaces. Ce principe se heurte, bien entendu, à des situations établies, à des routines ancrées, et son application n'ira pas sans poser des difficultés. Cependant tout homme d'action sait que les difficultés sont le lot de ceux qui décident et orientent l'activité et que cette perspective ne doit, en aucun cas, décourager les tentatives de restructuration qui s'imposent.

Il semble que Bernácer soit persuadé du déterminisme des structures sur le comportement des hommes, étant entendu que les structures sont elles-mêmes la consécration ou l'institutionnalisation du comportement. Cela revient à dire que si certains hommes ne sont pas jugés aptes, aujourd'hui, à remplir certaines fonctions de responsabilité et d'initiative, il n'est pas dit que demain, grâce à des structures stimulantes, on n'arrive à modifier globalement leurs comportements.

Affirmer le contraire relève d'une attitude pessimiste que Bernácer, semble-t-il, condamne. La simple observation du fonctionnement de l'entreprise dans le système actuel montre l'importance de ce que Galbraith a appelé la technostructure, c'est-à-dire un complexe de prise de décisions qui détient, *de facto* sinon *de jure*, un pouvoir réel et puissant dans l'entreprise et, au-delà, dans tout organisme ayant quelque permanence dans ses structures de décision. Cette technostructure est composée d'hommes qui, principalement, sont dotés de compétences reconnues. Leur profil est davantage celui du travailleur qualifié que celui du capitaliste rentier. Pourquoi ces hommes ne mettraient-ils pas volontiers leurs compétences au service d'une unité de production autogérée, en détenant leur pouvoir en vertu de leurs aptitudes et de leurs réalisations, de la même manière qu'ils le détiennent actuellement par délégation du conseil d'administration composé des propriétaires de leur entreprise ?

Affirmer que l'unité de production autogérée, dirigée par une technostructure responsable devant les travailleurs – mais pas nécessairement eux exclusivement – dans une économie de marché et avec le stimulus du profit, est vouée à la faillite, c'est faire un pari pessimiste que Bernácer n'a pas fait.

D. – *La suppression de l'impôt*

Bernácer considère que l'impôt est le résultat d'un processus historique suivant lequel les souverains puis, ultérieurement, les entités publiques ont eu besoin, pour réaliser les desseins de la collectivité, de ressources que seuls les individus étaient en mesure de fournir, sous prétexte d'obtenir, en échange, une protection de la part des autorités.

Or les besoins collectifs existent, indéniablement, mais il est aussi indéniable que la collectivité possède «naturellement» un patrimoine : ce sont les dotations naturelles, la terre, les ressources énergétiques et

[951] F. BLOCH-LAINÉ, *Pour une réforme de l'entreprise* et la controverse qui s'ensuivit.

minières, dont une partie de la valeur – celle qui ne correspond à aucun travail de mise en valeur – ne saurait être légitimement appropriée par tel ou tel individu, sous prétexte qu'il aurait un droit de propriété. Bernácer admet donc la nécessité pour l'État et pour les collectivités locales d'avoir un budget, cependant il considère que ce budget ne doit pas être dévorant, les tâches de l'État devant être sélectives, et les recettes nécessaires devant provenir des revenus du patrimoine collectif et non d'un prélèvement distordant et parfois injuste des revenus des individus. Étant d'accord pour que la collectivité assume des dépenses qui sont dans l'ordre collectif, l'auteur affirme qu'il n'est pas inéluctable de les faire assumer par un prélèvement sur les fruits du travail (impôt) mais par un prélèvement sur la fraction de la valeur qui ne correspond pas à du travail (rente). Ce point de vue est original mais non dénué de fondement, il conviendrait de l'approfondir.

COMMENT BERNÁCER CONÇOIT LE PASSAGE DU CAPITALISME AU NOUVEAU RÉGIME ÉCONOMIQUE

A. - *Les exigences de la paix et de la justice sociale*

Bernácer pose comme principe de la transition de l'Ancien au Nouveau Régime que celui-ci, pour être efficace et durable, doit être conforme à la paix et à la justice sociale.

1° *Le refus de la violence.*

Nous rappellerons brièvement que Bernácer, par tempérament personnel et partant des enseignements de l'histoire, se refuse comme moyen de faire aboutir sa réforme la violence physique ou de quelque autre forme[952].

2° *Le refus de la spoliation.*

Parmi les détenteurs d'actifs de rente, visés à titre principal par la réforme, certains ont acquis « légitimement » de tels actifs, c'est-à-dire que, sans aucun mobile spéculatif, ils ont placé leur épargne dans ces biens. Les déposséder serait commettre une spoliation pure et simple.

Or, il est difficile et inopportun d'enquêter sur la « *légitimité* »[951] du mode d'acquisition des propriétés, de sorte que Bernácer propose avec un pragmatisme digne des anglo-saxons, de ne pas chercher à faire une discrimination entre les authentiques épargnants « *innocents* » [951] et les véritables *exploiteurs rentiers*[951]. Ce qui importe pour Bernácer c'est le nouvel ordre dans l'avenir. Si la fixation définitive des richesses, parfois « illégitimement » acquises dans le passé, selon la procédure qu'il suggère, doit être le prix de la paix sociale, la société doit accepter de le payer. D'autant plus que la suppression *institutionnelle* de la rente tend à réduire automatiquement la valeur des biens - autrefois recherchés précisément pour leur aptitude à produire une rente - à leur valeur de coût, fût-ce un coût indexé.

B. - *Le pari sur la réussite de la réforme : la facultativité du rachat des actifs productifs de rente*

[952] Cf. *supra*.

L'expression est de nous.

L'un des dangers de la réforme est que les propriétaires d'actifs productifs de rente, traditionnellement enclins à la panique, n'exigent massivement, au moment de la réforme, le rachat des actifs productifs de rente par la collectivité. Bernácer considère que le fait, pour ces biens, de ne plus produire de rentes ne leur enlève pas leur valeur *intrinsèque*[25] et que l'impossibilité où serait le propriétaire de trouver désormais des biens productifs de rente lui ôterait toute velléité de céder ses biens actuels contre de la monnaie puisqu'a priori aucune autre acquisition ne présenterait un attrait particulier; du fait de la disparition de l'intérêt et de la rente.
Nous ne pouvons cependant cacher que Bernácer raisonne en économie autarcique, car il suffirait, évidemment, qu'il existe au monde un seul pays accueillant pour ce genre de capitaux, pour que l'évasion monétaire et donc le désir de vendre les biens anciennement productifs de rente, par leur propriétaire soucieux de trouver à l'étranger un placement productif de rente, se réalise et que le pari optimiste de Bernácer se trouve sans fondement. Cette réserve doit être faite, car le libéralisme de Bernácer semble contredire la seule sauvegarde qui semble possible : la réglementation dés sorties de capitaux. Cependant, il ne faut pas trop insister sur cette contradiction interne car l'hypothèse que nous envisageons peut être assortie de mesures temporaires de sauvegarde.
Les cessions de ces actifs devraient donc « normalement» se faire graduellement au fur et à mesure des besoins naturels ressentis par la population, à l'occasion d'événements particuliers au niveau des individus, de telle sorte qu'a priori, rien ne permet de penser, en théorie, que les propriétaires se précipiteront pour céder leurs biens à la collectivité. Cette hypothèse pouvant avoir des conséquences inflationnistes que l'on devine, puisque l'État serait alors acculé à l'émission de monnaie.

C. - *La collecte des rentes naturelles et les finances publiques*

1° *La collectivisation des loyers, des fermages, pour le financement des dépenses publiques de fonctionnement.*

Les biens naturels collectifs, confiés à des agents privés pour leur exploitation, procureraient à la collectivité des recettes permanentes. Les loyers et les fermages seraient donc versés directement par les exploitants à titre précaire à la collectivité, propriétaire exclusif et permanent des biens.

2° *Un rôle réduit et plus sélectif de l'État entrepreneur.*

Bernácer ne croit pas à la panacée keynésienne de l'investissement public, substitution de l'initiative étatique à l'initiative du marché. Cette position, à contre-courant de l'évolution historique passée, peut paraître à tort une survivance de classicisme chez Bernácer. Pourtant l'histoire n'est pas d'une continuité telle que l'on puisse aujourd'hui prédire que les prochaines années seront faites de la même évolution que celles des années qui ont suivi la parution de la *Théorie générale*. Keynes a promu au rang de principe théorique des expériences sporadiques (grands travaux, aides aux entreprises en difficulté) qui ont été tentées par les États depuis que les crises existent, leur extension s'étant réalisée seulement dans des circonstances très exceptionnelles. Jusque-là ces interventions étaient ressenties comme des palliatifs temporaires, après Keynes, et peut-être malgré lui, l'intervention de l'État en tant qu'entrepreneur a été institutionnalisée, promue en quelque sorte à un rang dogmatique et vivace.

Bernácer n'est pas sans savoir que l'État et les collectivités décentralisées ont un rôle primordial à jouer, cependant il se méfie du planisme (aucune intelligence supérieure ne saurait se substituer au rôle du marché) ; de l'étatisme (mainmise d'une fraction gouvernante sur une majorité de gouvernés), du fonctionnarisme (dissolution de la responsabilité et manque de stimulant). L'État et les collectivités ont un rôle « naturel » à jouer, des fonctions « spécifiques » à assumer. Dans l'esprit de Bernácer nous croyons pouvoir dire que le « jeu » économique implique une distribution préalable des rôles et des cartes, que les agents ont *sui generis* une vocation à assumer telle ou telle fonction. Les circonstances peuvent faire que le générique soit modifié mais cette possibilité que l'on se réserve, de s'adapter aux circonstances, ne doit pas faire oublier qu'à terme, la distribution doit tendre vers une satisfaction générale.

Il faut observer qu'au plan théorique la position de Bernácer est très défendable :

a) D'abord, il est soucieux de l'efficacité[953] économique et de ses retombées sur la collectivité et, à cet égard, l'observation du comportement du producteur fonctionnaire, sous différents climats politiques, le choque. Keynes ne semble pas s'être posé la question de l'efficacité et, même au plan théorique, sa substitution de la dépense gouvernementale à la dépense privée défaillante repose sur la confusion, que nous avons déjà dénoncée, que la propension à épargner est un frein pour un haut niveau d'activité et d'emploi. Nous avons longuement évoqué les erreurs de la théorie keynésienne dans la deuxième partie pour ne pas nous appesantir davantage sur ce sujet. Rappelons simplement que selon nous le rôle de l'État dans la théorie keynésienne :

- est parfaitement pertinent par rapport aux prémisses de l'analyse,
- cependant, il repose sur une erreur d'observation et d'analyse du fait économique,
- enfin, il correspond peut-être à un passage « nécessaire» de l'histoire économique entre le vieux capitalisme défaillant et un certain Nouveau Régime.

b) Dans le N.R.E., où les travailleurs pourraient mettre en œuvre eux-mêmes leur travail dans des entreprises qu'ils pourraient créer, où le marché permettrait de dégager un profit[954] collectif d'un niveau raisonnable, strictement partagé entre les participants actifs à la production, où le profit est sanction de l'efficacité de l'unité de production, et où les rentes seraient appropriées par l'État, les critiques du capitalisme qui servirent de fondement au principe des nationalisations[955] tombent d'elles-mêmes. Le problème des nationalisations est un sujet brûlant qui provoque des réactions épidermiques et passionnées. Évoquer une dénationalisation est ressenti par la gauche politique comme une hérésie et suggérer une nationalisation est ressenti par la droite politique comme une régression de la liberté, une atteinte au droit intouchable de la propriété. Il est pourtant

---

[953] Dans l'ouvrage collectif *Efficacité sociale du libéralisme* (4e semaine de la pensée libérale; 4 au 8 déc. 1971). Éditions Albatros, 1972, cf. la contribution de J. GARELLO, « *Les nationalisations et l'efficacité économique* », p.82.

[954] Dans l'ouvrage collectif cité, *ibid.*, p. 112, cf. la contribution de L. BOURCIER DE CARBON, « *Faut-il dénationaliser ?* » et notamment, p. 113 : « La mystique syndicale... domine l'attitude de ceux qui ont adopté comme postulat que le profit est avant tout un indicateur de l'exploitation des travailleurs par le capital ». C'est *partiellement* vrai dans la réalité actuelle, mais ce ne serait plus vrai du tout dans le N.R.E. de Bernácer.

[955] Cf. René HOSTACHE, *Le Conseil national de la Résistance*, 1958, p. 461 à 463, « Programme d'action du C.N.R. » du 15 mars 1944, ainsi par exemple : «- le développement et le soutien des coopératives de production d'achats et de ventes artisanales et agricoles; « - le droit d'accès dans le cadre de l'entreprise aux fonctions de direction et l'administration pour les ouvriers possédant les qualifications nécessaires et la participation des travailleurs à la direction de l'économie ».

possible d'imaginer, d'une part une position nuancée sur ce problème[956] à laquelle Bernácer eût certainement souscrit, il préconisera longtemps, et mourut sans la connaître, la nationalisation de la Banque d'Espagne.
L. Bourcier de Carbon[29] affirme, sans nostalgie, semble-t-il : « Certes tout le domaine nationalisé n'est pas dénationalisable. Cependant, dans tous les cas, le système de gestion pourrait être amélioré par des réformes[957] adéquates et certaines d'entre elles sont à mi-chemin d'une sorte de dénationalisation », puis il conclut : « Il faut dénationaliser pour des raisons autant sociales qu'économiques, chaque fois que le secteur privé peut faire aussi bien que l'État et naturellement lorsqu'il peut mieux faire; il faut libérer l'État, le rendre à sa véritable tâche qu'il remplit d'autant plus mal qu'il ajoute davantage de charges inutiles. Le rôle de l'État comme arbitre ne cesse de croître dans l'économie moderne ; sans cet arbitre de nombreuses oppositions d'intérêts qui tiennent à la nature des choses ne trouvent pas de solutions paisibles ; finalement c'est la liberté qui est menacée. Trop souvent et inutilement, l'État se veut responsable. Le keynésisme l'a porté à assumer des responsabilités croissantes, en matière économique, et l'État a mis la main sur le crédit pour y faire face : dangereuse acquisition qui l'expose fortement aux assauts de toutes les clientèles; situation de faiblesse qui a pour conséquence maintes sources d'inflation contre lesquelles l'État s'épuise à lutter après les avoir causées. Dans l'ordre, avec des étapes nécessaires, en ayant soin de préparer l'opinion à une juste compréhension de la réalité à partir d'une multiplication de rapports du style Nora : *Il faut dénationaliser tout ce qui doit normalement ressortir au domaine du secteur privé»* (C'est l'auteur qui souligne).

3° *La planification des besoins collectifs et leur réalisation par l'emprunt.*

Bernácer semble admettre la nécessité d'une planification, à condition qu'elle se situe au niveau des unités de décision et qu'elle soit donc décentralisée. Les entreprises doivent planifier leur activité et l'État aussi en ce qui concerne sa charge spécifique, les besoins collectifs. L'État aurait donc en permanence une liste de travaux à réaliser, et les réaliserait selon les possibilités de financement de l'économie. L'emprunt - bien sûr, sans aucune charge d'intérêt - serait le mode normal de financement, et très exceptionnellement, lorsque les nécessités de *l'équilibre économique*[958] l'exigeraient, l'État pourrait recourir à l'émission monétaire, à condition d'éponger le déficit assez rapidement après.
Ce qui est remarquable dans cette précision de Bernácer, c'est la mise en évidence du caractère complémentaire de la dépense publique par rapport à la dépense privée, dû à la contrainte budgétaire que nous pouvons formuler :

$$\text{(dépense publique)}\,(t_i) + \text{(dépense privée)}\,(t_i)$$
$$\leq \text{(revenu)}\,(t_i) + \text{Disponibilités non dépensées à la fin de}\,(t_{i-1})$$

[956] L. BOURCIER DE CARBON, ibid., p. 112 à 124. Cf. aussi les contributions de G. VENTEJOL, *Les nationalisations et la condition ouvrière*, ibid., p. 36; de L.ARMAND, *L'État et l'entreprise*, ibid., p. 176 et de J. GARELLO, *Les nationalisations et l'efficacité économique*, ibid., p. 82.
[957] Peut-être peut-on citer à ce propos l'actionnariat ouvrier chez Renault (loi du 2 janvier 1970 et décret du 8 juillet 1970) et son extension par les lois du 4 janvier 1973, l'une, « relative à la mise en œuvre de l'actionnariat du personnel dans les banques nationales et les entreprises nationales d'assurances » : (J.O., 5 janv. 1973, p. 228-229) et l'autre « relative à la mise en œuvre de l'actionnariat ouvrier du personnel de la société nationale industrielle aérospatiale et de la société nationale d'étude et de construction de moteurs d'aviation ».
[958] L'expression est de nous.

Pour avoir négligé cette contrainte, les keynésiens sont incapables de répondre au plan théorique comme au plan pratique à la situation nouvelle d'inflation permanente créée au lendemain de la deuxième guerre mondiale. Keynes, quant à lui, eut l'à-propos d'écrire *How to pay for the war* en 1941, complétant ainsi partiellement son analyse insuffisante de la *Théorie générale*; cependant cet écrit a-t-il beaucoup inspiré ses disciples ?

BILAN PRÉVISIONNEL DE LA RÉFORME

Nous procédons ici comme si la réforme envisagée par Bernácer était réalisée et nous essayons de projeter ses conséquences et ses résultats.

A. - *Une solution qui paraît très positive* : *la collectivisation de la rente et les finances publiques*

1° *La compatibilité de la justice sociale et de l'efficacité.*

Le système de Bernácer a le mérite de répondre à la fois aux critères de justice sociale et d'efficacité. Dans un monde tiraillé par des relations dialectiques et antinomiques, il est rassurant de penser qu'il existe une solution, fût-elle théorique, qui rend compatible la justice et l'efficacité. La réforme de Bernácer est moins utopique, dans l'absolu, que certaines théories de visionnaires, au demeurant fort sympathiques. Celles-ci ont cependant laissé des traces plus profondes que nous ne pensons. Cette réforme paraît aussi plus réalisable dans un proche avenir, si l'on tient compte du progrès accompli et de la nécessité où nous sommes d'envisager coûte que coûte les réformes que nous imposeront, à terme, les circonstances. En effet, l'injustice et l'improductivité sont ressenties de plus en plus comme insoutenables dans la majorité des horizons politiques.

Il est significatif que L. Stoleru cite dans la conclusion de son ouvrage[959] des passages de l'encyclique Mater et Magistra »[960] où sont reprises les paroles de Pie XI : « Il serait donc radicalement faux de voir, soit dans le seul capital, soit dans le seul travail, la cause unique de tout ce qui produit leur effort combiné ; c'est bien injustement que l'une des parties contestant à l'autre toute efficacité en revendiquerait pour soi tout le fruit... Il peut être satisfait à cette exigence de justice en bien des manières que suggère l'expérience. L'une d'elle, et des plus désirables, consiste à faire en sorte que les travailleurs arrivent à participer à la propriété des entreprises dans les formes et les mesures les plus convenables » (C'est nous qui soulignons).

2° *La remise en ordre sociale et financière* : *la disparition de la spéculation et des injustices fiscales.*

À l'heure où, partout dans le monde, sévissent les désordres financiers à tel point que l'équilibre économique du monde est annihilé pour longtemps, spéculation sur le dollar et forte baisse malgré deux dévaluations en moins de dix-huit mois, spéculation sur l'or qui atteint des cours réellement absurdes, sans aucune mesure avec le besoin de cette forme de monnaie, à l'heure où la demande de biens durables atteint un niveau anormal, on peut se demander si Bernácer était donc si pessimiste lorsqu'il ramenait à l'existence du « marché financier » la condition première du déséquilibre.

---

[959] L. STOLERU, *op. cit.*, p. 579.

[960] Pape JEAN XXIII, Mater et Magistra, encyclique, 1961.

À l'heure où, en France et après plusieurs tentatives de réformes avortées, celle de l'automne 1968 sur l'imposition des plus-values foncières est un exemple frappant du blocage politique de notre système économique, on remanie plusieurs fois par an, sur des points de détail : prélèvement anticipé ou différé de certains impôts, dégrèvement sur l'épargne, discussions sans fins sur le dosage entre l'impôt direct et l'impôt indirect, sur l'opportunité, sinon la justice, de taxer fortement certains revenus élevés du travail alors que, dans le même temps, on vient encore de déplafonner les dépôts à vue dans les caisses d'épargne exonérés d'impôts. Une fois encore, notre propos n'est pas de recenser tous les exemples concrets qui prouvent que la fiscalité n'est pas près d'atteindre une limite et un contenu stables.

Quoi de plus naturel de la part de Bernácer que de dénoncer les méfaits du prélèvement fiscal, tout en assurant aux collectivités les ressources dont elles ont besoin par le prélèvement des rentes naturelles ? Là encore, Bernácer a pressenti que les États sont pris dans un engrenage qui comporte sa propre dynamique et aboutit à l'étatisation progressive ainsi qu'à un certain étouffement de l'activité économique et un ralentissement du bien-être social. La position de Bernácer peut paraître hérétique, de nos jours, vu l'usage abondant que l'on fait de la recette et de la dépense publique. Pourtant nous sommes persuadé que l'avenir lui donnera partiellement du moins, raison. Signalons l'absurdité où l'on se trouve actuellement, à faire proliférer les impôts indolores, précisément sur les biens dont l'élasticité-prix est très faible, ce qui est défendable au plan de la science financière mais pas nécessairement au plan de l'impulsion économique d'ensemble.

À vrai dire, un impôt sur le travail est, en un sens, absurde et inique. Or, pourquoi prélève-t-on davantage sur les revenus du travail, en France, que sur ceux du capital, si ce n'est qu'en réalité le revenu du travail est le revenu le plus « certain », celui dont on est sûr que, même en le soumettant à l'impôt, il ne pourra de toutes manières réussir l'évasion fiscale. Ce que l'on reprochera aux États ce n'est pas de vouloir pénaliser les travailleurs[961] mais d'y parvenir, malgré tout, du fait que l'on ne se donne pas les moyens plus radicaux qui consistent à transférer purement et simplement de l'individu à la collectivité les rentes sur la nature. À cet égard, la solution de Bernácer nous paraît supérieure à cet impôt sur l'énergie que l'on évoque périodiquement en France et qui procède, en partie, de la même prémisse mais comporte bien d'autres inconvénients.

Par ailleurs, et en revanche, la notion de service public n'est peut-être pas nécessairement liée à l'idée de gratuité. Si nous prolongeons le raisonnement de l'auteur, nous voyons que dans un système où les revenus individuels du travail (salaire plus quote-part du profit) sont accrus, l'individu est susceptible de payer un certain nombre de services publics dont il tire individuellement parti, sans préjudice, bien entendu, d'un régime d'aménagements ou d'exonérations, toujours compatible avec le N.R.E. Il nous semble en effet logique que la place accordée au marché dans le N.R.E. implique que ce marché fonctionne le mieux possible, ce qui pose le problème de la vérité du prix et des conditions d'amélioration de la concurrence.

Loin de voir dans tous ces perfectionnements du système un reste de classicisme, ou mieux de néo-classicisme chez Bernácer. Il faut plutôt considérer que l'auteur lutte, au contraire, contre un certain mythe répandu, d'ailleurs surtout par les partisans de l'économie planifiée, puisque les keynésiens et Marx lui-même n'ont jamais véritablement renié l'idée de compétition économique. Dans l'ordre *normatif*, la concurrence demeure,

[961] Rappelons : au sens de Bernácer.

pour l'économiste, une hypothèse idéale de travail. L'unanimité des législateurs occidentaux, à cet égard, au plan de la réglementation surtout, mais aussi au plan de l'action[962], montre que la concurrence dans ce qu'elle a de flou et d'idéal, reste une sorte de modèle de la structure idéale du marché. Le législateur devrait davantage s'évertuer à définir et à faire appliquer les règles fondamentales qui doivent régir le marché - information, protection des consommateurs, concurrence et publicité déloyales - qu'à essayer, souvent en vain et parfois au prix de l'effet contraire de celui recherché, de peser sur les composantes du marché et d'y stériliser des moyens qui font défaut pour les autres desseins de la collectivité.

B.- *Les ombres du tableau : l'objectif de stabilité sera-t-il atteint dans le N.R.E.* ?

Bernácer insiste sur la stabilité en tant que finalité importante du système économique. Ajoutons d'ailleurs que cet objectif doit être évalué comme étant lui-même la condition de la pérennité de l'objectif primordial, le plein-emploi. Le N.R.E. est-il un système propice, plus qu'aucun autre, à assurer la stabilité ? Bernácer pense que la cause essentielle de l'instabilité est actuellement le placement, à but spéculatif ou non, sur le « marché financier ».

Sa suppression doit être un facteur de stabilisation du système. Cependant Bernácer néglige le facteur « réel », l'excès de demande, par exemple, qui conduirait à une inflation par la demande[963]. Peut-être pourrait-il répondre qu'une plus grande concurrence sur le marché, du fait de la nouvelle structure des unités de production, rendrait l'offre plus fluide et plus apte à répondre aux incitations de la demande. Cependant, raisonnant à un niveau macroéconomique, il néglige les goulots d'étranglement qui peuvent se produire sur les marchés du travail et des matières, c'est-à-dire les circonstances où la probabilité est faible d'un ajustement suffisamment rapide pour éviter un processus de déséquilibre durable. En ce sens, Bernácer est un économiste d'avant 1950, la synthèse qu'il fait entre le réel et le monétaire, en la matière, nous paraît moins élaborée que celle de F. Perroux par exemple dont l'apport essentiel à cet égard est, selon nous, la mise en lumière d'un univers non isotonique, celui de « l'économie dominante ».

Le N.R.E. réduit certainement de façon très sensible l'instabilité du système actuel, cependant il ne paraît pas devoir supprimer toute cause d'instabilité. Bernácer n'est pas dupe et admet qu'à terme la stabilité absolue des prix est inconcevable et que la stabilité recherchée doit être relative et, semble-t-il, caractérisée par le ratio $\frac{\text{salaires}}{\text{prix}}$[964].

Nous devons cependant insister aussi sur la nécessité de l'hypothèse de stabilité, non plus comme résultat mais comme condition de bon fonctionnement du N.R.E. En effet, si une certaine stabilité des prix nominaux n'est pas respectée, il est à craindre que de fortes tensions ne se manifestent sur certains biens. Ceux-ci pourraient être considérés, à tort ou à raison, comme devant connaître une revalorisation dans le futur, compte tenu des tendances probables du marché. Ils risqueraient alors de donner une nouvelle génération de biens productifs de

[962] Cf. J. et C. NÊME, *Économie européenne*, P.U.P., Thémis, *op. cit.*, et notamment *Organisations économiques internationales*, Thémis, P.U.P., 1972, p. 44 : «Le principe de non-discrimination », p. 240; «La libération des échanges... » et, p. 258 « La poursuite de la libération des échanges ».

[963] Malgré les réserves que l'on doit faire sur le dualisme inflation par les coûts, inflation par la demande, distinction trop sommaire, semble-t-il.

[964] Cf. *supra* « Le taux d'intérêt ».

rente, la rente étant, cette fois, exclusivement constituée de la plus-value nominale. Une certaine fuite devant la monnaie risquerait alors de précipiter le processus d'instabilité.

Peut-être pourrait-on envisager une indexation des prêts comme solution permettant de garantir le pouvoir d'achat de la monnaie. Cependant cela n'irait pas sans risques et d'après les principes dialectiques maintes fois évoqués des relations [système ⟷ comportement], il est à craindre que l'indexation institutionnalisée ne devienne elle-même une cause d'instabilité.

Il y a lieu de penser, en tout cas, qu'à défaut d'être parfaitement stable, le N.R.E. serait plus stable que le système actuel.

C.- *En guise de conclusion sur le N.R.E. : la négligence des conditions de l'efficacité politique*

Au plan théorique, le N.RE. présente peu de failles, même du point de vue de la psychologie politique, cependant des failles apparaissent quant aux conditions historiques de la mise en œuvre de la réforme.

1° *Le réalisme théorique de la mise en place du N.R.E.*

Bernácer s'entoure de garanties dans la manière dont il suggère l'application de la réforme :

a) la sauvegarde des situations acquises : en matière de nue propriété. Elle vise tout autant, semble-t-il, à apaiser les oppositions des éventuels propriétaires réfractaires qu'à répondre empiriquement au souci légitime de ne pas spolier les propriétaires, épargnants « légitimes »[965].

b) le maintien du profit d'entreprise, condition de dynamisme du système. Bernácer répond ainsi à une nécessité de stimulation pour l'activité productive et, subconsciemment, il répond aux aspirations d'une certaine catégorie d'individus habités par ce qu'il est convenu, d'appeler l'esprit d'entreprise. Celui-ci est un véritable pari sur l'avenir, tout à fait dans la ligne de l'esprit innovateur souligné par Schumpeter qui correspond à une certaine conception du joueur, dans la stratégie des unités de production.

c) L'autogestion ou l'aspiration profonde des hommes à la dimension humaine de leur environnement.

L'homme est capable d'assumer des responsabilités, voire même des risques, de prendre des initiatives, de travailler en équipe, de participer aux décisions qui le concernent. Nous avons tous un certain nombre de mémoires[966] dans lesquelles la nature nous a inculqué ces dons ; certaines d'entre elles, chez certains individus, sont atrophiées, et d'autres au contraire sont hypertrophiées. Partant de cette potentialité, ressentie plus ou moins consciemment par les individus, il est aisé d'admettre que les individus, plus ou moins consciemment, sont disposés à participer, à être stimulés et se surpasser dans les activités créatives et particulièrement celle qui leur est vitale : leur métier. Il n'est, semble-t-il, d'homme plus heureux, de conteur plus talentueux que celui qui parle de son métier, qu'il aime. Bernácer, une fois, de plus, excite une fibre sensible de cette sorte d'anti-*homo economicus* qu'est l'homme : en préconisant l'autogestion, il fait œuvre de visionnaire.

---

[965] L'expression est de nous.

[966] Au sens cybernétique.

2° *Les failles du programme de mise en œuvre de la réforme.*

a) L'absence de l'étude de l'environnement international.

Bernácer ne s'est nullement soucié de poser les conditions internationales qui doivent rendre possible la réforme. Lui qui a bien mis en évidence la propagation internationale du cycle n'a pas imaginé que l'environnement international pouvait contrecarrer la mise en place ou la viabilité du N.R.E. Cela est d'autant plus fâcheux que la doctrine libérale de Bernácer ne lui permet pas de poser, par exemple, le principe de la réglementation des sorties de capitaux, comme moyen de s'isoler d'un environnement international éventuellement hostile, ou simplement décalé.

b) L'absence d'une authentique stratégie politique.

Bernácer, il s'en défend, n'a pas le goût de la politique et en tous cas les structures de son pays ne le lui ont pas inculqué. Cependant, il devrait se rendre compte que le N.R.E. est un plan d'action révolutionnaire, qu'il constitue en soi une attaque « violente » contre des institutions - *de facto ou de jure* - millénaires et que, de ce fait, le consensus ne se fera pas spontanément.

Nous lui reprocherons d'avoir totalement négligé trois aspects :

- L'étude du comportement des forces vives de la nation[967] dont l'intérêt bien compris, il est vrai, devrait faire appuyer l'idée du N.R.E.
- La difficulté de faire abandonner à une grande partie de la population qui cumule les fonctions de producteur et de rentier, une fraction de son revenu (la rente), même si elle doit la retrouver, par ailleurs, sous forme de rémunération supplémentaire.
- La difficulté de disposer d'une force politique[968] qui accepte de se battre véritablement pour la décentralisation, ce qui suppose que cette force soit favorable aux autres objectifs sociaux. En effet, le jacobinisme est, en France, souvent le fait d'hommes politiques nombreux et souvent de bonne foi, obnubilés par le pouvoir et les possibilités d'action qu'il offre pour infléchir le destin de la collectivité.

Ces reproches correspondent bien à la personnalité de Bernácer dont un de ses amis disait devant nous qu'il était un homme séraphique.

Nous ne pensons pas qu'aucun parti actuel ne fasse jamais sien le programme du N.R.E., et cependant nous sommes persuadé que le N.R.E. pourrait, d'une part, servir de base à un véritable plan de réformes progressives, et d'autre part, inspirer, chez une grande majorité d'individus, une réflexion fertile qui pourrait aboutir à la germination d'un consensus qui déboucherait sur l'action politique non violente. Cependant qui entreprendrait la campagne de pédagogie politique nécessaire ?

---

[967] Les producteurs ou travailleurs, au sens large de Bernácer.

[968] Dans une lettre du 9 novembre 1903, le professeur MONTGOMERY D. ANDERSON (op. cit. *supra* : « Témoignages ») de l'University of Florida ; écrivait à Bernácer, à propos de son article en français « le circuit monétaire et l'avantage collectif » (in *Économie appliquée*) : « Je trouve que les remèdes que vous proposez pour les fluctuations sont fort originaux, cependant j'incline à me demander s'ils ne sont pas trop draconiens pour trouver quelque audience auprès des parlements de la plupart des pays qui vivent encore sous le régime de la liberté d'entreprise, même s'il est quelque peu modifié ».

Le titre de l'avant-dernier ouvrage de Bernácer, *Une économie libre, sans crises et sans chômage*, contient l'énoncé des deux préoccupations essentielles de l'économiste : d'abord, éviter les crises et le sous-emploi, ensuite, le moyen qu'il préconise pour y parvenir : la liberté économique. On remarque dans tous ses écrits, depuis son premier livre de 1916 jusqu'à ses derniers articles, et donc en dépit des événements importants qui se sont déroulés entre temps, un constant souci de réhabiliter la liberté dans l'économie, en vue surtout d'un avenir meilleur. Cette liberté qu'il revendique pour l'activité économique n'a pas le même caractère que chez les classiques ou les néolibéraux : il s'en défend vigoureusement.

La liberté, condition de moralité individuelle et collective

LES VICISSITUDES DE LA LIBERTÉ DANS L'HISTOIRE ÉCONOMIQUE

A. - *Historique*

1° *À l' origine était la liberté.*

À l'origine, l'activité économique est un phénomène spontané, libre de toute intervention dans une optique très rousseauiste. Il en a été ainsi jusqu'à ce qu'apparaisse un pouvoir politique organisé. Bernácer oublie de souligner que cette liberté était pour le moins relative, puisqu'il signale, par ailleurs[969] que les primitifs étaient déjà en conflit pour la nourriture. Peut-être fait-il allusion à l'Eden ?

2° *Régression de la liberté.*

L'homme a installé des structures sociales et cette mise en place a conduit à entamer la liberté qui était dans la nature des choses. Ces structures culminent aux plus beaux jours de l'Ancien régime monarchique, époque où la liberté est réduite à sa plus simple expression.

3° *La révolution de l'égalitarisme.*

Par une réaction brutale contre l'ancien ordre établi, et au nom d'un égalitarisme et d'un libéralisme outranciers, la révolution détruit la presque totalité des anciennes structures. C'est ainsi qu'en France à la fin du XVIIIe siècle seront abolis pêle-mêle les terrains communaux, les corporations et toute entrave à la liberté économique. Les structures sociales du travail disparaissent sans être remplacées et c'est ainsi qu'un certain capitalisme s'installe et s'épanouit dans le monde occidental.

4° *L'échec du capitalisme.*

Certes, on a dit que la liberté était alors la règle, cependant, cette pseudo-liberté ignorait les lois élémentaires de l'ordre naturel et conduisit à des abus dans l'ordre social et à des crises dans l'ordre économique. L'État fut

[969] Cf. *supra*, p. 367 et s.

sollicité par l'influence des groupes de pression pour entamer la liberté d'abord proclamée. Cela afin de pour protéger, tantôt les travailleurs en leur octroyant un moyen de lutter dans le cadre légal, la grève, et le syndicalisme qui pratique des politiques à tendance monopolistique dans le domaine de l'emploi, tantôt les patrons qui se coalisent à leur tour et réclament un retour au protectionnisme commercial contre les industries étrangères. Cette attitude est partagée par les syndicats ouvriers qui font prohiber ou contingenter l'immigration de travailleurs étrangers, à une époque où ces mêmes syndicats se réclament d'un mouvement international ouvrier. Il est remarquable que malgré les professions de foi, en partie du moins, libérales, cet état de chose subsiste encore.

B. - *Les voies ouvertes par l'échec du capitalisme*

Selon Bernácer, le capitalisme a dès lors dégénéré (au sens étymologique) et ce, selon trois directions. La première, totalitaire, cohérente, s'inspire des idées de Marx. Cette révolution revient sur le plan économique à transférer à l'État[970] la propriété des moyens de production et à substituer au marché un mécanisme de planification[43] de la production et des besoins. Indépendamment des conditions extra économiques. Il nous semble que Bernácer regrette davantage la disparition du marché que le transfert de propriété à l'État des moyens de production. Bernácer affirme qu'aucune intelligence humaine ne peut correctement planifier une activité économique complexe et que, dès lors, les corrections indispensables sont extrêmement coûteuses puisqu'elles se font a posteriori. À cet égard, la cybernétique que constitue en quelque sorte un système économique efficace est trop inerte puisque les ajustements sont tardifs.

La deuxième voie d'évolution du capitalisme est l'interventionnisme étatique d'inspiration keynésienne, pragmatique et donc incohérent. C'est, selon Bernácer, davantage une doctrine politique qu'une théorie économique. On n'altère aucune donnée fondamentale du système mais on en fausse tout le mécanisme, au gré des interventions suscitées par les déséquilibres constatés que l'on prétend combattre. Sans penser que tout irait mieux sans intervention étatique, on ne peut s'empêcher d’évoquer les contradictions actuelles de la politique agricole ou de la pratique de certaines subventions. Dans ce système, on réaffirme hypocritement un principe, la liberté, un mécanisme, le marché, une institution, la propriété privée des moyens de production et pourtant on les viole tous progressivement, mais sûrement et inévitablement, ce qui fausse le mécanisme et indispose les hommes. Il y eut aussi temporairement une troisième voie, celle du national-socialisme ou du fascisme, option née, comme l'interventionnisme et à peu près à la même époque, d'un constat d'échec du capitalisme et du refus du totalitarisme de type marxiste. Bernácer n'insiste pas sur ce cas - l'histoire s'est chargée, mais à quel prix ! - de sanctionner cette doctrine, du moins dans ses manifestations les plus violentes : les expériences allemande et italienne. Quant au capitalisme sans intervention de l'État, Bernácer le voit disparaître avec la grande dépression des années trente.

Ainsi l'histoire économique est-elle une suite de flux et de reflux, les vagues libérales étant suivies de vagues interventionnistes. Ces dernières coïncidaient avec des périodes exceptionnelles, souvent de guerre ou de préparation à la guerre. L'auteur condamne, d'ailleurs, cette attitude intellectuelle qui consiste à prendre le

---

[970] C'est du moins la conception qu'à Bernácer qui semble confondre le système préconisé par Marx lui-même et les réalisations du communisme au XXe siècle, l'économiste espagnol étant peut-être coupé de l'expérience soviétique réelle.

contrepied d'un système qui fonctionne mal, en croyant que le système opposé fonctionnera mieux. C'est là une attitude ascientifique qui compromet d'avance toute possibilité de progrès théorique et pratique. Il en résulte une amplification des cycles historiques, puisqu'au lieu de corriger on bouleverse et que le réajustement, s'il se produit, tarde alors davantage.

Bernácer fait dans son discours d'entrée à l'Académie des Sciences Économiques et Financières[971] un plaidoyer pour le perfectionnement de l'économie libérale. Il requiert la mobilisation des énergies pour construire une véritable science économique c'est-à-dire un ensemble de lois énoncées à partir de l'observation de l'activité économique. Citant l'exemple de François Perroux qui répond aux critiques marxistes du capitalisme par l'énoncé des contradictions internes de l'économie de type marxiste[972], Bernácer regrette qu'à force de critiquer les autres systèmes, nous en arrivions à oublier le nôtre, d'autant plus que lorsque notre système d'organisation économique échoue, l'histoire montre que nous nous efforçons d'emprunter au système opposé des techniques incompatibles avec notre système.

Nous voyons que Bernácer ne partage pas du tout l'optimisme des théoriciens de la convergence des systèmes, convergence obtenue au moyen d'emprunts réciproques de systèmes initialement antinomiques qui devraient logiquement finir par se confondre. L'auteur n'a donc pas le même point de vue que Schumpeter, dans *Capitalisme, socialisme, démocratie*, rien en effet ne permet d'affirmer que l'évolution naturelle de l'histoire rapprochera suffisamment les systèmes et que ce rapprochement aboutira à un nouveau système rationnel et efficace.

Bernácer condamne à la fois le marxisme et l'intervention étatique, de même qu'il abandonne à son sort le capitalisme. Son idée maîtresse est celle d'un certain libéralisme ineffable dont il ne précise pas toujours concrètement les contours. On peut à cet égard lui reprocher son attitude, somme toute commode, qui consiste à rester parfois dans de vagues évocations.

LA RÉFUTATION DU BIEN-FONDÉ DE L'INTERVENTION DE L'ÉTAT

L'idée de liberté dans la pensée de Bernácer se fonde d'abord sur un argument négatif, le constat historique, suivant lequel l'intervention de l'État s'est avérée pernicieuse. Son postulat de liberté dans l'ordre naturel de l'économie va donner naissance à un authentique système d'économie libérale, il en justifie la supériorité et en explique le fonctionnement.

L'histoire est peuplée d'agressions de la part du pouvoir dominant contre la liberté naturelle des peuples. Dans l'ordre économique, les atteintes à la liberté ont pris des formes très variées, depuis les simples ordonnances et les réglementations corporatives jusqu'au plan impératif de type soviétique. L'histoire est, à cet égard, une suite d'interventions plus ou moins malheureuses, incohérentes et inefficaces. Et c'est à partir de ce constat d'échec que Bernácer réclame pour le système économique une authentique organisation libérale se plaçant

[971] Cf. Publications de Bernácer en annexe.
[972] Cf. François PERROUX, *La coexistence pacifique*.

ainsi délibérément à contre-courant[973] de l'histoire contemporaine récente qui a vu, au contraire, se multiplier les occasions et les formes d'intervention étatique[974], depuis la seconde guerre mondiale. Son argumentation est simple : puisque l'intervention a été tantôt impuissante tantôt pernicieuse, revenons aux sources, essayons de découvrir sans préjugés quelles sont les lois qui régissent l'univers économique.

A. - *L'intervention est par essence exceptionnelle*

Dans le passé, on constate une coïncidence entre les époques d'intervention du pouvoir central et les périodes de crises, surtout en temps de guerre ou de préparation à la guerre. En d'autres termes, le rôle historique des États a été d'intervenir dans les circonstances exceptionnelles. À supposer que l'on admette le principe de ces interventions limitées et épisodiques, est-il logique de postuler la nécessité d'une intervention ayant, non plus un caractère discret et ponctuel, mais un caractère continu et généralisé ? De là, l'opinion de Bernácer suivant laquelle l'interventionnisme, c'est-à-dire l'intervention de l'État adoptée comme *modus vivendi* par le monde économique, est d'une incohérence absolue, qu'on le compare à un système totalitaire de type marxiste, qu'il refuse, ou qu'on le compare à l'économie libérale qu'il prône. Il déclare, dans son discours d'entrée à l'Académie des Sciences Économiques et Financières intitulé «*Liberté contre interventionnisme*»[975] : « La guerre est par excellence une période d'interventionnisme, car l'on se soucie peu alors des critères fondamentaux de l'activité économique, à savoir le moindre coût et le profit maximum. Au contraire, tout est mobilisé en vue d'atteindre la victoire à tout prix ».

B. - *Les obstacles socio-politiques à l'efficacité d'une intervention étatique*

Nous ne voudrions pas donner l'impression que Bernácer a totalement exclu a priori la possibilité d'une intervention étatique bénéfique. Loin de là, c'est dans son premier livre *Société et Bonheur*[976] qu'il avait entrevu théoriquement la possibilité pour l'État d'intervenir en cas de crise pour assurer le plein emploi[977]. Vingt ans avant Keynes, ils pressent le rôle que peut jouer l'État à cet égard : « justement l'effet de notre régime économique est de créer d'abondantes forces de réserve qui ne demandent pas mieux que d'être employées à produire, dans la mesure où on leur en fournit les moyens, l'un de ces moyens étant que l'État prélève les sommes qui, autrement, iraient former la masse circulante, et les lance sur le marché sous forme de demande de biens et de services, employant ainsi la main-d'œuvre qui, autrement, resterait oisive comme chacun sait. Tel est le moyen de pallier les moments graves des crises. Il n'y a donc pas de conflit économique dans la croissance des dépenses (d'État) ; le conflit naît de ce que les classes qui peuvent former de l'épargne et qui la détiennent s'opposent à la remise à l'État du résidu de leur consommation sous forme d'impôt. Les classes moyennes et humbles incapables d'épargner s'opposent, de leur côté, à payer

[973] Bernácer appartient à une famille de pensée libérale très vivace, malgré les brèches ouvertes par les marxistes et les keynésiens. Il faut reconnaître d'ailleurs que la doctrine libérale s'est beaucoup améliorée, actualisée et qu'elle pourrait fort bien - sous des réserves importantes, il est vrai - redevenir la doctrine dominante des prochaines décennies.
[974] À l'exception, peut-être, du néo-libéralisme en Allemagne et aux États-Unis.
[975] *Op. cit.*
[976] Paru en 1916, cf. Publications de Bernácer, *infra*.
[977] *Société et Bonheur*, p. 290-299, chapitre « Politique et Économie », p. 293 notamment.

ce supplément d'impôt, sans quoi il en résulterait la destruction de la prospérité publique… » « Mais la ruine des classes de producteurs, c'est la ruine nationale ; la production, la consommation et les revenus baissent; l'avarice des ploutocrates tue la poule aux œufs d'or… ». « Les gouvernements de la ploutocratie n'ont trouvé d'autre moyen de résoudre le conflit, à savoir celui qui naît de l'insuffisance des ressources publiques face à la nécessité d'accroître les dépenses publiques, au goût des influences dominantes, que d'obtenir les ressources monétaires indispensables des classes riches qui les détiennent, mais à titre d'emprunt amortissable[978] et non à titre d'impôt ».

On comprend mieux comment, ayant entrevu la possibilité d'intervention d'un État qui fût réellement soucieux de justice sociale, et constatant, qu'au contraire - et l'histoire d'Espagne comme celle d'autres pays corrobore son opinion - l'État est dominé par des classes seulement soucieuses de leur intérêt, bourgeoisie dans le système capitaliste, bureaucratie politique dans les démocraties populaires, il rejette l'intervention de l'État comme cause aggravante du déséquilibre économique et du malaise social. Il nous semble qu'il faut voir là l'explication de son postulat de liberté économique car dans toutes les œuvres postérieures, il parle fréquemment de la liberté mais jamais il ne s'explique sur son contenu précis et il n'évoquera plus ces raisons qui motivent son refus d'intervention de l'État.

Le postulat de la liberté dans l'ordre économique naturel

LE LIBÉRALISME N'EST PAS LE CAPITALISME

Ayant pris acte de l'échec du capitalisme, Bernácer devait, par précaution élémentaire, dissocier le libéralisme du capitalisme, montrer que le premier n'impliquait pas nécessairement le second, que ce dernier avait trouvé dans la doctrine libérale une source, sans plus, et que historiquement, le libéralisme tel que l'entend Bernácer n'a certainement jamais existé, que le capitalisme s'est vite écarté de la voie libérale, que son échec est précisément dû à des pratiques restrictives de la liberté, pratiques d'origines patronale et syndicale (protectionnisme commercial et d'immigration), les effets de domination sur les marchés en étant les manifestations les plus classiques[979].

Bernácer écrivait à François Perroux[980] « ... Seulement, capitalisme et libéralisme ne sont pas des synonymes ou des choses inséparables comme le croient, sans doute, ceux qui, pour échapper aux maux du capitalisme, proposent des solutions qui comportent, même à leur insu, la suppression de la liberté. Si le capitalisme a échoué, ce n'est pas parce qu'il a appliqué la liberté mais parce qu'il a voulu l'appliquer dans des conditions qui au fond venaient la nier... ». On retrouve la même idée chez l'économiste français lorsqu'il parle du « capitalisme qui tourne mal »[981].

Bernácer tout en refusant les solutions de type planificateur ou interventionniste ne cherche cependant pas à « récupérer » le capitalisme, à le réhabiliter. Bien au contraire, il a pris ses distances à son égard, dès 1916. Il va

[978] Ajoutons : et, bien entendu, productif d'intérêts.
[979] Pratiques dénoncées dans son article « *La théorie des disponibilités...* », 1922, p. 29 à 32; cf. Bibliographie.
[980] Lettre à François Perroux du 7 août 1950.
[981] *Le capitalisme*, Collection « Que sais-je », P. U .F., 1948.

s'efforcer de réhabiliter l'économie libérale dont l'idée a été compromise par les déviations et l'échec historique du capitalisme[982]. Il existe d'ailleurs d'autres raisons de distinguer le libéralisme et le capitalisme. Le second est un système matérialiste, à l'instar du marxisme, alors que le premier est un système humaniste voire spiritualiste.

LA LIBERTÉ, POSTULAT SCIENTIFIQUE[983]

La liberté est pour Bernácer un véritable postulat scientifique. Il ne cherche pas à démontrer la supériorité ou la nécessité de la liberté économique : un postulat ne se démontre pas. La géométrie euclidienne donne l'exemple d'une construction logique, cohérente, utile, durable, fondée sur un postulat.

D'autre part, la liberté est un point de repère important, les systèmes se définissant par rapport à la liberté. Il y a une sorte de gradation décroissante allant du libéralisme au communisme en passant par le capitalisme et l'interventionnisme. Sans doute faudrait-il nuancer ce classement ordinal en le relativisant aux différents groupes sociaux ; dans chacun de ces régimes, l'échelle de liberté est différente suivant les catégories d'individus.

Enfin, si l'on à l'intention de bâtir une science de l'économie, encore faut-il logiquement admettre comme point de départ qu'il sera possible de découvrir des lois qui régissent l'univers économique, de sorte qu'il existe des phénomènes qui se reproduisent sous l'effet d'une même cause. Sans cette hypothèse, il est vain de parler de science, on parviendra tout au plus à une connaissance imparfaite et partielle d'une réalité sans cesse changeante. D'où son idée de l'existence de lois naturelles dans l'univers économiques, sans quoi l'économie ne serait viable que grâce à une intervention dirigée, nécessairement arbitraire et permanente.

L'ORDRE NATUREL DANS L'UNIVERS ÉCONOMIQUE

Bernácer a une intuition métaphysique de la liberté économique. L'univers de la Création est régi par des lois préexistantes que le savant s'efforce de découvrir et non d'inventer (allusion à l'intervention due à la volonté de l'homme). Il en va ainsi, par exemple, pour les domaines biologiques et physiques de cet univers. Pourquoi ne pas penser qu'il en va de même dans le domaine économique et que le savant doit donc s'efforcer de découvrir et d'énoncer ces lois naturelles et non d'attenter à l'ordre naturel, la liberté par des interventions conçues par son intelligence et ayant pour effet de bouleverser cet ordre naturel ?

La liberté étant d'essence divine, ce serait donc l'ordre naturel de tout l'univers; Bernácer en voit le prolongement dans la doctrine de l'église catholique. Il écrit dans ce sens au professeur Daniel Villey[984] « Je veux vous manifester mon accord sur le sens général de votre travail, c'est-à-dire la compatibilité entre

---

[982] J. AUSTRUY, *Le scandale du développement*, *op. cit.*, a une idée proche de la conception de Bernácer : « Il est à noter que ce type idéal (le libéralisme et le marché) ne doit pas être confondu avec le système capitaliste, bien que celui-ci le revendique comme justification. La nouvelle école des socialistes anglais en fait même le fondement du socialisme conséquent. Le rôle de l'État socialiste consiste essentiellement dans cette perspective à assurer la concurrence parfaite, en éliminant les entraves que peuvent constituer les abus et les monopoles » (p. 254).

[983] Cf. préface de : *Une économie libre, sans crises et sans chômage*, *op. cit.*

[984] Lettre à Daniel Villey du 17 janvier 1955, citée *supra*.

catholicisme et liberté économique. Encore plus, je pense que le libéralisme économique, fondement du libéralisme politique, est dans la tradition la plus pure de l'Église »[985].

Enfin, on a l'impression que la liberté est idéalisée sous la plume de Bernácer : ce serait une sorte de paradis perdu que chacun devrait s'efforcer de mériter en le redécouvrant.

[985] Cf. cependant la *Petite histoire des grandes doctrines économiques* de D. VILLEY, édition de 1973 complétée par Colette Nême où celle-ci souligne l'existence d'une certaine tradition antilibérale au cours de l'histoire de l'Église catholique.

II

LA MÉTHODE SCIENTIFIQUE DE BERNÁCER

L'apport de Bernácer au plan de la méthode scientifique appliquée à l'économique, sans être entièrement novateur, est cependant historiquement important. Il est caractérisé par des options méthodologiques, par le souci de convergence des méthodes et par des faiblesses tout humaines que nous qualifierons d'oppositions intra-personnelles mal surmontées. L'étude de ces dernières en fin d'ouvrage ne symbolise pas notre opinion d'ensemble sur la méthode bernacérienne, opinion très positive de notre part, elle atteste simplement l'état d'inachèvement de toute œuvre humaine, dont l'appréciation doit avant tout tenir compte des dépassements qu'elle suscite plus que de la perfection de l'étude déjà réalisée.

LES OPTIONS MÉTHODOLOGIQUES DE BERNÁCER

L'autonomie vis-à-vis des idées reçues ou le triomphe de l'esprit critique

Bernácer, économiste, n'appartient à aucune école, n'a eu aucun maître, s'est formé de la confrontation de la réalité directement observée dans le fait brut de l'événement et des théories qu'il a étudiées seul dans les livres. N'ayant jamais suivi de cours d'économie politique, il devait finir son existence sans en faire aucun, se contentant dans ce domaine, l'économie théorique, d'écrire et de prononcer des conférences. Les écoles, les théories qui fleurissent à l'époque de sa naissance et de sa jeunesse ont peu de prise sur son esprit critique. C'est ainsi que, par exemple, il réussira à se tenir à l'écart des ravages provoqués dans notre discipline par le marginalisme[986]. Physicien, utilisateur occasionnel des mathématiques, il reste cependant indifférent à la fois à l'école mathématique de Walras et de Pareto et aux excès de l'école hyperstatisticienne de Harvard[987]. Lecteur de Böhm-Bawerk, il tourne en dérision sa théorie de l'agio et restera toute sa vie farouchement opposé à la notion de préférence pour le temps. Ayant fait, entre autres études, des études commerciales, il est très au fait de la méthode comptable et il sera parmi les premiers à l'utiliser dans son analyse théorique macroéconomique.

Tout cela explique l'originalité de son système de pensée économique. Avant de devenir lui-même un économiste réputé, il va en toute liberté d'esprit juger froidement, de façon exogène, les incohérences ou les insuffisances de ce qu'il est convenu d'appeler, parfois péjorativement, l'Économie politique traditionnelle.

---

986 Rappelons la célèbre enquête menée par R. L. HALL et C.J. HITCH (in *Oxford economic papers*, n° 2, mai 1939) citée par A. MARCHAL (*op. cit.*, p. 104) et par H. DENIS (*Revue économique*, nov. 1951, art. Cité). Il en ressortait que les dirigeants d'entreprises ne reconnaissaient rien d'équivalent aux concepts de coût et de revenu marginal : ils fixaient leurs prix sur la base d'un « full cost principle ». Relevons aussi l'enquête aux États-Unis, citée par A. Marchal, à la suite de laquelle il apparut que la demande de main-d'œuvre ne dépendait pas de la productivité marginale du travail mais de l'ampleur des débouchés attendus pour les produits.

987 Expression de F. Perroux citée par A. MARCHAL in *Méthode scientifique et science économique...*, *op. cit.*, p. 162.

L'ANTI-*HOMO ECONOMICUS* DE BERNÁCER OU LES LIMITES DE LA RATIONALITÉ DÉDUCTIVE

Il est courant, de nos jours, de dénoncer les robinsonnades qui, souvent, tiennent lieu de prémisses chez les auteurs classiques et néo-classiques. Pourtant certaines démarches d'auteurs contemporains, notamment lorsqu'ils isolent dans un premier temps de l'analyse le donné monétaire, ressortissent à ce genre de prémisse. Bernácer, partant d'un petit nombre de principes économiques rationnels de base, observe cependant le sujet économique, d'emblée dans son imperfection. Allons plus loin. Bernácer s'intéresse surtout aux causes de tout ce qui peut paraître irrationnel : les déséquilibres, les crises, les mouvements cumulatifs ... Bernácer n'est pas un théoricien de l'équilibre, il n'est ni l'observateur nostalgique et passif d'agents qu'il souhaiterait plus rationnels[988], ni le froid logicien qui met en lumière les incompatibilités de l'organisation économique, eu égard à un modèle idéal ultra-rationnel.

Ainsi, à propos de la répartition sans monnaie que Bernácer envisage, l'espace d'un instant, comme une solution théorique au problème de la thésaurisation, l'auteur affirme[989] «Si cette utopie[990] doit se réaliser un jour, il faudra accomplir des progrès énormes dans la moralité. Je ne dirai pas que ce ne sera pas possible, un jour, mais ce jour est loin ». Bernácer renonce à envisager des solutions économiques qui ne tiennent pas compte de l'homme tel qu'il est, dans son état historique donné; il ne cherche pas à résoudre les problèmes de l'homme en postulant une révolution intérieure de celui-ci. Il est respectueux de son libre arbitre et de la diversité entre les hommes, de là son inclination pour l'action sur les choses, les structures.

La méthode déductive n'est pas absente de l'analyse bernacérienne, de même qu'elle n'est absente d'aucune œuvre proprement théorique. Elle est simplement un moment ou un vecteur de l'analyse.

LE REFUS DE L'ANALYSE PSYCHOLOGISTE ET LA PRISE EN COMPTE DES MANIFESTATIONS TANGIBLES DE LA PSYCHOLOGIE[991]

Bernácer est soucieux de purifier son analyse économique en évitant d'y mêler les facteurs para-économiques qu'il pressent, qu'il signale, mais qu'il considère étrangers au domaine de l'étude. De ce point de vue, il semblerait que Bernácer appartienne plutôt au XIXe siècle qu'au XXe siècle. Au siècle dernier, en effet, l'économie politique n'était qu'une ramification de la philosophie ; beaucoup d'économistes jusqu'au XIXe siècle furent des philosophes. Progressivement, ils s'efforcèrent de se détacher de la discipline-mère et ils purent, grâce à cette spécialisation prônée par Descartes, faire accomplir à l'économique des progrès réels au

[988] Sur la relativisation du concept de rationalité, cf. notamment M. GODELIER, *Rationalité et irrationalité en économie*, éd. Maspéro.
[989] BERNÁCER, *Une économie libre...*, p. 15.
[990] La répartition « à chacun selon ses besoins ».
[991] Cf. notamment BERNÁCER, *Une économie libre...*, *op. cit.*, p. 126.

plan de l'analyse. Notons cependant que le dernier ouvrage de Pareto lui-même est un ouvrage de sociologie. En réalité Bernácer est bien un auteur du XXe siècle à part entière, son *premier* et son *dernier* ouvrage théorique font une grande place à l'analyse sociologique et historique. Rappelons enfin que, de nos jours, la querelle est vive entre les économistes puisque tout un courant d'économistes est favorable à un enrichissement de notre discipline par l'apport d'autres sciences, fussent-elles psychosociologiques.

À vrai dire, ce refus de l'analyse psychologique chez Bernácer se traduit plus par une méfiance envers les abus, les détournements qu'elle peut provoquer, que par la négation de son importance. Cette carence, si carence il y a, n'est qu'apparente, comme nous le verrons plus loin. Cette attitude s'inscrit davantage comme une réaction contre les marginalistes, et notamment l'école psychologique de Vienne qu'il connaît bien à travers Böhm-Bawerk, et contre les insuffisances ou les impasses auxquelles aboutissent certaines analyses keynésiennes. Il est remarquable que Keynes fonde la théorie de l'intérêt sur un comportement psychologique, la préférence pour la liquidité, alors que Bernácer assoit la sienne sur une structure plus « concrète », le « marché financier », bien qu'il soit manifeste que ce dernier implique un comportement psychologique que Bernácer, d'ailleurs, réprouve.

Aux variables psychologiques que Bernácer juge insaisissables et, semble-t-il, propices surtout à une analyse individuelle, l'auteur préfère des variables plus « objectives », plus tangibles, et qui ressortissent davantage à une analyse macroéconomique où la psychologie individuelle peut être en contradiction avec les enseignements de l'analyse globale. Si telle est la raison qui inspire Bernácer, sans doute faut-il lui objecter que les progrès accomplis dans la psychologie des groupes doivent permettre d'insérer la psychosociologie dans l'analyse économique.

LA NÉCESSITÉ DE L'ANALYSE STRUCTURALE OU L'OBJECTIVATION DE L'ANALYSE ÉCONOMIQUE

En corollaire de ce qui a été dit sur la psychologie, il apparaît que Bernácer ressent le besoin de faire intervenir dans l'analyse économique des variables structurelles, et il privilégie à cet égard celles qui ne sont pas en soi des structures mentales. Ainsi le prix observé révèle - entre autres choses - un complexe de comportements psychologiques des acheteurs et des vendeurs. L'économiste doit savoir que les mouvements de prix recèlent des variations de comportements mais l'étude de ces dernières ne fait pas partie de son domaine d'analyse. On pourrait ainsi multiplier les exemples avec le taux d'intérêt, le taux de profit, etc... À propos du niveau des prix, la comparaison entre l'analyse keynésienne et bernacérienne - au demeurant assez proches quant au fond - est éloquente. Pour Keynes la variation du niveau des prix serait due à la variation de la préférence pour la liquidité ; or, pourquoi cette dernière variation se produit-elle ? L'explication de Bernácer est plus fondamentale et apporte une réponse à cette question. Derrière la préférence pour la liquidité, comportement des hommes, il faut voir une structure particulière, le « marché financier », organisation de certains biens dont la particularité explique le comportement monétaire. L'analyse bernacérienne est de type structural et il n'est pas étonnant, à cet égard, que l'auteur ait eu des contacts personnels et des affinités intellectuelles avec Johan Ackermann. Nous citerons deux types de structures étudiées par Bernácer.

A. - *Une structure privilégiée : la situation financière des entreprises*

Nous rappelons pour mémoire la place que tient le fonds de roulement des entreprises dans la théorie de la monnaie, du cycle et de l'emploi et que nous avons déjà soulignée. Elle montre dans le «modèle» bernacérien que cette variable structurelle est un élément fondamental dans l'explication de la conjoncture[992]. Nous avons également montré l'importance accordée par Bernácer aux mouvements intrastructurels, tels que par exemple les variations de la composition interne de la masse monétaire, sans variation de son quantum, et les répercussions importantes que cela entraîne sur l'ensemble de l'activité économique.

B. - *La place des institutions dans le fonctionnement du système économique*

Il est difficile de classer Bernácer parmi les institutionnalistes, d'autant plus que cette école américaine, en insistant sur la nécessaire relativisation du fait économique par rapport aux structures institutionnelles, juridiques, géographiques, historiques, mentales, nous engage à renoncer à la découverte des grandes lois qui régissent l'univers économique. Or, Bernácer proclame qu'il existe de telles lois, sans quoi l'économique ne serait pas une science[993]. Cependant, dans l'ordre descriptif de son analyse économique, Bernácer accorde une place importante aux institutions concrètes, en tant qu'explication du mauvais fonctionnement du système économique. C'est ainsi que, par exemple, l'histoire des luttes humaines, cristallisée dans son appareil juridique actuel, explique l'existence de monopoles, de rentes et de l'intérêt.

L'analogie scientifique

L'économique, science « jeune », devait naturellement se développer à partir de « structures inventées ailleurs et déjà disponibles »[994]. Les deux fournisseurs d'analogies devaient être, compte tenu de l'évolution diachronique des sciences, la physique et les mathématiques. Les économistes ont aussi fait des emprunts à la biologie; cependant, chez Bernácer, « l'emprunt biologique » a un caractère occasionnel et se situe au niveau de la métaphore. Il parle ainsi, parfois, de morphologie et de métabolisme, à propos des crises, notamment.

F. Perroux est plus réticent que A. Piatier quant à l'emploi de l'analogie : « l'analogie, dit-il, ce péril des sciences humaines... l'économiste n'y a que trop succombé »[995]. A. Marchal a lui aussi de la peine à suivre A. Piatier sur la voie de la pleine confiance dans la méthode mathématique préconisée par les statisticiens de Harvard[996]. À vrai dire l'opposition méthodologique entre ces deux types d'économistes est plus apparente que réelle; en tous cas, elle doit être nuancée. A. Piatier est conscient des limites[997] de l'analogie et F. Perroux se

[992] BERNÁCER, *Une économie libre*, *op. cit.*, p. 50.

[993] Cf. A. PIATIER, P. CAHUZAC et L. CHAMBADAL, *Économie et Mathématiques*, Thémis, P.U.F., 1965, p. 1 à 29, Introduction méthodologique; et A. MARCHAL, *Méthode scientifique et science économique. Le conflit traditionnel des méthodes et son renouvellement*, Éd. Génin, Paris, 1952.

[994] A. PIATIER, *Économie et mathématiques*, P.U.F., Thémis, 1965, p. 19, notamment.

[995] F. PERROUX, *Science de l'homme et science économique*, Librairie de Médicis, Paris, 1943.

[996] A. MARCHAL, *Méthode scientifique et science économique...*, *op. cit.*, p.180 : « Pourtant cet échec (les prévisions de Harvard) n'a pas convaincu certains partisans de la méthode empirique pure, parmi lesquels M. Piatier ».

[997] A. PIATIER, *op. cit.*, p. 21 à 26.

garde bien de refuser toute analogie ; l'un est plutôt optimiste quant à son emploi, considérant que l'analogie correspond à un stade de l'évolution historique de la science économique, l'autre est plutôt sceptique, voyant les égarements où sont conduits nos économistes lorsqu'ils s'efforcent de formaliser leurs théories.

Bernácer participe de ces deux tendances à la fois et, bien entendu, son œuvre donne l'impression du déchirement de l'auteur entre le souci de rigueur scientifique telle qu'elle est incarnée dans les sciences dites exactes, qui le pousse à utiliser le raisonnement analogique, et la volonté très affirmée de contribuer à l'édification d'une science économique autonome, ayant ses propres lois à l'écart de toute analogie, du fait de la spécificité de sa matière.

L. de Broglie[998] fait une distinction très nette entre la physique mathématique, « examen approfondi et critique des théories de la physique par un esprit entraîné aux spéculations mathématiques afin d'en améliorer, d'en rendre plus rigoureuses les démonstrations... », et la physique théorique, « construction de théories aptes à rendre compte des faits expérimentaux et à guider le travail des hommes de laboratoire... elle... n'est pas ordinairement l'œuvre de véritables mathématiciens; elle exige une grande connaissance des faits expérimentaux et surtout une sorte d'intuition physique que tous les mathématiciens n'ont pas ». Une telle affirmation doit rassurer les économistes non mathématiciens car c'est « une erreur couramment commise... de s'imaginer que la seule méthode vraiment scientifique applicable à cette science sociale qu'est l'économie politique soit la méthode mathématique... »[999]. Un mathématicien économiste comme « Cournot ne s'y était pas trompé, qui refusait de confondre démonstration mathématique et démonstration scientifique »[72].

Bernácer est tout à fait de cet avis : le corps de sa théorie économique forme un tout cohérent, composé d'observations et de propositions de lois scientifiques, sans intervention de symbolique mathématique. Dans *Société et Bonheur*, 1916, son premier ouvrage, il n'y a pas d'équations; dans son deuxième ouvrage *L'intérêt du capital*, 1925, les quelques équations qu'il emploie se trouvent en appendice, dans son dernier ouvrage « théorique » : *Une économie libre sans crises et sans chômage*, 1955, il procède de la même manière. Seul son troisième ouvrage, *la Théorie fonctionnelle de la monnaie*, 1945, utilise concurremment le procédé littéraire et l'exposé mathématique à l'appui de sa théorie. Il faut dire, à ce sujet, que la matière s'y prête et que Bernácer a voulu délibérément exploiter l'outil mathématique, en le maîtrisant il est vrai, en lui assignant un rôle d'appoint dans le processus d'exposition. Cela devait faire dire à J. Rueff[1000] que Bernácer avait eu, parmi les premiers, une approche économétrique. Cette affirmation nous paraît soutenable, à condition de donner un sens large à l'économétrie, science de la mesure des phénomènes économiques, car telle est bien la conception bernacérienne de l'économétrie[1001]. Cependant, on ne retrouve pas dans ses essais d'inspiration économétrique le souci de confrontation de l'analyse mathématique à des *statistiques réelles*[1002], qui semble caractériser les développements récents de l'économétrie.

[998] L. DE BROGLIE, *Savants et découvertes*, Paris, 1951, p. 46.
[999] A. MARCHAL, *op. cit.*, p. 106-107.
[1000] Cf. *supra*, « Témoignages ».
[1001] BERNÁCER, «L'*économétrie* », article cité.
[1002] Cf. *supra*, « La théorie fonctionnelle de la monnaie ».

On décèle dans l'œuvre économique de Bernácer sa formation de physicien par la rigueur du langage, de l'observation des faits et par le traitement analytique logique qu'il fait subir à l'observation. L'étroite combinaison de la déduction et de l'induction dans toute son œuvre est certainement due à sa formation de physicien.

A. - *L'imagerie du physicien*

Nous avons relevé de nombreuses images empruntées à la physique qui constituent simplement un procédé didactique, à savoir un moyen de communication de l'idée : ces images ne sont pas l'idée mais seulement l'expression de l'idée. L'électricité[1003], la mécanique[1004], l'hydrodynamique[1005] ont fourni la plupart des images. Nous-mêmes, nous avons parfois poursuivi le jeu de ces images de physique par l'introduction des « soupapes » i_1 et i_2 dans le bélier hydraulique des crises, ou par l'évocation répétée de l'entropie. Dans le même esprit, J. Viner[1006] évoquait déjà « l'horreur du vide » des physiciens en parlant de « l'horreur de l'argent oisif » des économistes.

B. - *L'aspect mécaniciste de son approche économique*

Pour certains auteurs l'approche mécaniste du fait économique serait une résurgence de classicisme. On peut interpréter diversement cette affirmation. La sociologie de Durkheim qui a longtemps dominé les sciences sociales y compris l'économie politique[1007] pourrait être à l'origine de cette conception de l'étude du fait social envisagé, de l'extérieur, comme une chose inerte.

Bernácer, comme M. Allais[1008], a une conception mécaniste des phénomènes économiques. Celui-ci préconise l'application de la méthode de la mécanique des solides ou des fluides, il va jusqu'à dire que « la science économique, on ne saurait trop le répéter, est directement comparable à la physique »[1009]. Bernácer n'a pas une position aussi excessive ; son premier ouvrage, il est vrai, *Société et Bonheur* est sous-titré : *Essai de mécanique sociale*. Il ne faut cependant pas interpréter cela au pied de la lettre ; ce sous-titre s'explique plus par la conception sociologique de Durkheim, croyons-nous, que par le désir de transposer les méthodes de la physique. Il se justifie surtout par le souci d'examen rigoureux de mécanismes sociaux c'est-à-dire, somme toute, de l'étude de la morphologie des groupes et du métabolisme de leurs comportements.

[1003] Ainsi, par exemple, les effets qui se cumulent amplifient le cycle, comme des générateurs montés en phase.

[1004] BERNÁCER, « *La théorie monétaire et l'équation du marché* », 1941, article cité, p.39 : « ce que la quantité de monnaie permettrait si nous connaissions sa vitesse de circulation, c'est de mesurer la quantité de valeur créée, au moyen de l'équation P = Mvt, analogue à celle du travail mécanique T = Fvt. M représente seulement la fraction active du fonds monétaire ».

[1005] Cf. *supra* : « Le mécanisme du cycle - 1° Le schéma général : analyse hydrodynamique » et l'image, notamment, du bélier hydraulique.

[1006] H. GUITTON, *Les fluctuations économiques*, *op. cit.*, p. 9.

[1007] A. MARCHAL,*op. cit.*

[1008] P. LLAU, *op. cit.*, p. 221.

[1009] M. ALLAIS, « La vie et l'œuvre d'Irving Fischer », in *Revue d'économie politique*, 1947, p. 468.

Il est vrai cependant, que l'omniprésence dans sa théorie économique du facteur temps, comme variable à part entière, s'explique peut-être par le fait qu'il a constamment présente à l'esprit la notion de mécanique (Fvt). Cela le conduit à faire une analyse économique, toute en termes de dynamique et de circuits ; le fait que nous soyons aujourd'hui très familiarisés avec ces deux notions ne doit pas faire oublier l'importance historique et actuelle de l'apport de Bernácer à cet égard.

L'OUTIL MATHÉMATIQUE[1010] APTITUDE ET RÉTICENCES

L'aptitude mathématique de Bernácer doit être évaluée sous trois éclairages. L'auteur est un physicien, or la physique a été longtemps le champ privilégié où s'est exercé l'outil mathématique, pour reprendre cette image de A. Piatier. Ensuite, Bernácer a utilisé, plus que la grande majorité des économistes des années 1920-1940, les mathématiques comme support didactique ; son essai sur la théorie fonctionnelle de la monnaie, en 1945, peut même être qualifié de théorie économétrique : car elle relève de la technique de la modélisation. Enfin, Bernácer a participé à la fondation de la Société Espagnole de Mathématiques Appliquées[1011], aux côtés de deux grands mathématiciens espagnols, et publia un article de méthodologie dans l'un des premiers numéros de la revue *Arquímedes*[1012], publication de cette Société.

A. - *L'exploitation par Bernácer de la méthode mathématique combinée à la comptabilité*

C'est par souci de quantification des phénomènes que Bernácer ressent le besoin de la mathématique. S'élevant véhémentement contre les « expressions creuses qui encombrent les traités d'économie »[1013], il ajoute « Mais ce qui intéresse l'économiste, c'est que l'expression mathématique nous fournisse un critère discriminant de l'équilibre et du déséquilibre et permette, même par son ordre de grandeur, de mesurer le degré de déséquilibre. C'est ce qu'exprime Hansen dans *A guide to Keynes* : « L'analyse économique ne peut nullement progresser avec des lapalissades (truismes) telles que les achats effectués (demande) sont toujours égaux aux ventes effectuées (offre) » .

L'outil mathématique est, chez Bernácer, l'auxiliaire d'un autre outil qui le précède dans le processus analytique : la comptabilité nationale. Les agrégats sont caractérisés entre eux par l'existence de relations d'ordre comptable, telle est la grande découverte de la macroéconomie. Ces agrégats et ces relations constituent les matériaux privilégiés du traitement mathématique dans l'analyse macroéconomique.

Au plan des méthodes, il est vain de vouloir dissocier les approches par la comptabilité, par la mathématique et par la statistique, car elles sont strictement solidaires dans l'analyse globale. Bernácer l'a parfaitement senti. La dernière appliquée des méthodes quantitatives, la comptabilité, a constitué un apport très considérable pour l'économique. Or, l'auteur l'a préconisée, dès son premier ouvrage, une trentaine d'années avant les premiers

---

1010 Sur la méthode mathématique, cf. aussi : A. PIATIER, *Statistique et observation économique*, t. 1 et 2, P.U.F., Thémis, 1961, et notamment le t. 1, 1ère partie ; A.MARCHAL, article dans la *Revue économique*, 1950, p. 245 : « L'économie politique mathématique »; G. BACHELARD, mathématicien philosophe : *Le nouvel esprit scientifique*, P.U.F., 1934.

1011 Cf. *supra*

1012 Cf. *infra* bibliographie.

1013 BERNÁCER, « *L'économétrie* », article cité, p. 53. L'auteur cite en exemple les formules telles que MV = PT et I = S dont HANSEN (*A guide to Keynes, op. cit.*, p. 105) avait également dit qu'elles sont purement tautologiques.

travaux sur les comptes nationaux, près de quarante ans avant la publication des premiers tableaux de l'économie française. Puis il a utilisé la même méthode en la perfectionnant dans tous ses écrits théoriques ultérieurs, bien que l'Espagne ne disposât pas encore de statistiques globales. Il serait vain de rechercher si Bernácer s'est intéressé à la macroéconomie parce qu'il avait une approche comptable ou si c'est l'étude de celle-là qui lui a inspiré celle-ci. Toujours est-il que, rétrospectivement, nous concevons parfaitement que ses deux innovations aient été concomitantes[1014].

B. - *Les bornes du domaine de l'emploi de la mathématique*

L'auteur s'inquiète de ce que certains phénomènes économiques fondamentaux ne soient pas mesurables. Or il assigne à la méthode mathématique un domaine strictement limité, celui des actes susceptibles de mesure. Il interprète ainsi l'attitude des suédois : « sur les courbes d'offre et de demande, le point d'intersection correspondrait au concept *ex-post*, tandis que les autres points des courbes correspondraient au concept *ex-ante*. Tous ces points seraient imaginaires... »[1015]. Bernácer entend que le seul point susceptible d'être tracé, car seul il représente une mesure effective, c'est le point d'équilibre, les autres points sont tracés à partir d'une projection que l'on fait, en partant de l'hypothèse simple : la fonction d'offre est généralement croissante par rapport au prix et la courbe de demande est décroissante.
L'auteur en conclut que l'on ne peut *légitimement* tracer que les points correspondant à des mesures de quantités physiques et de prix *réellement observés* sur le marché. Son positivisme éclate : « il est certain que l'Économie n'est pas une science objective au sens de la Physique ; mais ce n'en est pas davantage une Métaphysique... bien que ses phénomènes ne se réalisent pas sous forme de corps physiques, ils n'en doivent pas moins être des faits, ils doivent avoir une existence réelle, objective, hors des sujets eux-mêmes qui les ont engendrés »[1016].

C. - *L'expression de la réticence quant à la méthode mathématique*

Bernácer craint, à juste titre croyons-nous, les abus auxquels peut conduire l'usage de la mathématique. Sa réticence tient en deux propositions :
- tout élément de l'analyse économique, exprimé sous forme de mathématique peut être simplement exprimé dans le langage courant, et
- tout élément de l'analyse économique n'est pas susceptible d'expression mathématique.
Cette position peut paraître discutable surtout dans la mesure où les mathématiques sont utilisées comme instrument de calcul, notamment à des fins prévisionnelles.
Notons cependant que l'attitude de Bernácer - qui semble partagée par ses deux contemporains, Robertson[1017] et Keynes[1018] - correspond peut-être à un moment du développement de la science économique où la réaction

---

[1014] Cf. aussi *infra*
[1015] BERNÁCER, *ibid.*, p. 55.
[1016] BERNÁCER, *ibid.*, p. 53.
[1017] C. NÊME-CORDEBAS, thèse sur Robertson, *op. cit.*
[1018] KEYNES déclare à la page 296 de la *Théorie générale*, *op. cit.*, : « ceux qui (à juste titre) craignent l'algèbre peuvent sauter la première partie du chapitre, sans perdre grand chose » (c'est nous qui soulignons).

contre l'école mathématique du XIXe siècle nous paraît légitimée par les errements du marginalisme, alors qu'après 1950 surtout, les méthodes quantitatives (mathématique, statistique, comptabilité) se sont fait une bonne place dans notre discipline, grâce à une définition plus précise de leurs domaines d'application et au développement de l'appareil statistique et de l'action économique globale ou sectorielle.

Notons enfin que la recherche de relations d'interdépendance, par opposition aux relations de causes et aux relations d'effets, prônée par Cournot[1019], n'a pas réellement fait progresser la recherche des relations d'ordre. En effet il est bien certain que parler d'interdépendance est presque devenu un lieu commun, tel que si l'on affirmait que tout est dans tout. Ce que Cournot et, à sa suite, les néoclassiques et encore de trop nombreux contemporains n'ont pas vu c'est que l'introduction du temps dans les relations scinde l'interdépendance en deux moments consécutifs différents où un phénomène A est la cause d'un phénomène B, ce dernier provoquant à son tour une nouvelle manifestation de A. Ainsi l'interdépendance n'exclut pas la cause et l'effet, elle les implique tous deux. De ce point de vue, l'analyse dynamique temporelle de Bernácer constitue un apport considérable pour notre science, car elle explique *à la fois l'irréversibilité historique et l'interdépendance.*

LE TRIOMPHE DE LA SYNTHÈSE OU LA CONJONCTION DES MÉTHODES

Les théories économiques de Bernácer sont toutes synthétiques, théorie de la valeur, théorie de la monnaie, théorie de l'intérêt. Son antimonisme se manifeste aussi au plan des méthodes.

La double suprématie de la théorie sur l'outil de l'analyse et sur la réalité

LES TRACES DU SOUCI DE L'EXPÉRIMENTATION : LA SUBORDINATION À LA THÉORIE DE L'OUTIL MATHÉMATIQUE OU STATISTIQUE OU MÊME DE LA LOGIQUE PURE

Bernácer ressent comme une sorte d'infirmité de la science économique la difficulté, voire l'impossibilité, de réaliser une expérimentation véritable. Physicien, il n'en éprouve pas cependant une authentique frustration, au contraire, il a constamment à l'esprit cette particularité de l'économique. Il s'efforce donc de suppléer à cette carence par un traitement scientifique fait de la confrontation permanente de l'observation factuelle et de l'intelligence du fait, au moyen de la logique, subsidiairement de la mathématique et, plus rarement, de la statistique, car il raisonne le plus souvent à un niveau élevé d'abstraction macroéconomique, domaine peu propice à l'application de cette dernière méthode.

Cependant il prend la précaution - hélas, pas toujours suivie par les économistes mathématiciens ou statisticiens - de ne jamais se laisser déborder par les conclusions logiques auxquels aboutissent les traitements mathématiques et statistiques. Jamais il ne se laisse détourner de la réalité observable. Le champ des phénomènes économiques ne doit être travaillé qu'avec discernement, à l'aide d'outils souvent empruntés à

[1019] A. COURNOT, *Recherche sur les principes mathématiques de la théorie des richesses*, 1838.

d'autres sciences et donc relativement inadéquats. Il va de soi que Bernácer se rend bien compte de l'imperfection de la méthode, du manque de maîtrise de l'économiste sur sa discipline, de la nécessité de faire progresser la science, sans jeter d'exclusive sur telle ou telle méthode.

LA TRANSCENDANCE DE L'EXPÉRIENCE VÉCUE OU UN CERTAIN MÉPRIS POUR L'ÉCONOMIE APPLIQUÉE, GENRE MINEUR

La science économique a besoin, selon Bernácer, d'un corps solide de théories parfaitement étayées. L'économie appliquée ou du moins ce que celle-ci a de descriptif n'est, au mieux, qu'un moment de l'analyse. Cet élément est nécessaire mais il correspond soit à la collecte des données soit à l'expérimentation des résultats, avec toutes les contingences que celle-ci implique. Cette étude n'est qu'une infime partie de la science économique, celle-ci doit résulter d'une sublimation de l'explication du fait brut, historique, unique en son genre.

Les résultats de la méthode inductive doivent alors être corroborés par l'analyse déductive puis par la confrontation critique avec la réalité. S'il manque un seul de ces trois éléments, il n'y a pas véritablement œuvre scientifique. Cette position de Bernácer, sans rejoindre les ambitions walrassiennes ou parétiennes d'une explication totale et achevée de la réalité au moyen d'une théorie unique, s'inscrit toutefois contre l'attitude des historistes, des hyperstatisticiens et des institutionnalistes.

Cependant, le souci de déboucher sur l'action normative, quoique discret, est présent dans toute l'analyse bernacérienne. Ce n'est donc pas un mépris du réel qui anime Bernácer dans son approche, c'est, au contraire, pour une réalité « meilleure »[1020] que Bernácer, ayant transcendé l'explication du réel actuel, va chercher dans l'imaginaire des ressources pour modeler le réel futur. Le titre du dernier ouvrage de René Dumont, *L'utopie ou la mort* est particulièrement expressif de cet état d'esprit. Transposé chez Bernácer, il signifie : essayons d'imaginer un univers économique d'où le taux d'intérêt soit absent et, si le résultat projeté est positif, faisons tout pour modifier le système économique actuel. Combien d'inventions ou de découvertes scientifiques ont-elles paru d'abord irréalisables, n'était-ce pourtant pas faire œuvre scientifique que de prôner leur réalisation ? C'est l'attitude contraire qui est ascientifique, c'est de croire à l'inéluctabilité de la prédétermination. Il est vrai que de nos jours nous serions plutôt enclin à croire que tout ce qui se découvre ou s'invente est réalisable ; les sciences exactes, de ce point de vue, ont bénéficié d'une mutation importante des esprits ; quand les sciences sociales connaîtront-elles une telle mutation ?

La recherche fondamentale en science économique, dans la bonne acception du terme, à savoir celle qui doit aboutir à une découverte de solutions, se trouve ainsi prônée par Bernácer.

L'optique « omniméthodologique » ou l'ouverture de l'économique à toutes les méthodes

[1020] L'expression, délibérément vague, est de nous.

Bernácer fut pluridisciplinaire avant la lettre. Sa vaste culture, sa curiosité pour tout ce qui touche à l'homme, jointes à sa formation scientifique devaient le conduire à explorer tous les aspects - ils sont nombreux - de l'acte économique qui est au centre de ses recherches.

LA MÉTHODE DÉDUCTIVE, DÉNOMINATEUR COMMUN DE TOUTE ABSTRACTION THÉORIQUE

On a beaucoup décrié la méthode déductive, symbole souvent utilisé de la spéculation à l'état pur, hors de toute contrainte du réel. S'inscrivant dans la dialectique de l'histoire des méthodes, cette critique est certainement fondée, puisque c'est l'expérimentation qui, dans les sciences exactes ou physiologiques, a permis d'accomplir des progrès scientifiques considérables. Cependant c'est, comme en toutes choses, l'abus de la méthode déductive ou son usage exclusif que l'on a, à juste titre, vilipendé. Pourtant cette méthode est à la base de toute connaissance scientifique, au sens où nous parlions de la nécessité de transcender le fait brut pour parvenir à une intelligence du phénomène.

Cette méthode est inhérente à la recherche fondamentale, si bien qu'il est logique que Bernácer fasse peu appel à l'analyse des diverses réalités économiques de son époque, puisque son propos est de donner une contribution à la théorie économique. L'auteur est parfaitement conscient des dangers ou des limites du passage de l'économie pure à l'économie appliquée. Ce que l'étudiant en sciences économiques retient de Léon Walras ou de Maurice Allais ce n'est ni la proposition de nationalisation du sol du premier, ni la théorie de la positivité de l'intérêt du second, fondée sur la propriété privée de la terre. Notons d'ailleurs que les commentateurs sont généralement sévères à l'égard des théoriciens de l'économie pure lorsque, parfois, ceux-ci se hasardent à formuler des propositions concrètes. Ces censeurs ont une appréciation dichotomique de leurs collègues, leur typologie consacrant le clivage qu'ils établissent entre les théoriciens - qui n'auraient pas le droit de traiter le concret - et les autres qui ont tout loisir de procéder à des études d'économie appliquée, monographiques ou autres. Le vœu exprimé par A. Marchal[1021] est toutefois que tout économiste devrait alternativement se consacrer à l'économie pure et à l'économie appliquée. Ces mêmes censeurs ne manqueraient pas de faire observer que la partie de l'œuvre de Bernácer consacrée au concret est sensiblement moins développée que la partie théorique. Cependant, il convient de rappeler que Bernácer, directeur des études à la Banque d'Espagne, a fait de la réalité économique son lot quotidien pendant près de trente ans, ce qui ne l'a pas détourné de la recherche économique fondamentale.

LA MÉTHODE HISTORIQUE

Bernácer emploie fréquemment, à l'appui de ses conclusions analytiques, fruit de l'abstraction de l'observation, étayées par la méthode mathématique ou par l'approche comptable, le raisonnement historique que l'on retrouve à l'état sublimé dans l'approche dynamique. Le plus souvent intégrée dans des chapitres différents ou des appendices, l'analyse historique semble être le support concret de ses déductions.

[1021] A. MARCHAL, *op. cit.*

A. - *L'histoire de l'évolution sociale contre l'histoire événementielle*

C'est dans l'optique de ce que l'on est convenu d'appeler la tradition historique de Lucien Febvre et de Marc Bloch que Bernácer se place. L'histoire sur laquelle il étaie sa théorie de la rente ou sa théorie du monopole ou encore le fétichisme de l'or est l'histoire des institutions, de l'évolution des faits en ce qu'ils laissent des traces permanentes inscrites dans les structures sociales. La rente, le monopole, le salariat, le chômage sont le résultat d'une évolution historique violente qui a consacré la domination de certains groupes sociaux sur d'autres, la victoire d'un certain état de choses, consacré par un certain droit, sur l'équité.

B. - *La relativisation à l'histoire ou l'aspect institutionnaliste*

Nous avons dit que Bernácer est à l'opposé des institutionnalistes, en ce qu'il recherche par la théorie économique ce qu'il y a de permanent dans les phénomènes économiques, de commun, d'universel à certains égards. Cependant, sa conception de l'histoire est telle qu'un phénomène comme l'intérêt apparaît chez lui comme une universalité actuelle relativisée à l'histoire. C'est parce qu'universellement la terre est, sauf de très rares exceptions, l'objet d'appropriation privée (structure juridique), par suite de la victoire de l'individualisme inégalitaire et oppressant sur une organisation sociale du type de celles préconisées par Platon ou Aristote[1022] (évolution historique), que l'intérêt existe. Dans une nouvelle séquence historique qui pourrait se cristalliser en des structures juridiques différentes, au terme de laquelle triompherait un certain nombre de réformes préconisées par Bernácer, l'existence de l'intérêt se trouverait réduite à néant. Toujours est-il que, sans l'analyse historique, l'origine de l'intérêt, selon Bernácer, n'a pas de fondement. La seule « légitimité » de l'intérêt est historique. De la même manière, on démontrerait que le chômage n'est que le fruit d'une certaine évolution historique consacrée par des institutions pernicieuses (le « marché financier »).

C- *L'induction raisonnée ou la complexité du fait économique*

La méthode inductive pure n'est pas plus satisfaisante[1023] que la seule méthode déductive. Les résultats de l'hyperstatisticisme de Harvard l'attestent. Cependant, la mise en évidence, au moyen de cette méthode, de relations qualitatives que l'on peut soumettre ensuite à un traitement analytique déductif puis à une « expérimentation » statistique, constitue un élément important de la méthodologie économique.

Bernácer met l'accent, quant à la validation des résultats de l'analyse économique, sur la confrontation critique pondérée des résultats obtenus par les différentes méthodes. À cet égard, toutes les méthodes susceptibles d'apporter un élément de réponse doivent être appliquées et il faut noter que parmi celle-ci, la méthode comptable, reprise depuis deux ou trois décennies dans la Comptabilité Nationale (moment important pour l'évolution de notre science et de l'activité économique par les moyens d'action qu'elle sécrète), a une place privilégiée que Bernácer et quelques autres ont contribué à promouvoir.

[1022] Cf; A. PIETTRE, *Les trois âges de l'économie*, Les Éditions Ouvrières, Économie et Humanisme, 1955.
[1023] A. MARCHAL, *op. cit.*

Bernácer, nous avons eu l'occasion de le dire, nous est apparu souvent tiraillé par des contradictions intimes, tant au plan doctrinal qu'au plan méthodologique.

La vigueur des critiques de la réalité concrète par Bernácer et le refus de la force comme moyen d'imposer des réformes « radicales»[1025]

Bernácer fait une analyse très ferme et sans concessions des anomalies du système économique actuel, tant du point de vue fonctionnel que du point de vue de la justice sociale. Il emploie un langage généralement mesuré mais quelquefois assez vif, illustrant bien la vigueur de son point de vue. On s'attend donc à une condamnation sans réserve du système et à des solutions draconiennes. Cependant, pour Bernácer, la fin ne justifie pas n'importe quels moyens et devant l'alternative, si elle lui était présentée, soit de réaliser sa réforme par des moyens éventuellement violents, soit de ne pas la mener à bien afin de préserver la paix sociale, nous pensons qu'il choisirait probablement le deuxième élément de l'alternative. Une telle position - hypothétique, il est vrai - peut paraître attachante, cependant est-elle pertinente vis-à-vis de l'ensemble de son analyse du fait socio-économique ?

L'émergence presque « honteuse» de la mathématique, de la psychologie et de la sociologie dans la pensée de Bernácer

Bernácer, nous l'avons vu, tient dans un certain mépris les modes mathématique et psychologique. Sans doute a-t-il des raisons de faire des reproches aux deux branches de l'école hédonique[1026] : l'école mathématique et l'école psychologique qui procèdent de la même prémisse et aboutissent aux mêmes erreurs néomarginalistes. Cependant, il laisse paraître l'emploi, parfois occulte, qu'il fait de la psychologie, il s'adonne parfois au plaisir de la formalisation mathématique, il fait une part importante à la sociologie et à l'histoire des institutions. Le fait que, parfois, il confine ces apports « extra-économiques » dans des appendices de ses ouvrages, ne doit pas faire illusion ; en réalité, ces différentes approches se trouvent parfaitement combinées et intégrées, parfois implicitement mais souvent explicitement, au cœur même de son étude.

On comprend cependant qu'il recommande un usage modéré de la mathématique au niveau de l'explication macroéconomique où il se place généralement. Dans le même esprit, nous observons que les modèles explicatifs macroéconomiques ne sont généralement plus pris au sérieux de nos jours, ayant une valeur didactique contestable, lorsqu'ils ont l'ambition d'être autre chose qu'un instrument, parmi d'autres, de l'analyse économique. Il en irait tout autrement de la prévision, de l'observation quantifiée des faits économiques en vue d'une connaissance plus précise de la réalité et dans l'optique d'une praxis économique.

[1024] L'expression est empruntée à J. Monteil qui l'employait à propos du mathématicien-économiste A. Cournot.
[1025] Cf. *supra*, p. 365 et 388.
[1026] Ch. GIDE et Ch. RIST, dans leur histoire des doctrines, *op. cit.,* ajoutent même : « Les raisonnements de l'école autrichienne, quoique sans formules, n'en sont pas moins une algèbre ».

On comprend tout autant sa méfiance pour la psychologie et l'exploitation qu'en ont faites des générations d'économistes. En revanche, il a moins de réticences pour la sociologie, qu'il amalgame souvent avec bonheur à son analyse économique; sans doute, l'emploi de cette discipline lui paraît-il moins propice aux abus scientifiques.

Toujours est-il qu'une lecture partielle ou superficielle de son œuvre peut faire croire à l'existence d'aspects contradictoires dans l'œuvre de Bernácer, alors que ce ne sont que l'expression des doutes légitimes du véritable homme de science qu'il est.

CONCLUSION

PLAIDOYER POUR LA RÉHABILITATION DE BERNÁCER

I

NOTRE THÈSE STRICTO SENSU: UN FONDATEUR AVANT KEYNES DE LA THÉORIE ÉCONOMIQUE MODERNE: BERNÁCER

UN POINT D'HISTOIRE

Nous voudrions essayer d'élucider un double point d'histoire : la pensée de Bernácer a-t-elle été influencée par les suédois, reconnus comme précurseurs de Keynes, et a-t-elle pu influencer la pensée du célèbre professeur de Cambridge ?

Bernácer et les Suédois

Knut Wicksell publia ses premiers livres en allemand entre 1893 et 1906. Ce n'est qu'en 1934 que parut la première édition en anglais sous le titre *Lectures on political economy*, puis en 1936, *Interest and prices*. Entre temps, Wicksell avait publié dans la revue Economic Journal de 1907 un article, passé inaperçu à l'époque « *The influence of the rate of interest on prices* ». Le professeur James écrit à propos de Wicksell qu'il était « méconnu jusqu''en 1930... » y compris dans son pays, où « l'influence dominante fut autour de 1920 celle du professeur Cassel ». Quant aux autres économistes de l'école de Stockholm, notamment Davidson, Lindahl, Myrdal et Ohlin, leurs premières publications en suédois datent de 1927 (Myrdal), 1929 (Lindahl), les éditions anglaises ayant commencé de paraître en 1932 puis en 1939.

Rappelons que Bernácer a publié en 1916 *Société et Bonheur*, en 1922 son fameux article sur la *théorie des disponibilités*, puis en 1925 *L'intérêt du capital*, ses œuvres postérieures étant surtout destinées à affiner sa pensée et à la mettre en concurrence avec celle de ses contemporains ou prédécesseurs. Dès lors, seules les œuvres de Wicksell publiées en allemand jouissent d'une antériorité à l'égard de celles de Bernácer. Et s'il pouvait y avoir une influence suédoise sur la pensée de Bernácer, ce ne saurait être que du fait de Wicksell.

Or nous savons que Wicksell a été méconnu dans son pays, et a fortiori à l'étranger, jusque vers les années 1930, que ses œuvres en allemand n'ont pas eu d'audience jusqu'à ce que les continuateurs de sa pensée les citent. D'ailleurs, Bernácer, dans son livre de 1925 cite abondamment Böhm-Bawerk, le maître viennois de Wicksell, et Cassel, l'économiste suédois le plus en vue à l'époque, selon le Émile James. Il ne fait aucune allusion à Wicksell. Son premier contact avec la pensée wicksellienne serait dû à Hayek[1027] que Bernácer connut à Madrid. Il est donc peu probable que Bernácer ait connu la théorie wicksellienne avant de publier ses ouvrages fondamentaux sur l'intérêt, la monnaie et les fluctuations.

[1027] Cf. correspondance privée de Bernácer.

D'autre part, dans la péninsule ibérique, au début de notre siècle, les moyens d'information étaient plus limités encore que sur le continent[1028], de sorte que si Bernácer ne cite que Cassel et sachant que Wicksell ne sera connu en Europe qu'aux alentours de 1930, nous pouvons présumer que Bernácer ignorait l'œuvre de l'auteur suédois, lorsqu'il écrivait notamment en 1916, en 1922 puis en 1925.

Bernácer et Keynes

Keynes commence ses publications en 1919, cependant si l'on excepte un article paru en 1923, c'est dans ses deux ouvrages publiés respectivement en 1930 et en 1936 que l'on trouvera l'essentiel de sa pensée. L'antériorité des publications de Bernácer ne fait donc aucun doute. Le problème reste donc de savoir si Keynes a été en contact avec la pensée de Bernácer. À cet égard nous rapporterons d'abord, quelques faits troublants.

UN PRÉCÉDENT : KEYNES ET WICKSELL

Il semble bien que Keynes se contredise à propos de Wicksell, tantôt il affirmerait « n'avoir connu les œuvres de Wicksell que fort tard, après que sa propre pensée eût déjà pris une forme définitive », tantôt il reconnaîtrait explicitement les avoir connues, puisque J. Marchal et J. Lecaillon citent Keynes lui-même, écrivant à la page 196 de son *Traité sur la monnaie*, volume I, paru en 1930, avant la traduction en anglais des œuvres de Wicksell : « Selon Wicksell, il faudrait appeler le taux d'intérêt ... taux d'intérêt naturel, et le taux effectivement en vigueur: taux d'intérêt du marché ». Les auteurs des *Flux monétaires* commentent: « comme on l'a indiqué, l'auteur (Keynes) fait expressément référence à l'œuvre de Wicksell, ce qui contredit une opinion couramment répandue[1029] selon laquelle il aurait ignoré les travaux de l'école suédoise ».
On peut penser que Keynes n'était pas réellement soucieux de reconnaître ses précurseurs[1030] et qu'il aurait pu, aussi bien, connaître directement la pensée de Bernácer sans pour autant l'avouer.

KEYNES ET L'ARTICLE DE ROBERTSON SUR BERNÁCER

Il est curieux que Keynes, directement mis en cause par son collègue de Cambridge dans cet article paru en février 1940 dans la Revue *Économica*, n'ait pas cherché à s'expliquer ou à entrer en contact avec Bernácer. Ayant reconnu à Robertson quelque influence sur sa propre pensée, ayant partagé avec lui des responsabilités

[1028] Cf. MARCHAL et LECAILLON, *Les flux monétaires*, p. 241: « Les ouvrages de Wicksell n'ont rencontré, en France, aucune audience. Tout donne à croire qu'ils sont demeurés, jusqu'au déclenchement de la seconde guerre mondiale, entièrement inconnus, même des meilleurs spécialistes des questions monétaires »; puis p. 242 : « Nogaro ne cite Wicksell ni dans la première édition (1924) ni dans la seconde édition (1935) de son livre sur *La monnaie et les phénomènes monétaires contemporains...* ». Aftalion ne l'évoque en aucune façon dans *Monnaie, prix, change* et, enfin, p. 244 : « G. MYRDAL, dans l'*Équilibre monétaire*, déplore que les anglais de son temps connaissent mal, voire, pas du tout, les contributions suédoises. Mais le courant ne passe pas davantage entre travaux anglais et travaux français et à l'époque, pas plus dans un sens que dans l'autre ».
[1029] Cf. R. MARJOLIN, in *Monnaie, prix et production*, 1941.
[1030] Sauf à citer Montesquieu, par exemple, comme l'un des plus grands économistes de tous les temps!

publiques auprès du gouvernement britannique pendant la guerre mondiale, étant ensemble à Bretton-Woods[1031], il est inconcevable que Keynes n'ait pas eu à ce sujet des conversations avec Robertson.

À une époque, à la suite de la parution de cet article et malgré les événements mondiaux, où des économistes de tous pays écrivent leur sympathique admiration à Bernácer, on est frappé du silence de Keynes et de Hawtrey. Mettons cependant à l'actif de Keynes le rôle important qu'il a joué au cours des années quarante jusqu'à sa mort; il n'en demeure pas moins que ce silence est lourd de doute sinon d'aveu. D'autant plus que l'article de Bernácer « *La théorie des disponibilités...* », écrit en espagnol et accompagné d'un résumé en français, avait été envoyé sous forme de brochure à 150 économistes de tous pays, parmi les plus éminents de l'époque (1923) et tout spécialement à Keynes, Robertson, Hawtrey en Grande-Bretagne, Gide en France, Supino en Italie, Seligman aux États-Unis, et à tous les économistes de l'École de Vienne[1032]. Nous savons que Robertson l'a reçu, ainsi que quelques autres économistes[1033].

Notre raisonnement est donc simple. Robertson a été frappé de l'analogie entre la méthode employée par Bernácer dans son article de 1922, et celle qu'il suit dans son propre ouvrage paru en 1926 *Banking policy and the price level*. Il avoue avoir pu être influencé, « subconsciemment » dit-il, par cette lecture. Ne peut-on penser que Keynes aurait lu cet article qu'il a dû recevoir par le même courrier, et que son subconscient a accompli la même œuvre que celui de Robertson ? Ce qui tendrait à démontrer l'influence directe de la pensée de Bernácer sur Keynes ?

On peut aussi admettre une influence par personne interposée puisque Keynes écrit : « En ce qui me concerne - et je pense qu'il en est de même pour les autres économistes anglo-saxons - je suis redevable des bonnes orientations de ma pensée à l'œuvre de Robertson *Banking policy and the price level* publiée en 1926 »[1034]. Keynes avait déjà annoncé « Robertson a dirigé une lumière puissante sur certaines matières fondamentales, et ce livre n'eût pas revêtu sa forme actuelle sans l'aide de ses idées»[1035].

Toujours est-il, qu'avec ou sans influence sur l'œuvre de Keynes, Bernácer apparaît comme un précurseur de la pensée keynésienne, ou plutôt comme un fondateur de la pensée économique moderne. Nous craignons, en effet, que Bernácer n'eût pas jugé élogieuse la comparaison de sa pensée avec celle de Keynes, très ambigüe et liée aux circonstances de la grande dépression.

LA CONTRIBUTION DE BERNÁCER Á LA FONDATION DE LA SCIENCE ÉCONOMIQUE MODERNE

Le rejet du dogmatisme économique

Bernácer permet à l'analyse de réaliser des progrès considérables grâce à son attitude négative face aux dogmes dont il hérite des classiques, comme ses contemporains, puis face au nouveau dogme de l'Économie Politique du deuxième tiers du XXe siècle : « la » théorie keynésienne. Il refuse les premiers parce qu'ils sont

[1031] Cf. dans la correspondance privée de Bernácer une lettre de Robertson déjà citée.
[1032] Cités par BERNÁCER dans sa *Théorie fonctionnelle de la monnaie*, 1945, p. 218-219
[1033] Cf. nos « Témoignages », supra.
[1034] *Traité* sur *la monnaie*, Londres, 1930, t. 1, p. 170-171.
[1035] *Ibid.*, préface, p. VII.

incapables de rendre compte de façon satisfaisante de la réalité économique de son époque et il rejette le second pour ses insuffisances et les graves lacunes qu'il contient.

LE REFUS DES DOGMES CLASSIQUES

Facilité par le caractère autodidacte de sa formation économique, ce refus consiste à ne rien accepter de l'inventaire conceptuel classique et néoclassique que ce qui lui paraît corroboré par une analyse positive et actuelle du fait social et économique. Il rejette donc, a priori, l'approche individuelle, l'approche statique, l'intérêt, la valeur-utilité, l'équilibre économique, l'absence de sous-emploi dans le panorama économique des classiques, les institutions perverses du monde dit libéral: le « marché financier », le monopole, le capitalisme dissociant les deux facteurs actifs et complémentaires de la production : le travail et le capital. Il retient, sous certaines conditions, les éléments de l'Économie Politique qui lui paraissent être de nature à assurer le bien-être social par l'efficacité économique: le profit, la monnaie, le marché...

Son analyse, plus libre à l'égard des idées reçues, n'en est que plus scientifique.

LE REFUS D'UN NOUVEAU DOGME: LE KEYNÉSIANISME

Bernácer, à partir de 1940 surtout, devait s'attacher à montrer les insuffisances de l'analyse keynésienne. Il fut parmi les premiers à le faire et sa critique est importante, non du fait de sa précocité dans le grand débat qui devait opposer les keynésiens aux anti-keynésiens, mais du fait qu'il s'agit d'une critique immanente. Bernácer voit de l'intérieur du schéma analytique keynésien ses insuffisances et surtout ses incohérences. Sa critique, malgré sa fermeté que l'on dénote même dans la forme, n'a pas le même caractère que celle de J. Rueff[1036], par exemple. La critique que Bernácer fait de la *Théorie générale* est plus bienveillante et de ce fait, elle a davantage de portée. L'un des éléments, parmi beaucoup d'autres, que Bernácer a le plus souvent critiqué dans la théorie de Keynes, c'est le mécanisme du multiplicateur. Dans l'un de ses derniers articles[1037], en 1956, Bernácer démontre qu'en fait ce n'est pas la propension à épargner tout entière qui limite l'effet du multiplicateur de l'investissement initial mais bien la seule propension à thésauriser, contrairement à ce qu'affirme F. Machlup[1038] qui déplore que de nombreux critiques du multiplicateur ne puissent interpréter les filtrations autrement qu'en tant que thésaurisation[1039]. Ceci paraît confirmer notre interprétation de la critique de Bernácer à Keynes, lorsqu'il lui reproche sa distinction trop sommaire entre la demande de consommation et l'épargne, celle-ci ayant un rôle, dans l'optique keynésienne, résolument stérile - voire même pernicieux - dans le mécanisme du multiplicateur. Bernácer propose d'établir une distinction entre la demande globale

[1036] Cf. article cité, in *Revue d'économie politique*, 1947.
[1037] BERNÁCER, "*El sistema financiero y las crisis*", article cité.
[1038] F. MACHLUP, « Period analysis and multiplier theory » in *Readings in business cycle theory*, p. 222-226
[1039] Il s'agit vraisemblablement de la thésaurisation *stricto sensu*. Face à la thésaurisation double de Bernácer, l'objection de Machlup ne tient plus.

(consommation + investissement) d'une part, et *thésaurisation double*, d'autre part[1040]. Nous serions prêts, quant à nous, à partager cette optique.
Ce n'est qu'un exemple parmi les critiques fondamentales que fait Bernácer à Keynes ; il nous paraît important, étant donné la place du multiplicateur tant dans la théorie « pure » de Keynes qu'au niveau de ses propositions politiques (dépenses publiques).

L'approche du fait économique

Parmi les éléments caractéristiques de la contribution bernacérienne recensés dans notre étude nous en retiendrons particulièrement trois : la dynamique, la macroéconomie et la conception synthétique.

LA DYNAMIQUE[1041]

Elle se manifeste par son double contenu spatial et temporel. Nous avons insisté surtout sur la composante temporelle de l'analyse, car l'auteur accorde explicitement dans tous ses écrits théoriques une place très grande au facteur temps[1042]. Cependant l'aspect spatial est indissociable du temps ; on peut résumer ainsi sa conception[1043]. L'explication dynamique de l'activité économique repose sur le constat suivant. Le processus de la production et de la répartition qui résume l'activité économique implique une séquence et un circuit, tels que les agents produisent des biens et perçoivent des revenus, puis ils dépensent leurs revenus et acquièrent des biens. Bernácer, non seulement reproche à Keynes son analyse statique, mais il montre que l'introduction du temps fausserait la théorie keynésienne. Plus tard et dans le même esprit, Denizet devait montrer, par exemple, que les effets expansionnistes attendus par Keynes d'un investissement initial ne pouvaient se réaliser qu'au prix d'un renouvellement de l'investissement au cours des périodes successives.
Bernácer, selon nous, va plus loin que tout autre économiste[1044] dans l'importance qu'il accorde au temps : « Comment devons-nous traverser ce fleuve mystérieux qui sépare la Statique de la Dynamique ? Voilà une question ouverte à la recherche et à la critique ; cependant, si nous ne franchissons pas ce Rubicon, que nous le voulions ou non, nous demeurerons dans la Statique et nous devrons admettre en toute logique et contre toute évidence que le niveau des prix est invariable »[1045]. Ayant évoqué les absurdités auxquelles peut conduire l'analyse statique, il conclut à la nécessité impérieuse de procéder à une analyse dynamique, seule méthode possible pour les faits sociaux. Il suggère de procéder à un examen des états statiques successifs, en veillant à ce que l'analyse soit correcte, puis de transposer l'analyse discrète à l'analyse continue pour se rapprocher de la réalité. Les recherches méthodologiques futures devront s'efforcer de perfectionner cette approximation; il ne prétend pas avoir tout découvert mais seulement avoir montré la voie. Ainsi les

[1040] Rappelons que la précision: « double» est de nous.
[1041] Cf. aussi J. SCHUMPETER, *History of Economic Analysis*, *op. cit.*, p. 963¬-971.
[1042] L'auteur approfondit notamment cette analyse dans *La théorie fonctionnelle de la monnaie*, p. 219 et s., p. 294 à 308, p.346 à 365.
[1043] *Ibid.*, p. 294.
[1044] L'auteur considère notamment que la théorie dynamique de Robertson est restée au stade des prémisses ou de l'intuition, n'ayant fait aucun progrès entre 1926 (*Banking policy...*, *op. cit.*) et 1940 (*Essays on monetary theory*, *op. cit.*).
[1045] *Ibid.*, p. 365.

statistiques, si indispensables à l'analyse économique, ne sont-elles à la réalité que ce que les images d'un film sont au mouvement réel ; le malheur, c'est qu'on n'a pas de projecteur à statistiques qui redonne aux faits photographiés l'illusion du mouvement originel !

Quant au *circuit économique*, Bernácer l'étudie par analogie avec l'analyse hydraulique. Là encore, son apport conceptuel est novateur et, une fois de plus, il annonce Keynes dont l'éloge est fait par J. Ullmo en ces termes[1046] « la notion (de circuit économique) mérite pourtant qu'on y revienne pour en souligner le caractère novateur par rapport aux conceptions classiques. Elle est en fait le principal instrument de pensée et d'action que nous a laissé ce qu'on pourrait appeler *l'héritage keynésien*... Pour saisir le caractère propre de cette notion de circuit économique, il est nécessaire de l'opposer à la notion traditionnelle de marché ». Bernácer ne serait pas d'accord avec la fin de cette proposition, car le marché est un point spatial fixe, alors que le circuit est constitué de l'ensemble des relations inter structurelles et inter-agents, relations qui évoluent dans l'espace et dans le temps. Pourquoi faudrait-il exclure du circuit les marchés ? De telles exclusives stérilisent l'analyse, conduisent à des conceptions monistes qui ne sont pas du goût de Bernácer. Il semble d'ailleurs que Keynes n'ait pas accordé au circuit une place aussi importante que Bernácer.

LA MACROÉCONOMIE ET LA COMPTABILITÉ

C'est à Quesnay, à son tableau et aux autres physiocrates, que l'on doit la première approche macroéconomique. Les classiques ne l'on pas ignoré non plus, notamment dans leur théorie quantitative de la monnaie. Cependant, leur analyse est essentiellement fondée sur des comportements individuels. C'est pourquoi les historiens de la pensée économique font généralement[1047] remonter à Wicksell puis à Keynes la naissance de la macroéconomie. Il faudrait faire une place à Bernácer qui, inspiré par les physiocrates - c'est un admirateur de Turgot -, définit des grandeurs globales et perçoit l'activité économique dans son ensemble.

CONCLUSION

Cependant Bernácer donne plus d'importance que Keynes aux comportements différenciés des agents. D'autre part, il a très bien vu le caractère hétérogène de ces quantités globales. De sorte qu'il les décompose souvent en sous-ensembles relativement homogènes. Par exemple, il ne saisit pas la masse monétaire comme un tout, il en distingue les différentes sortes de disponibilités. De même, il s'attache à distinguer les revenus fixes des revenus aléatoires. Il est très attentif, enfin, aux tensions et non seulement aux relations d'égalités. Keynes commet l'erreur de manipuler des quantités qu'il suppose homogènes. Par exemple, il suppose une fluidité de la main-d'œuvre qui n'est pas dans la réalité[1048].

[1046] J. ULLMO, *Le profit, op. cit.*, p. 157-158.

[1047] Plus récemment Marx s'est vu reconnaître la contribution qu'il a apporté au plan de l'analyse macroéconomique. Celle-ci apparaît nettement dans son « Introduction générale à la Critique de l'Économie Politique », in *Œuvres* de K. MARX, « Économie I », Bibliothèque de la Pléiade, Gallimard, 1963, p. 241 à 254.

[1048] J. MARCHAL et J. LECAILLON, Les flux monétaires, *op. cit.*, p. 374-375 ;

Bernácer est naturellement amené à utiliser abondamment les ressources de la méthode comptable, usage facilité par son approche macroéconomique[1049] qui remonte à son premier ouvrage. Dans *Société et Bonheur*, 1916, il est frappant de relever l'analyse au niveau social, l'individu cher aux néoclassiques étant presque totalement absent, de l'analyse de Bernácer, dès ses premiers écrits. L'auteur raisonne donc sur des *agrégats* qui ont entre eux des relations comptables. Il établit une liaison étroite entre analyse dynamique, analyse comptable et méthode positive. Ainsi, à propos de la comptabilisation des revenus[1050] dans la courte période - propice à l'étude de la conjoncture - Bernácer opte pour la comptabilisation des paiements réels par la méthode des bilans successifs des disponibilités monétaires réelles, c'est-à-dire la somme des bilans des agents, les disponibilités étant décomptées comme termes positifs et les endettements comme termes négatifs. Puis il étudie les variations des agrégats au cours de périodes successives. De même dans l'ordre normatif, à propos de la réforme qu'il préconise, il fait une large place à la comptabilité nationale notamment dans la saisie statistique des disponibilités et des mouvements monétaires.

L'ESPRIT DE SYNTHÈSE CONTRE LE MONISME ANALYTIQUE

Les concepts bernacériens sont riches parce que *synthétiques*, de même que ses théories dans lesquelles il *intègre* de multiples éléments. Sa théorie de la valeur intègre à la fois le travail en tant que facteur privilégié de la production et le marché pour donner une théorie proche à la fois de la valeur-travail et de la valeur d'échange. Sa conception de la monnaie est à la fois *dynamique, fonctionnelle et intégrationniste*. À l'opposé de la théorie quantitative qui se fonde sur deux expressions identiques de la demande, sa théorie fonctionnelle s'efforce d'intégrer l'offre. Sa théorie de l'intérêt est éminemment synthétique, et comprend de nombreuses composantes[1051].

Bernácer se situe ainsi, dans l'histoire de la pensée économique, très en avance par rapport à ses contemporains, y compris les plus novateurs[1052]. On peut en effet admettre que la pensée théorique de Bernácer a atteint sa plénitude - mais non son achèvement[1053] - en 1945 avec la publication de sa *Théorie fonctionnelle de la monnaie*.

Parfois, cependant, la théorie de Bernácer présente des aspects insuffisamment synthétiques et l'on pourrait lui reprocher un certain monisme dans l'explication des déséquilibres fondée essentiellement - quoique pas exclusivement - sur le « marché financier », la rente et la thésaurisation double. Peut-être accorde-t-il aussi une importance jugée aujourd'hui excessive, à la monnaie; cependant, ne fait-il pas partie d'un courant de pensée qui, précisément, jugeait qu'il fallait approfondir la théorie monétaire pour faire progresser la science économique ?

[1049] Cf. à ce propos, M. ALLAIS, *Économie et Intérêt*, Imprimerie nationale, 1947, et notamment, Les fondements comptables de la macroéconomie.
[1050] BERNÁCER, *La théorie fonctionnelle*, *op. cit.*, p. 348.
[1051] Cf. *supra*, p. 270 et s.
[1052] Par exemple, la théorie de l'intérêt de Keynes, jugée intéressante à l'époque de la parution de la *Théorie générale*, relève du monisme monétaire.
[1053] Cf. *supra* sa théorie de l'inflation séculaire.

L'aspect normatif de sa pensée

Au-delà d'une analyse descriptive lucide : la nécessité d'une praxis économique

Certains auteurs reprochent aux classiques d'avoir voulu infléchir le cours de l'histoire des faits économiques par leurs théories, ils considèrent que les néoclassiques furent en quelque sorte scientifiquement supérieurs, en renonçant à inspirer l'action et en se bornant à expliquer la réalité observable. On pourrait, d'ailleurs, se demander jusqu'à quel point cette réalité fut correctement observée par eux et dans quelle mesure Walras et Pareto, qui font figure de symbole à cet égard, ont renoncé à ce que nous appellerons l'action économique. Certains historiens de la pensée, en minimisant l'importance des propositions politiques chez Walras et de l'analyse sociologique chez Pareto ont, semble-t-il, injustement déformé l'opinion dominante sur ce que fut leur œuvre. Nous pourrions, au contraire, considérer que le XXe siècle est celui de l'avènement de la praxis en tant qu'élément instigateur de la recherche scientifique. L'économique n'y a point échappé, sous l'impulsion d'auteurs comme Bernácer et Keynes ou, au siècle précédent, de précurseurs tels que Marx et, dans une moindre mesure, Wicksell.

Bernácer conjugue admirablement l'analyse *descriptive* et la construction *normative*. Il y a entre ces deux optiques une sorte de *relation dialectique* telle que chacune oriente l'autre. Il s'efforce, bien entendu, de rester lucide et « objectif » dans la saisie de l'observation du réel, cependant il faut admettre que toute théorie est construite à partir d'un choix - des matériaux et des outils - et que ce choix est *sui generis* le résultat d'une orientation plus ou moins consciente chez l'auteur. De ce point de vue, les auteurs qui prétendent renoncer à l'étude de l'action ne font-ils pas le choix de justifier, en quelque sorte, un ordre économique et social préétabli ?

UNE SORTE D'IDÉAL « TECHNIQUE» : POUR UNE CYBERNÉTIQUE ÉCONOMIQUE

Le contenu normatif de la pensée économique de Bernácer n'est pas seulement d'ordre social, visant à améliorer celui-ci, il a aussi un aspect de technique des systèmes. Le système économique, selon Bernácer, une fois définies les dominantes d'ordre éthique, doit suivre certaines règles dont la convergence doit permettre un bon fonctionnement de l'ensemble.

Le Nouveau Régime Économique qu'il préconise constitue une immense cybernétique dont l'un des éléments d'*autocontrôle* est la comptabilité nationale - et plus particulièrement monétaire – et dont l'un des éléments d'autocorrection qu'il privilégie est la manœuvre de l'émission monétaire, eu égard à ses différentes affectations dans les unités de production. Conscient de l'importance qu'il y a à réduire au maximum les *délais de correction* - en cela il condamne la planification étatique *autoritaire*[1054] - il insiste sur la nécessité de perfectionner l'appareil statistique et il annonce ainsi, en quelque sorte, la théorie de l'information économique, indispensable au bon fonctionnement cybernétique du système. Il recommande, par exemple, que

[1054] C'est nous qui précisons.

les statistiques sur les disponibilités monétaires soient centralisées et publiées chaque semaine afin de permettre l'action correctrice de l'émission contrôlée compensatoire. Il est inspiré en cela par les enseignements de la pratique qu'il a à la Banque d'Espagne. C'est l'un des rares points d'émergence du praticien sous le théoricien qu'il est et qu'il veut demeurer.

II

BILAN SOMMAIRE DE LA CONTRIBUTION DE BERNÁCER

À bien des égards, nous l'avons vu, Bernácer mérite le titre de fondateur - à côté de quelques autres - de l'économique moderne ; c'était là, en quelque sorte, notre thèse historique. Cependant, il convient de dresser un inventaire très sommaire des insuffisances de son œuvre théorique et de montrer, au contraire, l'actualité de quelques questions qu'elle soulève.

LES INSUFFISANCES

Au niveau de la recherche scientifique : solitude relative et insuffisance du débat

Bernácer est un chercheur solitaire qui a construit seul sa théorie entre 1905 et 1925 puis l'a perfectionnée jusqu'en 1942. Or, ce n'est qu'après 1940 qu'il devait avoir des échanges avec certains économistes de réputation mondiale. Son isolement, méritoire à bien des égards, a cependant les défauts de ses qualités. Son œuvre est celle d'un solitaire qui n'a bénéficié, ni dans son pays[1055], ni à l'étranger, des apports que l'on eût pu attendre d'un débat sur ses idées originales et novatrices. Keynes, placé au centre d'un brassage intense - au niveau des faits et des idées -, le monde anglo-saxon des années 1930, se trouve dans une situation en quelque sorte *opposée*, son apport strictement personnel est moins patent que la synthèse des idées de son entourage qu'il réalise et qu'il publie[1056], avec un à-propos historique remarquablement efficace.

Bernácer est-il responsable de sa solitude pendant la période d'élaboration de sa théorie ? Pas en ce qui concerne l'étranger, semble-t-il, car dès 1922, il a commencé d'envoyer ses écrits[1057] aux plus grands économistes de son temps. Robertson mit 18 ans à se souvenir de la marque indélébile laissée en lui par l'article de Bernácer sur la théorie des disponibilités.

Cependant, en Espagne, Bernácer, directeur du service des études à la Banque d'Espagne, publiant de très nombreux articles de doctrine ou de vulgarisation, fit-il tout ce qu'il eût fallu pour créer autour de lui une véritable école de Madrid ? D'après les témoins oculaires, il semble que non. De ce point de vue, l'œuvre solitaire de Bernácer est une sorte d'échec.

Un débat approfondi avec les américains, pragmatiques[1058], lui eût fait nuancer son optique macroéconomique en diversifiant les niveaux de son analyse. Des échanges avec François Perroux, sur l'économie dominante, par exemple, lui eussent permis d'étayer plus solidement sa thèse par une étude plus approfondie des monopoles, de concevoir un univers non-isotropique. Une meilleure connaissance des travaux de Leontieff et

[1055] Cf. « Témoignages », *supra*.
[1056] Au sens quasiment publicitaire.
[1057] Cf *supra*.
[1058] Cf. lettre de Wallich à Bernácer du 8 mai 1956 où il explique les raisons des difficultés soulevées par la tentative de publication aux États-Unis des œuvres de ce dernier: « *The European often takes a broad ideological position. The American tends to be pragmatic and technical* ».

de la comptabilité nationale en France, par exemple, lui eussent fourni des éléments pour une approche plus sectorielle de l'économie. Sans remettre fondamentalement en cause sa théorie, bien au contraire, nous croyons que de telles recherches eussent enrichi remarquablement l'analyse bernacérienne ainsi que sa diffusion.

Sa réforme, fondée sur un rejet presque épidermique de l'action de l'État et sur une apologie presque sans réserves du marché, eût gagné en qualité si ces deux points importants eussent été approfondis. On peut être d'accord avec ses conclusions à condition que ces deux prémisses soient plus solidement étayées. La rigueur scientifique qu'il recommande toujours et que, le plus souvent, il applique à ses raisonnements, paraît inconsistante sur ces deux points faibles de son analyse. Bernácer s'applique à faire valoir le bien fondé de sa théorie dichotomique du circuit économique. Occupé à convaincre le lecteur du caractère fortement pernicieux du « marché financier », l'auteur est naturellement enclin à ne pas approfondir l'étude des conditions d'un bon fonctionnement du marché de la production. Ainsi, l'offre de biens et de services qu'il s'efforce d'intégrer à son analyse[1059], ne fait pas vraiment l'objet d'une étude approfondie ; elle est presque totalement absente du processus d'inflation dont l'étude a pourtant une place très importante dans sa théorie. Quant à l'action de l'État, sans remettre en cause la qualité de la philosophie générale du système préconisé par Bernácer et sans oublier les critiques que doit nous inspirer, aujourd'hui, un jugement sur l'efficacité de l'État, il faut reconnaître que l'auteur, sans doute isolé dans une Espagne elle-même intellectuellement isolée, n'a pas réellement eu le souci de peser les avantages et les inconvénients d'une telle action.

Au niveau de l'action préconisée :
la réforme paraît moins directement opérationnelle que la politique keynésienne

Nous ne ferons pas de reproche sur la qualité intrinsèque de la réforme NRE de Bernácer laquelle, comparée à la politique keynésienne, nous paraît être plus solide. Cependant les obstacles qu'elle devrait rencontrer risquent de ne pas inciter à l'appliquer. Chacun sait - même si, assurément, on doit le déplorer - que la politique à court terme l'emporte le plus souvent sur les prévisions à long terme, que la dualité entre l'horizon court et le long est un des obstacles conceptuels et concrets les plus mal surmontés de notre discipline. En un mot le NRE peut paraître utopique à force d'essayer de résoudre globalement et en profondeur des problèmes socio-économiques fondamentaux et complexes.

La politique keynésienne a eu le mérite d'être appliquée ou du moins d'inspirer des actions concrètes depuis un quart de siècle. Cela n'est pas nécessairement un argument qui démontre sa qualité ; mais l'expérimentation qu'elle représente constitue incontestablement un succès pour l'homme de science dont le but demeure, croyons-nous, de découvrir des solutions variables aux problèmes de son temps. Cependant, quelle est la part de la politique d'inspiration keynésienne dans l'évolution économique des deux dernières décennies ? N'a-t-elle pas, à son tour, par ses insuffisances, provoqué de nouveaux problèmes qu'elle est impuissante à résoudre ?

[1059] Cf. *supra*, « *La valeur de la monnaie* »

Nous objecterons donc à Bernácer que ses propositions de réforme des structures sont d'application pour le moins délicate à horizon d'homme, cependant, nous ne considérons pas que c'est un défaut fondamental de sa théorie ; d'ailleurs, peut-être l'avenir contiendra-t-il plus d'audaces que celles que nous permet d'augurer notre imagination actuelle. Les bouleversements récents et les soubresauts chaotiques provoqués par la crise mondiale aigüe de 2007-2012 ouvrent des perspectives quant aux audaces politiques que pourraient envisager les instances de régulation et de concertation transnationales, actuellement.

Une sorte de faillite de Bernácer : la méconnaissance relative de son œuvre

Dans les années 1940, les plus grands noms de la science économique sont entrés en contact avec Bernácer. Nous pensons que lorsque Haberler lui suggéra d'écrire des articles ou un ouvrage dans lesquels apparaîtrait sa théorie d'une manière plus concrète, plus opérationnelle ; où il aurait pu comparer ses propositions à celles de Keynes, afin de pouvoir être publié aux États-Unis, lorsque Perroux sollicita sa collaboration comme correspondant de l'I.S.E.A., Bernácer fit preuve soit de beaucoup d'orgueil, soit d'un détachement tout aussi coupable, en ne donnant pas une suite réelle à ces propositions. Il devait solliciter plusieurs fois la traduction et la publication à l'étranger de certaines de ses œuvres, mais il refusait de les rendre « accessibles » par leur conception ou leur écriture. Or, économiste espagnol solitaire, il ne pouvait pas prétendre faire triompher à lui tout seul son point de vue. André Piettre devait nous dire à ce propos: « il a manqué à Bernácer d'être anglo-saxon! ». Nous pensons qu'ici la fin justifie les moyens, que le désir légitime de faire connaître ses idées doit incliner l'auteur à se préoccuper de son public, de son « marché », non quant au fond, bien entendu, mais quant à la forme.

Enfin, nous ne nous ferons pas l'avocat du diable, contre Bernácer, car ce dernier n'a jamais qualifié sa théorie de « générale ». L'impression que dégage son œuvre lui est franchement favorable : ses insuffisances sont très largement compensées par ses idées, encore originales de nos jours, telles que sa conception dialectique de l'économie, sa théorie de la rente et de la thésaurisation double et enfin, suprême matériau de son édifice théorique, le refus de la notion de coût de l'homme, fût-ce par le truchement de la notion de travail !

L'ACTUALITÉ DES PROBLÈMES SOULEVÉS ET DES SOLUTIONS ESQUISSÉES

Reconnaître la valeur de la théorie de Bernácer c'est surtout, croyons-nous, reconnaître le caractère actuel de la problématique qu'elle pose, des pistes qu'elle ouvre et des propositions de solutions qu'elle préconise.

Les problèmes actuels majeurs : la spéculation, la stabilité et l'organisation économique et sociale

Bernácer est, parmi les auteurs non marxistes contemporains, celui qui condamne le plus sévèrement l'institution de la *rente*. La rente recouvre, rappelons-le, aussi bien le *revenu du non-travail* perçu périodiquement que le revenu capitalisé sous forme de *plus-value*. Ce deuxième élément prend, à notre époque de croissance, de développement des besoins et partant de la demande, une importance particulière. Cette forme de rente a tous les défauts, facteur d'injustice sociale, c'est aussi un sérieux élément d'instabilité économique. Elle est multiforme, affectant la propriété foncière, la propriété mobilière et même les matières[1060]. Cependant le marché libre peut-il, seul, apporter une solution instantanée à ces fluctuations des prix ? N'est-il pas lui aussi une structure propice parfois au développement des déséquilibres, et dans la conjoncture actuelle, de l'inflation ? En revanche, est-il souhaitable de fausser le fonctionnement du marché par n'importe quelle mesure d'incitation ? Le débat reste ouvert et Bernácer, délibérément, élude la première question.

Il a cependant le mérite de se soucier de la stabilité, monétaire notamment, tout en prônant une politique de haut niveau de l'emploi. Il a raison, selon nous, de ne pas dissocier les deux aspects de *l'objectif suprême : la croissance harmonisée de haut niveau d'emploi*. En cela, sa théorie précède puis dépasse très nettement celle de Keynes. Aujourd'hui, le désordre monétaire commence d'être pris au sérieux devant les bouleversements qu'il cause à la production et à la répartition, dans le circuit interne comme dans le circuit externe.

Dans le domaine de l'organisation économique et sociale, l'économie de marché, avec des unités de production autogérées et le libre accès au marché, par la libre mise en œuvre de son travail par le travailleur lui-même[1061] au sein d'une structure de production stimulante et favorisant le développement des facultés individuelles, ne constitue-t-il pas un essai de réponse aux vœux formulés aujourd'hui par une majorité d'individus, par ailleurs souvent maladroits dans la façon de poser le problème ou hésitants dans la manière de l'appréhender et de le résoudre ? Lorsque l'on sait que ces propositions furent formulées dès 1916, dans le premier ouvrage de Bernácer, voici près d'un siècle, on mesure la capacité prospective et visionnaire de l'auteur.

La philosophie générale des solutions préconisées : une voie originale pour l'action entre le keynésianisme et le marxisme

Sommes-nous donc irrémédiablement dans le troisième âge économique de notre civilisation? [1062]

Sans entrer de nouveau dans le détail des solutions proposées par Bernácer, on peut caractériser sa praxis par le souci de se maintenir à égale distance de ce qu'il appelle le « révolutionnarisme » et le conservatisme[1063] et par ces deux traits :

- Confiance en l'homme, à quelque niveau qu'il se trouve dans le complexe économique, dans quelque espace où il se trouve momentanément[1064], confiance en sa capacité d'améliorer son sort, à terme. Au-dessus de lui, aucune entité ne peut se substituer à l'appréciation par l'homme de ce que sont ses besoins et de ce que doit être son effort productif.

[1060] L'indice de certaines matières premières mondiales essentielles pour l'activité a doublé entre l'automne 1972 et le mois de juillet 1973. Depuis lors, l'ensemble des matières premières a subi de fortes fluctuations et une tendance inflationniste marquée, source de déstabilisation des échanges internationaux. On considère généralement que la hausse ne s'explique pas par des variations importantes des conditions de l'offre et de la demande réelles.

[1061] Rappelons que travail et travailleur doivent être pris au sens large de Bernácer.

[1062] Cf. A. PIETTRE, *Les trois âges de l'économie*, op. cit.

[1063] Texte de son discours, en préambule à sa conférence à Paris en 1952, en réponse à la présentation faite par François Perroux.

[1064] Contrairement à ses contemporains, Bernácer est universaliste, en un sens. Ch. GIDE et Ch. RIST, op. cit., p. 728, ne disent-ils pas à propos des économistes de l'entre-deux guerres: « Par contre les traits nationaux s'accentuent. Ainsi la séduction serait grande de classer les économistes suivant leur nationalité et de montrer comment chacun d'eux n'a cessé de subir l'influence des circonstances particulières à son pays et de ses traditions scientifiques».

- Confiance dans certains mécanismes économiques fondamentaux, sous certaines conditions de réforme: le marché, la concurrence, les structures qui favorisent l'initiative et le dépassement.

Confiant en l'avenir[1065], à condition que l'homme fasse preuve de *beaucoup* d'imagination, hors des sentiers battus, Bernácer aurait pu faire sienne l'expression utilisée par René Dumont pour intituler son dernier ouvrage paru: « *L'utopie ou la Mort* ». En effet, où commence la frontière de l'Utopie? N'a-t-on plus rien à découvrir en matière de solutions? Les progrès des sciences exactes ou naturelles ne stimuleront-ils donc jamais les sciences sociales? Conscient des difficultés qu'offrent ces dernières, Bernácer n'en demeure pas moins professeur d'optimisme[39].

EN GUISE DE CONCLUSION

Nous souhaiterions que l'on rendît à Germán Bernácer la place qui lui revient dans l'histoire de la pensée économique, comme fondateur de la théorie économique moderne. Si Keynes eut le mérite et la chance de se faire entendre de son vivant, souhaitons à Bernácer au moins la même consécration posthume que Wicksell[1066].

[1065] Bernácer est meilleur prophète que Keynes et que Marx. J. ULLMO, op. cit., écrit p. 184 « Nous pouvons mettre en contraste l'état de choses actuel avec les craintes de Keynes relatives à la stagnation plus ou moins prochaine de l'économie par défaut d'investissements profitables, qui rejoignaient une analyse célèbre de Marx sur la baisse tendancielle du taux de profit », et aussi, p. 183 : « l'hypothèse de Keynes pourtant naturelle d'un accroissement de l'épargne plus fort que celui du revenu, c'est-à-dire d'une saturation des besoins avec la hausse du niveau de vie, cette hypothèse a été démentie par l'évènement ». Bernácer n'a certes pas commis ces erreurs d'analyse et de prévision !

[1066] Wicksell a eu, cependant, un avantage sur Bernácer : il a eu des disciples qui l'ont suivi et dépassé.

PUBLICATIONS DE GERMÁN BERNÁCER

1. - LIVRES D'ÉCONOMIE

(Tous écrits en langue espagnole)[1067]

1. - *Sociedad y felicidad. - Ensayo de Mecánica Social* (Société et Bonheur. Essai de Mécanique sociale), Madrid, 1916, 582 pages, Ed. Beltrán (épuisé).
2. - *Interés del capital. - El problema de sus orígenes* (L'intérêt du capital. Le problème de ses origines), Alicante, 1925, 252 pages, Ed. Lucentum (épuisé).
3. - *La doctrina funcional del dinero.* - (La théorie fonctionnelle de la monnaie), Consejo Superior de Investigaciones científicas, Madrid, 1945 (épuisé).
   Deuxième édition en 1956, 365 pages. Les renvois de notre ouvrage se réfèrent à la deuxième édition.
4. - *La doctrina del gran espacio económico.* - (La doctrine du grand espace économique), Madrid, 1953, Ed. Aguilar, 192 pages.
5. - *Una economía libre, sin crisis y sin paro.* - (Une économie libre, sans crises et sans chômage), Madrid, 1955, Ed. Aguilar, 316 pages.
6. - *Estudios sobre la unidad económica de Europa.* - (Études sur l'unité économique de l'Europe) Ouvrage collectif, dont BERNÁCER a écrit le tome intitulé: « España y las comunidades económicas europeas » (L'Espagne et les communautés économiques européennes), Madrid, 1961, Ed. Espasa-Calpe. 89 pages.

II. - ARTICLES DE REVUE

1 ° *En espagnol*

7. - *Revista nacional de economía.* - Madrid, Barcelona. De 1919 à 1932: 11 articles recensés notamment :

- « La moneda y las cuestiones sociales ", 1919 (La monnaie et les problèmes sociaux).
- « La teoría de las disponibilidades como interpretación de las crisis y del problema social, n° 40, nov.-déc. 1922 (La théorie des disponibilités comme interprétation des crises et du problème social[1068]. Robertson en traduisit les passages essentiels dans un article de la revue britannique *Economica* de février 1940[1069].
- « El ciclo económico », n° 66, mars-avril. 1926(Le cycle économique).

8. - *Economía española.* - Madrid. De 1933 à 1936 : 6 articles recensés:

[1067] La diffusion de ces ouvrages a été grande en Espagne, pour les ouvrages n°s 3, 4 et 6; et en Amérique Latine pour les ouvrages n°s 3, 4 et 5 (témoignages d'un expert de l'Unesco et de deux économistes sud-américains: Rafael OLARRA JIMÉNEZ et ORESTE POPESCU; cf. *supra*, en Introduction de la présente réédition (2012), ainsi que « Témoignages d'économistes contemporains ».

[1068] Cf. Notre traduction de l'article de Bernácer dans notre thèse, *op. cit*., (1973) p. 505.

[1069] Cf. la traduction que nous avons faite de l'article de Robertson, dans l'introduction à la première édition (1975)

- « Análisis de la demanda y síntesis del mercado", n° 9-1933 (L'analyse de la demande et la synthèse du marché).

- « Etiología de las crisis », 1934 (De l'origine des crises).

- « La teoría del mercado financiero », 1935 (La théorie du marché financier).

- « Moneda y ciclo económico ", 1935 (La monnaie et le cycle économique).

9. - *Anales de economía*. – Madrid:

- "La teoría monetaria y la ecuación del mercado» (La théorie monétaire et l'équation du marché), n° 1, mars 1941. Cet article contient une réponse aux objections de l'article de Robertson de 1940 dans *Economica*.

- "La expresión fundamental del valor del dinero " 1942 (L'expression fondamentale de la valeur de la monnaie)[1070].

- "La ecuación monetaria en el mundo mercantilista" 1943 (L'équation monétaire du mercantilisme)[44].

- « La ecuación monetaria de una economía capitalista", 1944 (L'équation monétaire du capitalisme)[44].

- "El déficit presupuestario, la inflación y Mr. Kalecki », 1947 (Le déficit budgétaire, l'inflation et Mr. Kalecki).

- « El profesor Pigou y el concepto de equilibrio económico », 1950 (Le professeur Pigou et le concept d'équilibre économique).

- « El sistema financiero y las crisis », 1956 (Le système financier et les crises).

- « De la inflación crónica a la guerra social ", 1962 (De l'inflation chronique à la guerre sociale).

10. – *Arquímedes*. - Madrid, revue d'économétrie: 2 articles en 1955.

11. - *El eco de la industria*. -1 article en 1929.

12. - *Trimestre económico*. - México. En 1947 et 1948: 3 articles recensés.

2° En allemand

13. - *Weltwirtschaftliches archiv*. - Kiel. De 1941 à 1944: 4 articles recensés.

14. - *Schmollers Jahrbuch*. - Berlin (Annuaire Schmollers). De 1943 à 1956 : 4 articles recensés.

15. - *Jahrbuch fur sozialwissenschaft*. - Gôttingen. Un article en 1950.

16. - *Zeilschrift fur die gesamte Staatswissenschaft*. - Tübingen. Un article en 1952.

17. - *Kyklos*. - Berne (Cycle). – « Sparen, Kapital und Zins (Eine kritische Betrachtung) », 1954 (Épargne, Capital et Intérêt)[1071].

3° En anglais

18. - *Kyklos*. - Berne. - « Money and Freedom", 1950.

19. - *Economica*. - Cambridge (cf. p. 15 : article de Robertson).

[1070] Publié aussi en allemand (cf. p. 449, n° 13).

[1071] Cité dans la bibliographie de l'ouvrage, *op. cit.*, de P. LLAU, parmi «les théories synthétiques d'inspiration néo-classique ».

4° En ilalien

20. - *Moneta e credito*. - Roma. De 1948 à 1953 : 4 articles recensés.

21. – *Rivista bancaria*. - Milan. De 1955 à 1962: 5 articles recensés et particulièrement :

- « Stabilità monétari contro pieno impiego » (una teoria dell' inflazione secolare), mars-avril 1957[1072] La stabilité monétaire contre le plein emploi (une théorie de l'inflation séculaire).

5° En français

22. - *Économie appliquée*. - Paris.

- « Le circuit monétaire et l'avantage collectif », 1952[1073].
- « Les tendances répressives dans l'économie capitaliste »[1074].

23. - *Textes choisis*. - Vol. 1, « Problèmes monétaires » (Paris) [46] :

- Germán Bernácer : « Une théorie de l'inflation séculaire ».

III. - ARTICLES DE VULGARISATION

Bernácer avait le souci de former une opinion publique espagnole qui fût sensibilisée aux problèmes économiques, aussi collaborait-il épisodiquement, lorsque ses travaux théoriques lui en laissaient le loisir, à divers journaux et revues.

24. - *El economista*. - Madrid. De 1940 à 1947: 26 articles.

25. - *Economía*. - Madrid. De 1941 à 1948: 24 articles.

26. - *Economía mundial*. - Madrid. 3 articles recensés.

27. - *Información*. - Bilbao. 26 articles recensés jusqu'en 1959.

IV. - CONFÉRENCES ET DISCOURS

28. - *En espagnol*. De 1920 à 1959 : 6 conférences recensées, ainsi que son discours d'entrée à l'Académie des Sciences économiques et financières de Barcelone: «Libertad frente a intervención), avril 1959 (Liberté contre intervention).

29. - En français.

- « La notion d'intérêt général et le choix de la dimension du flux monétaire global », Paris, I.S.E.A" 1952.

V. - PRÉFACES DE LIVRES

Pionnier de la science économique moderne en Espagne, Bernácer a été invité à préfacer de nombreux ouvrages, notamment, ceux d'Adam Smith et de Robertson.

VI. - TROIS MANUELS À L'USAGE DES ÉTUDIANTS DES ÉCOLES DE

[1072] Article traduit par Mme Dischamps, pour le recueil de l'Association Internationale des Sciences Économiques. *Textes choisis*, Vol. 1, « Problèmes monétaires », publié sous la direction de Louis Baudin aux Éditions Dalloz et Sirey, Paris, 1964, p.261 à 276.

[1073] Publié aussi en espagnol in *Anales de economía*.

[1074] Publié aussi en allemand (cf. n° 14), et en italien (*Rivista bancaria*).

COMMERCE

Ouvrages de physique et de chimie publiés entre 1906 et 1936.

VII. - MANUSCRITS NON ÉDITÉS

- *un Traité de méthodologie physique*, écrit vers 1932, lorsque Bernácer préparait son deuxième concours d'agrégation de physique à Madrid, et un *Manuel de physique et de chimie à l'usage des étudiants des Écoles de commerce*, écrit vers 1950.

BIBLIOGRAPHIE

ACKERMANN J. (1957). *Structures et cycles économiques*, t. 1 et 2, P.U.F.

ACKLEY. (1961). *Macroeconomic theory*, Mac Millan, New-York.

AFTALION A. (1935). *Monnaie, prix et changes*, 1re Éd. 1927, 2e Éd.

ALGOUD J.-P. (1971). *Les périodes de libéralisation en Union Soviétique, 1921-1928; 1953-1958, Essai de traduction cybernétique*, thèse Université Lyon II.

ALLAIS M. (1947). *À la recherche d'une discipline économique*, t. 1, « Économie et Intérêt », Imprimerie nationale,

ALLAIS M. (1947). « La vie et l'œuvre d'Irving Fisher », in *Revue d'économie politique.*

ALLAIS M. (1965). « *Une reformulation de la théorie quantitative de la monnaie* », Sedeis.

ALLAIS M. (2008). Comment vivre ensemble : conditions économiques et sociales pour la démocratie, in XI° Journée François Perroux 2008, Iseor éditeur.

ALLEN R.D.G. (1969). Trad. Française : *Théorie macroéconomique*, A. Colin, 1969.

ALMENAR PALAU S. (1983). *Bernácer G., Robertson D.H., Keynes J.M.: Una encrucijada de la teoría del desequilibrio económico*. Cahier de Recherche, Universidad de Valencia.ANDERSON (L. C.) et JORDAN J. - Art. "Monetary and Fiscal Actions: A test of their Relative Importance in Economic Stabilization », in *St Louis Federal Reserve Bank Review*, nov. 1968.

ANDERSON L. C., CARLSON K. M. (avril 1970). "A monetarist model for economic stabilization", in *Federal Reserve Bank* of *St Louis Review.*

ANSOFF I. (1981). Préface à la traduction anglaise du livre de H. SAVALL « *Work and people. An economic evaluation of job-enrichment* », Oxford University Press, New York, 216 p; 2ème edition, Information Age Publishing, Charlotte (USA), 2009.

ARMAND L. (1972). « L'État et l'Entreprise », in *Efficacité sociale du libéralisme*, Éd Albatros.

ARON R. (1958). Art. « Notes sur le pouvoir économique », in *Revue Économique*, VI.

ARON R. (1961). 18 *leçons sur la société industrielle*, Paris.

AUJAC H., MAINGUY Y. (avr. Juin 1950). in *Économie Appliquée*, «L'influence du comportement des groupes sociaux sur le développement d'une inflation ».

AUSTRUY J. (1960). *Structure économique et civilisation*, Sté d'édition d'enseignement supérieur, Paris.

AUSTRUY J. (1962). « De la mémoire économique » in *Annales de la Faculté de droit de Lyon.*

AUSTRUY J. (1964). *Le scandale du développement*, Éd. Rivière.

AUSTRUY J. *Les formes modernes de la concurrence*, Gauthier-Villars.

BACHELARD G. (1927). *Essai sur la connaissance approchée*, Paris, Vrin.

BACHELARD G. (1934). *Le nouvel esprit scientifique*, P.U.F.

BARRE R. (1950). *La période dans l'analyse économique. Une approche à l'étude du temps*, thèse, Paris.

BARRE R. (1950). Art. « Les critères modernes de la statique et de la dynamique », in *Revue Économique*, II.

BARRE R. (1952). Art. « Dynamique économique et économique dynamique », in *Revue Économique*, III.

BARRE R. (1955). Art. «L'efficacité de la politique monétaire; quelques enseignements récents », in *Revue Économique*, VI

BARRE R. (1957). Art. «Éléments pour une analyse des récessions économiques », in *Revue Économique*, VI.

BARRE R. (1965). *Économie politique*, t. 2, Thémis, P.U.F.

BARRE R., BLARDONE G., SAVALL H. (coord.) (2005) *François Perroux : le centenaire d'un grand économiste,* Economica.

BARRÈRE A. (1952). *Théories économiques et impulsion keynésienne*, Dalloz.

BARRÈRE A. (1959). « Stabilisation et expansion », in *Revue Économique*, V.

BARRÈRE A. (1965). *Économie financière*, Dalloz.

BARRÈRE A. (1967). Préface à la traduction française de HANSEN (A. H.) : *Introduction à la pensée keynésienne*, Dunod.

BARTOLI H. « Le problème de la valeur chez les physiocrates », in *Mélanges Gonnard*, *op. cit.*

BARTOLI H. (1950). *La doctrine économique et sociale de Marx.*

BARTOLI H. (1954). *Fluctuations économiques*, Domat-Montchrestien.

BAUDIN L. (1964). (sous la direction de) : *Textes choisis: problèmes monétaires*, Dalloz et Sirey.

BENETTI C., CARTELIER J. (janv. 1973). *Profit et exploitation* : *le problème de la transformation des valeurs en prix*, ronéoté.

BERGER P. (1966). *La monnaie et ses mécanismes*, P.U.F., «Que sais-je? ».

BERGER P. (28 et 29 déc. 1966). Art. « Les progrès de la régulation monétaire », in Le Monde.

BERNÁCER G. (1958). Riesgo y Ventura del mercado común. *Revista "Información"*. Bilbao.

BERNADET M. (1967). *Les théories de l'utilité*, thèse Lyon.

BERNARD R. (1974). Thèse sur la théorie quantitative de la monnaie, Lyon.

BERNARD H., PETIT-DUTAILLIS G. (1964). *Le crédit et les banques*, Sirey.

BEVERIDGE W. H. (1948). *Full employment in a free society*, London.

BIENAYMÉ A. (1964). *Croissance et monnaie en plein emploi*, Éd. Cujas, Paris.

BLOCH-LAINÉ F. (1963). *Pour une réforme de l'entreprise*, Éd. du Seuil.

BLONDEL D., DALOZ J.-P., JESSUA CL. (1970). *Essais sur la nouvelle théorie quantitative de la monnaie*, P.U.F., Paris.

BÖHM-BAWERK (1902). *Histoire critique des théories de l'intérêt du capital*, 2e éd. française, (1re éd. Innsbruck, 1884).

BOIANOVSKY M. (2007). BERNÁCER G. In *The New Palgrave Dictionary of Economics*, edited by Lauwrence E. Blume and Steven N. Durlauf. 2nd ed. London : Palgrave Macmillan ; online : 2008.

BOIANOVSKY M., DAR H., PRESLEY J. R. and BRAÑAS GARZA P. (2006). Cambridge and the Spanish Connection: The Contribution of Germán Bernácer. *History of Political Economy* 38:3. Duke University Press, USA.

BOJE D., ROSILE G.A. (2003). *Comparison of Socio-Economic and other transorganizational development methods*, Journal of Organizational Change Management, Emerald.

BONNET M., CRISTALLINI V. (2003). *Enhancing the efficiency of networks in an urban area through Socio-Economic interventions*, Journal of Organizational Change Management, Emerald.

BUONO A.F. (2003). *SEAM-less post-merger integration strategies: a cause for concern*, Journal of Organizational Change Management, Emerald.

BUONO A.F., SAVALL H. (ed.) (2007). *Socio-economic intervention in organizations: the intervener-researcher and the SEAM approach to organizational analysis*. IAP (USA).

BOURCIER DE CARBON L. (1970). *Analyse économique*: t. 1, «La répartition ; t. 2, « La monnaie et le crédit »; Éd. Montchrestien, Paris.

BOURCIER DE CARBON L. (1972). Art. «Faut-il dénationaliser? » in *Efficacité Sociale du libéralisme*, Éd. Albatros.

BOURCIER DE CARBON L. *Essai sur l'histoire de la pensée et des doctrines économiques*, Montchrestien, Paris; t. 1 : « De Montéhrestien à Karl Marx ». Trois thèmes centraux: l'État, l'individu, la société, 1971; t. 2 : « Aux sources du scientisme et de l'humanisme économiques modernes. Les origines d'une dichotomie fondamentale », 1972.

BRAUDEL F. (1950). Art. « Pour une économie historique », in *Revue Économique*, I.

BRESSON Y. (1969). Art. « Faut-il abandonner les courbes classiques d'offre et de demande? », in *Revue Économique*, I.

BROCHIER H., TABATONI P. (1963). *Économie financière*, P.U.F.

CAHUZAC P. Cf. PIATIER (A.).

CARLSON (K. M.). -Cf. ANDERSON.

CARTELIER J. Cf. BENETTI C. (1969). *Essai sur l'instabilité en économie monétaire*, thèse, Paris.

CARVER T. (1893). *The place of abstinence in the theory of interest.*

CATCHINGS (1925). *Profits.*

CHAINEAU A. (1968). *Mécanismes et politique monétaires*, P.U.F.

CHAINEAU A. (Juin 1968). Art. «Etude économétrique de la thésaurisation française, 1952-1966 », in *Banque*.

CHAINEAU A. (1971). *Monnaie et équilibre économique*, A. Colin.

CHAINEAU A. (1970). *La demande d'encaisses monétaires*, Cujas.

CHAMBADAL L., Cf. PIATIER A.

CID R. (2011). *Bernácer G. y las crisis económicas*, Le Monde Diplomatique, édition espagnole.

CLARK J.-B. (1899). *The distribution of wealth.*

CLARK J.-B. (1907). *Essentials of economic theory*, Boston.

CORDEBAS C. - Cf. NÊME (C.).

COTTA A. (1969). *Théorie générale du capital, de la croissance et des fluctuations*, Dunod.

COULBOIS P. (1967). *Éléments pour une théorie de la politique des revenus*, Dalloz.

COURBIS R. (mai 1970). Art. « Comportements financiers et développement économique», *Économie et Statistique*, n° 12.

COURNOT A. (1838). *Recherche sur les principes mathématiques de la théorie des richesses*.

DELORS J. (1975). Préface à l'ouvrage de H. SAVALL « *Enrichir le travail humain : l'évaluation économique* », Dunod, 232 p.

DE BROGLIE L. (1951). *Savants et découvertes*, Paris.

DE BRUNHOFF S. (1965). *Capitalisme financier public. Influence économique de l'État en France*: 1948-1958, SEDES.

DE BRUNHOFF S. (1967). *La monnaie chez Marx*, Éd. Sociales.

DALOZ J.-P. - Cf. BLONDEL.

DENIS H. (1950). Art. «Trois théories de l'intérêt du capital ", in *Revue Économique*.

DENIS H. (1951). *La monnaie*, Éd. sociales.

DENIS H. (1966). *Histoire de la pensée économique*, collection Thémis, P.U.F.

DENIS H. (1967). *La formation de la science économique*, Thémis, P.U.F.

DENIZET J. (Nov. 1950). « Marché monétaire et conjoncture économique ", in *Revue Économique*.

DENIZET J. (1958). Art. «La part des phénomènes monétaires dans le modèle de Keynes et dans les modèles de comptabilité économique ", in *Économie Appliquée* (théorie monétaire).

DENIZET J. (1967). *Monnaie et financement*, Dunod.

DERYCKE Ph. (1966). Art. « Taux d'intérêt, taux d'actualisation et croissance économique », in *Revue Économique*, IV.

DESCARTES. - *Discours de la méthode*, Éd. Hachette.

DIETERLEN P. (1954). *Quelques enseignements de l'évolution monétaire française de 1948 à 1952*, A. Colin.

DIETERLEN P. (mai-juin 1961). « Monnaie et expansion: le rôle de la Banque Centrale ", in *Revue d'Économie Politique*.

DIETERLEN P. (1964). *L'idéologie économique*, Cujas.

DISCHAMPS J. C. (1960). *Comportements économiques et distorsions fiscales*, P.U.F., Paris.

DIVISIA F. (1950). Art. «Monnaie et intérêt » in *Revue d'Économie Politique*.

DOBB. (1971). *Études sur le développement du capitalisme*, Maspéro.

DOCKÈS P. (1969). *L'espace dans la pensée économique du XVIe au XVIIIe siècle*, Paris, Flammarion.

- Préface in RICARDO, *Des principes de l'économie politique et de l'impôt*, trad. française, Flammarion, 1971.

DUESENBERRY. (1949) - *Income, Saving and the theory of consumer behavior*.

DUESENBERRY ; HOLZMAN (mai 1950). - Art. « Income determination in open inflation", in *Review of Economic Statistics*.

DUHARCOURT P. (1970). *La fonction d'investissement*, Sirey.

DUMONT R. (1973). *L'utopie ou la mort*, Éd. du Seuil.

ESTAPÉ F. - Traduction du manuel d'économie politique de Ferdinando DI FENIZIO parue aux éditions Bosch (Barcelone, 2e éd., 1958).

FALISE M. (1959). *La demande de monnaie*, Louvain.

FAN HUNG. (oct. 1939). « Mr Keynes and Marx on the theory of capital accumulation; money and interest" *The review of economic studies*, vol. 7, n° 1.

FAU. (1967). «Équilibre et déséquilibre dans le processus productif national ", in revue *Banque*, V.

FAURE-SOULET J. F. (1970). *De Malthus à Marx*, Gauthier-Villars.

FERNÁNDEZ DÍAZ A. (1983). Regards sur la pensée économique espagnole, *Revue Économique*, N°4

FIGUEROA E. (1965). Art. « Germán Bernácer in memoriam", in *Moneda y crédito*, Madrid.

FISHER I. (1911). *Purchasing power of money*.

FOURASTIÉ J. (février 1973). Art. éditorial in L'Express.

FRANÇOIS-PONCET J. (1970). *L'Allemagne Occidentale. Politique économique*, Sirey.

FREYRE J.F. (1956). Compte rendu de « Une économie libre... ", de BERNÁCER in *American economic review*.

FREYRE J.F. (1957). Review of *Una economía libre sin crisis y sin paro*, by Germán Bernácer. *American Economic Review* 47.3:436-38.

FREYSSINET J., HOLLARD M., ROMIER G. (janv. 1973). « Note préliminaire pour un projet de recherches sur l'élaboration d'une comptabilité en temps de travail et le problème de l'agrégation », ronéoté.

FRIEDMANN M. (1962). *Capitalisme et liberté*, Robert Laffont, 1971, éd. originale.

FRIEDMANN M. (1969). - *Studies in the quantity theory of money*, University of Chicago Press, 1956; et *The Optimum Quantity of Money*, Mac-Millan, London, 1969.

FRIEDMANN M. « Théorie quantitative de la monnaie, nouvelle formulation », art. in *Théorie monétaire* (cf. THORN (R.S.)).

FRIEDMANN M., HELLER W. (1969). *Politique monétaire ou politique fiscale*, trad. française, Marne.

GAILLARD Y., THUILLIER G. (1965). Art. « Sur la thésaurisation », in *Revue Économique*, V.

GARELLO J. (1972). «Les nationalisations et l'efficacité économique », in *Efficacité sociale du libéralisme...*, Albatros.

GEORGE H. - *Progress and Poverty*.

GIDE Ch., RIST Ch. - *Histoire des doctrines économiques*, 2 vol., Sirey, 1920 (7e éd. 1947).

GODELIER (1968). - *Rationalité et irrationalité en économie*, Maspéro.

GONNARD R. (1948). *Histoire des doctrines économiques*, Librairie générale de droit, nouv. éd.

- *Mélanges économiques dédiés à M. le Pr René Gonnard*, ,L.G.D.J., Paris, 1946.

GRANGER G. G. (1955). *Méthodologie économique*, P.U.F.

GUILLAUMONT-JEANNENEY S. (1969). *Politique monétaire et croissance économique en France*, A. Colin.

GUITTON H. (1950). Art. « La valeur de.la monnaie dans l'économie contemporaine », in *Revue Économique*, V.

GUITTON H. (1951). *Les fluctuations économiques*, Sirey.

GUITTON H. (mars 1959). Art. « La coexistence des âges différents dans l'économie. Les relations du vieux et du neuf», in *Revue des Sciences économiques*, Liège.

GUITTON H. (1967). *Maîtriser l'économie*, Fayard.

GUITTON H. (1969). *La monnaie*, Dalloz.

GUITTON H. (1970). *À la recherche du temps économique*, Fayard.

GURLEY ; SHAW; (1962). - *Money in a theory of finance*, the Brookings Institution.

GUYENOT J. (1972). *Droit antitrust européen*, Les Presses de l'Université du Québec, Diffusion l'École, Paris.

HABERLER G. *Prosperity and depression*, Genève, 1937; traduction française: « Prospérité et dépression », 1942.

HALL R. L., HITCH C. J. (mai 1939). *in Oxford Economic papers*; n° 2.

HANSEN A. H. (1967). *A guide to Keynes*, New-York, 1953; trad. française: «Introduction à la Pensée keynésienne», Dunod.

HARROD R. (1971). *La monnaie*, traduction française, Dunod.

HAWTREY (1919). - *Currency and credit.*

HAWTREY (1932). - *The art of Central Banking*, London.

HAWTREY (1937). - *Capital and employment.*

HAYEK F. A. - *Preise und production*, 1931; traduit en anglais: "*Price and production*", Routlege, 2e éd. 1935, *Beitrage zur Geldtheorie*, Vienne, 1933.

HELLER W. W. (1968). - *Nouvelles perspectives de la politique économique*, Calmann-Lévy.

- Cf. FRIEDMANN.

HERZOG Ph. (1968). - *Prévisions économiques et comptabilité nationale*, P.U.F.

HICKS J. R. (1956). - *Valeur et capital*, Dunod.

HICKS J. R. (juin 1957). – "A rehabilitation of classical economics ? », in *Economic journal*.

HICKS J. R. (1967). - *Critical Essays in Monetary Theory*, Clarendon Press Oxford.

HITCH C. J. - Cf. HALL R. L.

HOLLARD M. - Cf. FREYSSINET J.

HOLZMAN. - Cf. DUESENBERRY.

HOPE R. (juin 1949). - "Profits in British industry from 1924 to 1935", *Oxford, Economic papers*

HOSTACHE R. (1958). - *Le Conseil national de la Résistance*.

JACOT J. H. (1970). - *La surchauffe économique*, thèse, Lyon.

JACOT J. H. (janv. 1973). - « De quelques problèmes théoriques relatifs à la valeur ». (ronéoté).

JAMES E. (1955). - *Histoire de la pensée économique au XXe siècle*, 2 vol., P.U.F.

JAMES E. (1963). - *Problèmes monétaires d'aujourd'hui. Étude des fondements d'une théorie et d'une politique monétaire modernes*, Sirey.

JAMES E. et MARCHAL A. (1951). - *La monnaie*, Domat-Montchrestien.

JEAN XXIII (Pape). (1961). - *Mater et Magistra*, encyclique.

JESSUA Cl. - Cf. BLONDEL D.

JORDAN J. - Cf. ANDERSON L. C.

DE JOUVENEL B. (1958). - *L'épargne*, Éd. de l'Epargne.

KEYNES J. M. (1919). - *A tract on monetary reform.*

KEYNES J. M. (1930). - *Treatise on money.*

KEYNES J. M. (1933). - *The mean of prosperity.*

KEYNES J. M. (13 déc. 1933). - « Letter to President Roosevelt", in *New York Times.*

KEYNES J. M. (1941). - *How to pay for the war.*

KEYNES J. M. (1959). - *Théorie générale de l'emploi, de l'intérêt, de la monnaie*, 1936, trad. française Payot, éd.

KLEIN L. R. (1949). - *The keynesian revolution*, New York.

KNIGHT. - *Risk, uncertainty and profit*, Hougton Miffin Co,7° éd., 1948; 1ère éd. en 1921.

KOLM S. Ch. (1967). - *Les choix financiers et monétaires, théorie et techniques modernes*, Dunod.

KOLM S. Ch. (1973). - *Justice et équité*, C.N.R.S.

KOOPMANS. (1933). – « Zum problem des neutralen geldes », in *Beiträge zur Geldhere*, de Hayek.

KRIER H. et LE BOURVA J. (1968). - *Économie politique*, A. Colin.

KURIHARA K. K. (1955). - *Post keynesian Economics*, London.

LAJUGIE J. (1953). - *Proudhon*, Dalloz.

LAJUGIE J. - *Les systèmes économiques*, « Que sais-je» ?, P.U.F., 1957, rééd. en 1974.

LAMBERT D. C. (1959). - *Les inflations sud-américaines.*

LAMBERT D. C. (1970). - *Terminologie économique et monétaire*, Lexique français-anglais, les Éditions ouvrières, Paris.

LE BOURVA J. (janvier, 1962). – « Création de monnaie et multiplicateur de crédit », in *Revue Économique.*

- Cf. KRIER.

LEBRATY J. (1967). - *Profit, décision et incertitude*, Cujas.

LECAILLON J. (1969). - *Analyse macroéconomique*, Cujas.

- Cf. aussi MARCHAL J.

LECAILLON J. (1950). - Art. « Marx et Keynes devant la pensée économique contemporaine », in *Revue Économique.*

LEDUC G. (1955). - *Inflation et épargne*, Éd. de l'Epargne.

LEFOURNIER Ph. (Sept. 1970). - Art. « La France terre d'inégalité. La lourde machinerie des transferts sociaux ne parvient pas à redistribuer les revenus », in *l'Expansion.*

LEPRINCE RINGUET L. (1973). - *Science et bonheur de l'homme*, Paris, Flammarion.

LERNER A. P. (1972). - *Economics of employment*, 1953, trad. française: « Économie de l'emploi », Sirey.

LHOMME J. (1966). - *Pouvoir et Société Economique*, Paris.

LINDHAL E. - *Studies in the theory of money and capital*,trad. Français, éd. Génin.

LLAU P. (1961). - *La détermination des taux d'intérêts*, Cujas.

LLAU P. (1963). - Art. «Taux d'actualisation et taux d'intérêt dans la décision d'investissement de la firme», in *Revue Économique*, VI.

LLAU P. (1966). - Art. « La rationalité du taux d'actualisation. Réflexions sur l'actualisation des valeurs dans le Ve plan », in *Revue Économique*, IV.

MACHLUP F. (1944). – «Period analysis and multiplier theory» in *Readings in business cycle theory*, Philadelphie.

MACHLUP F. (1971). - *Essais de sémantique économique*, Calmann-Lévy.

MAINGUY Y. – Cf. AUJAC H.

MALINVAUD E., CARRÉ J.-J., DUBOIS P. (1972). - *La croissance française. Un essai d'analyse économique causale de l'après-guerre*, Éd. Seuil.

MALTHUS R. (1846). – *Principes d'économie politique*, 1820, Éd. française.

MARCHAL A. (1950). - «L'économie politique mathématique », in *Revue Économique*, Art.

- Cf. aussi JAMES E.

MARCHAL A. (1952). – *Méthode scientifique et science économique; le conflit traditionnel des méthodes et son renouvellement*, Génin.

MARCHAL J. - Art. «Les fondements de la valeur. Critique de la théorie de la valeur fondée sur l'utilité marginale», in *Mélanges Gonnard, op. cit.*

MARCHAL J. (1955). - Art. « Esquisse d'une théorie moderne des salaires et d'une théorie générale de la répartition », in *Revue Économique,* IV.

MARCHAL J. (1959). - Art. «La restauration de la théorie quantitative de la monnaie par Don Patinkin et ses limites» in *Revue d'Économie Politique*.

MARCHAL J. (1964). - Art. « Les conditions de l'équilibre macroéconomique dans la stabilité des prix », in *Revue Économique*, VI.

MARCHAL J. et LECAILLON J. (1966). – *Les flux monétaires*, Cujas.

MARCHAL J. (1967). – *Monnaie et crédit*, Cujas.

MARCZEWSKI J. (1956). – «La rationalité économique du socialisme», *Cahiers de l'I.S.E.A.*, G. n° 3.

MARJOLIN R. (1941). – *Monnaie, prix et production*.

MARSHALL A. (1890). – *Principles of political Economy*.

MARTÍN ACEÑA P. *El servicio de Estudios del Banco de España 1930/2000*, ed. Banco de España, Madrid.

MARTÍNEZ GARCIA E. (2009). *Bernácer G. "Functional doctrine of Money*", Federal Reserve of Dallas.

MARX K. – *Le capital*, Ed. Molitor.

MARX K. (1962). - *Le capital*, Éd. Sociales.

MARX K. - *Contribution à la critique de l'économie politique*, Éd. Sociales.

MARX K. (1963). - *Œuvres de K. Marx* : « Économie I », Bibliothèque de la Pléiade, Gallimard, et notamment : « Introduction générale à la Critique de l'économie politique ».

MENDÈS-FRANCE P. – « Lettre au Général de Gaulle du 18 janvier 1945 (citée par L. BOURCIER DE CARBON dans *Analyse économique, op. cit.*).

MENDÈS-FRANCE P. (1962). - *La République moderne*, Gallimard, 1962.

MENGER. - *Grundsatze der Volkswirtschaftleehre*, traduit en 1950 aux États-Unis sous le titre de : *Principles of Economics*.

MIFSUD P. (janvier 1973). – «Modèle de Léontieff et valeur travail», (*ronéoté*).

MILL J.-S. – *Principes d'économie politique*, 1848, trad. française en 1873.

MIRÓ G. (1944). – *Les cerises du cimetière*, trad. française, Paris.

MOCKERS J. P. (1969). – *Croissances économiques comparées: Allemagne, France, Royaume-Uni, 1950-1967* ; *Essai d'analyse structurale*, Dunod.

MONTAGNE J. (1919). – *Le Capital : Théorie de l'intérêt des capitaux proprement dits*.

DE MONTBRIAL T. (1971). – *Économie théorique*, P.U.F.

DE MONTBRIAL T. (1973). – Art. « Reformulation et généralisation de la théorie néo-classique de l'intérêt», in *Économie Appliquée*, p. 919.

DE MONTBRIAL T. (1973). - Art. « Intertemporal general equilibrium and interest rates theory», in *Économie Appliquée*, p. 877.

MONTEIL J. (1962). - Art. « Coûts certains et coûts aléatoires », *in Méthodes quantitatives au service de l'entreprise*, Dunod.

MONTEIL J. (1968). – *Les théories des surplus*, Gauthier-Villars.

MONTEIL J. (1970). - *Une politique pour mieux vivre*.

MOULTON (H. G.). – *Income and Economic Progress*, Brookings Institution.

MYRDAL G. (1950). – *On penningteoretisk jamvikt*, 1931, trad. française: *L'équilibre monétaire*, Librairie Médicis, Paris.

CORDEBAS-NÊME C. (1956). – *La théorie monétaire de Sir Dennis Robertson*, thèse, Paris.

CORDEBAS-NÊME C. (1958). - Art. « La notion de crise est-elle périmée ? » *Revue Économique*, IV.

CORDEBAS-NÊME C. (1960). - « Essai sur les fonctions de consommation et d'épargne », Librairie Ferraris, Alger, Extrait *des Annales de la Faculté de Droit d'Alger.*

NÊME J. et C. – *Économie européenne*, P.U.F., Thémis.

NÊME J. et C. (1972). - *Organisations économiques internationales*, Thémis, P.U.F..

VILLEY D. et NÊME C. (1973). – *Petite histoire des grandes doctrines économiques*, Paris, nouvelle édition revue et complétée.

NICOLAÏ A. (1962). – Art. « L'inflation comme régulation », in *Revue Économique*, IV.

NOGARO H. (1924). – *La monnaie et les phénomènes monétaires contemporains*.

NOGARO H. (1945). - *La monnaie et les systèmes monétaires*, L.G.D.J., (2e éd. 1948).

NOGARO H. (1947). - « Théorie de l'inflation », rapport au congrès des économistes de langue française.

OHLIN B. (1937). – « Some notes on the Stockholm theory... », in *Economic Journal*.

OLARRA-GIMENEZ R. (1965). – *El dinero y las estructuras monetarias*, «La monnaie et les structures monétaires », Ed. Aguilar, Buenos-Aires, Argentine.

ORTEGA Y GASSET J. – *La rébellion des masses*, trad. française.

PAGE A. (1959). – Art. « Objectifs actuels de la théorie du salaire », in *Revue Économique*, I.

PARÍS EQUILAZ H. (1906-1964). Desarrollo económico español, Ed. Sucesor de J. Sánchez de Ocaña y Cía.

PARLY J. M. (1966). – *Fondement d'une analyse structurelle des liquidités*, thèse, Paris.

PATINKIN D. (1956). – *Money, Interest and prices : an integration of monetary and value theory*, Evanston, (Ed. Harper and Row, New York (1965).

PATINKIN D. (janv. juin 1956). – Art. « La théorie quantitative de la monnaie : une analyse par l'équilibre général », in *Économie Appliquée*.

PEN J. (fév. 1966). – Art. « La controverse entre l'école monétaire et l'école des dépenses : quelques contributions récentes » , *Bulletin de la Banque nationale de Belgique*.

PERLSTEIN. (1967). – *Information et concurrence parfaite*, thèse, Lyon.

PÉRON M., PÉRON M. (2003). *Post-modernism and Socio-Economic approach to organizations*, Journal of Organizational Change Management, Emerald.

PERROUX F. (1925). – *Le problème du profit*, Paris.

PERROUX F. (1931). - Art. « L'or et la politique de la Banque de France », in *Revue Économique Internationale*, Francfort-sur-Main. .

PERROUX F. (1935). - *Introduction à la théorie de l'évolution économique de Schumpeter* (J.), Dalloz.

PERROUX F. (1939). - Art. « Pour un approfondissement de la notion de structure », in *Mélanges Witmeur*, Sirey.

PERROUX F. (juill. 1940). - Art. « Les banques d'émission et l'État », *Revue d'Économie Politique*, -nov. 1944, n°s 4 et 6.

PERROUX F. (1943). - *Science de l'homme et science économique*, Librairie de Médicis, Paris.

PERROUX F. (déc. 1943). - Art. « L'intégration de la théorie de la monnaie à la théorie de la valeur des biens », in *Economie contemporaine*.

PERROUX F. (1946). - Art. «Libéralisme et liberté», in *Mélanges Économiques dédiés à R. Gonnard*, *op. cit*.

PERROUX F. (1948). - *Le capitalisme*, Collection « Que sais-je », P.U.F., 3e éd., 1958.

PERROUX F. (juill. 1949). - *La généralisation de la General Theory*, Université d'Istanbul, 76 p.

PERROUX F. (1950). - Art. « Revenu national et politique quantitative », in *Banque*.

PERROUX F. (1950). - Art. « La généralisation de la théorie de l'intérêt », in *Banque*.

PERROUX F. (1957). - Art. « Structural inflation and the economic function of wages; the french example : « the theory of wage determination », *Proceedings of a conference held by the International Economic Association*, Mac-millan and Co, London, p. 251-263.

PERROUX F. (nov. 1957). - Art. « Le profit et les progrès économiques », in *Revue d'action populaire*.

- (sous la direction de) *Cahiers de l' I.S.E.A.*, série D : «Le revenu national» ; 7 : « La croissance du revenu national français depuis 1780 ».

PERROUX F. (1958). - *La coexistence pacifique*, 3 vol., P.U.F.

PERROUX F. (1958). - Art. « La recherche de la stabilité : facteurs réels », in *Économie Appliquée*., n°s 1 et 2, 1958. Traduit en anglais in *Stabilily and Progress in the World Economy*, London, Macmillan and Co, p. 105-126.

PERROUX F. (1964). - *L'économie du XXe siècle*, P.U.F.

PERROUX F. (1972). *Pouvoir et économie*, Dunod, 140p.

PERROUX F. (26 sept. 1972). - Art. « Le pouvoir a droit de cité en science économique », in *Le Monde*.

PERROUX F. (1973). - Art. « La croissance française... par J.-J. Carré, P. Dubois, E. Malinvaud », in revue *Mondes en développement*, n° 2.

PERROUX F. (1973). - « Les phénomènes de propagation et l'inflation », in *L'actualité chimique*, n° 2.

PERROUX F. (1979). *L'entreprise, l'équilibre rénové et les coûts « cachés »*, Préface à l'ouvrage de H. Savall « *Reconstruire l'entreprise. Analyse socio-économique des conditions de travail* », Dunod.

PETIT-DUTAILLIS G. – Cf. BERNARD H.

PIATIER A. (1961). – *Statistiques et observation économiques*, t. 1 et 2, Thémis, P.U.F.

PIATIER A. (1962). - Art. « L'entreprise et la prévision », in *Méthodes quantitatives au service de l'entreprise*, Dunod.

PIATIER A., CAHUZAC et CHAMBADAL L. (1965). – *Économie et Mathématiques,* Thémis, P.U.F.

PIETTRE A. (1947). – *Économie dirigée d'hier et d'aujourd'hui : du Colbertisme à notre temps*, Médicis.

PIETTRE A. (1950). - *Humanisme chrétien et économie politique*, Le Roux, Strasbourg.

PIETTRE A. (1955). - *Les trois âges de l'économie...*, les Éditions Ouvrières, Économie et Humanisme, (3e éd. Fayard, 1967).

PIETTRE A. (1957). – Art. «Les deux aspects de la dynamique des structures », in *Revue d'Économie Politique*.

PIETTRE A. (1957). – *Marx et le marxisme*, P.U.F. (4e éd. 1966).

PIETTRE A. (1965). – *Histoire de la pensée économique*, Dalloz.

PIETTRE A. (1969). – *Histoire économique, les faits et les idées*, Cujas.

PIROU G. (1939). - *Traité d'économie politique*, Sirey, 1re éd.

PIROU G. – Art. « La monnaie en économie libre et en économie dirigée », in *Mélanges Gonnard*, *op. cit*.

PONSARD C. (1958). – Art. « L'actualité de la théorie quantitative de la monnaie», in *Études et Conjonctures*.

PONSARD C. (sept. 1958). – Art. « De l'action de la banque centrale sur le taux d'intérêt à court et à long terme », in *Revue Économique*.

POPESCU O. – *Introducción a la ciencia económica contemporánea*, Ed.Ariel, Esplugas de Llobregat (Espagne).

POZUELO y BARNUEVO J. (1965). – Hommage à Bernácer in *Revue d'Économie Politique*.

PRESLEY J. R. (1989). KEYNES J.M. and ROBERTSON D. H.: Three Phases of Collaboration. *Research in the History of Economic Thought and Methodology* 16 (November). 31-49.

PROUDHON. (1953). – « Qu'est-ce que la propriété? », *Textes choisis*, Dalloz.

RICARDO. – *Textes choisis avec une préface* de Ch. Schmidt, Calmann-Lévy.

RIST Ch. – *Histoire des doctrines relatives au crédit et à la monnaie*, Sirey, 1936 et 1938.

– Cf. aussi : Ch. GIDE.

ROBERTSON D. H. – *Money*, 2e éd. (1re éd., 1922).

ROBERTSON D. H. (1926). – *Banking policy and the price level.*

ROBERTSON D. H. (1940). – *Essays in monetary theory*, London.

ROBERTSON D. H. (févr. 1940). – Art. «A spanish contribution to the theory of fluctuations », in *Economica.*

ROBERTSON D. H. (1952). – *Utility and all that, and other essays.*

ROBERTSON D. H. (1961). – *Ensayos sobre la teoria monetaria*, éd. espagnole chez Aguilar, Madrid, Préface de BERNÁCER.

ROBINSON J. (1951). – *Economics of imperfect competition*, Mac Millau, London.

ROBINSON J. (1953). – *The rate of interest and other essays*, London.

ROBINSON J. (1971). – *Essai sur l'économie de Marx*, Dunod.

ROMIER G. – Cf. FREYSSINET.

RUEFF J. (1929). – *Une erreur économique: l'organisation des transferts*, Pari.

RUEFF J. (1931). – « L'assurance-chômage, cause du chômage permanent », in *Revue d'Économie Politique.*

RUEFF J. (1947). – Art. « Les erreurs de la théorie générale de lord Keynes », in *Revue d'Économie Politique.*

RUEFF J. (1949). – *L'ordre social*, Génin Médicis, 2e éd.

RUEFF J. (1949). – *Epître aux dirigistes*, Gallimard.

RUEFF J. (1953). – *La régulation monétaire et le problème institutionnel de la monnaie*, Sirey.

RUEFF J. (1963). – *L'âge de l'inflation*, Payot, 2e éd.

RUIZ G. (1984). *Germán Bernácer: Un economista anticipativo.* Madrid: Pirámide.

RUIZ G. (Julio-Diciembre 1983). El sistema de pensamiento de Germán Bernácer Tormo (1883-1965). *Pensamiento Iberoamericano : Revista de Economía Política.*

SALERA V. (1947). – Compte rendu – in *American Economie Review*, - du livre de BERNÁCER : *La théorie fonctionnelle de la monnaie.*

SALERA V. (1947). Review of La doctrina funcional del dinero, by Germán Bernácer. American Economic Review 37.1:221-23.

SAMUELSON P. (1964). – *L'économique,* traduction française. Collection U, A. Colin, Paris.

SAMUELSON P. (1971). – *Les fondements de l'analyse économique* : t. 2, *Stabilité des systèmes et théorie dynamique*, Gauthier-Villars.

SÁNCHEZ MONLLOR M. (2002). Bernácer: el economista-humanista, in SÁNCHEZ MONLLOR M. (coord.) (2005), *En torno en la Obra y Figura del Economista Germán Bernácer*. CAM, Alicante.

SAUVY A. (1965). – *Histoire économique de la France entre les deux guerres*, Payot.

SAUVY A. (1951). – Art. « Réformateurs économistes et prophètes », in *Revue Économique*, 1.

SAUVY A. (1952) – Art. « Pouvoir, possession, propriété », in *Revue Économique*, IV.

SAVALL H. (sept. 1973). – *Germán Bernácer, économiste espagnol (1883-1965). Une théorie générale de l'emploi, de la rente et de la thésaurisation*, thèse Université, Paris II, 602 p. ronéotées.

SAVALL H. (sept. 1974). – *L'enrichissement du travail humain dans les organisations,* thèse complémentaire Université Paris IX-Dauphine, 218 p.

SAVALL H. (1974). *Avant Keynes et au-delà : Germán Bernácer , économiste espagnol, revue Mondes en développement, n°5.*

SAVALL H. (1975). *Enrichir le travail humain : l'évaluation économique*, Préface de Jacques Delors, Dunod; 4° édition augmentée, Economica, 1989. Traduit en anglais: *Work and people: an economic evaluation of job enrichment*, Oxford University Press : New York (1°.éd. 1981); 2°éd. IAP : Charlotte (USA) (2010). En espagnol: *Por un trabajo más humano*, Tecniban, Madrid, (1°éd. 1977); 2° éd., IAP : Charlotte (USA) (2011).

SAVALL H. (1975). *G. Bernácer l'hétérodoxie en science économique*, Dalloz, Collection Les Grands Économistes, Préface de Henri Guitton.

SAVALL H. (1978). Article « Bernácer » in *Encyclopédie de l'Économie*, Paris : Larousse

SAVALL H. (coord.) (1978). *Aspects humains et sociaux de l'économie industrielle*, Revue d'Économie Industrielle.

SAVALL H. (1979). *Reconstruire l'entreprise. Analyse socio-économique des conditions de travail*, Préface de François Perroux, Paris, Dunod.

SAVALL H. (1983). Germán *Bernácer. La heterodoxia en la economía.* Instituto de Estudios Alicantinos, Alicante (Espagne).

SAVALL H. (1987). Les coûts cachés et l'analyse socio-économique des organisations. *Encyclopédie du management*. Economica

SAVALL H. (2003). An update presentation of the Socio-Economic Management model and : International dissemination of the socio-economic model, in SAVALL H. (ed.), *Socio-Economic Approach to Management. Journal of Organizational Change Management*, Emerald.

SAVALL H. (2010). Bouleversement des normes et pilotage stratégique des organisations : menaces et opportunités in BESSIRE, CAPPELLETTI, PIGÉ (coord.) *Normes : origines et conséquences des crises.* Economica

SAVALL H. et ZARDET V. (1987). *Maîtriser les coûts et les performances cachés. Le contrat d'activité périodiquement négociable,* Éditions Economica, Prix Harvard l'Expansion de Management Stratégique, 5e édition 2010, Traduit en anglais (2008).

SAVALL H. et ZARDET V. (1992). *Le nouveau contrôle de gestion. Méthode des coûts-performances cachés*, Éditions comptables Malesherbes-Eyrolles.

SAVALL H. et ZARDET V. (1994). Performance économique et engagement social de l'entreprise : jusqu'où est-ce compatible ?, *Revue Stratégies Ressources Humaines*, n° 9, p. 30-38.

SAVALL H. et ZARDET V. (1995, 2° édition 2005). *Ingénierie stratégique du roseau, souple et enracinée*, Editions Economica.

SAVALL H. et ZARDET V. (1995). Management socio-économique de l'entreprise : ou comment régénérer confiance et performances, in *Confiance, entreprise et société,* ouvrage collectif, Editions Eska, p. 163-179.

SAVALL H. et ZARDET V. (2004). *Recherche en sciences de gestion, approche qualimétrique : observer l'objet complexe,* préface de David Boje (États-Unis), Economica.

SAVALL H. et ZARDET V. (2005). *Tétranormalisation, défis et dynamiques*, Economica.

SAVALL H., ZARDET V. (coord.) (2007). *Evaluación de desempeño y gestión socioeconómica*. Gobierno de Yucatán, UAM, Iseor

SAVALL H., ZARDET V. (2008). Le concept de coût-valeur des activités. Contribution de la théorie socio-économique des organisations, *Revue Sciences de Gestion-Management Sciences- Ciencias de Gestión n°64*

SAVALL H., ZARDET V. (2008). *Mastering Hidden Costs and socio-economic performance*. Charlotte : IAP (USA)

SAVALL H., ZARDET V. (2008). Tétranormalisation et nouvelles règles du jeu : contribution de la théorie socio-économique, in XI° *Journée François Perroux*, Iseor éditeur.

SAVALL H., ZARDET V. (2009). *Ingeniería estratégica. Un enfoque socioeconómico.* UAM, México.

SAVALL H., ZARDET V. (2010). Tétranormalisation : origine, cheminement et portée du concept, in BESSIRE, CAPPELLETTI, PIGÉ (coord.) *Normes : origines et conséquences des crises*. Economica

SAVALL H., ZARDET V. (2011). Contribution de la théorie socio-économique des organisations à la poursuite et valorisation de l'œuvre de François Perroux au XXI° siècle, in D'HOMBRES, SAVALL, GABELLIERI (coord.) Humanisme et travail chez François Perroux. Economica

SAVALL H., ZARDET V. (2011). Le management de la responsabilité sociale de l'entreprise par les indicateurs, in TREBULLE ET UZAN Responsabilité sociale des entreprises : regards croisés Droit et Gestion, Economica.

SAVALL H., ZARDET V. (2011). *Qualimetrics approach : Observing the Complex Object.* Charlotte : IAP (USA)

SAVALL H., ZARDET V. (coord.) (2011). *Réussir en temps de crise : stratégies pro-actives des entreprises, Economica.*

SAVALL H., ZARDET V., BONNET M. (2000, 2° édition 2008). *Releasing the untapped potential of enterprises trough Socio-Economic management*, ILO-BIT, Genève (cf. aussi versions française et espagnole : *Libérer les performances cachées des entreprises par un managemnt socio-économique, Mejorar los desempeños ocultos de las empresas a través de una gestión socioeconómica*).

SAVALL H., ZARDET V., BONNET M. (2009). Théorie socio-économique et tétranormalisation : perpétuer l'oeuvre de François Perroux, in KALIKA M. (coord.) *Les hommes et le management : des réponses à la crise,* Economica, 2009.

SAVALL H., ZARDET V., BONNET M. (2011). RSE et développement durable, fondements de la théorie socio-économique des organisations, in BARTHE ET ROSÉ (coord.) *RSE entre globalisation et développement durable*. De Boeck.

SAVALL H., ZARDET V., PÉRON M. (2011). The « Evolutive » and Interactive Actor Polygon in the Theater of organizations. In BOJE D. (ed.) *Storytelling and the Future of organizations. An Antenarrative handbook*. New York : Routledge.

SAY J.-B. (1803). – *Traité d'Économie Politique*.

SCHMITT B. (1966). – *Monnaie, salaires et profits*, P.U.F., Paris.

SCHNEIDER E. (1968). – *Money, Income and Employment*, Allen and Unwin, London, 1968.

SCHUMPETER J. (1954). – *History of economic analysis*, Oxford University Press (4e éd. New-York, 1961).

SCHUMPETER J. (1942). – *Capitalisme, socialisme, démocratie*, trad. française, Petite Bibliothèque Payot. 1965

SELDEN. (oct. 1965). - Art. « La théorie quantitative de la monnaie contre l'optique des dépenses et du revenu », in *Bulletin de la Banque Nationale de Belgique*.

SENIOR N. W. (1836). – *Outline of the science of political economy*.

SHACKLE G. L. S (1971.). – Art. « Les théories récentes sur la nature et le rôle du taux d'intérêt », in R.S. Thorn, *Théorie monétaire*, Dunod.

SHAW E. – Cf. GURLEY J.

SIMIAND. (1929-1930). – *Cours d'économie politique au Conservatoire National des Arts et Métiers*.

SMITH A (1961). – *La richesse des nations*, trad. espagnole, Ed. Aguilar, Madrid, Préface de Bernácer.

SPENCER H. (1893). – *Social Statics*. – Justice, trad. française.

SPINOZA. – *L'Éthique*.

SRAFFA P. (1970). – Production des marchandises par des marchandises, trad. française, Dunod.

STOLERU L. – *L'équilibre et la croissance économique. Principes de macro-économie*, Dunod, 1re éd. 1967, 2e éd. 1968.

STOLERU L. (oct. 1969). – Art. « Taux d'intérêt et taux d'actualisation », in *Économie et Statistique*, n° 5.

STUART MILL J. – Cf. MILL J. S.

TABATONI P. (1954). – « Notes sur la politique monétaire de stabilisation aux États-Unis depuis 1950 », in *Revue Économique*, V.

TADDEÏ D. (1968). – *Plein-emploi ou stabilité des prix*, Cujas.

TEILHAC E. (1953). – « Fluctuations de l'économie politique » in *Revue Économique*, III et IV.

THORN R. S. (1971). – *Théorie monétaire*, Dunod.

THUILLIER G. – Cf. GAILLARD Y.

TURGOT. (1914). – *Œuvres de Turgot*, Alcan.

ULLMO J. (1969). – *Le profit*, Dunod.

– Préface à l'ouvrage cité de L. STOLÉRU : *L'équilibre et la croissance...*

VAN PRAAG-CHANTRAINE J. (1959). – *Gabriel Miró ou le visage du Levant,terre d'Espagne*, Paris.

VARGA E. (1967). – *Essais sur l'économie politique du capitalisme*, Éd. du Progrès.

VENTEJOL G. – « Les nationalisations et la condition ouvrière », in *Efficacité sociale du libéralisme*, *op. cit.*

VIDAL R. J. (1964). – *Gabriel Miró - le style - les moyens d'expression*, Bordeaux.

VIGREUX P. (1947). – *Turgot, textes choisis*, Paris.

VILLACÍS GONZÁLEZ J. (1983). "La Teoría del l Interés y el Dinero en Germán Bernácer" Revista de Hacienda Pública. Instituto de Estudios Fiscales. Madrid. Pp. 167-195.

VILLACÍS GONZÁLEZ J. (Julio-diciembre 1984). El Paralelismo entre Prados Arrarte y Germán Bernácer en la Macroeconomía. Revista de Pensamiento Iberoamericano n° 6.

VILLACÍS GONZÁLEZ J. (Julio 1986). La Macroeconomía de Germán Bernácer, Boletín ICE. n° 2043. PP 2348-2355.

VILLACÍS GONZÁLEZ J. (1986). El Error de la Ecuación de la Macroeconomía y de la Teoría Cuantitativa Boletín ICE Noviembre.n°2059, 1986, PP 3835-3838.

VILLACÍS GONZÁLEZ J. (1986). Macroeconomía y Política Fiscal en la Teoría de las Disponibilidades. Revista de Derecho Financiero y Hacienda Pública. Volumen XXXVI. Número 186.Noviembre y diciembre. Madrid. Pp. 1337-1371.

VILLACÍS GONZÁLEZ J. (Marzo 1987). Una Teoría de los Ciclos a la Luz de la Teoría de las Disponibilidades. Boletín ICE n° 2074, PP.

VILLACÍS GONZÁLEZ J. (Marzo 1988). Una Teoría del Interés a la Luz de la Teoría de las Disponibilidades. Boletín ICE 21- 27 de marzo n° 2126, PP. 1085-1092.

VILLACÍS GONZÁLEZ J. (1992). Análisis Macroeconómico Histórico y Actual de la Teoría de las Disponibilidades en Germán Bernácer. En Revista de Derecho Financiero y de Hacienda Pública. Vol.XII. Madrid. pp. 1323-1371.

VILLACÍS GONZÁLEZ J. (1993). *Germán Bernácer, el origen de la macroeconomía en España. Polémica Keynes-Bernácer.* Madrid : Paraninfo. Traduit en anglais et préfacé par SAMUELSON P.

VILLACÍS GONZÁLEZ J. (September 2009). *Dynamic Theory of the Money Market, Disposable Money and Interest.* in Journal of Business and Economics Research; volume 7, Number 9; ISSN:1524-4448; published by Clute Institute for Academic Research.

VILLEY D. (1958). – *Petite histoire des grandes doctrines économiques*, 4e M., Génin, Paris.

VILLEY D. – Nouvelle édition: Cf. NÊME C.

VILLEY D. (1966-1967). – « Cours de doctorat d'histoire de la pensée », Les cours de Droit, Paris.

VILLEY D. (1954). – *Revue d'Économie Politique.*

VILLEY D. – Art. « L'économie de marché devant la pensée catholique ? ».

VILLEY D. – « Doctrines et science économique », in *Mélanges Gonnard*, *op. cit.*

WALLICH H. (1947). Review of *La doctrina funcional del dinero*, by Germán Bernácer. *Review of Economic Statistics* 29.1:65-66.

WALLICH H. C. – Compte rendu in *Review of Economic statistics*, 1947 du livre de BERNÁCER : *La théorie fonctionnelle de la monnaie.*

WALRAS L. – *Éléments d'économie pure*, 1877, 2e éd.

WALRAS L. (1883). – *Théorie de la monnaie.*

WALRAS L. (1896). – *Études d'économie sociale.*

WALRAS L. – *Éléments d'économie politique pure*, Lausanne, 1889, 2e éd.

WEBB M. et Mme. – *Histoire du Trade-Unionisme*, trad. française.

WEILLER J. (15 mars 1973). – Art. « Sismondi était à la recherche d'une économie politique : Science du bonheur » in *Le Monde.*

WICKSELL K. (1893). – *Uber Wert, kapital und Rente.*

WICKSELL K. (1896). – *Finanz-theoretische Untersuchungen.*

WICKSELL K. (1898). – *Geldzins und Güterpreise*, 1898.

WICKSELL K. – *Interest and prices* (trad. anglaise en 1936).

WICKSELL K. (1964). – « L'influence du taux d'intérêt sur les prix », in *Textes Choisis*; vol. 1 : « Problèmes monétaires » , Dalloz et Sirey. Traduction d'un article de Wicksell paru dans *The Economic Journal*, 1907; vol. XVII: « The influence of interest on prices » .

WICKSELL K. (1934). – *Lectures on political Economy* – Routledge and Kegan (trad. anglaise de son ouvrage publié en 1913 et 1922).

WICKSELL K. (1958). – Art. «Marginal productivity as the basis of distribution in economics », in *Selected papers on economic theory*, Allen and Unwin.

YVARS B. (2000). *La pensée économique espagnole dans l'Espagne autarcique (1939-1959)*. Document de travail du Centre d'Économie du Développement, Université Montesquieu Bordeaux IV (France). N°51.

ZARKA C. (1963). – Art. « Sommes-nous à l'âge de l'inflation? », in *Revue Économique*, IV.

ZARDET V., BONNET M. (2008). Partenariat Public-Privé, in Association des Amis de François Perroux, *Comment vivre ensemble : conditions économiques de la démocratie*, Iseor éditeur.

ZARDET V., BONNET M. (2010). Intensification actuelle de la tétranormalisation : risques et bonnes pratiques émergentes in BESSIRE, CAPPELLETTI, PIGÉ Normes : Origines et conséquences des crises, Economica.

ZARDET V., VOYANT O. (2003). Organizational transformation through the Socio-Economic approach in an industrial context, *Journal of Organizational Change Management,* Emerald.

CD-Rom sur les Archives de Bernácer, Caja de Ahorros del Mediterráneo, Alicante (Espagne).

Site web sur Bernácer : http : www.euce.es/g_bernácer.htm

Site Web ISEOR : http : www.iseor.com

DIVERS

– *ABC de Madrid*, 2 mars 1973, « Une économie libre sans crises et sans chômage », Quotidien.

– *ABC de Séville*, 30 janv. 1973, Quotidien.

– Cahiers de l' I.S.E.A., « Économie et Société », Série H.S., n°14, août 1972.

– Communications ronéotées au Séminaire sur la valeur, organisées par Y. Bouchut et P. Dockès à l'Institut des Études économiques (Section Analyse-Epistémologie-Histoire) du département des Sciences économiques de Lyon, en janvier 1973.

– *Dictionnaire Robert.*

– *Encyclopedia Universal ilustrada europeo-americana*, Ed. Espasa, Calpe, Madrid, 1970.

– *Encyclopaedia Universalis*, vol. 6, Paris, 1970; vol. 11, Paris, 1971.

– *Información de Alicante*, 4 et 5 juin 1965, Quotidien.

- *Journal officiel*, 5 janv. 1973, p. 228-229.

- *La Verdad de Murcia*, 16 juin 1965 et juin 1966.

- *Revue Le Management*, nov. 1972, « 25 ans de participation ».

- Divers auteurs, *Efficacité sociale du libéralisme*, 4e semaine de la pensée libérale, 4 au 8 déc. 1971, Éd. Albatros, 1972.

- *Encyclopaedia Britannica*, t. 21, p. 131 à 147, Spain.

- *Salvador de Madariaga*, Spain, London, 2e éd., 1942.

- Higino PARÍS EQUILAZ, *Desarrollo económico español* (1906-1964), Ed. Sucesor de J. Sánchez de Ocaña y Cía.

TABLE DES MATIÈRES

www.ingramcontent.com/pod-product-compliance
Lightning Source LLC
LaVergne TN
LVHW080634011026
849160LV00014B/1215
* 9 7 8 1 6 1 7 3 5 8 6 8 5 *